COMPORTAMENTO DO CONSUMIDOR
BRASILEIRO

Tania Maria Vidigal Limeira

Ilustrações: Pedro de Luna

COMPORTAMENTO DO CONSUMIDOR BRASILEIRO

2ª edição

saraiva uni

ISBN 978-85-472-1509-5

DADOS INTERNACIONAIS DE CATALOGAÇÃO NA PUBLICAÇÃO (CIP)
Bibliotecária responsável: Aline Graziele Benitez CRB8/9922

L712c   Limeira, Tania Maria Vidigal
2. ed.   Comportamento do consumidor brasileiro / Tania Maria
         Vidigal Limeira. – 2. ed. – São Paulo: Saraiva, 2016.
         464 p.; il.; 17x24 cm.

Inclui bibliografia.
ISBN: 978-85-472-1509-5

1. Consumidor – Brasil. 2. Comportamento social.
3. Hábito de consumo. I. Título.

CDD 640.7
CDU 366-058(81)

Índices para catálogo sistemático:
1. Consumidor: Brasil   640.7

SOMOS EDUCAÇÃO | saraiva uni

Av. das Nações Unidas, 7221, 1º Andar, Setor B
Pinheiros – São Paulo – SP – CEP: 05425-902

SAC 0800-0117875
De 2ª a 6ª, das 8h às 18h
www.editorasaraiva.com.br/contato

Copyright © Tania Maria Vidigal Limeira
2017 Saraiva Educação
Todos os direitos reservados.

Presidente	Eduardo Mufarej
Vice-presidente	Claudio Lensing
Diretora editorial	Flávia Alves Bravin
Gerente editorial	Rogério Eduardo Alves
Planejamento editorial	Rita de Cássia S. Puoço
Aquisições	Fernando Alves Julia D'Allevo
Editores	Ana Laura Valerio Lígia Maria Marques Patricia Quero Thiago Fraga
Produtoras editoriais	Alline Garcia Bullara Amanda M. Loyola Daniela Nogueira Secondo
Suporte editorial	Juliana Bojczuk Fermino
Revisão	Mariana Cardoso Equipe Join Bureau
Diagramação	Join Bureau
Capa	Pedro de Luna
Ilustrações	Pedro de Luna
Impressão e acabamento	Bartira

2ª edição

Nenhuma parte desta publicação poderá ser reproduzida por qualquer meio ou forma sem a prévia autorização da Saraiva Educação. A violação dos direitos autorais é crime estabelecido na lei nº 9.610/98 e punido pelo artigo 184 do Código Penal.

352.898.002.001

CL 651222   Editar 13019   CAE 619201

Sobre a autora

Tania Maria Vidigal Limeira é doutora em Marketing pela Escola de Administração de Empresas de São Paulo da Fundação Getulio Vargas (FGV-EAESP) e professora do departamento de Marketing da mesma instituição.

Atuou como gerente de marketing nas empresas Johnson & Johnson, Sanbra e Microsoft Informática, entre outras.

É também autora do livro *E-marketing: o marketing na internet com casos brasileiros* e coautora dos livros *Gestão de marketing*, *Marketing: estratégia e valor* e *Pesquisa de marketing*, todos com a equipe de professores da FGV-EAESP.

Sobre o ilustrador

Pedro de Luna é publicitário, formado em Comunicação Social pela Universidade Federal Fluminense, com MBA em Gestão Cultural pela Universidade Candido Mendes. Escreveu e publicou cinco livros e ilustrou outros tantos.

Contato: pedrodeluna@hotmail.com

Prefácio

Este livro é dirigido a estudantes, professores e profissionais de administração e marketing, ou de outras áreas, que desejam aprofundar seu conhecimento sobre o consumo e o comportamento do consumidor brasileiro, e inclui uma revisão dos principais conceitos, teorias e metodologias de pesquisa.

A elaboração deste livro baseou-se em quatro abordagens que o diferenciam da literatura estrangeira, adotada tradicionalmente nas escolas. O primeiro diferencial está em focar o estudo no brasileiro, em lugar de um indivíduo genérico, como é tradicional na literatura estrangeira, o que possibilita associar conceitos abstratos à nossa realidade cotidiana concreta, facilitando a sua compreensão.

O segundo diferencial está em explicar os conceitos e teorias sobre o comportamento do consumidor brasileiro com base em artigos e estudos mais recentes de pesquisadores e professores brasileiros, que analisam a realidade da nossa população quanto a características demográficas, cultura, valores, hábitos, estilos de vida, expectativas e sonhos.

O terceiro diferencial é o desenvolvimento do texto a partir do foco em categorias de indivíduos, ou seja, as crianças, os jovens, os idosos, os homens, as mulheres e os consumidores emergentes de baixa renda, bem como o cliente empresarial, em lugar do enfoque tradicional, que é centrado na apresentação de conceitos como aprendizagem, motivação, personalidade, atitudes, cultura e classe social. Como a ênfase é na explicação dos diversos comportamentos de consumo, esses conceitos serão utilizados para explicar tais comportamentos.

Além disso, o livro tem um quarto diferencial, que são as ilustrações elaboradas pelo desenhista Pedro de Luna, que retratam, de forma bem-humorada, os temas abordados, possibilitando estudar o que há de mais moderno nesse campo com profundidade e, ao mesmo tempo, facilidade.

A autora

Apresentação

Este livro está dividido em onze capítulos. O primeiro – Conceitos e pesquisa do consumidor – apresenta os conceitos básicos sobre o tema; a história da sociedade de consumo, e como evoluíram os estudos e as pesquisas sobre os consumidores. Também introduz, de modo sintético, quais são as principais abordagens e teorias contemporâneas e como é desenvolvido o planejamento estratégico de marketing.

O segundo capítulo – A pesquisa e a segmentação do consumidor – explica detalhadamente o sistema de informações e a pesquisa de marketing; os tipos de pesquisa e métodos de coleta de dados; as técnicas de pesquisa qualitativa e na internet; além de apresentar exemplos de pesquisa de marketing de algumas empresas. Também trata do conceito e dos tipos de segmentação de mercado e de como é feita a segmentação psicográfica.

No terceiro capítulo – O consumidor como indivíduo – é apresentada a abordagem multidisciplinar do estudo do consumidor, assim como o modelo geral do comportamento do consumidor. Em seguida, são explicados os conceitos da perspectiva da economia e da psicologia, muito utilizados para estudar e pesquisar os comportamentos individuais e sociais dos consumidores. Por fim, de modo sintético, é abordado o conceito de consumo sustentável.

No quarto capítulo – Propaganda, internet e redes sociais – são discutidos o que é propaganda e qual a sua função; como é feito o processo de comunicação e quais os elementos que o compõem; quais são as reações do consumidor à propaganda; o papel da internet e das redes sociais na propaganda digital; o comportamento do consumidor na internet.

O quinto capítulo – A criança e o consumo – sintetiza os conceitos e as teorias sobre o desenvolvimento, a aprendizagem e a socialização da criança. São debatidas questões sobre a criança, a mídia e a propaganda; as brincadeiras e os brinquedos; o processo de decisão da família. Para finalizar, são apresentadas as características das famílias brasileiras.

No sexto capítulo – O jovem e o consumo – são analisadas as características da adolescência e da juventude, bem como a situação socioeconômica dos jovens e as políticas pensadas para eles. São abordados ainda os conceitos e as teorias sobre os grupos de referência; a identidade e o consumo simbólico; a imagem corporal; a cultura de consumo e as culturas juvenis; e as diferenças entre as gerações. Para concluir, são apresentados dados de pesquisa sobre o comportamento dos jovens brasileiros.

O sétimo capítulo – A mulher e o consumo – traz os conceitos e as teorias sobre o gênero feminino; a vida afetiva; a sexualidade; os significados da maternidade; o ideal de beleza; as práticas de embelezamento e modelagem corporal; e as diversas características socioeconômicas, culturais e comportamentais das mulheres brasileiras. Também discute os significados atribuídos aos produtos de moda, o conceito de sistema de moda e o simbolismo do consumo de luxo.

O oitavo capítulo – O homem e o consumo – aborda o comportamento de consumo dos homens, com base nos seguintes temas: gênero masculino; comportamento dos homens em relação à masculinidade; identidade masculina; paternalidade e parentalidade; estereótipos de masculinidade na mídia; cuidados com o corpo; vaidade e modificação corporal; moda e luxo no consumo masculino.

O nono capítulo – Os idosos e o consumo – procura apresentar conceitos, teorias e dados sobre os comportamentos dos idosos, a partir dos seguintes temas: características demográficas dos idosos e suas condições de vida; o processo de envelhecimento e os cuidados com os idosos na perspectiva da gerontologia; o conceito de representação social e a imagem do idoso na sociedade e na mídia.

No décimo capítulo – Os consumidores LGBT – o objetivo é estudar os conceitos relacionados à diversidade de gênero; o comportamento dos consumidores LGBT com base na teoria da cultura de consumo; as iniciativas mercadológicas das empresas para esse público-alvo.

O décimo primeiro capítulo – O cliente organizacional – trata de compreender o processo de compra das organizações; como aplicar o conceito de cadeia de valor; como segmentar o mercado organizacional.

Vários exemplos e pequenos estudos de caso e exercícios foram incluídos em cada capítulo, para facilitar a aplicação dos conceitos estudados. Também são sugeridos outros livros para os leitores que quiserem aprofundar seus conhecimentos nos diversos temas abordados. Além disso, para os professores, a Editora Saraiva disponibiliza, no *site* da editora, a resolução dos exercícios e outros materiais de apoio que contribuem para o desenvolvimento das aulas.

Este livro não teria sido possível sem os ensinamentos aprendidos no curso de Administração da FGV-EAESP, por meio das aulas dos professores de Marketing (Pólia L. Hamburguer, Orlando Figueiredo, Gustavo Sá e Silva, Sérgio R. Dias, Fernando G. Carmona, Marcos Henrique N. Cobra e Juracy G. Parente), de Economia (Luiz C. Bresser Pereira, Yoshiaki Nakano, Luiz Antonio O. Lima e Eduardo M. Suplicy) e de Ciências Sociais (José Carlos G. Durand, Geraldo Muller e Antonio Mendes de Almeida). A eles, o meu sincero agradecimento.

Sumário

Capítulo 1
Conceitos e pesquisa do consumidor 1
    Objetivos do aprendizado 2
    1.1 Por que estudar o consumidor brasileiro? 3
    1.2 Definição dos conceitos básicos 4
    1.3 A história da sociedade de consumo 9
    1.4 Evolução do estudo do comportamento do consumidor 13
    1.5 Abordagens e teorias contemporâneas 15
    1.6 O estudo do consumidor e a gerência de marketing 21
    Resumo 23
    Exercícios 24
    Palavras cruzadas 26
    Leituras sugeridas 28
    Para finalizar 28

Capítulo 2
A pesquisa e a segmentação do consumidor 29
    Objetivos do aprendizado 30
    2.1 O sistema de informações e a pesquisa de marketing 31
    2.2 Tipos de pesquisa e métodos de coleta de dados 41
    2.3 Métodos de pesquisa qualitativa 43
    2.4 A pesquisa na internet 50
    2.5 As empresas de pesquisa de marketing 51
    2.6 Conceito e pesquisa de segmentação 52
    2.7 Segmentação por valores e estilo de vida 58
    Resumo 63
    Exercícios 65
    Palavras cruzadas 68
    Exercícios 69
    Palavras cruzadas 71
    Leituras sugeridas 72
    Para finalizar 72

Capítulo 3
O consumidor como indivíduo... 73
   Objetivos do aprendizado... 74
   3.1   A abordagem multidisciplinar no estudo do consumidor... 75
   3.2   O modelo geral do comportamento do consumidor... 76
         3.2.1   Os fatores situacionais no momento da compra... 78
         3.2.2   A satisfação pós-compra e o Código do Consumidor... 81
   3.3   O consumidor na perspectiva da economia... 83
   3.4   O consumidor na perspectiva da psicologia... 88
         3.4.1   As perspectivas teóricas da psicologia... 89
         3.4.2   Os fatores psicológicos... 95
   3.5   Consumo sustentável... 108
   Resumo... 111
   Exercícios... 113
   Palavras cruzadas... 115
   Leituras sugeridas... 117
   Para finalizar... 117

Capítulo 4
Propaganda, internet e redes sociais... 119
   Objetivos do aprendizado... 120
   4.1   O conceito e a função da propaganda... 121
   4.2   O processo de comunicação... 123
   4.3   O modelo dos efeitos da propaganda... 126
   4.4   As reações do consumidor à propaganda... 131
   4.5   Internet, redes sociais e propaganda digital... 134
   4.6   Comportamento dos consumidores na internet... 143
   Resumo... 148
   Exercícios... 150
   Palavras cruzadas... 151
   Leituras sugeridas... 152
   Para finalizar... 152

Capítulo 5
A criança e o consumo... 153
   Objetivos do aprendizado... 154
   5.1   O desenvolvimento e a aprendizagem da criança... 155
   5.2   A socialização da criança... 159
   5.3   A criança, a mídia e a propaganda... 167
   5.4   As brincadeiras e os brinquedos... 183
   5.5   O processo de decisão da família... 192
   5.6   A família brasileira... 195
   Resumo... 200
   Exercícios... 203
   Palavras cruzadas... 204
   Leituras sugeridas... 206
   Para finalizar... 206

Capítulo 6
O jovem e o consumo... 207
   Objetivos do aprendizado... 208

6.1	Características da adolescência e juventude	209
6.2	Situação socioeconômica dos jovens e políticas para a juventude	213
6.3	O jovem e os grupos de referência	217
6.4	O jovem, a identidade e o consumo simbólico	226
6.5	O jovem e a imagem corporal	234
6.6	Cultura de consumo e culturas juvenis	237
	6.6.1 Rock	241
	6.6.2 Punk	242
	6.6.3 Hip-hop	243
	6.6.4 Funk	243
	6.7.5 Surfe	245
6.7	Jovens e gerações	245
	6.7.1 *Baby boomers*	246
	6.7.2 Geração X	246
	6.7.3 Geração Y	247
	6.7.4 Geração Z	248
	6.7.5 Coortes no Brasil	248
6.8	Comportamentos dos jovens brasileiros	249
	6.8.1 Condições e modos de vida	250
	6.8.2 Valores e sonhos	252
	6.8.3 Brasileiros são mais consumistas	255
	6.8.4 Consumo consciente	257
	6.8.5 Lazer dos jovens	258
Resumo		260
Exercícios		262
Palavras cruzadas		263
Leituras sugeridas		264
Para finalizar		265

Capítulo 7
A mulher e o consumo 267

Objetivos do aprendizado		268
7.1	A mulher e o gênero feminino	269
7.2	A mulher e a vida afetiva	280
7.3	A mulher e a sexualidade	285
7.4	A maternidade e a família	290
7.5	O significado da maternidade	297
7.6	Mulheres e famílias brasileiras	301
	7.6.1 Comportamentos e valores das famílias	304
7.7	A mulher e a beleza	312
7.8	A mulher e a moda	320
7.9	A mulher e o consumo de luxo	327
Resumo		332
Exercícios		335
Palavras cruzadas		336
Leituras sugeridas		337
Para finalizar		338

Capítulo 8
O homem e o consumo 339

Objetivos do aprendizado	340

8.1 Masculinidade e identidade... 341
8.2 Paternalidade e parentalidade 347
8.3 O homem e o corpo 353
8.4 Moda e luxo para os homens.. 363
Resumo.. 368
Exercícios... 369
Palavras cruzadas... 370
Leituras sugeridas.. 372
Para finalizar.. 372

Capítulo 9
Os idosos e o consumo 373
Objetivos do aprendizado... 374
9.1 As características dos idosos brasileiros..................................... 375
9.2 A renda e a ocupação dos idosos 379
9.3 As condições de vida dos idosos... 380
9.4 Como cuidar dos idosos segundo a gerontologia 386
9.5 Os idosos e o consumo 392
9.6 A imagem do idoso na sociedade e na mídia 401
Resumo.. 405
Exercícios... 406
Palavras cruzadas... 408
Leituras sugeridas.. 410
Para finalizar.. 410

Capítulo 10
Os consumidores LGBT 411
Objetivos do aprendizado... 412
10.1 A diversidade da população LGBT... 413
10.2 A cultura de consumo LGBT 417
10.3 Os consumidores LGBT e as empresas....................................... 420
Resumo.. 425
Palavras cruzadas... 426
Leituras sugeridas.. 428
Para finalizar.. 428

Capítulo 11
O cliente organizacional... 429
Objetivos do aprendizado... 430
11.1 O cliente organizacional e o processo de compra.................... 431
11.2 A cadeia de valor 435
11.3 O processo de compra organizacional 438
11.4 A segmentação do mercado organizacional 443
Resumo.. 446
Exercícios... 448
Palavras cruzadas... 448
Leituras sugeridas.. 450
Para finalizar.. 450

Capítulo 1

Conceitos e pesquisa do consumidor

Objetivos do aprendizado

Após estudar este capítulo, você será capaz de:

- entender por que é importante estudar o comportamento do consumidor brasileiro;
- conhecer os principais conceitos utilizados no estudo do consumidor;
- explicar a evolução do estudo do consumidor;
- relacionar o estudo do consumidor com a gestão de marketing.

1.1 Por que estudar o consumidor brasileiro?

Consumir é um **comportamento** que faz parte do nosso cotidiano. Desde a hora que despertamos de manhã até irmos dormir no final de um dia comum, estamos consumindo produtos e utilizando serviços. Se fizermos uma lista de tudo o que compramos e usamos durante um dia ou uma semana, teremos uma clara noção da importância do consumo em nossa vida.

Na economia brasileira, o **consumo das famílias** tem importância significativa, pois contribui para o crescimento das atividades econômicas e do emprego. Além disso, o volume e a universalidade do consumo são indicadores do bem-estar da sociedade.

Segundo dados do Instituto Brasileiro de Geografia e Estatística (IBGE), as despesas de **consumo das famílias brasileiras** totalizaram 3,7 trilhões de reais em 2015, representando 63,3% do total do Produto Interno Bruto (PIB), que foi de 5,9 trilhões de reais. O PIB *per capita* alcançou 28.876 de reais em 2015, após ter recuado 4,6% em relação ao ano anterior. Ele é definido como a divisão do valor corrente do PIB pela população residente no meio do ano, ou seja, 204,3 milhões de pessoas.[1]

Como brasileiros, temos hábitos, modos e razões de consumir que são distintos dos habitantes de outros países. Estudar o comportamento do consumidor brasileiro é entender como vivemos, como nos relacionamos com nossas famílias e nossos amigos, como fazemos escolhas e tomamos decisões no dia a dia.

---

1 IBGE. Contas Nacionais Trimestrais – Comentários – 4. Trimestre de 2015. Disponível em: <ftp.ibge.gov.br/Contas_Nacionais/Contas_Nacionais_Trimestrais/Comentarios/pib-vol-val_201504comentarios.pdf>. Acesso em: 1º maio 2016.

Estudar conceitos e teorias para entender as **razões e significados do consumo**, portanto, tem uma dupla finalidade: além de adquirirmos o conhecimento que nos dará a qualificação profissional, poderemos compreender em profundidade o mundo em que vivemos e como conduzimos nossa vida. Afinal, passamos muitas horas do dia em atividades de consumo, como, por exemplo, enquanto realizamos compras, refeições, viagens, passeios, atividades de lazer, entre outras.

Além disso, entender o comportamento dos consumidores é um requisito importante para sermos bem-sucedidos em nossas responsabilidades como profissionais. Afinal, estratégias eficazes de negócios e marketing são baseadas no que conhecemos e antevemos a respeito das pessoas que compõem nosso público-alvo, cujas necessidades desejamos satisfazer por meio de ações individuais e empresariais.

Esse é o propósito deste capítulo, que nos ajudará a entender como e por que nós, brasileiros, compramos e usamos certos produtos e determinadas marcas, e qual o significado e a importância que atribuímos a isso.

1.2 Definição dos conceitos básicos

Para começar este estudo, definiremos alguns conceitos geralmente utilizados por pesquisadores e profissionais de marketing. Entender esses conceitos será o passo inicial para dominarmos a linguagem de textos e publicações sobre o consumidor.

Muitos conceitos são oriundos da Economia e da Psicologia, ciências que estudam o comportamento humano, mas que se diferenciam em suas premissas e abordagens teóricas.

A Psicologia estuda os comportamentos humanos em suas diversas formas, como ações físicas e movimentos corporais (dançar, comer, andar, correr etc.), reações fisiológicas (batimentos cardíacos, suor, lágrimas etc.) e os processos mentais ou psicológicos (memorização, aprendizagem, pensamentos, sentimentos e emoções). Os comportamentos humanos envolvem reações fisiológicas, físicas e psicológicas, que ocorrem simultaneamente.

Entre os principais conceitos estão a necessidade e o desejo. A **necessidade** é entendida como um estado de carência, privação ou sensação de falta de algo essencial para a pessoa. As necessidades são de dois tipos: inatas ou adquiridas.

A **necessidade inata** é a carência inerente à natureza humana e recorrente ao longo da vida, como as necessidades fisiológicas e as de sobrevivência. Enquanto for vivo, todo ser humano terá de se alimentar e realizar sua higiene diariamente, por exemplo.

A **necessidade adquirida** é aquela originada no contexto cultural, em decorrência das interações sociais, e que evolui com o tempo e a experiência da sociedade.

Como exemplo, usar chapéu era um hábito obrigatório, estabelecido socialmente durante o início do século passado. Atualmente, deixou de ser uma obrigação e passou a ser uma escolha pessoal, com diversos significados, como expressão de identidade pessoal e de pertencimento a um grupo ou como demonstração de bom gosto.

As necessidades também podem ser classificadas em **biogênicas** (decorrentes de fatores fisiológicos, como fome, sede, sensação de frio), **psicogênicas** (de origem psicológica, como poder, *status*, reconhecimento, autorrealização),[2] **utilitárias** (lavar roupa, passar roupas a ferro, limpar o carro) e **hedônicas** (busca de prazer, emoção e fantasia).[3]

Entre as necessidades hedônicas está a de vivenciar novas e diferentes **experiências**. Este comportamento inclui a busca de fantasias (realidades imaginárias, como habitar outros planetas), emoções (sentir prazer, paixão, alegria, medo) e diversão (ir ao cinema, brincar de games etc.), entre outras.[4]

Quando nos tornamos conscientes de uma necessidade, ocorre uma discrepância entre o estado atual (como estamos) e o projetado (como queremos estar), o que provoca **tensão**, isto é, um desconforto ou mal-estar físico ou psicológico. Portanto, a pessoa procura satisfazer sua necessidade para eliminar o desconforto.

Uma distinção deve ser feita entre desejo e necessidade. O **desejo** é um estado psicológico direcionado à obtenção de uma satisfação ou prazer (saborear uma pizza, por exemplo), sem que seja preciso haver uma carência (fome) que justifique o consumo do produto. Mas o desejo e a necessidade estão relacionados, isto é, o desejo de saborear uma pizza alia-se à necessidade de eliminar a fome.

Para entender as necessidades e os desejos dos consumidores brasileiros, podemos utilizar as pesquisas sobre como os brasileiros gastam sua renda. Como exemplo, na Tabela 1.1, na página a seguir, podemos ver o valor das despesas médias mensais das famílias brasileiras em 2009, segundo a Pesquisa de Orçamentos Familiares (POF), publicada pelo IBGE. A **despesa média familiar** era de R$ 2,6 mil, equivalente a 6,4 salários-mínimos, havendo significativas diferenças regionais. Nas regiões Sudeste e Nordeste do país, a despesa média mensal era de 7,5 e de 4,1 salários-mínimos, respectivamente. Naquela época, os brasileiros gastavam em consumo cerca de 92% da sua renda, em média, e o valor do salário-mínimo era de R$ 415,00 (quatrocentos e quinze reais), em janeiro de 2009.

---

2 MURRAY, H. A. *Explorations in personality*. New York: Oxford University Press, 1938.
3 HIRSCHMAN, E. C.; HOLBROOK, M. B. Hedonic Consumption: Emerging Concepts, Methods and Propositions. *Journal of Marketing*, 46 (summer), 1982. p. 92-101.
4 HIRSCHMAN, E. C. Experience Seeking: A Subjectivist Perspective of Consumption. *Journal of Business Research*, 12, 1984. p. 115-136.

Tabela 1.1 Despesas médias mensais das famílias brasileiras

Grandes regiões	Despesas monetária e não monetária média mensal familiar (R$)			
	Total	Classes de rendimento total e variação patrimonial mensal familiar selecionadas		
		Até 830	Mais de 4.150 a 6.225	Mais de 10.375
Brasil	**2.626,31**	**744,98**	**4.778,06**	**14.098,40**
Norte	2.006,80	809,97	4.530,53	12.005,98
Nordeste	1.700,26	641,55	4.547,21	14.312,77
Sudeste	3.135,80	831,67	4.780,13	12.245,06
Sul	3.030,44	929,75	4.971,14	14.008,74
Centro-Oeste	2.591,14	780,75	4.758,94	13.770,33

Fonte: IBGE, Pesquisa de Orçamentos Familiares – Despesas, rendimentos e condições de vida, 2008-2009. Disponível em: <http://www.ibge.gov.br/home/estatistica/populacao/condicaodevida/pof/2008_2009/defaulttabzip.shtm>. Acesso em: 3 maio 2016.

Na Tabela 1.2, podemos ver as despesas com alimentação, habitação e transporte, que representaram 75,3% da **despesa de consumo** mensal das famílias e 61,3% da despesa total. Percebe-se também que há diferenças regionais, pois a despesa com alimentação representa 25,8% na região Norte e 17,7% na Centro-Oeste.

Tabela 1.2 Tipos de despesas das famílias brasileiras

Situação de domicílio e Grandes Regiões	Total	Tipos de despesa										
		Alimentação	Habitação	Vestuário	Transporte	Higiene e cuidados pessoais	Assistência à saúde	Educação	Recreação e cultura	Fumo	Serviços pessoais	Despesas diversas
Brasil	**100,00**	**19,8**	**35,9**	**5,5**	**19,6**	**2,4**	**7,2**	**3,0**	**2,0**	**0,5**	**1,1**	**2,9**
Situação do domicílio												
Urbana	100,00	19,0	36,4	5,5	19,5	2,5	7,3	3,2	2,1	0,5	1,2	2,9
Rural	100,00	27,6	30,6	5,7	20,6	3,6	6,5	1,3	1,2	0,7	0,7	2,7
Norte	100,00	25,8	33,6	7,4	16,5	3,6	4,9	2,4	1,9	0,4	1,1	2,5
Nordeste	100,00	24,2	32,8	6,5	18,2	3,1	6,5	2,8	1,8	0,4	1,1	2,4
Sudeste	100,00	19,3	37,2	4,9	19,5	2,1	7,9	3,4	2,1	0,6	1,2	2,9
Sul	100,00	18,5	35,0	5,9	21,9	2,2	7,0	2,5	2,0	0,6	0,9	3,4
Centro-Oeste	100,00	17,7	37,9	5,2	21,2	2,5	6,4	2,8	1,7	0,5	1,2	3,0

Fonte: IBGE. Pesquisa de Orçamentos Familiares – Despesas, rendimentos e condições de vida, 2008-2009. Disponível em: <http://www.ibge.gov.br/home/estatistica/populacao/condicaodevida/pof/2008_2009/defaulttabzip.shtm>. Acesso em: 3 maio 2016.

Saiba +

Segundo a Pesquisa de Orçamentos Familiares (POF), 2008-2009, do total de domicílios brasileiros, 80,7% tinham o **lixo coletado** pela prefeitura e 10,2% queimavam ou enterravam o lixo na propriedade; ação efetuada por 57,7% na área rural, em decorrência de hábitos culturais e falta de infraestrutura pública, sendo que apenas 24,4% tinham o lixo coletado.

Acesse o relatório de pesquisa do IBGE na internet para obter mais informações sobre as condições de vida da população brasileira e as diferenças regionais.

Fonte: IBGE. Pesquisa de Orçamentos Familiares 2008-2009: Perfil das despesas no Brasil – Indicadores selecionados. Disponível em: <http://www.ibge.gov.br/home/estatistica/populacao/condicaodevida/pof/2008_2009/defaulttabzip.shtm >. Acesso em: 3 maio 2016.

Curiosidade

Diariamente, a propaganda e os programas de televisão e de outras mídias estimulam vários desejos de comprar e usar determinados produtos e marcas, bem como vivenciar certas experiências. Ao sentir fome, por exemplo, somos estimulados a comer um hambúrguer de um restaurante *fast-food*. Assim, há um consenso de que "o marketing não cria necessidades, mas **estimula desejos**".

Na prática

Na campanha de propaganda da marca Omo Multiação são utilizados os slogans "Não há aprendizado sem manchas" e "Porque se sujar faz bem". As imagens da propaganda mostram crianças que brincam e sujam suas roupas, enquanto as mães sorriem para elas.

Questões: Quem é o consumidor desse produto? O que essa propaganda comunica? Que emoções e desejos estimula no consumidor? Você considera que esta propaganda contribuirá para construir fidelidade à marca? Justifique sua resposta.

O **consumo** engloba um conjunto de comportamentos que vão desde a escolha, compra e uso até o descarte de produtos e serviços para a satisfação de necessidades e desejos. O **consumidor**, também chamado de **cliente**, é o conjunto de pessoas, grupos ou organizações que desempenha diferentes papéis ao longo do processo de compra e uso de produtos e serviços, como apresentado no Quadro 1.1 a seguir.

Quadro 1.1   Tipos de clientes e seus papéis

Tipos de clientes	Papel do cliente	Exemplos	
		Consumo de fralda	Compra de computador
Usuário	Usufruir dos benefícios dos produtos.	Criança que usa fraldas descartáveis.	Gerente que usa o computador da empresa onde trabalha.
Comprador	Efetuar a compra.	Mãe que vai ao supermercado comprar fraldas descartáveis.	Gerente de suprimentos que compra computadores para a empresa.
Formador de opinião ou influenciador de decisão	Exercer influência sobre o comprador ou o usuário.	Amiga ou médica que recomenda a fralda à mãe.	Engenheiro que participa da decisão de compra de computadores por parte da empresa.
Decisor	Decidir pela compra, sem necessariamente usar o produto comprado.	Pai/mãe da criança, que pode decidir o que vai ser comprado.	Gerente que decide as compras da organização na qual trabalha.

Fonte: elaborado pela autora.

Na perspectiva da **psicologia comportamental (behaviorismo)** (ver Capítulo 3), o comportamento do consumidor engloba um conjunto de reações ou respostas a fatores de natureza pessoal, sociocultural, situacional ou de marketing.

Os **fatores pessoais** que influenciam o comportamento do consumidor são o conjunto de estados fisiológicos e psicológicos, bem como os traços de personalidade e as características particulares do indivíduo, como valores pessoais, crenças e experiências, idade e renda, estados de privação ou carência, entre outros.

Os **fatores socioculturais** têm grande diversidade, pois incluem regras e valores compartilhados socialmente, crenças religiosas, opiniões dos membros da família e dos amigos, mensagens dos veículos de comunicação, mudanças tecnológicas, normas legais etc.

Os **fatores situacionais** são as condições circunstanciais e momentâneas que interferem no comportamento do consumidor, como sua disponibilidade de tempo e as características do ambiente da loja no momento da compra.

Os **fatores** ou **estímulos de marketing** são as decisões empresariais relativas a produto, preço, distribuição, propaganda e promoção de vendas, que visam provocar certas **respostas** nos consumidores. Essas respostas são, principalmente, a preferência pelo produto, a compra, a repetição da compra, a confiança, a satisfação e a fidelidade do consumidor.

> ## ✏️ Na prática
>
> *Uma mulher disse: "Uso sempre esmalte de unhas de diversas cores. Gosto de me sentir mais feminina".*
>
> *Um homem disse: "Prefiro usar o perfume Armani. Minha namorada gosta".*
>
> **Questão:** Identifique um fator pessoal, sociocultural e mercadológico que pode ter influenciado o comportamento desses consumidores.

Em marketing, o conceito de **produto** ou **bem de consumo** é definido como tudo o que pode ser comprado e usado para satisfazer a necessidade ou o desejo de uma pessoa, de um grupo ou de uma organização. Os produtos podem ser bens materiais e **tangíveis**, como um par de sapatos, ou **intangíveis**, como serviços, eventos, experiências, emoções ou ideias.

A **marca** do produto consiste em uma letra, palavra, sinal, símbolo ou qualquer combinação desses elementos, cuja função é identificar e diferenciar uma empresa, um produto ou uma linha de produtos. Em inglês, a palavra que designa marca é *brand*, e é frequentemente usada no Brasil.[5]

1.3 A história da sociedade de consumo

Conhecer o consumidor tem sido uma prioridade das empresas desde a segunda metade do século XIX, quando o desenvolvimento das técnicas de produção e comercialização possibilitou que produtos fossem fabricados, embalados e distribuídos em massa, dando origem à **sociedade de consumo**.

Para os estudiosos desse fenômeno sociocultural e econômico,[6] quatro processos simultâneos contribuíram para a formação da sociedade de consumo:

1) a **produção industrial** em larga escala, que possibilitou a expansão dos bens padronizados;
2) a **distribuição em massa** de produtos industrializados, que garantiu o acesso da população aos diversos tipos de bens;

---

5 KELLER, K. L. *Strategic Brand Management:* Building, Measuring, and Managing Brand Equity. 4. ed. Upper Saddle River, NJ: Pearson/Prentice Hall, 2012.
6 DURAND, J. C. G. Formação e internacionalização da sociedade de consumo norte-americana (1870-1930). *Relatório de Pesquisa.* São Paulo: FGV-EAESP – Núcleo de Pesquisas, n. 8, 2003. p. 8.

3) a **oferta de crédito** ao consumidor, que viabilizou a aquisição dos bens de consumo;

4) o consumo de **produtos industrializados** por parte da população, que foi motivada pelas mensagens publicitárias sobre os benefícios dos produtos vendidos nas lojas.

Entre 1870 e 1920, ocorreram significativas mudanças econômicas, demográficas e culturais que transformaram as sociedades norte-americana e europeia, antes essencialmente agrícolas, em industriais e urbanas. Nesse período, novas invenções de máquinas e processos industriais possibilitaram a produção contínua de sabonetes, lâminas de barbear, fósforos, cigarros, pastas de dente e muitos outros produtos.[7]

Nessa época, surgiram as **lojas de departamentos**, que logo se transformaram em "palácios de consumo", despertando o desejo de consumir e atraindo principalmente as mulheres, como clientes ou vendedoras. Tais lojas introduziram um modo festivo de vendas, promovendo exposições e festas em praças públicas, bem como grandes **promoções** no outono e na primavera.[8]

As famílias, até então acostumadas a consumir produtos feitos em casa ou vendidos a granel, precisavam ser orientadas a consumir **bens industrializados**, com marcas de fabricantes e difundidos pela propaganda. Em consequência, ocorreram mudanças nas relações sociais e familiares, bem como nas formas de comportamento cotidiano das pessoas, que passaram a viver em grandes cidades.

Fabricantes norte-americanos, como **Procter & Gamble** e **Colgate**, tiveram de desenvolver novas técnicas de comercialização e comunicação para atrair os consumidores. A propaganda passou a ser utilizada para orientar a população sobre os benefícios de um **estilo de vida** que trazia implícito o consumo de produtos e serviços, por exemplo, aparelhos elétricos para limpeza doméstica, entretenimento eletrônico (rádio e TV), automóvel, viagens turísticas nas férias, seguros, entre outros.[9]

Portanto, a **sociedade de consumo** caracteriza-se pela presença de quatro condições:

1) a maior parte da população consome acima de suas **necessidades** básicas;
2) a maior parte das necessidades é satisfeita pelo **mercado**, e não pela produção doméstica, por dádiva ou escambo;

---

[7] STRASSER, S. *Satisfaction guaranteed*: the making of the American mass market. New York: Pantheon, 1989. p. 21.
[8] LEACH, W. R. Transformation in a culture of consumption: women and department stores, 1890-1925. *The Journal of American History*, v. 71, n. 2, set. 1984.
[9] DURAND, J. C. 2003. p. 9.

3) as práticas de comprar e consumir são socialmente aprovadas e aceitas como fonte de **satisfação** e prazer;

4) as **identidades** de indivíduos e grupos se constroem cada vez mais com base em estilos de vida definidos pelo consumo diferencial de certos bens e serviços.[10]

Desde essa época, o consumo torna-se uma dimensão central da vida social moderna, em que as aspirações consumistas são consideradas legítimas e a insaciabilidade dos desejos de compra e uso de produtos torna-se um fator importante para a manutenção do sistema econômico. Nessa sociedade, os indivíduos sentem-se incluídos e têm sua identidade reconhecida a partir do momento em que se tornam consumidores e passam a incorporar os produtos de consumo em seus hábitos cotidianos e estilo de vida.[11]

Curiosidade

Um publicitário e poeta, o engenheiro Bastos Tigre, criou, em 1922, um dos *slogans* mais conhecidos da propaganda brasileira: "Se é Bayer, é bom". Essa mensagem é usada até hoje no Brasil e em países de língua espanhola ("*Si es Bayer, es bueno*").

Fonte: BAYER, *Histórico no Brasil*. Disponível em: <http://www.bayer.com.br>. Acesso em: 15 mar. 2016.

No Quadro 1.2 é mostrado como surgiram, nos Estados Unidos, alguns produtos que conhecemos.

Quadro 1.2 A história dos produtos de consumo nos Estados Unidos

A **Procter & Gamble®** foi fundada em 1837, na cidade de Cincinnati, por William Procter, produtor de velas, e James Gamble, produtor de sabão. Em 1879, James Gamble, filho do fundador, desenvolveu um sabonete de cor branca, de boa qualidade. Para o produto, foi escolhida a marca Ivory, que significa "marfim" em inglês. A inspiração para o nome veio da Bíblia, na qual foi encontrada a expressão "palácio de marfim", que pareceu adequada para expressar as características de pureza, suavidade, cor e duração do sabonete.

A **Singer®**, fundada em 1851, enfrentou sérios problemas para introduzir seu produto, pois o público não acreditava que a máquina de costura funcionasse corretamente. Visando facilitar a compra, a Singer foi pioneira na introdução do sistema de vendas a prazo. Ao longo do tempo, a empresa cresceu no mercado mundial e seu nome firmou-se como sinônimo de máquina de costura.

---

10 DURAND, J. C. 2003. p. 10.
11 D'ANGELO, A. Cultura e consumo: apanhado teórico e reflexões para o ensino e a pesquisa de marketing e administração. *Anais do 27° EnANPAD*, Atibaia, 2003. p. 6.

> A história da **Coca-Cola®** começou em 1886, quando John Pemberton, um farmacêutico da cidade de Atlanta, tentando inventar um remédio para dor de cabeça, elaborou uma mistura líquida e cheirosa, cor de caramelo, que era adicionada à água carbonatada. Ele começou a vender essa bebida em sua farmácia a cinco centavos o copo. O contador da empresa, Frank Robinson, deu ao xarope o nome de Coca-Cola®, baseado em dois dos componentes da fórmula: extrato da folha de coca e de noz-de-cola.
>
> O norte-americano Henry Ford construiu o primeiro carro a gasolina em 1893. Dez anos depois, passou a fabricar carros em série na sua fábrica em Detroit, a **Ford**, reduzindo custos e tornando o automóvel um meio de transporte acessível. O primeiro modelo foi o Ford T, construído de 1908 a 1927, que vendeu mais de 15 milhões de unidades. "Faço carros de qualquer cor, desde que sejam pretos", dizia Ford. Na realidade, havia uma explicação: a tinta preta era mais barata e secava mais rápido.

Fontes: textos adaptados. Disponíveis em: <http://guiadoscuriosos.com.br>; <http://www.singer.com.br>; <http://www.pg.com>; <http://www.heritage.cocacola.com>. Acessos em: 15 mar. 2016.

Questões

1. Explique as condições sociais, culturais e econômicas que possibilitaram o surgimento dos produtos mostrados nesse quadro, utilizando-se dos conceitos aprendidos sobre o comportamento do consumidor.
2. Dê dois exemplos recentes de produtos que surgiram ou sofreram mudanças como consequência de novos desejos e necessidades dos consumidores brasileiros.

No Brasil, o consumo de **produtos padronizados** surgiu no início do século XIX, com a importação de bens oriundos da Europa, que foi intensificada com a chegada da família real, em 1808, ao Rio de Janeiro. A publicidade de produtos iniciou-se depois da abolição da escravatura e com a instituição da Imprensa Régia, responsável pela impressão do primeiro jornal oficial do país, a *Gazeta do Rio de Janeiro*, naquele mesmo ano. Os primeiros anúncios foram os **classificados**, que ofereciam imóveis à venda, serviços de carruagem, retratistas, cocheiros, relojoeiros, bem como remédios da época, os unguentos.

A partir de 1850, os fabricantes de remédio tornaram-se os maiores anunciantes, como os laboratórios Dr. Eduardo França, Silva Araújo e Daut & Lagunilla. Da década de 1870 em diante, surgiram novas categorias de produtos e serviços que passaram a fazer propaganda, como as máquinas de costura Singer, o conhaque Macieira, o **Biotônico Fontoura**, o analgésico Aspirina®, a cerveja Fidalga® e os cigarros Yolanda®.

O Quadro 1.3, na página a seguir, relata exemplos de como alguns produtos surgiram no Brasil.

Quadro 1.3 Pequena história dos produtos no Brasil

Em 1808, a cerveja chegou ao Brasil, trazida pela família real portuguesa. No início, era importada e restrita a uma pequena parcela da população. Em 1836, a produção artesanal teve início, com a denominação genérica de "cerveja barbante" (usava-se um barbante para impedir que a rolha saltasse da garrafa, por causa do excesso de gás). Em 1853, iniciou-se no Rio de Janeiro a produção industrial da **cerveja Bohemia**. A primeira fábrica, a Companhia **Antarctica®** Paulista, surgiu em 1885, em São Paulo. Em 1888, um imigrante suíço, Joseph Villiger, inaugurou a Manufatura de Cerveja **Brahma**, cuja marca é uma referência a um deus hindu.

A **Maizena®** foi criada nos Estados Unidos em 1856, pelos irmãos Duryea. O produto chegou ao Brasil em 1889 por intermédio das Refinações de Milho Brasil, subsidiária da norte-americana CPC International, detentora mundial da marca. Até a instalação da primeira fábrica, em 1930, o amido de milho Maizena era importado dos Estados Unidos e empacotado no Brasil. A embalagem amarela é, até hoje, sua principal característica.

O **Catupiry®** é uma criação brasileira, inventada em 1911 pelo casal de imigrantes italianos Mário e Isaíra Silvestrini, na cidade mineira de Lambari. Muitas pessoas sofriam de problemas digestivos e prefeririam aquele queijo cremoso. A palavra catupiri, em tupi-guarani, quer dizer "excelente".

Minancora®, a "pomada milagrosa aprovada pela Exma. Junta de Hygiene do Rio de Janeiro". Essa era a frase que vinha estampada na latinha original, lançada em 1915. O farmacêutico português Eduardo Augusto Gonçalves desembarcou em Manaus, no início do século XX, para pesquisar a fauna e a flora brasileiras. Em 1912, foi para Joinville e criou a pomada Minancora, produzida artesanalmente. O nome é uma mistura de Minerva, deusa grega da sabedoria, com âncora, que reflete segurança e estabilidade, devendo-se também ao fato de Gonçalves ter decidido ficar no Brasil.

Fontes: textos adaptados. Disponíveis em: <http://www.guiadoscuriosos.com.br>; <http://www.minancora.com.br>; <http://www.ambev.com.br>. Acessos em: 15 mar. 2016. Disponíveis em: <http://senhoramesa.com.br/wp-content/uploads/2014/08/2-image002.jpg>; <http://www.guiagphr.com.br/novidadesMercadoDetalhe.asp?iid=10226>; <http://www.embalagemmarca.com.br/2014/07/aos-125-anos-maizena-ganha-embalagem-vintage>. Acesso em: 4 jan. 2017.

Questões

1. Cite um produto que você usava quando criança e explique as razões que o fizeram utilizá-lo. Você mantém o hábito de usar esse produto até hoje?
2. Pesquise na internet a história de um produto de consumo popular no Brasil.

1.4 Evolução do estudo do comportamento do consumidor

O estudo do comportamento do consumidor é uma disciplina acadêmica e uma ciência aplicada que visam explicar como e por que os indivíduos, os grupos ou as organizações tomam **decisões de troca** de seus recursos, como tempo e dinheiro, por produtos e serviços.

Entender o comportamento de consumo tem sido o desafio de muitos pesquisadores de diversos campos de conhecimento desde o século XIX. Assim, estudar a evolução da disciplina **Comportamento do Consumidor** permite-nos entender que toda teoria surge dentro de um contexto histórico-social. Algumas dessas teorias, portanto, envelhecem, ou seja, perdem a capacidade de explicar os fatos e os comportamentos que observamos no mundo de hoje. Outras, no entanto, continuam válidas, tendo o poder de explicar os acontecimentos atuais.

A origem do estudo do consumo está na **ciência econômica**, baseada nos trabalhos de economistas **clássicos**, como Adam Smith, da segunda metade do século XVIII, e nas teorias de economistas **neoclássicos** do final do século XIX. O objetivo da ciência econômica neoclássica é explicar e prever como os consumidores tomam decisões de compra e de que forma suas escolhas são influenciadas pelas variações de preço e renda, com base nos princípios da **racionalidade** e da maximização da **utilidade**.

Os princípios e os modelos teóricos desenvolvidos por economistas neoclássicos são até hoje predominantes no estudo do consumidor.

Na ciência econômica, a **teoria do consumidor**, que integra a disciplina Microeconomia, considera as necessidades humanas como inatas, e não como socialmente construídas, isto é, influenciadas pelo contexto sociocultural. As decisões do consumidor são vistas como racionais, baseadas no **princípio da utilidade**, definido, em 1795, pelo filósofo inglês Jeremy Bentham como "a propriedade existente em qualquer coisa, em virtude da qual o objeto tende a produzir ou proporcionar benefício, vantagem, prazer ou felicidade".[12]

Na década de 1950, a disciplina **Economia do Consumidor** surgiu nos departamentos de marketing das universidades norte-americanas, reunindo os acadêmicos dedicados a explicar e prever as decisões de consumo. O livro *The economics of consumption* foi publicado por Willard Cochrane e Carolyn Bell em 1956.[13]

Nessa época, o estudo do consumidor passou a incorporar conceitos e teorias da Psicologia, para explicar as diversas **motivações psicológicas** do consumo. Em função da diversidade de abordagens teóricas, a interpretação dos comportamentos dos consumidores varia segundo as diferentes perspectivas da Psicologia, como comportamentalismo ou behaviorismo, cognitivismo, psicanálise e gestaltismo, entre outras.

A técnica de **pesquisa motivacional** passou a ser utilizada com base nos métodos da psicanálise, como entrevista em profundidade e técnicas projetivas, para entender os motivos inconscientes que impulsionam o comportamento do consumidor.

---

12 BENTHAM, J. *Uma introdução aos princípios da moral e da legislação*. São Paulo: Abril Cultural, 1984. p. 25.
13 COCHRANE, W.; BELL, C. *The economics of consumption, economics of decision making in the household*. New York: McGraw-Hill, 1956.

Diversos pesquisadores foram influenciados pela **teoria psicanalítica** de Sigmund Freud, como Ernest Dichter, que publicou o livro *Handbook of consumer motivations*. Abraham Maslow publicou *Motivation and personality* em 1954 e tornou-se famoso pela sua **teoria da hierarquia das necessidades** (ver Capítulo 3).

Na década de 1960, os pesquisadores passaram a dar ênfase ao processo de decisão do consumidor, dentro da perspectiva da **psicologia cognitiva**. Foram desenvolvidas as **teorias da decisão** e **do aprendizado**. A decisão de compra foi entendida como resultante do processamento racional de informações pelo consumidor. Nas pesquisas, eram utilizadas **técnicas estatísticas**, como a análise multivariada, além de modelos matemáticos e simulações em computador.

Com o desenvolvimento dos estudos do consumidor nas universidades norte-americanas, foi fundada, em 1969, a *Association for Consumer Research* (ACR), para reunir os acadêmicos da área. O *Journal of Consumer Research* foi lançado em 1974, tornando-se a principal publicação para divulgar pesquisas e análises acadêmicas sobre o comportamento dos consumidores.

Figura 1.1 Principais relações do modelo de Howard e Sheth

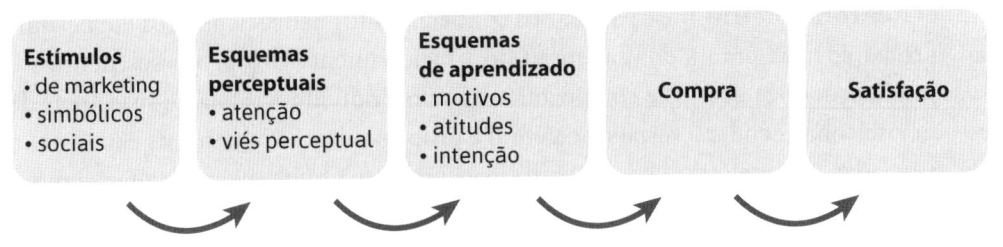

Estímulos	Esquemas perceptuais	Esquemas de aprendizado	Compra	Satisfação
• de marketing • simbólicos • sociais	• atenção • viés perceptual	• motivos • atitudes • intenção		

Fonte: HOWARD, J.; SHETH, J. A Theory of Buyer Behavior. *Journal of the American Statistical Association*. January, 1969.

1.5 Abordagens e teorias contemporâneas

A partir da década de 1980, vem sendo desenvolvida a **Economia Comportamental**, uma área de estudos interdisciplinares que considera os fatores sociais, cognitivos e emocionais que interferem nas decisões dos consumidores e investidores, integrando as teorias da Psicologia e da Sociologia à Economia. Enquanto a teoria econômica moderna é baseada na busca da maximização da utilidade esperada, a economia comportamental estabelece que os agentes econômicos tomam decisões muitas vezes incompatíveis com atitudes baseadas em expectativas racionais.[14]

Essa nova perspectiva surgiu com base em pesquisas que revelaram que as pessoas não agem dentro do padrão de racionalidade estabelecido no modelo econômico,

---

14 COSTA, F. N. *Economia comportamental*: de volta à filosofia, sociologia e psicologia. Texto para discussão. Campinas: IE/Unicamp, n. 173, dez. 2009. p.3.

mas apresentam **desvios do padrão** em três comportamentos: preferências, crenças e escolha/decisão. Os primeiros pesquisadores foram os psicólogos Kahneman e Tversky, que, em 1979, desenvolveram a **teoria dos prospectos**, tornando-se ela um dos principais pilares para o desenvolvimento da disciplina.[15]

A partir de então, as teorias da economia comportamental passaram a questionar a validade do **modelo do comportamento do consumidor**, que pressupõe serem as decisões de consumo tomadas de modo racional, com avaliação objetiva de benefícios e custos.[16]

Com base nos pressupostos e teorias da Economia Comportamental e combinando os métodos de pesquisa experimental da Neurociência, surgiu a área de estudos da **Neuroeconomia**. Utilizando-se das tecnologias de diagnóstico por imagem e tomografia por ressonância magnética funcional, os pesquisadores obtiveram avanços extraordinários no mapeamento cerebral.[17]

A **Neurociência** estuda a estrutura e o funcionamento dinâmico do cérebro e tem crescentemente enfatizado o papel do ambiente, do corpo, da experiência e do comportamento em moldar o cérebro em sua organicidade, reduzindo a importância da natureza vinculada à genética e ressaltando a influência das experiências vividas.[18]

O **Neuromarketing** busca aplicar os conhecimentos neurocientíficos em pesquisas mercadológicas para a compreensão do funcionamento dos processos neurais e suas implicações nos desejos e comportamentos dos indivíduos. Uma de suas áreas de estudo visa compreender a resposta cerebral à propaganda e às mensagens e imagens a ela associadas por meio do uso de neuroimageamento. O objetivo é estudar como o cérebro é fisiologicamente afetado por propagandas e incentivos de marketing.[19]

A aplicação de métodos originalmente utilizados em **pesquisas cerebrais** na investigação de problemas relacionados à tomada de decisões econômicas possibilita a compreensão das **variáveis neurocognitivas** e comportamentais envolvidas na tomada de decisão individual e interpessoal.[20]

---

[15] KAHNEMAN, D.; TVERSKY, A. Prospect theory: an analysis of decision under risk. *Econometrica*, 47, 1979. p. 263-291.

[16] DELLAVIGNA, S. Psychology and economics: evidence from the field. *Journal of Economic Literature*, American Economic Association, v. 47(2), jun. 2009. p. 315-72; MULLAINATHAN, S.; THALER, R. H. Behavioral Economics. Working Paper N. 00-27, MIT Dept. of Economics, Cambridge, MA, set. 2000

[17] CAMERER, C. et al. Neuroeconomics: how neuroscience can inform economics. *Journal of Economic Literature*, v. XLIII, mar. 2005. p. 9-64.

[18] GIUFRIDA, G.; ROSE, N.; ABI-RACHED, J. Neuro: the new brain sciences and the management of the mind. *Mana*, v. 19, n. 2, 2013. p. 394-397.

[19] ALMEIDA, C.; ARRUDA, D. O neuromarketing e a neurociência do comportamento do consumidor: o futuro por meio da convergência de conhecimentos. *Ciências & Cognição*, v. 19(2), 2014. p. 278-297.

[20] COSTA, F. N., 2009. p.3.

Segundo uma lista publicada em 2012 no *site* da *Neuromarketing Science & Business Association (NMSBA)*, existem cerca de oitenta empresas ao redor do mundo especializadas na aplicação do **mapeamento cerebral** em pesquisas mercadológicas.[21]

Na psicologia social, que estuda as relações que os indivíduos mantêm entre si e com a sociedade e a cultura, os temas principais de investigação são a cognição social, as atitudes e os processos grupais. Algumas novas vertentes que se vêm mostrando promissoras são a **Neurociência Social** e a **Psicologia Social Evolucionista**.[22]

Também na década de 1980, surgiram novas perspectivas teóricas, uma vez que o consumo se tinha tornado tema de interesse das **ciências sociais**, como a sociologia, a antropologia, a semiótica, a história e a geografia, entre outras. Essas novas perspectivas provocaram uma mudança de paradigma.

Um **paradigma** é o conjunto de crenças, pressupostos e premissas sobre o objeto e o método de um campo de estudo acadêmico-científico. O paradigma dominante no estudo do comportamento do consumidor até a década de 1970 era o **positivismo**. A perspectiva positivista enfatiza que nas ações humanas a razão predomina, havendo apenas uma verdade única e objetiva que pode ser descoberta pela ciência. O consumidor é visto como "homem econômico", utilitarista, calculista, processador racional de informações, que faz cálculos de custo *versus* benefício antes de decidir.

Tal perspectiva pressupõe uma função objetiva, uma finalidade racional para os objetos e as ações humanas. O **método positivista** inclui pesquisas quantitativas, experimentos e medidas de escala que visam medir, quantificar, controlar e prever o comportamento dos consumidores. O enfoque das pesquisas só reconhece como válido o conhecimento baseado em fatos e dados empíricos, ou seja, decorrentes da experiência real.

Um novo paradigma passa a ser adotado no final da década de 1970, recebendo o nome de **interpretativismo**. Os pesquisadores que seguem tal paradigma defendem que o comportamento humano é muito mais complexo, nem sempre baseado na razão nem na ótica individualista da maximização da satisfação de necessidades, havendo outros motivos de natureza emocional, subjetiva, social ou política que o explicam.

O **paradigma interpretativista** enfatiza a importância da experiência simbólica e subjetiva. Parte da ideia de que os objetos não têm razão nem significado próprios, mas que os significados das coisas estão na mente dos indivíduos. Assim, parte-se do ponto de vista de que o mundo externo não tem um sentido em si, uma vez que os seres humanos é que atribuem **sentido ao mundo**.

---

21 *Neuromarketing Companies Worldwide*, 8 maio 2012. Disponível em: <http://neurorelay.com/2012/05/08/neuromarketing-companies-worldwide>. Acesso em: 15 mar. 2016.

22 FERREIRA, M. C. A psicologia social contemporânea: principais tendências e perspectivas nacionais e internacionais. *Psicologia*: Teoria e Pesquisa, v. 26, n. especial, 2010. p. 51-64.

Nesse paradigma, a abordagem é analítico-interpretativa e não descritiva, priorizando o entendimento dos comportamentos socioculturais e dos acontecimentos econômico-políticos. Busca-se compreender como os comportamentos e os eventos são em vez de como deveriam ser.

Curiosidade

Pesquisas realizadas por antropólogos revelam que um automóvel pode significar para os consumidores não apenas um meio de transporte, mas diversas possibilidades de fantasias, prazer, prestígio, poder, agressão, mobilidade, alienação, autoexpressão, inserção social ou autorrealização.[23]

A perspectiva da antropologia cultural[24] considera a marca de um produto como um **símbolo** que representa um valor compartilhado pela sociedade. Assim, as marcas representam **significados simbólicos**. Estes são associados às marcas por meio da **propaganda** e das atividades de marketing, sendo interpretados pelos consumidores com base em seus valores, metas pessoais e hábitos culturais.[25] Para entender os significados atribuídos pelos consumidores às marcas, temos de conhecer a cultura em que vivem. E não há apenas uma cultura, mas várias **culturas** específicas dos distintos grupos sociais. Portanto, as marcas de produtos podem ter diferentes significados para cada grupo social.

No Quadro 1.4, são apresentados alguns significados simbólicos associados às marcas de vestuário por jovens mulheres de baixa renda.

Quadro 1.4 Significados simbólicos das marcas de vestuário

Para as jovens mulheres de baixa renda, residentes na cidade de São Paulo, as marcas de roupas são usadas para expressar autoestima, identidade e estilo de vida. Seus pais e namorados também preferem "roupa de marca" por motivos diversos, hedônicos e identitários, como vemos a seguir.

"Gosto de blusinha com marca. Chama mais atenção. Quando você vai comprar, às vezes elas perguntam onde você quer a marca, na frente, atrás, do lado. Tem pessoas que preferem só detalhes, mas mesmo assim o detalhe diz onde você comprou." (Mulher, 21 anos)

---

[23] FRANCA, M.S.; CASOTTI, L.; FARIA, M. *Sonhos Parcelados das Famílias: Significados e Sentimentos Associados ao Automóvel*. 37. Rio de Janeiro: EnANPAD, set. 2013.

[24] ROCHA, E.; BARROS, C. Dimensões culturais do marketing: teoria antropológica, etnografia e comportamento do consumidor. *Revista Adm. Empresa*, v. 46, n. 4, 2006. p. 1-12.

[25] BARBOSA, L.; CAMPBELL, C. (Org.). *Cultura, consumo e identidade*. Rio de Janeiro: Editora da FGV, 2006; DOUGLAS, M.; ISHERWOOD, B. *O mundo dos bens*: para uma antropologia do consumo. Rio de Janeiro: Editora da UFRJ, 2006.

> "Comprei camiseta Volcom e bermuda da Cyclone pro meu pai, ele queria. Você sabe, quando a pessoa é mais velha, gosta de parecer menininho. Aí ele fala 'as meninas mexeram comigo', e eu falo 'também, só anda de marca!'" (Mulher, 20 anos)
>
> "Meu namorado só gosta de roupa de marca. Tem camisa da Volcom, camiseta da Onbongo. Vejo muito menino usando marca. É pra se mostrar pras meninas. Só porque está usando roupa de marca, as meninas falam: esse tem dinheiro." (Mulher, 19 anos)
>
> "Ele gosta muito de roupa de surfe. É Onbongo e Rip Curl. Da Cyclone, ele tem bermuda, que custa 130 reais. Ele gosta de se sentir bem usando o que gosta. Não sei se é pra agradar a ele mesmo. Ele não se sente bem usando roupa da C&A. E só usa tênis Nike e Adidas." (Mulher, 22 anos)

Fonte: LIMEIRA, T. *Comportamento de compras de jovens de baixa renda no varejo de vestuário*. 2° Congresso Latino-Americano de Varejo, São Paulo, 2010.

Questões

1. Com base nos conceitos e teorias apresentados neste capítulo, explique o comportamento dos jovens de baixa renda que preferem comprar roupas de marca com preços mais elevados.
2. Identifique, por ordem de importância, quais os fatores que influenciam as decisões de compra de vestuário de moda por parte dos jovens brasileiros, residentes nas grandes cidades, independentemente de faixa etária ou renda familiar.
3. Se os homens jovens de baixa renda e de alta renda compram as mesmas marcas de tênis (Adidas, Nike etc.), qual a diferença nos fatores motivacionais e nos significados atribuídos às marcas entre estes dois segmentos de consumidores?

Saiba+

Algumas pesquisas baseadas na abordagem interpretativa do consumo buscam compreender as condições de vida e os significados do consumo da população de baixa renda, que enfrenta discriminação social, em situações como a vivida pela consumidora jovem residente em São Paulo:

> "Tem lugares que a vendedora te olha de cima a baixo antes de te atender. Onde eu sei que tem esse tipo de vendedora eu nem entro. Na loja K. fui tratada assim. A pessoa me olhou, virou as costas e não veio me atender. Percebi que elas vêm atender se a pessoa tá vestindo marca ou tá bem-vestida. Pessoas que elas pensam que têm dinheiro, que vão comprar."

Fonte: LIMEIRA, T. *Comportamento de compras de jovens de baixa renda no varejo de vestuário*. 2° Congresso Latino-Americano de Varejo, São Paulo, 2010.

O novo paradigma trouxe uma nova agenda de pesquisa para investigar temas como **consumo simbólico**, rituais de consumo, resistência e boicote do consumidor, consumo como mediador das relações humanas, **consumo sustentável** e construção de **identidades sociais** por meio do consumo, entre outros. Os autores pioneiros dessa abordagem foram Russell Belk, A. Firat, Elizabeth Hirschman, Morris Holbrook, Sidney Levy, Grant McCracken, Mary Douglas e Colin Campbell, entre outros.

A explicação a seguir ajuda a entender o consumo como um processo complexo, englobando as dimensões individual, social e cultural:

> O consumo envolve não apenas usar bens, mas sonhar com eles, passear em lojas, comprar, personalizar e dispor de bens. O consumo é a emoção de dirigir um carro em alta velocidade; é a combinação de adereços numa blusa; é ler um anúncio no jornal. É também procurar algo num *shopping center*; é hesitar entre vários modelos numa feira de automóveis, é interagir com o vendedor numa loja. É ainda o sentimento de alegria ou tristeza diante de um bem que agradou ou não, e a pilha de objetos abandonados no fundo da gaveta. É reciclar uma lata de cerveja ou queimar o lixo.[26]

Outra perspectiva adotada no estudo do consumo é a da **teoria crítica**, cujas principais referências são os autores Adorno e Horkheimer, pioneiros na abordagem crítica da cultura de consumo.[27] Entre outros temas, eles focaram suas análises na estrutura de funcionamento da publicidade, em que analisaram as "configurações psicológicas" que pudessem explicar "por que e como a sociedade moderna produz indivíduos capazes de reagir a esses estímulos, dos quais, inclusive, sentem necessidade".[28]

Quadro 1.5 Contribuições das ciências para o estudo do consumidor

Disciplina acadêmica	Objeto de estudo
Antropologia cultural	Estuda a cultura de um grupo ou sociedade e a influência da cultura no indivíduo.
Economia	Estudo dos fatores que regulam o mercado e as variações da demanda segundo a renda, os preços e as preferências dos consumidores.
Psicologia	Estudo dos fenômenos psíquicos e do comportamento dos indivíduos.
Psicologia social	Estuda como o indivíduo se comporta em grupo.
Sociologia	Estudo do indivíduo na sociedade, as relações sociais.
Semiótica	Estudo dos signos e símbolos, e dos processos de significação.

Fonte: elaborado pela autora.

---

[26] CALDER, L. G. *Financing the american dream:* a cultural history of consumer credit. Princeton: Princeton University Press, 1999. Apud DURAND, J. C., 2003. p. 8.
[27] ADORNO, T.; HORKHEIMER, M. *Temas básicos da sociologia.* São Paulo: Cultrix, 1973. p. 27.
[28] FONTENELLE, I. Psicologia e marketing: da parceria à crítica. *Arquivos Brasileiros de Psicologia*, v. 60, n. 2, 2008.

1.6 O estudo do consumidor e a gerência de marketing

Entender o comportamento do consumidor é a primeira responsabilidade do profissional de marketing. Partindo do conhecimento sobre a empresa, seus clientes e concorrentes, esse profissional poderá desempenhar seu trabalho, que engloba o planejamento, a implementação e o controle das atividades estratégicas e táticas de marketing, visando criar valor para os clientes e, simultaneamente, para os diversos públicos da empresa. Em inglês, esses públicos são denominados *stakeholders*.

O **planejamento estratégico de marketing** é o processo de decisão gerencial sobre objetivos, estratégias, programas e orçamentos de marketing. Esse processo engloba seis etapas.

A primeira etapa do planejamento de marketing é a **análise do ambiente**, que abrange a coleta e a análise de informações sobre fatores externos e internos à empresa, visando identificar riscos e oportunidades de negócios, bem como os pontos fortes e fracos da empresa e dos concorrentes. Também são realizadas pesquisas sobre o comportamento do consumidor.

Na segunda etapa, são definidos os **objetivos de marketing**, na terceira, são elaboradas as **estratégias de marketing**, na quarta, são detalhados os planos e programas para **implementação das estratégias**, na quinta, são definidos os meios para **controle e avaliação** dos resultados dos programas implementados, e na sexta etapa é detalhado o **orçamento de marketing**.

Os **objetivos de marketing** são as decisões sobre o volume de receitas e lucros a serem alcançados, bem como a participação de mercado almejada para cada produto da empresa.

As **estratégias de marketing** são o conjunto de decisões sobre o modo como a empresa criará valor para seu público-alvo e os diversos públicos interessados. As estratégias selecionadas devem estar baseadas nos pontos fortes da empresa e nas oportunidades de mercado identificadas, para alavancar as competências e recursos da empresa, explorar as oportunidades de negócios e atingir os objetivos empresariais.

São seis as **estratégias de marketing**, a saber: seleção dos segmentos de mercado e do público-alvo (*targeting*, em inglês), posicionamento, portfólio de produtos, preços, composto promocional e distribuição.

A estratégia de selecionar o mercado em que a empresa vai competir engloba a definição do segmento de consumidores e das características do **público-alvo** para o qual serão direcionadas as estratégias e os programas de marketing. Cada público-alvo requer uma estratégia de marketing distinta. Como exemplo, um fabricante de sorvetes pode ter dois públicos-alvo: crianças de 3 a 12 anos e adolescentes de 13 a 17 anos. Os produtos oferecidos e a propaganda serão diferentes para cada segmento de público, porque eles têm desejos e comportamentos distintos, como mostra o Quadro 1.6 a seguir.

Quadro 1.6 Exemplo de segmentos de consumidores potenciais para sorvetes

Questões para conhecer os consumidores de sorvetes
Quantas crianças e jovens tem o hábito de tomar sorvetes?
Quantos sorvetes as crianças e os jovens tomam por mês e por ano?
Quais as características pessoais, culturais, sociais e comportamentais de cada segmento de consumidores?
Que fatores os motivam a tomar sorvetes?
Como é o processo de compra de sorvetes?
Qual o nível de fidelidade às marcas de sorvetes?
Onde costumam comprar os sorvetes?
O que eles gostam e não gostam nos sorvetes atuais?

Fonte: Disponível em: <http://blogsorveteecia.blogspot.com.br/2014_07_01_archive.html>; <http://galeria.colorir.com/natureza/estacoes-do-ano/verao-2-pintado-por-laila-1008298.html>. Acesso em: 4 jan. 2016.

O **posicionamento** é a estratégia de selecionar um conjunto de qualidades tangíveis e intangíveis a serem associadas à marca que a diferenciarão da concorrência e influenciarão a preferência e a fidelidade do consumidor. Em outras palavras, o posicionamento visa definir a **imagem da marca** a ser construída na mente do consumidor por meio das ações de marketing. Como exemplo, a margarina Qualy, da Sadia, é posicionada como "a única margarina que oferece qualidade de vida".

Na prática

Para o banho do bebê, só sabonete líquido JOHNSON'S®
Porque o que é bom para o adulto nem sempre é bom para seu recém-nascido.

JOHNSON'S® baby Sabonete Líquido Glicerinado da Cabeça aos Pés limpa suavemente a pele do bebê da forma que os profissionais recomendam. É utilizado em maternidades desde o primeiro banho do bebê. Sua exclusiva fórmula "Chega de Lágrimas®" limpa sem ressecar a pele do bebê, pois contém alto teor de glicerina, ingrediente essencial para o cuidado com a pele dos recém-nascidos. É clinicamente testado, hidratante, e é biodegradável. Sem álcool.

Questão: Explique qual é a estratégia de posicionamento do sabonete líquido Johnson's, indicando as características do público-alvo, a proposta de valor e a imagem desejada para a marca.

Fonte: Johnson & Johnson. Disponível em: <https://www.johnsonsbaby.com.br/produtos/sabonete-liquido/johnsons-baby-sabonete-liquido-glicerinado-da-cabeca-aos-pes>. Acesso em: 3 maio 2016.

A **estratégia de produto** inclui as decisões sobre as características e os benefícios dos produtos e serviços oferecidos, como nome da marca, design, tamanho, cor, peso, espessura e embalagem dos produtos.

A **estratégia de preço** refere-se à decisão do preço do produto a ser pago pelo consumidor, bem como os descontos, o crédito oferecido e o prazo de pagamento.

A **estratégia de promoção** engloba as decisões sobre comunicação e promoção de marketing, incluindo as seguintes ferramentas: propaganda (ou publicidade), promoção ao consumidor, relações públicas, serviço de atendimento, telemarketing, vendas, marketing direto, assessoria de imprensa, *website* da empresa, comunicação nas redes sociais e *merchandising* no ponto de venda.

A **estratégia de distribuição** inclui as definições sobre os canais de venda, como tipo e quantidade de revendedores, número e qualificação dos vendedores, entre outras. Inclui a venda *on-line* e a venda direta porta a porta.

Em síntese, entender como o consumidor reage, o que ele pensa, necessita e deseja é a primeira etapa da gestão de marketing. A eficácia das decisões e ações de marketing depende da qualidade das informações coletadas sobre o consumidor e da análise dessas informações.

O estudo do consumidor, portanto, é uma tarefa importante e difícil, mas bastante estimulante e gratificante, o que recompensa o trabalho árduo e complexo do profissional de marketing.

Resumo

1. **Estudar o comportamento** do consumidor significa entender por que compramos e usamos determinados produtos e por que escolhemos certas marcas e não outras.

2. A **necessidade** é um estado de carência ou privação de algo essencial para as pessoas. Pode ser **inata** ou **adquirida**.

3. O **desejo** é um estado psicológico direcionado à obtenção de uma satisfação ou prazer (saborear uma pizza), sem que seja preciso haver uma carência (fome) que justifique o consumo do produto.

4. **Produto** ou bem de consumo é tudo o que é comercializado ou comprado por alguém, visando satisfazer necessidades ou desejos. Podem ser bens **tangíveis** ou **intangíveis**.

5. O **comportamento do consumidor** é o conjunto de reações ou respostas dos consumidores a **fatores pessoais**, **ambientais** e **situacionais**, bem como aos **estímulos de marketing** (produto, preço, distribuição e promoção).

6. A **sociedade de consumo** é aquela em que a maior parte da população consome acima de suas necessidades básicas, que são satisfeitas pelo mercado. As práticas de consumo são socialmente aprovadas e as identidades formam-se em função de estilos de vida definidos pelo consumo.
7. **Paradigma** é o conjunto de crenças, pressupostos e premissas sobre o objeto e o método de um campo de estudo acadêmico-científico.
8. Dois paradigmas utilizados no estudo do comportamento do consumidor são o **positivismo** e o **interpretativismo**, que se diferenciam em pressupostos e metodologias.
9. A **gestão de marketing** engloba planejamento, implementação e controle das atividades estratégicas e táticas de marketing, visando criar valor para o cliente e, simultaneamente, para os diversos públicos da empresa.
10. O **planejamento estratégico de marketing** é o processo gerencial de decisão sobre segmentos-alvo, objetivos, estratégias, programas e investimentos de marketing.
11. As **estratégias de marketing** são o conjunto de decisões que se referem ao modo como a empresa criará valor para seu público-alvo e os diversos públicos interessados.
12. São seis as **estratégias de marketing**: seleção do mercado ou público-alvo, posicionamento, portfólio de produtos, preços, composto promocional e distribuição.
13. **Economia Comportamental** é uma área de estudos interdisciplinares, que considera os fatores sociais, cognitivos e emocionais que interferem nas decisões dos consumidores e investidores.
14. **Neuromarketing** é uma área de estudos que visa aplicar os conhecimentos neurocientíficos para a compreensão do funcionamento dos processos neurais e suas implicações nos desejos e comportamentos dos indivíduos.

Exercícios

1. Após a leitura do capítulo, resuma o que você aprendeu sobre o comportamento do consumidor.
2. Cite um produto, além dos já apresentados no capítulo, que tenha passado por alguma mudança recente. Explique-a com base no que você aprendeu até aqui.
3. Qual é a importância do estudo do comportamento do consumidor e quais são suas respectivas implicações nas decisões de marketing?
4. No Quadro 1.1, da página 8, foram apresentados os diferentes papéis do consumidor no processo de compra e consumo. Construa um quadro similar, trocando os exemplos por dois outros que estejam presentes em seu cotidiano.
5. Escolha um produto que você usa e explique para seus colegas quais as características e benefícios que você percebe nele.

Caso para discussão 1

O padrão de compra do brasileiro está mudando

O consumo provoca discussões acaloradas e é a razão de ser de organizações como a canadense Adbusters, algo como "os destruidores de propagandas" (Conheça mais a respeito consultando: <http://www.adbusters.org>), que promove ações como o "Dia de não comprar nada". Mas se há pouco a fazer pela redução do consumismo no mundo moderno, ao menos é possível refletir sobre o que estamos consumindo e rever nossos hábitos e atitudes. Afinal, aquilo que compramos expõe muito do que somos e almejamos ser.

"No ambiente do campo, as pessoas trabalhavam juntas. Na cidade, elas consomem juntas", diz a antropóloga Lia Zanotta, da Universidade de Brasília. Para Eduardo Schubert, presidente da Associação Nacional de Empresas de Pesquisas, "caminhamos no sentido de consumir não apenas um produto ou serviço, mas o que está por trás dele". A tendência ainda é incipiente no Brasil, mas um segmento das classes média e alta já escolhe produtos observando o padrão ético e social das empresas que os produzem.

Segundo os estudiosos do consumo, não aspiramos apenas a produtos, mas a valores, como conforto e modernidade. Esses valores podem mudar de uma hora para outra. Se na década de 1960 o sonho de todo brasileiro era ter um aparelho de TV, na virada de século o objeto do desejo é um *home theater* completo, com uma tela de muitas polegadas. Sonhos como o da casa própria, embora ainda fortes, perdem lugar para o de uma educação que garanta prosperidade e o de desfrutar as coisas boas da vida.

Ganha espaço o desejo de consumir tudo o que esteja relacionado ao prazer e ao bem-estar: a beleza da casa, a boa comida e "mimos" (como massagens ou banhos terapêuticos). Globalmente, vivemos um crescimento do consumo e a sofisticação dos produtos e serviços.

"A tecnologia e as telecomunicações facilitaram o acesso a luxos antes restritos a outras classes sociais", explica James Wright, coordenador do Programa de Estudos do Futuro da Universidade de São Paulo. "Hoje, a classe média tende a gastar mais com lazer, o que é consequência de uma evolução das necessidades básicas atendidas".

▶

Outra razão para o deslocamento do consumo para ideais hedônicos e individualistas seria a insegurança em relação ao mundo, hoje tão mais incerto. É nesse contexto que a casa adquire um novo significado. Mais do que nunca, passa a ser um refúgio e local de encontro. "As pessoas estão gastando muito para equipar melhor a casa", diz Cecília Russo, diretora da Troiano Consultoria, empresa de pesquisa.

Fonte: adaptado de PEREIRA, Paula. O consumo do prazer. *Época*, n. 294, 5 jan. 2004. Disponível em: <http://revistaepoca.globo.com/Epoca/0,6993,EPT653338-1664-1,00.html>. Acesso em: 15 mar. 2016.

Questões

1. Em sua opinião, os brasileiros estão mudando seus hábitos de consumo, como mostrado no texto? Dê exemplos.
2. Quais mudanças você observa nos tipos de produtos usados em sua casa nos últimos anos? Cite três produtos comprados recentemente.

Palavras cruzadas

1. As .... de marketing sobre que produto fabricar, como vendê-lo, como divulgá-lo e que preço fixar não podem ser tomadas sem que se analisem as razões e os motivos que levam as pessoas a gastarem seu tempo, suas energias e seu dinheiro na compra e no uso de produtos.
2. As necessidades são de dois tipos: .... ou adquirida.
3. O .... é a forma particular de satisfação de uma necessidade.
4. Produto ou .... é um conceito de marketing que designa tudo o que é comercializado ou comprado por alguém, visando satisfazer a necessidade ou o desejo de uma pessoa, de um grupo ou organização.
5. Assim, o comportamento do consumidor é o conjunto de reações ou respostas a fatores pessoais, ambientais e situacionais, bem como aos .... de marketing.
6. Os primeiros anúncios do Brasil são os ....
7. No Brasil, o estudo do marketing iniciou-se em 1954, com a fundação da primeira escola superior em administração de empresas, que foi a ...., em São Paulo.

8. Um .... é o conjunto de crenças, pressupostos e premissas sobre o objeto e o método de um campo de estudo acadêmico-científico.
9. Existem dois tipos de paradigma: o .... e o interpretativista.
10. Analisar, entender e explicar como o consumidor reage, o que ele pensa, necessita e deseja é a primeira etapa na elaboração do ....

1. Decisões 2. Inata 3. Desejo 4. Bem de consumo 5. Estímulos 6. Classificados 7. FGV-EAESP 8. Paradigma 9. Dominante 10. Plano de marketing

Leituras sugeridas

As leituras sugeridas fornecem uma visão da evolução das teorias da psicologia e da neurociência, muitas das quais estão sendo aplicadas nos estudos do consumo.

VILELA, A. M. et al. *História da Psicologia*: rumos e percursos. 3. ed. Rio de Janeiro: Nau, 2014.

Nesse livro, os autores apresentam uma visão panorâmica da evolução das teorias e das pesquisas da Psicologia em suas diversas vertentes, o que possibilita aos professores e alunos compreender muitos dos conceitos que serão utilizados em suas pesquisas e análises do comportamento dos consumidores brasileiros.

ALMEIDA, F.; ARRUDA, D. O neuromarketing e a neurociência do comportamento do consumidor: o futuro por meio da convergência de conhecimentos. *Ciências & Cognição*, v. 19(2), 2014. p. 278-297.

O artigo apresenta, de maneira didática, as definições provenientes da aplicação da neurociência no marketing, levanta o processo de evolução desse conhecimento e mapeia as técnicas e tecnologias mais utilizadas atualmente.

Para finalizar

Identifique o público-alvo da propaganda da marca e a proposta de valor para cada público.

Quais os comportamentos esperados do público-alvo?

Propaganda da marca Sundown, da Johnson & Johnson

Capítulo 2

A pesquisa e a segmentação do consumidor

Objetivos do aprendizado

Após estudar este capítulo, você será capaz de:

→ explicar o que é pesquisa de marketing;

→ entender as etapas para elaboração de um plano de pesquisa;

→ conhecer os procedimentos necessários para segmentar os consumidores.

2.1 O sistema de informações e a pesquisa de marketing

Como entender e explicar o comportamento do consumidor? Não é uma tarefa fácil. Porém, pode ser muito divertida e gratificante. Os fabricantes de brinquedos, por exemplo, enfrentam todo ano o desafio de prever o que as crianças querem ganhar no Dia das Crianças e no Natal. Temos de concordar que é uma tarefa desafiante!

Para começar, precisamos criar um método para adquirir conhecimento sobre como e por que as pessoas compram e usam produtos. Na literatura de marketing é proposto um método, o **Sistema de Informações de Marketing (SIM)**, que vem a ser o conjunto de ferramentas e procedimentos utilizados para coleta, armazenamento, processamento, análise e difusão de informações, visando apoiar as decisões e ações de marketing.

Um **sistema de informações** requer investimentos, que poderão ser compensados se as **metas** da empresa forem alcançadas em decorrência de **decisões e ações** corretas e oportunas, tomadas na hora certa.

As **decisões e ações de marketing** visam formular e implementar a estratégia de marketing e o composto mercadológico (produto, preço, promoção e distribuição) para resolver os problemas de marketing e aproveitar as oportunidades de mercado. Cada decisão de marketing requer informações distintas.

O Quadro 2.1, na página seguinte, mostra exemplos de informações para embasar as decisões de marketing.

Quadro 2.1 Informações necessárias para as decisões de marketing

A. Ambiente de marketing

Indicadores econômicos

Taxas de inflação e juros, evolução dos salários e do emprego, Produto Interno Bruto (PIB), poupança, investimentos, ativos financeiros, exportações e importações, impostos

Indicadores sociodemográficos

População, nível educacional, taxa de natalidade ou mortalidade, tipos de domicílios, posse de bens, acesso a internet, acesso a saneamento, tamanho das famílias, casamentos e divórcios etc.

Indicadores culturais

Valores e crenças compartilhados pela população, hábitos de alimentação e higiene, práticas esportivas, festas populares, códigos de linguagem, práticas religiosas, formas de socialização das crianças, papéis sociais de homens e mulheres etc.

Fatores políticos

Eleições, partidos políticos, decisões de governo, grupos de pressão, atuação dos poderes Legislativo e Judiciário etc.

Fatores legais

Leis, decretos e portarias relacionados à área de atuação da empresa nos âmbitos municipal, estadual e federal

Fatores tecnológicos

Patentes aprovadas, tecnologias lançadas ou em desenvolvimento pelos diversos centros de pesquisa nacionais e estrangeiros

Fatores naturais e do meio ambiente

Índices pluviométricos, temperaturas, vegetação, fertilidade do solo, incidência de furacões e raios etc.

B. Concorrência

Concorrentes atuais

Características, forças e fraquezas, estratégias atuais e futuras, vantagem competitiva, resultados financeiros, tecnologia, patentes, linhas de produtos, preços praticados, promoções realizadas, canais de vendas etc.

Concorrentes potenciais

Características e estratégias prováveis das empresas concorrentes e das que podem entrar no mercado

C. Consumidores

Consumidores atuais

Características demográficas, nível de renda, hábitos, valores, crenças, estilo de vida, traços de personalidade, grupos de referência, posse de bens etc.

Consumidores potenciais

Informações sobre pessoas que podem tornar-se clientes da empresa

Fonte: elaborado pela autora.

O SIM inclui três áreas de atividades, a saber:

a) **Registros internos**, que envolvem a coleta e a análise dos dados gerados internamente, em decorrência da operação da empresa.
b) **Inteligência de marketing**, que inclui a coleta e a análise de **dados externos** à empresa, produzidos e divulgados pelos órgãos governamentais, empresas, instituições acadêmicas, entre outras.
c) **Pesquisa de marketing**, que consiste na coleta e análise de **dados primários** sobre os consumidores e o mercado.

Como exemplo, uma empresa farmacêutica costuma pesquisar o número de patentes de remédios aprovadas, que revelam o provável lançamento de novos produtos pelos concorrentes. A empresa que vende produtos alimentícios necessita pesquisar o nível de emprego e a evolução dos salários, de modo a estimar o crescimento do consumo de alimentos em cada região geográfica.

Após fazer uma lista das informações necessárias para embasar suas decisões, o profissional de marketing define como vai coletar essas informações. Podem ser utilizados **dados secundários** e **dados primários**.

Os **dados secundários** são aqueles já disponíveis, que podem ser obtidos de duas fontes: interna ou externa. Os **dados secundários internos** englobam os gerados pelas operações da empresa, que estão sob seu controle. Entre os dados coletados internamente temos: quantidade dos produtos vendidos, sugestões e reclamações recebidas dos clientes, frequência de compra dos clientes, dados cadastrais dos clientes, produtos devolvidos pelos clientes, custos e margem de lucro de cada produto, estoques de produtos etc.

Saiba+

Quais são os hábitos e atitudes dos brasileiros na cozinha?

O profissional de marketing utiliza **pesquisas sobre hábitos e atitudes** dos consumidores para tomar decisões. Recentemente, uma pesquisa publicada pela empresa GfK revelou que 37% das mulheres e 27% dos homens brasileiros são **apaixonados pela cozinha**, sendo que as mulheres passam 7,6 horas semanais cozinhando, enquanto os homens passam 5 horas, como mostra a Figura 2.1.

Fonte: GfK – Pesquisa global. Cozinhar: atitudes e tempo dedicado à tarefa, mar. 2015. Disponível em: <https://www.gfk.com/fileadmin/user_upload/dyna_content/BR/documents/reports/Global-GfK-survey_Cooking_2015_POR.pdf>. Acesso em: 13 mar. 2017.

Figura 2.1 Atitudes dos consumidores e tempo que passam cozinhando

25%   29%   34%
grande conhecimento sobre comida e culinária*

27%   32%   37%
apaixonados por comida e culinária*

5.0   6.4   7.6
tempo que passam cozinhando por semana*

Fonte: GfK, 2015.

Os métodos de **coleta de dados internos** podem ser simples e baratos, como os relatórios dos vendedores, que devem registrar constantemente como foi o contato com o cliente, o que ele comentou sobre o produto ou a empresa e o que cada um comprou. A equipe de atendimento pode registrar as conversas com os clientes e conhecer o grau de satisfação deles com a empresa. Há também as informações recebidas dos clientes por meio de *e-mails*, comentários e dados registrados no *site* da empresa na **internet**.

Os gerentes de marketing podem fazer visitas frequentes aos clientes ou aos pontos de venda, como as lojas de supermercado, para observar **como os clientes compram** e como reagem às promoções de vendas. Os vendedores das lojas podem conversar com os clientes para conhecer suas expectativas, desejos e insatisfações. Quando um caixa de supermercado, por exemplo, pergunta ao cliente se ele encontrou na loja tudo o que queria, está querendo obter uma informação importante: se o cliente ficou satisfeito. Essa informação, se devidamente registrada e analisada, pode ajudar o gerente de marketing a tomar decisões sobre produtos, preços ou promoções.

Os **dados secundários** englobam os gerados por terceiros sobre fatos externos à empresa. Como exemplo, temos: as informações fornecidas pelo Instituto Brasileiro de Geografia e Estatística (IBGE) sobre o número de domicílios brasileiros e o perfil de idade e de renda da população; os índices de audiência dos programas de televisão fornecidos por institutos de pesquisa como o IBOPE; ou o volume de vendas de produtos pela internet. Veja o Quadro 2.2, na página seguinte.

Em geral, encontramos com facilidade **quantidades e valores agregados** dos setores econômicos ou do consumo da população. Quando são públicos e estão disponíveis para quem se interessar, não serão, por si sós, um meio de criar vantagem competitiva para a empresa, a menos que sejam analisados e relacionados a outros dados específicos que só a empresa possui. O indicador de renda da população, isoladamente, pode não ser útil para a tomada de decisão do gerente de marketing. Porém, se for relacionado com outros dados, como a queda nas vendas de produtos de alto preço e o índice de rejeição do consumidor a esses produtos, pode orientar a decisão de mudanças no produto ou no preço.

Os **dados secundários**, exemplificados no Quadro 2.2, podem ser gratuitos, como os do IBGE, ou pagos, como os da empresa de pesquisa Nielsen. Também podem ser ou não confiáveis. Por isso, o profissional de marketing, antes de usar os dados gerados por terceiros, deve avaliar a confiabilidade da organização fornecedora dos dados, verificando se tem capacidade técnica e conduta ética, por exemplo. Entre os dados secundários estão o Web Analytics, termo utilizado para a análise de estatísticas do comportamento dos internautas em websites, redes sociais e plataformas digitais.

Quadro 2.2 Exemplos de fontes de dados secundários

Fonte	Dados para marketing
Ibope <www.ibope.com.br> Nielsen <www.nielsen.com>	Pesquisas de audiência, opinião pública, consumo, mercados, marcas, entre outras.
IBGE <www.ibge.com.br>	Informações sobre a população, a economia brasileira e a geociência do país.
Federação Brasileira de Bancos <www.febraban.org.br> Assoc. Bras. da Indústria Elétrica e Eletrônica <www.abinee.org.br>	Dados sobre o sistema financeiro. Dados de produção e comércio dos diversos setores da economia.
Sistema Estadual de Análise de Dados <www.seade.gov.br>	Indicadores econômicos e sociais do Estado de São Paulo.
Banco Nacional de Desenvolvimento Econômico e Social <www.bndes.gov.br>	Dados e estudos técnicos sobre a economia brasileira.
Instituto de Pesquisa Econômica Aplicada <www.ipea.gov.br>	Dados sociais e econômicos do Brasil e análise do impacto das políticas públicas.
Ministério do Desenvolvimento <www.desenvolvimento.gov.br> Serv. Bras. de Apoio às Micro e Pequenas Empresas (Sebrae) <www.sebrae.com.br>	Dados de setores econômicos e sociais e políticas setoriais, como educação, comércio exterior, indústrias, pequenas empresas e produção agrícola.
Universidade de São Paulo <www.usp.br> Fundação Getulio Vargas <www.fgv.br>	Dados e indicadores sobre economia, sociedade, mercados e tecnologias, entre outros.

Fonte: elaborado pela autora.

Os **dados primários** são relativos a fatos externos e podem ser obtidos sob encomenda a uma empresa de pesquisa. São dados exclusivos e customizados, que vão embasar as decisões estratégicas que visam gerar vantagem competitiva para a empresa. Os dados primários são coletados por meio da **pesquisa de marketing**.

A **pesquisa de marketing** é o processo de coleta, armazenamento, análise e difusão de informações para a tomada de decisões de marketing, realizada por meio de métodos imparciais e sistemáticos. O objetivo final é a eficácia do processo de planejamento e implementação das estratégias e dos programas do composto mercadológico (produto, preço, promoção e distribuição), como mostra a Figura 2.2 na página seguinte.

É considerada uma **área de especialização** profissional, que exige conhecimento de estatística, psicologia, sociologia, antropologia, economia, comunicação e marketing. É, portanto, uma atividade **multidisciplinar**, para a qual contribuem profissionais de diversas áreas.

Saiba + Qual o faturamento do comércio eletrônico no Brasil?

O comércio eletrônico no Brasil superou as expectativas e registrou um faturamento de R$ 41,3 bilhões em 2015, o que representa um crescimento nominal de 15,3%, se comparado a 2014, de acordo com o 33º relatório WebShoppers, da empresa E-bit. Cerca de 39,1 milhões de consumidores realizaram pelo menos uma compra na internet em 2015, volume 3% maior que em 2014.

Cerca de 54% dos consumidores compraram em *sites* internacionais durante 2015, com um gasto médio anual de R$ 449,00. As vendas via dispositivos móveis apresentaram forte crescimento, atingindo uma participação financeira de 15% das vendas, no mês de dezembro/2015.

Fonte: *Webshoppers*. Disponível em: <http://img.ebit.com.br/webshoppers/pdf/33_webshoppers.pdf>. Acesso em: 4 maio 2016.

A **pesquisa de marketing** liga o consumidor e o público à empresa por meio de informações que são utilizadas para:

- identificar os problemas e as oportunidades de marketing;
- compreender o comportamento e as necessidades dos consumidores;
- testar as estratégias e os programas de marketing;
- monitorar o desempenho de marketing.

A pesquisa de marketing tem base **científica** porque é sistemática, usa procedimentos metodologicamente apropriados e documentados e segue os protocolos dos centros de pesquisa científica nas várias áreas de conhecimento (estatística, psicologia, sociologia, antropologia, economia, semiótica, psicanálise, neurociência etc). É objetiva e impessoal quando isenta de inclinações pessoais e políticas. E os dados são coletados e analisados para compreender o comportamento dos consumidores (**pesquisas qualitativas**) e/ou testar noções e hipóteses prévias (**pesquisas quantitativas**).[1]

São quatro as finalidades de uma pesquisa de marketing:

- **exploratória**, para obter informações iniciais que orientem a pesquisa ou compreender com maior profundidade os comportamentos dos consumidores;
- **descritiva**, para revelar as características de pessoas, situações e eventos;
- **diagnóstica**, para explicar os fatores que provocaram comportamentos e acontecimentos;
- **prognóstica**, para prever comportamentos e acontecimentos futuros, resultantes dos estímulos de marketing ou da evolução dos fatores do ambiente.

Figura 2.2 A pesquisa de marketing

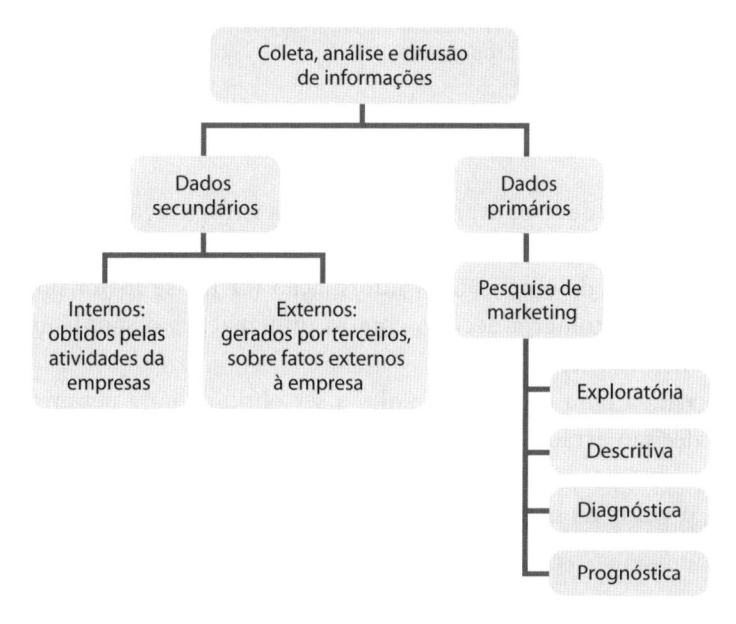

Fonte: elaborada pelo autora.

A **primeira etapa** da pesquisa de marketing é responder à pergunta "Por que realizar uma pesquisa?". A resposta é o **propósito da pesquisa**, que engloba o **problema gerencial** e o **problema da pesquisa**.

O problema gerencial é o que motiva a realização da pesquisa, e pode ser uma dificuldade ou uma oportunidade de mercado. A dificuldade decorre de uma diferença entre o que era para acontecer (objetivos) e o que aconteceu (resultados).

---

[1] MALHOTRA, N. K. *Pesquisa de marketing*: uma orientação aplicada. Porto Alegre: Bookman, 2012. p. 76.

O problema gerencial estabelece a direção a ser seguida pela pesquisa, uma vez que uma definição malfeita do problema pode comprometer a qualidade e eficácia do projeto. A declaração do problema gerencial é orientada para a ação, já que sua resolução requer decisões e ações concretas.

O problema de pesquisa refere-se às informações específicas que o pesquisador deve buscar para ajudar a resolver o problema gerencial. A declaração do problema de pesquisa é orientada para a investigação, visando descobrir as possíveis causas ou as variáveis influenciadoras da situação.

O Quadro 2.3 exemplifica cada um desses problemas.

Quadro 2.3 Exemplo de problema gerencial e de pesquisa

Problema gerencial	Problema de pesquisa
As vendas do produto estão abaixo da meta e o gerente de marketing deve decidir por realizar uma promoção de vendas ou uma propaganda do produto	É necessário determinar os fatores que levaram à queda das vendas

Fonte: elaborado pela autora.

Ainda nessa etapa, deve-se avaliar se o **custo da informação** é compensado pelos ganhos esperados com a maior eficácia das decisões estratégicas e operacionais de marketing. Se o custo de obtenção da informação tornar-se maior do que o ganho esperado, é preferível tomar a decisão com as informações disponíveis, mesmo que imprecisas ou insuficientes.

Uma alternativa para calcular o ganho a ser obtido com a pesquisa é estimar o custo de uma decisão errada, que pode ser, por exemplo, o volume de vendas perdido durante certo período de tempo ou os custos adicionais decorrentes da decisão errada.

Portanto, o **valor da informação**, calculado pela comparação entre custos e ganhos, depende:

- da importância da decisão;
- da incerteza da situação;
- da influência do resultado da pesquisa na decisão gerencial.

Após a definição do propósito da pesquisa, **a segunda etapa** é a preparação do **plano da pesquisa**, documento que descreve os objetivos, as hipóteses, a metodologia, as fontes secundárias de informação, o procedimento de amostragem, os questionários e outras técnicas de coleta de dados, o cronograma, o orçamento, o modo de apresentação dos resultados e a equipe responsável pela pesquisa, como mostra a Figura 2.3.

Figura 2.3 As estapas da pesquisa de marketing

- **1º** Definições de própósito da pesquisa
- **2º** Elaboração do plano de pesquisa
- **3º** Trabalho de campo e coleta de dados
- **4º** Processamento e análise de dados
- **5º** Preparação e apresentação do relatório de resultados

Fonte: elaborada pela autora.

O **objetivo da pesquisa** é definido a partir do problema gerencial, como exemplificado no Quadro 2.4. Podem-se definir um objetivo geral e vários objetivos específicos, que visam responder às questões formuladas pelo gestor de marketing.

Com base nos objetivos da pesquisa, podem ser formuladas as **hipóteses**, que são as prováveis respostas para as questões da pesquisa. A hipótese é uma declaração conjectural (não comprovada) sobre a relação entre as variáveis que pode ser testada empiricamente. Ela sugere as **variáveis da pesquisa**, que são as características ou fatores observáveis e/ou mensuráveis de um fenômeno (comportamento, evento, situação), sobre os quais devem ser coletadas informações.

Quadro 2.4 Exemplos de objetivo geral e objetivos específicos da pesquisa

Objetivo geral	Objetivos específicos
Quais são os fatores que levaram à queda das vendas do produto e o que pode ser feito para aumentar as vendas.	a) Conhecer o perfil, hábitos de compra e atitudes dos consumidores. b) Identificar os principais fatores que levaram à queda das vendas do produto. c) Recomendar ações de marketing que motivarão os consumidores a comprar.

Fonte: elaborado pela autora.

A **hipótese de pesquisa**, como exemplificado no Quadro 2.5, é uma orientação para o trabalho de pesquisa, mas não é necessário que toda questão de pesquisa tenha uma hipótese correspondente. Em alguns casos, a falta de informações impossibilita formular hipóteses sobre os comportamentos e eventos a serem investigados.

Quadro 2.5 Exemplo de objetivo e hipótese da pesquisa

Objetivo da pesquisa	Hipótese da pesquisa
Conhecer o perfil dos consumidores, seus hábitos de uso e atitudes em relação ao produto.	Os consumidores trocaram o produto da empresa pelo concorrente, considerado de melhor qualidade.

Fonte: elaborado pela autora.

Em seguida, é escolhido o **método de pesquisa**, que pode ser **exploratória (qualitativa)**, visando não somente a coleta e análise de dados para a formulação de hipóteses a serem testadas posteriormente, como também para a compreensão dos problemas de marketing e o conhecimento aprofundado dos comportamentos dos consumidores por meio da **análise interpretativa**.

Os métodos de **pesquisa conclusiva (quantitativa)** são a descritiva e a causal.

É definida a **amostragem**, ou seja, o procedimento para selecionar ou sortear amostras de uma população para inferir conhecimento sobre o todo.

No **plano da pesquisa** são também definidos o cronograma, o orçamento e a equipe responsável pela pesquisa.

A **terceira etapa** é o **trabalho de campo** e a **coleta de dados**. Existem empresas especializadas em coleta de dados com equipes treinadas, que podem propor a metodologia do trabalho, a equipe responsável, o cronograma e o orçamento da pesquisa.

Na **quarta etapa**, são realizados o processamento e a análise, quando os dados são organizados, mensurados e/ou interpretados. Para o processamento, são utilizados programas de computação específicos.

A **análise dos dados quantitativos** inclui a codificação e a tabulação dos dados. Em seguida, é realizada a **análise estatística**, que descreve e quantifica os comportamentos dos consumidores e dos eventos revelados pela pesquisa, bem como as relações entre eles. As tabelas de dados permitem apresentá-los em frequências absolutas, relativas e acumuladas, bem como outros indicadores estatísticos para calcular **medidas comportamentais**, como o índice de satisfação ou de lealdade do consumidor.

A **análise estatística** engloba as técnicas de análise multivariada, como análise de consistência interna, análise fatorial exploratória e análise fatorial confirmatória, entre outras. Para a análise estatística dos dados é comumente utilizado o *software* SPSS, entre outros.[2]

Nas pesquisas sobre a comunicação na propaganda, na mídia, em textos ou discursos, é comumente utilizada a **análise de conteúdo**, que segundo Bardin,[3] visa obter, por procedimentos sistemáticos de descrição do conteúdo das mensagens, alguns indicadores (quantitativos ou não) que permitam a inferência de conhecimentos sobre as condições de produção e recepção das mensagens.

Nas **pesquisas exploratórias (qualitativas)**, definem-se as categorias de análise, os conceitos, os pressupostos e as teorias que irão orientar o trabalho de campo e a **análise interpretativa**. As entrevistas, feitas por meio de questionários, são gravadas e transcritas, como também são transcritos os dados coletados por observação do pesquisador.

---

[2] IBM. SPSS Statistics. Disponível em: <http://www-03.ibm.com/software/products/pt/spss-statistics>. Acesso em: 16 mar. 2016.
[3] BARDIN, L. *Análise de conteúdo*. Lisboa: Edições 70, 1995. p. 42.

A **análise interpretativa** consiste na reflexão do analista sobre o que foi observado e captado nas entrevistas, com base em conhecimentos teóricos e empíricos mais amplos, que extrapolam os dados coletados. Para isso, requer profissionais com conhecimento de conceitos e teorias de economia, semiótica, sociologia, antropologia ou psicologia, dependendo dos objetivos da pesquisa e dos dados a serem coletados. A análise terá variações dependendo da perspectiva teórica escolhida, como a da psicologia, por exemplo, que se utilizará de teorias (percepção, aprendizagem, decisão, motivação, personalidade etc.) e métodos (psicanálise, neuropsicologia, psicometria, método experimental ou histórico-cultural) específicos dessa ciência. Essa diversidade de interpretações pode ser valiosa, porque permite ampliar a compreensão dos problemas e levar à criação de soluções inovadoras.

A **quinta etapa** é a preparação e apresentação do **relatório de pesquisa**, que visa comunicar o que é relevante para a tomada de decisão de marketing.

O **relatório da pesquisa** é o resultado concreto de todo o trabalho realizado e o meio pelo qual se obtém o retorno do investimento feito na pesquisa. Por meio do relatório, o gestor de marketing obterá novas informações e ideias para suas decisões e ações. Portanto, é a peça-chave de todo o trabalho. A qualidade do relatório está na clareza e objetividade da apresentação das informações principais relacionadas às questões formuladas para a pesquisa e às decisões ou problemas gerenciais.

Em síntese, transformar informações isoladas e específicas em conhecimento útil para a tomada de decisões é uma das principais responsabilidades do pesquisador de marketing.

2.2 Tipos de pesquisa e métodos de coleta de dados

São três os tipos de pesquisa de marketing: exploratória, descritiva e causal. A **pesquisa exploratória** visa aprofundar a compreensão do problema gerencial e dos comportamentos dos consumidores, bem como a formulação de hipóteses a serem testadas em estudos conclusivos posteriores. É uma pesquisa **qualitativa**, não estruturada, que procura compreender comportamentos e eventos, aprofundar o entendimento dos fatores influenciadores do problema, revelar fatores importantes e buscar hipóteses e alternativas de solução do problema. Assim, os dados obtidos não podem ser quantificados, nem projetados para o futuro, nem generalizados, uma vez que este não é o objetivo da pesquisa e a amostra não é representativa da população.

Saiba+ Exemplo de texto de um relatório de pesquisa

O objetivo da pesquisa foi compreender a intensidade da influência dos formadores de opinião e dos grupos de referência na decisão de compra dos clientes de menor renda. Para tanto, foi conduzido um estudo descritivo transversal único.

Para a definição da amostra da população de clientes, foram escolhidas duas lojas das Casas Bahia situadas na região central da cidade de Campo Grande/MS. A amostra foi aleatória simples formada por 245 clientes que estavam presentes na frente das lojas nos dias das entrevistas. A margem de erro escolhida para as respostas foi de 5% para mais ou para menos, dentro de um intervalo de confiança de 95%.

A coleta de dados foi efetuada por meio de questionário estruturado. A entrevista consistiu em abordar, pessoalmente, os clientes após efetuarem suas compras nas lojas.

As variáveis do grau de influência dos formadores de opinião e grupos de referência foram mensuradas por meio da escala Lickert de intervalos, variando de 1 (sem influência) a 5 (muito influente).

Os dados revelam que os funcionários das lojas e as propagandas com promoções têm grande influência na decisão de compra dos consumidores.

Fonte: ZAYEDE, T. H. et al. *A Influência do Ambiente Social na Decisão de Compra dos Consumidores de Baixa Renda: Um Estudo em Lojas das Casas Bahia.* IX SEMEAD – Seminário em Administração FEA-USP, São Paulo, SP, ago. 2006.

A **pesquisa descritiva** é de natureza quantitativa e realizada para descrever e quantificar fatos e comportamentos, respondendo às perguntas "Quem?", "O quê?", "Como?", "Quando?", "Quanto?" e "Onde?". É utilizada para caracterizar o perfil dos consumidores (homens ou mulheres, faixa etária, nível de renda etc.), a ocasião de compra ou consumo (no início ou fim do mês, antes ou após o almoço, de manhã ou à noite etc.), como o produto é utilizado (se o consumidor mistura refrigerante com suco de limão, por exemplo), quantas vezes é consumido (um por dia, um por semana, um por mês), ou onde é consumido (em casa, no restaurante, na praia, na escola etc.). Portanto, a pesquisa descritiva não responde à pergunta "O que causou o quê?", isto é, não explica as causas, os fatores que provocaram os comportamentos e os eventos.

A **pesquisa causal** é de natureza quantitativa, sendo indicada para explicar as relações prováveis de causa e efeito entre fatores. A empresa pode desejar saber, por exemplo, qual é o aumento nas vendas resultante da mudança no tamanho da embalagem. A pesquisa causal permite **testar hipóteses** e estabelecer **relações entre as variáveis**, pois os dados são coletados de modo científico, com amostras representativas da população, o que possibilita a generalização dos resultados e a redução dos riscos das decisões de marketing.

As pesquisas de marketing podem-se utilizar de diferentes **métodos de coleta de dados**, a saber:

- qualitativos;
- observação;
- levantamento ("survey");
- experimentação.

Os métodos **qualitativos** são utilizados com três finalidades:

- exploratória, que visa compreender comportamentos dos consumidores e aprofundar o entendimento dos problemas de marketing, ou pré-testar conceitos, sugerir hipóteses e pré-testar questionários de entrevistas;
- orientadora, para familiarizar o pesquisador com o ambiente e as pessoas a serem entrevistadas na pesquisa quantitativa;
- clínica, para obter compreensão e ideias (*insights*) difíceis de serem obtidas em pesquisas estruturadas, com entrevistas e questionários.

As pesquisas qualitativas são realizadas com **pequenas amostras**. Portanto, a possibilidade de interpretar e compreender os fatores envolvidos nos comportamentos e eventos deve-se à diversidade dos casos pesquisados e à capacidade perceptiva e interpretativa do pesquisador. Como exemplo, Piaget observou seus dois filhos em profundidade por um longo período, e isso contribuiu para entender como as crianças se desenvolvem.[4] Freud estabeleceu as teorias da psicanálise baseando-se em menos de dez casos de pacientes.[5]

Os métodos dividem-se em duas abordagens: **direta** e **indireta**. A primeira revela aos respondentes os objetivos da investigação, como ocorre nos grupos de foco e entrevistas em profundidade. A **abordagem indireta** disfarça o verdadeiro motivo da pesquisa, como as técnicas projetivas e a observação simulada.

2.3 Métodos de pesquisa qualitativa

As técnicas de **pesquisa qualitativa** incluem estudos de caso, grupos de foco, entrevistas em profundidade, técnicas projetivas e observação.

O **grupo de foco** consiste em formar pequenos grupos de 6 a 8 pessoas, com um pesquisador no papel de moderador, que busca promover uma conversa informal sobre um ou mais temas de interesse da empresa patrocinadora. Visando compreender sensações, sentimentos, expectativas, opiniões, atitudes, hábitos ou preconceitos dos consumidores, é uma técnica de pesquisa exploratória muito utilizada, por ser rápida e de baixo custo.

As **técnicas projetivas** são formas de questionário que incentivam os respondentes a revelarem suas motivações, crenças, atitudes ou sensações por meio de situações desestruturadas. São utilizadas para investigar assuntos sobre os quais as pessoas não se sentem à vontade para falar diretamente. Utilizando um meio indireto de

---

[4] PIAGET, J. *A formação do símbolo na criança*: imitação, jogo e sonho, imitação e representação. Rio de Janeiro: LTC, 1990.

[5] BRENNER, C. *Noções básicas de psicanálise*: duas hipóteses fundamentais. Rio de Janeiro: Imago, 1987.

perguntar, essa técnica permite que uma pessoa se projete numa terceira pessoa em dada situação hipotética. Assim, indiretamente, ela projeta para a situação suas próprias motivações, crenças ou sensações.

Figura 2.4 Técnicas de pesquisa qualitativa

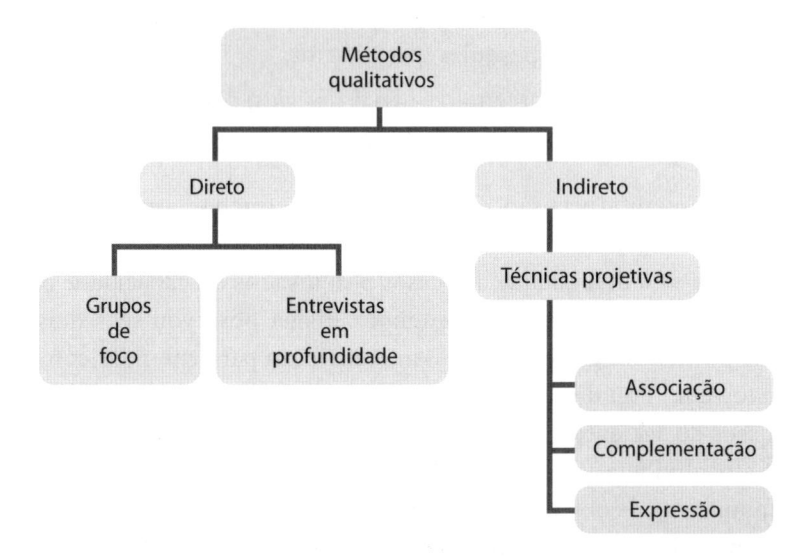

```
                    Métodos
                   qualitativos
            ┌──────────┴──────────┐
          Direto                Indireto
        ┌───┴───┐                  │
      Grupos  Entrevistas      Técnicas projetivas
        de       em                │
       foco  profundidade    ┌─────┼─────┐
                          Associação
                          Complementação
                          Expressão
```

Fonte: MALHOTRA, N. K. *Pesquisa de marketing*: uma orientação aplicada. 4. ed. Porto Alegre: Bookman, 2007, p. 113.

As técnicas projetivas incluem a **associação**, a **complementação** e as **técnicas expressivas**, entre outras. A técnica de **associação** consiste em apresentar ao entrevistado um estímulo, como uma lista de palavras ou imagens, para que ele fale a primeira ideia que lhe vier à mente. A técnica de **complementação** consiste em completar uma frase ou uma história.

As **técnicas expressivas** consistem em apresentar ao entrevistado uma situação verbal ou visual, para que ele relate sensações e atitudes, suas e de outras pessoas. Essas técnicas incluem: **interpretação de figuras**, para expressar a compreensão de certos desenhos, figuras ou fotografias; **terceira pessoa**, quando o respondente emite opinião colocando-se no lugar de uma terceira pessoa, como seu vizinho ou colega; **dramatização**, quando o respondente interpreta o papel de uma pessoa numa situação.

A **entrevista em profundidade** consiste em entrevistas diretas, individuais e não estruturadas, conduzidas por psicólogos ou outros entrevistadores, para investigar as motivações, atitudes, crenças, preconceitos, resistências ou significados atribuídos aos produtos e marcas pelos consumidores. É adequada para pesquisar temas delicados ou íntimos, sobre os quais as pessoas não se sentem à vontade para falar; ou explorar aspectos inconscientes, que as pessoas não conseguem verbalizar sem a ajuda de um profissional.

Com base no paradigma interpretativo, algumas pesquisas do consumo adotam metodologias como a **etnografia**, utilizada na antropologia para investigar a diversidade das culturas em distintas sociedades e comunidades.

A **etnografia** é um método de pesquisa que envolve o processo de observar, participar e entrevistar "o outro" no local onde ele vive, com atenção para os detalhes, os pequenos gestos, as linguagens verbal e não verbal e a observação dos fatos da vida da família, dos amigos e da comunidade.[6] Esse método possibilita o mapeamento das práticas de consumo, com a compreensão dos **significados simbólicos** dos produtos "no momento em que saem da loja pela mão dos consumidores e penetram em seu mundo cotidiano".[7] Além da observação e da entrevista em profundidade, o etnógrafo pode utilizar filmagens para registrar os movimentos dos consumidores *in loco*.[8]

Na pesquisa sobre o comportamento do consumidor na **internet e nas redes sociais** é utilizada a **netnografia**, uma adaptação dos métodos utilizados na pesquisa etnográfica.[9] Existem quatro critérios que devem ser observados pelo pesquisador para reconhecer a **comunidade virtual**: (1) os membros devem estar familiarizados entre si; (2) compartilham linguagens, normas e símbolos; (3) as identidades são reveladas; (4) esforço para preservação do grupo por seus membros.[10]

A **observação** é o método de pesquisa realizado sem interação direta com os consumidores, que visa registrar os comportamentos observáveis em diversas situações, como a compra do produto em um supermercado ou o uso do produto pelo consumidor em uma situação real de consumo. É um método utilizado em pesquisa exploratória, descritiva ou experimental para descrever situações e comportamentos observáveis.

O método de **levantamento** (*survey*, em inglês) visa obter medidas quantificáveis de comportamentos, atitudes e opiniões dos consumidores e eventos de relevância para os objetivos da pesquisa. Esse método requer que o entrevistador interaja com os respondentes por meio de questionários ou outros instrumentos de coleta de dados. Trata-se de uma pesquisa **quantitativa**, cujos resultados podem ser submetidos à quantificação e à análise estatística. É uma **pesquisa conclusiva**, que possibilita a **generalização** dos resultados para a população estudada, quando a amostra é representativa.

O levantamento requer um **processo padronizado** de coleta de dados, para que estes possam ser consistentes e válidos. É realizado por meio de entrevistas com questionário composto de perguntas abertas e/ou fechadas. As **entrevistas** pessoais podem

---

6   ROCHA, E. et al. Perspectivas do método etnográfico em marketing: consumo, comunicação e netnografia. *Anais do XXIX EnANPAD*. Brasília, 2005.
7   BARBOSA, L. Marketing etnográfico. *Rev. Adm. Empresas*, v. 143, n. 3, set. 2003. p. 38.
8   BARROS, C. F. Marketing e etnografia: um levantamento em Journals dos anos 80 e 90. *Anais do 26° EnANPAD*. Salvador, 2002. p. 3.
9   KOZINETS, R. The field behind the screen: using netnography for making research in online communities. *Journal of Marketing Research*, 39, 2002.
10 ROCHA, 2005.

ser feitas porta a porta, em domicílios, lojas ou *shopping centers*. Também são feitas entrevistas por telefone, correio ou internet; questionários autoadministrados; painel ou **estudos longitudinais**, que coletam dados dos domicílios ao longo de um período maior de tempo (meses, por exemplo).

O **questionário** é uma técnica para a coleta estruturada de dados com uma lista de perguntas escritas ou orais, abertas ou fechadas, a serem respondidas individualmente pelas pessoas que compõem a amostra da população de interesse da pesquisa. As perguntas do questionário podem incluir **escala**, uma técnica de mensuração da opinião, das atitudes, dos sentimentos e do conhecimento dos consumidores. Uma escala contém números e uma breve descrição do comportamento a ser pesquisado. Os entrevistados são solicitados a escolher um ponto na escala que melhor descreva seu comportamento.

Estes são alguns **tipos de escala**: escala *likert*, diferencial semântico, escala de importância, de gradação e de intenção de compra, conforme descritos no Quadro 2.6.

A **experimentação** ou **experimento** é um método de **pesquisa causal** pelo qual se pode estabelecer uma provável relação de causa e efeito entre as variáveis, controlando a variável independente e observando seus efeitos sobre a variável dependente. Procura verificar se uma variável (independente), como a propaganda, tem probabilidade de ser a causa ou a determinante do valor de outra variável (dependente), como a quantidade comprada do produto. A **variável independente** ou **causal** é um fator (símbolo, conceito, ideia ou ação) sobre o qual o pesquisador tem algum controle ou pode manipular até certo ponto, e que é supostamente a causa ou o determinante da **variável dependente**.[11]

A **variável dependente** é aquela usada para medir o efeito das variáveis independentes sobre as unidades de teste, como um comportamento específico do consumidor, por exemplo. A **unidade de teste** é o evento ou comportamento que está sendo estudado e que pode ser provocado pela variável independente ou tratamento.

Procedimentos estatísticos possibilitam que os dados obtidos tenham validade interna e externa e as decisões de marketing possam ser tomadas com reduzida margem de erro. A **validade interna** é a medida da precisão de um experimento. Ela avalia se a manipulação das variáveis independentes, ou o **tratamento**, tem probabilidade de ser a causa dos efeitos observados nas variáveis dependentes. Portanto, significa estabelecer uma provável relação de causa e efeito entre um fator de estímulo (causa) e a resposta (efeito) de uma pessoa ou objeto de estudo.

A **validade externa** da pesquisa é obtida quando os dados levantados podem ser generalizados da amostra pesquisada para a população estudada, ou então projetados do presente para o futuro.

---

11 MALHOTRA, 2012. p. 106.

Quadro 2.6 Perguntas para o questionário da pesquisa

		QUESTÕES FECHADAS				
Dicotômicas	Questão com duas respostas possíveis.	Ao planejar sua viagem, você telefonou para a TAM? – Sim – Não				
Múltipla escolha	Questão com três ou mais respostas possíveis.	Quem serão seus acompanhantes na viagem? – Ninguém – Filhos – Cônjuge – Colegas – Outros parentes				
Escala likert	Afirmação na qual o entrevistado declara se concorda ou discorda.	"Gosto da TAM, porque ela oferece um serviço de qualidade." – Concordo totalmente – Concordo – Nem concordo nem discordo – Discordo – Discordo totalmente				
Diferencial semântico	Escala inserida entre duas palavras antônimas. O entrevistado seleciona o ponto que representa sua opinião.	Você considera a companhia aérea TAM: ( ) Confiável ( ) Não confiável ( ) Moderna ( ) Antiquada ( ) Pontual ( ) Não pontual				
Escala de importância	Avalia a importância dos atributos, variando de "sem nenhuma importância" a "extremamente importante".	"Eu considero o serviço das linhas aéreas..."				
		Extremamente importante 1_____	Muito importante 2_____	Razoavelmente importante 3_____	Não muito importante 4_____	Nada importante 5_____
Escala de gradação	Avalia certos atributos, de "ruim" a "excelente", por exemplo.	A refeição a bordo é:				
		Excelente 1_____	Muito boa 2_____	Boa 3_____	Razoável 4_____	Ruim 5_____
Escala de intenção de compra	Descreve a intenção do entrevistado de comprar um produto.	"Se houvesse um serviço telefônico nos voos longos, eu...":				
		Certamente usaria 1_____	Provavelmente usaria 2_____	Não tenho certeza 3_____	Provavelmente não usaria 4_____	Certamente não usaria 5_____

QUESTÕES ABERTAS		
Desestruturada	Questão que o entrevistado pode responder de várias formas.	Qual é a sua opinião sobre a TAM?
Associação de palavras	Apresenta-se uma palavra de cada vez, e o entrevistado deve mencionar a primeira palavra que lhe vier à cabeça.	Qual é a primeira palavra que vem à sua cabeça quando você ouve: Companhia aérea _____ TAM _____
Completar a sentença	Apresenta-se uma frase incompleta de cada vez, e o entrevistado deve completá-la.	"Quando escolho uma linha aérea, o mais importante para mim é _____".
Completar uma história	Apresenta-se uma história incompleta e o entrevistado deve completá-la.	"Eu voei pela TAM há alguns dias e notei que as cores do interior e exterior do avião eram muito brilhantes. Isso despertou em mim os seguintes pensamentos: _____" Agora, complete a história.
Completar um quadro	Apresenta-se um quadro com dois personagens, um deles fazendo uma declaração. O entrevistado deve preencher o balão vazio como se fosse o outro personagem.	Preencha o balão vazio: Bom, aqui está a comida! O que você acha?
Testes de apercepção temática	Apresenta-se um quadro e o entrevistado deve dizer o que acha que está ocorrendo ou o que vai ocorrer na situação apresentada.	Crie uma história sobre a cena.

Fonte: KOTLER, P.; KELLER, K. L. *Administração de Marketing*. 14. ed. São Paulo: Pearson, Prentice Hall, 2012.

O conceito de **causalidade** é entendido como a probabilidade de ocorrer um evento X (efeito) quando ocorre o evento Y (causa), uma vez que não há certeza absoluta de que Y seja a causa de X. Assim, diz-se que Y é uma das causas possíveis de X, ou que a ocorrência de Y torna mais provável a ocorrência de X.[12]

A pesquisa de experimentação pode ser realizada para **teste de mercado**, ou seja, testar a aceitação de um novo produto ou qualquer mudança na estratégia de marketing (preço, promoção, propaganda, canal de vendas) em uma área determinada (cidade ou região).

---

[12] HERNANDEZ, J. M. Pesquisa experimental em marketing. *Revista Brasileira de Marketing*. Edição especial, v. 13, n. 2, maio 1994. p. 99-117.

Após a decisão do método de pesquisa, é elaborado o **plano de amostragem**, com a definição dos critérios de seleção da amostra, a saber:

1) unidade amostral: Quem será pesquisado?;
2) tamanho da amostra: Quantas pessoas serão pesquisadas?;
3) procedimento amostral: Como as pessoas devem ser selecionadas?

A **amostra** é um subgrupo da **população** de interesse da pesquisa. Os tipos de **procedimento amostral** são:

a) **amostra probabilística:** quando todos os membros da população têm chance (probabilidade) conhecida e diferente de zero de serem selecionados para compor a amostra. Nesse caso, pode-se calcular o **erro amostral**, isto é, em que medida os valores obtidos na amostra (relativos às variáveis pesquisadas) diferem dos valores da população. São três os tipos de amostra probabilística: aleatória simples, aleatória estratificada e por grupamentos;

b) **amostra não probabilística:** quando não há probabilidade conhecida de qualquer membro da população fazer parte da amostra. Os tipos de amostra não probabilística são:

- ▶ **por conveniência:** quando os participantes são selecionados por um critério de conveniência, como as pessoas conhecidas do pesquisador ou aquelas mais fáceis de serem acessadas;
- ▶ **por julgamento:** o pesquisador usa seu julgamento para selecionar os participantes;
- ▶ **por cotas:** trata-se de uma amostragem por julgamento, limitada pelo fato de incluir um número mínimo de respondentes de cada subgrupo específico da população.

Na definição do **tamanho da amostra**, é necessário considerar os custos envolvidos, a heterogeneidade da população e a margem de erro.[13] Verifica-se que na amostra menor do que 100 pessoas as margens de erro se tornam grandes. E, quanto mais heterogênea a população (com diversos níveis de renda e faixa etária, por exemplo), maior deverá ser a amostra para assegurar a representatividade de cada subgrupo.

A seguir, é apresentada a caracterização da amostra de uma pesquisa com clientes da Casas Bahia.

---

13 PARENTE, J. G. *Varejo no Brasil*. São Paulo: Atlas, 2002. p. 157.

Saiba+ **Exemplo de características da amostra final da pesquisa**

Na amostra, 40% eram do sexo masculino e 60% do sexo feminino, com idades entre 16 e 70 anos, sendo que 51,8% se declararam casados e 24,9% solteiros.

Um total de 34,2% dos entrevistados afirmaram possuir três ou mais filhos, 26,1%, dois filhos, enquanto 26,9% disseram não possuir filhos. Com relação a escolaridade, cerca de 74,7% possuem até o segundo grau completo e 24,9%, primeiro grau incompleto.

Do total de entrevistados, 65,3% declaram ter renda familiar de até cinco salários mínimos, 20,8% disseram possuir renda familiar entre cinco e dez salários mínimos e 13,8%, superior a dez salários mínimos. Cerca de 51,4% se declararam clientes das Casas Bahia há mais de três anos. Para 44,9%, a frequência de compra na loja é anual.

Fonte: ZAYEDE et al., 2006.

2.4 A pesquisa na internet

A pesquisa de marketing na internet tem-se tornado cada vez mais frequente, principalmente por meio de aplicativos em *smartphones*. **Ferramentas on-line** como Google Formulários, Survey Monkey e Qualtrics permitem que se customizem os questionários para serem divulgados adequadamente tanto pelo computador como pelos celulares.[14] A pesquisa pela internet no Brasil é bem vista tanto pelos consumidores como pelos profissionais de pesquisa de mercado, proporcionando maior interatividade, rapidez e segurança no tratamento da informações coletadas.

A internet está criando novas oportunidades para a realização de pesquisas de marketing. Nos últimos anos, surgiram **plataformas on-line de pesquisa** (Google, Qualtrics), e as empresas de pesquisa vêm investindo em novas metodologias específicas para a internet, como o **Ibope Conecta**.

Por meio de um painel *on-line* representativo do universo de internautas brasileiros, o **Instituto Brasileiro de Opiniões Públicas e Estatística (Ibope)** realiza pesquisas qualitativas e quantitativas sobre satisfação dos consumidores, segmentação, imagem de marca, preços de produtos, testes de conceito e embalagem. É feita **análise do conteúdo** das conversas *on-line* por meio de aplicação de algoritmos de *text mining*, bem como análise descritiva acerca das conversas e comportamentos dos usuários do Twitter, visando conhecer a repercussão das diferentes mensagens sobre marcas e

---

14 Google Formulários. Disponível em: <www.google.com/intx/pt-BR/work/apps/business/products/forms>. Acesso em: 16 mar. 2016; Survey Monkey. Disponível em: <pt.surveymonkey.com>. Acesso em: 16 mar. 2016; Qualtrics. Disponível em: <www.qualtrics.com>. Acesso em: 16 mar. 2016.

produtos.[15] Também realiza **medição de audiência** dos *sites* e páginas da internet, com um *software* instalado em computadores de colaboradores selecionados. Dessa maneira, são obtidos dados que detalham o comportamento dos usuários da internet.

Os meios de coletar dados sobre o mercado e os consumidores na internet são listados no Quadro 2.7, a seguir.

Quadro 2.7 Tipos de pesquisa na internet

Tipo	Definição
Pesquisas exploratórias	Discussões em grupo, *chats* e **fóruns** *on-line* por meio de plataformas fechadas ou abertas. O Ibope faz **monitoramento das interações** nas redes sociais, para conhecer o que os internautas pensam e conversam espontaneamente sobre marcas, produtos e assuntos gerais.
Pesquisas quantitativas	Levantamentos com amostras dos segmentos de internautas por meio de **questionários** *on-line*. **Pesquisas de painel**, com amostra fixa de internautas e questionários, como a realizada pelo Ibope Conecta.
Estudos de observação	Feitos por meio de *cookies*, programas instalados no computador do internauta, que monitoram a navegação e registram os *sites* e páginas visitados.
Auditorias de *sites*	Pesquisas de dados de **audiência de *sites***, páginas e anúncios na internet, como as realizadas pelo Ibope Media.
Análise do conteúdo de *sites*	Descrevem o **conteúdo da comunicação** na internet (anúncios, páginas e *sites*). Uso da técnica de **mineração de textos** (*text mining*) para identificar padrões de comentários e opiniões emitidas pelos internautas.
Dados secundários	Coleta de dados sobre variados assuntos nos diversos *sites* nacionais ou estrangeiros, públicos ou privados.

Fonte: elaborado pela autora.

2.5 As empresas de pesquisa de marketing

Existem inúmeras empresas e profissionais capacitados para realizar pesquisas de marketing no país. Pode-se obter a lista dessas empresas no *site* da Associação Brasileira de Empresas de Pesquisa (ABEP).[16]

Há também a Associação Brasileira de Pesquisadores de Mercado, Opinião e Mídia (ASBPM),[17] que reúne os profissionais que atuam na área. Seu propósito consiste em

---

15 RIBEIRO, R. et al. *Análise de usuários que conversam sobre cerveja no Twitter*. 6º Congresso Brasileiro de Pesquisa, Associação Brasileira de Empresas de Pesquisa, jul. 2014.
16 ABEP. *Lista de empresas*. Disponível em: <http://www.abep.org>. Acesso em: 16 mar. 2016.
17 ASBPM. Disponível em: <http://www.asbpm.org.br>. Acesso em: 16 mar. 2016.

representar e desenvolver os pesquisadores de mercado, mídia e opinião para o aprimoramento de suas atividades, além da disseminação dos conhecimentos.

Veja, a seguir, há exemplos de pesquisas realizadas pela empresa Nielsen.

> **Curiosidade**
>
> No varejo, a Nielsen Brasil realiza auditoria dos pontos de vendas, acompanhando regularmente o consumo de cerca de 200 categorias de produtos nos diversos pontos de vendas existentes no país. É utilizado o scanning das vendas das lojas, juntamente com as informações coletadas semanalmente em milhares de pontos de venda. Estas informações permitem identificar o porquê, bem como o que há por trás das mudanças nas vendas de um produto, para definir as estratégias de marketing e vendas.
>
> A Nielsen Brasil trabalha também com um painel de domicílios, monitorando as compras de mais de 8 mil lares brasileiros, que representam o cenário do consumo das famílias do país (cerca de 45 milhões de lares e 164 milhões de indivíduos), de modo a entender não só o perfil do consumidor, mas também o do shopper (quem efetivamente compra o produto) e suas características demográficas e geográficas. O Homescan é uma pesquisa contínua dentro dos lares para conhecer os hábitos de consumo das famílias. Os dados são coletados por meio de scanners portáteis que os transmitem diretamente à Nielsen. São sete áreas de cobertura no Brasil (Nordeste, Sudeste, Centro-Oeste e Sul), que contam com visitas periódicas às casas para a coleta de dados, que são processados, expandidos e disponibilizados em uma plataforma on-line.
>
> O estudo da atividade elétrica do cérebro e dos movimentos oculares objetiva dar uma visão em tempo real das reações dos consumidores a estímulos de marketing.
>
> Nos laboratórios de neurociência da Nielsen Neuro são utilizadas duas técnicas complementares: a tecnologia de EEG (eletroencefalografia), que utiliza uma touca não invasiva que mede a atividade cerebral enquanto os sensores de Eye Tracking (rastreamento ocular) medem simultaneamente o movimento dos olhos. Essas tecnologias identificam as áreas de interesse e as respostas cerebrais das pessoas, proporcionando uma compreensão de como os consumidores percebem os estímulos de marketing.
>
> Fonte: Nielsen Retail. Disponível em: <http://www.nielsen.com/br/pt/solutions/how-we-measure/nielsen-retail.html>. Acesso em: 4 maio 2016; Nielsen Painel. Disponível em: <http://www.nielsen.com/br/pt/solutions/capabilities/painel-de-consumidores.html>; Nielsen Soluções. Disponível em: <http:// http://www.nielsen.com/br/pt/solutions/capabilities/nielsen-consumer-neuroscience.html>. Acesso em: 4 maio 2016.

2.6 Conceito e pesquisa de segmentação

O estudo do consumidor parte da premissa que cada indivíduo é "um mundo à parte", ou seja, tem características e experiências únicas. Se quisermos realmente cativá-lo e estabelecer uma relação de troca duradoura e valiosa, temos de entendê-lo e procurar estratégias de ação que mantenham esse relacionamento por muito tempo, de modo compensador para ambas as partes.

Oferecer produtos e soluções ajustadas a cada consumidor não é ainda uma realidade possível para muitas empresas, por causa da complexidade e dos custos envolvidos. Assim, a solução é direcionar a atenção e os esforços para um grupo escolhido de consumidores, que será o **público-alvo** da empresa. A escolha deste é a primeira **decisão estratégica** de marketing.

Para definir o público-alvo, utiliza-se a **segmentação do mercado**, que é a identificação de grupos de consumidores relativamente homogêneos, com características similares entre si, e que reagem aos estímulos de marketing de modo distinto em relação a outros grupos. Portanto, busca-se **identificar semelhanças** demográficas, comportamentais, atitudinais e motivacionais dos consumidores, separando-os em grupos ou *clusters* com base em suas características comuns.

Diversos segmentos compõem um **mercado**, que é definido como o conjunto de clientes atuais e potenciais, com poder aquisitivo e desejos que podem ser atendidos pela empresa.

Para segmentar o mercado, precisam ser definidos os **critérios de segmentação**, que são as variáveis a serem utilizadas para dividir o mercado em grupos, por exemplo, faixa etária, nível de renda, localização geográfica e hábitos de consumo, entre outros.

Dois tipos de variáveis são utilizados para dividir os consumidores em grupos: as características (**variáveis descritoras**) e os comportamentos (**variáveis comportamentais**).

As **variáveis descritoras** dos consumidores são de três tipos:

- **características demográficas:** idade, sexo, etnia, estado civil, local de residência ou nascimento, número de membros da família;
- **características socioeconômicas:** renda, nível educacional e tipo de ocupação profissional;
- **características psicográficas:** valores, estilos de vida e traços de personalidade.

As **variáveis comportamentais** mais utilizadas são as seguintes:

- **ocasiões de compra ou consumo:** os consumidores podem comprar ou usar os produtos em ocasiões distintas, como de manhã, à tarde ou à noite; antes, durante ou após as refeições; em épocas festivas, como Dia da Criança ou aniversários;
- **benefícios:** referem-se aos motivos que levam as pessoas a comprarem os produtos; no caso da pasta de dente, por exemplo, os consumidores desejam ter dentes mais brancos (benefício estético), evitar as cáries (benefício relacionado à saúde) ou ter hálito puro (benefício de segurança ou autoconfiança);

- **utilização dos produtos:** os consumidores podem ser segmentados em usuários intensivos (usam grande quantidade do produto), usuários médios (usam quantidades médias) ou esporádicos (usam pouco ou esporadicamente);
- **fidelidade:** os consumidores podem ser segmentados em fiéis ou infiéis, compradores frequentes ou eventuais;
- **atitudes em relação à marca:** o critério de segmentação baseia-se em atitudes favoráveis ou desfavoráveis em relação à marca, por exemplo, os admiradores da marca ou os que a rejeitam.

A **segmentação demográfica** dos consumidores brasileiros é feita com base nos dados da pesquisa censitária realizada pelo IBGE, como apresentados na Tabela 2.1.

Tabela 2.1 Características demográficas dos brasileiros

Dados demográficos	Censo de 1980		Censo de 2010			
População	119.002.706		190.755.799			
Homens	49,68%		48,96%			
Mulheres	50,32%		51,04%			
Faixa etária						
0-14 anos	38,20%		45.932.294 (24%)			
15-64 anos	57,68%		130.742.028 (69%)			
65 e mais	4,12%		14.081.477 (7%)			
Por situação de domicílio						
Urbana	67,59%		84,36%			
Rural	32,41%		15,64%			
Cor ou etnia						
Branca	Preta	Amarela	Parda	Indígena	Sem declaração	
90.621.281	14.351.162	2.105.353	82.820.452	821.501	36.051	
Religião			**Percentual da população**			
Católica apostólica romana			64,6%			
Evangélica			22,2%			
Espírita			2,0%			
Umbanda e candomblé			0,3%			
Sem religião			8%			
Outras religiões (judaísmo, islamismo, budismo etc.)			2,7%			

Fonte: IBGE. Censo Demográfico, 2010. Disponível em: <http://www.ibge.gov.br>. Acesso em: 16 mar. 2016.

A população brasileira, segundo a Pesquisa Nacional por Amostra de Domicílios (PNAD) 2015, foi de cerca de 204,9 milhões de pessoas e apresentou taxa de crescimento anual de cerca de 1,0% entre 2005 e 2015. A população residente no Brasil correspondia, naquele ano, a 2,8% da população mundial. No Gráfico 2.1, vemos que a região Sudeste apresentou o maior contingente populacional, 85,9 milhões de pessoas (41,9% da população total), enquanto a região Centro Oeste registrou 15,5 milhões de pessoas (7,6% da população total). Em 2016, a população brasileira estimada pelo IBGE foi de 206.081.432.[18]

Gráfico 2.1 População residente, total e respectiva variação percentual, por Grandes Regiões – 2014-2015

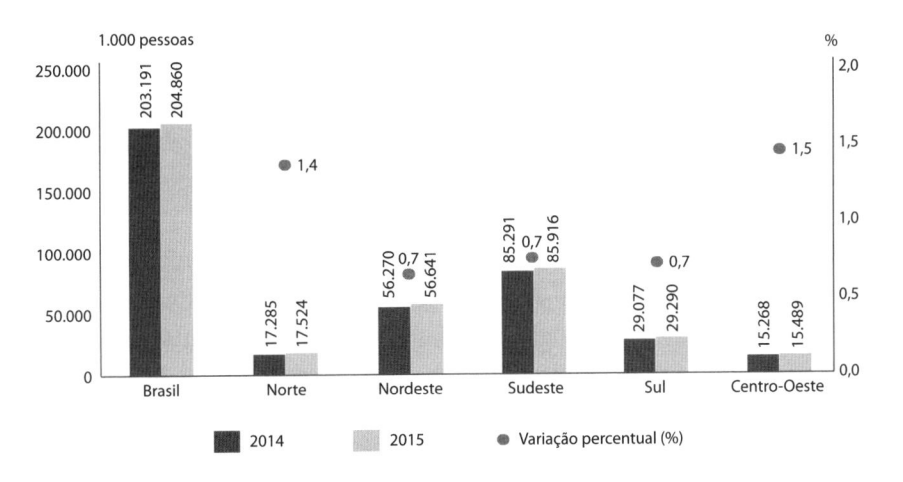

Região	2014 (1.000 pessoas)	2015 (1.000 pessoas)	Variação percentual (%)
Brasil	203.191	204.860	1,4
Norte	17.285	17.524	1,5
Nordeste	56.270	56.641	0,7
Sudeste	85.291	85.916	0,7
Sul	29.077	29.290	0,7
Centro-Oeste	15.268	15.489	1,5

Fonte: Pesquisa Nacional por Amostra de Domicílios (PNAD). Síntese de indicadores 2015. Disponível em: <http://biblioteca.ibge.gov.br/visualizacao/livros/liv98887.pdf>. Acesso em: 4 mar. 2017.

A **seleção das variáveis** para a segmentação é feita com base no julgamento dos profissionais de marketing sobre quais delas parecem explicar os comportamentos dos clientes. A faixa etária, por exemplo, é uma variável que pode explicar as preferências das crianças por certos tipos de brinquedos. As teorias da psicologia podem ser úteis para entender as diversas fases de desenvolvimento da criança e relacionar essas fases com os brinquedos preferidos. Além disso, as empresas podem realizar outras pesquisas sobre atitudes e comportamentos dos consumidores para ter embasamento para a segmentação.

Selecionadas as variáveis de segmentação, o profissional de marketing inicia a segunda etapa, que é a realização da pesquisa de segmentação, para obter dados quantitativos sobre as características e os comportamentos dos clientes.

---

18 *IBGE*. Síntese de indicadores sociais: uma análise das condições de vida da população brasileira – 2016. Rio de Janeiro, 2016.

A **pesquisa de segmentação** visa agrupar, quantificar e descrever o perfil dos consumidores que integram os diferentes segmentos do mercado onde a empresa deseja atuar. A segmentação dos consumidores é feita por meio de uma técnica estatística denominada **análise de *clusters* ou conglomerados**, que agrupa indivíduos ou objetos em *clusters*, quando esses são mais parecidos entre si do que em relação a outros *clusters*.

A **análise de conglomerados** relaciona valores às variáveis (características e comportamentos) de cada respondente e agrupa os respondentes com valores similares.[19] O objetivo é classificar pessoas em grupos relativamente homogêneos com base em um conjunto de variáveis. Para fazer análise por conglomerados, existem *softwares* especializados como o SPSS,[20] que auxiliam os profissionais nesse trabalho.

Também é feita análise da **validade** e da **dimensão das variáveis** previamente selecionadas, visando quantificar os diversos segmentos de consumidores. Para estabelecer o grau de associação entre variáveis, são utilizadas técnicas estatísticas de dois tipos: as **técnicas bivariadas** (duas variáveis) ou **multivariadas** (mais de duas variáveis). Essas técnicas são utilizadas para descrever a natureza do relacionamento estatístico entre variáveis, procurando minimizar a oscilação entre cada membro do segmento e maximizar a **variância entre os segmentos**.

As **técnicas multivariadas** são bastante utilizadas em pesquisa de marketing, incluindo as seguintes: análises discriminante, fatorial e conjunta, escalonamento multidimensional, análise de conglomerados e modelagem de equações estruturais.[21]

Para segmentar os consumidores com base em **benefícios**, utiliza-se a técnica de análise de **multiatributos**, que considera que cada consumidor tem uma percepção dos atributos e da importância de cada um deles para sua decisão de compra.

A técnica de multiatributos é realizada em etapas. Na primeira, o profissional de marketing elabora uma lista de **atributos** dos produtos a serem pesquisados. Na segunda etapa, é realizada entrevista com os consumidores, para que avaliem, por meio de uma escala de valores (notas de 1 a 10, por exemplo), a quantidade de cada atributo que o produto possui, bem como o grau de importância dos atributos para sua decisão. Multiplicando-se esses valores, obtém-se um número final que representa a atitude do consumidor em relação a cada produto. Os consumidores podem, então, ser agrupados/segmentados com base nessas atitudes.

Outra técnica para dimensionar a percepção dos consumidores acerca dos benefícios dos produtos é a **escala multidimensional**, também conhecida como **mapeamento perceptivo**. Essa técnica permite desenhar um gráfico (mapa espacial) que

---

[19] LEHMANN, D. R.; WINER, R. S. *Product management*. N. York: McGraw-Hill, 1997. p. 160-170.
[20] SPSS. *Software estatístico*. Disponível em: <http://www.spss.com.br>. Acesso em: 16 mar. 2016.
[21] MALHOTRA, N. K. *Pesquisa em marketing*: uma orientação aplicada. Porto Alegre: Bookman, 2012.

contenha a representação espacial dos produtos ou marcas com base na percepção dos consumidores sobre o grau de similaridade ou dissimilaridade entre eles.[22]

A localização de cada produto ou marca no mapa indica a percepção dos consumidores em relação a quantidade de cada atributo que os produtos contêm. Os produtos que estão localizados em pontos próximos são percebidos como similares, isto é, oferecem os mesmos benefícios ou atributos e competem no mesmo segmento de mercado, atraindo o mesmo tipo de consumidores. Na etapa seguinte será elaborada a **descrição do perfil** dos consumidores de cada segmento de mercado, como exemplificado no Quadro 2.8.

Quadro 2.8 Descrição do perfil do público infantojuvenil no varejo

> ▶ De zero a seis anos, os principais produtos destinados às crianças são de uso próprio, incluindo itens de alimentação. Ao longo dessa faixa etária, elas vão tornando-se conscientes do processo de compra e passam a fazer as primeiras escolhas. O público de até três anos é atraído por estímulos visuais nas lojas, como objetos coloridos, móbiles e brinquedos colocados em lugares estratégicos. A atenção das crianças entre quatro e seis anos é voltada a brincadeiras interativas, como escorregadores e materiais de desenho.
>
> ▶ Entre sete e nove anos, as crianças passam a influenciar mais diretamente as compras familiares. Até mesmo as aquisições de bens de maior valor passam a ser decididas pelos pais considerando os filhos como referência.
>
> ▶ Dos doze aos quatorze anos, os pré-adolescentes já têm consciência e controle sobre a decisão de compra. Produtos digitais, moda, acessórios e serviços de beleza são os mais procurados nessa faixa etária.
>
> Estas são as conclusões de uma pesquisa realizada pela pelo Instituto Qualibest em 2015.

Fonte: SEBRAE. Disponível em: <www.sebrae.com.br/sites/PortalSebrae/artigos/conheca-o-perfil-do-publico-infantil-e-planeje-suas-vendas>. Acesso em: 5 maio 2016.

Cada perfil deve conter as principais características e comportamentos dos consumidores de cada segmento. Com base nesse perfil, bem como nos objetivos e recursos da empresa, o profissional de marketing estará em condições de selecionar os segmentos de mercado mais atraentes, isto é, de maior potencial de retorno.

Para selecionar os segmentos de mercado, deve-se avaliar se eles têm as seguintes qualidades:

> ▶ **mensurabilidade:** pode-se quantificar o número de pessoas que integram o segmento e seu potencial de consumo. Consequentemente, pode-se medir o potencial de vendas para a empresa;

---

[22] MALHOTRA, 2012. p. 345.

- **acessibilidade:** os segmentos podem ser efetivamente alcançados e atendidos por programas de marketing específicos;
- **potencial de diferenciação:** os consumidores de cada segmento respondem de modo diferente a estratégias e programas do composto de marketing.

Após selecionar o segmento de público-alvo, o profissional de marketing terá condições de decidir que produto irá oferecer aos consumidores, bem como tomar decisões sobre preço, propaganda e distribuição.

Curiosidade

Está atualmente se difundindo no Brasil o estilo de vida saudável, tanto na alimentação quanto em outras áreas do dia a dia. A chefe de cozinha Bela Gil representa bem esse estilo de vida apresentado em seu programa no canal GNT (da TV paga) e em seus livros de receitas. Alguns exemplos são hambúrguer de arroz e melancia grelhada com azeite, sal e pimenta.

Fonte: Veja Rio. Disponível em: <http://vejario.abril.com.br/materia/gente/bela-gil-receitas-alimentacao-saudavel>. Acesso em: 16 mar. 2016.

2.7 Segmentação por valores e estilo de vida

A segmentação pelo critério de valores e estilos de vida dos consumidores, denominada **segmentação psicográfica**, é um método bastante utilizado porque permite aprofundar a compreensão do comportamento do consumidor, proporcionando maior probabilidade de sucesso das estratégias de marketing.

Inicialmente, a segmentação psicográfica era baseada nos traços de **personalidade** dos consumidores, identificados por meio de testes elaborados por psicólogos. Em seguida, o conceito de personalidade foi substituído pelo de estilo de vida, introduzido por W. Lazer[23] em 1963. O **estilo de vida** é entendido atualmente como o padrão de consumo de uma pessoa, que reflete seus valores e gostos pessoais, bem como suas escolhas sobre como gastar seu tempo e sua renda.[24]

---

23 LAZER, W. Life style concepts and marketing. In: Greyser, S. (ed.). *Toward scientific marketing*. Chicago: American Marketing Association, 1963. p. 140-151.
24 VYNCKE, P. Life style segmentation: from attitudes, interests and opinions, to values, aesthetic styles, life visions and media preferences. *European Journal of Communication*, Londres, v. 17, n. 4, 2002. p. 445-463.

Uma pesquisa para conhecer o **estilo de vida** dos consumidores é o levantamento baseado em perguntas ou declarações sobre atividades, interesses ou opiniões, chamadas de **Atividades, Interesses e Opiniões (AIO)**, propostas originalmente por Wells e Tigert.[25]

As **atividades** incluem ações declaradas pelos consumidores em relação a trabalho, *hobbies*, férias, eventos sociais, entretenimento, esportes etc. Os **interesses** determinam o grau de envolvimento com um conjunto de tópicos como família, trabalho, lazer, política, moda, alimentação, relacionamentos etc. Por fim, as **opiniões** referem-se a um conjunto de crenças declaradas acerca de si mesmo, de assuntos familiares, eventos políticos e sociais, economia, educação, produtos etc.[26]

O Quadro 2.9 apresenta exemplos de declarações de AIO para identificar perfis psicográficos. Os consumidores são solicitados a responder se concordam ou discordam das frases AIO apresentadas pelo entrevistador.

Quadro 2.9 Exemplos de declarações de AIO

- Frequentemente escuto música popular brasileira (atividade).
- Tenho muito interesse nas últimas tendências da moda (interesse).
- Acho que as crianças devem dormir cedo (opinião).
- Não se pode jogar lixo nas ruas (opinião).
- Costumo dançar nos finais de semana (atividade).

Fonte: elaborado pela autora.

Para a segmentação psicográfica dos consumidores, além do estilo de vida são considerados os **valores culturais**, um conceito que designa a qualidade pela qual determinado indivíduo ou objeto é apreciado pelas pessoas de um grupo sociocultural ou população.

Segundo a antropologia, o valor é um componente da cultura, definido como o conjunto de **crenças compartilhadas** por um grupo ou sociedade, que indicam o que é desejável e orientam as decisões e os comportamentos. Os valores funcionam como princípios gerais que orientam a vida em sociedade. Portanto, indicam "uma preferência, uma distinção entre o que é importante para o indivíduo e o que é secundário, entre o que tem prioridade e o que não tem", segundo Tamayo.[27]

---

[25] WELLS, W.; TIGERT, D., J. Activities, interests and opinions. *Journal of Advertising Research*, v. 11, 1971. p. 27-35.
[26] PLUMMER, J. T. The concept of life style segmentation. *Journal of Marketing*, v. 38, 1974. p. 33-37.
[27] TAMAYO, A. et al. Diferenças nas prioridades axiológicas de músicos e advogados. *Psicologia: Reflexão e Crítica*, Porto Alegre, v. 11, n. 2, 1998. p. 281-293.

Diversos pesquisadores criaram metodologias para identificar os valores culturais de uma população. Um dos primeiros inventários, ou **listas de valores**, foi proposto pelo psicólogo Milton Rokeach, em 1973, e incluía dois tipos:

- **valores terminais**: relacionados aos objetivos que buscamos na vida (como autorrealização);
- **valores instrumentais**: relacionados aos padrões de comportamento, ou meios pelos quais atingimos esses objetivos (sentido de posse e busca de prazer).

Rokeach propôs um método para identificar e mensurar esses valores: a **Escala de Valor de Rokeach (RVS)**.[28]

Schwartz[29] também desenvolveu uma **teoria dos valores**, a qual considera a existência de dez tipos de valores, que seriam universais nas relações humanas. Cinco dos valores expressam interesses individuais: autodeterminação, estimulação, hedonismo, realização e poder social; três expressam primariamente interesses coletivos: benevolência, tradição e conformidade; e dois expressam interesses tanto individuais como coletivos: segurança e universalismo, como mostra o Quadro 2.10.

Quadro 2.10 Teoria de valores de Schwartz

Tipos de valores	Metas
Hedonismo	Prazer e gratificação sensual para si mesmo.
Realização	O sucesso pessoal obtido pela demonstração de competência.
Poder social	Controle sobre pessoas e recursos, prestígio.
Autodeterminação	Independência de pensamento, ação e opção.
Estimulação	Excitação, novidade, mudança, desafio.
Conformidade	Controle de impulsos e ações que podem violar normas sociais ou prejudicar os outros.
Tradição	Respeito e aceitação de ideais e costumes da sociedade.
Benevolência	Promoção do bem-estar das pessoas próximas.
Segurança	Integridade pessoal, estabilidade da sociedade e do relacionamento.
Universalismo	Tolerância, compreensão e promoção do bem-estar de todos e da natureza.

Fonte: TAMAYO, 1998. p. 284.

---

[28] ROKEACH, M. *The nature of human values*. New York: Free Press, 1973. p. 18.
[29] SCHWARTZ, S.; BILSKY, W. Toward a universal psychological structure of human values. *Journal of Personality and Social Psychology*, v. 53, 1987. p. 550-562.

Um autor que contribuiu para a compreensão das diferenças culturais entre países foi Hofstede,[30] definindo cinco **dimensões culturais** dos países: alta *versus* baixa distância do poder; alta *versus* baixa aversão à incerteza; individualismo *versus* coletivismo; masculinidade *versus* feminilidade e orientação de curto *versus* longo prazo.

Outro inventário de valores e estilos de vida foi desenvolvido por Arnold Mitchell,[31] em 1983, denominado Value and Life Style System **(VALS)**, que classifica os indivíduos em nove grupos, organizados de forma ascendente, desde os "sobreviventes/esforçados", que representam os indivíduos na base da pirâmide social, até os "atualizados/inovadores", no ponto mais alto socioeconomicamente. Posteriormente, esse inventário foi atualizado para **VALS 2**.

O método VALS 2 segmenta os consumidores com base nas respostas a um questionário cujas perguntas são relacionadas a dois eixos: motivações primárias e recursos. A **motivação primária**, que orienta a vida do indivíduo, é classificada em três tipos: ideal/princípios, realização ou autoexpressão. Os indivíduos primariamente motivados por ideais (satisfeitos e crédulos) são guiados pelo desejo de conhecimento e por princípios. Os motivados por realização (empreendedores e lutadores) buscam produtos e serviços que simbolizam status e sucesso. Aqueles motivados por autoexpressão (experimentadores e realizadores) procuram atividades sociais e físicas.

Figura 2.5 A segmentação VALS2

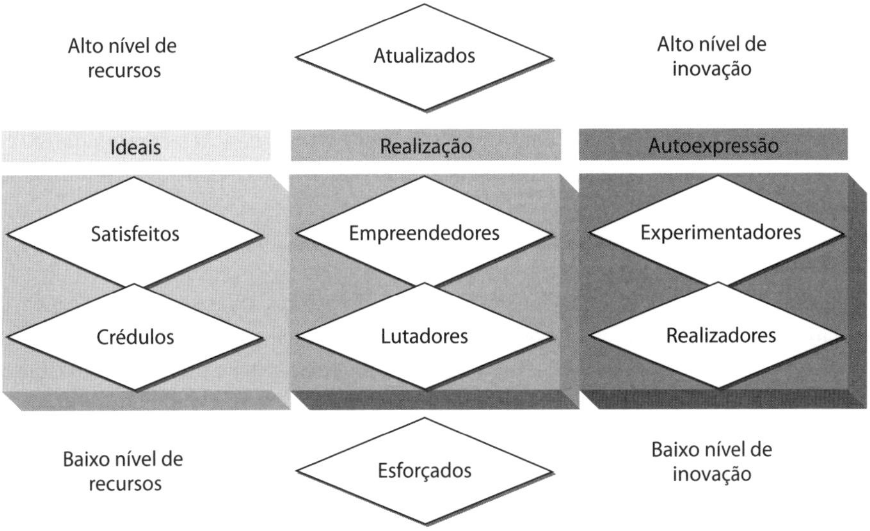

Fonte: CARVALHO, D. T. et al. Aplicação do Sistema Psicográfico VALS-2 em Alunos de Pós-Graduação de Londrina-PR e Uberlândia-MG. II EMA – Encontro de Marketing da ANPAD, Rio de Janeiro, RJ, 03/05/06 a 05/05/06.

---

30 HOFSTEDE, G. *Culture's consequences*: comparing values, behaviors, institutions and organizations across nations. 2. ed. Thousand Oaks CA: Sage Publications, 2001.
31 MITCHELL, A. *The nine american lifestyles*. New York: MacMillan, 1983. p. 11-14.

Os **recursos** englobam um conjunto de traços de personalidade (energia, autoconfiança, intelectualismo, desejo de inovação, impulsividade, liderança e vaidade) e características sociodemográficas (renda, profissão, idade etc.), que ampliam ou restringem o alcance da motivação primária do indivíduo. Assim, são três as orientações de recursos: financeiro, psicológico e material.

Um exemplo de segmentação psicográfica é apresentada no Quadro 2.11, em que o pesquisador descreveu os segmentos de proprietários de automóveis residentes na cidade de Belo Horizonte, com base em seus valores e estilos de vida.

Quadro 2.11 Descrição do estilo de vida dos segmentos de proprietários de automóveis

Apaixonados satisfeitos

Pessoas bem-sucedidas, sofisticadas, ativas, com grande autoestima e recursos. Buscam desenvolver-se e expressar-se de várias maneiras. A imagem é importante para eles, não somente como evidência de *status*, mas como expressão de seu gosto, independência e personalidade. São mais velhos (40 anos, em média), em sua grande maioria do sexo masculino, chefes de família e aposentados.

Jovens apaixonados

Consumidores jovens, que buscam reconhecimento em todas as áreas, querem levar uma vida excitante e são realizados e satisfeitos com o momento em que vivem. São experimentadores, vivos, entusiastas e impulsivos. Buscam variedade e excitação, saboreando o que é novo, extravagante e arriscado. São consumidores ávidos, extrovertidos, consideram-se inteligentes e buscam *status*.

Cuidadosos planejados

Comprometidos com a família e o trabalho. Valorizam a previsibilidade e a estabilidade, em detrimento do risco. O trabalho propicia a eles um senso de dever, recompensas materiais e prestígio. Suas vidas sociais são estruturadas em torno da família e da carreira. São consumidores racionais, porém, são os que mais buscam reconhecimento. Valorizam os relacionamentos pessoais e a autorrealização.

Tradicionais conformados

Têm pequena influência social e relacionamentos pessoais restritos. Quase não se preocupam com *status*. Buscam a realização profissional e o respeito. Têm as finanças controladas e planejam as compras. Possuem uma renda elevada. Buscam o conforto, o bem-estar e prezam o bom relacionamento familiar. São pouco abertos a novas experiências. São individualistas, discretos e práticos.

Fonte: PORTELA F. B. *Segmentação psicográfica de consumidores no Brasil: um estudo empírico no mercado automotivo*. Dissertação de Mestrado, UFMG, Belo Horizonte, 2007.

Como vimos neste capítulo, o objetivo final da pesquisa de marketing é a eficácia no planejamento e na implementação das estratégias e dos programas do composto mercadológico. E a estratégia de segmentação e seleção do público-alvo é uma importante decisão de marketing, que orienta as outras decisões estratégicas.

Resumo

1. **Sistema de informações de marketing (SIM)** é um conjunto de ferramentas e procedimentos utilizados para coleta, armazenamento, processamento, análise e difusão de informações, que visam a apoiar as decisões e ações de marketing.

2. Os **dados secundários** são aqueles já disponíveis, que podem ser obtidos de duas fontes: a interna, que engloba os dados gerados pelas operações diárias da empresa, estando sob seu controle; e a externa, que abrange fatos externos à empresa que, por não terem sido encomendados previamente, nem sempre podem ser customizados.

3. Os **dados primários** são relativos a fatos externos à empresa e podem ser obtidos sob encomenda, por meio de uma pesquisa de marketing que visa atender a necessidades específicas de informação para a tomada de decisão.

4. A **pesquisa de marketing** é o processo de coleta, análise e difusão de informações específicas para a tomada de decisões de marketing, realizada por meio de métodos objetivos, imparciais e sistemáticos. Pode ter quatro finalidades: exploratória, descritiva, diagnóstica e prognóstica.

5. O **valor da informação** é calculado pela comparação entre o custo da informação e os ganhos esperados com ela, dependendo de alguns fatores: a importância da decisão, a incerteza da situação e a influência do resultado da pesquisa na decisão.

6. O **plano de pesquisa** é um documento que descreve os objetivos e procedimentos a serem adotados na pesquisa de marketing.

7. As **hipóteses** são as prováveis respostas para as questões da pesquisa.

8. A **pesquisa exploratória** visa a aprofundar a compreensão do problema gerencial e possibilitar a formulação de hipóteses a serem testadas em estudos quantitativos posteriores. Busca também compreender mais profundamente o comportamento dos consumidores.

9. A **pesquisa descritiva** é realizada para descrever fatos e comportamentos, respondendo às perguntas "Quem?", "O quê?", "Como?", "Quando?", "Quanto?" e "Onde?".

10. A **pesquisa causal** é a mais indicada para explicar as relações de causa e efeito entre fatores.

11. Os principais **métodos de coleta** são: qualitativos, de observação, de levantamento e de experimentação.

12. Os **métodos qualitativos** são os utilizados na pesquisa exploratória, e incluem grupos de foco, entrevistas em profundidade, técnicas de projeção e de observação.

13. O método de **observação** é realizado sem a interação direta com os consumidores, visando registrar os comportamentos observáveis em diversas situações.

14. O método de **levantamento** visa obter medidas quantificáveis de características, comportamentos, atitudes e opiniões dos consumidores, ou dos concorrentes, dos formadores de opinião, ou de outras pessoas e eventos de relevância para os objetivos da pesquisa.

15. A **experimentação** ou o **experimento** é um método de pesquisa causal pelo qual se pode estabelecer provável relação de causa e efeito entre variáveis, controlando a variável independente e observando seus efeitos sobre a variável dependente.

16. O **teste de mercado** é um tipo de experimento de campo que visa testar um novo produto ou qualquer mudança na estratégia de marketing (preço, promoção, propaganda, canal de vendas) em uma área determinada (cidade ou região).

17. A **amostragem** é o procedimento de selecionar ou sortear amostras de uma população para inferir conhecimento sobre o todo.

18. A **amostra da pesquisa** é um subgrupo da população selecionado para participação no estudo.

19. A **população** é a soma de todos os elementos que compartilham algum conjunto de características comuns, compondo o universo de interesse da pesquisa de marketing.

20. A **etnografia**, como método de observação participativa, consiste no processo de observar, participar e entrevistar "o outro" em suas condições reais de existência.

21. **Mercado** é o conjunto de clientes atuais e potenciais, com poder aquisitivo e desejos específicos, que podem ser atendidos pela empresa.

22. **Segmento de mercado** é um grupo de clientes ou consumidores que têm algumas características em comum. Tais características são relevantes para explicar suas respostas e reações aos estímulos de marketing.

23. A **estratégia de segmentação** é a identificação e a seleção de grupos (segmentos) de consumidores relativamente homogêneos, que têm características similares entre si, mas distintas em relação a outros grupos.

24. A **segmentação de mercado** é realizada em quatro etapas: seleção dos fatores ou variáveis; realização de pesquisas para a obtenção de dados sobre as características e os comportamentos dos clientes; análise dos dados coletados; e descrição dos perfis dos consumidores de cada segmento de mercado identificado.

25. Para selecionar os segmentos de mercado, deve-se avaliar se eles têm **mensurabilidade, acessibilidade** e **potencial de diferenciação**.

26. **Valor cultural** é o conjunto de crenças compartilhadas por um grupo ou sociedade que indicam o que é desejável e orientam decisões e comportamentos.

27. A **segmentação demográfica**, baseada em dados como sexo, idade e renda, é muito utilizada pelas empresas em virtude da simplicidade e da facilidade de obtenção dos dados.

28. A **segmentação psicográfica** é baseada nos estilos de vida e valores do indivíduo, o que permite entender o comportamento do consumidor de modo mais abrangente.

29. A **pesquisa AIO** é um levantamento de dados sobre valores e estilos de vida dos consumidores, baseado em declarações ou perguntas sobre atividades, interesses ou opiniões.

30. O **inventário de valores** é uma técnica de pesquisa utilizada para revelar os valores de determinado grupo ou sociedade.

Exercícios

1. Dê um exemplo que ilustre cada um dos processos presentes em um sistema de informações de marketing (SIM).
2. Quais são as diferenças fundamentais entre dados primários e secundários? Quais as vantagens e desvantagens de cada um deles? Enriqueça sua resposta com exemplos do cotidiano.
3. Qual é a diferença existente entre uma pesquisa qualitativa e uma quantitativa?
4. Faça um questionário para pesquisar o comportamento do consumidor de chocolate. Utilize pelo menos quatro tipos de questões, tanto fechadas quanto abertas.
5. Quais são as pesquisas que podem ser realizadas pela internet? Após responder a essa pergunta, realize uma delas e faça um relatório com os resultados.

Caso para discussão 2

Em marketing, um dos aspectos mais importantes é conhecer os comportamentos do consumidor, como saber se ele comprou ou não, se usou ou não, se jogou fora e onde, ou como guardou, se assistiu ou não ao comercial, se deu algo de presente ou se comprou para si, ou se falou bem ou mal de uma marca.

Hoje, grande parte dos experimentos em marketing pede às pessoas que relatem seus pensamentos, sentimentos, memórias e atitudes. Entretanto, já se sabe, graças a vários estudos e observações, que as pessoas nem sempre fazem o que dizem que irão fazer ou não fizeram o que disseram ter feito.

Muitas vezes, os estudos de marketing relatam medidas de intenções, atitudes, emoções e pensamentos. Esse também é um desafio a ser superado, porque estudos experimentais envolvendo mensuração de comportamentos são mais sujeitos a erros e mais difíceis de serem executados.

Fonte: HERNANDEZ, 1994.

Questões

1. Explique, com suas palavras, qual é o ponto de vista do autor. Você concorda com ele?
2. Descreva a metodologia que deve ser usada para que um experimento sobre o comportamento do consumidor possa apresentar resultados confiáveis.

Caso para discussão 3

A contribuição da pesquisa de marketing

Leia a seguir alguns pontos discutidos em um debate entre dirigentes de empresas de pesquisa de marketing sobre os desafios e perspectivas dessa atividade.

Talvez uma das grandes falácias da pesquisa de mercado seja criar abstrações: 'correntista', 'comprador de carro', 'comprador de supermercado'. Essas coisas não têm existência real. O que existe é um indivíduo, com determinadas características, um comportamento, expectativas, sonhos, desejos, necessidades que se manifestam em diferentes categorias de produto... Acho que a utilização da tecnologia – que é importante em pesquisa de mercado – vai automatizando os pesquisadores. Há dois anos, licenciamos a metodologia de uma empresa norte-americana e mandamos o nosso pessoal para ser treinado lá. Quando voltaram, parecia que tinham implantado um *chip* no cérebro, não conseguiam mais pensar. Tive de encontrar a chave e arrancar o tal *chip* fora... Esse é o problema, porque você vai aprendendo a tecnologia, o instrumento, e vai se distanciando do indivíduo, do ser humano, que é quem comanda o processo.

(Paulo Secches)

O consumidor – que é o alvo do nosso trabalho – diz o que pensa, mas faz o que sente. É difícil ficar satisfeito com a tecnologia, esperando que ela apenas identifique o que se diz, porque o que se diz muitas vezes oculta grandes segredos. Se você não mergulhar na vida das pessoas, é muito difícil entendê-las.

(Jaime Troiano)

Demorei quatro anos para perceber qual era a verdadeira riqueza de ter estudado ciências sociais. Entendi que tinha de estudar uma determinada realidade e que não poderia estudá-la por óticas específicas da psicologia, vendo apenas o útero materno, ou da economia, vendo apenas valores e utilidades. Tinha de estudar a realidade na multiplicidade das suas dimensões. E isso era o que a sociologia me tinha dado – a análise de uma realidade por múltiplas óticas, por múltiplas ciências. Além disso, não poderia deixar de ter uma visão de negócio, porque o sociólogo é mestre em fazer análise multidisciplinar e, depois, não saber aplicar no negócio. A visão de negócio é vital.

(Paulo Secches)

A primeira coisa é compreender que estamos comprometidos a entender pessoas. Precisamos lembrar uma frase de um publicitário norte-americano: 'Você não entra na carteira do consumidor sem antes entrar na vida dele'. Entender que precisamos de menos numerologia e de mais antropologia. Segundo, acho que o pesquisador precisa parar com essa bobagem de achar que é um cientista, fora do mercado, que não interfere nas questões comerciais, não participa de decisão, para incorporar sua identidade verdadeira de profissional de marketing, de negócios. Ele deve dividir a angústia com o cliente na hora de tomar uma decisão. Terceiro, é necessário ajudar o marketing a ter medidas sólidas e precisas de eficácia: 'Como posso contribuir para que investimentos de marketing, mídia, comunicação sejam feitos com mais precisão, com a velocidade que o tempo exige?'. Deve-se esquecer a ideia de que, se sou profissional de pesquisa, não tenho compromisso com resultado.

(Jaime Troiano)

Fonte: texto adaptado. Mesa-redonda: panorama da pesquisa de mercado no Brasil. *Revista da ESPM*, jan.-fev. 2003. p. 70-90.

Questões

1. Explique, com suas palavras, o tipo de qualificação profissional requerida para um pesquisador de marketing.

2. Dê sua opinião sobre a contribuição do pesquisador de marketing para os resultados de uma empresa.

Palavras cruzadas

1. Os dados .... são aqueles que já estão disponíveis.
2. As .... são as prováveis respostas para as questões da pesquisa.
3. A pesquisa .... visa aprofundar a compreensão do problema gerencial.
4. A pesquisa .... é realizada para descrever fatos e comportamentos.
5. A pesquisa .... é a mais indicada para explicar as relações de causa e efeito entre fatores.

1 – Secundários 2 – Hipóteses 3 – Exploratória 4 – Descritiva 5 – Causal 6 – Experimentação 7 – Amostragem 8 – População 9 – Etnografia 10 – Observação

6. A .... é um método de pesquisa causal, pelo qual se pode estabelecer provável relação de causa e efeito entre variáveis.

7. A .... é o procedimento de selecionar ou sortear amostras de uma população para inferir conhecimento sobre o todo.

8. A .... é a soma de todos os indivíduos que compartilham algum conjunto de características comuns, compondo o universo de interesse da pesquisa de marketing.

9. A .... consiste no processo de observar, participar e entrevistar "o outro" em suas condições reais de existência.

10. O método de .... é realizado sem a interação direta com os consumidores.

Exercícios

1. Uma empresa pretende lançar um produto no mercado. Para isso, o diretor de marketing precisa conhecer os consumidores potenciais do produto. De acordo com os seus conhecimentos e com as informações a seguir, descreva as características demográficas e psicográficas do público-alvo a serem confirmadas ou desconfirmadas pela pesquisa.

    a) Aparelho digital de última geração que:
    - efetua cálculos avançados;
    - realiza traduções em inglês, português, francês, espanhol e alemão;
    - realiza fotos com alta precisão;
    - tem acesso a internet de alta velocidade;
    - preço: R$ 5.000,00.

    b) Vestidos de casamento express:
    - aluguel e venda *on-line* de vestidos para festas customizados e entregues em 24 horas;
    - preços acessíveis;
    - entrega em toda a grande São Paulo;
    - modelos disponíveis para aluguel e compra.

2. Qual é a importância das características psicográficas para a segmentação dos consumidores?

3. Descreva em poucas palavras o seu estilo de vida. Compare com o estilo de vida de um colega. Quais são as principais diferenças observadas? Explique, no seu entendimento, qual(is) é(são) a(s) razão(ões) para essas diferenças.
4. Vá a uma loja de brinquedos e verifique de que maneira os produtos estão distribuídos nas prateleiras. Relacione os segmentos de brinquedos observados com a segmentação demográfica de crianças.
5. Visite duas lojas de roupas para mulheres. Observe os tipos e estilos de roupas vendidas em cada uma delas. Tente identificar qual é o estilo de vida das consumidoras de cada loja.

Caso para discussão 4

A marca Porsche é uma das 100 mais valiosas do mundo, de acordo com o último *ranking* da Interbrand.

A Interbrand atribui esse valor a fatores como o alto nível de autenticidade dos produtos ao longo dos anos e o foco em uma linha reduzida de veículos de alta qualidade.

A Porsche empregou sua experiência em carros esportivos na fabricação do Carrera GT, o modelo mais potente e veloz que a marca alemã, sediada em Stuttgart, fabricou em mais de 50 anos de história.

Apresentado no Salão de Paris, será pilotado por poucos privilegiados. Além do preço proibitivo (cerca de US$ 500 mil), esse supercarro é vendido apenas por encomenda, em série limitada.

Fonte: adaptado de *Folha Online*. Porsche é uma das cem marcas mais valiosas do mundo, segundo consultoria. 29 jul. 2004. Disponível em: <http://www1.folha.uol.com.br/folha/classificados/veiculos/ult1670u1340.shtml>. Acesso em: 16 mar. 2016.

Questões

1. Em sua opinião, quais são os valores transmitidos pela marca aos seus clientes em potencial?
2. Descreva o perfil psicográfico do comprador potencial de um Porsche Carrera GT.

Palavras cruzadas

1. .... é o conjunto de clientes atuais e potenciais, com poder aquisitivo e desejos específicos, que podem ser atendidos pela empresa.

2. .... são as técnicas estatísticas com duas variáveis.

3. .... são as técnicas estatísticas com mais de duas variáveis.

1 – Mercado 2 – Bivariadas 3 – Multivariadas 4 – Público-alvo 5 – Posicionamento 6 – Demográfica 7 – Psicográfica 8 – AIO 9 – Terminais 10 – Instrumentais

4. ....é o grupo ou o segmento de consumidores escolhido pela empresa, para o qual serão dirigidos esforços e investimentos de marketing.

5. O .... da marca é o conjunto de qualidades tangíveis e intangíveis associadas à marca, que a diferenciarão da concorrência e criarão preferência e fidelidade do consumidor.

6. A segmentação .... é baseada em dados como sexo, idade e renda.

7. A segmentação .... é baseada nos estilos de vida e valores do indivíduo.

8. A pesquisa .... é um levantamento de dados sobre valores e estilos de vida dos consumidores, baseado em declarações ou perguntas sobre atividades, interesses ou opiniões.

9. Valores .... estão relacionados aos objetivos que buscamos na vida.

10. Valores .... estão relacionados aos padrões de comportamento ou meios pelos quais atingimos esses objetivos.

Leituras sugeridas

MALHOTRA, N. K. *Pesquisa de marketing*. Porto Alegre: Bookman, 2012.
Para aprofundar a compreensão dos métodos de pesquisa de marketing e os procedimentos para realização de uma pesquisa.

ATHAYDE, C.; MEIRELLES, R. *Um país chamado favela*. São Paulo: Gente, 2014.
Para obter dados e conhecer como vivem os brasileiros que moram em comunidades no Brasil.

Para finalizar

Elabore um plano de pesquisa para avaliar o grau de memorização e compreensão da propaganda *Sedes* após ser visualizada pelo público jovem.

Propaganda da Coca-Cola Brasil

Capítulo 3

O consumidor como indivíduo

Objetivos do aprendizado

Após estudar este capítulo, você será capaz de:

- entender o modelo geral do comportamento do consumidor;
- conhecer as teorias da psicologia e da economia para explicar o comportamento do consumidor;
- compreender os fatores situacionais no momento da compra;
- conhecer os direitos do consumidor e o movimento do consumo sustentável.

3.1 A abordagem multidisciplinar no estudo do consumidor

As práticas cotidianas de consumo, como usar pasta de dente ou comprar um carro, estão inseridas em um contexto mais amplo da vida das pessoas, no qual interagem fatores socioculturais e pessoais. É necessário, portanto, **contextualizar o consumo**, ou seja, entender o seu significado como parte integrante de um conjunto de relacionamentos e vivências cotidianas das pessoas.

Mas como selecionar conceitos e teorias para orientar um projeto de pesquisa sobre o consumidor?

O ponto de partida é o **problema da pesquisa** a ser resolvido. Se ele for, por exemplo, entender **como as crianças reagem à propaganda** de um brinquedo, podemos utilizar um dos três enfoques teóricos: o psicológico, o social e o antropológico.

Precisaremos selecionar as teorias e os conceitos da psicologia, da sociologia ou da antropologia que poderão nos ajudar a entender o comportamento da criança, como faremos no Capítulo 5 deste livro. Nesse caso, as teorias sobre **o desenvolvimento**, o **aprendizado** e a **socialização da criança** poderão ser utilizadas como referencial para elaborar o projeto de pesquisa.

Cada abordagem teórica busca esclarecer comportamentos complexos e enriquecer a visão sobre questões importantes, ajudando a formular soluções criativas para os problemas práticos de marketing.

Neste capítulo, apresentaremos as perspectivas da economia e da psicologia que orientam o estudo do consumidor.

3.2 O modelo geral do comportamento do consumidor

Os pesquisadores têm desenvolvido **modelos conceituais** que procuram demonstrar e integrar as relações entre os fatores que interferem no comportamento do consumidor.

Tais modelos têm sido bastante utilizados para elaborar pesquisas sobre o consumidor. O **modelo geral**, que apresenta os fatores influenciadores e as etapas do processo de decisão, compra, consumo e pós-consumo, é apresentado na Figura 3.1.

Esse modelo se baseia, em grande parte, na **perspectiva comportamentalista** da psicologia,[1] que entende o comportamento humano como um conjunto de respostas provocadas por estímulos do meio ambiente, como a propaganda e as promoções na área de marketing.

Figura 3.1 Modelo genérico de comportamento do consumidor

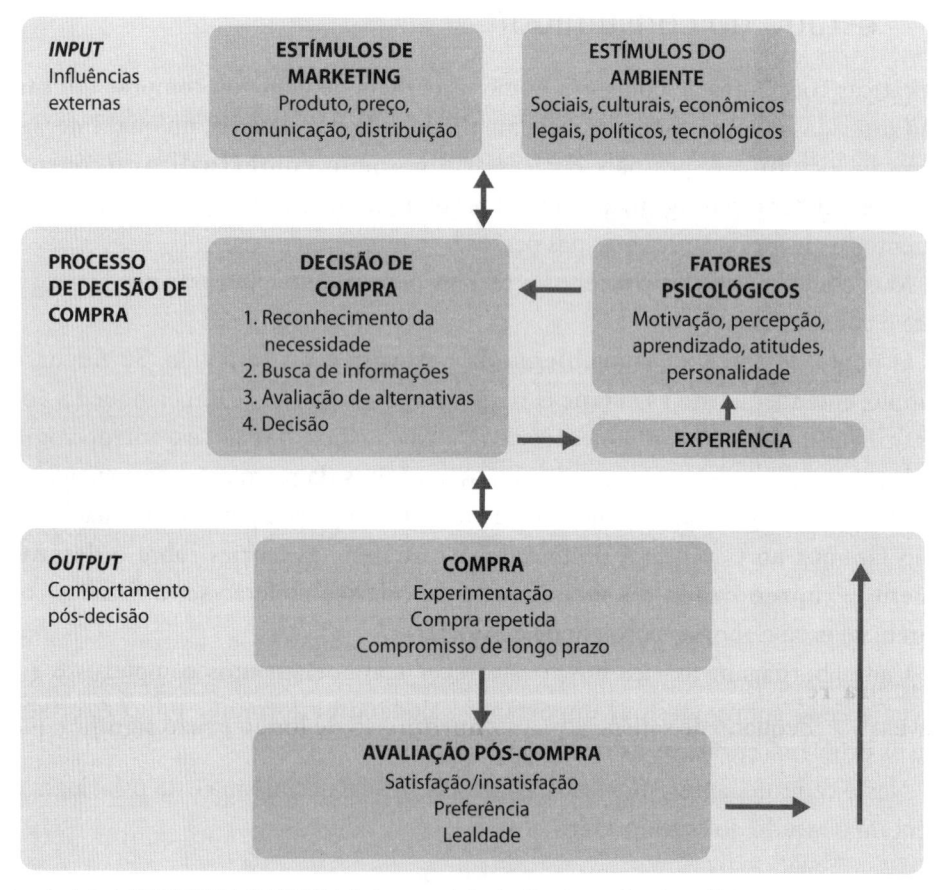

INPUT Influências externas	ESTÍMULOS DE MARKETING Produto, preço, comunicação, distribuição	ESTÍMULOS DO AMBIENTE Sociais, culturais, econômicos legais, políticos, tecnológicos
PROCESSO DE DECISÃO DE COMPRA	DECISÃO DE COMPRA 1. Reconhecimento da necessidade 2. Busca de informações 3. Avaliação de alternativas 4. Decisão	FATORES PSICOLÓGICOS Motivação, percepção, aprendizado, atitudes, personalidade EXPERIÊNCIA
OUTPUT Comportamento pós-decisão	COMPRA Experimentação Compra repetida Compromisso de longo prazo	
	AVALIAÇÃO PÓS-COMPRA Satisfação/insatisfação Preferência Lealdade	

Fonte: adaptado de SCHIFFMAN, L. G.; KANUK, L. L. *Consumer behavior*. New Jersey: Prentice Hall, 2000. p. 37.

---

1 WATSON, J. B. Psychology as the Behaviorist views it. *Psychological Review*, 20, 1913. p. 158-177; SKINNER, B. F. *The Behavior of organisms:* An experimental analysis. New York: Appleton-Century, 1938.

O comportamento do consumidor pode ser dividido em três estágios interligados: *input*, **decisão de compra** e *output*. O primeiro estágio, o *input*, refere-se às **influências externas**, que são os estímulos de marketing e os fatores do ambiente.[2]

O segundo estágio é a **decisão de compra**, que se relaciona à maneira como os consumidores tomam suas decisões e fazem suas escolhas de produtos e serviços, considerando os estímulos externos e internos, bem como suas experiências anteriores. A decisão de compra pode ser dividida em quatro etapas.

A primeira etapa é o **reconhecimento da necessidade**, que pode vir de estímulos internos, como a fome, ou externos, como a propaganda. A segunda etapa é a **busca de informações** sobre as alternativas de como satisfazer a necessidade. O consumidor pode procurar essas informações em fontes internas, isto é, retidas na memória; ou externas, como a consulta a amigos, familiares, ou a profissionais especializados.

Com base na análise das informações, os consumidores fazem a **avaliação das alternativas**, comparando as diversas maneiras de satisfazer suas necessidades. Na terceira etapa, os consumidores tentam identificar a alternativa que lhes traga o maior benefício.

A quarta etapa é a **tomada de decisão**, entendida como a escolha de um produto, serviço ou marca entre várias alternativas possíveis.

Os **fatores psicológicos** inerentes a cada indivíduo, como motivação, percepção, aprendizado, personalidade e atitudes, bem como suas **experiências** anteriores, afetam o processo de decisão.

O terceiro estágio, o *output*, refere-se às respostas ou reações do consumidor após a decisão, englobando dois tipos de comportamento: a **compra** e a **avaliação pós-compra**. A compra implica a escolha de onde (local), quanto (quantidade) e quando (tempo) comprar. Os consumidores decidem também como pagar pela aquisição, dentre as opções oferecidas.

Há três tipos de **comportamento de compra**: a experimentação, a compra repetida e o compromisso de longo prazo. Na **experimentação**, o consumidor desconhece o benefício oferecido e, portanto, compra uma pequena quantidade do produto sem nenhum compromisso de repetição da compra.

Se a experiência de uso for satisfatória, o consumidor tende a repetir a compra. A **compra repetida** ocorre quando o consumidor já experimentou o produto e obteve nível adequado de satisfação. O **compromisso de longo prazo** significa que o consumidor mantém lealdade à marca e pretende comprá-la no futuro.

Depois de comprar o produto, o consumidor avalia o resultado obtido. Ele considera se está satisfeito com a experiência da compra e do uso do produto ou serviço. Com base em seu grau de **satisfação** ou insatisfação, decide se repete ou não a compra.

---

2 SCHIFFMAN, L. G.; KANUK, L. L. *Consumer behavior*. 10. ed. New Jersey: Prentice Hall, 2009. p. 49.

A **lealdade** é um comportamento que pode ocorrer após a satisfação com o uso do produto. E o **valor para o cliente** resulta da diferença percebida entre benefícios e o custo total para obter e usar o produto ou serviço.

3.2.1 Os fatores situacionais no momento da compra

No modelo do comportamento do consumidor, entre os estímulos recebidos pelos consumidores estão os **estímulos do ambiente,** nos quais se incluem os **fatores situacionais,** que ocorrem no momento da compra e influenciam a decisão do consumidor.

Entre os fatores situacionais estão os relativos ao **local da compra** (ambiente da loja; comunicação e promoção; facilidade de acesso à loja), à **interação com o vendedor** (simpatia, persuasão e insistência) e à **situação do consumidor** (urgência da compra, pressa, escassez ou excesso de tempo; mau humor; pouco ou muito dinheiro na carteira etc.).

Quanto ao local de compra, estudiosos de marketing têm dedicado atenção especial aos impactos que o ambiente da loja exerce sobre os consumidores, pois o comportamento do consumidor em uma loja é uma resposta de natureza cognitiva e emocional a estímulos desse ambiente.

O **ambiente da loja** é composto de três dimensões principais que influenciam a percepção do consumidor: atmosfera, *design* e fatores sociais. A **atmosfera da loja** designa as condições que afetam os cinco sentidos humanos. Estão incluídos a temperatura da loja, a iluminação, o barulho, a música e o odor, entre outros. Essas características tendem a ser percebidas quando se apresentam em condições extremas – muito barulho, iluminação fraca ou exagerada, temperatura excessivamente alta ou baixa –, quando a pessoa permanece no ambiente por muito tempo ou quando há incongruência entre elas e o restante da atmosfera.

O *design* **da loja** abrange características que são essencialmente visuais, sejam elas funcionais ou estéticas. Entre os elementos funcionais estão o arranjo dos móveis e objetos da loja e o conforto oferecido, enquanto os elementos estéticos incluem a arquitetura do local, as cores e os materiais utilizados, o estilo e a decoração.

Os **fatores sociais da loja** referem-se às características dos funcionários, como o número de profissionais que atuam na loja – que pode ser utilizado como indicador da qualidade do atendimento –, a maneira como estão vestidos e apresentados (uso de uniforme, higiene e aparência), sua educação e cortesia.

Sobre a influência do ambiente da loja no comportamento de compra, Parente explica:

> Ao visitar uma loja, o consumidor desenvolve percepções de aspectos como o volume e a disposição das mercadorias expostas, as instalações da loja, a aparência dos funcionários

e os estímulos de "merchandising visual" que criam a "atmosfera" da loja. A literatura especializada em varejo passa a denominar de "atmospherics" esse conjunto de fatores tangíveis e intangíveis que criam a atmosfera e, consequentemente, a imagem de uma loja.[3]

É dentro do ambiente de loja que se dá um comportamento que abrevia o processo decisório de compra, conhecido como **compra por impulso**, que ocorre quando o consumidor experimenta uma necessidade repentina e persistente de comprar algo imediatamente, muitas vezes influenciado por fatores do ambiente, como uma propaganda ou uma promoção. Dessa forma, o indivíduo adquire produtos de forma puramente emocional, desconsiderando as consequências.[4]

A compra por impulso envolve três dimensões distintas: a circulação do consumidor na loja, a impulsividade do indivíduo e a influência dos elementos ambientais. A **circulação dentro da loja** é a atividade do consumidor de percorrer o ambiente da loja antes da compra. Estudos realizados indicam que os indivíduos que circulam mais tendem a realizar mais compras não planejadas. Assim, há uma relação entre a permanência dentro da loja (intensidade da circulação) e a probabilidade de comprar por impulso.[5]

O **impulso** é considerado como uma necessidade forte, às vezes irresistível, com a inclinação de ação sem reflexão ou planejamento, em consequência imediata da exposição a certo estímulo. Os indivíduos possuem, como traço de personalidade, níveis diferenciados de controle de seus impulsos. A compra impulsiva é, portanto, o resultado da luta entre o desejo de comprar e o autocontrole, sendo que o primeiro prevalece.[6]

A **impulsividade de compra** pode ser decomposta em duas dimensões, a cognitiva e a afetiva. Na primeira, o indivíduo age sem a realização de **esforços cognitivos**, rendendo-se ao impulso de compra sem avaliar as consequências, como desapontamento, arrependimento ou problemas financeiros decorrentes da aquisição. Na **dimensão afetiva**, a pesssoa utiliza a compra como uma forma de reduzir seus conflitos emocionais, obtendo emoções positivas, como alegria e prazer.[7]

---

3   PARENTE, J. *Varejo no Brasil*: gestão e estratégia. São Paulo: Atlas, 2000. p. 294.
4   ROOK, D. The buying impulse. *Journal of Consumer Research*, v. 14, set. 1987. p. 189-99. Apud XAVIER, F. C.; LARAN, J. A compra por impulso em ambientes *on-line*. *Revista Administração de Empresas*, v. 43, n. 4, 2003. p. 36-47.
5   BLOCH, P. et al. Extending the concept of shopping: an investigation of browsing activity. *Journal of Academy of Marketing Science*, v. 17, 1989. p. 13-21. Apud XAVIER; LARAN, 2003. p. 36-47.
6   McCOWN, W.; DESIMONE, P. *The impulsive client – theory, research and treatment*. Washington: American Psychological Association, 1993. Apud XAVIER; LARAN, 2003. p. 36-47.
7   YOUN, S. *The dimensional structure of consumer buying impulsivity*: measurement and validation. Dissertation – Universidade de Minnesota, 2000. Apud XAVIER; LARAN, 2003. p. 36-47.

Os fatores situacionais e as **características do produto**, como cores, aromas, sons e texturas, podem aumentar a probabilidade da ocorrência de comportamento de compra por impulso, quando proporcionam prazer ao indivíduo ou uma vantagem significativa.

Saiba+ Nos programas infantis, anúncios que engordam

Para cada dez minutos de propaganda nos intervalos das programações infantis das duas maiores emissoras de televisão aberta do país, um foi usado para promover o consumo de alimentos. Destes últimos, todos eram ricos em gordura saturada ou açúcar e estavam associados a brinquedos, diversões e crianças felizes, o que contribui para gerar hábitos errados e nem um pouco saudáveis. A conclusão é de um estudo feito pelo setor de Nutrologia do Departamento de Pediatria da Universidade Federal de São Paulo.

A pesquisa analisou 600 minutos da programação das 8 às 12 horas durante o mês de julho. "Todos os produtos tinham um alto teor de gordura e açúcar refinado, mas a propaganda dizia que eles eram nutritivos e tinham vitaminas, o que dá a falsa impressão de serem saudáveis", afirmou a nutricionista responsável pelo estudo.

Os produtos anunciados foram bolachas recheadas, salgadinhos, refrigerantes, cereais com açúcar, chocolates, bebidas achocolatadas e redes de sanduíches. "Isso indica que as crianças são estimuladas a consumir quase diariamente comidas muito calóricas e pouco nutritivas. A nossa preocupação é que esse hábito continue na adolescência e na idade adulta, levando à obesidade", diz. "Um estudo internacional mostra que apenas 30 segundos de propaganda já são suficientes para influenciar uma criança."

Além do estímulo, a nutricionista destaca a facilidade para os pais. Cachorro-quente e biscoitos são relativamente baratos e práticos, além de deixarem as crianças felizes. O fato não deixa de ser preocupante num país que registra, segundo levantamento do IBGE, 38,8 milhões de pessoas acima do peso. Das crianças de 7 a 12 anos, segundo pesquisa do LatinPanel, 35% estão acima do peso.

No Brasil, a Lei 8.078 de 1990 (Código de Defesa do Consumidor – CDC), proíbe toda a publicidade abusiva em seu art. 37. A Resolução 163 de 2014 soma-se às leis já existentes para declarar a ilegalidade da publicidade infantil e define que é abusivo o direcionamento de publicidade e de comunicação mercadológica à criança.

Fonte: adaptado de IWASSO, S. Nos programas infantis, anúncios que engordam. *O Estado de S. Paulo*, 20 jan. 2005. Disponível em: <http://txt.estado.com.br/editorias/2005/01/20/ger009.html>. Acesso em: 20 jan. 2005.

3.2.2 A satisfação pós-compra e o Código do Consumidor

Sendo a finalidade do marketing obter a satisfação e a lealdade do consumidor, diversas pesquisas têm focado tais temas. O profissional de marketing precisa conhecer quais são os fatores de marketing e os atributos dos produtos que contribuem para a satisfação dos clientes.

A satisfação do consumidor pode ser entendida como a atitude geral sobre um produto ou serviço posterior a sua aquisição e seu uso. E é decorrente da avaliação positiva do produto ou serviço após a compra.[8]

A **lealdade do consumidor** é a existência de um comprometimento do cliente em comprar ou utilizar novamente um produto ou serviço no futuro, apesar das influências situacionais e esforços de marketing para provocar um comportamento de mudança.[9]

As reações do **consumidor insatisfeito** podem ser divididas em duas categorias: as **públicas**, que são de dois tipos: a ação direta, com a queixa ao vendedor ou produtor, e a ação indireta, por meio de terceiros, com a queixa a órgãos de defesa do consumidor; e as **privadas** (boicote ao fabricante ou revendedor, divulgação boca a boca da experiência negativa etc.).[10]

Segundo Santos e Rossi, pode-se perceber um crescente interesse da área de marketing na compreensão do comportamento do consumidor após a compra, baseado na ideia de que o relacionamento da empresa com os seus clientes não se limita à compra, mas avança até o período pós-compra, quando o consumidor está ou não satisfeito em suas necessidades.[11]

O interesse das empresas pelo tema ocorre por dois motivos: em primeiro lugar, a atuação dos órgãos governamentais, como a Fundação de Proteção ao Consumidor (Procon), que se utilizam do Código de Defesa do Consumidor para salvaguardar os direitos dos consumidores; o segundo motivo é que as empresas, cada vez mais, estão percebendo que muitos de seus negócios dependem da satisfação dos clientes atuais.[12]

Como se pode verificar, no Brasil, a noção de **proteção ao consumidor** e de **respeito aos seus direitos** é relativamente recente, tendo alcançado maior visibilidade a

---

8 MOWEN, J.; MINOR, M. *Consumer behavior*: a framework. Upper Saddle River (N.J.): Prentice Hall, 2001. p. 34.
9 OLIVER, R. Whence consumer loyalty? *Journal of Marketing*, v. 63, 1999. p. 33-44.
10 GIGLIO, E. A. M.; CHAUVEL, M. A. Reclamação e cultura brasileira: um estudo baseado na análise de cartas de consumidores insatisfeitos à imprensa. *Anais do 26º EnANPAD*, Salvador, 2002. p. 45-60.
11 SANTOS, C. P.; ROSSI, C.A. Os antecedentes da confiança do consumidor em episódios envolvendo reclamações sobre serviços. *Anais do 26º EnANPAD*, Salvador, 2002. p. 61-77.
12 SANTOS; ROSSI, 2002. p. 61-77.

partir do início da década de 1990, com a intensificação da concorrência, pela abertura do mercado, e a promulgação do Código de Defesa do Consumidor.

O **Código de Defesa do Consumidor** (Lei n. 8.078), aprovado em 11 de setembro de 1990, estabelece as normas de proteção e defesa do consumidor. Tal código é parte integrante da **Política Nacional de Relações de Consumo**, que tem por objetivo o atendimento das necessidades dos consumidores, o respeito à sua dignidade, saúde e segurança, a proteção de seus interesses econômicos, a melhoria de sua qualidade de vida, bem como a transferência e a harmonia das relações de consumo.

A sigla **Procon** designa a Fundação de Proteção e Defesa do Consumidor, vinculada às Secretarias Estaduais de Justiça e da Defesa da Cidadania, com o objetivo de atendimento a consultas, reclamações, denúncias e entrega de material orientativo (cartilhas, panfletos etc.) aos consumidores.

Na legislação, o **consumidor** é considerado toda pessoa física ou jurídica que adquire ou utiliza produto ou serviço como destinatário final. O **fornecedor** é toda pessoa física ou jurídica, pública ou privada, que desenvolve atividade de produção, montagem, construção, transformação, importação, exportação ou comercialização de produtos ou prestação de serviços. O **produto** é qualquer bem, móvel ou imóvel, material ou imaterial. E o **serviço** é qualquer atividade fornecida no mercado de consumo, mediante remuneração, inclusive as de natureza bancária, financeira, de crédito e securitária, salvo as decorrentes das relações de caráter trabalhista.

Saiba+

São direitos básicos do consumidor:

I. a proteção da vida, saúde e segurança contra os riscos provocados por práticas no fornecimento de produtos e serviços considerados perigosos ou nocivos;

II. a educação e divulgação sobre o consumo adequado dos produtos e serviços, asseguradas a liberdade de escolha e a igualdade nas contratações;

III. a informação adequada e clara sobre os diferentes produtos e serviços, com especificação correta de quantidade, características, composição, qualidade e preço, bem como sobre os riscos que apresentam;

IV. a proteção contra a publicidade enganosa e abusiva, métodos comerciais coercitivos ou desleais, e práticas e cláusulas abusivas ou impostas no fornecimento de produtos e serviços;

V. a modificação das cláusulas contratuais que estabeleçam prestações desproporcionais ou sua revisão em razão de fatos supervenientes que as tornem excessivamente onerosas;

VI. a efetiva prevenção e reparação de danos patrimoniais e morais, individuais, coletivos e difusos;
VII. o acesso aos órgãos judiciários e administrativos com vistas à prevenção ou reparação de danos patrimoniais e morais, individuais, coletivos ou difusos, assegurada a proteção jurídica, administrativa e técnica aos necessitados;
VIII. a facilitação da defesa de seus direitos, inclusive com a inversão do ônus da prova, a seu favor, no processo civil, quando, a critério do juiz, for verossímil a alegação ou quando for ele hipossuficiente, segundo as regras ordinárias de experiências;
IX. a adequada e eficaz prestação dos serviços públicos em geral.

Fonte: Instituto Brasileiro de Defesa do Consumidor (IDEC). Lei n° 8.078, de 11 de setembro de 1990. Disponível em: <http://www.idec.org.br/consultas/codigo-de-defesa-do-consumidor/capitulo-iii>. Acesso em: 2 maio 2016.

3.3 O consumidor na perspectiva da economia

O comportamento do consumidor foi inicialmente estudado pelos economistas, que tinham interesse em explicar como se formam os mercados e a demanda de bens.

A **economia** é uma ciência que estuda a produção, a circulação e o consumo de bens e serviços que são utilizados para satisfazer as necessidades humanas. A palavra economia vem da reunião dos vocábulos gregos *óikos* (casa) + *nomos* (organização), e pode ser entendida como "cuidar bem da casa".

A ciência econômica divide-se em duas principais áreas: a macroeconomia e a microeconomia. A **macroeconomia** estuda as unidades e os fenômenos econômicos agregados, como a produção e o consumo de bens de um país. A **microeconomia** estuda o comportamento das **unidades econômicas individuais**, que são quaisquer indivíduos ou organizações que participam do funcionamento da economia. O objetivo é explicar como e por que os indivíduos e as organizações tomam **decisões econômicas**, que resultam em gasto ou poupança de recursos monetários (dinheiro, capital, renda, salário, lucro) ou não monetários (terrenos, recursos naturais, tecnologia, equipamentos, horas de trabalho).[13]

A perspectiva da **teoria econômica neoclássica** tem orientado os estudos sobre o comportamento do consumidor, que, nessa teoria, é considerado uma pessoa **racional**, que faz suas escolhas com base na análise de **custos e benefícios**; a decisão de consumo é baseada em suas **preferências** e restrições monetárias, bem como no preço dos produtos; as preferências do consumidor são em função da **utilidade**, que é uma característica intrínseca do produto; o consumidor escolhe uma combinação de

---

13 PINDYCK, R.; RUBINFELD, D. *Microeconomia*. 7. ed. São Paulo: Makron Books, 2010. p. 22.

produtos que maximiza sua **satisfação**, dado o orçamento limitado de que dispõe; a satisfação do consumidor aumenta quando obtém maior quantidade de um produto, porém isso ocorre a uma taxa **decrescente**. Ou seja, o conceito de **utilidade marginal decrescente** pressupõe que a satisfação no uso de um bem diminui à medida que se consome mais desse bem.

Os primeiros conceitos econômicos surgiram no século XVIII, na Inglaterra. Os teóricos que tentaram explicar a dinâmica econômica da época são chamados de **economistas clássicos**. Entre eles estão Adam Smith (1723-1790), David Ricardo (1772-1823) e Thomas Malthus (1766-1790).[14]

Adam Smith, filósofo e economista escocês, escreveu os livros *Teoria dos sentimentos morais*, em 1759, e *A riqueza das nações*, em 1776, e provocou uma revolução no pensamento moral e econômico da época. Ele procurou mostrar como os princípios da concorrência e da **livre escolha** poderiam gerar condições para o crescimento econômico, a redução da pobreza e o desenvolvimento social dos países.

Uma das suas contribuições foi a **teoria da escolha individual**, que se tornou o fundamento teórico do pensamento em marketing e tem como pressuposto a ideia de que o bem-estar da sociedade é resultado da convergência entre os interesses individuais do comprador e do vendedor, por meio da troca voluntária e competitiva. Essa teoria engloba quatro princípios, a saber:

- as pessoas buscam experiências que valham a pena;
- a escolha individual determina o que vale a pena;
- por meio da troca livre e competitiva, os objetivos individuais serão realizados;
- as pessoas são responsáveis pelas suas ações e escolhem o que é melhor para elas.

Dessa teoria surge o princípio da **soberania do consumidor**, que se tornou central em marketing, isto é, a ideia de que o consumidor tem a liberdade de escolha e que o vendedor deve ajustar sua oferta segundo as necessidades e preferências do consumidor.

No final do século XIX, desenvolveu-se um novo pensamento econômico, conhecido como **neoclássico**, cujos principais teóricos são W. S. Jevons (1835-1882) e A. Marshall (1842-1924), entre outros. Seus conceitos e premissas deram origem à **teoria econômica do consumidor**, a qual pressupõe que os consumidores tomam decisões de poupar e gastar com base nos princípios da **racionalidade** e da **maximização da utilidade**.

---

14 STRETTON, H. *Economics: a new introduction*. Chicago: University of Michigan Press, 1999. p. 34.

A **preferência do consumidor** resulta da sua avaliação sobre qual produto lhe oferece mais benefícios, maior satisfação e bem-estar. O consumidor, por sua vez, tem renda limitada (**restrição orçamentária**) e, portanto, não pode adquirir todos os produtos que deseja.

Outro pressuposto é que o **consumidor é livre** para fazer suas escolhas e, diante de suas preferências e limitações de renda, escolhe adquirir determinado conjunto de bens que maximizem sua satisfação.

Saiba+

Preferência dos consumidores de alta renda

A Ferrari continua a povoar o imaginário do segmento de alta renda, despontando com 27% da preferência na categoria carro conversível, seguida pelo Porshe, com 24%.

A pesquisa Marcas Objetos do Desejo, desenvolvida pela Shopper Experience, apurou que os paulistanos com alto poder aquisitivo esperam ser surpreendidos com ações de relacionamento e concordam em pagar mais por produtos com o binômio "qualidade-grife".

"Detectamos também que a alta renda investe em conforto dentro do lar, o que indica preocupação em desfrutar de momentos de lazer sem sair de casa, contando com mais segurança", afirma Stella Kochen, presidente da Shopper Experience. Segunda ela, "o consumidor da classe A é avesso à exposição pessoal e preza pela exclusividade até na hora de ser abordado para a divulgação de produtos ou serviços", acrescentando que as grifes voltadas a essa classe materializam os desejos dos consumidores por meio de experiências de compra diferenciadas e exclusivas.

"O consumo de luxo não está ligado à necessidade, mas à autoimagem e à percepção social diferenciada. Nesse contexto, está o desafio dos gestores de grifes que têm que assimilar a importância da experiência de compra, que é tão ou mais importante do que o produto em si", afirma a executiva.

A pesquisa aponta que, entre os restaurantes, o público paulistano de alta renda destaca Fasano, D.O.M e Figueira Rubaiyat, que foram os melhores colocados, com, respectivamente, 17%, 12% e 11% das preferências.

Fonte: SALEM, F. *Consumidor paulistano de alta renda busca exclusividade*. 5 set. 2011. Disponível em: <www.mundodomarketing.com.br/ultimas-noticias/20415/consumidor-paulistano-de-alta-renda-busca-exclusividade-diz-pesquisa.html>. Acesso em: 4 jan. 2017.

A **demanda individual** é a quantidade de um bem ou serviço que o consumidor está disposto a comprar a dado nível de preço. A **demanda de mercado** é a quantidade que o conjunto de indivíduos procura comprar de um produto em função dos seguintes fatores: preço do produto; renda média dos consumidores; tamanho do mercado ou número de compradores; preço e disponibilidade de outros bens; e gostos ou preferências dos consumidores.

A **oferta**, por sua vez, é a quantidade de bens que os produtores estão dispostos a vender a determinado preço. A tendência é que a oferta e a demanda se equilibrem, de modo que não haja excessos, ou seja, produtos não consumidos ou falta de produtos para atender a demanda. O **mercado** é definido como o conjunto de compradores e vendedores que, por suas interações, determinam os preços e as quantidades dos bens comercializados.[15]

Se for possível estimar as curvas de oferta e demanda para um determinado mercado, podemos calcular o **preço de equilíbrio**, aquele no qual a quantidade procurada é igual à quantidade oferecida, como mostra o Gráfico 3.1.

Gráfico 3.1 Ponto de equilíbrio entre oferta e demanda

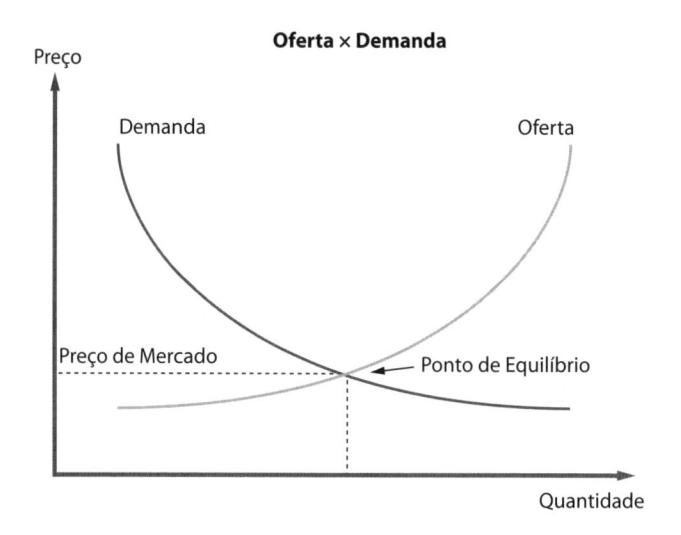

Fonte: PINDYCK, R. S.; RUBINFELD, D. L. *Microeconomia*. 7. ed. São Paulo: Pearson Education do Brasil, 2010, p. 45.

---

15 PINDYCK; RUBINFELD, 2010. p. 45.

Capítulo 3 O consumidor como indivíduo

Caso para discussão 5

Em pesquisa realizada em janeiro de 2016 pelo IBOPE Inteligência, com 2.002 entrevistas em todo Brasil, 61% dos entrevistados alteraram ou pretendem alterar o hábito de consumo e o planejamento financeiro, a saber:

41% afirmam que vão reduzir os gastos com lazer;
37%, sair menos para comer fora;
30%, poupar pensando em dificuldades futuras;
27%, adiar ou desistir de comprar um carro/moto;
27%, reduzir gastos com cartão de crédito.

Com a crise econômica o consumidor passa a refletir sobre sua real necessidade de consumo ("preciso mesmo desse item?").

Segundo a pesquisadora do IBOPE, de uma maneira geral, o consumo se sofisticou, mas a crise o tornou mais racional. "Independente da classe, todos estão precisando justificar o consumo, seja por uma via mais prática, como por um argumento mais elaborado. Um iogurte tipo 'grego' é mais caro mas pode manter seu potencial de consumo ao oferecer benefícios claros de consistência e sabor, por exemplo", exemplifica.

Em momento de crise econômica, cresce a valorização dos vínculos ("a união faz a força"), pois o consumidor precisa sentir-se acolhido e protegido, e luta para sobreviver em meio a um cenário de incertezas. Além disso, a racionalização do consumo prevalece. Uma marca pode-se beneficiar dessa tendência ao se posicionar com base nesses valores.

A pesquisadora disse que é importante perceber que o universo simbólico do consumo de elite lida com o tempo alongado, com o passado e com o futuro, com foco no qualitativo, em busca de estilo e sofisticação. Já o universo simbólico do consumo popular está ligado com o tempo presente e com a rotina, tem foco no quantitativo e é voltado para a experimentação.

As empresas podem mostrar para os consumidores que a escolha consciente vai além dos benefícios financeiros, como por exemplo as embalagens menores que ajudam a consumir na medida certa, sem desperdício, ou mesmo uma embalagem refil, que barateia o custo do produto ao mesmo tempo que beneficia a natureza. É preciso mostrar empatia, pois as marcas também sofrem com a crise, para que os consumidores não se voltem contra as empresas.

Fonte: PENTEADO, C. *Estudo do Ibope analisa crise e consumo*, 27 abr. 2016. Disponível em: <http://propmark.com.br/mercado/estudo-do-ibope-analisa-crise-e-consumo>. Acesso em: 4 jan. 2017.

Questão **1.** Como a teoria econômica explica esse comportamento dos consumidores? Você concorda que o comportamento do consumidor é predominantemente racional? Justifique sua resposta.

Outro conceito da economia é o de **elasticidade**, que se refere à sensibilidade da oferta e da demanda às variações nos preços e na renda em determinados intervalos de tempo. Quando se diz que a demanda do bem X é elástica em relação a seu preço, significa que os consumidores são sensíveis a alterações de preço.

Um princípio básico é o da **escassez**, segundo a qual todos os recursos são escassos e, assim, os indivíduos procuram o melhor meio de alocação de seus recursos. A **economia** é entendida, portanto, como a ciência da escolha em condições de escassez.

Nas últimas décadas do século XX, alguns teóricos passam a indagar sobre os **limites da economia** para explicar a complexidade do comportamento dos consumidores. Segundo eles, a teoria econômica tenta explicar como o consumidor deveria comportar-se, e não como ele realmente se comporta. Além disso, a teoria focaliza o produto, e não o consumidor, considerando a utilidade como uma característica do produto, sem explicar as necessidades e motivações dos consumidores.

O **princípio da racionalidade** não consegue explicar, por exemplo, o comportamento de uma jovem que se submete aos riscos de uma operação plástica por motivos estéticos, desejando sentir-se bonita.

Os economistas passam a reconhecer que os agentes econômicos tomam decisões muitas vezes incompatíveis com o princípio da racionalidade. Surge então a **economia comportamental**, uma área de estudo que considera os fatores sociais, cognitivos e emocionais que interferem nas decisões dos consumidores.

3.4 O consumidor na perspectiva da psicologia

A palavra **psicologia** surgiu do termo grego *psykê*, que designa alma ou mente, e *logos*, que significa estudo. Com seus conceitos e teorias, os estudos psicológicos têm dado uma contribuição significativa para a compreensão do comportamento do consumidor.

A **psicologia** é uma ciência que estuda a mente (psique), os fenômenos psíquicos e o comportamento dos seres humanos, e, como as outras ciências, reúne diferentes perspectivas teóricas, com distintos objetos de estudo, como o comportamento, o inconsciente ou a personalidade.

A psicologia analisa a **subjetividade**, isto é, o mundo construído internamente pelo indivíduo a partir de suas relações sociais, experiências e constituição biológica. Em outras palavras, a subjetividade é a maneira de sentir, pensar, imaginar, sonhar e fazer de cada indivíduo.[16]

A psicologia tornou-se ciência com Wilhelm Wundt, que, em 1879, instalou um laboratório de **psicologia experimental** na cidade de Leipzig. Seu objetivo era realizar a investigação experimental dos fenômenos mentais. O trabalho de Wundt voltou-se para a quantificação, a análise e a previsibilidade das reações humanas. Para ele, o objeto da psicologia era a **consciência** ou o estado mental consciente, o qual deveria ser estudado pela análise de seus elementos constituintes, como a percepção sensorial e os sentimentos.[17]

3.4.1 As perspectivas teóricas da psicologia

Três das principais perspectivas teóricas da psicologia são utilizadas para análise do consumidor, a saber: o **comportamentalismo** ou **behaviorismo**, a **Gestalt** e a **psicanálise**. A seguir, veremos as principais ideias e pressupostos dessas teorias.

O **comportamentalismo** ou behaviorismo (palavra derivada de *behavior*, "comportamento" em inglês) é a escola da psicologia que define como seu objeto de estudo o **comportamento humano**. Para tanto, substitui o método introspectivo de investigação pela **observação** sistemática e pela **experimentação** com pessoas e animais. Até então a maioria dos psicólogos acreditava que as pesquisas deveriam investigar os processos da mente e da consciência. O organismo substituiu a mente como ponto de referência para o psicólogo behaviorista.[18]

O termo **resposta** é usado para designar aquilo que os indivíduos fazem, enquanto **estímulo** designa os fatores ambientais que interagem com o indivíduo. Assim, o comportamento não é entendido como uma ação isolada, mas como uma reação do indivíduo aos estímulos do ambiente, como apresentado no Quadro 3.1.

---

16 BOCK, A.; FURTADO, O.; TEIXEIRA, M. *Psicologias:* uma introdução ao estudo de Psicologia. 14. ed. São Paulo: Saraiva, 2008. p. 18.
17 DORIN, L. *Dicionário de Psicologia*. Curitiba: Juruá, 2014. p. 39.
18 BOCK, FURTADO; TEIXEIRA, 2008. p. 45.

Quadro 3.1 Principais conceitos da teoria comportamentalista

ESTÍMULO
É a modificação de alguma parte do ambiente que é perceptível por um indivíduo. É considerado como a causa direta dos comportamentos, que são as respostas aos estímulos, os quais excitam os órgãos dos sentidos e, quando isso acontece, impulsos são transmitidos pelo sistema nervoso até o cérebro e daí para os músculos e as glândulas. Por exemplo, uma quantidade de energia luminosa liberada nos olhos provoca uma sensação de visão.

RESPOSTA
É a reação individual a um estímulo. Entre o estímulo e a resposta ocorre uma modificação no organismo. A resposta voluntária ou **comportamento operante** visa à obtenção de uma mudança. Os estímulos que ocorrem após as respostas são os mais importantes para influenciar esse comportamento. As atividades cotidianas, como ler esse livro, são exemplos de comportamento operante (que interage com o mundo). Já o **comportamento condicionado** é aprendido por repetições (ensaio e erro) e reforços de estímulos. Os estímulos que antecedem as respostas são mais importantes no comportamento condicionado.

REFLEXO
O **comportamento reflexo** é um tipo de resposta inconsciente, não voluntária, a um estímulo do ambiente. Como exemplo, uma pessoa com fome, ao ver um prato de comida, sente imediatamente um fluxo de saliva em sua boca.

REFORÇO
O **reforço** é o estímulo do ambiente que altera a probabilidade futura de ocorrência da resposta. O **reforço positivo** (recompensa) é o evento que aumenta a probabilidade futura da resposta. Já o **negativo** (punição) diminui essa probabilidade.

Fonte: BOCK, A.; FURTADO, O. & TEIXEIRA, M. *Psicologias*: Uma introdução ao estudo de Psicologia. 14. ed. São Paulo: Saraiva, 2008.

Estímulos e respostas são as unidades básicas da **teoria comportamentalista** é conhecida como Teoria E-R (E de estímulo e R de resposta) e se divide em dois campos: a **teoria do reforço**, que considera que o aprendizado ocorre somente em presença de reforço, isto é, de recompensa ou punição; e a **teoria da contiguidade**, segundo a qual existe associação entre estímulo e resposta (aprendizado) não por causa do reforço, mas quando os dois ocorrem juntos no tempo, ou seja, estão contíguos.

Os principais teóricos do comportamentalismo são Watson, Pavlov e Skinner. John Watson, psicólogo americano que, em 1913, escreveu o artigo chamado "A psicologia tal como a vê um behaviorista", é o fundador dessa perspectiva teórica. Watson desenvolveu pesquisas em fisiologia e comportamento de animais, e também das crianças, concluindo que o comportamento humano é, sob muitos aspectos, semelhante ao do animal.[19]

Outro behaviorista foi Ivan **Pavlov**, médico russo que descobriu os comportamentos denominados **reflexos condicionados**. Enquanto estudava a digestão de cães no laboratório, Pavlov descobriu que certos sinais provocavam a salivação no animal, uma reação que deveria ocorrer apenas quando houvesse ingestão de alimento. Ele, então, teorizou que o comportamento estava condicionado a esses sinais, que habitualmente precediam a chegada do alimento e que faziam o cão antecipar seus reflexos.[20]

Pavlov continuou sua experiência, fazendo soar uma campainha que anunciava o alimento, tendo constatado que em pouco tempo o cão respondia com salivação ao soar da campainha, um estímulo que passou a provocar o **reflexo** da salivação, mesmo sem a presença da comida. Esse fenômeno foi por ele chamado de reflexo condicionado ou condicionamento.[21]

Assim, Pavlov propôs a **teoria do aprendizado condicionado**. Segundo essa teoria, um estímulo neutro, tal como o nome de uma marca de produto, é associado a um **estímulo incondicionado** (música da propaganda) que aciona uma resposta do indivíduo (compra do produto). Pela repetição dessa associação, o **estímulo neutro** (marca) adquire a habilidade de produzir a resposta (compra). Assim, um estímulo previamente neutro (marca), que é repetidamente associado ao que elicia (música), torna-se um **estímulo condicionado**.

O terceiro behaviorista mais conhecido é Burrhus **Skinner**, psicólogo norte-americano que realizou experimentos com ratos. As ideias de Skinner foram desenvolvidas em torno do conceito de **condicionamento operante**. Enquanto o condicionamento nos experimentos tradicionais era obtido com a interferência do pesquisador, que premiava o animal depois de induzi-lo a realizar uma tarefa, no condicionamento operante o animal era premiado depois de realizar casualmente um certo comportamento, o qual era reforçado pelo prêmio.

Skinner preocupou-se em determinar como o comportamento era causado por forças externas. Ele acreditava que tudo o que somos e fazemos é moldado pela nossa experiência de **punição** e **recompensa**.[22]

---

19 COBRA, R. *Ivan Pavlov*: resumos biográficos, 20 abr. 2003a. Disponível em: <http://www.cobra.pages.nom.br/ec-watson.html>. Acesso em: 17 mar. 2016.
20 COBRA, 2003a.
21 HENNEMAN, R. *O que é Psicologia*. Rio de Janeiro: José Olympio, 1995. p. 33.
22 COBRA, R. *Burrhus Skinner*, 20 abr. 2003. Disponível em: <www.cobra.pages.nom.br/ecp-skinner.html>. Acesso em: 17 mar. 2016.

A segunda escola teórica é a da **Gestalt**, baseada numa perspectiva construtivista surgida na Alemanha na década de 1930, que postula que a concepção do mundo é realizada pela percepção de totalidades significativas (*gestalten*, em alemão) cujo significado acaba por influenciar a percepção de unidades elementares.

Para a **teoria da Gestalt**, a percepção do mundo não se baseia nas características específicas e isoladas das coisas, como cheiro, tamanho, cor ou peso, mas sim na unidade completa. As pessoas dão significado às coisas com base na percepção do objeto em primeiro plano (figura) e sua relação com o objeto em segundo plano (fundo). O significado que damos a coisas e fatos é o produto dessa relação. "O todo é mais do que a soma de suas partes" é a frase que resume a psicologia da Gestalt, como mostra o Quadro 3.2.

Os gestaltistas argumentam que o behaviorismo atribui ao ser humano um papel passivo, enfatizando os estímulos do ambiente e subestimando o papel desempenhado pelo próprio indivíduo. Para eles, o homem não é um receptor passivo nem um robô, portanto, não responde automaticamente a todo estímulo do ambiente.

As contribuições dos gestaltistas tiveram destaque na pesquisa sobre a **percepção** e o processo de **aprendizagem**, este último considerado como raciocínio e resolução de problemas, e não como formação de hábitos ou condicionamentos, segundo os behavioristas.

Os psicólogos que criaram os primeiros conceitos e pressupostos da teoria da Gestalt foram Max Wertheimer (1880-1943), Wolfgang Köhler (1887-1967) e Kurt Koffka (1886-1941).

Um exemplo do que a **psicologia da Gestalt** preconiza é o fenômeno ilusório do movimento aparente das lâmpadas em série. Ao colocarmos várias lâmpadas uma ao lado da outra e acendermos uma de cada vez, apagando a anterior, temos a impressão de que a luz "corre" pelas lâmpadas, ou seja, surge das "partes" (cada lâmpada) uma forma nova, que dá outro sentido ao "todo".[23]

Outro exemplo é o da **sinfonia musical**: quando ouvimos uma sinfonia, percebemos que ela é composta por várias partes, tais como o som de cada instrumento. Essas "partes" nos trazem o estímulo auditivo, que nos permite reconhecer a música tocada. Porém, a soma das partes – a própria sinfonia – não se resume a essas partes, de modo que, quando algumas mudam, ainda assim temos a chance de reconhecer o "todo", a própria sinfonia.[24]

Os experimentos com a percepção levaram os teóricos da Gestalt a questionar o princípio behaviorista de que há uma relação de causa e efeito entre o estímulo e a resposta do indivíduo. Para os gestaltistas, entre o estímulo e a resposta existe o

---

[23] RODRIGUES, H. *Introdução a Gestalt-terapia*. 6. ed. Rio de Janeiro: Vozes, 2004.
[24] RODRIGUES, 2004.

processo de percepção. A maneira como percebemos um determinado estímulo desencadeará nosso comportamento.[25]

No Quadro 3.2 é possível observar que a figura e o fundo alternam-se, dependendo da percepção de quem os olha, possibilitando duas interpretações: uma taça ou dois perfis de rostos, um diante do outro; e, na segunda figura, o rosto de uma jovem ou de uma idosa.

Quadro 3.2 A relação entre figura e fundo na teoria da Gestalt

Dois homens e uma taça

Uma jovem e uma velha

Fonte: BOCK, A.; FURTADO, O.; TEIXEIRA, M. *Psicologias*: uma introdução ao estudo de Psicologia. 14. ed. São Paulo: Saraiva, 2008.

A terceira importante perspectiva teórica é a **psicanálise**, que estuda os processos mentais inconscientes e, ao mesmo tempo, desenvolve um método terapêutico. Originou-se com o médico Josef Breuer, mas deve-se a Sigmund Freud (1856-1939) o aperfeiçoamento da técnica e a formulação do método e da doutrina.[26]

O pensamento de **Freud** é apresentado principalmente em três obras: *Interpretação dos sonhos*, publicada em 1900; *Psicopatologia da vida cotidiana*, na qual apresenta os primeiros postulados da **teoria psicanalítica,** publicada em 1901; *Três ensaios sobre a teoria da sexualidade*, que contém a exposição de sua teoria, de 1905.[27]

A psicanálise atribui importância ao **inconsciente**, que é o conjunto de processos e fatos psíquicos que atuam sobre a conduta do indivíduo, mas escapam à consciência e afloram nos sonhos, nos atos falhos e nos estados neuróticos, isto é, quando a consciência não está vigilante. O inconsciente é constituído por **conteúdos reprimidos** (emoções, desejos) pela censura interna. Para trazer ao nível consciente os processos inconscientes, são necessárias técnicas como o **hipnotismo** ou a psicanálise.[28]

---

25 BOCK; FURTADO; TEIXEIRA, 2008. p. 60.
26 COBRA, R. *A psicanálise*, 21 abr. 2003b. Disponível em: <http://www.cobra.pages.nom.br/ecp-psicanalise.html>. Acesso em: 17 mar. 2016.
27 COBRA, 2003b.
28 BOCK; FURTADO; TEIXEIRA, 2008. p. 73.

O **consciente**, por sua vez, é o sistema psíquico pelo qual tomamos conhecimento dos objetos e dos eventos num dado momento. Na consciência ocorrem os processos mentais de percepção do mundo exterior, atenção, pensamento e raciocínio. Por exemplo, enquanto você estuda, se lembra de que amanhã é feriado e que irá à praia. Essa ideia se torna consciente e permanece consciente enquanto continuar pensando nela. Quando você deixar de pensar e voltar a se concentrar no estudo, o que acontecerá com a ideia do programa de amanhã? Terá voltado para o lugar de onde tinha vindo. Antes de você ter pensado, ela já se encontrava em sua mente, pois você já sabia que amanhã iria à praia, só não estava pensando nisso.[29]

Para Freud, a **personalidade** é formada por três partes integradas, que constituem um sistema dinâmico: o id, o ego e o superego. O **id** é a fonte da energia psicológica, a libido. O **ego** e o **superego** são sistemas de forças que controlam e censuram os impulsos básicos do id. A dinâmica dessas três dimensões provoca conflitos psíquicos.

O id é a parte mais profunda da psique, em que se encontram os impulsos dominados pelo **princípio do prazer**. Os impulsos do id são considerados exigências primitivas e irracionais, que procuram a satisfação imediata.

O **ego** é o eu do indivíduo, o centro da consciência e da experiência de identidade subjetiva, sendo modificado pela influência do mundo exterior. Sua função é a comprovação e a aceitação da realidade, mediante a seleção e o controle de parte dos desejos e das exigências dos impulsos do id. O ego busca refrear os impulsos do id com base no **princípio de realidade**. Reprimir impulsos e sublimá-los compõem os chamados **mecanismos de defesa**, necessários para manter o equilíbrio psíquico.[30]

O **superego** é a instância da personalidade que é formadora de ideais, e que age inconscientemente sobre o ego contra as pulsões suscetíveis de provocar sentimento de culpa. É responsável por estabelecer e manter a consciência moral da pessoa, em função de ideais e valores internalizados por meio das relações com os pais. O superego é, portanto, a consciência ou "voz interior" da personalidade.

O método psicanalítico de investigação é o **interpretativo**. Ele consiste em evidenciar o significado inconsciente das palavras, das ações e das produções imaginárias (sonhos, fantasias, delírios) de um indivíduo. Baseia-se nas associações livres de ideias, um processo mental no qual uma ideia inicial (indutora) é imediatamente levada a suscitar outra, em razão de alguma conexão natural existente entre ambas. A ideia indutora pode ser representada por uma palavra, um objeto, uma imagem ou uma emoção. Seu aparecimento na mente é suficiente para despertar uma segunda ideia, e esta, uma terceira, e assim por diante.[31]

---

29 DORIN, L. *Dicionário de Psicologia*. Curitiba: Juruá, 2014. p. 68.
30 DORIN, 2014. p. 68.
31 DORIN, 2014. p. 68.

Em síntese, a contribuição da psicanálise para a compreensão do comportamento humano é bastante ampla, englobando um conjunto de teorias nas áreas da infância, adolescência, personalidade e sexualidade, entre outras.

3.4.2 Os fatores psicológicos

Como vimos no Capítulo 1, na década de 1960, os pesquisadores passaram a dar ênfase ao processo de decisão do consumidor, com base na perspectiva da psicologia cognitiva, que estuda a cognição, isto é, os processos mentais de aprendizagem, raciocínio, decisão, atenção, percepção, memorização, motivação e atitudes, entre outros.

A **motivação** é o processo psicológico que leva as pessoas a se comportarem de determinada maneira. Caracteriza-se por um estado de **tensão** que, por sua vez, é resultado de uma **necessidade insatisfeita**. Quando a pessoa se conscientiza da existência de uma necessidade, ocorre uma discrepância entre o estado atual e o almejado, provocando uma tensão. A pessoa procura eliminar essa tensão, satisfazendo a necessidade. Para isso, inicia um processo cognitivo avaliando o que aprendeu em experiências anteriores e analisando as alternativas antes de realizar a compra. Sendo essa **meta atingida**, a tensão é eliminada e a motivação desaparece. Assim, para a psicologia, todo comportamento é motivado.

A **motivação** pode ser provocada por fatores internos (psicológicos, biológicos) ou externos (estímulos do ambiente, culturais ou sociais). A Figura 3.2 apresenta o processo de motivação em que a tensão cessa quando a meta da pessoa foi atingida.

Figura 3.2 O processo de motivação

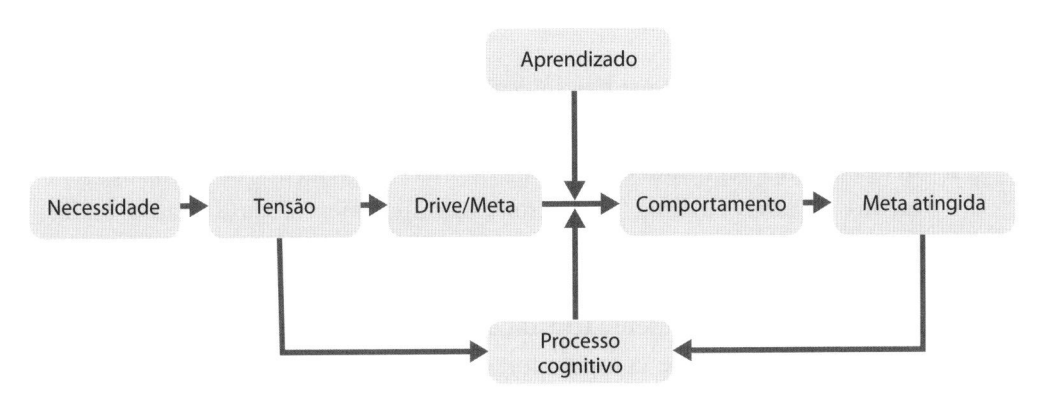

Necessidade → Tensão → Drive/Meta → Comportamento → Meta atingida

Aprendizado → Comportamento

Tensão → Processo cognitivo → Drive/Meta

Fonte: SCHIFFMAN, L.; KANUK, L. *Comportamento do consumidor*. 9 ed. Rio de Janeiro: LTC, 2009, p. 63.

A **motivação** pode ser explícita e comunicada publicamente (exemplo: dar um presente à namorada no dia de seu aniversário) ou **implícita** e não declarada (dar um presente caro para demonstrar *status*). Algumas vezes, os motivos são conflitantes, como comprar um carro novo e economizar dinheiro para as férias.

Diversos foram os psicólogos que procuraram explicar as motivações humanas. Um dos mais conhecidos é **Abraham Maslow**, que desenvolveu o modelo da **hierarquia das necessidades**, como apresentado na Figura 3.3. Segundo esse modelo, as necessidades estão organizadas em uma ordem de prioridade e concretude.

Figura 3.3 Hierarquia das necessidades segundo Maslow

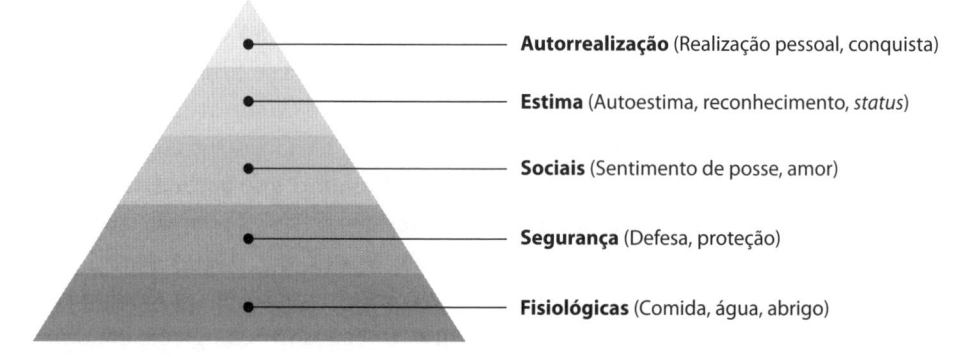

- **Autorrealização** (Realização pessoal, conquista)
- **Estima** (Autoestima, reconhecimento, *status*)
- **Sociais** (Sentimento de posse, amor)
- **Segurança** (Defesa, proteção)
- **Fisiológicas** (Comida, água, abrigo)

Fonte: SOLOMON, M. R. *O comportamento do consumidor: comprando, possuindo e sendo*. 9. ed. Porto Alegre: Bookman, 2011. p. 110.

No primeiro nível estão as necessidades primárias, que são as fisiológicas, e no nível mais elevado, as secundárias, como a necessidade subjetiva de autorrealização, conforme apresentado a seguir:

- ▶ **necessidades primárias:** fisiológicas (fome, sede, sono, sexo) e de segurança (moradia, garantia de emprego, aposentadoria);
- ▶ **necessidades secundárias:** sociais ou afetivas (relações de amizade, sentimentos de amor), estima (autoestima, reconhecimento, *status*) e autorrealização (desenvolvimento pessoal).

O modelo de Maslow apresenta **limitações** por não explicar certos tipos de comportamento, como a posse de computador e telefone celular por famílias que têm baixa renda e cuja moradia é bastante precária. O computador pode ser classificado como um produto que satisfaz necessidades secundárias, enquanto a moradia é uma necessidade primária.

A **pesquisa motivacional** visa descobrir as motivações inconscientes dos consumidores com base na teoria psicanalítica. O pressuposto é de que os consumidores nem sempre têm consciência, ou não querem reconhecer, as motivações subjacentes que orientam seus comportamentos.

Na **teoria psicanalítica**, Freud explica a motivação: "O que estabelece a finalidade da vida é o **princípio do prazer**. Os seres humanos aspiram à felicidade. Essa aspiração tem dois lados: a ausência de dor e desprazer; e a vivência de sensações intensas de prazer".[32]

Caso para discussão 6

O princípio do prazer

Alguns alimentos, como o **chocolate**, foram apontados como verdadeiros **vilões da dieta**. No entanto, há pesquisas que afirmam que ele pode fazer bem à saúde. Uma das defensoras dessa tese é a nutricionista Sophie Deram, doutora em Endocrinologia pela Universidade de São Paulo (USP).

Ela defende a importância de **comer com prazer** (o que é diferente de comer com gula) e afirma que o comportamento na hora de se alimentar é tão importante quanto os nutrientes. Segundo a doutora, há uma história que ilustra essa opinião: "Em um estudo, quando a pergunta foi o que o bolo de chocolate significava, as norte-americanas responderam 'engordar, culpa e gordura'; as francesas 'festa, aniversário, prazer'".

Fonte: adaptado de BUENO, M. *10 bons motivos para comer chocolate sem medo de engordar*. Disponível em: <http://www.bolsademulher.com/saude/10-bons-motivos-para-comer-chocolate-sem-medo-de-engordar>. Acesso em: 9 maio 2016.

Questão

1. Explique, com base nas teorias da psicologia, o comportamento das mulheres norte-americanas e francesas.

O **envolvimento** é a importância e/ou interesse percebido no consumo e utilização de um produto, serviço ou ideia. À medida que aumenta o envolvimento, o consumidor tem mais motivação para compreender, memorizar e utilizar as informações recebidas. Quanto maior o envolvimento, maior é o tempo e o esforço que o consumidor investe nas etapas de busca e avaliação de alternativas, bem como na decisão de compra.

---

32 FREUD, S. *O mal-estar na cultura*. Porto Alegre: L&PM, 2010.

O **envolvimento** é ativado quando as características pessoais, como necessidades, valores e autoconceito, são confrontadas com os estímulos de marketing numa dada situação. O nível de envolvimento na compra depende de cinco fatores: a experiência prévia, o interesse, o risco percebido, os fatores situacionais e a visibilidade e a aceitação social do produto.[33]

O comportamento do consumidor é também influenciado por sua **percepção**. Para entender esse processo, há de ser feita a distinção entre os conceitos de sensação e percepção.

Sensação é a imediata resposta dos sentidos (visão, audição, tato, olfato, paladar) aos estímulos do ambiente. É o processo sensorial consciente, correlacionado com um processo fisiológico, e que proporciona ao indivíduo o conhecimento do mundo externo. As sensações chegam ao cérebro como **informações sensoriais**, isto é, cores (preto ou branco), sons (alto ou baixo), sensações táteis (quente ou frio), aromas (cheiros variados) e sabores (doce ou salgado), sem serem interpretadas pelo cérebro. As informações luminosas, por exemplo, são como pontos coloridos espalhados numa tela, sem que se reconheça nenhuma imagem. Conforme o cérebro vai recebendo mais informações, vai integrando-as. Essas informações, quando integradas, formam as percepções.[34]

Percepção, por sua vez, é o processo psicológico pelo qual as sensações são selecionadas, organizadas e interpretadas, ou seja, como atribuímos sentido às sensações geradas pelos estímulos. A percepção não é somente uma função dos estímulos externos, mas também resulta de fatores internos como as motivações, as atitudes e as expectativas dos indivíduos.[35]

A percepção é um processo que ocorre em três etapas, a saber: exposição, atenção e interpretação, como mostra a Figura 3.4, na página seguinte.

A **exposição** ocorre quando um estímulo está ao alcance de um de nossos sentidos. Para tanto, o estímulo deve ter um nível mínimo de intensidade, chamado de **limiar absoluto**, para que possa ser detectado pelos sentidos, como o som da sirene de uma ambulância, que não pode ser ouvida se estiver a muitos quilômetros de distância.

A **atenção** refere-se à atividade de processamento mental de um estímulo. Pode ser entendida como a concentração de nossa atividade psíquica sobre um estímulo específico, seja uma sensação ou uma emoção, a fim de elaborar os conceitos e o raciocínio. As pessoas, em geral, têm **percepção seletiva**, isto é, prestam atenção a uma pequena parte dos estímulos aos quais foram expostas, em função de suas motivações e experiências.

---

33 SCHIFFMAN, L.; KANUK, L. *Comportamento do consumidor*. 9. ed. Rio de Janeiro: LTC, 2009.
34 *Sensações*. Disponível em: <http://www.geocities.ws/objetivismobr/consciencia.html>. 12 jun. 2016. Acesso em: 4 mar. 2017.
35 SCHIFFMAN, L.; KANUK, L. *Comportamento do consumidor*. 9. ed. Rio de Janeiro: LTC, 2009.

Figura 3.4 O processo de percepção

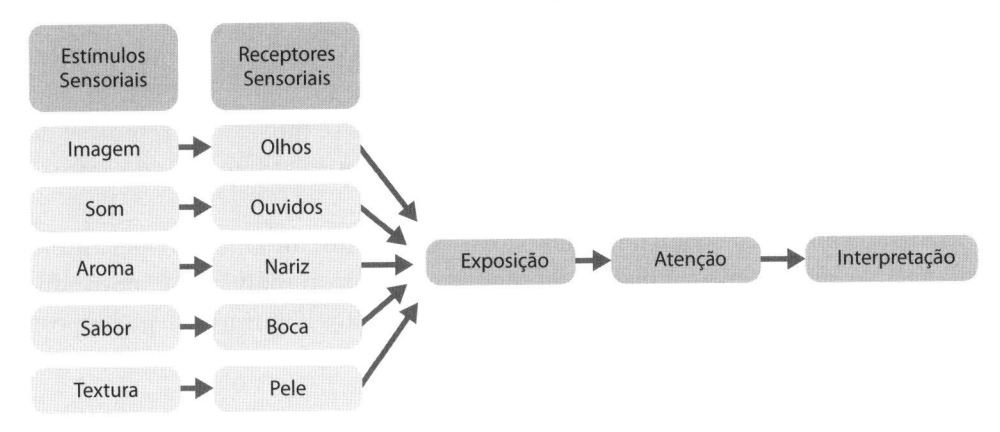

Estímulos Sensoriais	Receptores Sensoriais
Imagem	→ Olhos
Som	→ Ouvidos
Aroma	→ Nariz
Sabor	→ Boca
Textura	→ Pele

Exposição → Atenção → Interpretação

Fonte: SOLOMON, M. R. *O comportamento do consumidor:* comprando, consumindo e sendo. 11. ed. Porto Alegre: Bookman, 2012. p. 52.

A **interpretação** refere-se ao significado que atribuímos a um estímulo sensorial. Os estímulos que recebemos são geralmente ambíguos, cabendo a cada um de nós interpretar o significado deles com base em experiências, expectativas, motivações e interesses pessoais.[36]

Outro conceito importante para entendermos o comportamento do consumidor é o **aprendizado**, definido como a mudança de comportamento ou do conteúdo da memória de longo prazo, causada pela experiência ou por análise de informação. É um processo contínuo, ao longo da vida, que leva a mudanças no conhecimento, nas atitudes e nos comportamentos.

Há três teorias que procuram explicar o **processo de aprendizado**: cognitiva, comportamental (ou behaviorista) e de aprendizado social.

A **teoria cognitiva** considera que o aprendizado tem início em processos mentais, com base no pressuposto de que o indivíduo age racionalmente na busca da solução de problemas. O foco é entender os processos mentais que determinam a maneira como se aprende ou a forma como a informação é transferida para a memória de longo prazo.[37]

A **teoria behaviorista**, por sua vez, entende o aprendizado como o resultado de respostas do indivíduo a estímulos do ambiente. O indivíduo aprende a adotar comportamentos que produzem resultados positivos e a evitar os negativos. Essa teoria investiga apenas os comportamentos observáveis. Para os behavioristas, adquirimos **hábitos** na prática cotidiana.[38]

---

36 MOWEN, J.; MINOR, M. *Comportamento do consumidor.* São Paulo: Prentice Hall, 2006. p. 68.
37 STENBERG, R. *Psicologia Cognitiva.* Porto Alegre: Artmed, 2000. p. 51.
38 MOWEN, J.; MINOR, M. *Comportamento do consumidor.* São Paulo: Prentice Hall, 2006. p. 74.

Os comportamentos tendem a se repetir dependendo do **reforço**, que é uma recompensa, como, por exemplo, ganhar um doce ou receber uma punição. Assim, a probabilidade de repetição do comportamento aumenta se ele for reforçado positivamente (ganhar um doce). Se o reforço for negativo (punição), a probabilidade de repetição do comportamento diminui. Desse modo, podem-se modelar as respostas dos indivíduos, provocando comportamentos novos ou repetitivos por meio do **reforço**, o que é conhecido como **condicionamento clássico**.

Diferentemente do condicionamento clássico, o **condicionamento operante** ou instrumental vem a ser o verdadeiro aprendizado, isto é, o indivíduo é motivado a agir com base nas **consequências** de seus comportamentos anteriores. O pressuposto é que as pessoas são seres criativos, que preveem as prováveis consequências de seus comportamentos. Veja a Figura 3.5.

Figura 3.5 Sequência de eventos de aprendizado

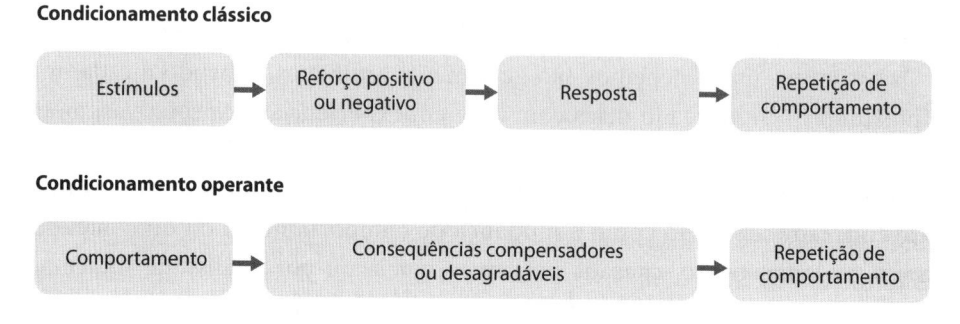

Condicionamento clássico

Estímulos → Reforço positivo ou negativo → Resposta → Repetição de comportamento

Condicionamento operante

Comportamento → Consequências compensadoras ou desagradáveis → Repetição de comportamento

Fonte: MOWEN, J.; MINOR, M. *Comportamento do consumidor*. São Paulo: Prentice Hall, 2006. p. 76.

A **teoria da aprendizagem social** considera que as pessoas aprendem observando as ações de outras e as consequências dessas ações, e, assim, adquirem a habilidade de adequar seu comportamento à situação social.[39]

As pessoas que podem ser observadas e servir de modelo são os pais, os professores, os ídolos populares, as celebridades ou os amigos. A Figura 3.6 apresenta o processo de aprendizagem social ou observacional.

A **memorização** consiste no processo de aquisição, codificação, armazenagem e recuperação de informações pelo cérebro. As novas informações que são associadas com outras já na memória têm mais chance de serem retidas. Além disso, o estado motivacional tem forte influência sobre o que será lembrado. E, quanto maior for a motivação, maior será o aprendizado,[40] como mostra a Figura 3.7.

---

[39] SOLOMON, M. *Comportamento do consumidor*. 9. ed. Porto Alegre: Bookman, 2011. p. 130.
[40] SOLOMON, 2011. p. 131.

Figura 3.6 O aprendizado por meio da observação

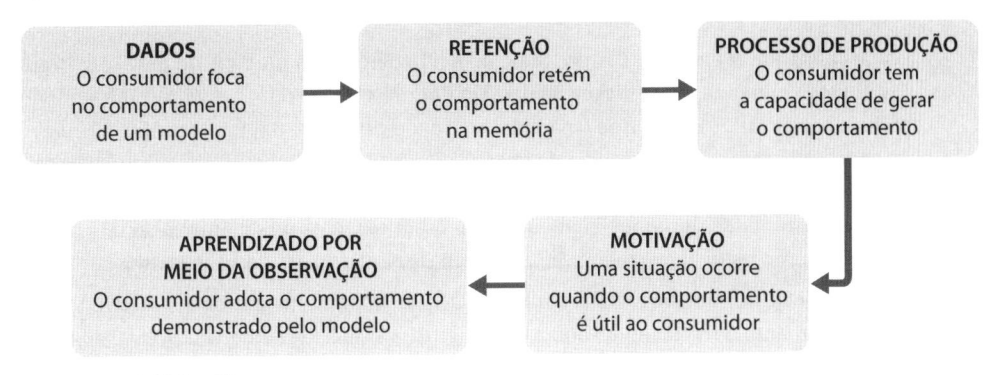

```
DADOS                    RETENÇÃO               PROCESSO DE PRODUÇÃO
O consumidor foca    →   O consumidor retém  →  O consumidor tem
no comportamento         o comportamento        a capacidade de gerar
de um modelo             na memória             o comportamento

APRENDIZADO POR          MOTIVAÇÃO
MEIO DA OBSERVAÇÃO   ←   Uma situação ocorre   ←
O consumidor adota o     quando o comportamento
comportamento            é útil ao consumidor
demonstrado pelo modelo
```

Fonte: SOLOMON, 2011. p. 99.

Figura 3.7 O processo de memorização

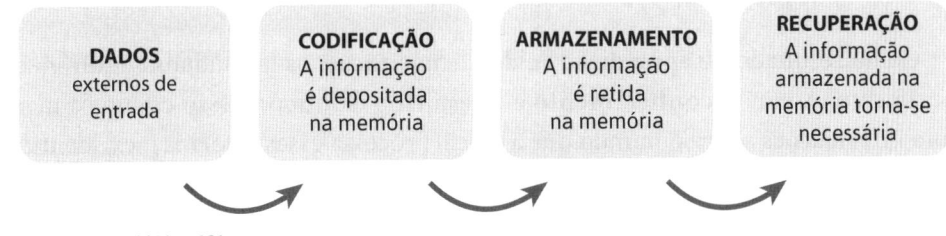

```
DADOS            CODIFICAÇÃO          ARMAZENAMENTO      RECUPERAÇÃO
externos de      A informação         A informação        A informação
entrada          é depositada         é retida            armazenada na
                 na memória           na memória          memória torna-se
                                                          necessária
```

Fonte: SOLOMON, 2011. p. 131.

Há três tipos diferentes de memória:

- a **memória sensorial** ocorre no estágio de pré-atenção, em que um estímulo é rapidamente analisado para determinar se ele receberá um processamento extra;
- a **memória temporária** é aquela em que a informação é armazenada temporariamente enquanto as pessoas estão processando a informação de maneira ativa. É como a memória RAM do computador. Também é chamada de memória de trabalho e tem capacidade limitada, enquanto a memória permanente tem capacidade ilimitada para armazenar informações;
- a **memória permanente** é ligada à temporária pelos processos de codificação e recuperação. Sua capacidade de armazenamento de informações é ilimitada. A codificação é a transferência de informação da memória temporária para a memória permanente, para armazenagem. A recuperação é o processo de acesso à informação armazenada na memória permanente, de forma que possa ser utilizada na memória temporária.[41]

---

41 MOWEN, J.; MINOR, M. *Comportamento do Consumidor*. São Paulo: Prentice Hall, 2006. p. 87.

> ### Curiosidade
>
> Você sabia que a empresa **Disney**, tão conhecida pelos seus parques de diversão, brinquedos, filmes e personagens (**Mickey, Minie, Tio Patinhas, Cinderela**), surgiu do sobrenome do seu fundador, Walter Elias Disney, nascido na cidade de Chicago (EUA), em 1901? Disney, aos 18 anos, trabalhou como aprendiz de desenhista em um pequeno estúdio. Depois de algum tempo, começou a fazer desenhos para crianças e, com uma câmera fotográfica emprestada, fez seus primeiros desenhos animados, que eram exibidos no cinema local. Em 1923, montou seu próprio estúdio de cinema, chamado de Disney Brothers Cartoon Studios.
>
> Em 2016, a Disney obteve lucro recorde de R$ 11,22 bilhões, no primeiro trimestre fiscal, com 32% de aumento em relação ao ano anterior, graças, principalmente, ao sucesso do novo filme da saga **Star Wars**.
>
> Fonte: Mundo das Marcas. Disponível em: <http://mundodasmarcas.blogspot.com.br/2008/12/disney-novo-perfil-parte-1.html>. Acesso em: 8 maio 2016.

Como resultado do aprendizado e da memorização, os indivíduos adquirem conhecimento. Assim, o **conhecimento** é o resultado de um processo em que a mente capta informações sobre o mundo que a cerca, processa essas informações, identifica elementos conhecidos, memoriza e organiza novos elementos, confronta dados e estabelece valores, relaciona-os com as informações e toma decisões de ação.[42]

O **conhecimento do consumidor** é o conjunto de informações armazenadas em sua memória que possibilitam que ele tome decisões de compra. Refere-se à quantidade de experiência e informação que o consumidor tem acerca de produtos e serviços específicos. Três categorias são mais usadas para examinar o conhecimento do consumidor:

- **conhecimento do produto**: um conglomerado de diferentes tipos de informações, como atributos e/ou características do produto;
- **conhecimento de compra**: as várias informações que os consumidores têm para a aquisição de produtos, como o local onde comprar;
- **conhecimento sobre uso**: a informação na memória sobre como usar o produto e o que é necessário para usá-lo.[43]

---

[42] BOCK; FURTADO; TEIXEIRA, 2008. p. 110.
[43] MOWEN; MINOR, 2006. p. 68.

Para conhecer os fatores psicológicos associados ao comportamento de consumo, além da motivação, percepção, envolvimento, aprendizado e conhecimento, estudam-se as atitudes e as intenções do consumidor.

A **atitude** é a avaliação positiva ou negativa que um indivíduo faz sobre pessoas (inclusive a si próprio), objetos, acontecimentos ou símbolos. A atitude orienta os indivíduos nas decisões e nos comportamentos. As atitudes podem ser modificadas a partir de novas informações e situações, novos afetos e comportamentos.[44]

Muitas pesquisas focam o estudo das **atitudes em relação à propaganda** e ao nome da marca, tentando prever a reação futura dos consumidores aos estímulos de marketing. Sabe-se, no entanto, que o conhecimento das atitudes de uma pessoa nem sempre possibilita prever seu comportamento. A frase "Faça o que eu digo, mas não faça o que eu faço" é reveladora desse fato.

Caso para discussão 7

Atitudes em relação à propaganda

Por muitos anos, a marca de refrigerantes Dolly ficou conhecida no Brasil por propagandas de baixo orçamento: da animação à trilha sonora, todos os detalhes deixavam a impressão de um produto em nada sofisticado. A aparência "tosca" acabou transformando os anúncios em fenômenos da internet.

Em fevereiro de 2016, no entanto, a empresa resolveu lançar um comercial diferente – sem animações, sem canções fofas (e estranhas) e com atores de carne e osso. Além disso, aparecia muito pouco o Dollynho, "mascote" da bebida. O resultado? Indignação generalizada nas redes sociais. Os consumidores bombardearam a internet com comentários negativos. A pergunta que não quis calar foi, principalmente, "cadê o Dollynho?" (ele aparece muito discretamente em cena).

Fonte: VEJA SP. Novo comercial da Dolly deixa a internet indignada (por um motivo curioso). Disponível em: <http://vejasp.abril.com.br/blogs/pop/2016/02/12/novo-comercial-dolly>. Acesso em: 8 maio 2016.

Questão

1. Explique o comportamento dos consumidores do refrigerante Dolly com base nos conceitos apresentados neste capítulo. Justifique sua resposta.

---

44 BLACKWELL, R.; MINIARD, P.; ENGEL, J. *Comportamento do consumidor*. São Paulo: Pioneira Thomson Learning, 2005. p. 295.

A **teoria funcional das atitudes** foi desenvolvida por Daniel Katz[45] para explicar como as atitudes orientam o comportamento. Segundo ele, as funções das atitudes são:

- **utilitárias**, para obter recompensas ou benefícios;
- de **autoexpressão**, para comunicar autoconceito;
- de **defesa do ego**, para a autoproteção;
- de **conhecimento**, para facilitar a decisão e a ação.

Outras teorias procuram entender as relações entre afeto, cognição, comportamento e atitude. O **princípio da coerência cognitiva** pressupõe que as pessoas procuram harmonia entre suas crenças, sentimentos e comportamentos. E o **princípio da dissonância cognitiva**[46] considera que, quando uma pessoa se depara com uma incoerência (dissonância) entre atitudes e comportamentos, faz alguma coisa para resolvê-la e voltar à harmonia.

O modelo tridimensional de atitudes, denominado **hierarquia de efeitos ou de aprendizagem**, proposto por Lavidge e Steiner[47] em 1961, considera que uma atitude tem três componentes: afeto, cognição e comportamento.

O **afeto** é o conjunto de fenômenos psíquicos que se manifestam sob a forma de emoções, sentimentos e paixões, acompanhados sempre da impressão de dor ou prazer, de satisfação ou insatisfação, de agrado ou desagrado, de alegria ou tristeza.[48]

A **cognição** reúne os conhecimentos e as crenças sobre objetos, pessoas e situações, decorrentes da interpretação subjetiva sobre os fatos da realidade. As pessoas tendem a se comportar de acordo com seus conhecimentos e crenças.

O **comportamento** é a prontidão, a intenção ou a tendência para agir diante do objeto ou do evento. Ao verbalizar sua **intenção** de agir, como "pretendo comer camarão no restaurante X amanhã", o consumidor indica como provavelmente será seu comportamento no futuro próximo.

Os **modelos de hierarquia de efeitos** descrevem os tipos de respostas do consumidor (sentir, conhecer e fazer) aos estímulos de marketing. A sequência das respostas pode ser alterada dependendo do produto, do envolvimento do consumidor e da situação que ele está vivendo. Assim, é possível identificar três modelos de hierarquia de efeitos, conforme proposto por Ray (1973)[49] e apresentado na Figura 3.8 a seguir.

---

[45] KATZ, D. The functional approach to the study of attitudes. *Public Opinion Quarterly*, n. 24, verão, 1960. p. 163-204.

[46] FESTINGER, L. *A theory of cognitive dissonance*. Stanford, CA: Stanford University Press, 1957.

[47] LAVIDGE, R.; STEINER, G. A. A model for predictive measurements of advertising effectiveness. *Journal of Marketing*, out. 1961. p. 59-62.

[48] CODO, W.; GAZZOTTI, A. *Trabalho e Afetividade*. In: CODO, W. (coord.) Educação, Carinho e Trabalho. Petrópolis: Vozes, 1999.

[49] RAY, M. *Marketing communications and the hierarchy of effects*. In: CLARKE, P. (ed.). New models for mass communication research. Beverly Hills, CA: Sage, 1973. p. 147-176.

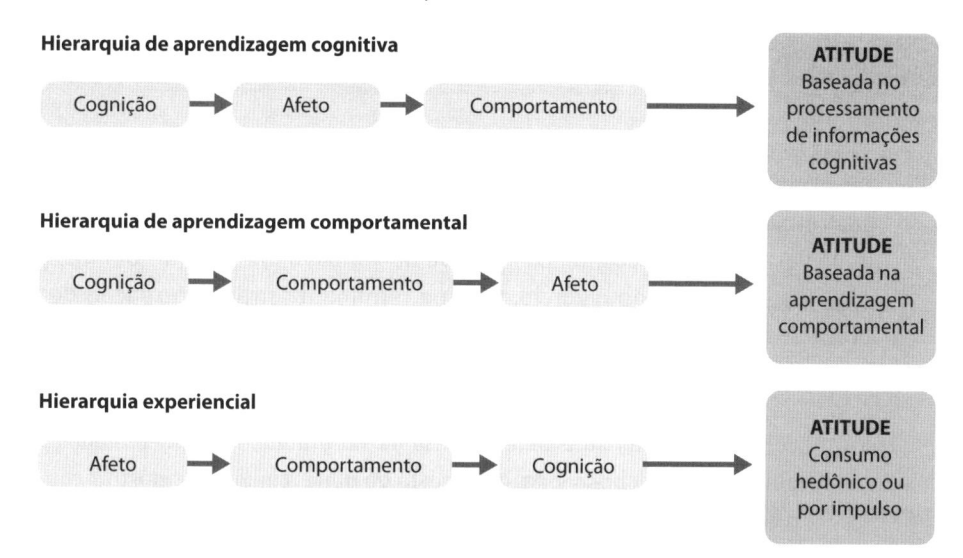

Figura 3.8 Os três modelos de hierarquia de efeitos

Hierarquia de aprendizagem cognitiva

Cognição → Afeto → Comportamento → **ATITUDE** Baseada no processamento de informações cognitivas

Hierarquia de aprendizagem comportamental

Cognição → Comportamento → Afeto → **ATITUDE** Baseada na aprendizagem comportamental

Hierarquia experiencial

Afeto → Comportamento → Cognição → **ATITUDE** Consumo hedônico ou por impulso

Fonte: RAY, M. Marketing communications and the hierarchy of effects. In: CLARKE, P. (ed.). *New models for mass communication research*. Beverly Hills, CA: Sage, 1973. p. 147-176.

A **hierarquia de aprendizagem cognitiva** ocorre na compra de alto envolvimento, como dos bens de alto valor (um automóvel ou um apartamento), em que a sequência das respostas é Cognição → Afeto → Comportamento. Nesse caso, o consumidor procura analisar informações sobre o produto antes de formar crenças ou sentimentos positivos ou negativos, que, por sua vez, influenciarão sua decisão e seu comportamento de compra.

Na compra de baixo envolvimento, verifica-se a **hierarquia de aprendizagem comportamental**, onde a sequência das respostas é Cognição → Comportamento → Afeto. Nesse caso, o consumidor, após obter as informações necessárias para sua decisão, realiza a compra e depois forma sentimentos e atitudes acerca do produto.

Na **hierarquia experiencial**, onde a compra é por impulso (compra de bens de baixo valor ou uso habitual, como um sorvete), a sequência é: Afeto → Comportamento → Cognição. O consumidor, nesse caso, deixa-se levar pela emoção e adquire o produto, para depois analisar se sua decisão foi adequada e formar sua opinião sobre o produto.

Caso para discussão 8

Comercial de O Boticário causa polêmica ao mostrar casais no dia do divórcio

Empoderador ou machista? O vídeo de O Boticário, lançado em dezembro de 2015 na internet e nos intervalos de TV, gerou polêmica. Como parte da campanha "Acredite na Beleza", a propaganda "A Linda Ex" incentiva as mulheres a "confiarem mais em si mesmas e acreditarem em sua beleza".

Na propaganda, três ex-casais relatam os motivos que os levaram ao divórcio. Entre os depoimentos, destacam-se frases como: "O casamento acabou por um monte de coisinhas" e "A gente virou sócio da criação dos filhos", como disseram duas mulheres.

"Com a rotina, acaba ficando comum ficar do lado daquela pessoa, deixa de ser atrativo", destacou um dos homens. "A gente se acostuma com as coisas, com o carro, o anel, com a pessoa que está do lado", pontuou outro. Na sequência, a marca de cosméticos propõe deixar as mulheres mais bonitas para o dia da assinatura do divórcio. O filme termina mostrando a reação de surpresa dos ex-maridos.

A assessoria de imprensa de O Boticário fez a seguinte declaração:

> O Boticário valoriza a beleza presente na atitude, na autoconfiança e no olhar positivo sobre a vida. A proposta do filme "Linda Ex" é mostrar como as pessoas se tornam mais seguras, confiantes e dispostas a despertar o que há de melhor em sua essência quando se sentem bonitas. Acreditamos que a beleza é um estímulo para recomeçar, transformar e abrir novos caminhos, até mesmo nas decisões mais difíceis da vida. A campanha reforça a crença da marca, representada pela assinatura Acredite na Beleza.

Logo após o lançamento da campanha, uma pesquisa *on-line* disponibilizada pela empresa em suas redes sociais convidava as consumidoras a dar sua opinião.

Fonte: SACCOMORI, C. *Comercial de O Boticário causa polêmica ao mostrar casais no dia do divórcio*, 11 jan. 2016. Disponível em: <http://revistadonna.clicrbs.com.br/comportamento-2/comercial-de-o-boticario-causa-polemica-ao-mostrar-casais-dia-divorcio>. Acesso em: 4 jan. 2017.

Questão 1. Quais sensações, emoções, lembranças ou ideias esta propaganda provoca em você?

Um conceito da psicologia é o de **personalidade**, que tem diversas definições, de acordo com cada teoria. Algumas enfatizam as características psicológicas permanentes, ao definir como "o modo relativamente constante e peculiar de perceber, pensar, sentir e agir do indivíduo".[50] A perspectiva psicodinâmica considera a personalidade como "a organização dinâmica dos aspectos cognitivos, afetivos, conativos, fisiológicos e morfológicos do indivíduo", enfatizando sua natureza em constante

---

50 BOCK; FURTADO; TEIXEIRA, 2008. p. 110.

mutação, a partir dos estímulos do ambiente.[51] Mas, para a maioria dos autores, a personalidade está relacionada a três fatores: estrutura psíquica, história individual e influência do meio social.

Entre as diversas teorias sobre a personalidade, temos: a teoria psicanalítica (Freud), a teoria das relações objetais (Melanie Klein e W. Winnicott), a teoria da multidimensionalidade do *self* (W. James), a teoria psicológica do *self* (H. Kohut), a teoria do *self* narrativo (Gergen), a teoria psicossocial (E. Erikson), a teoria da aprendizagem social (A. Bandura), a teoria humanista fenomenológica (C. Rogers), a teoria humanista da autorrealização (A. Maslow) e a teoria das necessidades psicológicas (H. Murray), entre outras. Algumas dessas teorias serão resumidas a seguir.[52]

Segundo a **teoria psicanalítica**, também chamada de teoria estrutural do ego, a personalidade resulta do confronto de três sistemas psíquicos: o id, o ego e o superego. Os impulsos e desejos inconscientes são a essência da motivação e da personalidade. Como as motivações humanas são predominantemente inconscientes, as pessoas desconhecem os verdadeiros motivos que as levam a agir.

A **teoria do traço** procura explicar a personalidade em termos de características psicológicas chamadas de traços, definidos como "características persistentes do indivíduo, que sustentam ou espelham a personalidade e que estão por trás do pensamento, dos sentimentos, do comportamento e da forma de agir no dia a dia". Identificando os traços psicológicos do indivíduo, seria possível prever o seu modo de se comportar no futuro.[53]

O inventário de **traços de personalidade** foi proposto por Guilford,[54] incluindo dez tipos: sociável/tímido, dominante/submisso, orientado para ação/ou reflexão, amigável/hostil, estável/nervoso, endurecido/sensível, sério/frívolo, rápido/lento, tolerante/intolerante, masculino/feminino. As pesquisas para relacionar os traços de personalidade e o comportamento de consumo têm sido baseadas no modelo dos cinco grandes fatores (*Big five factor model*, em inglês), que utiliza cinco traços: extroversão, neuroticismo, socialização, realização e abertura à experiência. Para aplicar o modelo há cinco escalas fatoriais aprovadas.[55]

A **teoria psicossocial** de Erik Erikson[56] considera que a personalidade evolui durante a vida, não sendo determinada apenas na infância, visto que recebe influências do ambiente social e cultural. No livro *Infância e sociedade*, lançado em 1950, ele dividiu o

---

51 SHELDON, W. H. *Les varietés de la constitution phisique de l'homme*. Paris: Ed. Presses Universitaires de France, 1950.
52 BAPTISTA, N. M. *Teorias da personalidade*. O Portal dos Psicólogos, 2010. Disponível em: <http://www.psicologia.pt/artigos/>. Acesso em: 17 mar. 2016.
53 MORANA, H. *Delimitação de traços de personalidade*: contribuição à semiologia psiquiátrica. São Paulo: Instituto Metodista de Ensino Superior, 1997. p. 75.
54 GUILFORD, J. P. *Personality*. New York: McGraw-Hill, 1959. p. 28.
55 SILVA, I.; NAKANO, T. Modelo dos cinco grandes fatores da personalidade: análise de pesquisas. *Avaliação Psicológica*, v. 10, n. 1. Porto Alegre, abr. 2011.
56 ERIKSON, E. H. *Identity: youth and crisis*. New York: Norton, 1968. p. 45.

ciclo de vida em oito estágios de desenvolvimento psicossocial (de 0 a 1 ano, de 1 a 2 anos, de 2 a 6, de 6 a 12, de 12 a 18, de 19 a 40, de 40 a 65, de 65 anos em diante). A passagem de um estágio para outro requer a superação de **conflitos de identidade**.

Nos estudos da psicologia sobre personalidade, foi proposta a **teoria do *self*** ("eu", em inglês) por William James, que definiu o *self* como tudo aquilo que pode "ser chamado de meu ou fazer parte de mim".[57] Segundo ele, nossa identidade é formada por outras pessoas: são os outros que nos permitem desenvolver um senso de identidade. Portanto, as pessoas com as quais nos sentimos à vontade são aquelas que nos "devolvem" uma imagem adequada de nós mesmos.

William James distinguia três dimensões do *self*: material, social e o espiritual.[58] O ***self* material** compreende as referências ao corpo, posses materiais, amigos, familiares, ou seja, tudo aquilo com o que o indivíduo se identifica. O ***self* espiritual** é o elemento ativo da consciência, "o lugar do qual parecem emanar as ordens da vontade". O ***self* social** refere-se ao reconhecimento que se tem por parte de amigos e familiares, bem como os papéis que voluntária ou involuntariamente aceitamos. Uma pessoa pode ter muitos ou poucos *selves* sociais, consistentes ou inconsistentes, mas ela se identifica com cada um deles na situação apropriada."[59]

A **teoria do *self* narrativo**, proposta por Gergen e Shotter, analisa "as narrativas e explicações que as pessoas desenvolvem sobre si mesmas, estabelecendo conexões entre eventos vividos, na tentativa de construção de uma história que as tornem inteligíveis a elas mesmas e aos outros". Porém, os autores consideram que "não somos livres para construir qualquer história pessoal, pois as convenções sociais valorizam certas descrições de *self*, enquanto desencorajam outras". Além disso, a possibilidade de "uma pessoa sustentar determinadas narrativas de *self* depende de seu relacionamento com os outros".[60]

Como podemos ver, os conceitos da economia e da psicologia são bastante utilizados no estudo do comportamento do consumidor. As teorias sobre personalidade, por exemplo, são utilizadas nos estudos de segmentação de mercado.

3.5 Consumo sustentável

Na contemporaneidade, existe uma crescente preocupação com o impacto ambiental causado pelos atuais padrões de consumo. Segundo Fátima Portilho, a reflexão sobre

---

[57] JAMES, W. *The principles of psychology*. New York: Holt, 1890. Apud COSTA, P. C. G. Escala de autoconceito no trabalho: construção e validação. *Psicologia*: Teoria e Pesquisa, Brasília, v. 18, n. 1, jan.-abr. 2002. p. 75-81.

[58] COSTA, 2002. p. 78.

[59] Biografia de William James. Disponível em: <http://www.psiqweb.med.br/site/?area=NO/LerNoticia&idNoticia=187>. Acesso em: 9 maio 2016.

[60] GERGEN, K. J.; SHOTTER, J. *Texts of identity*. London: Sage, 1989. Apud GUANAES, C.; JAPUR, M. Construcionismo social e metapsicologia: um diálogo sobre o conceito de self. *Psicologia*: Teoria e Pesquisa, Brasília, v. 19, n. 2, maio-ago. 2003.

o impacto ambiental do consumo originou, incialmente, o conceito de **consumo verde**, que depois foi substituído pelo **consumo sustentável**.[61]

O **consumidor verde** foi definido como aquele que, além da qualidade/preço, inclui em seu "poder de escolha" o fator ambiental, preferindo produtos que sejam percebidos como não agressivos ao meio ambiente.[62]

O surgimento da ideia de um consumo verde e, portanto, de um consumidor verde, só foi possível a partir de três fatores inter-relacionados: o advento, a partir da década de 1970, do movimento ambientalista; a "ambientalização" do setor empresarial, a partir dos anos 1980; e a emergência, a partir da década de 1990, da preocupação com o impacto ambiental dos estilos de vida e consumo das sociedades afluentes.[63]

A partir da combinação desses três fatores, os políticos e as organizações ambientalistas começaram a considerar a corresponsabilidade dos indivíduos, em suas tarefas cotidianas, para a crise ambiental. Ações individuais conscientes e bem informadas sobre as questões ambientais aparecem como uma nova estratégia para a solução dos problemas ligados ao meio ambiente e para as mudanças em direção à sociedade sustentável.[64]

No Brasil, o consumo verde concretizou-se por meio de programas de educação ambiental, envolvendo a **reciclagem do lixo** e a redução do desperdício, e na introdução de **produtos "verdes"** nas prateleiras dos supermercados. Contudo, o interesse pelas compras "verdes" tem sido limitado pelos altos preços associados a elas. Essa estratégia acabou sendo posta em xeque pelos dilemas e desafios envolvidos. Os consumidores habituaram-se a considerar que a escolha de produtos "verdes" e o aumento da reciclagem são a sua contribuição, mas o atual nível de consumo não é identificado como um problema.[65]

Reconhecidos os limites da estratégia de consumo verde, surgiram propostas que enfatizam as ações coletivas e as mudanças políticas e institucionais, mais do que as tecnológicas, econômicas e comportamentais, como a proposta de **consumo sustentável**, que não se resume a mudanças no comportamento dos indivíduos e também não se limita a mudanças no *design* de produtos ou na forma de prestação de um serviço para atender a esse novo nicho de mercado, segundo Fátima Portilho.

O **consumo sustentável** significa o consumo de bens e serviços com o respeito aos recursos ambientais, de forma que garanta o atendimento das necessidades das presentes gerações sem comprometer o atendimento das gerações futuras.[66]

---

61 PORTILHO, F. *Consumo sustentável:* limites e possibilidades de ambientalização e politização das práticas de consumo. Cadernos Ebape. Edição temática, 2005. p. 2.
62 MAKOWER, J. *The green consumer.* New York: Penguin, 1993.
63 PORTILHO, 2005.
64 PORTILHO, 2005.
65 CRESPO, S. (coord.). *O que o brasileiro pensa do meio ambiente e do desenvolvimento sustentável.* Rio de Janeiro: Iser/Ministério do Meio Ambiente, 2002.
66 DIAS, S. G.; MOURA, C. *Consumo sustentável:* muito além do consumo "verde". XXXI Encontro da ANPAD, Rio de Janeiro, set. 2007.

O conceito de **sustentabilidade** mostra que soluções isoladas são apenas paliativas e que será necessário transformar nosso modo de vida para recuperar a qualidade do meio ambiente. Portanto, será necessária uma **mudança no padrão de consumo contemporâneo**, envolvendo uma redução no consumo dos produtos e não apenas mudando suas características.[67]

Assim, serão necessárias mudanças tecnológicas acompanhadas de transformações culturais e estruturais. Parte do desafio é encontrar caminhos para equilibrar a satisfação das necessidades individuais de consumo com aquelas que podem ser necessárias para o bem-estar coletivo, segundo Sylmara Dias e Carla Moura.

Com relação ao comportamento dos jovens, uma pesquisa realizada pela MTV com jovens de 12 a 30 anos, residentes nas capitais brasileiras, reforça a perspectiva sobre o consumo sustentável apresentada pelas autoras. A pesquisa objetivou conhecer o entendimento que os jovens têm sobre o meio ambiente sustentabilidade, desenvolvimento sustentável e consumo sustentável.

Neste capítulo estudamos importantes conceitos e teorias aplicados pelos pesquisadores e gestores da área de marketing, incluindo o modelo geral do comportamento do consumidor; as teorias da psicologia e da economia para explicar o comportamento de consumo; e os direitos do consumidor e o movimento do consumo sustentável.

Saiba+ Pesquisa sobre os jovens e o meio ambiente

Pesquisa realizada pela empresa de mídia MTV constatou que as questões sobre o meio ambiente, como lixo, água, energia, crimes ambientais (desmatamento) e mudanças climáticas, ganharam mais destaque na mídia nacional e internacional e passaram a ser assuntos que interferem na economia global e no dia a dia do jovem.

No entanto, os problemas ambientais são peças isoladas de um grande quebra-cabeça que nem todos os jovens conseguem montar. Tratam as diferentes questões ambientais de forma pontual, sem relacionar um problema com o outro. A poluição e o lixo são problemas das cidades, o desmatamento só ocorre na Amazônia e na Mata Atlântica, e o aquecimento global é um problema internacional, que parece ainda não ter chegado ao Brasil. Alguns ainda falam como se o problema não fosse parte de sua geração, como se não fizessem parte desta "geração futura".

---

[67] DIAS; MOURA, 2007.

A preocupação existe e a informação está sendo amplamente transmitida, porém ainda é superficial e, quando captada, dificilmente se transforma em ação. Independentemente do grau de informação que cada jovem tem sobre o meio ambiente, quando eles discutem a questão chegam à conclusão de que a situação é bastante séria e que, daqui a alguns anos, as gerações futuras vão sofrer as consequências.

Um dos jovens assim comentou:

> *Já estudei bastante no colégio sobre esses assuntos e me interesso muito sobre isso. Na escola a professora de física fala da falta da água. É um assunto que me chama a atenção porque a porcentagem de água doce no planeta é muito baixa e cada vez mais está diminuindo. Desmatamento, poluição, efeito estufa... são muito preocupantes, porque o ser humano, ele mesmo, está se matando, poluindo e desmatando as florestas. Tudo isso pela ganância do dinheiro. Daí, isso vai fazer mal daqui a uns anos. Hoje nós não estamos sofrendo muito, mas daqui a uns anos nossos netos e filhos vão sofrer. Mas já está começando agora... Esses problemas, essas preocupações. (Homem, 13 anos, classe A)*

Fonte: Dossiê MTV – Universo Jovem, 2008. Disponível em: <http://www.aartedamarca.com.br/pdf/Dossie4_Mtv.pdf>. Acesso em: 17 mar. 2016.

Resumo

1. A **abordagem multidisciplinar** consiste na utilização de conceitos e teorias propostas por diferentes ciências para explicar o comportamento humano.

2. **Contextualizar o consumo** significa entender o seu significado como parte integrante de um conjunto de relacionamentos e vivências cotidianas das pessoas.

3. O **modelo de comportamento do consumidor** é dividido em três etapas: *input*, que são os fatores externos que interferem na decisão do consumidor; a *decisão de compra*; e o *output*, que é a reação dos consumidores após a compra.

4. A **decisão de compra** é um processo que pode ser dividido em quatro etapas, a saber: reconhecimento da necessidade, busca de informações, avaliação das alternativas e tomada de decisão.

5. Os **fatores psicológicos** (motivação, envolvimento, percepção, aprendizado, atitudes e personalidade) e as experiências anteriores do indivíduo influenciam o processo de decisão de compra e as reações após o consumo.

6. Há três tipos de comportamento de compra: **experimentação, compra repetida** e **compromisso de longo prazo**.

7. Na **perspectiva neoclássica da economia**, o consumidor é uma pessoa racional, ou seja, toma decisões com base nos custos e benefícios da escolha. A decisão de consumo é baseada nas preferências do consumidor, na restrição monetária, bem como no preço do produto.

8. As principais perspectivas teóricas da Psicologia são: **comportamentalismo** ou **behaviorismo, Gestalt** e **psicanálise**.

9. A **psicanálise** atribui importância aos fenômenos do **inconsciente**, que é o conjunto dos processos psíquicos que atuam sobre a conduta do indivíduo, mas escapam ao âmbito da consciência, aflorando, entretanto, nos sonhos, nos atos falhos, nos estados neuróticos ou psicóticos, isto é, quando a consciência não está vigilante.

10. A psicologia da **Gestalt** pode ser resumida com a frase: "O todo é mais do que a soma de suas partes".

11. O **comportamentalismo** ou **behaviorismo** é a perspectiva da Psicologia que define como objeto de estudo o comportamento, ou seja, a ação humana. Para tanto, seu método de investigação é a observação sistemática e a experimentação.

12. **Personalidade** é um conceito que representa a unidade integrativa da pessoa, com todas as suas características diferenciais permanentes (inteligência, caráter, temperamento, constituição, entre outras) e as suas modalidades únicas de comportamento.

13. Segundo a **teoria psicanalítica**, também chamada de teoria estrutural do ego, a personalidade resulta do confronto de três forças psíquicas: o id, o ego e o superego.

14. A **teoria do traço** procura explicar a personalidade em termos de características psicológicas chamadas de traços.

15. A **teoria psicossocial** considera que a personalidade evolui durante a vida, não sendo determinada apenas na infância, visto que recebe influências do ambiente social e cultural.

16. A **teoria do *self*** considera que a identidade de um indivíduo é formada por outras pessoas, ou seja, são os outros que nos permitem desenvolver um sentimento de identidade.

17. A **motivação** é o processo psicológico que leva as pessoas a se comportarem de determinada maneira. É a primeira etapa, portanto, no âmbito da psique, dos comportamentos.

18. O **envolvimento** é a importância percebida e/ou o interesse na aquisição, consumo e utilização de um produto, serviço ou ideia. À medida que aumenta o envolvimento, o consumidor tem mais motivação para compreender, memorizar e utilizar as informações recebidas.

19. A **percepção** é o processo pelo qual as sensações são selecionadas, organizadas e interpretadas, ou seja, como atribuímos **sentido** às sensações geradas pelos estímulos.

20. O **aprendizado** é uma mudança de comportamento ou de conteúdo da memória de longo prazo, relativamente permanente, causada pela experiência ou por análise de informações.

21. A **atitude** é a avaliação geral que um indivíduo faz em relação a outras pessoas (inclusive a si próprio), objetos, acontecimentos ou símbolos.

22. Os **fatores situacionais** são aqueles que ocorrem no momento da compra e influenciam a decisão do consumidor.

23. A **lealdade do consumidor** é o comprometimento do cliente em comprar ou utilizar novamente um produto ou serviço.

Exercícios

1. Explique como a propaganda das sandálias Havaianas pode influenciar uma pessoa a utilizar esse produto. Utilize os fatores psicológicos para explicar o processo de decisão de compra.
2. Cite quais necessidades, de acordo com o modelo de Maslow, são satisfeitas com esses produtos: casa, cinto de segurança, anel de ouro e viagem (um cruzeiro marítimo, por exemplo).
3. Explique, com suas próprias palavras, a contribuição da economia para o estudo do consumidor.
4. Faça o mesmo com a psicologia.
5. Argumente por que é importante conhecer a maneira como as pessoas aprendem. Fundamente seu argumento em uma teoria da aprendizagem.

Caso para discussão 9

Os *piercings* viram febre de consumo entre os adolescentes

O comportamento do consumidor é considerado um mistério. É difícil entender, por exemplo, por que algumas pessoas compram e usam certas coisas, como um *piercing* (pequeno adereço de metal que pode ser colocado na língua, no nariz, ou em outros lugares do corpo). Muitos se perguntam: "Por que uma pessoa usa *piercing*?"; "Como se sentem usando esse adereço?"; "Será que machuca ou incomoda?". O texto a seguir pode ajudar-nos a dar respostas a essas perguntas.

O *piercing* simples, de metal, já era! O acessório ganhou inúmeros desenhos, cores e materiais diferentes. Por isso, a moda é mudar de joia tão logo se canse dela, e o impulso da troca pode ocorrer em uma semana, um mês ou logo no dia seguinte ao furo. Os novos modelos incluem desenhos de coração, estrela, flor, escorpião e até caveiras. A diversidade de materiais cresceu e, além do *piercing* de aço cirúrgico, há os de titânio, néon e silicone.

A loja carioca Banzai contabilizou quase o dobro de movimento em relação ao verão passado. "Fazíamos cerca de 200 perfurações por mês", conta a *piercer* (profissional que coloca o *piercing* nos clientes) Pérola Rodrigues. "Neste verão, já chegamos a 350."

A carioca Luciane fez o primeiro *piercing*, no umbigo, aos 15 anos. Hoje tem 18 furos, a maioria deles na orelha, na língua e no queixo. Luciane troca de acessório praticamente toda semana. "Se uso roupas coloridas, coloco peças vivas para combinar. Se uso preto, opto pelo aço, mais básico", explica. Casada, mãe de três crianças, ela tenta convencer a filha de 9 anos a esperar até os 12 para fazer o primeiro *piercing*. "Ela me vê combinando as peças com a roupa e quer fazer o mesmo", conta.

Os *piercings* de língua também ganharam mais cores e são a sensação entre quem já tem o furo e quer apenas variar. "Com tantas novidades, tem gente que, duas semanas depois ter feito o furo, vem comprar outra peça para trocar", conta Anita, a gerente da Banzai, que somente do pescoço para cima tem 17 *piercings*.

Fonte: adaptado de MARTINS, E. Os *piercings* da hora. *Época*, edição 295, 12 jan. 2004. p. 28. Disponível em: <http://revistaepoca.globo.com>. Acesso em: 17 mar. 2016.

Questões

1. Explique quais são as motivações dos jovens apresentadas no texto com base nos conceitos vistos neste capítulo.

2. Faça uma breve pesquisa sobre o crescente interesse dos jovens por *piercings* e discuta os resultados com seus colegas.

Caso para discussão 10

A empresa **Dipano** comercializa fraldas de pano, o que soa como um retorno nostálgico ao passado, mas é altamente recomendável, pois uma fralda descartável demora 450 anos para se decompor.

Dipano
Fraldas ecológicas

As mães que se preocupam com o meio ambiente contam com essa opção sem abrir mão do conforto, pois as fraldas modernas possuem velcro ou botão na cintura, podem ser lavadas à maquina e ainda possuem absorventes em microfibra que as tornam tão eficientes quanto as descartável.

A Dipano recomenda ter em média 2 mudas e meia de fraldas. Se o bebê usa 8 fraldas por dia, é recomendado ter 20 fraldas de tamanho único para que haja tempo suficiente para lavar, secar e ter a próxima muda pronta para ser reutilizada, sendo 16 diurnas e 4 noturnas. Se a mãe usa secadora ou mora em cidade quente, este número pode ser reduzido, mas se mora em cidades mais frias ou úmidas é indicado comprar absorventes extras pois demoram um pouco mais a secar. Todos os modelos da fralda Dipano vêm com 2 absorventes de microfibra já inclusos.

Fonte: Dipano. Disponível em: <http://blogdipano.com.br/about/guia-pratico-de-como-usar>. Acesso em: 17 mar. 2016.

Questão

1. Explique quais são as motivações e qual o perfil psicográfico das mães que compram esse produto.

Palavras cruzadas

1. A abordagem .... consiste na utilização de conceitos e teorias propostas por diferentes ciências para explicar o comportamento humano.
2. .... é o fator externo que interfere na decisão do consumidor.
3. .... é a reação dos consumidores após a compra.
4. .... é a perspectiva teórica da Psicologia que define como seu objeto de estudo o comportamento.
5. .... é o conjunto dos processos e fatos psíquicos que atuam sobre a conduta do indivíduo, mas escapam ao âmbito da consciência.
6. A psicologia da .... postula que a concepção do mundo é realizada pela percepção de totalidades significativas, cujo significado acaba por influenciar a percepção de unidades elementares.

7. .... é um conceito que representa a unidade integrativa da pessoa, com todas as características diferenciais permanentes e as suas modalidades únicas de comportamento.

8. A teoria do .... procura explicar a personalidade em termos de características psicológicas, chamadas de traços.

9. A teoria .... considera que a personalidade evolui durante a vida, não sendo determinada apenas na infância.

10. A teoria do .... considera que a identidade de um indivíduo é formada por outras pessoas, ou seja, são os outros que nos permitem desenvolver um senso de identidade.

1 – Multidisciplinar 2 – Input 3 – Output 4 – Behaviorismo 5 – Inconsciente 6 – Gestalt
7 – Personalidade 8 – Traço 9 – Psicossocial 10 – Self

Leituras sugeridas

Para melhor compreender os conceitos e teorias estudados neste capítulo, sugerimos:

BOCK, A. B.; FURTADO, O.; TEIXEIRA, M. de L. *Psicologias*: uma introdução ao estudo de Psicologia. São Paulo: Saraiva, 2010.

O livro oferece uma visão abrangente sobre os principais conceitos e teorias da psicologia.

FREUD, S. *O mal-estar na cultura*. Porto Alegre: L&PM, 2010.

O livro apresenta o pensamento de Freud sobre as motivações do comportamento humano, o funcionamento da mente e a psicanálise.

MANKIW, N. G. *Princípios de microeconomia*. 6. ed. São Paulo: Thomson, 2014.

Apresenta os principais conceitos da microeconomia, que são utilizados no estudo do comportamento do consumidor.

Para finalizar

Que sentimentos e associações de ideias a propaganda da Avon quer despertar em seu público-alvo?

Campanha "Se sinta, se ache", da Avon

Capítulo 4

Propaganda, internet e redes sociais

Objetivos do aprendizado

Após estudar este capítulo, você será capaz de:

- compreender o que é propaganda e qual é a sua função;
- entender o processo de comunicação e seus elementos;
- conhecer as reações do consumidor à propaganda;
- entender como a propaganda influencia o consumidor;
- analisar o comportamento do consumidor na internet.

4.1 O conceito e a função da propaganda

Temos de reconhecer que somos, em maior ou menor grau, influenciados pelas mensagens transmitidas pela propaganda. Cabe, então, perguntar: O que é propaganda? Qual a sua finalidade? São duas perguntas básicas que precisamos responder para compreender por que as empresas, principalmente as grandes produtoras de bens de consumo, investem tanto em anúncios veiculados nos meios de comunicação (mídia).

A **propaganda** é uma das mais utilizadas ferramentas de **comunicação de marketing**. É também o tema de muitas pesquisas, que visam avaliar a sua eficácia, pois é um desafio conhecer a reação dos consumidores diante da propaganda.

A propaganda ou publicidade (*advertising*, em inglês) é definida como a forma impessoal de **comunicação persuasiva**, que é paga por um patrocinador identificado e veiculada pelos meios de comunicação, visando convencer o público sobre os benefícios e significados dos produtos.[1]

A **função da propaganda**, e o objetivo do anunciante, é a **persuasão**, a tentativa explícita de provocar mudanças em crenças, atitudes, intenções, emoções e comportamentos de compra e consumo das pessoas. A propaganda pode desempenhar um papel em cada etapa do **processo de decisão de compra** e consumo, alterando ou reforçando a percepção e as atitudes do consumidor em relação à marca ou ao produto.

Nas fases anteriores à decisão de compra (reconhecimento da necessidade, busca e avaliação de alternativas), a propaganda objetiva **chamar a atenção** para o produto e **criar expectativas** favoráveis, de modo a estimular o consumidor a experimentá-lo.

Após a compra e durante o consumo do produto ou serviço, a propaganda visa **reforçar a percepção da qualidade da experiência** pelo consumidor e eliminar eventuais inseguranças e dúvidas acerca das vantagens de ter adquirido o produto. Após o uso ou consumo, a propaganda procura **reforçar a lembrança positiva** da experiência.

---

[1] KOTLER, P.; KELLER, K. *Administração de marketing*. 14. ed. São Paulo: Pearson, 2012. p. 514.

> **Curiosidade**
>
> A ideia da J. Walter Thompson, agência de propaganda do tradicional fermento em pó Royal, foi muito interessante: eles "enveloparam" um prédio em São Paulo para mostrar como o pó Royal torna seu bolo grande.
>
> Fonte: MERIGO, C. *Bolo com Royal é assim...*, 8. dez. 2014. Disponível em: <http://www.b9.com.br/147/diversos/bolo-com-royal>. Acesso em: 9 abr. 2016.

Outra função da propaganda é levar o consumidor a **se identificar com a marca**, ao perceber convergência entre seu autoconceito e as ideias, valores e estilos de vida associados à marca pela propaganda. Esse processo de identificação é relevante porque o simbolismo da marca é utilizado para construir a **identidade pessoal** (quem a pessoa acha que é) e **social** (o que os outros pensam dela).[2]

Uma vez que as pessoas formaram em suas mentes a **imagem** de determinada marca, elas tendem a perceber seletivamente as informações posteriores, ou seja, apenas o que é consistente com a imagem que possuem da marca e de si mesmas.

A **imagem da marca** pode ser definida como o conjunto de crenças, ideias e associações que uma pessoa mantém em relação a uma marca ou a um produto. A imagem da marca é difundida pela propaganda e reforçada pelas experiências do consumidor com o produto. Assim, a propaganda constrói para as marcas um **sentido (razão de ser)** e um **significado (representação de uma ideia)** que são compartilhados pela sociedade.

---

[2] MAFFEZZOLLI, E.; PRADO, P. Os efeitos da identificação com a marca. *Anais do Encontro de Marketing (EMA)*. Rio de Janeiro: ANPAD, v. 1. 2012. p. 1-10.

As imagens e os significados transmitidos pela propaganda são associados às marcas dos produtos, tornando-as **símbolos**, usados pelos consumidores para **autoexpressão** (expressar quem a pessoa é, o que pensa e o que deseja), **distinção pessoal** (mostrar singularidade, estabelecendo diferenças em relação aos outros) e **integração social** (ser igual, pertencer à comunidade, fazer parte do grupo de referência).

Cada vez mais a propaganda usa imagens e mensagens de estilos de vida difusas e ambíguas, permitindo diversas leituras por parte dos consumidores. Assim, eles podem desenvolver suas individualidades e mostrar suas diferenças. Portanto, o efeito da mensagem da propaganda varia de acordo com quem a interpreta.

Para melhor compreender como a propaganda funciona, precisamos entender o processo de comunicação, que será detalhado a seguir.

Curiosidade

Segundo Jaime Troiano, renomado pesquisador brasileiro: "as marcas são o mais importante e permanente ativo de uma empresa. Mas as marcas não pertencem, de fato, à empresa. Pertencem ao consumidor, pois só adquirem vida quando entram em contato com os consumidores no mercado".

Fonte: TROIANO, J. Além da retórica: medindo a força da marca. *Revista da ESPM*. v. 10, n. 2, 2003. p.6-18.

Questão

1. Você concorda com o pesquisador? Explique sua opinião.

4.2 O processo de comunicação

A **comunicação** é definida como o ato ou efeito de emitir, transmitir e receber **mensagens** por meio de recursos convencionados, como a linguagem falada e escrita, ou outros sinais, signos e símbolos compartilhados socialmente.[3]

Na perspectiva da **teoria da informação (TI)**, a comunicação significa a **transmissão de mensagens** entre um emissor e um receptor, distintos no tempo e/ou no espaço, utilizando um código comum. O Quadro 4.1, na página seguinte, apresenta os nove elementos integrantes do processo de comunicação, segundo essa perspectiva:

---

3 DICIONÁRIO Eletrônico Aurélio Século XXI. Rio de Janeiro: Lexicon Informática/Nova Fronteira, 2002.

Quadro 4.1 Os nove elementos da comunicação

Emissor	Quem emite a mensagem e inicia a comunicação.
Codificação	O processo de transformar o pensamento em forma simbólica (palavras, sinais, fotos, desenhos, gráficos, textos ou ilustrações do cartaz de propaganda).
Mensagem	O conteúdo da comunicação ou o conjunto de símbolos que o emissor transmite.
Mídia	Os canais de comunicação pelos quais a mensagem é transferida do emissor para o receptor.
Decodificação	O processo pelo qual o receptor atribui significado aos símbolos transmitidos pelo emissor, o que inclui interpretação, compreensão e aprendizado.
Receptor	A pessoa que é exposta à mensagem e a decodifica.
Resposta	O processo de reação do receptor após exposição à mensagem.
Feedback	O processo de realimentação, ou seja, a resposta do receptor que retorna ao emissor.
Ruído	A distorção ou interferência não planejada, que ocorre durante a comunicação e provoca alterações na mensagem ou no processo de decodificação do receptor.

Fonte: SOUSA, J. P. *Elementos de teoria e pesquisa da comunicação e dos media*. 2. ed. Porto, 2006.

Essa perspectiva da comunicação surgiu com a tecnologia de transmissão de sinais a distância – mais especificamente com a telefonia –, e foi elaborada por dois engenheiros, Claude Shannon e Warren Weaver, que trabalharam para a companhia telefônica Bell, nos Estados Unidos, e publicaram o livro *Teoria matemática da comunicação*, em 1949.[4]

Esses autores definiram a **mensagem** como uma sequência de dados codificados transmitida por um emissor a um receptor, independentemente de seu significado. Ou seja, é o conteúdo que permite a efetivação do processo comunicacional, tornando-se a razão desse processo.

O **emissor** e o **receptor** transmitem mensagens por meios ou **canais** de comunicação (*media*, em inglês), os quais podem produzir **ruído**. Tal ruído é qualquer interferência ao longo do processo de comunicação que pode gerar diferença entre os dados emitidos e recebidos, alterando a mensagem intencionada. O receptor, por sua vez, decodifica a mensagem e responde ao emissor com outra resposta, a qual se torna o *feedback* esperado pelo emissor.

Na Figura 4.1, vemos o fluxo do processo de comunicação, começando com o emissor, que realiza a codificação da mensagem, a qual é transmitida pela mídia para o receptor, que, por sua vez, decodifica a mensagem. Ao longo desse processo podem ocorrer ruídos, que dificultam a recepção e a decodificação da mensagem pelo receptor.

---

4   SHANNON, C.; WEAVER, W. *Teoria matemática da comunicação*. São Paulo: Difel, 1975.

Figura 4.1 O processo de comunicação

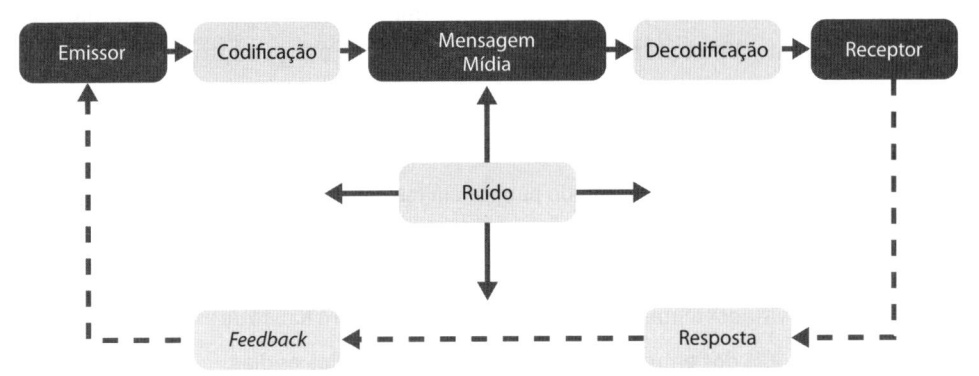

```
Emissor → Codificação → Mensagem/Mídia → Decodificação → Receptor
                              ↕
                            Ruído
                              
    ←------- Feedback ←----------------- Resposta ←-------
```

Fonte: SOUSA, 2006. p. 82.

O conceito que define o processo de comunicação antes do surgimento da internet é o de **comunicação de massa**, aquela realizada de modo impessoal, para uso e benefício de um grande, anônimo e heterogêneo número de receptores (a população, os consumidores), os quais podem estar fisicamente separados. Esse processo comunicacional, no qual são reduzidas as possibilidades de *feedback* e interação do receptor com o emissor, requer **emissores institucionalizados**, como as empresas comerciais ou organizações públicas de televisão e rádio, editoras de revistas e jornais impressos, que produzem e difundem produtos informativos, persuasivos e de entretenimento.[5]

Portanto, a comunicação de massa é mediada, ou seja, é transmitida pela **mídia**, os meios de comunicação administrados empresarialmente por onde são transmitidas mensagens padronizadas para diversas **audiências**, potencialmente consumidoras dos produtos e serviços anunciados.[6] A mídia apresenta-se de distintas formas, como a escrita (jornal, revista, mala direta), a transmitida (rádio e televisão), a eletrônica (páginas na *web*, aplicativos nos celulares) e a expositiva (painéis, *outdoors*, cartazes, fotos).

Como setor econômico, a mídia constitui-se de empresas de criação, produção e distribuição de produtos e serviços, isto é, conteúdos para informação, comunicação e entretenimento, como filmes, programas de rádio e TV, produções musicais, livros, revistas, jornais, serviços *on-line* e videogames, entre outros, cuja fonte principal de receita são as verbas publicitárias pagas pelos anunciantes.

---

[5] SOUSA, J. P. *Elementos de teoria e pesquisa da comunicação e dos media*. 2. ed. Porto: Universidade Fernando Pessoa, 2006.
[6] KOTLER; KELLER, 2012. p. 512.

Os receptores da mensagem constituem a **audiência**, que reage à comunicação com respostas emocionais e comportamentais, que podem ser internas (mudança de opinião, sentimentos) ou externas (compra ou rejeição a um produto).[7]

Saiba+ Consumo de mídia no Brasil

Sobre o comportamento do público em relação às mídias no Brasil, uma pesquisa realizada pelo Ibope[8] revelou os seguintes dados:

- a **televisão** é o meio de comunicação predominante: 95% dos brasileiros entrevistados afirmaram ver TV, sendo que 73% têm o hábito de assistir diariamente;
- 30% dos entrevistados dizem **ouvir rádio** todos os dias;
- 21% leem jornais ao menos uma vez por semana e apenas 7% leem diariamente;
- os **jornais** são os veículos mais confiáveis. No caso da TV, 54% confiam muito ou sempre e 46% confiam pouco ou nada;
- 13% dos brasileiros leem **revistas** durante a semana, número que cresce com o aumento da escolaridade e da renda dos entrevistados.

Fonte: Secretaria de Comunicação Social. *Pesquisa Brasileira de Mídia*: Hábitos de Consumo de Mídia pela População Brasileira, Brasília, 2014.

4.3 O modelo dos efeitos da propaganda

Como entender e explicar as diversas reações dos consumidores à propaganda? Como antecipar essas reações, de modo a planejar campanhas de propaganda que sejam eficazes, que atinjam os resultados esperados pelos anunciantes? Sabemos que tais perguntas não são fáceis de responder.

Sendo a propaganda um tipo de **comunicação persuasiva**, para melhor compreender seus efeitos, pode-se recorrer a estudos teóricos sobre **persuasão**, que remontam ao filósofo grego Aristóteles e à discussão sobre a retórica. Tendo surgido na Antiguidade como técnica de persuasão, a **retórica** visa produzir em alguém uma crença firme que leve à anuência da vontade e à ação. A retórica é o ato de comunicar, enquanto a persuasão é o efeito da comunicação.[9]

---

[7] RUÓTOLO, A. Audiência e recepção: perspectivas. *Revista Comunicação & Sociedade*, n. 30, 1998. p. 148.
[8] Secretaria de Comunicação Social. *Pesquisa Brasileira de Mídia*: Hábitos de Consumo de Mídia pela População Brasileira, Brasília, 2014. p. 10.
[9] SOUSA, A. *A persuasão*: estratégias para uma comunicação influente. Mestrado em Ciências da Comunicação, Universidade da Beira Interior, Portugal, 2000. Disponível em: <http://bocc.ubi.pt/pag/sousa-americo-persuasao-3.html>. Acesso em: 18 mar. 2016.

A comunicação persuasiva reforça ou modifica crenças, atitudes e comportamentos das pessoas. Assim, a formação de **crenças e atitudes** favoráveis à marca é o principal objetivo da propaganda.[10]

A atitude do consumidor pode ser de dois tipos: relacionada à propaganda ou à marca. A **atitude relacionada à propaganda** refere-se à avaliação favorável ou desfavorável que o consumidor faz da propaganda. Essa postura precede e influencia a **atitude relativa à marca e ao produto**, que vai constituir a imagem da marca na mente do consumidor.

Para esclarecer as diferenças entre os conceitos de crença, atitude e comportamento, Petty e Cacioppo[11] explicam que a afirmação "a pena de morte é horrível" representa uma **atitude** porque exprime um sentimento sobre algo, que, no caso, é a pena de morte. A **crença** refere-se a uma convicção baseada na credibilidade que se dá à informação sobre uma pessoa ou objeto, que, nesse caso, é representada pela afirmação "A pena de morte é ilegal no meu país".

Quanto ao **comportamento**, ele pode ser ilustrado pela expressão "participei de uma campanha contra a pena de morte". A atitude está, portanto, ligada a um sentimento positivo ou negativo, enquanto a crença baseia-se em informações.

Na área acadêmica, os pesquisadores vêm realizando estudos e elaborando modelos teóricos para explicar as reações ou respostas dos consumidores à propaganda. Esses modelos, chamados de **hierarquia de respostas ou efeitos**, procuram descrever as reações dos consumidores, ou seja, a sequência de passos percorridos pelos consumidores após terem sido expostos à propaganda.

O primeiro modelo foi desenvolvido por Elmo Lewis[12] e tornou-se conhecido como AIDA, palavra que reúne as iniciais das quatro respostas do consumidor: **atenção, interesse, desejo** e **ação**. Por esse modelo, a primeira resposta do consumidor é prestar atenção ao anúncio; em seguida, ele poderá se interessar pela mensagem e pelo produto; na terceira etapa, o consumidor pode desejar o produto; por fim, ele pode comprar o produto.

O **modelo de respostas à propaganda**, proposto por Lavidge e Steiner[13] (ver Figura 4.2), demonstra que a propaganda provoca três tipos de respostas do consumidor: cognitivas, afetivas e comportamentais. Esse modelo foi detalhado no **Capítulo 3** deste livro.

---

10 PETTY, R.; CACIOPPO, J. *Attitudes and persuasion*: classic and contemporary approaches. Oxford: Westview Press, 1996. p. 8, apud SOUSA, 2000.
11 PETTY; CACIOPPO, 1996. p. 8, apud SOUSA, 2000.
12 LEWIS, E. The mission of an advertisement is to sell goods, Printers' Ink, 1898. Apud BARRY, T. The development of the hierarchy of effects: an historical perspective. *Current Issues and Research in Advertising*, 1987. p. 251-295.
13 LAVIDGE, R.; STEINER, G. A model for predictive measurements of advertising effectiveness. *Journal of Marketing*, out. 1961. p. 59-62.

Figura 4.2 Modelo de respostas à propaganda

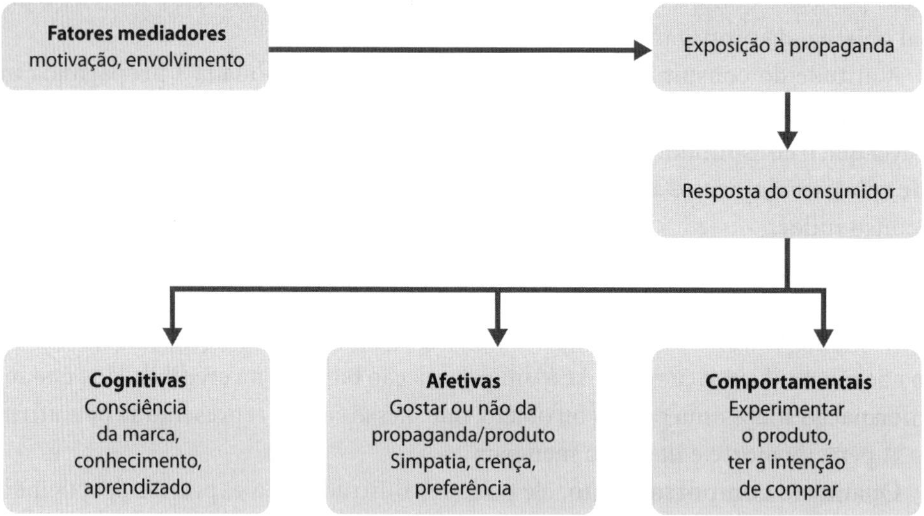

```
Fatores mediadores            →   Exposição à propaganda
motivação, envolvimento                     ↓
                                  Resposta do consumidor
                                            ↓
   ┌────────────────┬────────────────────┬────────────────┐
   Cognitivas         Afetivas            Comportamentais
   Consciência        Gostar ou não da    Experimentar
   da marca,          propaganda/produto  o produto,
   conhecimento,      Simpatia, crença,   ter a intenção
   aprendizado        preferência         de comprar
```

Fonte: SHIMP, T. *Comunicação integrada de marketing*: propaganda e promoção. Porto Alegre: Bookman, 2009, p. 171.

As **respostas cognitivas** referem-se à **lembrança** e ao **conhecimento** retido na memória com base nas informações e imagens apresentadas pela mídia e pela propaganda.

A primeira resposta cognitiva que se espera do consumidor é a **consciência ou lembrança da marca** (*brand awareness*, em inglês). Quando um consumidor pensa numa categoria de produto, como sabonete, por exemplo, ele vai se lembrar de algumas marcas. O objetivo da empresa é que o consumidor se lembre da sua marca em primeiro lugar, o que é chamado de lembrança *top of mind* (topo da mente).

A pesquisa Top of Mind, divulgada pelo jornal *Folha de S.Paulo*, quantifica os **índices de lembrança** que as marcas de produtos de consumo alcançaram após a veiculação de propagandas, como mostra o Quadro 4.2.

Quadro 4.2 As marcas mais lembradas no Brasil

1. Lugar: Coca-Cola
2. Lugar: Nestlé
3. Lugar: Nike
4. Lugar: Omo
5. Lugar: Samsung

Fonte: Top of Mind de 2015. *Folha de S.Paulo*. Disponível em: <http://www1.folha.uol.com.br/topofmind/2015/10/1696639-coca-cola-nestle-nike-omo-e-samsung-sao-as-mais-lembradas.shtml>. Acesso em: 16 maio 2016.

> **Saiba +**
>
> Pirelli é a marca mais lembrada por 59% dos homens entrevistados pelo Datafolha e Sempre Livre é a marca mais lembrada pelas mulheres, tendo sido citada por 30% das entrevistadas.
>
> Fonte: adaptado de Pesquisa Top of Mind de 2014. *Folha de S.Paulo*. Disponível em: <http://www1.folha.uol.com.br/topofmind/2014/10/1534157-sempre-livre-e-a-marca-mais-lembrada-por-elas-pirelli-por-eles.shtml>. Acesso em: 16 maio 2016.

Além da lembrança da marca, espera-se que o consumidor adquira **conhecimento** sobre o produto, que é o conjunto de informações memorizadas sobre as características e os benefícios dele, o preço e o local de compra, entre outras. Pela aquisição de novos conhecimentos os consumidores formam **crenças** e **opiniões** sobre a marca.

As **respostas afetivas** são os sentimentos, as emoções e as atitudes que a propaganda pode provocar, ou seja, o consumidor pode desenvolver sentimento favorável ou desfavorável em relação à propaganda e à marca do produto, como gostar ou não gostar, ter simpatia ou antipatia, entre outros.

As **respostas conativas** ou **comportamentais** referem-se à intenção ou ao comportamento do consumidor, como a intenção de compra, a experimentação, a compra, a repetição da compra e a lealdade à marca.

> **Curiosidade**
>
> Diversas pesquisas são realizadas para mensurar a eficácia das comunicações de marketing. Uma das pesquisas indicou que a frequência mínima de exposição a uma propaganda é 3 vezes, para que o expectador possa reter a mensagem na sua memória. Porém, um número excessivo de exposições pode provocar rejeição e esquecimento. Portanto, dobrar a quantidade de propaganda não faz dobrar as vendas do produto, porque a eficiência da exposição é decrescente.
>
> Fonte: KRUGMAN, H. Why Three Exposures May Be Enough. *Journal of Advertising Research*, 1972. p. 11-14.

As respostas afetivas (sentimentos e atitudes) podem ser obtidas antes de se formarem as respostas cognitivas (lembrança, conhecimento e crença). E as respostas comportamentais (intenção, experimentação e compra) podem ser obtidas antes mesmo de formadas as respostas cognitivas ou afetivas. Isso porque as respostas à propaganda são influenciadas pelo grau de **envolvimento do consumidor** com o produto, como visto no Capítulo 3.[14]

---

14 RAY, M. Marketing communications and the hierarchy of effects. In: CLARKE, P. (ed.). *New models for mass communication research*. Beverly Hills, CA: Sage, 1973. p. 147-176.

Curiosidade

Pfizer lança campanha de propaganda com Pelé

"Tenha mais vida na sua vida sexual." Com essa frase e um sorriso maroto, Pelé finalizou o comercial de TV do medicamento Viagra que começou a ser veiculado no Brasil e no mundo no dia 25 de março de 2003. Desde 2002, o jogador vinha percorrendo diversos países para levar a milhões de homens que têm problemas de ereção a mensagem de que, hoje, é possível que eles tenham uma vida sexual satisfatória.

Fonte: Disponível em: <http://www.hospitalar.com/saude/sa1132.html>. Acesso em: 18 mar. 2016.

Questão

1. Em sua opinião, qual é a credibilidade dessa propaganda? Qual o grau de envolvimento dos homens em relação a esse produto?

Nos produtos de **baixo envolvimento**, as experiências anteriores do consumidor têm forte influência na escolha da marca, e a propaganda reforça os hábitos já adquiridos. A **repetição da propaganda** é, portanto, mais eficaz quando há baixo envolvimento, como ocorre com os refrigerantes.

Quando o envolvimento do consumidor é alto, como no caso de produtos caros (um automóvel) ou complexos (um computador), a sequência de reações do consumidor é **analisar informações** (resposta cognitiva), formar atitude (resposta afetiva) e, finalmente, decidir pela compra (resposta comportamental).

Outras conclusões sobre as reações dos consumidores à propaganda estão listadas no Quadro 4.3.

Quadro 4.3 A propaganda e o comportamento dos consumidores

a) A propaganda é mais efetiva nos estágios iniciais (introdução e crescimento) do ciclo de vida do produto, porque o consumidor ainda não formou atitudes nem hábitos arraigados.

b) Uma a três **exposições à propaganda** por ciclo de compra (mensal, no caso de cremes dentais ou xampus, por exemplo) são suficientes para influenciar a compra de produto rotineiro.

c) Dobrar a quantidade de propaganda não produz o dobro de vendas do produto, porque a eficiência da **frequência de exposição** é decrescente.

d) A primeira exposição à propaganda é a que mais influencia as reações do consumidor.

e) Cerca de 90% dos **efeitos da propaganda** dissipam-se entre três e quinze meses.

f) As respostas dos consumidores à propaganda são influenciadas pelos fatores do contexto, como ciclo de vida do produto, categoria do produto, concorrência, público-alvo, motivação, envolvimento e outras ferramentas de marketing utilizadas.

g) Como os consumidores com **baixo envolvimento** não se preocupam em analisar cuidadosamente o produto, as mensagens de propaganda devem enfatizar elementos emocionais e estéticos (credibilidade e atratividade do apresentador, inovação na forma), em vez de dados objetivos e racionais.

h) As **respostas cognitivas** são mais importantes para produtos de alto envolvimento, já as **respostas afetivas** são mais importantes para produtos de baixo envolvimento. As respostas comportamentais (intenção, experimentação e repetição de compra) são mais importantes para produtos estabelecidos em mercados maduros.

Fonte: VAKRATSAS, D.; AMBLER, T. How advertising works: What do we really know? *Journal of Marketing*, v. 63, jan. 1999. p. 26-43.

4.4 As reações do consumidor à propaganda

Diversos pesquisadores estudaram como as características da propaganda, bem como a frequência de **repetição**, podem influenciar os comportamentos dos consumidores.

Segundo pesquisas, as características da propaganda que impactam a sua efetividade são: a fonte; o conteúdo e a forma da mensagem; as características da mídia; os fatores contextuais; e as características do receptor ou audiência.[15]

A **fonte** é definida como a pessoa ou a personagem que transmite a mensagem, como a modelo **Gisele Bündchen**, que participou da propaganda dos produtos da marca Pantene. Para exercer sua influência, a fonte deve possuir credibilidade e atratividade.

A **credibilidade da fonte** refere-se à capacidade de despertar confiança no público-alvo. Se as pessoas acham que a fonte é confiável, provavelmente desenvolverão uma atitude de confiança na mensagem e na marca do produto. Uma fonte confiável pode ser convincente e ajudar o consumidor a decidir e escolher a marca. Eis a razão por que muitos anunciantes preferem utilizar o endosso de celebridades em suas propagandas.[16]

A **atratividade da fonte** é o valor atribuído a ela pelo público-alvo. Esse valor pode ser decorrente da aparência física, da posição social (atriz de novela ou jogador de futebol) ou da semelhança com o receptor (tendemos a gostar de pessoas que são parecidas conosco).[17]

Certos segmentos de público, como os jovens, tendem a estabelecer vínculos afetivos com os **ídolos populares**, como os jogadores de futebol, que despertam nos jovens

---

15 HOVLAND, C.; WEISS, W. The influence of source credibility on communication effectiveness. *Public Opinion Quarterly*, 15, 1951. p. 635-650.
16 PETTY, R.; CACIOPPO, J. *Attitudes and persuasion*: classic and contemporary approaches. Dubuque: C. Brown, 1981.
17 DEBONO, K.; HARNISH, R. Source expertise, source attractiveness, and the processing of persuasive information: a functional approach. *Journal of Personality and Social Psychology*, 55, 1988. p. 541-546.

os sentimentos de identificação, respeito e admiração. Consequentemente, os jovens tendem a consumir as marcas de produtos usadas ou recomendadas por seus ídolos.

Portanto, a construção da **imagem de marca** pode ser facilitada e acelerada com o endosso ou **testemunho de uma personalidade** reconhecida e admirada pelo público-alvo na propaganda da marca.

> **Curiosidade**
>
> Em uma das propagandas de shampoo da marca Pantene, Gisele Bündchen fala sobre como o produto deixa os cabelos iguais aos de uma rainha. A modelo, reconhecida e admirada pelo público-alvo, ao apresentar seu testemunho, acaba por ajudar na construção da imagem da marca, despertando o interesse e o desejo do receptor daquela mensagem.
>
> Fonte: *Gisele Bündchen para Pantene*. Disponível em: <https://www.youtube.com/watch?v=BAAKj8FtvpQ,>, 25 fev. 2017. Acesso em: 4 mar. 2017.

As pesquisas indicam que os **elementos da mensagem** que influenciam as atitudes dos consumidores estão relacionados a: uso de texto ou fotos/ilustrações; apelos racionais ou emocionais; frequência de **repetição**; se é oferecida uma conclusão ou o consumidor deve concluir por si mesmo; se a mensagem inclui **apelos de medo**, humor ou sexo, entre outros fatores.

Verificou-se que **frases curtas**, perguntas retóricas (de forma rebuscada ou pomposa), **paráfrase** (modo diferente de expressar frase ou texto, sem que se altere o significado da primeira versão) e **repetição** produzem impacto direto no receptor da comunicação. A **ironia** (dizer o contrário daquilo que se está pensando com intenção depreciativa e sarcástica), o **humor** e até os **exageros** propositais atraem a atenção e conferem à comunicação mais vivacidade.[18]

A superioridade persuasiva da **linguagem concreta** sobre a abstrata também foi comprovada, à medida que a primeira permite uma relação direta e observável (ainda que imaginariamente), facilitando a compreensão da mensagem.

Outro recurso persuasivo é a **metáfora**, que consiste em usar uma palavra em sentido figurado, como a palavra **raposa** para designar uma pessoa astuta, visando facilitar a compreensão e a memorização da propaganda. Como exemplo, o *slogan* da campanha da Skol ("Skol, a cerveja que desce redondo") utiliza a palavra "redondo" em oposição ao termo "quadrado", que significa algo ultrapassado e sem graça, visando associar a marca à inovação. O termo "desce redondo" também é associado à sensação de frescor.[19]

---

[18] SOUSA, 2006.
[19] CARNEIRO, C.; STANCATO, F. *O uso da metáfora em slogans*. Disponível em: <http://www.uff.br/ensaiosdemarketing/artigos%20pdf/2/ousodametaforanosslogans.pdf>. Acesso em: 18 mar. 2016.

Curiosidade

A cerveja que desce redondo

A cerveja Skol foi lançada em agosto de 1964, na Europa, pela cervejaria dinamarquesa Carlsberg e chegou ao Brasil em 1967. Na língua sueca, Skol (escreve-se skål) significa "à nossa saúde", expressão usada antes de um brinde. A partir da década de 1990, foram intensificados os investimentos em marketing. Em 1997, foi criado o famoso slogan "A cerveja que desce redondo". Em 2000, foi lançada a campanha "O verão mais redondo do planeta". Em 2002, a Skol atingiu o posto de cerveja mais consumida do Brasil. Seu público-alvo são jovens entre 18 e 29 anos.

Fonte: Mundo das Marcas. Disponível em: <http://mundodasmarcas.blogspot.com.br/2006/05/skol>. Acesso em: 18 mar. 2016.

Outro exemplo de uso de metáfora é a propaganda da Brastemp ("Não é assim nenhuma Brastemp"), cujo personagem compara a marca concorrente de geladeira ou fogão com a marca Brastemp, visando reforçar a imagem de produto de qualidade e os benefícios de durabilidade e modernidade.

As mensagens que incluem **apelos de medo** tendem para a ineficácia, pois além de despertarem emoções negativas, fazem surgir suspeitas sobre as verdadeiras intenções da fonte, de tal modo que os receptores recorrem a mecanismos de defesa, como a negação, para ignorar ou atenuar a ameaça.

Quanto à estrutura e à ordem da comunicação, pesquisas indicam que os **elementos comunicativos** devem ser ordenados de maneira que sejam apresentados em primeiro lugar os que tendem a suscitar no receptor uma **necessidade** e, depois, os que fornecem **informação** sobre o modo de satisfazer essa necessidade.[20]

Quanto ao **método comunicativo direto ou indireto**, a apresentação direta das informações tende a ser mais eficaz, podendo aumentar a probabilidade de a audiência compreender e reter os argumentos. No caso de pessoas capazes de, por elas próprias, chegarem à compreensão, a probabilidade de reterem a mensagem e modificarem a sua atitude será mais elevada.[21]

A possibilidade de uma pessoa ser **influenciada pela propaganda** depende também de suas características pessoais, como personalidade, valores, opiniões, interesses e experiências de vida. No entanto, pesquisas indicam que as crianças e os adolescentes tendem a ser mais influenciáveis pela propaganda, desenvolvendo preferência de consumo por marcas anunciadas na mídia. As crianças com menos de 7 anos tendem a confundir a publicidade na TV com programas televisivos.

---

[20] SOUSA, 2006.
[21] SOUSA, 2006.

4.5 Internet, redes sociais e propaganda digital

Com as novas **tecnologias de informação e comunicação (TICs)**, como a **internet**, as formas de comunicação social e mercadológica sofreram mudanças significativas.

O surgimento da internet decorre da evolução das tecnologias desenvolvidas desde a década de 1950, nos Estados Unidos e na Europa. Na década de 1980, a organização norte-americana National Science Foundation (NSF) criou a NSFNET, uma rede mantida pelo governo norte-americano com auxílio da empresa IBM, com velocidade de transmissão de 56 Kbps (kilobytes por segundo), interligando universidades e centros de pesquisa aos núcleos de supercomputação nos Estados Unidos.

O nome internet é derivado da junção de duas palavras em inglês – *international network* – e designa a **rede mundial pública de computadores**, interligados por cabos ou tecnologias sem fio (*wireless*). Por meio dessa rede, são transmitidas informações, como textos, sons e imagens, em formato **hipermídia**, para qualquer computador que esteja conectado a ela. Devido a suas características, a internet tornou-se a primeira mídia de massa que permite **interação** entre pessoas e empresas a baixo custo e à velocidade da luz.

Já a **World Wide Web**, também conhecida pelas abreviaturas www, w3 ou simplesmente **web**, é a designação de um dos serviços oferecidos na internet, que inclui uma interface de fácil utilização, permitindo acessar os serviços da rede mundial.

A palavra **hipermídia** designa a forma de comunicação da internet, que se utiliza das qualidades do hipertexto e da multimídia, combinando conteúdo estático (texto, ilustrações e gráficos) e dinâmico (sons, imagens, vídeos e animação). O **hipertexto** é um tipo de texto escrito de modo não sequencial, permitindo que o usuário faça conexão de informações por meio de palavras que representam ligações (*hiperlinks*) com outros textos, documentos ou páginas. Portanto, a linguagem padrão de programação, usada para escrever textos e páginas na internet, é a **HTML** (sigla de *hypertext markup language*).

Por meio dessa tecnologia, a informação separa-se de seu meio físico de transporte (papel, ondas sonoras, palavras, gestos, fotos etc.), transformando-se em **bits**, isto é, dígitos binários (um número na base 2, ou seja, 0 ou 1).[22]

Com a internet, a comunicação adquiriu novos aspectos, a saber:

- a comunicação não se dá na forma tradicional de um-para-muitos, mas sim de **muitos-para-muitos**, já que os internautas podem comunicar-se com inúmeras pessoas ao mesmo tempo;
- a informação é transmitida em um **ambiente mediado por computador**, que pode ser vivenciado pelo emissor e o receptor simultaneamente. Como ambiente mediador, a internet exerce influência importante no processo de comunicação;

---

[22] LIMEIRA, T. M. *E-Marketing*. São Paulo: Saraiva, 2003. p. 14.

- o ambiente da internet não é simulação nem imitação do mundo real, mas é uma alternativa a ele, chamada de **mundo virtual**, onde se vivenciam atividades experienciais e hedonistas diferentes daquelas do mundo real;
- o usuário se auto-orienta e escolhe a sua forma de navegação, adquirindo maior **liberdade de escolha** e maior **controle sobre o processo** de comunicação;
- a comunicação se dá em tempo real, ocorrendo a **sincronicidade**, ou seja, o tempo de resposta é imediato, similar ao da comunicação face a face.[23] Assim, as noções de **tempo** e **espaço** foram alteradas, com a ruptura dos limites e barreiras físicas e temporais à comunicação.

Um dos impactos das novas formas de comunicação e interação possibilitadas pela internet é o surgimento das **comunidades virtuais**. Muniz e O'Guinn[24] explicam que **comunidade** é definida como um conjunto de pessoas com relações marcadas por vínculos emocionais e de reciprocidade.

As comunidades têm três características gerais:

- a consciência compartilhada de si, que implica um **senso de identidade** entre seus membros e a percepção das diferenças em relação aos indivíduos não integrantes da comunidade;
- a presença de **rituais e tradições** compartilhados, que reproduzem e perpetuam valores e padrões de comportamento;
- o senso de responsabilidade moral, isto é, um **sentimento de dever** e obrigação com a comunidade e seus membros.

As **comunidades virtuais** são grupos de pessoas com interesses e valores comuns, que se comunicam principalmente, mas não exclusivamente, por meio da internet.[25]

As comunidades virtuais criam a sua própria cultura, chamada de **cibercultura**, que são os padrões de comportamento compartilhados e os significados simbólicos expressos por **comunicação mediada por computador**, isto é, por meio da internet.[26]

Quanto à **comunidade de marca**, esta é definida como uma comunidade especializada, baseada num conjunto estruturado de relações entre usuários e admiradores de uma marca de produto. Elas desempenham papel importante na construção da

---

23 LIMEIRA, 2003. p. 16.
24 MUNIZ, J.; O'GUINN, T. Brand community. *Journal of Consumer Research*, v. 27, mar. 2001. p. 412-432.
25 RHEINGOLD, H. *The virtual community*. Nova York: Addison Wesley, 1993.
26 KOZINETS, R. V. On netnography: initial reflections on consumer research investigations of cyberculture. *Advances in Consumer Research*, v. 25, 1998. p. 366-371.

imagem e do valor da marca, à medida que reúnem consumidores leais, com fortes vínculos afetivos com a marca.[27]

Pesquisas indicam que a **comunidade de marca** influencia atitudes e comportamentos, podendo gerar a identificação do consumidor com as marcas e a fidelidade a elas. No ambiente da internet, os usuários das marcas podem compartilhar informações e experiências por meio das **comunidades de marca virtuais**.

Um exemplo são as comunidades de proprietários de motos da marca **Harley-Davidson** (*Harley Owners Group – H.O.G.*, em inglês).[28] Criado em 1983, nos Estados Unidos, o *H.O.G.* nasceu como uma oportunidade para os clientes da marca viajarem juntos e vivenciarem o **estilo de vida** Harley-Davidson, além de aproximar a empresa do seu público fiel, desenvolvendo uma relação de longo prazo com eles.

"Quando você compra uma motocicleta Harley-Davidson, está adquirindo mais do que o produto em si. Você está obtendo o ingresso para um mundo novo, no qual amizade, liberdade e independência são fundamentais", explicou o diretor da empresa. No Brasil, o H.O.G. possui cerca de 15 mil cadastros ativos.[29]

Outro exemplo de **comunidade de marca** é o dos grupos de colecionadores da Lego, denominado LUG Brasil.

A partir de 2000, o avanço das tecnologias impulsionou mudanças significativas nas formas de produção e consumo, nos processos organizacionais e culturais e nas interações sociais. A tecnologia da Web 2.0[30] expandiu as possibilidades de conexão entre pessoas, organizações e objetos em rede, além de ter potencializado o **compartilhamento** e o trabalho colaborativo, ou seja, as trocas, as influências mútuas e a **cooperação**,[31] que são a essência de qualquer cultura.

O uso de **dispositivos móveis** e portáteis de última geração (telefones celulares, *smartphones*, tablets) abriu múltiplas possibilidades de interação e participação social, política e cultural.

Como usuários das novas tecnologias, contamos com as condições sociotécnicas necessárias para nos tornarmos produtores de mensagens e conteúdos. Por meio de *smartphones* e tablets, com sistemas aplicativos e *softwares*, vivenciamos virtualmente a

---

27 MUNIZ; O'GUINN, 2001. p. 412-432.
28 ALGESHEIMER, R. et al. The social influence of brand community: evidence from european car clubs. *Journal of Marketing*, n. 69, jul 2005. p. 19-34.
29 Harley-Davidson celebra 30 anos do H.O.G. Publicado em 15 maio 2013. Disponível em: <http://www.harley-davidson.com>. Acesso em: 18 mar. 2016.
30 O termo *Web 2.0* é utilizado para designar a segunda geração da World Wide Web (internet), com maior velocidade, novos recursos interativos e colaborativos (*wikis*, *blogs*, redes sociais), e tecnologia de *streaming* (transmissão instantânea de áudio e vídeo), entre outras inovações.
31 LEMOS, A. *Cibercultura, cultura e identidade*. Em direção a uma "Cultura Copyleft"? Disponível em: <www.facom.ufba.br/ciberpesquisa/andrelemos/copyleft.pdf>. Acesso em: 18 mar. 2016.

comunicação instantânea e as trocas de experiências e informações com pessoas que podem ou não estar próximas geograficamente.[32]

A internet, que é um ambiente de comunicação mediada por computador, é designada por **ciberespaço**, termo utilizado no livro de ficção científica *Neuromancer*, escrito por William Gibson em 1984. O ciberespaço é um ambiente social criado pela interconexão de diferentes TICs. É constituído simultaneamente pelas **redes sociais**, que estabelecem culturas próprias, e pelas **redes técnicas**, que possibilitam essas conexões.[33]

Uma **rede social** engloba um conjunto de dois elementos: **atores** (pessoas, instituições ou grupos, que são os nós da rede) e suas **conexões** (interações ou laços sociais). No ambiente da internet, as redes sociais se caracterizam por uma sociabilidade mediada pela tecnologia. Nesse ambiente, as relações não são aleatórias, pois as pessoas levam em conta diversos fatores ao escolherem se conectar ou não a alguém. Assim, procuram conectar-se por motivos específicos, e não pelo simples desejo de obter mais conexões. Os **laços sociais** são estabelecidos sob valores e interesses compartilhados.[34]

As redes sociais são caracterizadas pela exposição pública da **rede de conexões** de uma pessoa, que mostra aos demais quem são seus amigos e a quem está conectada. Assim, as redes sociais na internet são expressões de grupos sociais, de pessoas e instituições que estão permanentemente interconectadas pelas novas tecnologias de comunicação e informação.[35]

As plataformas de redes sociais, que impulsionam as relações entre pessoas dispersas geograficamente, incluem Instagram, Facebook, Twitter, Pinterest, Linkedin e YouTube, entre outras. Essas plataformas são ambientes em que as pessoas podem reunir-se publicamente por meio da tecnologia. Ao mesmo tempo, são **mídias sociais** – canais utilizados por empresas para a comunicação publicitária e o relacionamento com os consumidores.

As tecnologias móveis, como a dos telefones celulares, possibilitam a **mobilidade** e modificam as relações com o espaço físico, reduzindo a diferença entre estar presente física ou virtualmente. Com o uso do celular, a **localização geográfica** e as pessoas ao redor do usuário deixam de ter a importância de antes, pois o desejo é estar conectado.[36]

---

[32] MORAES, L. Comunidades móveis: território, sociabilidade e identidade na comunicação instantânea. *Enecult*, Salvador, ago. 2014.

[33] GUIMARÃES, M. De pés descalços no ciberespaço: tecnologia e cultura no cotidiano de um grupo social on-line. *Horizontes Antropológicos*, Porto Alegre, v. 10, n. 21, jan.-jun. 2004.

[34] RECUERO, R. *Redes sociais na internet*. Porto Alegre: Sulina, 2009. p. 25.

[35] RECUERO, R. Comunidades em redes sociais na internet: um estudo de caso dos fotologs brasileiros. *Liinc em Revista*, v. 4, 2008. p. 63-83.

[36] BAUMAN, Z. *Amor líquido*: sobre a fragilidade dos laços humanos. Rio de Janeiro: Zahar, 2004, apud MORAES, L., 2014.

Saiba +

Dados da internet

Cerca de 3,2 bilhões de pessoas estão usando a internet, em todo o mundo. Desse total, 2 bilhões vivem em países em desenvolvimento, de acordo com números divulgados pela União Internacional de Telecomunicações. Porém, 57% da população mundial permanece desconectada, sendo 4 bilhões de pessoas nos países em desenvolvimento.

No Brasil, em 2015, cerca de 57,6% das pessoas estavam conectadas à internet e 48% dos domicílios possuíam conexão.[37] A forma de acesso, porém, apresenta variações. A cada 100 brasileiros, apenas 11 possuem uma assinatura de banda larga fixa. **O celular é a ferramenta mais usada para conexão, com 76% da preferência. Em seguida vem o computador de mesa (54%), o notebook (46%) e o tablet (22%).**[38]

Fonte: *Mundo tem 3,2 bilhões de pessoas conectadas à internet*. 26 maio 2015. Disponível em: <http://g1.globo.com/tecnologia/noticia/2015/05/mundo-tem-32-bilhoes-de-pessoas-conectadas-internet-diz-uit.html>. Acesso em: 4 mar. 2017.

Quanto à **propaganda na internet**, sua diferença em relação à propaganda na mídia de massa (TV, rádio, jornal e revistas) está na **interatividade** e na presença simultânea de **múltiplas vozes** durante o processo comunicacional, anteriormente restrito a dois agentes: o emissor e o receptor da mensagem.

A propaganda na internet pode se beneficiar do processo de **convergência midiática**, que decorre da evolução das tecnologias de informação e comunicação, permitindo a junção de diversas funções e tecnologias em um único dispositivo (aparelho de TV, computador, tablet, telefone celular). Assim, a **tecnologia digital** pode ser aplicada a todos os processos de criação, produção e publicação de conteúdo, bastando para isso codificar e decodificar a mensagem em linguagem binária.[39]

A **convergência da mídia** é a possibilidade de as mensagens e os conteúdos comunicacionais serem criados, produzidos e transmitidos simultaneamente por meio de múltiplos suportes midiáticos, em decorrência de três fatores: o **fluxo de conteúdos** entre diversos dispositivos e suportes midiáticos (televisão, vídeos na internet, celulares etc.), a **cooperação** e a **conexão** entre as mídias, e o **comportamento ativo** dos consumidores de conteúdos.[40]

---

[37] União Internacional de Telecomunicações. *Número de usuários de internet*. Disponível em: <https://nacoesunidas.org/em-15-anos-numero-de-usuarios-de-internet-passou-de-400-milhoes-para- 32-bilhoes-revela-onu>. Acesso em: 14 maio 2016.

[38] Comitê Gestor da Internet. *Pesquisa TIC Domicílios*, Brasília, 2015. Disponível em: <http://www.mc.gov.br/sala-de-imprensa/todas-as-noticias/telecomunicacoes/36981-acesso-a-internet-pelo-celular-triplica-no-brasil>. Acesso em: 5 mar. 2016.

[39] RIBEIRO, A. *Youtube*: a nova TV corporativa. Florianópolis: Combook, 2013. p. 30.

[40] JENKINS, H. *Cultura da convergência*: a colisão entre os velhos e novos meios de comunicação. 2. ed. São Paulo: Aleph, 2009. p. 24.

Saiba +

Propaganda digital: investimentos

No **Brasil**, o investimento em propaganda digital foi estimado em um total de R$ 9,5 bilhões de reais em 2015, com alta de 14% sobre 2014, segundo pesquisa do Interactive Advertising Bureau (IAB Brasil).

Os anúncios em plataformas de buscas, como o Google, e classificados atingiram a maior verba publicitária, com R$ 3,9 bilhões de reais, seguidos por anúncios em formato de display e nas redes sociais (2,8 bilhões de reais), em plataformas de vídeos (R$ 811 milhões de reais) e nos celulares (R$ 721 milhões de reais).

Nos **Estados Unidos**, o investimento em anúncios na rede chegou a US$ 13,3 bilhões de dólares no primeiro trimestre de 2015, sendo 16% superior ao do mesmo período de 2014, segundo o IAB.

Os *sites* com a maior audiência na população norte-americana são Google, com 242 milhões de visitantes únicos em maio de 2015, seguidos do Facebook, com 214 milhões, segundo a ComScore.

Fontes: Interactive Advertising Bureau – Brasil. *Números de Investimento em Mídia Online 2014-2015*. Disponível em: <http://iabbrasil.net/guias-e-pesquisas/mercado/numeros-de-investimento-em-midia-online-2014-2015>. Acesso em: 8 maio 2016; ComScore. *As maiores audiências na internet*. Disponível em: <http://www.comscore.com/por/Imprensa-e-eventos/Press-Releases>. Acesso em: 15 dez. 2015.

Uma das plataformas digitais com grande adoção pela população mundial é o **YouTube**, um portal de compartilhamento de vídeos produzidos por internautas e anunciantes, que vem causando impactos na audiência da televisão, na comunicação publicitária e no comportamento do consumidor. Esse portal disponibiliza as ferramentas necessárias para edição, mixagem, sonorização e pós-produção de vídeos, além de oferecer **ferramentas de interatividade** como textos explicativos, *links* para outros vídeos e comentários em texto sobre o vídeo.[41]

O YouTube possibilitou o surgimento de produtores de conteúdo, os **youtubers** ou **vloggers** (*video bloggers*), que filmam e editam os próprios vídeos, muitas vezes passando a viver exclusivamente de produzir conteúdo para seus canais por meio de **patrocínios de marcas** e empresas. Entre os canais com maior número de seguidores está a categoria de *gameplay*, que consiste no registro de experiências com jogos por parte de jogadores de videogames.[42]

---

[41] RIBEIRO, 2013. p. 82.
[42] JEVEAUX, A. Dossiê do cinetoscópio ao 3D. *Revista Tabu*, n. 48, abr.-jun. 2015. Disponível em: <http://www.grupoestacao.com.br/tabu/tabu0048.pdf>. Acesso em: 18 mar. 2016.

O mais famoso youtuber do mundo, que faturou 4 milhões de dólares em 2014, é o sueco Felix Kjellberg, conhecido pelo pseudônimo **PewDiePie**, nome também do seu canal no YouTube, que alcançou 27 milhões de inscritos, perdendo apenas para os canais que agregam vídeos de música, jogos, esportes e notícias.[43] No Brasil, o canal de YouTube de maior audiência é o **Porta dos Fundos**, com cerca de 10,7 milhões de inscritos, em 2015.

> **Curiosidade**
>
> **Porta dos Fundos**
> É um coletivo de humor criado por cinco amigos que, insatisfeitos com a falta de liberdade criativa da TV brasileira, decidiram montar um canal de esquetes de humor no YouTube. Em três anos de existência, o grupo atingiu a incrível marca de 2,5 bilhões de visualizações e mais de 12 milhões de assinantes.
>
> Fonte: Porta dos Fundos. Disponível em: <www.portadosfundos.com.br/sobre>. Acesso em: 1 nov. 2016.

Na rede social Facebook são disponibilizados cerca de 4 bilhões de vídeos diariamente. Esse número inclui tanto vídeos publicados por usuários quanto por anunciantes. A participação da **propaganda em vídeo** no faturamento do Facebook mais do que dobrou – de 14,4% para 30,7% – no primeiro trimestre de 2015.[44] E a venda de anúncios alcançou US$ 5,64 bilhões na temporada de compras do fim do ano de 2015.[45]

Além da veiculação das propagandas nas plataformas sociais, os anunciantes desejam que os usuários interajam com as marcas, imediatamente após terem sido impactados pelos vídeos nas redes sociais, pois querem construir **relacionamento com os fãs de suas marcas**. Por isso, há cada vez mais **anúncios interativos** em vídeo, objetivando provocar respostas ativas dos espectadores. E o **engajamento** dos internautas é uma métrica importante para medir o sucesso de anúncios nas redes sociais.

Nos Estados Unidos, em 2016, os *sites* de vídeo com maior audiência foram os do Google, incluindo o YouTube, com 182,1 milhões de pessoas que entraram no *site* pelo menos uma vez por mês (visitantes únicos), como mostra o Quadro 4.4.

---

[43] Maior youtuber do mundo ganha US$ 4 milhões por ano. *Revista Exame*. Disponível em: <http://exame.abril.com.br/tecnologia/noticias/maior-youtuber-do-mundo-ganha-us-4-milhoes-por-ano>. Acesso em: 10 fev. 2015.

[44] Publicidade móvel já é 73% da receita do Facebook. *IDG Now*. Publicado em 23 abr. 2015. Disponível em: <http://idgnow.com.br/blog/circuito/2015/04/23>. Acesso em: 1 nov. 2016.

[45] Receita do Facebook avança 51,7% no quarto trimestre de 2015. *O Globo*. Disponível em: <http://oglobo.globo.com/sociedade/tecnologia/receita-do-facebook-avanca-517-no-quarto-trimestre-de-2015>. Acesso em: 2 fev. 2016.

> **Curiosidade**
>
> **Propaganda digital: *blogs* de moda**
>
> A rede de lojas de vestuário C&A desenvolve campanhas publicitárias nas redes sociais, buscando a interação e o engajamento do público. Em 2012, a C&A firmou parceria com a plataforma de vídeos YouTube, patrocinando o **ytmoda**, canal voltado para o universo da moda, divulgando campanhas, coleções e comentários de **blogueiras** famosas como Joanna Moura, Mariana Santarém, Paula Martins, Chris Francini e Helô Gomes.[46]
>
> As cinco blogueiras divulgam tendências e dicas em vídeos curtos, elaborados por elas. Os consumidores percebem que o canal **YouTube Moda** (ytmoda) é uma plataforma de rede social produzida por pessoas comuns e não por uma agência de marketing digital que "só quer vender produtos".
>
> Fonte: CUNHA, G. C. As mídias sociais e as empresas de moda. *Revista Brasileira de Pesquisas de Marketing, Opinião e Mídia*, São Paulo, v. 16, abr. 2013. p. 28-45.

Quadro 4.4 Audiência dos *sites* de vídeo nos Estados Unidos

Plataformas de vídeo *on-line*	Visitantes únicos (milhões)
Audiência total	233,8
Sites do Google (inclui YouTube)	182,1
Facebook	81,0
Sites do Yahoo!	58,2

Fonte: ComScore Video Metrix. Top U.S. *Online Video Content Properties*, fev. 2016. Disponível em: <https://www.comscore.com/Insights/Rankings/comScore-Releases-February-2016-US-Desktop-Online-Video-Rankings>. Acesso em: 2 fev. 2016.

No Brasil, uma pesquisa do Instituto Brasileiro de Opinião Pública e Estatística (Ibope) mostra que 83% dos **usuários de celular** se comunicaram por meio de mensagens instantâneas pelo menos uma vez por semana em 2015. Desses usuários, 93% utilizaram o **WhatsApp**, 79%, o Facebook e 60%, o Youtube.[47]

A principal razão para adquirir um *smartphone* é a necessidade de manter-se **conectado** o tempo todo. Em segundo lugar, a conveniência para fazer várias coisas ao mesmo tempo, seguida pela motivação de **acessar redes sociais**. O uso da internet em *smartphones* é citado pela maioria dos entrevistados para enviar mensagens,

---

[46] YTMODA. Disponível em: <https://www.youtube.com/user/ytmoda>. Acesso em: 18 mar. 2016.

[47] ILEX. Ibope divulga os 15 aplicativos mais usados pelos brasileiros. *Blog do iPhone*, 15 dez. 2015. Disponível em: <https://blogdoiphone.com/2015/12/ibope-divulga-os-15-aplicativos-mais-usados-pelos-brasileiros-em-dezembro>. Acesso em: 1 nov. 2016.

trabalhar e estudar. Além disso, houve diminuição de 77% para 70% no número de usuários que ouvem música pelo celular, e de 66% para 58% para recebimento e envio de *e-mails*. Ainda assim, **escutar música com mp3** e outros formatos de arquivo armazenados no aparelho é um hábito popular, bem como os **jogos**.[48]

A internet é também um **canal de vendas** de produto e serviços, ou seja, de comércio eletrônico (*e-commerce*, em inglês), que é uma aplicação da internet que se expandiu aceleradamente desde o ano 2000, e que deve se desenvolver a taxas elevadas nos próximos anos. Ele engloba a realização de negócios, com venda de produtos e serviços e entrega por meios tradicionais, como também produtos como *softwares*, que podem ser digitalizados e entregues *on-line*, sendo baixados na internet.

Saiba+

Volume de negócios no comércio eletrônico

O comércio eletrônico no Brasil registrou um faturamento de R$ 41,3 bilhões em 2015, com crescimento nominal de 15,3%, comparado a 2014, de acordo com o relatório WebShoppers, da empresa E-bit. Cerca de 39,1 milhões de consumidores realizaram pelo menos uma compra na internet.

Figura 4.3 Categorias de produtos mais vendidos em volume de pedidos (%)

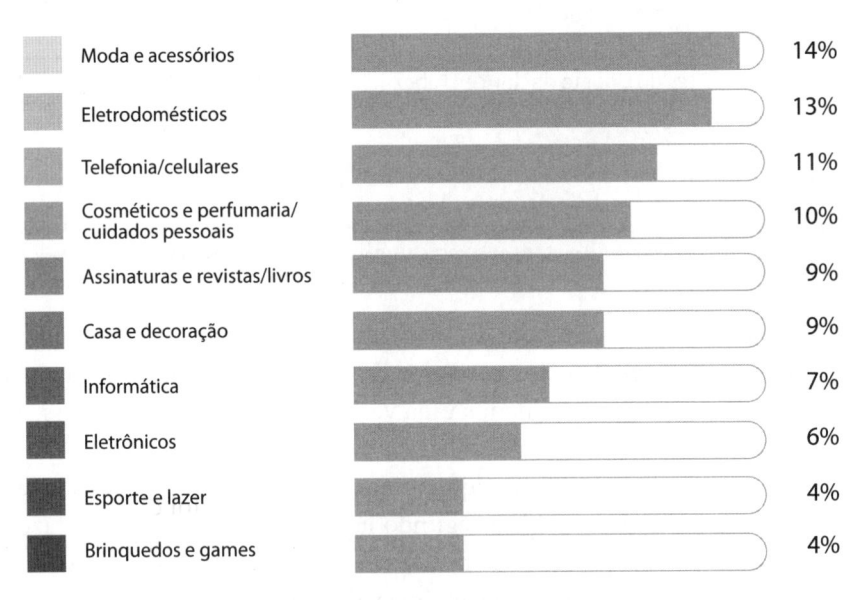

Categoria	%
Moda e acessórios	14%
Eletrodomésticos	13%
Telefonia/celulares	11%
Cosméticos e perfumaria/cuidados pessoais	10%
Assinaturas e revistas/livros	9%
Casa e decoração	9%
Informática	7%
Eletrônicos	6%
Esporte e lazer	4%
Brinquedos e games	4%

Fonte: *Relatório WebShoppers*, 2016. E-bit Informação. Disponível em: <http://img.ebit.com.br/webshoppers/pdf/33_webshoppers.pdf>. Acesso em: 18 mar. 2016.

---

48 LOBO, A. P. OTTs crescem 164% e 80% dos brasileiros checam smartphones a cada 30 minutos. *Convergência digital*, 02 abr. 2015. Disponível em: <http://redecidadedigital.com.br/noticias.php>. Acesso em: 1 nov. 2016.

4.6 Comportamento dos consumidores na internet

Para o estudo do comportamento do consumidor na internet, são utilizados dados de pesquisa sobre **audiência** (**visitantes únicos**), ou seja, o número de pessoas que acessaram um *site* ou uma página específica em certo período (dia ou mês).

A pesquisa da ComScore divulgada em novembro de 2016, indicou que os visitantes únicos da internet (pessoas que entraram na internet pelo menos uma vez no mês) no Brasil totalizaram 105,7 milhões, sendo 81 milhões de usuários de *desktop*, 75,4 milhões de *smartphones* e 12,4 milhões de tablets, como mostra a Figura 4.4.

O total de tempo digital triplicou desde 2014, sendo a plataforma móvel (celulares) responsável por 67% do total de tempo navegado pelos brasileiros.

Figura 4.4   Audiência da internet no Brasil

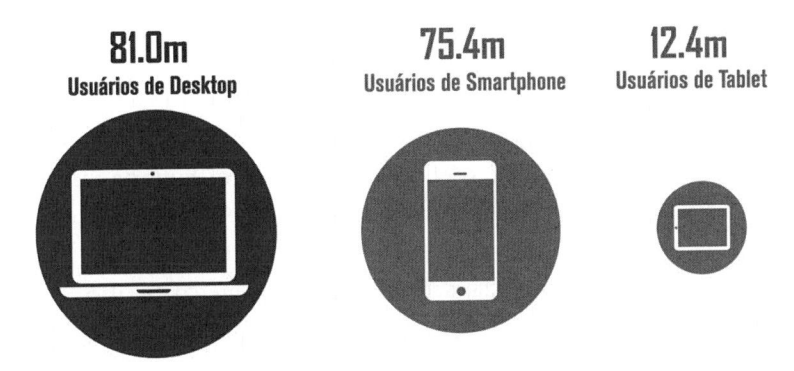

81.0m Usuários de Desktop

75.4m Usuários de Smartphone

12.4m Usuários de Tablet

Fonte: *ComScore*. Panorama digital no Brasil, novembro 2016. Disponível em: <http://www.comscore.com/por/Imprensa-e-eventos/Apresentacoes-e-documentos/2016/Panorama-digital-e-o-cenario-de-ecommerce-no-Brasil.> Acesso em: 20 fev. 2017.

Os tipos de *sites* mais acessados na internet por brasileiros foram os de serviços, os portais e os de entretenimento (veja Figura 4.5, na página seguinte). Cerca de 88% dos internautas visitaram *sites* de redes sociais, sendo que 65,6 milhões acessaram plataformas de vídeos, como o YouTube.

A rede social é a plataforma *on-line* em que os brasileiros passam mais tempo. O tempo médio gasto em cada visita às redes sociais foi de 21,2 minutos, sendo 60% maior que a média mundial em 2014. Com uma média mensal de 9,7 horas por visitante, **os brasileiros navegam 650 horas nas redes sociais** por mês, 290 horas a mais do que em portais.[49]

---

[49] *ComScore*. Brazil Digital Future in Focus 2015, 18 maio 2015b. Disponível em: <http://www.comscore.com/Insights/Presentations-and-Whitepapers/2015/2015-Brazil-Digital-Future-in-Focus>. Acesso em: 18 mar. 2016.

Figura 4.5 Tipos de sites acessados por internautas no Brasil

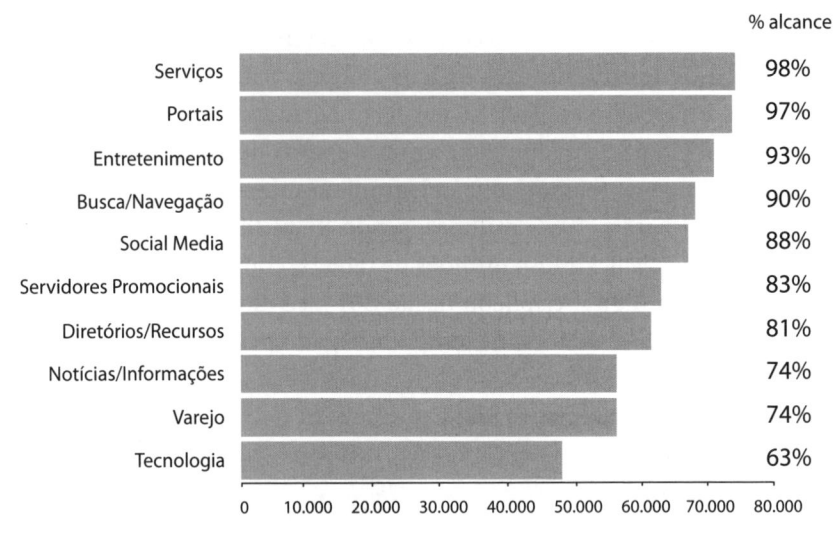

Tipo	Valor	% alcance
Serviços		98%
Portais		97%
Entretenimento		93%
Busca/Navegação		90%
Social Media		88%
Servidores Promocionais		83%
Diretórios/Recursos		81%
Notícias/Informações		74%
Varejo		74%
Tecnologia		63%

Fonte: ComScore, 2015.

O Facebook é a principal rede social, atingindo 58 milhões de visitantes únicos mensais no Brasil, ou 78% do total da audiência da internet, como mostra a Figura 4.6.

Figura 4.6 Visitantes únicos nas redes sociais no Brasil em março de 2015

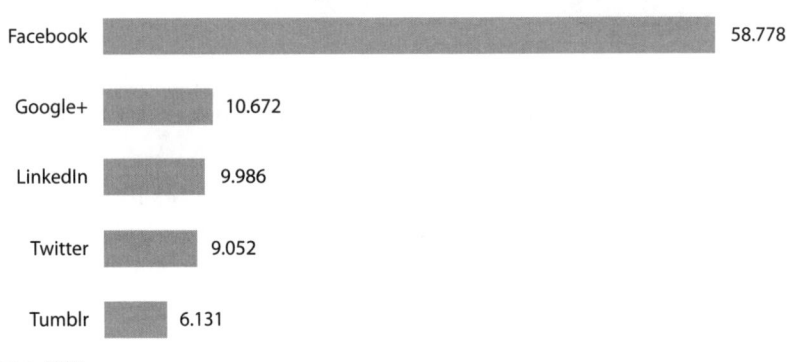

Rede	Visitantes
Facebook	58.778
Google+	10.672
LinkedIn	9.986
Twitter	9.052
Tumblr	6.131

Fonte: ComScore, 2015.

O **portal R7** foi o principal canal no Facebook em volume de engajamento, segundo a pesquisa da ComScore, em 2014. A página do portal contava com 9,9 milhões de curtidas e 2 milhões de usuários comentando as notícias publicadas. A estratégia do R7 é baseada no compartilhamento de notícias de esportes, entretenimento, e informações sobre comportamento e curiosidades, que repercutem na audiência. São incluídos ainda *links* para a leitura completa dos conteúdos, o que gerou, segundo a ComScore, 17% do engajamento total da página.

Também são pesquisados outros comportamentos dos consumidores na internet, como cinco diferentes **motivações**.[50] Uma é o **escapismo social**, que consiste no desejo de escapar da realidade pela realização de atividades prazerosas e agradáveis. Essa motivação se relaciona com uma das características da internet, que é um ambiente de entretenimento, despertando sensações e emoções gratificantes e provendo diversão e prazer estético.

O segundo fator motivacional é a satisfação das necessidades de **informação e educação**, de modo conveniente, rápido e a baixo custo. O terceiro é a **interação com controle**, visto que a internet permite ao usuário o controle sobre o processo, podendo decidir o que vai ver, quando, como, onde e com quem. A interatividade da internet permite a personalização da experiência, podendo oferecer bastante gratificação ao consumidor.

O quarto fator motivacional é a **socialização**. A internet é facilitadora das comunicações e relações interpessoais, possibilitando a socialização com amigos e outras pessoas de interesses e valores similares. Dois outros benefícios relacionados são o companheirismo e a **superação da solidão**.

O quinto fator é o **econômico**, referente à necessidade de adquirir bens. Essa motivação é intensificada na compra de bens de alto valor, quando o consumidor precisa coletar informações e **comparar preços** antes de tomar sua decisão. Outro tipo de motivação econômica é a possibilidade de adquirir bens grátis, como a cópia de um *software* sem custo.

Curiosidade

Como exemplo, o *site* **Buscapé** oferece comparação de preço de várias categorias de produto, como *smartphones*, que são comercializados com até 40% de desconto.

Outro comportamento do consumidor na internet é o **engajamento**, que está relacionado às experiências gratificantes e/ou utilitárias que o consumidor tem com o produto.[51]

O engajamento envolve a **participação** ativa na construção e **transmissão de mensagens** por meio de *posts* nas plataformas de redes sociais, *blogs* e comentários em páginas da internet. A **participação** é uma forma de interação social, de autoexposição e de se fazer visível ao grupo. Participar é agir como se a presença do internauta importasse, como se sua resposta fizesse parte do evento e da situação narrada ou vivenciada. Os comportamentos de participação dos usuários de uma rede social,

---

50 KORGAONKAR, P.; WOLIN, L. D. A multivariate analysis of web usage. *Journal of Advertising Research*, v. 39, n. 2, mar.-abr. 1999. p. 53-68.

51 MOLLEN, A.; WILSON, H. Engagement, telepresence and interactivity in online consumer experience: reconciling scholastic and managerial perspectives. *Journal of Business Research*, v. 63, 2010. p. 919-925.

como no Facebook, correspondem às expectativas do grupo, ao que se espera um do outro, e têm importância para o modo como trabalham juntos.[52]

A análise de **interações interpessoais** em redes sociais mediadas por computador é um outro campo de estudo, designado por Análise de Redes Sociais. A **interação** é a ação entre os participantes de um encontro, designados por **interagentes**.[53]

As pesquisas nesse campo buscam descrever os **fluxos** de informação e a **interconexão dos nós de uma rede**, bem como analisar os processos sociais em rede. São baseadas em levantamentos de dados relacionais, que, segundo Scott,[54] são os **laços e conexões**, encontros e vínculos grupais que relacionam um indivíduo a outro (os interagentes) nas redes sociais.

Dados fornecidos pelo Google Analytics e outras plataformas possibilitam rastrear o comportamento *on-line*, quantificar clicks e os acessos a páginas *web*, e mapear as interações e a influência social.

Os estudos revelam que as interações interpessoais na internet são complexas, diversas e múltiplas, podendo ocorrer comportamentos esporádicos e descompromissados, mas também recíprocos, como os de **intimidade**, **confiança** e **compromisso**, baseados em relações intensas, recorrentes e íntimas.

No caso da relação de **compromisso**, trata-se da dedicação de cada pessoa ao relacionamento compartilhado e à sua própria continuidade, o que demonstra uma identificação entre as pessoas.[55]

Outra forma de relação recíproca é a **colaboração**, o ato de um participante da rede social postar informações que são de interesse da coletividade, visando assim contribuir para o benefício dos participantes.[56]

Um exemplo de comportamento colaborativo é a **recomendação de produtos e serviços**. No contexto de interação em comunidades de marcas, *sites* de opiniões, *blogs* e microblogs, os consumidores, espontaneamente, adotam a atitude de recomendar *on-line* bens e serviços, com base em suas experiências positivas ou negativas de compra e uso. Tais recomendações podem mudar a intenção de compra, percepções e atitudes, sentimentos de confiança e a expectativa de satisfação na compra e no uso de produtos e serviços.[57] Outro exemplo são as recomendações dos youtubers e blogueiros, reconhecidos como influenciadores digitais, que atingem milhões de seguidores.

---

52 SHIRKY, C. *A cultura da participação*: criatividade e generosidade no mundo participativo. Rio de Janeiro: Zahar, 2010. p. 25-26.
53 PRIMO, A. *Interação mediada por computador*: comunicação, cibercultura, cognição. Porto Alegre: Sulina, 2007. p. 13.
54 SCOTT, J. *Social network analysis*: a handbook. Londres: Sage, 2000.
55 PRIMO, A. Avaliação qualitativa de interações em redes sociais: relacionamentos no blog Martelada. *Comunicação, Mídia e Consumo*. São Paulo, v. 4, n. 11, nov. 2007. p. 137-158.
56 NOGUEIRA, S.; SANTOS, M. C. dos. As comunidades virtuais e o processo de formação do capital social. *Intercom – Estudos Interdisciplinares da Comunicação*. XV Congresso, Mossoró, jun. 2013.
57 MAZZON, J. A. et al. Os efeitos da participação em comunidades virtuais de marca no comportamento do consumidor: proposição e teste de um modelo teórico. *RAC*, Curitiba, v. 15, n. 3, art. 1, maio-jun. 2011. p. 366-391.

Também são analisados os comportamentos de internautas que assumem **identidades fictícias** e desempenham papéis de **personagens imaginários**. A utilização desses recursos na interação, denominados de máscaras, serve de disfarce e autoproteção, além do exercício de **construção da identidade**, visto que há um processo permanente de construção e expressão de identidades por parte dos internautas, durante os jogos, em páginas pessoais, fotologs e *weblogs*, no uso de *nicknames* (apelidos) em *chats* (bate-papos) e nos perfis pessoais em redes sociais.[58]

Quanto à busca de **entretenimento na internet**, são muito utilizados os jogos sociais (*social network games,* em inglês), disponibilizados nos *sites* de redes sociais, podendo ser jogados *on-line* com outras pessoas. Esses jogos incluem elementos interativos ou conteúdos que podem ser compartilhados. A rede social Facebook é um dos principais promotores dos **jogos sociais**, que alcançaram um número grande de participantes no Brasil e no mundo.

O popular jogo **Dota 2** ultrapassou a marca de 10 milhões de jogadores, tornando-o um dos mais populares jogos *on-line* do mundo. Em 2014, o campeonato mundial de Dota 2 pagou 10 milhões de dólares em prêmios. O primeiro jogo em **volume de jogadores** é o **League of Legends**, com quase 70 milhões de jogadores ativos mensais. Esses dois jogos fazem parte do gênero *Multiplayer Online Battle Arena* (*Moba*), em que pequenos times combatem em um mapa limitado para atingir determinados objetivos. Esse tipo de jogo cresceu em popularidade nos últimos anos, dando origem a campeonatos milionários, sendo que uma universidade da China disponibiliza até um curso para quem quiser se especializar nos estudos de Dota 2.[59]

Curiosidade

O uso de aplicativos em celulares está cada vez mais popular, sendo um hábito cotidiano dos jovens. Recentemente, a Adidas comprou o Runstastic, aplicativo utilizado por praticantes de esportes de rua. Com a aquisição, a empresa passa a ter uma comunidade de 70 milhões de usuários ativos no programa. A Adidas já é dona do aplicativo miCoach que monitora atividades físicas. E a Nike lançou o app Nike+ e o Nike+ Training Club com rotinas de exercícios para a comunidade digital de mais de 65 milhões de mulheres.

Fonte: Meio e Mensagem. 6 ago. 2015. Disponível em: <http://www.meioemensagem.com.br/home/marketing/2015/08/06/adidas-entra-na-briga-dos-aplicativos.html>. Acesso em: 4 mar. 2017.

---

[58] RECUERO, 2009. p. 25.
[59] BRASIL, M. V. Dota 2 ultrapassa marca de 10 milhões de jogadores. *Exame.com*, 18 jan. 2015. Disponível em: <http://exame.abril.com.br/tecnologia/noticias/dota-2-ultrapassa-marca-de-10-milhoes-de-jogadores>. Acesso em: 18 mar. 2016.

Em resumo, este capítulo visou apresentar o conceito e a função da propaganda, o processo de comunicação e seus elementos, as reações do consumidor à propaganda e o comportamento do consumidor na internet.

Resumo

1. A **propaganda** ou publicidade é uma **comunicação persuasiva**, paga por um patrocinador e veiculada pelos meios de comunicação, buscando convencer o público sobre os benefícios e significados dos produtos.
2. A **função da propaganda** é persuadir o consumidor, ou seja, provocar mudanças nas suas crenças, atitudes, intenções e comportamentos.
3. Nas fases anteriores à decisão de compra (reconhecimento da necessidade, busca e avaliação de alternativas), a propaganda visa **chamar a atenção** para o produto e **criar expectativas** favoráveis, estimulando o consumo do produto.
4. Após a compra e durante o consumo do produto ou serviço, a propaganda objetiva reforçar a qualidade da **experiência percebida** pelo consumidor e pode eliminar eventuais inseguranças e dúvidas acerca das vantagens do produto. Após o uso ou consumo, a propaganda visa reforçar a lembrança da experiência.
5. A **imagem da marca** é o conjunto de crenças, ideias e associações que uma pessoa mantém em relação a uma marca de produto ou serviço.
6. As **atitudes** e os comportamentos dos consumidores são influenciados pela imagem da marca.
7. A **comunicação** é o ato ou efeito de emitir, transmitir e receber mensagens, pela linguagem falada ou escrita, ou por outros sinais, signos ou símbolos.
8. O **processo de comunicação**, na perspectiva da teoria da informação, é baseado na transmissão de dados de um emissor a um receptor, estabelecendo os fluxos e as relações entre agentes, meios e processos humanos e técnicos.
9. A **mídia** é o conjunto dos meios de comunicação, administrados em termos empresariais, por onde são transmitidas mensagens padronizadas para diversas audiências, potencialmente consumidoras dos produtos e serviços anunciados.
10. **Internet** é a rede mundial pública de computadores interligados por meio da qual se transmitem informações e dados, em formato hipermídia, para outros computadores conectados à rede.
11. **Hipermídia** designa a forma de comunicação da internet que se utiliza das qualidades do hipertexto e de multimídia, combinando conteúdo estático (texto, ilustrações e gráficos) e dinâmico (sons, imagens, vídeos e animação).

12. **Comunidades virtuais** são grupos de pessoas com interesses e valores comuns, que se comunicam principalmente, mas não exclusivamente, por meio da internet.
13. As comunidades virtuais também criam sua própria cultura, chamada **cibercultura**, definida como os padrões de comportamento compartilhados e os significados simbólicos a eles associados, expressos por **comunicação mediada por computador**, isto é, por meio da internet.
14. **A comunidade de marca** é baseada em um conjunto estruturado de relações entre os usuários e os admiradores de uma marca de produto. Elas desempenham papel importante na construção da imagem e do valor da marca.
15. O **modelo de hierarquia de respostas** descreve as reações dos consumidores, ou seja, a sequência de passos percorridos por eles após terem sido expostos à propaganda. O modelo inclui três tipos de respostas: cognitivas, afetivas e conativas.
16. As **respostas cognitivas** referem-se à lembrança da marca e ao conhecimento do produto.
17. As **respostas afetivas** são os sentimentos, as emoções e as atitudes despertados pela propaganda.
18. As **respostas conativas** referem-se aos seguintes comportamentos: intenção de compra, experimentação, compra, repetição da compra e lealdade à marca.
19. A **crença** refere-se à convicção decorrente da informação que se tem sobre uma pessoa ou objeto.
20. Os **elementos da propaganda** que influenciam no comportamento do consumidor são: as características da fonte; o conteúdo e a forma da mensagem; as características da mídia; os fatores contextuais; e as características do receptor.
21. **Engajamento** é o compromisso de um relacionamento interativo e proativo do consumidor com a marca.
22. A **rede social** na internet engloba um conjunto de atores (pessoas, instituições ou grupos, que são os nós da rede) e suas conexões (interações ou laços sociais).
23. A **comunicação de massa** é realizada de modo impessoal, para uso e benefício de um grande, anônimo e heterogêneo número de receptores, os quais podem estar fisicamente separados.
24. **Colaboração** *on-line* é o ato de um participante da rede social postar informações que são de interesse da coletividade.
25. O **YouTube** possibilitou o surgimento de produtores de conteúdo, os youtubers ou vloggers (video bloggers), que filmam e editam os próprios vídeos, muitas vezes passando a viver exclusivamente de produzir conteúdo para seus canais.

Exercícios

1. Faça uma pesquisa com quatro amigos solicitando que descrevam duas propagandas de que se lembram. Identifique as características dessas propagandas que podem ter contribuído para a lembrança.

2. Escolha dois sites de vendas na internet e compare: produtos e serviços oferecidos, facilidade de uso, forma de cobrança e entrega, devolução de produtos e atendimento às dúvidas do cliente.

3. Explique o que é imagem de marca, autoconceito e identidade social, e qual a relação entre esses conceitos.

4. Explique por que muitos anunciantes preferem realizar propaganda com personalidade famosa.

5. Dê exemplos de 3 comportamentos do consumidor na internet.

Caso para discussão 11

O consumidor conectado de hoje em dia pode reagir às propagandas em tempo recorde. Foi o que aconteceu com a Novalfem, marca da empresa farmacêutica Sanofi, e a propaganda #semmimimi com a artista Preta Gil. Esse remédio é utilizado para cólicas menstruais, e a propaganda criou um *jingle* que dizia que as cólicas menstruais poderiam ser atenuadas com o medicamento para que a mulher moderna pudesse ficar #semmimimi, que no jargão da internet significa uma reclamação exagerada.

As reações das internautas por meio das redes sociais foram rápidas. "Tinha alguma mulher envolvida no processo de criação e aprovação dessa campanha? Alguma delas sente cólica ou já ouviu falar nisso?", protestou uma consumidora. Outra disse: "Ter cólica não é frescura e nem 'mimimi'!"

Em menos de 12 horas, as internautas já haviam registrado uma reclamação no Conselho Nacional de Autorregulamentação Publicitária (Conar). O assunto ficou nos *trending topics* do Facebook. Apesar das explicações da empresa de que a intenção não foi minimizar os sofrimentos das mulheres com cólicas menstruais, o resultado final foi a decisão da Sanofi de retirar a propaganda de circulação.

A empresa divulgou um comunicado: "Lamentamos, sinceramente, que pessoas tenham se sentido desrespeitadas pela iniciativa, pois de maneira alguma tivemos a intenção de minimizar ou desqualificar a dor de quem a sente".

Capítulo 4 Propaganda, internet e redes sociais 151

Questão ? 1. De acordo com o texto e os conceitos apresentados neste capítulo, explique a que fatores se deve a reação das consumidoras à propaganda da marca Novalfem e qual o impacto da propaganda no comportamento das consumidoras em relação à marca.

Palavras cruzadas

1. A .... é o ato ou efeito de emitir, transmitir e receber mensagens, pela linguagem falada ou escrita, ou por outros sinais, signos ou símbolos.

2. A .... é uma comunicação persuasiva, paga por um patrocinador e veiculada pelos meios de comunicação, buscando convencer o público sobre os benefícios e significados dos produtos.

3. A .... é o conjunto dos meios de comunicação.

4. .... é a rede mundial pública de computadores interligados.

5. .... designa a forma de comunicação da internet, que se utiliza das qualidades do hipertexto e da multimídia.

1 – Comunicação 2 – Propaganda 3 – Mídia 4 – Internet 5 – Hipermídia 6 – Cognitiva 7 – Afetiva 8 – Comportamental 9 – Envolvimento 10 – Cibercultura

6. Resposta .... refere-se à lembrança da marca e ao conhecimento do produto.

7. Resposta .... são os sentimentos, as emoções e as atitudes despertados pela propaganda.

8. Resposta .... refere-se ao comportamento do consumidor (intenção de compra, experimentação, compra, repetição da compra e lealdade à marca).

9. O .... é a relevância ou importância de um produto para o indivíduo.

10. As comunidades virtuais também criam a sua própria cultura, chamada de ....

Leituras sugeridas

Para melhor compreender os conceitos e teorias estudados neste capítulo, sugerimos:

LEMOS, A. *Cibercultura*: tecnologia e vida social na cultura contemporânea. 7. ed. Porto Alegre: Sulina, 2015.

PRIMO, A. *Interação mediada por computador*: comunicação, cibercultura, cognição. 3. ed. Porto Alegre: Sulina, 2011.

TORRES, C. *A bíblia do marketing digital*: tudo o que você queria saber sobre marketing e publicidade na internet e não tinha a quem perguntar. São Paulo: Novatec, 2010.

Para finalizar

Escolha dois blogueiros que são influenciadores sociais e descreva alguns dos conteúdos que atraíram ou poderão atrair maior envolvimento dos internautas. Alguns blogueiros são:

Camila Coelho   Hugo Gloss   Kefera

Capítulo 5

A criança e o consumo

Objetivos do aprendizado

Após estudar este capítulo, você será capaz de:

→ compreender os processos de desenvolvimento e aprendizagem da criança;

→ analisar as influências da mídia e da propaganda nos processos de socialização e consumo;

→ entender o comportamento das crianças por meio de seus brinquedos e brincadeiras;

→ discutir a decisão de compra familiar e a influência da criança nesse processo.

5.1 O desenvolvimento e a aprendizagem da criança

Para entender o comportamento de consumo da criança, ou seja, como ela escolhe, influencia a compra e usa produtos de consumo, os pesquisadores têm se concentrado em quatro áreas de conhecimento: desenvolvimento e aprendizagem, socialização, decisão de compra da família e influência da propaganda.

Neste capítulo, o objetivo é discutir esses quatro temas, com abordagem multidisciplinar, destacando autores que deram uma contribuição inovadora nos campos da psicologia, sociologia e antropologia. Também será destacada a contribuição de pesquisadores brasileiros sobre esses temas. Adicionalmente, vamos estudar o papel dos brinquedos no desenvolvimento da criança, visto que as brincadeiras são parte significativa da infância.

Começaremos pelo estudo das teorias de desenvolvimento e aprendizagem da criança. A **psicologia do desenvolvimento** estuda o ser humano nos aspectos físico-motor, intelectual, afetivo-emocional e social, desde o nascimento até a fase adulta, quando atingem maturidade e estabilidade.[1]

O aspecto **físico-motor** refere-se ao crescimento orgânico e à maturação neurofisiológica, que ocorre, por exemplo, quando uma criança de um ano leva pela primeira vez a chupeta à boca. O aspecto **intelectual** é a capacidade de pensamento e raciocínio, que se verifica, por exemplo, quando uma criança de dois anos usa um cabo de vassoura para puxar um brinquedo embaixo de um móvel.

O aspecto **afetivo-emocional** é o modo particular de o indivíduo desenvolver sentimentos em relação a outras pessoas, de expressar e controlar suas emoções, como, por exemplo, o medo que uma criança sente diante de lugares desconhecidos.

---

1 BOCK, A. M.; FURTADO, O.; TEIXEIRA, M. de L. *Psicologias*: uma introdução ao estudo de psicologia. São Paulo: Saraiva, 2002. p. 107.

A sexualidade também faz parte desse processo. Já o aspecto **social** é a maneira como o indivíduo reage diante das situações que envolvem outras pessoas, como, por exemplo, uma criança que sente vergonha diante de uma pessoa que lhe é estranha.[2]

O estudo do **desenvolvimento humano** iniciou-se nas primeiras décadas do século XX por pesquisadores como J. Baldwin, P. Janet, H. Gardner, J. Piaget e L. Vigotsky. Uma das teorias do desenvolvimento humano, utilizada para entender o comportamento das crianças, foi elaborada pelo psicólogo suíço **Jean Piaget**, que se dedicou ao estudo do **desenvolvimento cognitivo**, por entender que uma criança passa por um processo de evolução gradativa, com **quatro estágios** de desenvolvimento da **inteligência**.[3] Em cada estágio o pensamento e o comportamento infantis caracterizam-se por distintas maneiras de perceber, compreender e se comportar diante do mundo.[4]

Curiosidade

Piaget entende que a criança não é um adulto em miniatura, mas apresenta características próprias de sua idade.

Esses quatro estágios, como mostrado no Quadro 5.1, são: sensório-motor, de 0 a 2 anos; pré-operatório, de 3 a 6 anos; operatório-concreto, de 7 a 11 anos; e operatório-formal, de 12 a 15 anos. O estágio **sensório-motor** vai de 0 a 2 anos; o **pré-operatório**, de 3 a 6 anos; o **operatório-concreto**, de 7 a 11 anos; e o **operatório-formal**, de 12 a 15 anos.

A teoria de Piaget é a mais conhecida **concepção construtivista** do desenvolvimento humano e da formação da inteligência. Essa teoria considera que o modo de pensar de uma criança é diferente da lógica dos adultos, ou seja, as crianças não interpretam as informações da mesma maneira. Assim, Piaget entende que a criança não é um adulto em miniatura, mas apresenta características próprias.[5] Além disso, considera que as crianças são construtoras ativas do seu próprio conhecimento, criando e testando ideias sobre o mundo.

Outro teórico que trouxe uma perspectiva sociointeracionista sobre o desenvolvimento humano foi **Vigotsky**. Seu pressuposto é o de que a origem do pensamento e do aprendizado está nas **interações** que os indivíduos desenvolvem com os outros.

---

2 BOCK; FURTADO; TEIXEIRA, 2002. p. 98.
3 PIAGET, J.; INHELDER, B. *A psicologia da criança*. Lisboa: Edições Asa, 1996.
4 LOPES, J.; PIAGET, J. *Revista Nova Escola*, São Paulo: Abril, ano XI, n. 95, ago. 1996. p. 10.
5 BOCK; FURTADO; TEIXEIRA, 2002. p. 101.

As interações não significam apenas as relações explícitas (face a face) entre duas ou mais pessoas, mas uma condição necessária para a inserção social, visto que a identidade se constrói na relação com os outros.[6]

Quadro 5.1 Os estágios do desenvolvimento da criança segundo Piaget

Fases	Características
Estágio 1: Sensório-motor (0 a 2 anos)	Nessa fase, a criança busca adquirir **controle motor** e aprender sobre os objetos físicos que a rodeiam. Ela adquire conhecimento por meio de suas próprias ações, reagindo a sensações imediatas. Estabelece relação entre as ações e as modificações que elas provocam no ambiente físico. O contato com o meio é direto e imediato, sem representação ou pensamento.
Estágio 2: Pré-operatório (3 a 6 anos)	É o estágio de desenvolvimento da **inteligência simbólica** (símbolos mentais são imagens e palavras que representam os objetos ausentes). A criança consegue nomear os objetos e raciocinar intuitivamente, mas ainda não realiza operações mentais básicas. Possui percepção global sem discriminar detalhes. Busca adquirir a habilidade verbal. Não aceita a ideia do acaso e tudo deve ter uma explicação (é a fase dos "por quês"). É centrada em si mesma, não conseguindo se colocar abstratamente no lugar do outro.
Estágio 3: Operatório-concreto (7 a 11 anos)	A criança começa a lidar com conceitos abstratos, como números e as noções de tempo, espaço, velocidade, ordem e casualidade, entre outras. Desenvolve habilidade de solucionar problemas concretos, sendo capaz de relacionar diferentes aspectos e abstrair dados da realidade.
Estágio 4: Operatório-formal (12 a 15 anos)	Definido como **adolescência**, é o período da vida humana que sucede a infância. Caracteriza-se por mudanças corporais e psicológicas e desenvolvimento da capacidade de **pensar ideias abstratas**. Inicia-se a transição para o modo adulto de pensar e agir. As deduções lógicas podem ser feitas sem o apoio de objetos concretos. O raciocínio lógico é aplicado a todas as classes de problemas e as estruturas cognitivas alcançam o nível mais elevado.

Fonte: adaptado de LOPES, J. P. *Revista Nova Escola*, São Paulo: Abril, ano XI, n. 95, ago. 1996. p. 10.

Enfatizando a dinâmica das interações sociais, Vigotsky destaca a mudança e o movimento que caracterizam o funcionamento mental humano. O ambiente não é entendido como uma realidade externa ao indivíduo, que opera de forma independente, mas sim um contexto que se transforma a partir da interação social. O ambiente é também sociocultural, que muda pela ação dos indivíduos.[7]

---

6 COLAÇO, V. R. Processos interacionais e a construção de conhecimento e subjetividade de crianças. *Psicologia: Reflexão e Crítica*, 17(3), 2004. p. 333-340.
7 BRANCO, A.; MARTINS, L. Desenvolvimento moral: considerações teóricas a partir de uma abordagem sociocultural construtivista. *Psicologia: Teoria e Pesquisa*, Brasília, v. 17, n. 2, maio-ago. 2001. p. 169-176.

Essa abordagem distancia-se daquelas que consideram o ambiente e a pessoa como se fossem separados e não relacionados. Ou seja, nem a pessoa é vista como um ser totalmente moldado pelo seu meio, sem vontade e sem sentimentos próprios, nem é reduzida a um conjunto de genes, como máquina programada a agir dessa ou daquela maneira. Se assim fosse, passaria pela vida incólume aos diversos efeitos de suas experiências.

A teoria de Piaget e a de Vigotsky integram o conjunto das **teorias da aprendizagem**, juntamente às teorias comportamentalistas ou behavioristas, apresentadas nos capítulos anteriores.

Relembrando, discutimos **três abordagens teóricas** que procuram explicar o processo de aprendizagem: a teoria cognitiva (Piaget), a comportamental ou behaviorista (Skinner; Pavlov) e a sociointeracionista ou aprendizado social (Vigotsky; Bandura).

A **teoria cognitiva** considera que o aprendizado ocorre a partir de processos mentais, porque parte do pressuposto de que o indivíduo age racionalmente na busca da solução de problemas. O foco é entender os **processos mentais** que determinam como se aprende ou como a informação é transferida para a memória de longo prazo. Enfatiza-se estudar como a pessoa pensa e raciocina, e não o comportamento observável.

A **teoria behaviorista** entende o aprendizado como resultado de **respostas** do indivíduo a **estímulos** do ambiente, por meio de associações entre um estímulo e uma resposta. A pessoa aprende a adotar comportamentos que produzem resultados positivos e a evitar aqueles com resultados negativos. Essa teoria investiga somente os comportamentos observáveis. Os processos mentais que não podem ser observados, e que, por isso, só podem ser inferidos, são ignorados nessa abordagem.

Tanto a **teoria sociointeracionista**, proposta por Vigotsky, como a da **aprendizagem social**, apresentada por Bandura,[8] consideram que as pessoas se desenvolvem na **interação social** e aprendem ao observarem as ações das outras para desenvolver padrões de comportamento. Observando as consequências das ações dos outros, podem desenvolver a habilidade de controlar seu próprio comportamento. E por meio da **mediação** dos adultos são desenvolvidos os processos psicológicos mais complexos.

Agora, cabe perguntar: Como essas teorias podem ajudar o profissional de marketing a conquistar clientes? Para responder, vamos ver alguns exemplos a seguir.

---

[8] BANDURA, A. Social cognitive theory. In: VASTA, R. (Ed). *Annals of child development*. v. 6. Greenwich, CT: JAI Press, 1989. p. 1-60.

Saiba +

Exemplos de aplicação das teorias

Propaganda

A propaganda dirigida a crianças tem de se basear no estágio de desenvolvimento psicológico delas. Por exemplo, para anunciar uma boneca para meninas de 5 anos, no estágio pré-operatório, devem-se usar mais recursos visuais. Nessa fase, a criança consegue raciocinar intuitivamente, mas ainda não coordena operações mentais básicas. Elas possuem percepção global mas não discriminam detalhes.

Desenvolvimento de produtos

Se um brinquedo, como um jogo eletrônico, exigir grau avançado de raciocínio abstrato, não será adequado para crianças menores de 12 anos, porque elas não desenvolveram ainda a capacidade de pensar abstratamente.

Curiosidade

Você sabia que a inteligência é composta de oito competências? Veja quais são:

Lógico-matemática: a capacidade de lidar com números e cálculos.
Intrapessoal: a capacidade de autoconhecimento e entendimento de si mesmo.
Interpessoal: a capacidade de lidar com outras pessoas e construir relacionamentos e amizades.
Musical: a capacidade de perceber e expressar formas musicais, tendo sensibilidade ao ritmo e à melodia de uma música.
Espacial: envolve a sensibilidade à cor, linha, forma, configuração e espaço, bem como a capacidade de representar graficamente ideias e objetos.
Linguística: a capacidade de usar as palavras de forma efetiva, oralmente ou pela escrita.
Corporal-cinestésica: envolve habilidades físicas, como o talento para o esporte; inclui habilidades como coordenação, equilíbrio, destreza, força, flexibilidade e velocidade.
Naturalista: a capacidade de reconhecer as propriedades da natureza e lidar com elas.

Fonte: GARDNER, H. *Inteligências múltiplas:* a teoria na prática. Porto Alegre: Artes Médicas Sul, 2000. p. 35.

5.2 A socialização da criança

Como vimos até aqui, o comportamento da criança é influenciado pela **família**, pela **mídia** e pelos **grupos sociais** com os quais interage, como professores, colegas e amigos. Para estudar como as relações sociais e familiares influenciam o desenvolvimento da criança, utilizaremos os conceitos da psicologia social.

A **psicologia social** é uma ciência que se dedica ao estudo do indivíduo como ser social. Seu foco de análise é a interdependência das pessoas e a influência recíproca por elas exercida. Entre os principais autores, destacamos Kurt Lewin, considerado o pai da psicologia social. A ele é atribuída a famosa frase: "Nada é mais prático que uma boa teoria".[9]

A psicologia social estuda o processo de **socialização** pelo qual as crianças adquirem crenças, valores, normas, conhecimentos e habilidades, de modo a capacitá-las a participar como membros ativos da sociedade. A socialização das crianças é uma função atribuída à família, à escola e a outras instituições sociais, como os grupos profissionais.

A Figura 5.1 descreve o processo de socialização como decorrente da interação de três fatores: os de *background* (características individuais), os **agentes de socialização** (família, professor, colega, amigo) e os modos de aprendizado. Estes últimos podem ser de dois tipos: a **modelagem**, que é o modo de aprender por meio da observação do comportamento dos outros; e a **aprendizagem cognitiva**, que se realiza por meio da fala, da escrita e da leitura.[10]

Figura 5.1 O processo de socialização

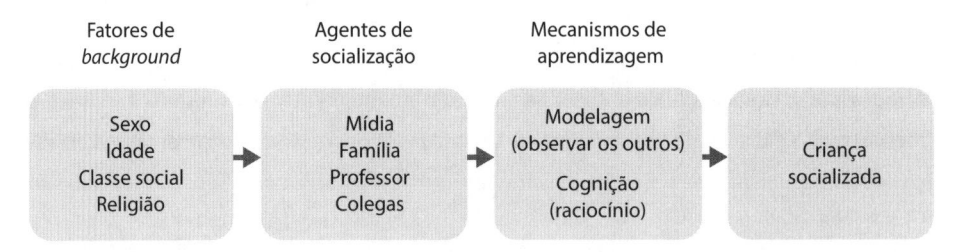

Fatores de *background*	Agentes de socialização	Mecanismos de aprendizagem	
Sexo Idade Classe social Religião	Mídia Família Professor Colegas	Modelagem (observar os outros) Cognição (raciocínio)	Criança socializada

Fonte: adaptado de MOWEN, J.; MINOR, M. *Comportamento do consumidor*. São Paulo: Prentice Hall, 2003. p. 277.

A **família**, considerada o fundamento básico e universal das sociedades, é uma instituição social cuja característica evoluiu ao longo do tempo, visto que as condições históricas e as mudanças sociais influenciam a forma como a família se organiza para realizar sua função social.

Na contemporaneidade, surgiram novas formas de organizar as famílias, por meio de **agrupamentos por laços de sangue ou afinidade**. Nesse contexto, a Lei Maria da Penha, publicada em 2006, definiu a família como a comunidade formada por indivíduos que são ou se consideram aparentados, unidos por laços naturais, por afinidade ou por vontade expressa. Dessa forma, o fator-chave que passa a identificar a família brasileira é o **relacionamento afetivo** entre seus integrantes. Assim, a família passa a

---

9   FERREIRA, M. C. A psicologia social contemporânea: principais tendências e perspectivas nacionais e internacionais. *Psicologia*: Teoria e Pesquisa, v. 26, 2010. p. 51-64.
10 MOSCHIS, G.; CHURCHILL JR., G. Consumer socialization: a theoretical and empirical analysis. *Journal of Marketing Research*, 15 nov. 1978. p. 599-609.

ser definida como um grupo social constituído por pessoas unidas por laços consanguíneos, de parentesco, aliança ou adoção.[11]

Em 2011, o Supremo Tribunal Federal reconheceu juridicamente a **família homoafetiva**, concedendo o direito à união estável entre pessoas de mesmo sexo. A partir disso, surgiram vários casos de **adoção de crianças por casais de mesmo sexo** no país.[12]

O conceito de família ampliou-se para incluir os seguintes tipos: **famílias nucleares** (as crianças vivem com o pai e a mãe na mesma casa); **monoparentais** (com apenas um dos genitores, quando ocorre morte, separação, divórcio ou adoção por solteiros); **conviventes** (com ao menos um dos avós); **homoafetivas** (baseadas nos relacionamentos que não têm a diferença de sexo como pressuposto); **multiparentais ou reconstituídas** (formadas por padastro ou madrasta, em razão de divórcios e recasamentos).[13]

O **papel social da família** é transmitir valores culturais e princípios éticos de convivência, socializando as novas gerações segundo as normas e símbolos sociais, e propiciando a aprendizagem da linguagem e de condutas sociais desejadas.[14]

A família é a responsável pela sobrevivência física e psíquica das crianças, constituindo-se no primeiro **grupo de mediação** do indivíduo com a sociedade. O vínculo com a família, em seus aspectos biológico, social e afetivo, é condição para o desenvolvimento integral da criança. Essas funções são compartilhadas com outros **agentes socializadores**, como as instituições educacionais e os meios de comunicação de massa, a televisão e a internet.

Diversos autores enfatizam a **importância da família**, considerada a forma de relação mais complexa e de ação mais profunda sobre a personalidade humana, dada a enorme carga emocional das relações entre seus membros. A variedade das interações desenvolvidas entre os membros da família mostra que o desenvolvimento do indivíduo não pode ser isolado do familiar. A influência da família no desenvolvimento das crianças se dá por meio da comunicação, tanto verbal como não verbal. Muitos comportamentos da criança são copiados dos comportamentos de seus pais, por meio da observação.[15]

---

11 SILVA, I.; ROHDE, L. Novos arranjos familiares: em perspectiva o consumo dos casais DINC (duplo ingresso, nenhuma criança). *Anais do V Encontro de Marketing da ANPAD*, Curitiba, maio 2012.
12 LOPES, P. Os novos arranjos de família no Direito Brasileiro, mar. 2015. Disponível em: <https://jus.com.br/artigos/37521/os-novos-arranjos-de-familia-no-direito-brasileiro>. Acesso em: 3 abr. 2015.
13 DIAS, M. B. *Manual de Direito das famílias*. 9. ed. São Paulo: Editora Revista dos Tribunais, 2013. p. 54-56. Apud LOPES, P. Os novos arranjos de família no Direito Brasileiro, mar. 2015. Disponível em: <https://jus.com.br/artigos/37521/os-novos-arranjos-de-familia-no-direito-brasileiro>. Acesso em: 3 abr. 2015.
14 DARLING, N.; STEINBERG, L. Parenting style as context: an integrative model. *Psychological Bulletin*, v. 113, n. 3, 1993. p. 487-496.
15 SILVA, N. L.; DESSEN, M. A. Deficiência mental e família: implicações para o desenvolvimento da criança. *Psicologia: Teoria e Pesquisa*, v. 17, n. 2, maio-ago. 2001. p. 133-141.

Um dos espaços de socialização é a **casa dos avós**, onde muitas crianças passam uma parte do seu dia ou das férias vivenciando experiências significativas. Quando não estão na escola, é muitas vezes sob o cuidado dos avós que brincam e realizam tarefas escolares, visto que muitos pais trabalham durante o dia. Por isso, os avós têm um papel social importante, ao contribuírem para o desenvolvimento das crianças.[16]

Curiosidade

Toddynho – Vamos Brincar de Imaginar

Em 2015, a marca Toddynho lançou uma campanha que tinha o objetivo de inspirar a união entre pais e filhos por meio da brincadeira e da imaginação. A repercussão positiva da campanha incentivou o aprofundamento sobre o tema, que resultou no lançamento de um novo filme, que aborda as relações entre três gerações: avós, pais e filhos. Os depoimentos reais demonstram a importância de estar presente e participar ativamente de umas das fases mais importantes de seus filhos: a infância. A campanha está disponível na página do Facebook e no site da marca, que também reúne vídeos com dicas do pedagogo Marcelo Bueno, especialista em infância e desenvolvimento infantil.

Fonte: Filme da Toddynho conta porque avós mimam netos. Adnews. 26 ago. 2015. Disponível em: <http://adnews.com.br/publicidade/filme-da-toddynho-conta-porque-avos-mimam-netos.html>. Acesso em: 1 nov. 2016.

As formas de socialização e comunicação dos pais com as crianças variam de acordo com o **estilo parental**, ou seja, o conjunto de atitudes dos pais e o clima emocional em que se expressam, levando a condutas autoritárias ou permissivas, com maior ou menor controle e responsividade às necessidades da criança.[17] Pesquisas indicaram que há dois **estilos parentais** distintos: o sócio-orientado e o conceito-orientado.[18]

Os pais com **estilo sócio-orientado ou autoritário** valorizam o respeito à autoridade e o controle das atividades das crianças, promovendo obediência e conformidade. No estilo de socialização **conceito-orientado ou democrático-recíproco**, os pais encorajam as crianças a desenvolverem seus próprios pontos de vista sobre o mundo, promovendo o desenvolvimento de habilidades com autonomia e liberdade. Os pais com estilo conceito-orientado estimulam a participação das crianças nas decisões familiares mais do que os pais sócio-orientados.

---

[16] RAMOS, A. C. Sobre avós, netos e cidades: entrelaçando relações intergeracionais e experiências urbanas na infância. *Educação e Sociedade* [on-line], v. 35, n. 128, 2014. p. 781-809.
[17] DARLING; STEINBERG, 1993.
[18] MACKLIN, M.; CARLSON, L. *Advertising to children*: concepts and controversies. Thousand Oaks: Sage, 1999. p. 35.

Como vimos, as teorias sobre socialização enfatizam a importância da relação com os pais para o desenvolvimento da personalidade e da subjetividade da criança. Além da influência dos pais, a **perspectiva sociointeracionista** considera que o **ambiente social** tem um impacto variável ao longo da infância e da adolescência. Dependendo da idade da criança, seu ambiente muda e, consequentemente, também modifica a sua forma de interação social. Para o recém-nascido, o mundo imediato é ligado aos fenômenos conectados ao seu corpo e aos objetos que o rodeiam. Depois, gradualmente, esse mundo começa a se ampliar, embora ainda se trate de um mundo restrito, composto da sua casa e da rua onde vive. Quando o bebê começa a andar, seu ambiente social se expande e novos relacionamentos se formam entre a criança e as pessoas que a circundam. Portanto, o ambiente é mutável e dinâmico, e não estático nem periférico em relação ao desenvolvimento humano.[19]

Sobre a importância do **ambiente social** no desenvolvimento das crianças, a teoria da **socialização por grupos**, divulgada no livro *The nurture assumption*, da pesquisadora Judith Harris,[20] defende o pressuposto de que as crianças, a partir dos cinco anos, recebem maior **influência dos colegas e amigos** do que de seus pais. Assim, usar camisetas do Ben 10, mochilas da Barbie ou cadernos do Justin Bieber significa pertencer a um grupo e compartilhar visões de mundo com os amigos.

> **Curiosidade**
>
> A criança, a partir dos cinco anos, sofre maior influência dos colegas e amigos do que de seus pais.

Segundo essa teoria, as crianças aprendem a se comportar fora de casa tornando-se membros de e identificando-se com grupos sociais, como os colegas da escola. Assim, a socialização é **específica ao contexto**, ou seja, o que é aprendido em um contexto, como o familiar, não é transferido para outro, como as relações fora de casa. Os processos intra e intergrupos são responsáveis pela transmissão da cultura e pela modificação das características de personalidade das crianças. Assim, a longo da socialização, ocorre a aprendizagem da cultura em que a pessoa está inserida, um processo denominado de **enculturação**. Na realidade, ninguém aprende toda a cultura, e sim aspectos culturais particulares transmitidos pela família e seu grupo social.[21]

---

[19] SILVA; DESSEN, 2001.
[20] HARRIS, J. R. Where is the child's environment? A group socialization theory of development. *Psychological Review*, v. 102, n. 3, jul. 1995. p. 458-489.
[21] MARCONI, M. A.; PRESOTTO, Z. M. *Antropologia*: uma introdução. São Paulo: Atlas, 2001. p. 15.

O termo **cultura** designa um sistema complexo e dinâmico de criação e transmissão de **significados compartilhados** por um grupo social, incluindo o conhecimento, a linguagem, os valores, as normas, os símbolos, hábitos e comportamentos.[22] Em outras palavras, significa o conjunto de características e realizações humanas que se criam, se preservam ou se aprimoram por meio da comunicação, da interação e da cooperação entre indivíduos em sociedade. Opondo-se à ideia de natureza, ou de constituição biológica, a cultura é associada à capacidade de simbolização considerada própria da vida coletiva e a base das interações sociais.[23]

A **simbolização** é a capacidade humana de representar ideias e pensamentos por meio de símbolos. Por exemplo, o jovem que dá um buquê de rosas vermelhas para uma moça para demonstrar seu afeto. Em nossa cultura, presentear com rosas vermelhas significa que a pessoa está apaixonada.

A **diversidade cultural** possibilita diferentes modos de socialização das crianças, visto que nos grupos sociais podem existir diferentes culturas com **códigos de valores** e crenças específicas. Os pais e as crianças interagem por meio de **crenças** e **normas** construídas socialmente, as quais mediam a relação entre eles. Portanto, os estudos comparativos e interculturais revelam uma variedade de infâncias e não um fenômeno único e universal.

Na contemporaneidade, as crianças são consideradas seres sociais plenos e coautores das suas histórias, únicas e singulares. As crianças são produtoras de culturas próprias, as **culturas da infância**, que se caracterizam pela **fantasia e o faz de conta** em todos os momentos do cotidiano. Essa perspectiva enfatiza como as crianças criam, interpretam, adquirem e recriam a cultura junto com os adultos e com outras crianças.[24] Assim, a construção do universo simbólico das crianças é realizada na interação com a cultura da globalização, as culturas nacionais, a escolar, as comunitárias e étnicas, e, finalmente, a cultura de pares, gerada na interação entre crianças.[25]

Para compreender o modo como as crianças produzem suas culturas, a **sociologia da infância** identifica quatro processos sociais:

- A **interatividade**, que significa as múltiplas relações que as crianças estabelecem com seus pares;
- A **ludicidade**, o modo peculiar de agir e pensar da criança, em que o brincar é uma condição de aprendizagem e de sociabilidade;

---

22 CUCHE, D. *La notion de culture dans les sciences sociales*. Paris: La Découverte, 2001. p. 9.
23 FERREIRA, Aurelio Buarque de Holanda. *Novo Dicionário Século XXI*. São Paulo: Nova Fronteira, 2001.
24 CORSARO, W. *The sociology of childhood*. Thousand Oaks, London, 2005. Apud PIRES, F. Pesquisando crianças e infância: abordagens teóricas para o estudo das (e com as) crianças. *Cadernos de Campo*, São Paulo, n. 17, 2008. p. 1-348.
25 SARMENTO, M. J. Culturas infantis e interculturalidade. In: DORNELLES, Leni V. (Org.). *Produzindo pedagogias interculturais na infância*. Petrópolis: Vozes, 2007.

- A **fantasia**, a partir da qual a criança compreende, expressa e atribui significado ao mundo;
- Por último, a **reiteração**, que consiste no tempo recursivo da criança, em que as brincadeiras não têm hora marcada para começar, nem para terminar.[26]

Saiba + História da infância no Brasil

Quando as embarcações portuguesas atracaram em solo brasileiro, os portugueses ficaram surpresos com a população selvagem que encontraram. Houve um choque entre as culturas europeia e indígena e o **tratamento dado à infância** constitui um dos pontos de grande diferença entre essas culturas.

O processo de formação social das **gerações indígenas** acontecia em grupos separados por idades e sexo. Até a idade de oito anos havia total dependência materna. Passando dessa idade, os meninos recebiam arcos e flechas para brincar com seus pares. Já as meninas continuavam com as mães, habilitando-se na arte de fiar algodão e amassar o barro. A educação indígena se dava de uma maneira natural, espontânea, com os pequenos seguindo os passos de seus pais para aprender as necessidades do grupo, pois faziam parte dele e assim eram valorizados.

Os portugueses não entendiam que as crianças precisavam de tratamento diferenciado, pois, no século XVI, o reconhecimento da infância na sociedade portuguesa estava em construção. Essa sociedade via mal a criança, e pior ainda o adolescente. A **duração da infância** era reduzida a seu período mais frágil, e mal a criança adquiria desembaraço físico era logo reconhecida como adulto, partilhando de seus trabalhos e jogos. A criança afastava-se de seus pais e a educação era garantida pela convivência da criança ou do jovem com os adultos. A criança aprendia as atividades ajudando os adultos a fazê-las. Se ela morresse, como ocorria muitas vezes, alguns podiam ficar desolados, mas a regra geral era não fazer muito caso, pois uma outra criança logo a substituiria.

Portanto, era evidente a diferença entre as duas culturas, o modo de vida e a maneira de reconhecer a infância entre os indígenas e os portugueses.

Fonte: ARIÈS, P. *História social da criança e da família*. 2. ed. Rio de Janeiro: Guanabara Koogan, 1981; apud LAGE, M.; ROSA, M. *Revista Eletrônica de Educação*, ano IV, n. 08, jan./jul. 2011. Pesquisa Brasileira de Mídia: Hábitos de Consumo de Mídia pela População Brasileira, Brasília, 2014.

---

26 SARMENTO, M. J.; GOUVÊA, M. C. *Estudos da infância*: educação e práticas sociais. Petrópolis: Vozes, 2008. Apud LIMA, J. M. et al. A sociologia da infância e a educação infantil: outro olhar para as crianças e suas culturas. *Revista Contrapontos*, v. 14, n. 1, 2014. p. 95-110.

A perspectiva dos estudos culturais considera que a **educação das crianças** ocorre numa variedade de locais sociais, incluindo a escola, mas não se limitando a ela. Assim, importantes **processos educativos** ocorrem por meio de operações tecnológicas e culturais diversas, ou seja, nas múltiplas formas de cultura popular difundidas pela propaganda, programas de televisão, cinema, revistas, internet, videogames, brinquedos infantis etc.[27]

Esses processos são designados como **pedagogias culturais**, que ensinam determinados modos de ser, pensar e agir sobre as coisas e os outros, a partir dos quais as crianças e os jovens vão construindo suas identidades sociais e internalizando valores.[28]

Cabe agora perguntar: Para que servem essas teorias? A seguir, vemos alguns exemplos de aplicação das teorias.

Saiba+

Influência da cultura

Na **cultura brasileira**, tradicionalmente, a **cor azul** representa ou simboliza "meninos" e a **cor rosa**, "meninas". Os pais de uma criança recém-nascida costumam comprar roupas e objetos de cor azul para os meninos e cor-de-rosa para as meninas. Entre os **brinquedos**, os carrinhos são oferecidos para os meninos e as bonecas, para as meninas. Porém, atualmente, as preferências de gênero são mais diversificadas. Uma pesquisa sobre cores com crianças de 4 a 6 anos na cidade de Mogi das Cruzes, São Paulo, revelou que 33% dos meninos preferiram o azul, 27% o verde, 20% o laranja e 13% o branco; e das meninas, 53% preferiram o rosa, 26% o laranja, 7% o marrom e 7% o vermelho.[29]

Influência dos grupos sociais

A criança, desde pequena, demonstra suas preferências em relação a **brinquedos**. Em geral, tende a preferir aqueles que são mostrados nas propagandas e nos programas de televisão. Ou ainda aqueles com que os colegas da escola estão brincando. Ao desenvolver produtos para crianças, o profissional de marketing procura conhecer como elas brincam e que brinquedos preferem, comportamentos aprendidos que se tornam hábitos por influência sociocultural, ao longo do processo de socialização.

---

[27] LOURO, G. Gênero: questões para a Educação. In: BRUSCHINI, C.; UNBEHAUM, S. (Orgs.). *Gênero, democracia e sociedade brasileira*. São Paulo: FCC/Editora 34, 2002. p. 225-242.

[28] WAGNER, I.; SOMMER, L. *Mídia e pedagogias culturais*. Artigo apresentado no 3º Seminário Brasileiro de Estudos Culturais e Educação, Universidade Luterana do Brasil (ULBRA), Canoas – 4 a 6 de agosto de 2008.

[29] WITTER, G.; RAMOS, O. Influência das cores na motivação para leitura das obras de literatura infantil. *Revista Semestral da Associação Brasileira de Psicologia Escolar e Educacional (ABRAPEE)*, v. 12, n. 1, jan./jun. 2008. p. 37-50.

5.3 A criança, a mídia e a propaganda

O estudo do comportamento das crianças deve considerar o significativo papel desempenhado pela **mídia** e pela **propaganda** nos processos de socialização e aprendizado de consumo. Ao mesmo tempo, deve-se levar em consideração a legislação sobre a propaganda para crianças. Esse será o objetivo deste tópico.

Intensos debates têm ocorrido atualmente, em diversos países, sobre os efeitos positivos e negativos da **exposição à mídia e à propaganda** por parte das crianças e adolescentes. Os estudos acadêmicos acompanham esses debates, revelando as três posições existentes: aqueles que acreditam que a mídia exerce influência negativa; os do extremo oposto, que acham que a mídia não exerce efeito negativo; e os de posição intermediária, que reconhecem que os efeitos podem ser positivos ou negativos, dependendo dos estilos educativos dos pais e dos recursos e contextos envolvidos. Os estudos e referências mencionados a seguir refletem essas posições.

Na perspectiva macrossocial, a **mídia** tem sido analisada pela sua influência no processo de transformação da sociedade. Como exemplo, a partir da década de 1960, a TV tornou-se mais acessível como meio de **entretenimento**, passando a fazer parte do cotidiano dos brasileiros, de modo que, na década de 1970, **75% dos lares já possuíam um aparelho de TV**.[30] Assim, a partir da segunda metade do século XX, com o crescimento da concorrência entre as empresas, a classe média tornou-se o principal alvo das propagandas, veiculadas principalmente pela televisão.

As crianças, nos grandes centros urbanos, com reduzidas oportunidades de brincar ao ar livre, aumentaram seu tempo de exposição a **programas de televisão** e conteúdo da **internet**. Com isso, cresceu o contato das crianças com as propagandas e as mensagens da mídia, que estimulam novos desejos de consumo e transmitem valores que contribuem para a construção dos **ideais infantis**.[31]

A participação das mulheres no mercado de trabalho torna mais escassa a convivência das crianças com os familiares, e elas passam grande parte do tempo sozinhas, em ambientes fechados, entretidas com a televisão e os **jogos eletrônicos**, meios de entretenimento cada vez mais presentes no seu cotidiano.

Com a popularização da internet a partir de 2000, essa tecnologia passou a ter preponderância sobre outras formas de diversão e educação e os momentos de diálogo familiar, divulgando valores morais, éticos e políticos e influenciando atitudes e comportamentos, segundo Lourenço e Jinzenji.[32]

---

[30] LOURENÇO, E.; JINZENJI, M. Y. Ideais das crianças mineiras no século XX: mudanças e continuidades. *Psicologia*: Teoria e Pesquisa, Brasília, v. 16, n. 1, jan.-abr. 2000.

[31] CASTRO, L. R. (Org.). *Infância e adolescência na cultura do consumo*. Rio de Janeiro: NAU, 1999. p. 11-22; apud LOURENÇO; JINZENJI, 2000.

[32] LOURENÇO; JINZENJI, 2000.

Para as pesquisadoras, a televisão transmite **valores utilitaristas** e **hedonistas**, tanto nas propagandas como nos programas, e contribui para a transformação da sociedade. Com a divulgação dos produtos de consumo pela mídia:

> [...] crianças e jovens estariam recebendo o *status* de consumidores, o que colaboraria para sua maior visibilidade no mundo social. Esse quadro confere à infância um lugar social diferente daquele que tradicionalmente vinha sendo atribuído a ela como sujeito em formação. Se, por um lado, esse novo lugar está relacionado a uma inserção da criança no mundo do consumo, por outro implica também uma inserção na dinâmica social, o que tem uma dimensão positiva, já que, com isso, a criança vem ganhando espaço para se expressar, no sentido de defesa dos seus direitos e necessidades, segundo as autoras.[33]

Estudo realizado pelas pesquisadoras revelou que os **ideais das crianças**, decorrentes da identificação com os modelos divulgados e dos planos que fazem para o futuro, eram, até a primeira metade do século XX, construídos a partir da inserção na família, na escola e na igreja. A família era a grande fornecedora de modelos, seguida pela escola, por meio dos professores e dos colegas, e pela igreja, com os sacerdotes e os textos religiosos.[34]

Em estudo mais recente, as crianças da quarta série das escolas de Belo Horizonte, em sua maioria, consideraram como **modelos identificatórios** os artistas de televisão e cinema, os cantores e os atletas, com quem têm contato por meio da mídia. No caso dos meninos, houve preferência pela escolha de **atletas** (jogadores de futebol e basquete), ao passo que as meninas preferiram **modelos, cantoras e atrizes** de TV e cinema. Assim, verificou-se que os **valores transmitidos pela mídia** contribuíram para mudanças nos **ideais infantis**.[35]

Em consequência, a escola deixa de ser considerada, no **imaginário das crianças**, como local de aprendizagem ou meio de inserção no mundo do trabalho, e passa a ser vista como o lugar de encontro com os amigos. Essa percepção indicaria a tendência de a escola e a família influenciarem cada vez menos as crianças e os seus ideais.

Na conclusão das pesquisadoras, a família parece estar perdendo a hegemonia que possuía na **apresentação de modelos para as crianças**, ao passo que seu lugar vem sendo ocupado por pessoas com quem as crianças têm contato por meio da **mídia**. Também a escola e a igreja, tradicionais agências socializadoras, vêm perdendo seu papel, mostrando pouca influência sobre as escolhas infantis.[36]

---

33 LOURENÇO; JINZENJI, 2000.
34 LOURENÇO; JINZENJI, 2000.
35 LOURENÇO; JINZENJI, 2000.
36 LOURENÇO; JINZENJI, 2000.

> **Curiosidade**
>
> **Quem nunca sonhou em ser jogador de futebol?**
>
> Atletas como Neymar, Paulo Henrique Ganso e Lucas, que sabem dar espetáculo, mesmo quando seus times não vencem, são os principais incentivadores das crianças que sonham em ser jogadores de futebol profissional.
>
> A habilidade e a irreverência desses craques, principalmente as de Neymar, têm atraído cada vez mais alunos às escolinhas de futebol. "Hoje em dia, todo mundo quer ser um Neymar ou um Lucas porque são **atletas com que a garotada se identifica**. São esses jogadores que dão espetáculo e que atraem as crianças", apontou Antonio Carlos, da Escola América Society, em Santo André, São Paulo.
>
> Um exemplo é Matheus, de 8 anos, que treina na Meninos da Vila, em São Paulo. "Eu era palmeirense, mas hoje sou santista roxo e fã de Neymar. **Quero ser como ele quando crescer.** Eu sou fominha como o Neymar porque gosto de driblar bastante", disse ele.
>
> Neymar é o centro das atenções das crianças. O estilo e as comemorações após os gols são imitados pela maioria dos meninos. Tales, que tem 9 anos, se mostra grande fã de Neymar. Do corte de cabelo moicano às comemorações com danças, o jovem treina bastante para ter um pouco da habilidade do craque. "Gosto muito de imitá-lo porque é meu **principal ídolo**. Faço dancinha igual a ele", brincou ele.
>
> Fonte: adaptado de SILVA, T. Quem nunca sonhou em ser jogador de futebol? *Diário do Grande ABC*, São Paulo, 4 set. 2011. Disponível em: <http://www.dgabc.com.br/Noticia/117354/quem-nunca-sonhou-em-ser-jogador-de-futebol>. Acesso em: 19 mar. 2016.

Portanto, a **presença da mídia** (TV, cinema e internet) no cotidiano das crianças e dos adolescentes é significativa, fazendo parte de suas atividades sociais, de entretenimento e aprendizado, como explica Vânia Carneiro:

> Pela **televisão**, os brasileiros se divertem, se informam, constroem percepções de mundo, dão sentido à existência, criam laços sociais, se reconhecem e aprendem a consumir. A TV e a internet impregnam o cotidiano e o imaginário de crianças e adolescentes com narrativas fictícias ou reais, de alegrias e dramas, esperanças, medo, sonhos, cenas triviais, personagens comuns e super-heróis.[37]

Segundo a pesquisadora, na televisão brasileira, durante a década de 1990, eram veiculados programas inovadores, enfocando a criança como protagonista de narrativas divertidas, como o programa **Castelo Rá-Tim-Bum**, na TV Cultura. No entanto, desde 2000, verificou-se a redução da programação infantil nas emissoras de televisão

---

37 CARNEIRO, V. A TV que crianças e adolescentes fariam, se tivessem uma câmara na mão. *Comunicação e Informação*, v. 8, n. 2, jul.-dez. 2005. p. 129-138.

aberta. A TV Globo deixou de apresentar a TV Globinho, programas como Vila Sésamo e **Sítio do Picapau Amarelo**, pioneiros em unir diversão televisiva e educação.[38]

Uma das consequências foi a mudança na preferência das crianças. Os **programas infantis**, que em 2000 ocupavam o segundo lugar em audiência, passaram para o terceiro lugar, e as **novelas** subiram para o segundo lugar. Os desenhos continuaram em primeiro na preferência do público infantil. Além disso, os programas para crianças migraram para os canais de **TV por assinatura**, com maior audiência junto ao público que pode pagar por tais canais. Os canais infantis foram os que mais ampliaram a base de assinantes e estavam na liderança de audiência nos canais pagos, em 2015.

O canal **Discovery Kids**, destinado a crianças em idade pré-escolar, obteve o maior número de assinantes.[39] Os programas mais vistos foram os desenhos *Doki*, *Super why* e *Transformers rescue bots*. Na segunda e terceira posições estavam os canais Cartoon Network e Disney, que exibiam filmes e desenhos como *A hora da aventura* e *Adolepeixes*, respectivamente.[40]

Caso para discussão 12

"O que restou na televisão aberta para os 'baixinhos'?"

Com raras exceções, como o *Cocoricó*, da TV Cultura, a TV aberta se mostra cada vez menos capaz de criar entretenimento para crianças e os pré-adolescentes. As "paixões" da meninada são **Backyardigans, Ben 10, High School Musical** e outros programas dos canais pagos. Essa mudança se relaciona ao fato de as grandes redes abertas terem reduzido o investimento em programas infantis, considerados caros.

Na TV por assinatura, os canais infantis ampliaram a base de assinantes e estão entre os líderes de audiência. O **Discovery Kids**, canal dirigido para crianças em fase pré-escolar, tem mais assinantes do que qualquer canal pago, e seus telespectadores adoram *Hi-5, Lazytown, Charlie e Lola* e os *Backyardigans*. As crianças têm mochilas, pelúcias e fazem festas de aniversário com esses personagens. Garotos maiores são fãs de *Ben 10*, desenho criado pelo Cartoon Network que já virou filme para a TV. Ben, garoto que se torna herói ao girar o relógio, está estampado em mais de mil produtos no Brasil.

---

[38] CARNEIRO, V. Redução da programação infantil da TV aberta e ausência de política pública na promoção dos direitos da criança brasileira. *Anais do II Simpósio Luso-Brasileiro em Estudos da Criança*. Faculdade de Educação da Universidade Federal do Rio Grande do Sul, Porto Alegre, ago. 2014.

[39] CARNEIRO, V. 2014.

[40] CALDAS, A. *Canais infantis lideram ranking de audiência e investem em atrações inéditas*. Disponível em: <http://www.andi.org.br/infancia-e-juventude/noticia-clipping/canais-infantis-lideram-ranking-de-audiencia-e-investem>. Acesso em: 5 mar. 2016.

Os adolescentes são ávidos consumidores dos mais de 500 produtos do *High School Musical*, filme exibido pelo **Disney Channel**, no qual uma banda se forma na escola. Há também outros filmes com enredos semelhantes, como *Hannah Montana* e *Camp Rock*. Muitos desses programas estão na TV aberta, como *Backyardigans* na Rede TV, *Ben 10* no SBT e *High School* na Globo.

Fonte: MATTOS, L. O que restou na televisão aberta para os 'baixinhos', *Folha de S.Paulo*, 9 nov. 2009.

Questões

1. Em debate com seus colegas, apresente sua perspectiva sobre a visão das autoras Lourenço e Jinzenji em relação à influência da mídia sobre os ideais infantis, o imaginário e o comportamento das crianças.

2. Com base na sua experiência pessoal e utilizando-se dos conceitos discutidos nesse capítulo, apresente sua análise sobre como as crianças e os adolescentes se relacionam com os personagens de desenhos animados e filmes, e como isto influencia seu comportamento de consumo.

Outra abordagem, que procura identificar os **benefícios da influência da mídia**,[41] destaca:

a) **Habilidades cognitivas**: os conteúdos midiáticos podem ser eficazes no desenvolvimento de habilidades de leitura, vocabulário, matemática, resolução de problemas e criatividade, como foi demonstrado por programas como Vila Sézamo e outros;

b) **Conteúdo acadêmico**: os estudantes podem se beneficiar com informações de diversas áreas de conhecimento, apresentadas pela mídia de maneira persuasiva e atraente;

c) **Comportamento social**: podem ser aprendidos comportamentos como cooperação e empatia;

d) **Nutrição e saúde**: anúncios de utilidade pública e campanhas publicitárias podem promover hábitos positivos de saúde e higiene;

---

41 VENTURELLA, V. A Influência da mídia na formação da criança de hoje. Artigo publicado na *Revista Hífen*, v. 27, n. 51, PUCRS Uruguaiana, 2003. p. 37-44; ZAVASCHI, M.Lucrécia (Ed.) A televisão e a violência: Impacto sobre a criança e o adolescente. Porto Alegre, *Atualidades Médicas*, 1998; DAVID, S. et al. Putting media under the microscope: Understanding and challenging media's influence on the health and well-being of children and youth. *Paediatrics & Child Health*. 2003, May-Jun, 8(5): 265-266; RAISING CHILDREN NETWORK. *Media benefits for children and teenagers*. Disponível em: <http://raisingchildren.net.au/articles/media_benefits.html>. Acesso em: 20 maio 2016.

e) **Contexto social e político**: com informações sobre os acontecimentos que moldam a sociedade, a cultura e a política, cresce a conscientização de problemas sociais como violência, exclusão social, discriminação racial e desemprego;

f) **Incentivo à imaginação**: a criação de um mundo imaginário ajuda as crianças a compreenderem o mundo em que vivem. Os super-heróis podem ensinar a defender ideais, proteger os mais fracos e combater o que consideram errado.

> ### Curiosidade
>
> **Propaganda do Toddynho: Vamos brincar de imaginar**
>
> Essa propaganda apresenta a seguinte ideia:
>
> A brincadeira e a imaginação unem gerações.
>
> Não tem nada melhor para uma criança do que os melhores amigos dela presentes em suas brincadeiras. Assista ao novo comercial de Toddynho e veja como a imaginação pode unir pais e filhos.
>
> Propaganda do Toddynho

Estudos em psicologia e educação indicam que é benéfico para as crianças a interação com os **personagens dos contos de fada** e os super-heróis da ficção. Até mesmo o vilão pode exercer influência benéfica, pois a criança aprende que o mal existe, mas sempre o bem vence no final da história.[42]

Para as meninas, a empresa **Disney** criou a série de desenhos "**Princesas**", com três personagens que não seguem os padrões tradicionais de comportamento feminino e que viraram heroínas sem depender de um protetor ou da sua beleza. Essas personagens dos filmes Valente, Malévola e Frozen geraram **identificação** positiva por parte de muitas crianças. As "Princesas" inspiram as meninas do mesmo jeito que os super-heróis inspiram os meninos (Batman, Super-Homem, Homem Aranha etc.), pois são consideradas fortes, poderosas e boas moças, que fazem sempre o bem.

Sobre os heróis e heroínas dos filmes infantis, podemos ver o depoimento de uma mãe de duas crianças:

> Na infância, eu nem me importava com Batman, Homem-Aranha, Super-Homem, Mulher-Maravilha e tantos outros heróis e vilões que estão aí há décadas fazendo a alegria de meninos e marmanjos. Cresci interessada em Cinderela, a minha princesa preferida, Branca de Neve e a Rainha Má, minha bruxa preferida, e a Bela Adormecida. Para mim,

---

42 BETTELHEIM, B. *Psicanálise dos contos de fadas*. Lisboa: Bertrand, 2007.

viver os dramas das princesas, superar as adversidades e no final ainda casar com o príncipe encantado era a realização do sonho. Pelo menos, eu achava isso quando tinha a idade de 8 até 12 anos.[43]

Curiosidade

Os Meninos e os Super-Heróis

Depoimento de uma mãe:

> Quem é mãe de menino sabe que eles se encantam com super-heróis, policiais, bombeiros, ninjas e tudo que está relacionado com personagens fortes, lutadores e vencedores. Os olhinhos chegam a brilhar quando enxergam brinquedos, roupas, acessórios e calçados dos seus personagens favoritos. As brincadeiras acabam envolvendo algum deles e passamos a conviver naturalmente com saltos acrobáticos, socos e caídas extraordinárias.
>
> Cruzo diariamente com super-heróis pelos quatro cantos da casa e, às vezes, até piso em algum deles sem querer. São tantos bonecos, máscaras e roupas que eles fazem parte da minha família. Tive a honra de tomar café da manhã com o **Homem-Aranha** e preparar para ele um misto-quente especial. Almocei com o **Homem de Ferro** em meio a muita tecnologia. Fui passear pelo shopping com o **Incrível Hulk** e tive que dar colinho para ele porque estava com medo do Papai Noel. Jantei com o **Super-Homem** e tive que comer toda a kriptonita (brócolis) dele para ele não morrer. E também já tive que acalmar o **Capitão América** que teve um pesadelo no meio da noite e não conseguia voltar a dormir.

Fonte: Super-Heróis. 15 maio 2014. Disponível em: <http://meusfilhosmeumaiorpresente.blogspot.com.br/2014/05/super-herois.html>. Acesso em: 4 jan. 2017.

Outra mídia que investe no público de crianças e adolescentes são as **editoras de livros**. De acordo com a pesquisa da Nielsen BookScan, os livros infantis e juvenis representaram 21% das vendas totais de livros no país em 2015.[44] Entre os mais vendidos estavam *O Pequeno Príncipe* e os livros da porquinha Peppa, cujo desenho animado é exibido no canal Discovery Kids.

Lançado na Inglaterra, *Peppa Pig* foi exibido em mais de 180 países e no Brasil tornou-se o desenho mais visto do canal. Esse desenho conta histórias de uma porquinha por volta de seus cinco anos, pertencente a uma família com vovô, vovó, pai,

---

43 CERQUEIRA, P. *Como meus filhos me fizeram amar os super-heróis*, 29 maio 2016. Disponível em: <http://disneybabble.uol.com.br/br/agenda/divers%C3%A3o/como-meus-filhos-me-fizeram-amar-os-super-her%C3%B3is>. Acesso em: 4 jan. 2017.

44 NIELSEN BookScan. *Painel das Vendas de Livros no Brasil*, 2015. Disponível em: <http://www.publishnews.com.br/estaticos/uploads/2015/11/>. Acesso em: 10 abr. 2016.

mãe e um irmãozinho menor. Cada história aborda um pequeno conflito ou cena do cotidiano infantil. Segundo a pesquisadora Ana Giongo:

> [...] nas relações com a família e com amiguinhos, Peppa expressa uma série de características das crianças pequenas. É egocêntrica, implicante, mandona e ciumenta. Experimenta conflitos simples aos olhos de um adulto, mas em cenas que produzem uma incrível identificação com os pequenos. Quem já não zombou do irmão menor? Quem não "deu um chilique" por não querer emprestar um brinquedo? Os episódios narram esses fragmentos do cotidiano infantil com um final "bem resolvido" e assim cumprem uma já conhecida função das narrativas para as crianças: oferecer um terreno para elaboração de conflitos subjetivos.[45]

Caso para discussão 13

Livros infantis: crescente demanda

Com muitas histórias para contar, a vendedora da Livraria Saraiva, Gilsilene, vê a nova geração mais interessada pelas palavras. "É uma geração que lê bastante", afirmou. Ela conta que, antes mesmo de juntar sílabas e aprender a ler, as crianças têm entrado em contato com os livros. Por meio das **imagens e cores**, com **personagens expressivos** estampados nas páginas, as crianças são atraídas aos seus primeiros livros. "A gente educa os pais a lerem e começa a educar os filhos a ouvirem literatura infantil", explica a livreira Patrícia, que atende o público infantil da Livraria da Vila, em São Paulo. A procura cada vez mais cedo vem da inovação do mercado, as edições que interagem com o leitor e que **estimulam a imaginação**. "Se o livro tiver muita figura, um som ou for bem colorido, vai chamar a atenção", explica a vendedora Gilsilene.

Para Mateus, de 11 anos, as edições da Turma da Mônica Jovem trazem assuntos interessantes. "Tem histórias com grandes aventuras. Os **mangás** são os melhores. Acho que são os que eu mais gosto", destacou. A livreira Patrícia conta que a maioria dos pais prefere os educativos, além de clássicos como os livros de Ruth Rocha ou Monteiro Lobato.

De acordo com o representante da Editora Brinque-Book, é no **lúdico** e na **fantasia** que se criam as bases sólidas para a formação da identidade. "A criança que lê floresce com fluência e confiança para desenvolver seu imaginário e intelecto", explica. Segundo ele, "o principal desafio é entender as necessidades e

---

45 GIONGO, A. L. O quê que a porquinha tem? *Zero Hora*, 11 out. 2014. Disponível em: <http://zh.clicrbs.com.br/rs/noticias/proa/noticia/2014/10/ana-laura-giongo-o-que-que-a-porquinha-tem-4618489.html>. Acesso em: 20 mar. 2016.

Capítulo 5   A criança e o consumo   175

interesses desse segmento. Há momentos em que os **livros de humor** estão em alta, em outros momentos são os **livros de aventura e romance**. É um mercado que muda muito, que segue modas, tendências, e as editoras estão tentando se antecipar ao que está por vir, porém é muito difícil prever".

Fonte: adaptado de BARBOZA, C. *Literatura infantil e juvenil continua sendo um gênero motor de crescimento de livros, destaca Convenção Nacional de Livrarias*. Disponível em: <https://digitaispuccampinas.wordpress.com/2015/05/11>. Acesso em: 3 nov. 2016.

Questões

1. Quais são os desafios da indústria editorial para lançar livros infantis com sucesso? Que análise deve ser feita para estimar o volume de vendas anualmente?

2. Faça uma pesquisa com seus colegas e liste os livros que foram mais lidos por eles quando eram crianças.

Além dos livros, as revistas de **histórias em quadrinhos** (HQs) são muito populares entre as crianças brasileiras. Como exemplo, as histórias da **Turma da Mônica** já publicadas em um bilhão de exemplares de revistas em 120 países, foram o tema de 12 longas-metragens, além de ilustrarem cerca de 3 mil produtos licenciados, como molhos de tomate, chocolates, fraldas, brinquedos e produtos de beleza. A editora Panini publicou 50 títulos com personagens da Turma da Mônica, totalizando uma tiragem de 2,2 milhões de exemplares por mês (média de 44 mil por revista). Em 2012, o licenciamento das marcas da Turma da Mônica representava 90% do faturamento da Mauricio de Sousa Produções, que atingiu R$ 2,7 bilhões no ano, tendo conquistado 86% do mercado brasileiro de quadrinhos infantojuvenis nas bancas de revistas e a média de um milhão de exemplares vendidos em livrarias anualmente.[46]

No segmento de **livros infantojuvenis**, o livro *Authentic Games*, do autor do canal do Youtube de mesmo nome, foi um dos mais vendidos em 2015. Esse canal se tornou um ponto de encontro para quase 4 milhões de crianças e adolescentes, onde eles trocam ideias e aprendem estratégias secretas sobre o *game* **Minecraft**. Para as adolescentes, um dos livros mais vendidos foi *Segredos da Bel para meninas*, da mesma autora dos canais "Bel para Meninas" e do "Penteados para Meninas" no Youtube. Nesse livro colorido, Bel conta suas melhores ideias para estimular pessoas de todas as idades a se divertirem juntas.[47] Para os adolescentes, a escritora Thalita Rebouças já vendeu mais de um milhão de livros. Os vinte títulos publicados têm um texto divertido e em suas

---

[46] Turma da Mônica: da tirinha a uma marca de R$ 2,7 bi. *Revista Exame*, 6 jul. 2012. Disponível em: <http://exame.abril.com.br/marketing/noticias/turma-da-monica-da-tirinha-a-uma-marca-de-r-2-7-bi>. Acesso em: 4 jan. 2017.

[47] PublishNews. *Lista de Mais Vendidos de 2016*. Disponível em: <http://www.publishnews.com.br/ranking/anual>. Acesso em: 25 maio 2016.

histórias retratam as vivências típicas da adolescência. Em seu último lançamento, *Fala sério, irmão!/Fala sério, irmã!*, a escritora aproveitou as ideias dos leitores. "Mais de quatro mil pessoas me deram dicas, porque sou filha única", contou ela.[48]

> **Curiosidade**
>
> **Turma da Mônica: sucesso entre as crianças**
>
> "Os personagens da Turma da Mônica transmitem valores de confiança, qualidade e simpatia", diz o diretor da Kimberly-Clark, empresa que possui uma extensa linha de produtos licenciados da Turma da Mônica. Só em fraldas a empresa possui 21,4% de participação de mercado. Estima-se que sejam vendidos 150 milhões de fraldas da Turma da Mônica por mês. "Essa é uma marca que se renova constantemente, passa de pai para filho", diz o diretor da consultoria GlobalBrands.
>
> Em 2010, foi realizado um acordo para que as histórias da Turma da Mônica fizessem parte do currículo das escolas na China. O criador da Turma da Mônica, Mauricio de Sousa, explicou:
>
>> Fui procurado por representantes do governo chinês, que buscavam personagens para fazer parte da cartilha curricular das escolas. Eles escolheram a Turma da Mônica porque não tinha violência, era alegre e tinha valores como respeito ao próximo e ao meio ambiente. O ministro chinês disse que os personagens pareciam chineses porque tinham o olho grande típico dos desenhos orientais.
>
> Fonte: adaptado de SAMBRANA, C. Turma da Mônica em mandarim. *IstoÉ Dinheiro*, n. 605, 13 maio 2009. Disponível em: <http://www.terra.com.br/istoedinheiro-temp/edicoes/605/imprime133557.htm>. Acesso em: 20 mar. 2016.

Os **mangás**, histórias em quadrinhos de personagens japoneses, bem como os **animes**, desenhos animados japoneses, fazem muito sucesso no público infantojuvenil, e são parte da cultura pop oriental, que inclui shows de cantores japoneses de músicas-tema de desenhos, seriados *live-action* e videogames, as chamadas *anime songs*. Entre os mangás mais conhecidos estão Pokemon, Yu-Gih-Oh, Naruto, Cavaleiros do Zodíaco e Dragon Ball-Z, entre outros.

Sobre a presença da **internet** no cotidiano das crianças brasileiras, dos 94,2 milhões de usuários com 10 anos ou mais de idade, cerca de 20,5 milhões são crianças e adolescentes de 10 a 17 anos, ou seja, 77% do total dessa população tinham acesso à internet em 2015 (ver Figura 5.2). Por outro lado, 3,6 milhões de crianças e adolescentes de 10 a 15 anos não tinham acesso à internet.[49]

---

[48] FREITAS, R. *Sucesso entre adolescentes, escritoras lançam livro em BH*, 28 ago. 2015. Disponível em: <http://g1.globo.com/minas-gerais/noticia/2015/08/sucesso-entre-adolescentes-escritoras-lancam-livro-em-bh.html>. Acesso em: 4 jan. 2017.

[49] TIC Domicílios: Pesquisa sobre o uso das tecnologias da informação e comunicação nos domicílios brasileiros. São Paulo. Comitê Gestor da Internet no Brasil, 2015. Disponível em: <http://www.cetic.br/pesquisa/domicilios/indicadores>. Acesso em: 20 mar. 2016.

Figura 5.2 Proporção de adolescentes e crianças usuárias da internet no Brasil

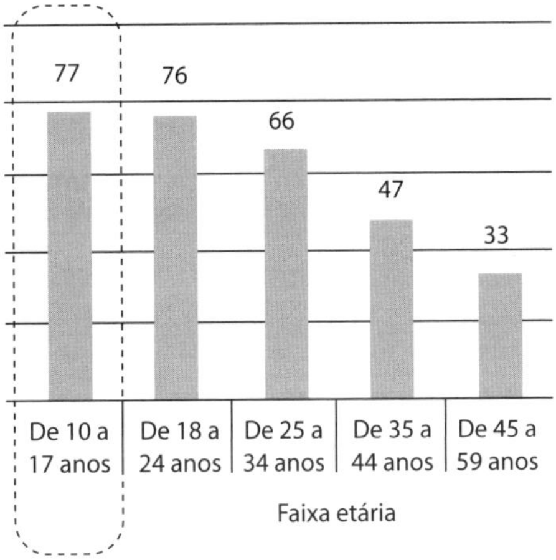

Faixa etária	%
De 10 a 17 anos	77
De 18 a 24 anos	76
De 25 a 34 anos	66
De 35 a 44 anos	47
De 45 a 59 anos	33

Fonte: Pesquisa TIC Domicílios, São Paulo, Comitê Gestor da Internet no Brasil, 2015.

Cerca de 81% dos internautas de 10 a 17 anos acessam a internet todos os dias ou quase todos os dias, e 82% deles o fazem pelo celular. As **atividades realizadas** são variadas, com predominância da participação nas redes sociais (73%), trabalho escolar (68%), pesquisa (67%) e mensagens instantâneas (64%).[50]

As crianças e os adolescentes vivenciam as transformações tecnológicas de forma mais intensa. A internet, os tablets, os *smartphones* e as mídias sociais têm transformado a maneira como crianças e adolescentes se socializam e se relacionam com o mundo. Essas tecnologias têm o potencial de gerar oportunidades para o desenvolvimento infantojuvenil, mas também riscos econômicos e psicológicos.[51]

Nas **redes sociais**, a grande maioria daqueles com idade entre 11 e 17 anos têm um perfil próprio no **Facebook** ou no **Instagram** e publicam *selfies*, autorretratos feitos pelo celular. Cada "gostei" ou "like" dos amigos é aguardado ansiosamente, pois se trata de um elogio, por meio do qual é possível se sentir aceito pelos amigos, fazer novas amizades ou iniciar uma paquera.[52]

---

50 TIC Domicílios, 2015. Disponível em: <http://www.cetic.br/pesquisa/domicilios/indicadores>. Acesso em: 14 abr. 2016.
51 BARBOSA, A. F. (Coord.). *TIC Kids Online Brasil:* pesquisa sobre o uso da Internet por crianças e adolescentes no Brasil. 1. ed. São Paulo, Comitê Gestor da Internet no Brasil, 2014. Disponível em: <http://cetic.br/media/docs/publicacoes/2/tic-kids-online-2013.pdf>. Acesso em: 20 mar. 2016.
52 GUZZI, D. Diálogo, configurações de privacidade e compartilhamento: aja, não seja só um espectador. In: BARBOSA, A. F. (Coord.), 2014.

Figura 5.3 Atividades dos internautas de 10 a 17 anos de idade

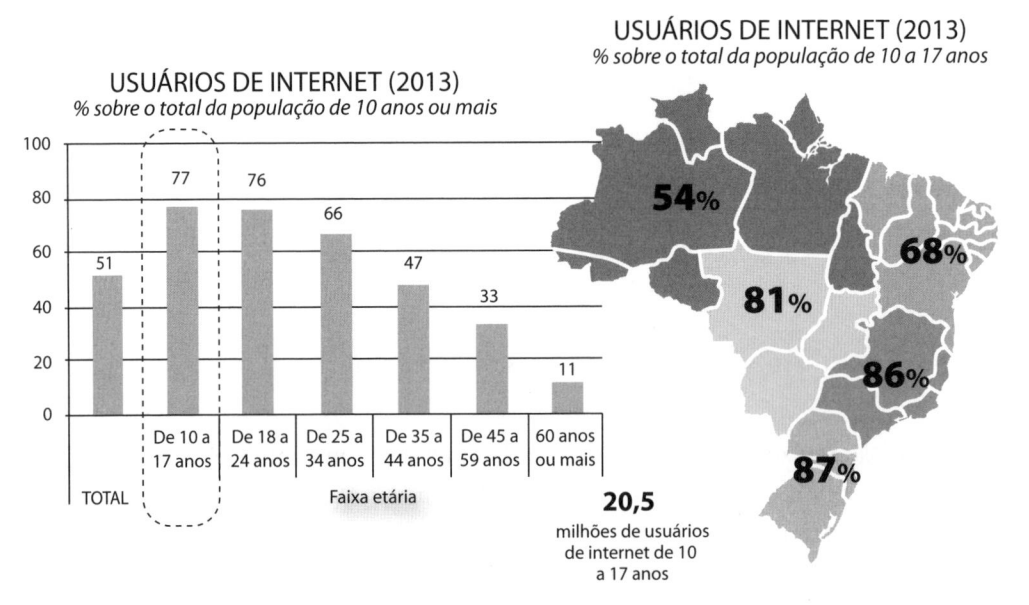

Contexto: TIC Domicílios 2013
Perfil dos jovens usuários de internet no Brasil

USUÁRIOS DE INTERNET (2013)
% sobre o total da população de 10 anos ou mais

Faixa etária	%
TOTAL	51
De 10 a 17 anos	77
De 18 a 24 anos	76
De 25 a 34 anos	66
De 35 a 44 anos	47
De 45 a 59 anos	33
60 anos ou mais	11

USUÁRIOS DE INTERNET (2013)
% sobre o total da população de 10 a 17 anos

- Norte: 54%
- Nordeste: 68%
- Centro-Oeste: 81%
- Sudeste: 86%
- Sul: 87%

20,5 milhões de usuários de internet de 10 a 17 anos

Fonte: Pesquisa TIC Domicílios, São Paulo, Comitê Gestor da Internet no Brasil, 2015.

Com o avanço das tecnologias de comunicação, como a internet, as crianças e os jovens deixaram de ser espectadores de mídias, passaram a ter um papel ativo e tornaram-se **criadores de conteúdo**. Milhões de crianças no mundo publicam suas fotos no Facebook e no Instagram e seus vídeos no Youtube. Além disso, muitos **jogos eletrônicos** incentivam a criação de novas etapas do jogo, que podem ser distribuídas pela internet. Assim, o jogador vira **coautor**.

Sobre a exposição à **propaganda na internet**, cerca de 61% desse público declararam ter visto propaganda nas redes sociais, enquanto 30% o fizeram em *sites* de jogos. A **interação com a propaganda *on-line*** mostrou-se significativa, pois 57% afirmam ter "curtido", 36% "compartilhado", 21% "descurtido" e 20% "bloqueado" alguma propaganda com a qual tiveram contato nas redes sociais.[53]

---

[53] BARBOSA, A. F. (Coord.), 2014.

O **comportamento da criança em relação à propaganda** tem sido um importante tema na pesquisa de marketing.[54] Algumas conclusões dos estudos são apresentadas no Quadro 5.2.

Quadro 5.2 O comportamento da criança em relação à propaganda

1. **Crianças até os cinco anos** não fazem distinção entre um programa de televisão e a propaganda, percebendo ambos como parte de um mesmo estímulo. Aos cinco anos, já identificam a propaganda, porém ainda não percebem a sua intenção persuasiva ("vender um produto") em oposição à intenção de entretenimento reconhecida no programa de TV. A compreensão da **intenção persuasiva** da propaganda ocorre, em geral, aos oito anos.
2. A partir dos **oito anos**, a criança desenvolve o **raciocínio crítico** e percebe quando a propaganda "exagera" ou "não fala a verdade". A crítica à veracidade da propaganda fica mais intensa à medida que a criança entra na adolescência. No entanto, essa atitude, denominada **defesa cognitiva**, não se sobrepõe às percepções e emoções da criança em relação à propaganda e ao produto nem é suficiente para alterar seu comportamento de consumo.
3. A maior **exposição à TV** proporciona à criança a possibilidade de julgar criticamente as propagandas.
4. Adolescentes estão menos focados na mensagem pretendida pela propaganda do que em usá-la de acordo com **seus próprios interesses**, como construir sua identidade, manterem-se atualizados ou serem aceitos pelo grupo de amigos.

Fonte: MACKLIN, M. C.; CARLSON, L. *Advertising to children: concepts and controversies*. Thousand Oaks: Sage, 1999. p. 48.

Os estudos indicam que crianças de 8 a 12 anos e adolescentes de 13 a 17 anos **não têm uma atitude passiva** em relação aos programas de televisão e à propaganda. Eles rejeitam o que não é condizente com seus valores, interesses e desejos, bem como recriam as mensagens da propaganda para atingir suas metas pessoais. Assim, a **influência da propaganda** sobre os estilos de vida e os comportamentos de consumo dos adolescentes e jovens não é tão dominante, sendo suplantada por outras mensagens e imagens, principalmente o comportamento de **ídolos populares** (atletas, artistas e celebridades). Essas mensagens são persuasivas e não enfrentam desconfiança e ceticismo por parte do público infantojuvenil.[55]

Outra perspectiva enfatiza os **efeitos negativos** da propaganda e da mídia. Alguns pesquisadores ressaltam que a propaganda pode induzir ao **materialismo**, atitude de considerar os bens materiais e o dinheiro como importantes para a felicidade

---

[54] MACKLIN, M. C.; CARLSON, L. *Advertising to children:* concepts and controversies. Thousand Oaks: Sage Publications, 1999. p. 48.
[55] KNIAZEVA, M. Studying Television Effects: Unrealistic Attempt?, in *Advances in Consumer Research*, v. 30, Valdosta, GA: Association for Consumer Research, 2003. p. 249-254.

pessoal e a ascensão social.[56] As crianças podem desenvolver o sentimento de insatisfação e frustração, bem como o **consumo compulsivo**, provocando situações de conflito familiar.[57]

Nessa perspectiva, o **materialismo** é associado ao **consumo ostentatório**, no qual a satisfação decorre da reação dos outros e não da utilidade do produto. É também associado à busca excessiva de *status* e às características pessoais de egoísmo, possessividade, insegurança, falta de princípios e de valores morais.[58] Quando as pessoas experimentam sentimentos de insegurança ou situações de estresse, tendem a usar os produtos de consumo como forma de reestabelecer sua **autoimagem e identidade social**, para compensar o mal-estar sofrido.[59]

Alguns consideram que as crianças e os adolescentes são **consumidores vulneráveis** e a propaganda estimula uma divisão social entre aqueles que possuem produtos de marcas famosas e aqueles que não possuem, os quais se sentem excluídos dos grupos de colegas e amigos.[60]

Nesse contexto, algumas organizações da sociedade civil em prol dos direitos das crianças e dos adolescentes defendem que a propaganda exerce **influência negativa**. No relatório *Por que a publicidade faz mal para as crianças*, publicado pelo Instituto Alana, que realiza campanhas contra a abusividade da comunicação mercadológica dirigida à criança e ao adolescente, são apresentados os argumentos a seguir:

> As crianças são mais vulneráveis às mensagens persuasivas por estarem em desenvolvimento. Sabe-se que até os 12 anos de idade elas não têm o pensamento crítico formado e, por isso, são mais suscetíveis aos apelos comerciais. Na ânsia de formar antecipadamente novos consumidores, a publicidade encurta a infância sem medir as consequências nefastas dessa apropriação indevida da ingenuidade infantil. A **erotização precoce** e seus reflexos nos altos índices de **gravidez na adolescência**; a violência oriunda do desejo por produtos caros implantado em tantas crianças que, sequer, podem comer; a **obesidade infantil**, estimulada pela oferta excessiva às crianças de produtos não saudáveis;

---

56 WARD, S.; WACKMAN, D. Family and media influences on adolescent consumer learning. *American Behavioral Scientist*, v. 14, 1971. p. 415-427.

57 VANDANA, K.; LENKA, U. A review on the role of media in increasing materialism among children. *Procedia – Social and Behavioral Sciences*, 133, 2014. p. 456-464.

58 SANTOS, C.; FERNANDES, D. A socialização de consumo e a formação do materialismo entre os adolescentes. *Rev. Adm. Mackenzie* [on-line], São Paulo, v. 12, n. 1, jan.-fev. 2011.

59 CHANG, L.; ARKIN, R. Materialism and an attempt to cope with uncertainty. *Psychology & Marketing*, v. 19, n. 5, 2002. p. 389-406.

60 ROPER, S.; SHAH, B. Vulnerable consumers: the social impact of branding on children. *Equal Opportunities International*, 26(7), 2007. p. 712-728.

as depressões e **frustrações** decorrentes do atrelamento do conceito de felicidade ao ato de consumir são algumas dessas consequências que pesam sobre o futuro de nossas crianças e oneram os cofres públicos.[61]

Como resultado das **campanhas de conscientização** sobre os abusos na propaganda infantil, o Conselho Nacional dos Direitos da Criança e do Adolescente (**Conanda**) publicou a Resolução n. 163, que **proibiu a publicidade** e a comunicação mercadológica dirigidas às crianças. A partir de então, as empresas que realizam propaganda para esse público buscam adequar-se à legislação. Como exemplo, a Coca-Cola comunicou o **compromisso** de não mais realizar propaganda dirigida ao público menor de 12 anos em qualquer país em que realize operações comerciais. A empresa afirmou em seu *site*: "Nós acreditamos que os pais e os cuidadores tomam as melhores decisões para eles mesmos e para suas famílias. Por isso, nós não fazemos propaganda diretamente para crianças menores de 12 anos".[62]

Outros pesquisadores debatem a visão negativa da mídia e da propaganda com o seguinte contra-argumento:

> Esta visão se apoia na tese do **receptor passivo** ou da **criança impotente** diante da sociedade de consumo e da mídia, além de responsabilizar a mídia por vários males causados à sociedade sem levar em conta **outros fatores importantes** como: renda familiar, hábitos alimentares no cotidiano da família; reestruturação da família nuclear tradicional; exclusão social; abandono das classes populares nas margens das grandes cidades; baixa qualidade da educação formal; falta de opções em termos de esportes, consumo cultural e lazer. Além disso, continuam raras, no campo da comunicação social, as pesquisas que se interessam pela condição da **criança enquanto receptor ativo**, capaz de se defender, de escolher e ressignificar o que a mídia coloca em pauta.[63]

Assim, pode-se concluir que a **influência da propaganda e da mídia** sobre crianças e adolescentes é mediada por outros agentes socializadores, como a família, a escola e os grupos de amigos, o que pode reforçar ou neutralizar seus efeitos.

---

[61] *Por que a publicidade faz mal para as crianças*. São Paulo, 2009. Disponível em: <http://criancaeconsumo.org.br/wp-content/uploads/2014/02/por-que-a-publicidade-faz-mal-para-as-criancas.pdf>. Acesso em: 20 mar. 2016.

[62] Coca-Cola. *Compromisso*, 25 ago. 2009. Disponível em: <http://www.coca-colacompany.com/stories/at-coca-cola-we-market-responsibly-and-dont-advertise-directly-to-children-under-12>. Acesso em: 20 mar. 2016.

[63] Orofino, M. I. O ponto de vista da criança no debate sobre comunicação e consumo. *Revista Latinoamericana de Ciencias Sociales*, Niñez y Juventud, 13(1), 2015. p. 369-381.

Caso para discussão 14

Propaganda para o pré-adolescente não pode ser nem infantil nem adulta

Se manter um bom canal de comunicação com adolescentes é tarefa difícil para os pais, o que dizer das marcas que têm esse público como alvo? Utilizando um banco de dados com mais de 5 mil comerciais, o instituto de pesquisa Ipsos Brasil avaliou a eficácia da publicidade para adolescentes e concluiu que o desafio é criar uma mensagem que não seja considerada nem infantil nem adulta demais.

No caminho entre a infância e a adolescência, os meninos e as meninas tendem a se identificar com pessoas maduras, sofisticadas e independentes, ao mesmo tempo em que se preocupam com a aceitação pelo próprio grupo social.

A Nokia, marca de celular que liderou a preferência das meninas, segundo os dados da Ipsos, conseguiu atingir um público cada vez mais jovem, oferecendo interatividade como ponto forte dos produtos. "Os aparelhos trocam de cor, aceitam descansos de tela e toques musicais personalizados", conta o diretor de marketing da empresa. A marca apostou na imagem do jovem em idade universitária como garoto-propaganda também para os mais novos.

"A aceitação do produto cresceu mais nas faixas etárias inferiores do que no sentido contrário, entre pessoas mais velhas", diz o diretor, contando que crianças a partir de 6 ou 7 anos já pedem para ter o próprio celular. "Os pais que se preparem, porque já começou a pressão", alerta.

As meninas, nessa fase de afirmação, procuram identificar-se com o universo que consideram *fashion*. Por isso, a C&A acertou ao contratar Gisele Bündchen como modelo e, com isso, conquistou o público que quer estar na moda.

Fonte: adaptado de SIQUEIRA, A. Mensagem para esse público é bem específica. *O Estado de S. Paulo*, 15 jun. 2013.

Questões

1. Seguramente, você se recorda da sua adolescência. Você foi a "baladas" horríveis ou usou roupas que prefere esquecer só porque estavam na moda? Conte um caso em que a influência dos amigos ou da mídia o (a) fez se arrepender em algum momento, e os fatores que influenciaram esse comportamento.

2. Faça um debate com seus amigos e dê sua opinião sobre a questão: "A propaganda faz mal às crianças?".

5.4 As brincadeiras e os brinquedos

O estudo dos **significados socioculturais** dos modos como as crianças brincam têm sido do interesse de psicólogos sociais, sociólogos e antropólogos, entre outros. Para os pesquisadores de marketing, as contribuições desses estudos podem ser úteis para o entendimento do comportamento das crianças.

As crianças, em todas as épocas, passam grande parte do seu tempo brincando. A importância dessa atividade para o **desenvolvimento infantil** é consenso entre os pesquisadores. No entanto, o mesmo não ocorre com o conceito de brincar, cuja definição tem diversas abordagens.[64]

Uma das primeiras teorias sobre o **brincar** infantil surgiu no século XVIII e considerava essa atividade como o produto de uma energia excedente. Na primeira metade do século XX, Freud, Piaget e Vigotsky definiram o brincar a partir de uma visão mais ampla do **desenvolvimento infantil**. Freud via o ato de brincar relacionado ao **princípio de prazer** oposto ao princípio de realidade.[65]

Autores contemporâneos consideram o brincar como uma atividade prática e social, em que as crianças constroem e transformam seu mundo, reimaginando a realidade vivenciada. Assim, o brincar é conceituado como a **ação lúdica** iniciada pela criança com motivação intrínseca e o **brinquedo** é o objeto de suporte da brincadeira.[66]

A brincadeira é resultante da **aprendizagem social** do vocabulário típico, das regras do jogo, do momento de usá-las, das habilidades requeridas para cada brinquedo, dos tipos adequados de interações etc.[67]

O **ato de brincar** é, portanto, uma ação mediada pelo contexto sociocultural, onde os pais organizam os ambientes em que as crianças brincam de acordo com suas crenças e valores. Porém, segundo Conti e Sperb: "o significado construído pela criança acerca da função de determinados objetos e da sua participação em certas brincadeiras não é estático". A criança "transcende a cultura de seus pais no processo de apreendê-la, reconstruindo as experiências adquiridas, inventando cenários novos para exercer seu faz de conta e criando novas funções para os objetos que lhe são oferecidos", segundo as pesquisadoras.[68]

Em pesquisa sobre o **significado social do brincar** com um grupo de crianças de 0 a 7 anos, em Porto Alegre, verificou-se que, para as mães, o brincar é uma atividade típica da infância, em que ocorre a manipulação de objetos e é desenvolvida a

---

64 CONTI, L.; SPERB, T. M. O brinquedo de pré-escolares: um espaço de ressignificação cultural. *Psicologia: Teoria e Pesquisa*, Brasília, v. 17, n. 1, jan.-abr. 2001. p. 59-67.
65 CONTI; SPERB, 2001.
66 BROUGÈRE, G. A criança e a cultura lúdica. *Revista da Faculdade de Educação*, São Paulo, v. 24, n. 2, jul.-dez. 1998.
67 PONTES, F.; MAGALHÃES, C. A estrutura da brincadeira e a regulação das relações. *Psicologia: Teoria e Pesquisa*, Brasília, v. 18, n. 2, maio-ago. 2002. p. 213-219.
68 CONTI; SPERB, 2001.

criatividade. Em suas percepções sobre a importância da atividade de brincar, as mães explicitaram os conceitos formulados pelos teóricos de que o brincar é uma prática em que a criança realiza o **desejo de ser adulto**, ou, ainda, como Piaget e Vigotsky, relacionaram o brincar com o desenvolvimento afetivo e cognitivo.[69]

Curiosidade

O brinquedo na escola

Brincar é uma experiência fundamental para qualquer idade, especialmente para as crianças entre 3 e 6 anos, que brincam para viver: interagem com o real, descobrem o mundo que as cerca, se organizam e se socializam. O brincar em grupo tem significado diferente e especial para as crianças pequenas, que aprendem mais por meio de jogos do que com lições e uma infinidade de exercícios. Dessa forma, nas escolas, os brinquedos e as brincadeiras são utilizados para facilitar o ensino e a aprendizagem.

A utilização do **jogo simbólico ou faz de conta** é um recurso de grande valia, pois proporciona um maior desenvolvimento cognitivo e social da criança. O **jogo sociodramático** ou de representação de papéis é considerado por Piaget a mais alta expressão do jogo simbólico, pois possibilita à criança o desenvolvimento de habilidades como audição, discriminação, classificação de sons, identificação e verbalização, dando base para interpretação de várias experiências.

Fonte: BOMTEMPO, E. Brinquedo e educação: na escola e no lar. *Psicologia Escolar e Educacional*, v. 3, n. 1, 1999. p. 61.

Com relação aos tipos de brincadeiras, as pequisadoras Conti e Sperb propuseram uma categorização que compreende **jogos de papéis** e **brincadeiras exploratórias**. A categoria jogos de papéis refere-se tanto àquelas atividades de brincar em que a criança assume o papel de uma coisa ou criatura, denominada **faz de conta genérico** (por exemplo, brincar de monstro), como àquelas em que a criança adota papéis típicos de outra pessoa e representa situações cotidianas, definidas como **imitação de papéis adultos** (por exemplo, brincar de papai e mamãe, de mãe e filho, de professor e aluno).[70]

As brincadeiras de **jogos de papéis** foram classificadas de acordo com os temas e os objetos utilizados:

- tarefas domésticas: limpar a casa, amamentar e dar banho no filho, cozinhar, tomar banho;
- relações familiares e extrafamiliares, com brincadeiras centradas nas relações: família, vizinhança, namoro;
- atividades cotidianas: passeio, natação, desfile;
- personagens fantásticos/surreais: Superman, Chapolin, Cavaleiros do Zodíaco;
- atividades de serviços: polícia, posto de gasolina, transporte.

---

[69] CONTI; SPERB, 2001.
[70] CONTI; SPERB, 2001.

Os objetos utilizados nas brincadeiras são categorizados como segue:

- objetos para desenvolvimento afetivo: bonecas e acessórios como berços, roupas, panelinhas, bijuterias etc.; aparelhos que imitam rádio e televisão; aviões, binóculos, máscaras, caminhões, carrinhos, robôs etc.;
- atividades físicas: bicicletas, raquetes, bolas, gangorra, pneus, tonéis;
- atividades intelectuais: jogos, quebra-cabeças;
- sem finalidade prévia: sucatas, animais, areia, folhas de árvore;
- atividades sensório-motoras: balde, pá, peças de encaixar e de empilhar.[71]

Curiosidade

A origem das brincadeiras

A origem de alguns jogos e brincadeiras nas diferentes regiões do país está apresentada abaixo.

1. A influência portuguesa

Os colonizadores portugueses trouxeram seus contos, lendas, histórias, jogos, festas e valores. A pipa foi introduzida pelos portugueses no século XVI. Vem do Oriente – do Japão e da China. Os diversos nomes da pipa encontrados pelo Brasil são: estrela, raia, arraia, papagaio, bacalhau, gaivotão, curica, pipa, cafifa, pandorga, quadrado.

Outras brincadeiras introduzidas pelos portugueses são as seguintes: mula sem cabeça, amarelinha, jogo do saquinho, pião, jogo de botão, bolinha de gude.

2. A influência africana

O Brasil teve grande influência dos **africanos** na vida econômica, social e cultural. Eles trabalharam na lavoura e nas minas e, no Período Colonial, nos engenhos e plantações.

As brincadeiras influenciadas pelos africanos foram as seguintes: montar em carneiros, nadar em rios e represas, brincar de peia queimada, lascar pião, trepar em árvores, correr de cavalo de pau, pegar camaleões e fazer coleção de pedras coloridas e insetos.

3. A influência indígena

Os **índios** tiveram grande influência na culinária brasileira, no uso de remédios caseiros e utensílios de cozinha. As índias praticavam o cultivo de mandioca, cará, milho, jerimum, amendoim e mamão. E faziam brinquedos de barro cozido para seus filhos.

Os brinquedos de influência indígena foram as bonecas de pano, o chocalho de cascas de frutas e as figuras de barro, como macacos, besouros, tartarugas e lagartixas. Outras brincadeiras foram: bodoque e alçapão, arcos e flechas e tacapes.

Fonte: adaptado de *Projeto Brincadeiras Regionais*. Disponível em: <http://www.nepsid.com.br/brincadeiras/curiosidades.htm>. Acesso em: 20 mar. 2016.

---

[71] CONTI, L.; SPERB, T. 2001. p. 59-67.

As **brincadeiras exploratórias** envolvem aquelas em que a criança não assume o papel de outra pessoa, coisa ou criatura, e engloba as seguintes categorias de objetos:

- **orientados para a criança:** qualquer objeto manufaturado ou preparado para o uso específico da criança, sem fins acadêmicos claros (na escola, por exemplo, os pneus foram colocados no pátio para a diversão das crianças);
- **orientados para o adulto:** qualquer objeto do mundo adulto que não foi elaborado para o uso da criança, mas que ela utiliza em suas brincadeiras (sacos de lixo cheios de sucatas, talheres etc.);
- **naturais:** qualquer objeto que faz parte do mundo natural, como água, areia, folhas de árvore ou o próprio corpo da criança (mãos, voz, braços);
- **educativos:** os objetos manufaturados com fins educativos (por exemplo, quebra-cabeças, jogos de montar).[72]

Além disso, as pesquisadoras constataram que os meninos e as meninas criam temas distintos para o seu brincar imaginativo. Os **meninos**, nas brincadeiras de faz de conta, centram-se em atividades cotidianas e temas fantásticos. As **meninas**, por sua vez, preferem a imitação de papéis dos adultos e brincadeiras com tarefas domésticas e relações familiares e extrafamiliares.

Quando o conteúdo do **faz de conta** envolve papéis familiares, os meninos ocupam as posições de pai, tio, avô e filho, e as meninas, de mãe, filha, tia, irmã, avó e vizinha. Na brincadeira sobre o cotidiano, os meninos preferem atividades mais amplas (compra e venda de produtos, trocas de dinheiro) e as meninas escolhem aquelas mais circunscritas (aniversários, visitas às vizinhas).

As pesquisadoras concluíram que a atividade de brincar é estruturada conforme os **significados culturais** do grupo social ao qual a criança pertence, incluindo as **relações de gênero** e os **papéis sociais** atribuídos a homens e mulheres. Além disso, os papéis e as atividades são reorganizados no ato de brincar da criança, de acordo com o sentido particular que ela lhe atribui.[73]

Dentro dessa abordagem, Pontes e Magalhães[74] consideram que os **jogos tradicionais** infantis estão associados à cultura local, mas coexistem com certos **padrões lúdicos universais**, mesmo com diferenças regionais, variações na designação ou mudança de certas regras. Além disso, a transmissão dos jogos de criança para criança se dá de forma essencialmente oral. Os autores exemplificam tal concepção com a **brincadeira** de "cabra-cega", que era praticada entre os romanos no século III a.C.

---

[72] CONTI; SPERB, 2001.
[73] CONTI; SPERB, 2001.
[74] PONTES, F.; MAGALHÃES, C. A Transmissão da Cultura da Brincadeira: algumas possibilidades de investigação. *Psicologia: Reflexão e Crítica*. v.16, n.1, jun. 2003. p.117-124.

com o nome de "murinda". Na Espanha, tem o nome de "galinha-cega"; na Alemanha, de "vaca-cega"; em Campinas, São Paulo, é "cobra-cega"; em Ponta de Pedras, ilha de Marajó, de "pata-cega". Apesar dos diferentes nomes, em todas as localidades a estrutura da brincadeira é bastante semelhante.

Outro exemplo é o jogo de **bola de gude**, com várias denominações: "jogo de peteca", em Belém; "*bille*", na França; "bola de gude", no Rio de Janeiro e no Espírito Santo; "baleba", no norte fluminense; "bola de búrica", no Paraná; "bolinha de vidro", entre a população luso-açoriana do litoral catarinense; "clica" (talvez aportuguesamento do alemão *klicker* – bola), nas áreas catarinenses de colonização alemã; "bulinha", nos arredores de Belo Horizonte; echimbre", em Alagoas.

Em consequência da importância das brincadeiras, o **setor de brinquedos** fechou o ano de 2015 com crescimento nominal de vendas de 11%, em comparação ao ano anterior, chegando a R$ 5,73 bilhões, segundo a Associação Brasileira dos Fabricantes de Brinquedos (Abrinq). As vendas de produtos nacionais cresceram 15,2%, totalizando R$ 3,15 bilhões. Entre 2011 e 2015, houve aumento do tíquete médio e da compra de brinquedos *per capita*, que passou de 6 para 8 brinquedos por criança. O tíquete médio registrou predomínio das faixas de R$ 31 a R$ 50 e de R$ 51 a R$ 100, que juntas representaram mais de 41% das compras. O maior segmento é o **público de 0 a 3 anos**, a chamada primeira idade, que representa 40% dos negócios.[75]

O personagem **Peppa Pig** é um exemplo de sucesso no Brasil, tendo sido o líder em vendas de **brinquedos licenciados** em 2014, como afirmou o vice-presidente da empresa Exim Licensing: "Em mais de 30 anos de experiência no mercado, nenhuma marca conseguiu conquistar o coração das crianças de forma tão rápida quanto a Peppa Pig". A marca foi licenciada para mais de 40 empresas e as vendas superaram 3 milhões de brinquedos, 4 milhões de pares de calçados, 250 mil livros e revistas e 10 milhões de envelopes.

Como exemplos de sucesso da empresa **Walt Disney**, as personagens de animação **Frozen** e **Cinderela** foram licenciadas para milhares de produtos no Brasil, entre brinquedos, artigos de higiene pessoal, papelaria, cama, mesa e banho, publicações e jogos. O filme **Frozen** foi um sucesso mundial e resultou da estratégia de agrupar as "princesas" representadas nos filmes em uma única marca, as **Princesas Disney**. O conjunto reunia, inicialmente, as seis "princesas" clássicas dos filmes – Branca de Neve (1937), Cinderela (1950), Aurora (1959), Ariel (1989), Bela (1991) e Jasmine (1992). A Disney vem ampliando seu elenco de "princesas", com base no pressuposto de que existe uma princesa em toda menina. Os últimos lançamentos incluem Merida, do filme Valente, de 2012, e Anna, do filme Frozen, de 2013. Além das bonecas, fizeram

---

75 DATAMARK. *Setor de brinquedos traz os lançamentos para 2016*, 8 abr. 2016. Disponível em: <http://www.datamark.com.br/noticias/2016/4/setor-de-brinquedos-traz-os-lancamentos-para-2016-198819>. Acesso em: 3 nov. 2016.

sucesso os **vestidos das personagens** que as meninas usam para se sentirem como princesas. Em poucos anos, as vendas mundiais de produtos da marca **Princesas Disney** passaram de 300 milhões para 3 bilhões de dólares.[76]

Saiba+

Setor de brinquedos anuncia lançamentos

Em 2016, os fabricantes investiram em brinquedos que levam a **experiência da tecnologia** desde cedo para as crianças. Muitos deles podem ser jogados tanto *off-line* como *on-line* – nesse caso, é preciso baixar aplicativos que trazem o brinquedo para uma espécie de **realidade aumentada**, onde personagens ganham movimento e até vida própria. Os conhecidos personagens de desenhos animados e filmes de animação também predominaram, renovados com mais tecnologia e novas funções.

Havia ainda **bonecas e bichos de pelúcia** que comem, falam mais de um idioma e repetem o que a criança fala, veículos que fazem a criança se sentir motorista desde cedo, e o retorno de jogos que fizeram a cabeça de gerações anteriores para conquistar os filhos de quem os jogou na infância.

A indústria investiu também no estímulo da criança a **pensar a própria brincadeira**, criando experiências a partir do brinquedo, como cozinhar, costurar, fazer sorvete ou pulseiras de miçanga, por exemplo.

O brinquedo mais caro exibido na Feira de Brinquedos de 2016 foi o **veículo Silverado** para duas crianças com peso total de 70 kg. O preço sugerido pelo fabricante é R$ 3.955, mas nas lojas pode passar de R$ 5 mil. No veículo só há acelerador, não há freio, mas atinge apenas 4 km/h. O carro acende os faróis, tem rádio e MP3, além de um câmbio que vai para frente e para trás.

As **bonecas e os bonecos** são os líderes de vendas, com 40% dos negócios. O presidente da Abrinq afirmou que a tecnologia veio para ficar, mas os **brinquedos tradicionais** têm grande peso na preferência dos pequenos. "O celular não compete com os brinquedos. Brincar é tocar, jogar, cair, cansar. O celular cansa a criança", disse.

Fonte: Setor de brinquedos traz os lançamentos para 2016. *Datamark*, 8 abr. 2016. Disponível em: <http://www.datamark.com.br/noticias/2016/4/setor-de-brinquedos-traz-os-lancamentos-para-2016-198819>. Acesso em: 4 nov. 2016.

Quanto às **marcas brasileiras**, segundo o diretor da licenciadora Redibra, houve um reaquecimento do mercado de animação nos últimos anos, com os filmes *Galinha Pintadinha*, *Peixonautas* e *Show da Luna*. A marca Peixonautas foi licenciada para 11 empresas e a Galinha Pintadinha, para 60 empresas no Brasil e outras 25 no exterior.[77]

---

[76] PACHÁ, P. *Mas quem lavará? Quem cozinhará?*: As Princesas Disney como trabalhadoras e subalternas, 6 maio 2013. Disponível em: <https://capitalismoemdesencanto.wordpress.com>. Acesso em: 20 mar. 2016.

[77] BOUÇAS, C. Peppa Pig anima mercado de licenças. *Valor Econômico*, 7 abr. 2015.

Caso para discussão 15

Os brinquedos com a marca *Peppa Pig* foram os mais procurados para o **Dia das Crianças**. Os bonecos do super-herói **Homem de Ferro**, as personagens da animação *Frozen* e as polêmicas **Monster High** também estavam em alta. Isso não quer dizer que os **brinquedos tradicionais** ficaram de lado. Os velotróis e os jogos de tabuleiro tiveram seu espaço garantido.

O gerente da loja Granatão, de Juiz de Fora, Minas Gerais, explica que os **brinquedos tradicionais** não perderam espaço para os equipamentos eletrônicos. "Os brinquedos clássicos foram se modernizando e ganhando alguns recursos", disse, mostrando um **fogãozinho de plástico** equipado com luzes. "Já os **jogos de tabuleiro** são muito procurados porque podem ser jogados por toda a família. Muitos clientes estão preferindo dar para as crianças esse tipo de brinquedo em lugar de celulares e tablets."

O proprietário do Armarinho Domith também garante que os clássicos não saíram de moda. "O **iôiô** está sendo muito vendido. Patinetes, patins e bonecos de super-heróis também."

Na fila da loja, o mecânico Alexandro aguardava para pagar o **laptop de brinquedo** que comprou para a filha de 4 anos. "Ela mesma escolheu. Eu achei boa a escolha, pois é um produto bastante interativo." O neto da cuidadora de idosas Ângela também escolheu o presente que gostaria de ganhar da avó no domingo: um **carrinho de combate**. "Só não o trouxe, porque ele ia querer levar a loja inteira", brinca.

Fonte: AREAS, G. 2014, o ano da porca, 9 out. 2014. Disponível em: <http://www.tribunademinas.com.br/2014-o-ano-da-porca>. Acesso em: 20 mar. 2016.

Questões

1. Com base nos conceitos sobre o comportamento das crianças, identifique os fatores que explicam a afirmação: "os brinquedos tradicionais não perderam espaço para os equipamentos eletrônicos".

2. Escolha duas propagandas de brinquedos e analise quais recursos foram utilizados para captar a atenção e persuadir as crianças e os pais a comprarem esses brinquedos.

> **Curiosidade**
>
> **Os aplicativos preferidos das crianças**
>
> Eles podem servir como distração enquanto esperamos uma consulta médica, podem nos ajudar a criar desenhos e histórias diferentes e até a fazer a lição de casa. Os **aplicativos ou apps** (em inglês) **dos tablets ou celulares** podem ter mais funções do que se imagina. Tem criança que não vive mais sem eles.
>
> As irmãs Cecília, 11 anos, e Clara, 9 anos, gostam de baixar aplicativos de **jogos**. O do **Minecraft** é um dos favoritos. Aplicativos para desenhar e tirar fotos também são os mais usados. Elas passam mais tempo neles do que nas janelas de navegação da internet. "É mais fácil. Basta clicar no aplicativo e tudo o que você precisa está lá." Henrique, 8 anos, contou que, além de ter acesso às redes para falar com os amigos, usa os aplicativos para pesquisa. "Dá para fazer de tudo."
>
> A psicóloga Titina Cardoso recomenda que os downloads dos aplicativos sejam sempre discutidos com os pais. "O download deixa tudo muito fácil, mas é preciso entender que mesmo os aplicativos divertidos nem sempre são indicados para crianças. Isso também evita gastos desnecessários."
>
> Fonte: FREIRE, R. *Conheça os aplicativos preferidos das crianças*, 6 jun. 2015. Disponível em: <http://atarde.uol.com.br/digital/noticias/1686637-conheca-os-aplicativos-preferidos-das-criancas-premium>. Acesso em: 20 mar. 2016.

Com a rápida difusão da tecnologia digital, no final da década de 1990, os **jogos eletrônicos** – videogames – tornaram-se o entretenimento preferido de muitas crianças e adolescentes, que diariamente passam horas jogando virtualmente com amigos. Para entender esse comportamento, Scarpato explica que os **videogames** permitem experiências de simulação, em que a criança brinca com elementos do mundo adulto (ser rei, policial, médico etc.) adaptados para a sua realidade. Os jogos possibilitam ser outro além de si mesmo, dar vazão a fantasias e arriscar comportamentos novos. Quanto ao **comportamento de dependência** em relação aos jogos, o autor explica que algumas pessoas podem ser capturadas pelo jogo da simulação, ao alcançarem um estado de preenchimento interno, que é para elas gratificante e apaziguador. O autor conclui que o problema não está no videogame, que pode ser uma boa diversão, mas nas pessoas que perdem o controle e passam a ser dominadas pelo jogo. Essas precisam de ajuda psicológica, sendo que a dependência é um estado que pode ser superado.[78]

---

[78] SCARPATO, A. T. *Videogames e dependência*: quando o jogar se torna perigoso. Disponível em: <http://www.psicoterapia.psc.br/scarpato/t_games.html>. Acesso em: 20 mar. 2016.

Saiba + GTA 5, um dos melhores jogos de ação de todos os tempos

Grand Theft Auto 5 (GTA) é o jogo de ação que tem um dos enredos mais polêmicos dos games, no qual o jogador precisa cometer crimes e outros delitos para evoluir. O jogo também foi um dos primeiros a apresentar um mundo aberto, onde o jogador pode optar por cumprir os objetivos principais ou se divertir com outras atividades ilegais, que vão desde roubar carros até agredir ou matar pessoas inocentes. O lançamento do GTA 5 foi no segundo semestre de 2013 para os consoles Xbox 360, Xbox One, PlayStation 3 e PS4, já a versão para PC chegou no mercado em abril de 2015, com possibilidade de jogar no modo *on-line*. As vendas totais desse *game* estavam atrás apenas de jogos que acompanhavam videogames, como Wii Sports para Wii e Tetris para GameBoy, e o sucesso avassalador de Minecraft.

Fonte: DIAZ, I. Conheça GTA 5, um dos melhores jogos de ação de todos os tempos. *Globo.com*, 22 set. 2015. Disponível em: <http://www.techtudo.com.br/tudo-sobre/grand-theft-auto-5.html>. Acesso em: 4 nov. 2016.

Curiosidade

A história dos brinquedos

A história dos brinquedos é extensa. Historiadores registram que, no Egito Antigo, as primeiras bonecas eram talhadas em madeira, ou de argila, com longos cabelos feitos de fios de cabelo natural, e enterradas com os faraós. As bonecas se tornaram brinquedo de criança, feitas de diversos materiais, além de ouro e marfim, e algumas vinham acompanhadas de pequenas casas com minúsculas mobílias. Aos franceses são atribuídos os primeiros bonecos de papel machê, que é a massa de papel molhado e cola que permite moldes exclusivos. As primeiras bolas de gude teriam surgido 3 mil anos antes de Cristo. Feitas de pedras semipreciosas, estavam no túmulo de uma criança egípcia. Na mesma época, surgem os piões, usados na Babilônia, território onde hoje está o Iraque. O chocalho, hoje um brinquedo para bebês e instrumento musical, teria surgido no Egito por volta de 1360 a.C.

O primeiro esboço de bicicleta teria saído de um desenho de Leonardo da Vinci (1452-1519), mas somente em 1790 ganharia as ruas. Os soldadinhos de chumbo teriam surgido no século XIV, quando reis começaram a visualizar suas tropas com esses modelos. Napoleão III, que foi imperador da França em 1851, era um admirador dos trenzinhos de ferro e tinha vários deles nos palácios franceses. E os carrinhos teriam surgido na década de 1920, acompanhando a indústria automobilística.

A partir da década de 1940, a utilização do plástico possibilitou a popularização dos brinquedos, até então pouco acessíveis aos mais pobres, que tinham acesso apenas a bonecas de pano e brinquedos de madeira.

Fonte: ATZINGEN, M. C. Von. *A história do brinquedo – Para as crianças se conhecerem e os adultos se lembrarem*. São Paulo: Alegro, 2001.

Caso para discussão 16

A Mattel e a Autodesk anunciaram um novo modelo de **impressora 3D** doméstica que permitirá que crianças e seus pais criem e **fabriquem seus próprios brinquedos**. Chamada de ThingMaker, a impressora funciona de maneira conjunta com um aplicativo fornecido pela empresa. A pessoa pode usar os modelos do sistema ou criar novas formas. Depois, ela personaliza o brinquedo com acessórios variados, que incluem asas e cabelos, antes de enviar para a impressora 3D.

No caso da criação de brinquedos como bonecas, robôs e dinossauros, ou acessórios portáteis, como pulseiras e colares, o ThingMaker é a resposta para uma brincadeira criativa em casa. Ao baixar o aplicativo, as famílias podem navegar por meio de modelos fáceis de seguir ou usar a imaginação para construir suas próprias criações com centenas de peças. Quando a obra estiver pronta, os projetos são enviados diretamente para a impressora ThingMaker 3D, que imprime peças em lotes para facilitar a montagem por encaixes posteriormente.

A Mattel planeja disponibilizar no varejo a Impressora ThingMaker 3D pelo preço sugerido de US$ 299,99 (R$ 1.199 em conversão direta sem impostos).

Fonte: MANS, M. Impressora 3D deixa crianças "fabricarem" seus próprios brinquedos. *Estado de S. Paulo*, 15 fev. 2016.

Questão

1. Com seus colegas, analise qual o segmento de mercado e os comportamentos e valores desse público, que poderão ser atraídos para comprar esse produto.

5.5 O processo de decisão da família

Para empresas que comercializam produtos de uso domiciliar, como detergentes em pó e eletrodomésticos, a família é o foco dos programas de marketing. Daí a importância de se estudar o processo de **decisão familiar**.

Os estudos sobre o processo de decisão de compra e o comportamento de consumo da família têm tradicionalmente se baseado nos conceitos de **ciclo de vida da família** (CVF) e do papel desempenhado pelos diferentes membros da família.

O conceito de CVF surge nos estudos de sociologia da família e define os estágios de evolução da estrutura e do funcionamento das famílias ao longo do tempo. O modelo de CVF utilizado nas pesquisas de marketing foi proposto por Wells e Gubar[79]

---

[79] WELLS, W.; GUBAR, G. Life cycle concept in marketing research. *Journal of Marketing Research*, nov. 1966. p. 355-363.

e descreve os estágios de **evolução das famílias**, com base nas características sociodemográficas, como idade e número de membros, presença de filhos, renda etc., como mostra o Quadro 5.3.

Quadro 5.3 Os estágios do ciclo de vida familiar (CVF)

Estágio	Designação	Descrição
1	Jovem solteiro	Domicílio com um adulto jovem, com menos de 35 anos e renda limitada ou crescente
2	Casal jovem sem filhos	Domicílio com um casal jovem, com menos de 35 anos, sem filhos, com renda crescente
3	Casal com filhos com menos de 6 anos ("ninho cheio")	Domicílio com um casal, com idade entre 35 e 64 anos, e filhos pequenos
4	Casal com filhos de 6 anos ou mais ("ninho cheio")	Domicílio com um casal, com idade entre 35 e 64 anos, e filhos jovens e dependentes
5	Casal idoso com filhos dependentes ("ninho cheio")	Domicílio com um casal, com idade acima de 64 anos, e filhos adultos dependentes
6	Casal idoso sem filhos residentes e chefe da família ativo ("ninho vazio")	Domicílio com um casal, com idade acima de 64 anos
7	Casal idoso sem filhos residentes e chefe da família inativo ou aposentado ("ninho vazio")	Domicílio com um casal, com idade acima de 64 anos
8	Idoso sozinho e ativo	Domicílio com idoso (mulher ou homem), acima de 64 anos
9	Idoso sozinho e inativo ou aposentado	Domicílio com idoso (mulher ou homem), acima de 64 anos

Fonte: adaptado de LANDON JR, E.; LOCANDER, W. Family life cycle and leisure behavior research. In: WILKIE, W. (ed.). *Advances in Consumer Research*, v. 6, 1979. p. 133-138.

Em cada estágio do CVF, os padrões de consumo são diferentes. Como exemplo, o casal jovem sem filhos, em geral, gasta mais com lazer e vestuário, ao passo que os casais com filhos pequenos têm maiores despesas com educação dos filhos, alimentação e saúde. O conceito de CVF tem sido utilizado como uma variável para segmentação de mercado.

Para entender o processo de **decisão de compra da família**, são analisados os papéis desempenhados pelos seus membros na decisão de compra. Assim, podem ser identificados cinco **papéis**: o **iniciador**, que identifica a necessidade; o **influenciador**; o **decisor**; o **comprador** e o **usuário**. A **interação da família** durante o processo de decisão e o grau de participação de cada membro dependem do envolvimento de cada um e do tipo de divisão de papéis e tarefas estabelecido entre eles.[80]

---

80 MOSCHIS, G.; MITCHELL, L. Television advertising and interpersonal influences on teenager's participation in family consumer decisions. In: LUTZ, R. J. *Advances in Consumer Research*, v. 13, Provo UT: Assoc. Cons.Research, 1986. p. 181-186.

Os tipos de decisão familiar são quatro, a saber: **decisão predominante do marido**; **predominante da mulher**; **decisão conjunta**; e **decisão autônoma**. Como exemplos, no primeiro tipo, o marido decide a compra do carro para a família; no segundo, a mulher decide a compra dos ingredientes para o almoço; no terceiro, o casal decide em conjunto a compra do seguro-saúde; e no quarto tipo, a mãe decide sozinha a compra de remédios.[81]

Na decisão familiar, as crianças exercem significativa influência em várias compras. A maior influência ocorre quando elas são as próprias **usuárias**, como na compra de balas, chocolates e brinquedos, ou quando estão diretamente envolvidas, como na decisão sobre o local das férias. Quando as crianças possuem mais informação do que os pais, como no caso de aparelhos eletrônicos e computadores, as crianças podem exercer maior influência na escolha. Também as crianças influenciam na escolha de alguns atributos de produtos, como cores, modelos e marcas.[82]

Em recente pesquisa realizada com crianças de 8 a 11 anos na cidade de São Paulo, foi identificado que as crianças conseguem convencer seus pais a comprarem o que elas querem, e para isso adotam comportamentos como **implorar** e **fazer cara de choro**, além de oferecerem algo em troca: ser obediente, estudar e realizar afazeres domésticos, entre outros. Assim, os pais compram para agradar seus filhos. Porém, nessa idade as crianças não possuem decisão de compra, nem os pais perguntam a elas o que comprar, sendo que roupas e alimentos são, na maioria das vezes, escolhidos pelos pais.[83]

Em outra pesquisa na cidade de Porto Alegre, os resultados mostram que atualmente as crianças têm influência grande e direta no processo de decisão familiar, sendo maior na avaliação de alternativas. Essa influência acontece tanto em produtos que elas consomem como em produtos direcionados para a família. As estratégias que utilizam são várias: barganha, persuasão, pergunta, bom comportamento, emoção e engodo, sendo a negociação a mais utilizada.[84]

O comportamento das crianças de pedir insistentemente para seus pais comprarem algo do seu desejo é denominado "**fator amolação**", ou *nag factor* em inglês, e pressupõe que os pais irão comprar o produto desejado pela criança se esta pedir com insistência ("amolar os pais"). As pesquisas realizadas indicam três fatores associados a esse comportamento: as embalagens dos produtos que chamam a atenção das crianças; a capacidade persuasiva das propagandas; e a existência de **personagens infantis** associados à marca.[85]

---

81 SCHIFFMAN, L. G.; KANUK, L. *Consumer behaviour*. (8th edition). New York: Pearson Education, 2004.
82 MOSCHIS; MITCHELL, 1986.
83 DEXHEIMER, C.; BACHA, L. *O consumismo infantil*: a influência das crianças na decisão de compra dos pais. Relatório de Pesquisa. São Paulo: Universidade Presbiteriana Mackenzie, 2011.
84 BERTOL, K. E. *A influência das crianças no processo de decisão de compras da Família*. Porto Alegre, 2015. Dissertação (Mestrado), Faculdade de Administração, PUCRS.
85 BORZEKOWSKI, D.; HOLLY, K. The Nag Factor: A mix-methodology study in the US of young children's requests for advertised products. *Journal of Children and Media*, Online, 1º ago. 2011.

O pesquisador Gary Cross[86] apresenta outra perspectiva sobre a **relação entre pais e filhos** envolvendo o consumo. Para o autor, os pais contemporâneos construíram uma ambivalente noção da infância, a qual molda suas relações com as crianças. Os pais, ao mesmo tempo que veem as crianças como seres que devem ser protegidos de assédios e tentações do consumo, também as veem como recipientes e destinatários dos **prazeres do consumo**.

A premissa do autor é que as crianças se transformaram em **válvulas do desejo** de consumo dos adultos, visto que estes consomem querendo dar satisfação à criança, mas também visando satisfazer a si mesmos. A criança é um meio de racionalizar a expansão dos desejos dos adultos. Gastar com os filhos permite viver num mundo imaginário que livra os pais dos medos e tédios do cotidiano.

5.6 A família brasileira

Segundo os dados da PNAD 2015, a **população residente** no Brasil foi estimada em 204,9 milhões de pessoas em 2015. O total de domicílios particulares era 68,2 milhões. Da população total, 6,3% eram crianças de 0 a 4 anos de idade, 7,0% de 5 a 9 anos e 7,7% de 10 a 14 anos.

Gráfico 5.1 Distribuição percentual da população residente, por grandes regiões, segundo os grupos de idade – 2015

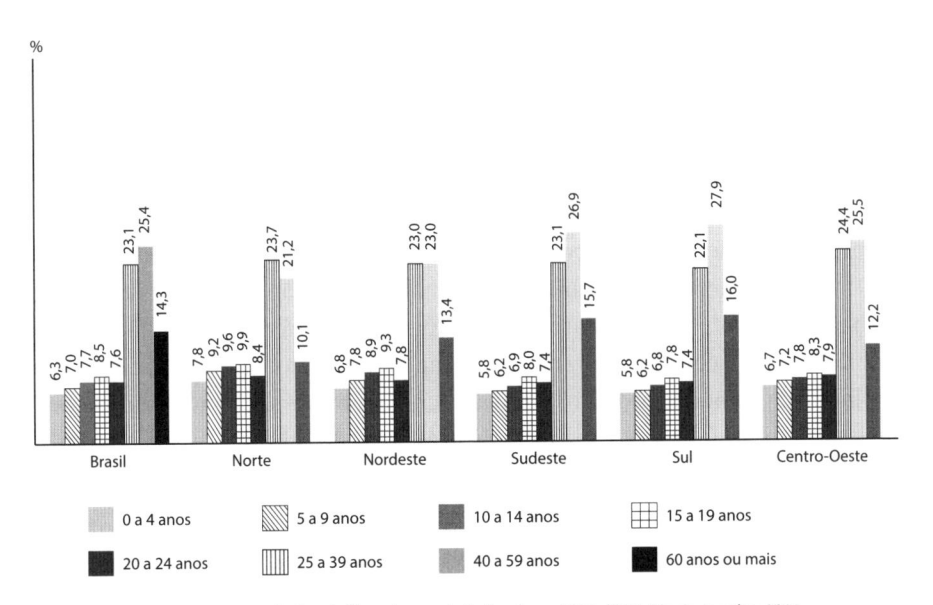

Fonte: Pesquisa Nacional por Amostra de Domicílios: síntese de indicadores 2015. IBGE. Rio de Janeiro, 2016.

---

86 CROSS, G. Valves of desire: a historian's perspective on parents, children, and marketing. *Journal of Consumer Research*, v. 29, n. 3, dez. 2002. p. 441-447.

Para as crianças e adolescentes de 6 a 14 anos de idade, a taxa de escolarização foi de 98,6% para o conjunto do país. Para o grupo de 15 a 17 anos, faixa etária equivalente à frequência ao ensino médio, a taxa foi de 85,0% para o Brasil. Cerca de 30,7% dos jovens de 18 a 24 anos estavam frequentando escola, indicador este que variou de 29,4%, na Região Nordeste; a 34,2%, na Centro-Oeste. A taxa de analfabetismo das pessoas de 15 anos ou mais de idade foi estimada em 8,0% (12,9 milhões de analfabetos), permanecendo com tendência de queda.

Em 2015, cerca de 2,7 milhões de pessoas de 5 a 17 anos de idade estavam trabalhando no Brasil. Destas, 79 mil estavam no grupo de 5 a 9 anos de idade; 333 mil, no grupo de 10 a 13 anos de idade; e 2,3 milhões, no grupo de 14 a 17 anos de idade. O rendimento médio mensal domiciliar *per capita* real das pessoas de 5 a 17 anos ocupadas, em 2015, foi estimado em R$ 630,00. A população ocupada na faixa de 5 a 13 anos de idade concentrou-se na atividade agrícola (64,7%).[87]

A legislação brasileira proíbe o trabalho de crianças e adolescentes menores de 16 anos. Entre 14 e 16 anos é possível exercer atividades remuneradas apenas na condição de aprendiz.[88]

Quadro 5.4 Distribuição percentual da população residente de 0 a 14 anos

Faixa etária	% da população brasileira
0-4 anos	6,3%
5-9 anos	7,0%
10-14 anos	7,7%
Total	21,0%

Fonte: Pesquisa Nacional por Amostra de Domicílios (PNAD): síntese de indicadores 2015. *IBGE*. Rio de Janeiro, 2016.

No Brasil, as **mudanças sociais** começaram a se tornar visíveis a partir da década de 1930, com a adoção de uma política de desenvolvimento econômico. Na década de 1950, acelerou-se o crescimento da urbanização, da industrialização, da oferta de empregos no meio urbano e das rendas familiares. Simultaneamente, ocorreram mudanças nos **padrões de consumo**. Segundo Lourenço e Jinzenji, o aumento do **poder aquisitivo**, aliado à disponibilidade de novos produtos e novas tecnologias, possibilitou modificações também no contexto social, caracterizado por **maior mobilidade** e novas possibilidades de relacionamentos, tanto no âmbito familiar como no social mais extenso.[89]

---

[87] IBGE. Pesquisa Nacional por Amostra de Domicílios: síntese de indicadores 2015. Coordenação de Trabalho e Rendimento. Rio de Janeiro, 2016. Disponível em: <http://biblioteca.ibge.gov.br/visualizacao/livros/liv98887.pdf>. Acesso em: 4 mar. 2017.

[88] Pesquisa Nacional por Amostra de Domicílios: síntese de indicadores 2014/IBGE. Coordenação de Trabalho e Rendimento. Rio de Janeiro: IBGE, 2015.

[89] LOURENÇO; JINZENJI, 2000. p. 41-48.

Gráfico 5.2 Percentual da população – IBGE

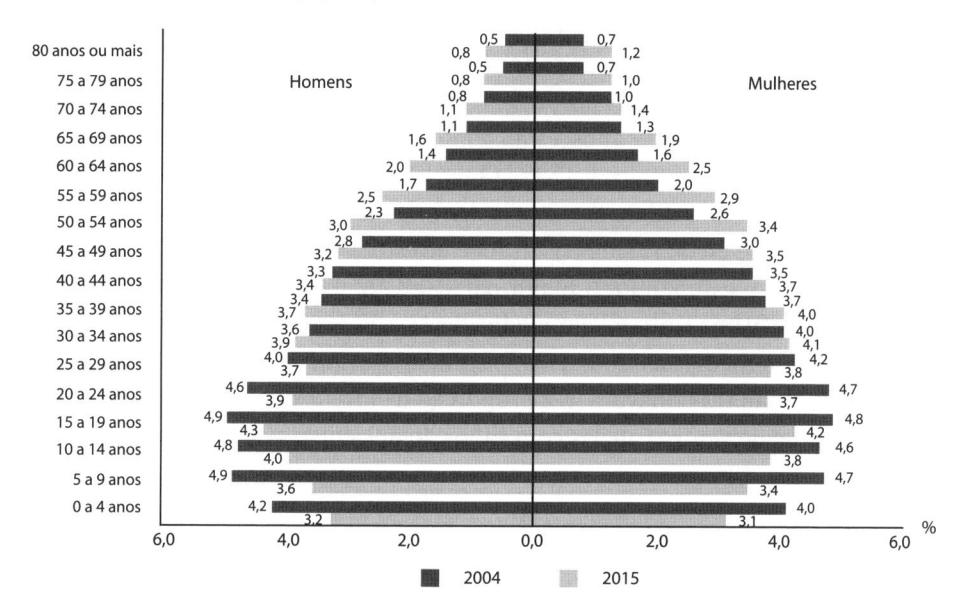

Faixa etária	Homens 2004	Homens 2015	Mulheres 2004	Mulheres 2015
80 anos ou mais	0,5	0,8	0,7	1,2
75 a 79 anos	0,5	0,8	0,7	1,0
70 a 74 anos	0,8	1,1	1,0	1,4
65 a 69 anos	1,1	1,6	1,3	1,9
60 a 64 anos	1,4	2,0	1,6	2,5
55 a 59 anos	1,7	2,5	2,0	2,9
50 a 54 anos	2,3	3,0	2,6	3,4
45 a 49 anos	2,8	3,2	3,0	3,5
40 a 44 anos	3,3	3,4	3,5	3,7
35 a 39 anos	3,4	3,7	3,7	4,0
30 a 34 anos	3,6	3,9	4,0	4,1
25 a 29 anos	4,0	3,7	4,2	3,8
20 a 24 anos	4,6	3,9	4,7	3,7
15 a 19 anos	4,9	4,3	4,8	4,2
10 a 14 anos	4,8	4,0	4,6	3,8
5 a 9 anos	4,9	3,6	4,7	3,4
0 a 4 anos	4,2	3,2	4,0	3,1

■ 2004   ▨ 2015

Fonte: *IBGE*, Diretoria de Pesquisas. Pesquisa Nacional por Amostra de Domicílios 2004/2015, Rio de Janeiro, 2015.

Essas transformações impactaram os **padrões familiares** e as concepções de infância em vigência ao longo do século XX. Enquanto a família foi adotando padrões mais diversificados em relação ao tradicional **modelo nuclear**, a infância e a adolescência viram-se mais inseridas socialmente, ganhando visibilidade e voz.[90]

A **estrutura das unidades familiares** está em mutação no país. A **taxa de fecundidade** continua em queda, chegando a 1,72 filho por mulher. Do total de arranjos familiares, o tipo mais comum foi o de **casal com filhos** (42,3% do total), seguido por **casal sem filho** (20,0%) em 2015.

O IBGE identificou ainda as famílias em que há **mulheres sem cônjuge e com filhos** (16,3% do total), outros **arranjos familiares com parentesco** (6,3%) e **arranjos sem parentesco** (0,3%). Foram também calculadas as **famílias reconstituídas**, ou seja, os núcleos familiares constituídos depois da separação ou morte de um dos cônjuges. Esses grupos representam 16,3% do total de casais que vivem com filhos, sendo eles de apenas um dos companheiros ou de ambos. São mais de 4,4 milhões as famílias com essas características.

Os dados censitários indicam que o casamento formal – seja no civil ou no religioso – é uma decisão também econômica, visto que a proporção de relações formais cresce à medida que se eleva a renda do extrato estudado: 48,9% das pessoas que ganham até meio salário-mínimo vivem em **união conjugal consensual**, enquanto 64,2% do

---

[90] BERQUÓ, E. *Arranjos familiares no Brasil:* uma visão demográfica, 1998. In: LOURENÇO; JINZENJI, 2000. p. 41-48.

grupo que ganha mais de cinco salários prefere **casar-se no civil e no religioso**. O tipo de união que mais cresceu foi a consensual – oficializada ou não em cartório –, de 28,6% para 34,8%. Na análise do IBGE, essa é a confirmação de uma mudança de **valores culturais** em todo o país, pois torna as uniões não formalizadas mais aceitas pela sociedade.

As adolescentes (de 15 a 19 anos) estão tendo menos filhos, mas a participação delas na fecundidade total ainda é alta – 17,4%. O perfil das **mães adolescentes** é bem diferente das que não tiveram filhos. A maioria daquelas com **ao menos um filho** tinha 18 ou 19 anos de idade e escolaridade de 7,7 anos de estudo em média, sendo que somente 20,1% ainda estavam estudando. A maior parte (59,7%) não estudava e não trabalhava. As **meninas sem filhos** tinham, em média, de 15 a 17 anos e a escolaridade foi de 8,9 anos de estudo, em média, sendo que 73,7% ainda estavam estudando e cerca de 14,7% não estudavam e não trabalhavam. E a proporção de jovens que **cuidavam das tarefas domésticas** era maior entre aquelas com filhos do que entre as sem filhos.

Caso para discussão 17

A pesquisa do IBGE detalha aspectos que justificam as mudanças sociais mais profundas e seus reflexos dos ambientes familiares. Os avanços na medicina, as reestruturações da legislação e a quebra de muitos preconceitos são elementos que vêm motivando os novos arranjos familiares. Os dados recentes mostram que as mulheres estão sendo mães com mais idade, após os 30 anos, e que houve crescimento da taxa de nupcialidade nas mulheres da faixa etária entre os 30 e 34 anos, passando para 20,2‰. Os números deixam evidente o aumento da idade média das mulheres ao casar.

Outra mudança diz respeito ao padrão social familiar. Agora, em um a cada quatro casamentos a mulher é mais velha do que o homem. E quanto aos divórcios, a taxa contabilizada para cada mil pessoas de 20 anos ou mais de idade foi de 2,5‰. Além de reduzir o tempo médio transcorrido entre o casamento e o divórcio, que antes era de 17 anos, passando para 15 anos.

O estudo concluiu que a família brasileira se multiplicou, deixando para trás o modelo convencional de casal com filhos. As combinações são as mais diversificadas possíveis e proporcionais ao desejo de encontrar a felicidade em uma relação a dois. A partir desse conceito, encontramos os casados que residem em casas separadas e as crianças que moram em duas casas diferentes; as famílias homoafetivas, que já representam 60 mil; as mulheres que vivem sozinhas e representam cerca de 3,4 milhões em todo país; há ainda 3,5 milhões de homens na mesma situação; além das 10,197 milhões de famílias em que só há mãe ou pai. Nas estatísticas, as mulheres comandam 38,7% dos domicílios, em 2010, contra 24,9% registrado em 2000.

Fonte: FREITAS, C. Século 21 em ação: novas famílias constroem uma sociedade alternativa. *Jornal do Brasil*, Rio de Janeiro, 2 jan. 2014.

Questão

1. Explique, do seu ponto de vista, como a mudança no perfil das famílias brasileiras pode influenciar na socialização das crianças, na sua formação de valores e estilos de vida, bem como nos seus hábitos de consumo.

No Brasil, o Estatuto da Criança e do Adolescente, estabelecido pela Lei n. 8.069, de 1990, considera **criança** a pessoa até 12 anos de idade incompletos e define a **adolescência** como a faixa etária de 12 a 18 anos de idade.

Sobre as **relações familiares** no Brasil, um estudo realizado pela agência de publicidade McCann Erickson, em São Paulo, com mães e crianças de 8 a 13 anos, das classes A, B e C,[91] constatou que, em nossa cultura, **a família é uma importante referência para todos**, exercendo um forte poder de atração e aglutinação sobre as pessoas, mesmo quando não estão vivendo juntas. Dependemos emocionalmente de nossas famílias, precisamos de seu suporte e apoio e apreciamos que assim o seja.

A mãe, na **família brasileira**, assume o papel central na manutenção dos vínculos familiares, sendo a grande provedora de energia emocional que circula pela família. De certa forma, ela manipula os demais membros da família, em especial os filhos, para que se mantenham perto dela, fornecendo continuamente a certeza de que tudo estará sob controle.

As mães são mais apegadas aos filhos, ao passo que os pais são mais apegados às filhas. Porém, tanto as mães como os pais se esforçam ao máximo para fazer tudo o que os filhos querem. Pais e mães pouco definem seus papéis como educadores, percebendo-se mais como provedores de conforto e de afeto. Assim, tentam ser provedores de felicidade para seus filhos, querendo ser reconhecidos e agradecidos por isso. E os filhos acabam sentindo-se seguros de que "papai e mamãe vão acabar por fazer o que eu quero".[92]

Caso para discussão 18

Consumidor pré-adolescente ama tecnologia

No Brasil, as crianças e adolescentes até 19 anos totalizam 74 milhões. Aqueles que têm entre 10 e 12 anos são denominados de pré-adolescentes.

Segundo pesquisa realizada pelo Instituto Ipsos Brasil, esse público é consumidor compulsivo de produtos de alta tecnologia. No caso das **meninas**, são os

---

91 QUADRADO, H. *Queridos*: pesquisei as crianças. São Paulo: McCann Erickson Publicidade, 1995. p. 12.
92 QUADRADO, 1995. p. 9.

aparelhos celulares, ao passo que os **meninos** não dispensam os **jogos eletrônicos** e dão preferência para os que permitem brincar em grupo. "É curioso, mas as meninas se mostram mais maduras, têm uma visão mais individual, enquanto os meninos dependem do grupo, da sua aceitação na tribo", observou o diretor do Instituto. Ambos, no entanto, vivem um momento de delicada transição: não são mais crianças, mas também não são adolescentes.

Em 67% dos casos, são eles quem decidem pelos jogos e brinquedos, escolhem as marcas de tênis e calçados (63%) e também a grife das roupas (53%). Os produtos de higiene e limpeza são escolhidos por 32% dos pré-adolescentes, em geral, as meninas. Quando o assunto são biscoitos e guloseimas, 66% decidem o que querem consumir, e os pais pagam a conta.

O poder de decisão só volta a cair para 18% na hora de escolher a marca de celular, mas, se o aparelho das amigas ou amigos for melhor, os pais terão dor de cabeça pela frente. "Insisti para o meu pai dar um celular novo para minha mãe, só para ficar com o dela", conta Jessica, de 12 anos.

Fonte: adaptado de FRANCO, C.; SIQUEIRA, A. *Consumidor pré-adolescente ama tecnologia*. Disponível em: <http://www.estado.estadao.com.br/jornal/03/06/15/news216.html>. Acesso em: 20 fev. 2016.

Questão

1. Discuta com seus colegas o comportamento de consumo dos adolescentes, procurando identificar os fatores influenciadores na área familiar e social.

Resumo

1. A **psicologia do desenvolvimento** é a área que estuda o desenvolvimento humano nos aspectos físico-motor, intelectual, afetivo-emocional e social, desde o nascimento até a fase adulta de cada indivíduo.

2. Segundo a teoria de **Jean Piaget**, o desenvolvimento da criança evolui por meio de estágios, a saber:

   ▶ estágio sensório-motor: 0 aos 2 anos;

   ▶ estágio pré-operatório: 3 aos 6 anos;

   ▶ estágio operatório-concreto: 7 aos 11 anos;

   ▶ estágio operatório-formal: 12 aos 15 anos.

3. O aspecto **físico-motor** refere-se ao crescimento orgânico e à maturação neurofisiológica.

4. O aspecto **afetivo-emocional** é o modo particular de o indivíduo integrar as suas experiências.
5. O aspecto **intelectual** é a capacidade de pensamento e raciocínio.
6. O aspecto **social** é a maneira como o indivíduo reage diante das situações que envolvem outras pessoas.
7. O desenvolvimento humano se constitui em um processo de **interação entre o indivíduo e o ambiente sociocultural**.
8. O termo **cultura** designa um sistema complexo e dinâmico de criação e transmissão, por um grupo social, de significados compartilhados, isto é, conhecimento, linguagem, valores, normas, símbolos, hábitos e comportamentos.
9. A **teoria sociointeracionista** proposta por Vigotsky preconiza que a interação dos indivíduos com outras pessoas desenvolve o pensamento e o aprendizado.
10. A **socialização** é o processo pelo qual as crianças adquirem crenças, valores, normas, conhecimentos e habilidades, de modo a capacitá-las a participar como membros ativos da cultura e da sociedade.
11. **Enculturação** é o processo de aprendizagem da cultura em que a pessoa está inserida, desde a infância até a idade adulta.
12. As crianças copiam muitos dos comportamentos dos pais por meio da **observação**.
13. O **ciclo de vida da família (CVF)** descreve os estágios de evolução das famílias, baseando-se em características sociodemográficas. Em cada estágio do CVF, os padrões de consumo são diferentes.
14. No processo de decisão de compra da família, há **cinco papéis** que os membros podem representar: o iniciador que sente a necessidade e busca informações; o influenciador; o decisor; o comprador e o usuário.
15. A **decisão de compra familiar** pode ser predominantemente do marido ou da mulher; decisão conjunta; ou decisão autônoma.
16. As **crianças** exercem significativa influência nas decisões de compra da família. Para os pais, gastar com os filhos permite viver em um mundo imaginário, em que a criança é um meio de racionalizar a expansão dos desejos dos adultos.
17. O **brincar** é conceituado como a ação lúdica iniciada pela criança, tendo motivação intrínseca, e o **brinquedo** é o objeto de suporte da brincadeira.
18. A **brincadeira** é um fenômeno social. Ela requer a aprendizagem do vocabulário típico, as regras, o momento de enunciá-las, as habilidades específicas requeridas para cada brinquedo, os tipos de interações condizentes etc.
19. O **"fator amolação"** (*nag factor*) é o comportamento das crianças de pedir insistentemente para seus pais comprarem algo do seu desejo.

20. O **materialismo** é a atitude de considerar os bens materiais e o dinheiro como importantes para a felicidade pessoal e a ascensão social.
21. Os pais com estilo **sócio-orientado** valorizam o respeito à autoridade e o controle das atividades das crianças, promovendo obediência e conformidade.
22. No estilo de socialização **conceito-orientado**, os pais encorajam as crianças a desenvolverem seus próprios pontos de vista sobre o mundo, promovendo o desenvolvimento de habilidades com maior autonomia.

Caso para discussão 19

A influência da televisão na obesidade infantil

A **comida** simboliza o contato diário com a vida e com as pessoas, não somente no sentido fisiológico, mas principalmente no sentido de participar continuamente da sociedade e do mundo, uma situação que engloba sentimentos de afetividade, aceitação e aprendizado.

Aproveitando-se disso, os meios de comunicação e as empresas de alimentação lançam produtos que respondem às necessidades de **socialização** do ser humano. Isso tem gerado um consumo desenfreado de produtos industrializados e uma queda na qualidade das refeições, com consequências para a saúde, como o aumento da prevalência da obesidade infantil.

Existem três mecanismos envolvidos na relação entre obesidade infantil e o hábito de assistir à TV:

- A **TV** ocupa as horas vagas que a criança poderia estar praticando uma atividade física, com consequente aumento no consumo e diminuição do gasto energético.
- A criança come enquanto assiste à TV, e geralmente consome guloseimas. A criança não consegue prestar atenção na comida enquanto está assistindo à televisão, aumentando o consumo e a rapidez da mastigação.
- Grande parte das propagandas veiculadas é dedicada à apresentação de novas guloseimas. A maioria das propagandas destinadas ao público infantil é divulgada por esse meio, principalmente nos horários destinados à programação infantil. Estudos brasileiros mostraram que 52,9% dos comerciais veiculados nos horários destinados a esse público eram de salgadinhos e refrigerantes.

A **mídia**, por meio de propagandas que utilizam situações do cotidiano, divulga produtos comercializados em pacotes, latas ou saquinhos, que são geralmente alimentos com alto teor de calorias, gorduras saturadas, açúcar e sal, e pobres ▶

em vitaminas e sais minerais, de forma que sempre vão ser associados a alimentos legais e bastante saborosos.

Geralmente as empresas costumam utilizar personagens e músicas para atrair a atenção das crianças. As cores, os movimentos, as músicas, os personagens são atrativos, fazendo as crianças raramente desviarem a atenção da televisão.

Fonte: adaptado de CAMARGO, A. et al. Influência da televisão na prevalência de obesidade infantil em Ponta Grossa, Paraná. Ciência, Cuidado e Saúde, 6(3), jul.-set. 2007. p. 305-311.

Questões

1. Explique o comportamento de consumo de guloseimas (balas, chocolates, sorvetes, refrigerantes, salgadinhos, bolachas) pelas crianças com base nos conceitos estudados neste capítulo.

2. Se você fosse gerente de marketing de um fabricante de salgadinhos, balas e doces voltados para o segmento infantil, que tipo de estratégia de comunicação com seu público-alvo (crianças e pais) você adotaria? Explique sua resposta com base nos conceitos deste capítulo.

Exercícios

De acordo com um artigo do jornal *Folha de S.Paulo*,[93] a televisão pode influenciar comportamentos negativos nas criança, tais como:

- **Aprendizado:** até por volta dos sete anos, a criança aprende por imitação, seja reproduzindo o comportamento de alguém de seu convívio ou de personagens da televisão. Assim, modelos negativos podem inspirá-la.

- **Consumismo:** são características da infância a curiosidade e a predisposição a influências, e a TV sabe tirar proveito disso. "Bombardeada" por propaganda, a criança é induzida facilmente ao consumismo.

- **Isolamento social:** quanto maior o tempo na frente da telinha, maior o distanciamento do convívio social – a criança não interage com o programa, ao contrário do que ocorre com a internet. Aspectos comportamentais, como timidez, podem ser reforçados pelo excesso de TV. Crianças com problemas de relacionamento usam a televisão como refúgio do real.

- **Obesidade:** a televisão em excesso ocupa o tempo da criança que seria dedicado a atividades físicas. O sedentarismo, aliado à prática comum de consumir guloseimas em frente da TV, pode levar à obesidade.

- **Passividade:** o público infantil, com excesso de TV, pode tornar-se menos criativo na resolução de problemas, menos capaz de levar tarefas adiante e

---

[93] Conheça os possíveis efeitos da TV no telespectador mirim. *Folha de S.Paulo*, 25 set. 2003. Disponível em: <http://www1.folha.uol.com.br/folha/equilibrio/noticias/ult263u2833.shtml>. Acesso em: 20 mar. 2016.

menos tolerante a situações não estruturadas, já que os estímulos das funções cognitivas são reduzidos.

▶ **Real x irreal:** a criança pode transportar o que assiste na TV para a realidade, já que o discernimento entre ficção e realidade é quase inexistente nessa fase da vida.

▶ **Sexualidade precoce:** exposta a cenas sensuais ou de sexo, a criança é estimulada precocemente à sexualidade, atropelando o desenvolvimento natural da descoberta sexual.

1. Discuta com seus colegas se você concorda ou discorda desse ponto de vista. Argumente sobre cada um dos sete comportamentos apresentados no texto com base em conceitos desse capítulo.
2. Apresente e justifique cinco influências positivas da exposição das crianças à propaganda.
3. Entreviste duas mães de meninas de 7 a 9 anos e duas mães de meninos da mesma idade sobre o que as crianças gostam de fazer em seus horários livres durante a semana e o final de semana. Analise as respostas com base nas teorias estudadas.
4. Analise a estratégia de produtos e de comunicação de uma loja de roupas para meninas e meninos de 10 a 12 anos, com base no que foi aprendido sobre o comportamento dos consumidores infantis.
5. Visite um parque da sua cidade e observe como as crianças brincam e como elas estão vestidas. Escreva um relatório de duas páginas sobre o que foi observado.

Palavras cruzadas

1. Segundo a teoria de .... , o desenvolvimento da criança evolui por meio de estágios.
2. O aspecto .... é a capacidade de pensamento e raciocínio.
3. O aspecto .... é a maneira como o indivíduo reage diante das situações que envolvem outras pessoas.
4. O termo .... designa um sistema complexo e dinâmico de criação e transmissão, por um grupo social, de significados compartilhados.
5. A .... é o processo pelo qual as crianças adquirem valores, normas, conhecimentos e habilidades, de modo a capacitá-las a participar como membros ativos da cultura e da sociedade.
6. .... é o processo de aprendizagem da cultura em que a pessoa está inserida, desde a infância até a idade adulta.

7. As crianças copiam muitos dos comportamentos dos pais por meio da ....

8. A teoria .... proposta por Vigotsky preconiza que a interação dos indivíduos com outras pessoas desenvolve o pensamento e o aprendizado.

9. O .... é conceituado como a ação lúdica iniciada pela criança tendo motivação intrínseca.

10. O .... é o objeto de suporte da brincadeira.

1 - Piaget 2 - Intelectual 3 - Social 4 - Cultura 5 - Socialização 6 - Enculturação 7 - Observação
8 - Sociointeracionista 9 - Brincar 10 - Brinquedo

Leituras sugeridas

Há bons livros que analisam o desenvolvimento e o comportamento das crianças. Indicamos os seguintes:

VIGOTSKY, L. S. *Pensamento e linguagem*. São Paulo: Martins Fontes, 2008.

O autor apresenta suas reflexões acerca do processo de desenvolvimento humano, discutindo sobre a linguagem e sua relação com o pensamento, principalmente a questão da linguagem egocêntrica e os aspectos sociais a ela relacionados.

SARMENTO, M. e GOUVEA, M. (Org.). *Estudos da infância*: educação e práticas sociais. Petrópolis: Vozes, 2009.

Os autores pretendem contribuir para o debate sobre infância e adolescência brasileiras no contexto das mudanças da época contemporânea.

Para finalizar

Sobre a propaganda indicada, explique quem é o público-alvo e qual a mensagem principal. Avalie se a propaganda capta a atenção das crianças e as motiva a consumir o produto, justificando sua resposta com base em uma teoria estudada.

Propaganda Nescau
(Menino-Sofá)

Capítulo 6

O jovem e o consumo

Objetivos do aprendizado

Após estudar este capítulo, você será capaz de:

- compreender o que é a adolescência e a juventude;
- entender o que são grupos de referência e sua influência;
- discutir o processo de construção da identidade dos jovens;
- entender os conceitos de gerações e culturas juvenis;
- analisar comportamentos e decisões de consumo dos jovens.

6.1 Características da adolescência e juventude

O termo **adolescência** vem do verbo latino *adolescere*, que significa "*ad* = para e *olescere* = crescer". Assim, na perspectiva naturalista, que enfatiza o fator biológico, a adolescência é considerada uma fase de crescimento, em que as mudanças corporais e psíquicas começam com a puberdade e terminam quando o jovem estivesse psicologicamente "maduro" para assumir as responsabilidades adultas. Nesse período da vida, o jovem aprende as regras e os valores socioculturais e elabora projetos que impliquem autorrealização e inserção social.

Na teoria psicanalítica, segundo Freud, a fase de transição da infância para a adolescência é caracterizada pela eclosão da sexualidade, que engloba todas as atividades, sensações e emoções que proporcionam prazer ao corpo em sua totalidade.[1]

O psicólogo americano Stanley Hall descreveu a adolescência como um estágio do desenvolvimento humano, marcado por conturbações e tormentos vinculados à emergência da sexualidade. Nesse período, que dura dez anos ou mais, o desenvolvimento humano é rápido e constante. Previamente à adolescência, existe a pré-adolescência, entre as idades de 8 a 12 anos.

Nas décadas de 1950-1960, nos Estados Unidos, o psicanalista Erik Erickson[2] elaborou a **teoria psicossocial da adolescência**, considerando a formação da identidade como um processo gradual, por meio de sucessivas reelaborações do ego desde a infância. A **formação da identidade** decorre da influência conjunta de fatores intrapessoais – as capacidades inatas do sujeito –, de fatores interpessoais – identificações com outras pessoas –, e de fatores culturais – religiosidade e valores, entre outros. O psicanalista formulou a teoria da **crise de identidade** como característica da adolescência, significando a tendência de ocorrer um padrão de comportamento caracterizado pela

---

[1] FREUD, S. Três ensaios sobre a teoria da sexualidade, 1905. *Ensaios I e II*. In: Obras completas de Sigmund Freud. Rio de Janeiro: Imago, 1986.
[2] ERICKSON, E. *Identidade, juventude e crise*. Rio de Janeiro: Zahar, 1976.

insegurança, confusão e pensamento perturbado, impulsividade e conflito com os pais e outras figuras de autoridade.

Procurando superar a visão naturalizante e patologizante da adolescência, a psicóloga social Ana Bock parte da perspectiva sócio-histórica ao considerar que o indivíduo se desenvolve a partir de sua relação com o mundo social e cultural.[3]

Dentro dessa perspectiva, os antropólogos consideram que essa fase é vivida de modo diferente em cada cultura. Assim, os comportamentos considerados naturais na adolescência são associados a padrões culturais, isto é, regras, crenças e valores aprendidos na interação social.[4] Antropólogos como Margareth Mead (Estados Unidos, década de 1930) e historiadores como Philippe Ariés (França, década de 1960) demonstraram que não existe um único tipo de adolescência, pois esta é diversa e variável por razões temporais, culturais, econômicas e sociais.[5]

Para Helena Abramo, a duração, os conteúdos e os significados sociais da juventude são diferentes em cada sociedade e modificam-se ao longo do tempo.[6] A socióloga explica que, na sociedade brasileira, a juventude está associada a uma visão negativa:

> Sempre houve a possibilidade de associação entre juventude e uma visão negativa. Talvez pela própria condição de transição, que traz consigo uma série de ambiguidades. É sempre um momento quando as regras podem ser questionadas, testadas, experimentadas, rompidas. Na verdade, sempre houve a possibilidade de associação entre a juventude e a desordem, a ruptura, a descontinuidade, de desvios e rupturas com a ordem social. Isso não é só na sociedade brasileira, está presente até na mitologia grega e na mitologia romana.[7]

Segundo a antropóloga Regina Novaes, atualmente os pesquisadores não consideram a juventude apenas como uma fase de transição, pois todas as fases da vida são transitórias. Também não definem a juventude apenas como uma fase de formação para o futuro. Isso porque consideram a juventude no tempo presente, entendendo que os jovens não são seres incompletos a serem completados no futuro. O tempo

---

3   BOCK, A. A adolescência como construção social: estudo sobre livros destinados a pais e educadores. *Revista da Associação Brasileira de Psicologia Escolar e Educacional*, v. 11, n. 1 Jan./Jun. 2007. p. 63.
4   BENEDICT, R. Patterns of culture. Boston: Sentry, 1959. Apud REIS, A.; ZIONI, F. O lugar do feminino na construção do conceito de adolescência. *Revista de Saúde Pública*, v. 27, n. 6, dez. 1993. p. 472-477.
5   MEAD, M. *O conflito de gerações*. Lisboa: Dom Quixote, 1970; ARIÉS, P. História social da criança e da família. Rio de Janeiro: Livros Técnicos e Científicos, 1981. Apud OLIVEIRA, V. *A psicologia do desenvolvimento e o estudo científico da adolescência:* aspectos biológicos, emocionais, sexuais, psicossociais e cognitivos da adolescência. Ilhéus: EaD-UESC, 2007.
6   ABRAMO, H. O uso das noções de adolescência e juventude no contexto brasileiro. In: FREITAS, M. V. (Org.). *Juventude e adolescência no Brasil:* referências conceituais. São Paulo: Ação Educativa, 2005. p. 20-36.
7   ABRAMO, H. *Entrevista*. Observatório Jovem do Rio de Janeiro, Faculdade de Educação – UFF. Niterói, 18 jun. 2009. Disponível em: <http://www.uff.br/observatoriojovem/materia/entrevista-com-helena-abramo>. Acesso em: 4 jan. 2017.

presente é tratado na ótica dos **direitos dos jovens**, que incluem cultura, comunicação, saúde, diversidade de gênero, raça, orientação sexual etc.[8]

Nesse contexto, entende-se que as instabilidades, problemas e crises não são a única face da juventude. Há de se reconhecer a potencialidade de **ruptura** de modelos e estilos de vida defasados diante de novos cenários socioculturais, surgidos da permanente mutação da vida. Assim, a juventude pode ser vista como solução para a sociedade, no sentido de emergir como **potencialidade de mudanças**.[9]

Por sua vez, os pesquisadores Reis e Zioni[10] propõem que se estude como evoluiu a reflexão sobre a criança e o adolescente ao longo da História. Resumidamente, destacamos no Quadro 6.1 a **evolução histórica** sintetizada por esses pesquisadores.

Quadro 6.1 A evolução histórica da criança e do adolescente

Em períodos anteriores à Idade Média, a organização das comunidades era baseada em classes etárias. Com o trabalho nas corporações, a criança foi introduzida no mundo adulto, dissolvendo as classes etárias. Dessa época até o século XVIII, na cultura ocidental, a noção de idade deixou de ser critério social significativo. As crianças eram consideradas miniadultos.

Com as mudanças socioeconômicas do século XVIII, a escola substituiu a corporação em seu papel socializador. A criança foi diferenciada do adulto e a noção de infância assumiu dimensão social significativa. Nesse período, o conceito de infância caracterizava-se pela sua longa duração, indo até a entrada no mundo adulto. Não havia os conceitos de adolescência nem de juventude.

Posteriormente, com o surgimento de duas instituições – a escola e o exército –, veio a germinar a noção de adolescência, criando uma fase de transição. Na escola, as crianças menores foram separadas das mais velhas, permitindo a identificação de uma fase c posterior à infância, de preparação para a vida adulta. Processo semelhante ocorreu entre os oficiais no exército. Assim, foi por meio da observação dessas experiências que a sociedade moderna pôde compor, ao final do século XIX, uma nova realidade psicológica: a adolescência.

No Brasil, o processo de reconhecimento da adolescência esteve associado às características da formação social do país. As distinções entre a infância e a idade adulta ocorreram pouco antes do início do século XX. Até então, longe da disciplina da escola e da força organizadora do exército, o filho do senhor de engenho, até os dez anos, treinava exercícios de poder por meio de jogos brutais, enquanto o filho do escravo começava nas cozinhas das casas-grandes a vivência da escravidão. A partir dos 12 anos, ambos entravam, cada qual com sua sina, no mundo dos adultos.

Quanto às mulheres, era comum casarem cedo, aos 12 e 13 anos, mas não era raro que o aristocrata permitisse, infringindo suas próprias leis, que suas filhas se casassem até com oito anos. Criadas em ambiente patriarcal, elas viviam sob a mais dura tirania dos pais, depois substituída pela tirania dos maridos.

Fonte: adaptado de REIS, A.; ZIONI, F. O lugar do feminino na construção do conceito de adolescência. *Revista de Saúde Pública*, v. 27, n. 6, p. 472-477. dez. 1993.

---

8   NOVAES, R. In: LIMA, D. Entrevista: Regina Novaes fala sobre os novos paradigmas da pesquisa em juventude. *Revista Juventude e Políticas Públicas*, v. 1, n. 1, 2014.
9   CARVALHO, G. A. *A Corda Bamba*: violência juvenil e políticas públicas. Dissertação. Pós-Graduação em Sociologia Política, Universidade Federal de Santa Catarina, 2004.
10 REIS, A.; ZIONI, F. O lugar do feminino na construção do conceito de adolescência. *Revista Saúde Pública*, 27(6): 472-7, 1993. p.472-479.

Como vimos, a **adolescência** e a **juventude** são temas de reflexão e debate no campo acadêmico, em razão da complexidade dos problemas enfrentados pelos jovens no mundo. Igualmente nas áreas política e jurídica, são diversos os aspectos em debate, como conflitos nos relacionamentos, sexualidade, violência, gravidez, desemprego, desagregação familiar, saúde juvenil, Aids, entre outros.

Na Constituição Brasileira de 1988, a idade de início da **maioridade civil** foi reduzida de 21 para 18 anos, quando um indivíduo é reconhecido como adulto e se espera que cumpra todas as responsabilidades que acompanham essa condição.

O **Estatuto da Criança e do Adolescente** (ECA), de 1990, define a criança como a pessoa com até 12 anos de idade incompletos, e o **adolescente** com idade entre 12 e 18 anos. O **Estatuto da Juventude**, disposto na Lei n. 12.852 de 2013, define como jovens as pessoas de 15 a 29 anos de idade.

A Organização Mundial da Saúde (OMS)[11] definiu adolescência como a faixa etária entre 10 e 19 anos, um período da vida em que:

a) o indivíduo se desenvolve do ponto do aparecimento inicial dos caracteres sexuais secundários para a maturidade sexual;

b) os **processos psicológicos** e as formas de identificação evoluem da fase infantil para a adulta;

c) a transição do estado de **dependência** econômica total passa a outro, de relativa independência.

A Organização Pan-Americana da Saúde (OPAS)[12] considera adolescência e a juventude como conceitos distintos, em razão de suas especificidades fisiológicas, psicológicas e sociológicas. A adolescência é um processo primariamente biológico e constitui um período durante o qual se aceleram o desenvolvimento cognitivo e a **estruturação da personalidade**. Abrange o período de 10 a 19 anos e compreende a pré-adolescência (10-14) e a adolescência propriamente dita (15-19). E a **juventude** engloba a faixa de 20 a 24 anos.[13]

Em síntese, como são heterogêneas as abordagens sobre a juventude, entende-se que esta deve ser compreendida na sua **diversidade,** considerando tanto os aspectos biológicos quanto os socioculturais.

---

11 Organização Mundial da Saúde (OMS). *Meeting on pregnancy and abortion in adolescence.* World Health Organization, Technical Report Series, Geneva, n. 583, 1975.

12 Organização Pan-americana da Saúde (OPAS). *A Saúde no Brasil,* Brasília, Representação da OPAS/OMS no Brasil, 1998.

13 CARVALHO, G. A. *A Corda Bamba:* violência juvenil e políticas públicas. Dissertação. Pós-Graduação em Sociologia Política, Universidade Federal de Santa Catarina, 2004.

6.2 Situação socioeconômica dos jovens e políticas para a juventude

Nas pesquisas sobre os jovens, busca-se não apenas compreender suas condições atuais de vida, que são bastante diversas, como também suas aspirações para o futuro.

Segundo o sociólogo Machado Pais, na transição para a vida adulta, o tempo presente não é somente a consequência das experiências acumuladas do passado, mas também é formado pelas **aspirações e o planos para o futuro** dos jovens.[14]

Nesse sentido, os temas do trabalho, da educação e da qualificação profissional são recorrentes nas políticas públicas e nos estudos acadêmicos, como veremos a seguir.

De acordo com o relatório das Nações Unidas,[15] das 7,3 bilhões de pessoas que vivem no planeta, 1,2 bilhão têm entre 10 e 24 anos de idade. A maior parte desses jovens, 1 em cada 10, vive em países pobres e países em desenvolvimento. Metade da população tem menos de 18 anos de idade. É na Índia que se encontra a maioria deles: 356 milhões de jovens.

Segundo o relatório, os jovens enfrentam vários desafios. Há 500 milhões deles vivendo com menos de 2 dólares por dia e 160 milhões estão desnutridos. Cerca de 130 milhões passam apenas quatro anos na escola e 175 milhões são incapazes de ler sequer uma frase completa.[16]

No Brasil, segundo dados da Pesquisa Nacional por Amostra de Domicílios (PNAD), a população de 15 a 29 anos de idade representava 23,6% dos brasileiros, totalizando 48,2 milhões, em 2015.

Cerca de 30,7% dos jovens de 18 a 24 anos estavam frequentando escola, indicador este que variou de 29,4%, na Região Nordeste, a 34,2%, na Centro-Oeste. Mas a taxa de desocupação dos jovens de 18 a 24 anos era 21,3%. E o número de jovens de 15 a 29 anos que não estudavam nem trabalhavam em 2015 cresceu, chegando a 22,5% da população dessa faixa etária. Devido à maternidade e maior dedicação a afazeres domésticos, o percentual de mulheres não estudantes e inativas em 2015 era quase o dobro do que o de homens: 29,8%, contra 15,4%.

O termo "geração canguru" tem sido usado para denominar o grupo de pessoas de 25 a 34 anos de idade que viviam na casa dos pais, que são 24,3% dos jovens.[17]

---

14 PAIS, J. M. Las transiciones y culturas de la juventud: formas y escenificaciones. *Revista Internacional de Ciencias Sociales*, Paris, n. 164, Unesco, 2000.
15 UNITED NATIONS. *World Population Prospects:* The 2015 Revision, Working Paper nº 241. Department of Economic and Social Affairs, New York, USA, 2015.
16 UNITED NATIONS. *World Population Prospects:* The 2015 Revision, Working Paper nº 241. Department of Economic and Social Affairs, New York, USA, 2015. p. 8.
17 Pesquisa Nacional por Amostra de Domicílios (PNAD). *IBGE*. Rio de Janeiro, 2016.

Segundo a Pesquisa PNAD 2015, apresentada no Gráfico 6.1, cerca de 2,3 milhões de adolescentes de 14 a 17 anos de idade estavam trabalhando em 2015.

Gráfico 6.1 Taxa de desocupação das pessoas de 15 anos ou mais, na semana de referência por grupos de idade – Brasil – PNAD, 2015

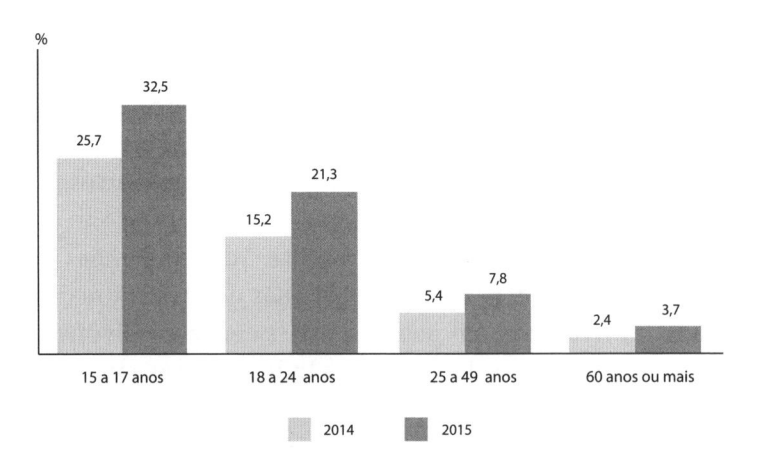

Grupo de idade	2014	2015
15 a 17 anos	25,7	32,5
18 a 24 anos	15,2	21,3
25 a 49 anos	5,4	7,8
60 anos ou mais	2,4	3,7

Fonte: *IBGE*, Diretoria de Pesquisas, Coordenação de Trabalho e Rendimento, Pesquisa Nacional por Amostra de Domicílios (PNAD), 2014-2015.

Em pesquisa realizada pelo Centro Brasileiro de Análise e Planejamento (Cebrap) com jovens entre 16 e 19 anos residentes em bairros na periferia da cidade de São Paulo, há três situações em relação ao emprego dos jovens:

1. Jovens que trabalham regularmente, ou seja, têm jornadas diárias, em tempo integral, com ganhos fixos ou previsíveis. As ocupações são vistas pelos jovens como transitórias, enquanto estudam e não encontram algo melhor. São empregos tipicamente de entrada no mercado de trabalho, quase todos sem registro em carteira. As ocupações são de cobrador em cooperativa, entregador de confecções, auxiliar na barraca de churrasco do pai, babá, auxiliar em uma lanchonete, entre outras. Os cursos que frequentam são: inglês, técnico de informática, técnico em fotografia e pedagogia. No caso de jovens mulheres, as ocupações mencionadas foram: digitação de currículos e trabalhos escolares; ajuda ao pai em barraca de feira e à mãe no cuidado de criança de vizinho; babá de sobrinhos e vizinhos; artesanato *hippie* (toucas, pulseiras), entre outras atividades.

2. Jovens que trabalham eventualmente, ou seja, fazem bicos de curta duração que aparecem ou conseguem, sem periodicidade nem ganhos definidos, enquanto procuram trabalho.
3. Jovens que não trabalham, mas são estudantes em busca de trabalho.[18]

Curiosidade

Dificuldades dos jovens para conseguir trabalho

Sem trabalho desde que se formou em engenharia civil, há quase um ano, Graziela manda currículo todo dia para empresas de diversas áreas. Um jogo de paciência, como numa pescaria. "O primeiro que fisgar a gente aceita, porque infelizmente não estamos podendo escolher a área que sonhamos em trabalhar", declara. Se o currículo está magrinho por falta de experiência, é a trajetória na faculdade que pode virar o jogo.

"Para que os professores possam indicá-lo, para que ele tenha mais facilidade de entrar no mercado de trabalho, precisa tirar notas boas na escola, procurar ser monitor em alguma matéria, se desenvolver bem em cursos, e até no trabalho de conclusão final de curso", orienta Marisa Ayub, diretora de recursos humanos.

Morar com os pais, não ter tanta despesa nessa fase da vida, tudo isso conta a favor do candidato. Menos peso sobre os ombros significa mais flexibilidade, especialmente na hora de negociar o salário.

Sinceridade e cordialidade foi o que abriu as portas de uma oficina mecânica para Rafael, que não tinha experiência alguma no ramo. "Experiência não tenho, mas muita força de vontade de aprender", conta o auxiliar administrativo.

João, dono da oficina, conta que uma das coisas que perguntou ao funcionário foi o que ele pretendia na empresa. "Eu quero crescer junto com a empresa", respondeu Rafael. "Isso foi o que me motivou a contratá-lo. A vontade de aprender e crescer. Aí ele ganhou o coração do patrão", conta.

Fonte: SOARES, R. Um terço dos desempregados no Brasil tem entre 18 e 24 anos. *O Globo on-line*, 12 out. 2015. Disponível em: <http://g1.globo.com/jornal-hoje/noticia/2015/10/um-terco-dos-desempregados-no-brasil-tem-entre-18-e-24-anos.html>. Acesso em: 4 jan. 2017.

Diante dos diversos desafios enfrentados pelos jovens no Brasil, a partir da década de 1990, foram criadas **leis e políticas** voltadas para a proteção e a defesa dos direitos dos jovens. Algumas dessas leis e políticas são apresentadas a seguir.

---

18 LEITE, E. M. *Desemprego: abordagem institucional e biográfica:* uma comparação Brasil, França, Japão. Relatório final de pesquisa. São Paulo: Cebrap, 2002. p. 15.

Saiba +

Em 1990, pela Lei n. 8.069 foi instituído o Estatuto da Criança e do Adolescente como legislação destinada a proteger a juventude, tendo como referência a Doutrina da Proteção Integral, concepção que é a base da Convenção Internacional dos Direitos da Criança, aprovada pela Assembleia Geral da ONU em 20 de novembro de 1989.

A **Política Nacional de Juventude** foi instituída pelo governo brasileiro por uma medida provisória em 2005. Voltada aos jovens brasileiros de **15 a 29 anos**, a Lei 11.129, de 30/06/2005, criou:

a) A **Secretaria Nacional de Juventude** (SNJ) integrada à Secretaria-Geral da Presidência da República, responsável por coordenar a Política Nacional de Juventude, além de articular e propor programas e ações voltadas para o desenvolvimento integral dos jovens.

b) O **Conselho Nacional da Juventude** (Conjuve) com o objetivo de formular diretrizes, discutir prioridades e avaliar programas e ações governamentais voltados para jovens.

c) O **Programa Nacional de Inclusão de Jovens** (Projovem), um programa de caráter emergencial voltado para jovens de 18 a 24 anos, com certificação do ensino fundamental, com orientação profissional e participação em ações comunitárias, recebendo um auxílio de cem reais (R$ 100,00). Este foi o primeiro Programa Educacional especificamente voltado para a juventude brasileira que interrompeu os estudos e vive situações de vulnerabilidade.

Duas **Conferências Nacionais**, em 2008 e 2011, fizeram uma cartografia das demandas dos jovens do Brasil. Assim, as Políticas Públicas de Juventude devem responder a demandas gerais (educação, trabalho, cultura, saúde, transporte) e a **causas identitárias** específicas (baseadas em classe, gênero, raça, etnia, orientação sexual, deficiência, entre outros).

Fonte: LIMA, D. Entrevista: Regina Novaes fala sobre os novos paradigmas da pesquisa em juventude. Revista Juventude e Políticas Públicas, v. 1, n. 1, 2014.

Em resumo, a juventude é uma fase de mudanças, em que a identidade social do jovem está se constituindo. Muitos hábitos são adquiridos na juventude, os quais tenderão a ser mantidos no futuro, ampliando ou limitando as suas capacidades. Como exemplo, estudos sobre tabagismo mostram que 90% das pessoas dependentes de cigarro começaram a fumar na adolescência.[19]

---

[19] VARGAS, T. Artigo aponta entraves a entrada em vigor de resolução sobre derivados do tabaco, 15 jul. 2014. *Agência Fiocruz de Notícias*. Disponível em: <http://www.agencia.fiocruz.br/>. Acesso em: 24 mar. 2016.

Na prática

O cigarro e os adolescentes

No Brasil, está em vigor a Lei Antifumo (Lei 12.546/2011), que proíbe fumar em locais fechados e de uso coletivo em todo o país. Com a nova lei, o Brasil dá cumprimento ao artigo 8º da Convenção-Quadro, que determina que os países adotem medidas para proteger a população dos riscos do tabagismo passivo em ambientes públicos, locais de trabalho e meios de transporte.

A Convenção-Quadro para o Controle do Tabaco (CQCT) foi o primeiro tratado internacional de saúde pública gestado na Organização Mundial de Saúde (OMS) e aprovado por 192 países. Dados do Instituto Nacional do Câncer (INCA) mostram que cerca de 90% dos casos de câncer de pulmão, o mais comum de todos os tumores malignos, estão relacionados ao tabagismo.

Fonte: INCA. *Programa Nacional de Controle do Tabagismo*. Disponível em: <http://www2.inca.gov.br/wps/wcm/connect/acoes_programas/site/home/nobrasil/programa-nacional-controle-tabagismo>. Acesso em: 31 jun. 2016.

Questão

1. Argumente se você acha ou não eficaz a campanha divulgada pelo INCA para o controle do tabagismo, utilizando os conceitos apresentados neste capítulo sobre o comportamento dos jovens.

6.3 O jovem e os grupos de referência

Sabemos que as pessoas não vivem sozinhas, mas em sociedade. Por isso, desenvolvem sentimentos, atitudes e comportamentos à medida que interagem com os **membros dos grupos** aos quais criou o sentimento de pertencimento.

Também é comum dizer que os jovens vivem em **grupos** e passam a maior parte de seu tempo em **interação** com seus amigos e colegas. E grande parte do comportamento de consumo dos jovens é formado por esses relacionamentos.

Alguns conceitos desenvolvidos pela sociologia e a psicologia social, conforme descritos a seguir, podem ajudar a entender o comportamento dos jovens.

O sociólogo Simmel considerou a sociedade como uma trama complexa de relações entre indivíduos, que estão ligados pela influência mútua que exercem entre si, e pelo compartilhamento de uma cultura comum.[20]

---

[20] BARBARA, L. A vida e as formas da sociologia de Simmel. *Tempo Social*, vol. 26, n. 2, São Paulo. July-dec. 2014.

Nas sociedades contemporâneas interconectadas, as relações sociais transbordam seus espaços territoriais. Nas sociedades tradicionais, os laços entre os indivíduos estavam centrados nas localidades e nas famílias.[21]

Um **grupo social**, por sua vez, é um conjunto de pessoas que interagem umas com as outras, que aceitam direitos e obrigações e compartilham uma identidade comum. Para haver um grupo social, é preciso que os indivíduos se percebam de alguma forma pertencentes ao grupo.[22]

A **interação social** é o conceito que define a comunicação face a face e a ação orientada para outra pessoa. A ação de cada pessoa é dirigida para a outra, e a ação de cada uma decorre da outra.[23]

Curiosidade

Grupos escoteiros de Belo Horizonte crescem até 12% ao ano e têm fila de espera

No dia de treinamento do grupo escotista do Parque das Mangabeiras, em Belo Horizonte, Minas Gerais, os 104 jovens e crianças que integram a tropa observam a bandeira do Brasil ser hasteada antes de começarem a se exercitar.

Fazer trilha, rolar na terra e se sujar são parte da rotina dos garotos e garotas, divididos nas categorias lobinho(a) (de 6 a 10 anos), escoteiro(a) (de 11 a 14 anos), sênior (de 15 a 17 anos) e pioneiro(a) (de 18 a 21 anos).

Ouvem-se palavras como tropa, patrulha e clã, que incrementam a atmosfera lúdica das atividades. Os escoteiros têm gritos de guerra, acampam e aprendem a dar nós firmes.

Fonte: *VEJA-BH*. Grupos escoteiros de BH crescem até 12% ao ano e têm fila de espera. Disponível em: <http://vejabh.abril.com.br/materia/cidade/grupos-escoteiros-bh-crescem-12-ao-ano-tem-fila-espera>. Acesso em: 19 maio 2016.

Uma pessoa, para pertencer a um grupo social, de certo modo, precisa reproduzir valores e símbolos compartilhados pela coletividade na qual se insere, adaptando-se a ela, mas afirmando-se como indivíduo autônomo, em busca de autorrealização, procurando evitar a coletivização massificada, de acordo com Mead.[24]

---

21 MARTINS, C. B. Em defesa do conceito de sociedade. *Rev. Brasileira de Ciências Sociais*, v. 28, n. 82, São Paulo, june. 2013.
22 DIAS, R. *Introdução à sociologia*. 2. ed. São Paulo: Pearson Prentice Hall, 2010.
23 DURAN, A. P. Interação social: o social, o cultural e o psicológico. *Temas psicológicos*, v. 1, n. 3, Ribeirão Preto, dez. 1993.
24 MEAD, G. H. Espiritu, persona y sociedad: desde el punto de vista del conductismo social. Buenos Aires: Paidós, 1972. Apud SOUZA, R. F. George Herbert Mead: contribuições para a história da psicologia social. *Psicologia Social*, vol. 23 nº 2, Florianópolis, may-aug. 2011.

A diferença de um grupo social em relação a uma sociedade não é apenas quantitativa, ou seja, um grande grupo não é necessariamente uma **sociedade**. Ela pressupõe a existência de uma organização social e de instituições, normas e leis que regulam a vida dos indivíduos e suas relações mútuas.[25]

Um mesmo indivíduo, em geral, pertence a diversos grupos sociais, que frequentemente se interpenetram, com anuência ou não da pessoa. Isso não significa que a associação ao grupo seja sempre voluntária. Alguns grupos são constituídos por força das circunstâncias, como os presidiários.

Os grupos sociais são classificados em primários e secundários. Os **grupos primários**, segundo o sociólogo americano Cooley, são caracterizados por associação e cooperação interpessoais, sendo fundamentais na formação dos valores, hábitos e ideais do indivíduo. São constituídos para a satisfação das necessidades básicas e a formação das identidades sociais de seus membros. Caracterizam-se por fortes vínculos afetivos interpessoais, como o grupo familiar. O resultado dessa associação é a identificação dos membros com os propósitos comuns ao grupo. A maneira de se expressar do grupo consiste em falar usando o pronome "nós", o que revela simpatia e identificação mútuas entre o indivíduo e o grupo primário.[26]

Os **grupos secundários** possuem características opostas as do grupo primário. As relações geralmente são formais, impessoais, passageiras e desprovidas de intimidade. A "consciência do 'nós' é fraca e a posição dos membros define-se em relação aos **papéis** que desempenham (professor, aluno, diretor, por exemplo), sendo sua participação limitada à contribuição que prestam". Alguns grupos secundários podem durar anos, outros podem desaparecer em pouco tempo.[27]

Os grupos formam **expectativas de comportamento** em relação a seus membros no que se refere às suas condutas em determinadas situações sociais. Cada grupo tem seus **códigos** e **normas de conduta**, ou seja, padrões culturais que exercem determinado constrangimento sobre a ação dos indivíduos, cujo poder de persuasão ou de dissuasão se baseia, em parte, nas **sanções** positivas ou negativas, de aprovação ou desaprovação. Portanto, os comportamentos individuais, em geral, são ajustados às expectativas dos membros do grupo.[28]

---

[25] LAKATOS, E. M. *Introdução à sociologia*. São Paulo: Atlas, 1997.
[26] COOLEY, C. *Social Organization:* A study of the larger mind. New York: Charles Scribner's Sons, 1909. p. 16-20.
[27] LAKATOS, E. M. *Introdução à sociologia*. São Paulo: Atlas, 1997.
[28] LAKATOS, E. M., 1997.

Curiosidade

Na pesquisa do IBGE[29] sobre consumo alimentar, chama a atenção as diferenças no percentual de pessoas que reportaram o consumo de biscoitos, linguiça, salsicha, mortadela, sanduíches e salgados, que diminui com o aumento da idade. Os valores *per capita* indicam um **menor consumo de feijão, saladas e verduras pelos adolescentes e jovens** (10 a 18 anos) quando comparados aos adultos e idosos. O consumo de **biscoitos recheados** foi quatro vezes maior entre os adolescentes e jovens (12,3 g/dia) do que em adultos (3,2 g/dia).

Gráfico 6.2 Hábitos alimentares dos jovens

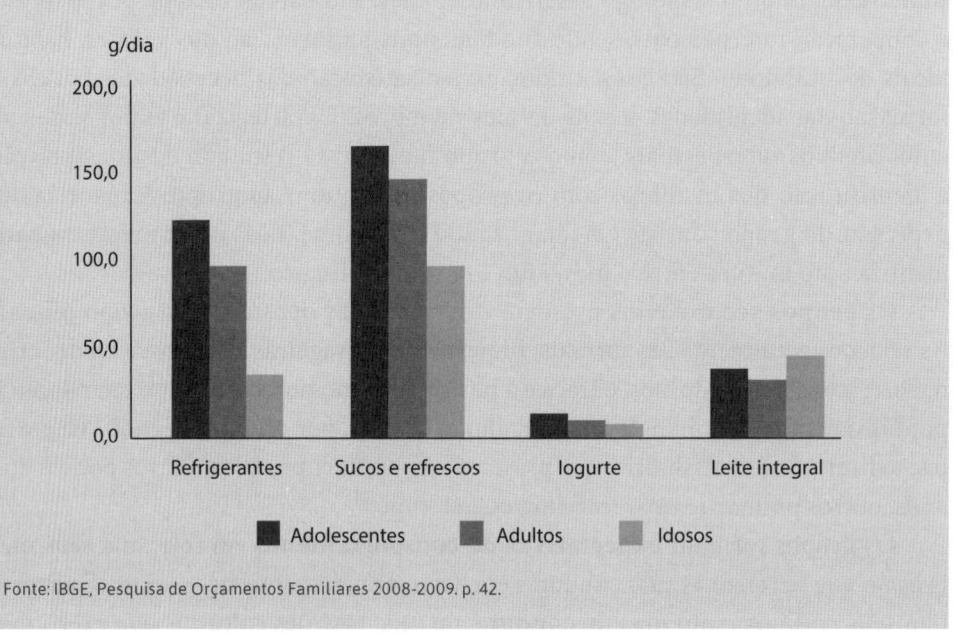

Fonte: IBGE, Pesquisa de Orçamentos Familiares 2008-2009. p. 42.

Caso para discussão 20

Rápida adoção das tecnologias pelos brasileiros

As transações bancárias por celulares e tablets tiveram crescimento de 138% em 2015, ao chegar a 11,2 bilhões de operações, ante as 4,7 bilhões em 2014, de acordo com dados divulgados pela Federação Brasileira de Bancos (Febraban). Segundo a pesquisa, as movimentações bancárias feitas por internet banking e ▶

---

[29] *Pesquisa de Orçamento Familiar (POF)*. IBGE. Rio de Janeiro, 2009. p. 42. Disponível em: <http://biblioteca.ibge.gov.br/visualizacao/livros/liv50063.pdf>. Acesso em: 24 mar. 2016.

mobile banking atingiram 54% do total. O estudo contou com a participação de 17 bancos, 93% dos ativos do setor no país.

O *internet banking* foi o canal responsável pelo maior número de transações no ano passado, com 33% do total (17,7 bilhões). O *mobile banking* foi o segundo canal preferido com participação de 21% no total de operações. Em 2015 já eram 33 milhões de contas ativas com o recurso mobile, 32% a mais do que no ano anterior.

Os dados apontam que o total de transações feitas em agências, pontos de venda no comércio, autoatendimento e correspondente bancário foi de 23,6 bilhões, 45% do total.

Fonte: *Época Negócios*. Transações bancárias por meio de celulares e tablets crescem 138% em um ano. Disponível em: <http://epocanegocios.globo.com/Tecnologia/noticia/2016/05/transacoes-bancarias-por-meio-de-celulares-e-tablets-crescem-138-em-um-ano.html>. Acesso em: 31 maio 2016.

Questões

1. Descreva o perfil do segmento de brasileiros que rapidamente incorpora as tecnologias em suas rotinas cotidianas.
2. Com base nos conceitos de grupo de referência, padrões culturais e propaganda, explique esse comportamento de consumo dos jovens.

Os grupos exercem três tipos de influência: a normativa, a informativa e a de identificação. A **influência normativa** refere-se à conformidade, quando a pessoa segue as normas acordadas e se adapta às expectativas do grupo. Nesse caso, o grupo ajuda a estabelecer e reforçar padrões de conduta. A **influência informativa** ocorre quando o grupo fornece informações e experiências para que a pessoa oriente seu comportamento. Nesse caso, a pessoa imita o comportamento do grupo porque essa parece ser a coisa certa a fazer.[30]

A **influência de identificação** ou expressão de valor ocorre quando o grupo é a referência no processo de construção da identidade. Como exemplo, a pessoa pode decidir se vestir com certas roupas ou comprar produtos de certas marcas valorizadas pelo grupo como meio de se expressar e de ser admirado, valorizado e reconhecido. Nesse caso, o grupo torna-se um **grupo de referência** para a pessoa.

---

30 KAPLAN, M.; MILLER, C. Group decision making and normative versus informational influence: effects of type of issue and assigned decision role. *Journal of Personality and Social Psychology*, v. 53, n. 2, 1987. p. 306-313.

A **identificação** é o processo pelo qual a pessoa estabelece uma associação psicológica e um vínculo social com outra pessoa ou um grupo de pessoas. O indivíduo deseja se parecer com alguém, no pensamento e/ou no comportamento, por meio da assimilação de uma imagem exterior do grupo em seu próprio eu. Ou seja, a pessoa adota ideias, valores e comportamentos observados no grupo de referência.[31]

Os membros de uma **família** têm, em geral, identificação forte e duradoura entre si, ao passo que o espectador pode também se identificar com o herói de um filme ao qual está assistindo. O processo de identificação é importante na formação da personalidade, bem como uma forma de o indivíduo vencer frustrações, conflitos e ansiedades. Como exemplo, o menino tende a se identificar com o pai, e a menina, com a mãe. Portanto, segundo Freud, é por meio da identificação que são estabelecidos os **laços emocionais** com outras pessoas.[32]

A noção de **dinâmica de grupo**, desenvolvida pelo psicólogo social Kurt Lewin, refere-se às transferências psicoafetivas que ocorrem entre os integrantes de um grupo. Nas interações, as pessoas acabam tomando conhecimento de suas próprias atitudes e comportamentos em comparação com os das demais. É essa dinâmica que permite que a atitude das pessoas do grupo se modifique. Consequentemente, cada indivíduo é levado a modificar sua conduta, sem ser forçado declaradamente a isso.[33] No Quadro 6.2, são apresentados os tipos de comportamento das pessoas nos grupos.

Quadro 6.2 Tipos de comportamentos das pessoas nos grupos

Acomodação	Processo social que objetiva diminuir o conflito entre indivíduos ou grupos. Implica um ajustamento nos aspectos externos do comportamento, sendo pequena ou nula a mudança interna, relativa a valores e significados.
Adaptação	Processo social em que surge certo denominador comum entre os componentes de uma sociedade ou grupo, certo grau de adesão e conformidade às normas estabelecidas, que varia com a margem de liberdade e de autonomia que o meio social permite ao indivíduo.
Assimilação	Processo social em que indivíduos e grupos diferentes aceitam e adquirem padrões comportamentais, tradição, sentimentos e atitudes da outra parte. É um ajustamento interno e indício da integração sociocultural, podendo terminar com os conflitos existentes.

---

31 BEARDEN, W.; ETZEL, M. Reference group influence on product and brand purchase decisions. *Journal of Consumer Research*, v. 9, 1982. p. 193-194.

32 FREUD, S. Psicologia de grupo e a análise do ego (1921). In: *Edição standard brasileira das obras psicológicas completas de Sigmund Freud*. v. XVIII. Rio de Janeiro: Imago, 1976. p. 87.

33 Dinâmica em grupo. Disponível em: <http://www.cienciashumanas.com.br/resumo_artigo_1957/artigo_sobre_dinamica_em_grupo>. Acesso em: 24 mar. 2016.

Competição	Forma mais elementar e universal de interação, consistindo na luta incessante por coisas concretas, por *status* ou prestígio. É contínua e, geralmente, inconsciente e impessoal.
Conformidade	Mudança nas crenças ou ações individuais em resposta à pressão real ou imaginária do grupo. Ocorre quando as normas, consciente ou inconscientemente, são a motivação da ação da pessoa.
Consenso	O consenso social é a conformidade de pensamentos, sentimentos e ações que caracterizam os membros de determinado grupo ou sociedade.
Controle	O controle social é o conjunto das sanções positivas e negativas a que uma sociedade recorre para assegurar a conformidade das condutas aos modelos estabelecidos. Pode ser informal (espontâneo, baseado nas relações pessoais) e formal (organizado, exercido principalmente pelos grupos secundários).
Cooperação	É o processo social em que dois ou mais indivíduos ou grupos atuam em conjunto para a consecução de um objetivo comum. É requisito especial e indispensável para a manutenção e continuidade dos grupos e sociedades.
Sanções	Penalidades aplicadas em decorrência de condutas que violem regulamentos, usos ou costumes. São restrições e proibições que cerceiam a liberdade de conduta do grupo ou do indivíduo. Em outro sentido, é a aprovação com que se ratifica a validade de algum ato, uso ou costume.
Pressão	Pressão social é o conjunto das influências que se exercem sobre os indivíduos ou grupos com o propósito de modificar a sua conduta, para conseguir certos objetivos claramente definidos.
Solidariedade	Comunhão de atitudes e sentimentos, de modo a constituir no grupo uma unidade sólida, capaz de resistir às forças exteriores e tornar-se ainda mais firme em face de oposição externa.

Fonte: LAKATOS, E. M. *Introdução à sociologia*. São Paulo: Atlas, 1997, p. 81-82.

Os **grupos de referência** são pessoas ou grupos que servem como base de orientação ou comparação para o indivíduo no processo de construção da sua **identidade**, influenciando seus comportamentos, atitudes e aspirações. Exercem ascendência sobre os indivíduos pela identificação que neles despertam. Os principais grupos de referência dos quais as pessoas fazem parte são a **família**, os **amigos** e **colegas** de escola ou trabalho.[34]

---

34 LAKATOS, E. M. *Introdução à sociologia*. São Paulo: Atlas, 1997, p. 81-82.

> **Curiosidade**
>
> **Grupos de referência: celebridades influenciam as decisões de consumo**
>
> As campanhas da loja de vestuário de moda C&A com a participação da modelo Gisele Bündchen, entre 2001 e 2005, levaram a um aumento de 30% nas vendas da empresa. A Pantene, a principal marca global da P&G para cabelos, teve, por muitos anos, atuação incipiente no Brasil. Em 2007, contratou Gisele Bündchen. À época, a marca detinha 1,5% do mercado nacional, concorrendo com Dove (Unilever) e Elseve (L'Oréal). Desde então, a Pantene tornou-se líder nas compras feitas em farmácias e hipermercados e obteve a participação de 11,4% das vendas de produtos para cabelo no Brasil.
>
> Fonte: *Época Negócios*. Como Gisele Bündchen construiu sua fortuna e se tornou a modelo mais bem paga, 29 jan. 2015. Disponível em: <http://epocanegocios.globo.com/Informacao/Visao/noticia/2015/01/como-gisele-bundchen-construiu-sua-fortuna-e-se-tornou-modelo-no-mundo-dos-negocios.html>. Acesso em: 13 maio 2016.
>
> O *site* espanhol Marketing Deportivo fez uma lista com os dez jogadores mais bem pagos pelos fornecedores de material esportivo. Cristiano Ronaldo lidera a lista dos craques mais rentáveis, com um contrato estimado em 14,1 milhões de euros com a Nike. Em segundo lugar, o argentino Lionel Messi, principal atleta patrocinado pela Adidas, que recebe 13,6 milhões de euros. E o brasileiro Neymar tem um acordo de 9,5 milhões de euros com a empresa Nike.
>
> Fonte: *Os dez jogadores mais bem pagos*, 9 jul. 2014. Disponível em: <http://gq.globo.com/Essa-e-nossa/noticia/2014/07/os-dez-jogadores-da-copa-mais-bem-pagos-pelas-marcas-esportivas.html>. Acesso em: 10 set. 2015.

Os grupos de referência podem ser de dois tipos: de associação ou de aspiração. O **grupo de associação** consiste em pessoas que o indivíduo realmente conhece e com quem se relaciona, como o grupo de amigos.

O **grupo de aspiração** é o conjunto de pessoas com quem o indivíduo pode se identificar ou admirar, como as chamadas "celebridades", os artistas de televisão ou os esportistas famosos. Quando a pessoa não pertence (mas pode pertencer) ao grupo de referência, que tem condição de influenciá-lo, ocorre uma **assimilação psicológica**, em que o grupo funciona como importante referência para as aspirações, opiniões, atitudes e padrões de comportamento do indivíduo.[35]

Por isso se diz que a **identidade social** de uma pessoa é definida na interação social, ou seja, a pessoa é o que os outros pensam que ela é, e os outros formam a opinião sobre ela dependendo de como interpretam seus comportamentos, sentimentos e atitudes.

Cabe agora perguntar: Como esses conceitos são úteis para o profissional de marketing? Vamos ver alguns exemplos no Quadro 6.3 a seguir.

---

35 MYERS, D. G. *Psicologia social*. 6. ed. Rio de Janeiro: LTC, 2000. p. 31.

Quadro 6.3 Aplicação dos conceitos

Grupos de referência e propaganda
A propaganda de um refrigerante ou tênis dirigida aos jovens, para ser bem aceita e lembrada, pode utilizar o depoimento de artistas e atletas, que fazem parte do **grupo de aspiração** dos jovens. Em geral, as pessoas almejam atingir o estilo de vida de profissionais e celebridades bem-sucedidos. A questão central, então, é conhecer qual artista ou atleta é admirado pelo público-alvo da marca, e quais qualidades o público percebe no seu ídolo.

Juventude em formação
Muitos produtos de consumo dirigem seus investimentos de marketing para o segmento de jovens, porque é nessa fase da vida que são adquiridos novos hábitos, novos valores e estilos de vida, que tendem a permanecer ao longo da vida adulta. Portanto, os profissionais de marketing desejam que os jovens adquiram o **hábito** de consumir seus produtos e marcas.

Como exemplo, veja os seguintes vídeos:

Luan Santana – Taste the feeling
Nike Football Presents – "Ousadia Alegria"

Luan Santana   Nike Football Presents

Caso para discussão 21

Comunidades virtuais e redes sociais

As comunidades virtuais ou redes sociais são grupos de referência para as pessoas que delas participam. As motivações mais frequentes para fazer parte de uma comunidade virtual são o acesso à informação e a vontade de interagir.[36]

Segundo pesquisa de Gabriela Leal et al.,[37] a troca de informações sobre produtos e experiências de consumo ajuda a formar opinião e a reduzir o risco percebido em decisões de compra. Algumas entrevistadas relataram experiências de compra por indicação da comunidade. Outras, ao perceberem que o grupo apoia uma decisão que elas estavam receosas em tomar, sentem-se mais seguras para decidir.

> *A gente fica procurando um amparo na opinião de alguém para não dar um tiro no escuro [...]. São pessoas livres para dar indicação do que elas quiserem, é uma coisa muito poderosa. Por isso que influencia tanto. As opiniões acabam se repetindo, e se tá todo mundo falando a mesma coisa, é porque deve ter sentido...*

---

[36] RIDINGS, C., GEFEN, D.; ARINZE, B. Psychological Barriers: Lurker and Poster Motivation and Behavior in Online Communities. *Communications of the Association for Information Systems*, v. 18, 2006.

[37] LEAL, G. et al. *Comunidades virtuais como grupos de referência: a perspectiva dos participantes.* V Encontro de Marketing da ANPAD, Curitiba, maio 2012.

Em alguns casos, a influência pode provocar o cancelamento de contratos já fechados:

> *Se o comentário sobre algo que eu decidi for positivo, acaba me relaxando e fazendo confiar mais na minha escolha. Se no caso foi uma escolha que as pessoas tenham falado mal, é até o caso de eu rever o contrato fechado e procurar uma nova empresa.*

Outra participante expressou que foi bastante influenciada pelo grupo:

> *Acho que elas me influenciaram em praticamente 80% das minhas escolhas.*

Como as participantes da comunidade têm os mesmos objetivos, que as levam a se identificarem, acabam encontrando apoio emocional no grupo, não necessitando de encontros presenciais para estabelecer a confiança.

Questões

1. Com base nos conceitos, explique por que os consumidores são influenciados pela opinião de outras pessoas.
2. Dê exemplos de algumas de suas decisões de compra em que você seguiu a opinião de amigos ou de vendedores de loja.

6.4 O jovem, a identidade e o consumo simbólico

O jovem precisa de certa autonomia e de espaços apropriados para desenvolver sua identidade, sexualidade, autoestima, criatividade e projeto de vida.[38] Portanto, um dos temas centrais na análise do comportamento dos jovens é o processo de construção da **identidade**.

Caso para discussão 22

Propagandas mostram "força jovem" no consumo

"O jovem é um público 100% importante hoje, aquele que todo mundo deseja. Além de ter um poder de consumo crescente, ele exerce uma grande influência no consumo de sua família", explica a diretora da agência Almap/BBDO.

---

[38] TRAVERSO-YÉPEZ, M.; PINHEIRO, V. Adolescência, saúde e contexto social: esclarecendo práticas. *Psicologia & Sociedade*; 14(2), jul.-dez. 2002. p. 133-147.

E acrescenta: "Como as mães passaram a trabalhar fora, as crianças ganharam mais liberdade. Quando viraram adolescentes, começaram a se comportar como adultos em termos de decisão e de consumo".

Não é à toa que Gisele Bündchen e Rodrigo Santoro são os garotos-propaganda do Credicard, que Marcelo D2 fez um show para promover marca de roupas e que Charlie Brown Jr. é a banda preferida da Coca-Cola. Além disso, a Tim está agitando a cena de shows internacionais no Brasil. A Skol, depois do sucesso do Skol Beats, seu evento eletrônico que virou até cerveja, aposta agora no hip-hop e no rock. A Nova Schin promove um torneio de surf e a Red Bull realiza um campeonato de skate.

Essas campanhas e eventos querem falar diretamente com o jovem e, para isso, se apropriaram da atitude, dos sons, dos esportes, da linguagem e dos **ícones** admirados pela juventude brasileira. Para isso, os profissionais de marketing precisaram fazer um raio-X dos hábitos e do comportamento jovem. "A chave da propaganda é estudar o jovem como principal referência. O grande desafio é conseguir falar com ele naturalmente, entendendo sua cultura", admite a diretora da agência.

A construção desse **mundo de fantasia**, onde tudo é perfeito, atraente e pisca por todos os lugares para onde o jovem olha, produz diferentes opiniões entre a juventude. Há quem adore o colorido da publicidade. Há quem desconfie, atento a seu poder manipulador.

"O principal efeito da **pressão pelo consumo**, sobretudo a que se utiliza de imagens da juventude ligadas à rebeldia e à transgressão, produz entre os jovens um enorme **conformismo**, já que não há nenhum gesto de rebeldia que não seja transformado em norma pela publicidade. Do conformismo a certa depressão, é só um passo", avalia a psicanalista Maria Rita Kehl.

Fonte: adaptado de MENA, F. *Propagandas mostram "força jovem" no consumo*. Disponível em: <http://www2.uol.com.br/aprendiz/n_noticias/consumo/id271003.htm>. Acesso em: 22 mar. 2016.

Questões

1. Explique, com base nos conceitos vistos neste livro, por que as empresas têm os jovens como público-alvo.

2. Discuta com os colegas sua opinião sobre a influência da propaganda no comportamento dos jovens.

3. Como um fabricante de roupas para jovens pode conhecer os gostos e as preferências de seu público, para desenvolver produtos e propaganda?

A palavra **identidade** deriva da raiz latina *idem*, que significa igualdade e continuidade. Está associada às ideias de "permanência em meio à mudança" e "unidade em meio à diversidade". Seu significado expressa a "mesma (idem) entidade", ou seja, aquilo que tem existência distinta e independente, quer real, quer concebida pelo espírito.[39]

O conceito de identidade inclui o conjunto de características particulares de uma pessoa pelas quais é conhecida e reconhecível, como nome, idade, profissão, sexo, tipo físico, impressões digitais, opiniões, gostos, preferências, estilo de vida etc.[40] **Construir a identidade (ou autoidentidade)** é responder à pergunta "quem sou eu?", ou seja, como a pessoa se autodefine, se expressa e se relaciona com os outros.

As teorias sobre identidade foram desenvolvidas na antropologia, na psicologia e na sociologia. Na antropologia, foram definidas as noções de **identidade cultural** e **diferença cultural**, que surgem a partir da constatação da multiplicidade e diferença culturais entre os grupos humanos, bem como da ideia de irredutibilidade, ou seja, cada indivíduo ou grupo tem "algo irredutível" que o caracteriza.[41]

A **identidade cultural** refere-se ao sentimento de pertencimento a um povo, cultura, nacionalidade, região, etnia, religião ou grupo, que se desenvolve nas relações com os outros. A **identificação** com certo grupo e a **diferenciação** com outros vão formando as fronteiras das identidades, ou seja, indivíduos e grupos constroem suas **marcas de identificação**, que são as particularidades que os diferenciam dos outros. Essas marcas podem ser tatuagens, vestuário, rituais, religião, linguagem, entre outros elementos culturais.

Mais recentemente, a identidade, que é um conceito clássico da antropologia juntamente ao de cultura, tem sido redefinida como um processo de **identificação relacional e situacional**, decorrente das relações construídas pelo indivíduo com os diferentes grupos humanos que, direta ou indiretamente, fazem parte da sua existência. A identidade de uma pessoa existe sempre em relação a outra, podendo evoluir se o contexto social e a situação relacional mudar.[42]

Os processos de identificação são de dois tipos: o **pertencimento**, que ocorre no círculo de relações cotidianas (a filha que se identifica com a mãe); e as **referências identitárias**, baseadas no desejo do indivíduo de pertencer a um grupo por ele admirado.[43]

---

[39] OUTHWAITE, W.; BOTTOMORE, T. (ed.). *Dicionário do pensamento social do século XX*. Rio de Janeiro: J. Zahar, 2001.

[40] *Dicionário eletrônico Aurélio Século XXI*. Rio de Janeiro: Lexikon Informática/Nova Fronteira, 1999.

[41] RUBEN, G. R. A teoria da identidade na antropologia: um exercício de etnografia do pensamento moderno. *Revista de Ciências Sociais*, Campinas, 1992.

[42] BARTH, F. *Ethnic groups and boundaries:* the social organization of culture difference. London: George e Allen & Unwin, 1969. p. 37.

[43] CUCHE, D. *A noção de cultura nas ciências sociais*. 2. ed. Bauru: Editora da Universidade Sagrado Coração (EDUC), 2002, p. 192; ENNES, M.; MARCON, F. Das identidades aos processos identitários: repensando conexões entre cultura e poder. *Sociologias*, Porto Alegre, ano 16, n. 35, jan.-abr. 2014. p. 274-305.

Na psicologia, esse conceito surge com a teoria psicanalítica de Sigmund Freud, que considera que a estrutura psíquica tem identidade contínua, ou seja, a identidade está relacionada à capacidade da mente (psique) de permanecer a mesma em meio à mudança constante.[44]

Freud também desenvolveu a **teoria da identificação**, que é o processo psíquico pelo qual o indivíduo apreende características de pessoas significativas para ele e se modifica, total ou parcialmente, conforme o modelo introjetado. É um processo de vital importância, pois o eu (ego) se constitui mediante as identificações que o indivíduo estabelece ao longo da vida.[45]

Erik Erikson, por sua vez, criou a expressão **crise de identidade** para significar a fase da vida de uma pessoa em que ocorre uma confusão de identidade. Atualmente, essa fase é associada à adolescência.[46]

Os psicólogos sociais norte-americanos George Mead e C. Cooley elaboraram a **concepção interativa da identidade**, que não é autônoma nem autossuficiente, mas formada na interação com outras pessoas importantes para o indivíduo, e preenche o espaço entre o mundo interior pessoal e o mundo exterior público.

Na perspectiva do **interacionismo simbólico**, proposta por George Mead,[47] foi desenvolvida a noção de eu (*self* em inglês), que resulta da capacidade humana de refletir sobre si próprio e sobre o contexto social no qual está inserido.[48] O pressuposto é que as pessoas têm mais de um eu (*self*), a saber: o **eu real** – o que a pessoa acha que é e como vê a si mesma; o **eu ideal** – como gostaria de ser e se ver; o **eu social** – como acha que os outros a veem; e o **eu social ideal** – como gostaria que os outros a vissem.[49]

O pesquisador Belk, propôs o conceito de **eu estendido**, que se refere ao conjunto de objetos, atividades, lugares e ambientes que são utilizados pelas pessoas para se autodefinirem e expressarem sua identidade.[50]

Na abordagem sociológica, há dois tipos de identidade: a pessoal e a social. A **identidade pessoal**, ou autoidentidade, é o sentido único de si mesmo e como a pessoa se autodefine, que resulta do processo de autodesenvolvimento ao longo da experiência de vida. A **identidade social** refere-se ao conjunto de características (físicas e psicológicas, valores e comportamentos) atribuídas a um indivíduo pelos

---

44 OUTHWAITE; BOTTOMORE, 2001.
45 PEDROSSIAN, D. R. O mecanismo da identificação: uma análise a partir da teoria freudiana e da teoria. *Inter-Ação: Rev. Fac. Educ.* UFG, 33(2), jul.-dez. 2008. p. 417-442.
46 ERIKSON, E. H. *Identidade – juventude e crise.* Rio de Janeiro: Zahar, 1976. p. 27.
47 MEAD, G. The Self, the I, and the Me, 1929, p. 224-229. In: LEMERT, C. (Ed.). *Social theory: the multicultural readings.* Philadelphia: Westview Press, 2010; BLUMER, H. *Simbolic interactionism.* New Jersey: Prentice-Hall, 1929.
48 PAIM, C. Considerações sobre as identidades. *Revista Síntese.* Campinas, v. 15, 2010. p. 173-191.
49 MEAD, 1929.
50 BELK, R. Possessions and the extended self. *Journal of Consumer Research,* v. 15, n. 2, set. 1988. p. 139-168.

outros, as quais, ao mesmo tempo em que o distinguem, também o identificam com uma cultura e um grupo de pessoas com as mesmas características.

Stuart Hall[51] tem influenciado o pensamento nesse campo. Para o autor, a identidade preenche o espaço entre o "interior" e o "exterior", entre o mundo pessoal e o mundo público. Projetamos a nós próprios nessas **múltiplas identidades**, ao mesmo tempo em que internalizamos seus significados e valores, tornando-os parte de nós. O ponto de partida de Hall é de que não existe mais a ideia de um sujeito centrado, unificado. Para ele:

> Uma mudança estrutural está fragmentando as identidades culturais de classe, sexualidade, etnia, raça e nacionalidade. Se antes essas identidades eram sólidas localizações nas quais os indivíduos se encaixavam socialmente, hoje elas se encontram com fronteiras menos definidas que provocam no indivíduo uma crise de identidade.[52]

A **diversidade cultural**, que chega por meio da mídia, oferece um panorama variado de comportamentos, linguagens e formas de socialização, que são utilizados pelos indivíduos como **referências identitárias**.[53]

Em síntese, a identidade não é inata aos indivíduos. Eles as constroem aos poucos, a partir de suas experiências e relações sociais, apropriando-se da realidade do mundo social e cultural.[54]

Curiosidade

As pessoas consomem produtos e serviços para construir sua identidade e expressar sua autoimagem.

A fala abaixo exemplifica essa afirmação:

> Quero ser respeitado pela minha profissão a tal ponto que a minha opção sexual não interfira mais. Acredito que uma das melhores formas para minimizar o abismo entre o meu autoconceito e o que eu quero ser é utilizando roupas que se aproximem dele. Uso apenas terno Hugo Boss, a marca que representa quem eu desejo ser.

Fonte: ALTAF, J.; TROCOLI, I. *Essa Roupa é a Minha Cara*: a contribuição do vestuário de luxo à construção da auto-imagem dos homossexuais masculinos. O&S, Salvador, v. 18, n. 58, jul./set. 2011. p. 513-532.

---

51 HALL, S. *A identidade cultural na pós-modernidade*. Rio de Janeiro: DP&A, 1999. p. 35.
52 OLIVEIRA, D. *A identidade cultural na pós-modernidade*. Disponível em: <http://www.pos.eco.ufrj.br>. Acesso em: 24 mar. 2016.
53 MARGULIS, M. Juventud: una aproximación conceptual. In: BURAK, S. D. (Comp.). *Adolescencia y juventud en América Latina*. Cartago, Costa Rica: LUR Libro Universidad Regional, 2001. p. 469-487.
54 BOCK, A. M. et al. *Psicologias*: uma introdução ao estudo da psicologia. São Paulo: Saraiva, 2002. p. 205.

Caso para discussão 23

Significados simbólicos das marcas de vestuário

Em pesquisa realizada com jovens mulheres (18 a 22 anos) de baixa renda, residentes em bairros periféricos da cidade de São Paulo, é possível identificar os significados simbólicos por elas atribuídos aos estilos de vestuário e às marcas de roupas. Vejam o que elas pensam:

> *Eu e minhas amigas não ligamos muito pra marca. É mais o detalhe daquela blusinha. Isso é que pega bastante. O detalhe da roupa. Às vezes você vai comprar uma baby look, você gostou de uma. Quando você vai olhar uma outra, ela tem dois pontinhos de strass. Nossa, você quer aquela de qualquer jeito por causa daqueles dois pontinhos.*
>
> *Vou à igreja no domingo, com meu namorado e minha mãe. Vou de calça jeans e baby look. Para a igreja tem que ir comportada. Saia curta não dá, só saia grande, que eu não uso. Nunca vejo as meninas de saia curta.*
>
> *Meninos ligam mais pra marca, pra chamar a atenção das meninas. O menino bem-vestido, limpinho, cheirosinho, é essencial! As meninas, tem competição entre elas, mostrar umas pras outras e também pra agradar elas mesmas, fazer vantagem sobre outra menina em relação a um rapaz.*
>
> *Meu namorado gosta de Onbongo, não gosta de Cyclone. Fala que é roupa de maloqueiro. Pra mim, maloqueiro é o que fala mais gíria, o menino de havaiana no pé, o pé todo sujo, camiseta de marca Nicoboco. Só tem roupa de marca porque ganha dinheiro fácil, a maioria. Mas tem menino trabalhador que usa, né?*

Fonte: LIMEIRA, T. V. Comportamento de compra de jovens de baixa renda no varejo de vestuário. Relatório de Pesquisa. São Paulo: FGV, 2009. p. 67.

Questão

1. Faça algumas entrevistas com seus colegas para conhecer as marcas de roupa preferidas e qual imagem (significados) que eles têm dessas marcas, bem como os motivos de uso. Compare as respostas de seus colegas com as das jovens mencionadas no texto.

Os produtos que consumimos se tornam símbolos quando possuem um **significado compartilhado** pelos outros.

Podemos definir um **símbolo** como um objeto, uma forma ou um fenômeno que representa algo distinto de si mesmo, como a cor vermelha significando proibição ou paixão e, portanto, tendo um significado que é compartilhado socialmente.

O compartilhamento de significados é essencial para que os produtos de consumo se tornem objetos desejados, comprados e usados. Os meios para a divulgação e o compartilhamento de significados são as interações sociais, as mensagens dos meios de comunicação e a propaganda, entre outras.

Portanto, os **significados dos produtos de consumo** não repousam neles mesmos como objetos, nem são determinados por suas condições de produção ou distribuição. Os significados são socioculturais, construídos pelo modo como os produtos são consumidos e usados pelas pessoas, e como as pessoas interpretam as mensagens das propagandas e da mídia.[55] Também se verifica que as pessoas escolhem marcas e produtos com base na **congruência de autoimagem**, isto é, escolhem aqueles produtos cujos atributos e imagens combinam com algum aspecto da sua identidade e autoimagem.[56]

A Figura 6.1 apresenta um esquema do **consumo simbólico**, o processo de construção e expressão da identidade por meio dos produtos de consumo. Na fase 1, a pessoa compra o produto que simboliza seu autoconceito. Na fase 2, o grupo de referência associa o produto à pessoa. Na fase 3, o grupo de referência atribui à pessoa as qualidades simbólicas do produto, por exemplo, modernidade e bom gosto. Este esquema foi desenvolvido por Grubb e Grathwohl, em 1967.[57]

Figura 6.1 Consumo simbólico e autoconceito

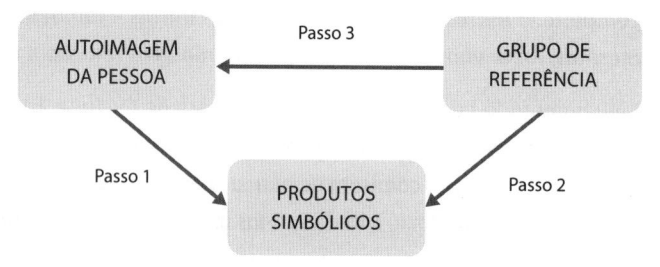

```
                        Passo 3
    AUTOIMAGEM  ◄─────────────────────  GRUPO DE
    DA PESSOA                           REFERÊNCIA
         │                                  ▲
         │                                  │
         │ Passo 1                  Passo 2 │
         ▼                                  │
              PRODUTOS
              SIMBÓLICOS
```

Fonte: GRUBB; GRATHWOHL, 1967.

Os produtos com maior probabilidade de serem usados como símbolos têm três características principais: precisam ter **visibilidade** durante o uso; têm **variabilidade**, ou são excludentes, isto é, nem todos podem ter aquele produto; e têm a possibilidade de **personificação**, quando a pessoa modifica as características do produto segundo seu gosto e desejo pessoal.

---

[55] HIRSCHMAN, E. C. The creation of product symbolism. In: LUTZ, R. J. (Ed.). *Advances in consumer research*. v. 13. Provo: Association for Consumer Research, 1986. p. 327-331; LEVY, S. Symbols for sale. *Harvard Business Review*, 37, jul.-ago. 1959. p. 117-124.

[56] SIRGY, M. J. Self-concept in consumer behavior: a critical review. *Journal of Consumer Research*, v. 9, n. 3, 1982. p. 287-300.

[57] GRUBB, E.; GRATHWOHL, H. Consumer self-concept, symbolism and market behavior: a theoretical approach. *Journal of Marketing*, v. 31, out. 1967. p. 22-27.

Curiosidade

Significado simbólico da marca

Popularizada por suas propriedades supostamente afrodisíacas, a **catuaba Gladiador**, produzida pela Cereser, teve de mudar seu rótulo por carregar demais no apelo sexual.

O gerente de marketing ficou surpreso ao saber o motivo de descontentamento dos clientes: o bebedor da Gladiador tomava suas doses no bar e não ousava levar para casa um produto cujo **rótulo exibia duas mulheres seminuas** nos braços de um Sansão. A reclamação dos consumidores é de que eles estariam faltando com o respeito à mulher e às filhas se levassem para casa uma garrafa com este rótulo.

Fonte: CAPOZOLI, R. *Catuaba vende mais após retirar mulher nua do rótulo*, 24 out. 2001. Disponível em: <http://www.cambeba.com.br/not_catuabavendemais.html>. Acesso em: 22 mar. 2016.

Curiosidade

Em pesquisa realizada com jovens com renda familiar entre 2 e 4 salários mínimos sobre os significados das roupas, revelou-se que elas escolhem as roupas que possam expressar seu autoconceito e/ou a identidade social desejada.

Roupa, aparência e identidade social

Quando perguntadas se as pessoas tratam os outros de modo diferente dependendo de como estão vestidos, todas as jovens entrevistadas afirmaram que sim. Algumas das respostas estão abaixo.

> As pessoas julgam muito. Julgam os malvestidos. Não querem ficar perto dos que se vestem mal.
> Se está bem-vestida, te cumprimentam.
> A gente que está com roupa mais velha sente o preconceito.

Uma das adolescentes afirmou gostar de um tipo de roupa pela capacidade que a peça tem de passar como ela gostaria de ser:

> Porque quando eu coloco aquela roupa parece que eu sou uma pessoa bem delicadinha [...] dá aquela impressão de menina bem meiga sabe?

Fonte: DANTAS, S. et al. *A autoimagem dos adolescentes de baixa renda como fator de influência do seu consumo e uso de produtos e marcas de vestuário*. XIV SemeAd, out. 2011.

6.5 O jovem e a imagem corporal

O corpo começou a ser objeto de reflexão nas ciências sociais a partir dos estudos dos antropólogos franceses, particularmente os de Marcel Mauss, que mostram o corpo como uma construção social e cultural, moldado pelas técnicas e pelos hábitos de cada sociedade.

A **construção do corpo** é realizada por meio da "imitação prestigiosa", isto é, o uso do corpo seguindo o modelo de uma pessoa que tenha prestígio na sociedade. Os indivíduos imitam comportamentos e corpos que obtiveram êxito e que viram ser bem-sucedidos.[58]

Para Le Breton, o corpo humano não é apenas a dimensão anatômica do esqueleto, músculos, órgãos e pele. O corpo é também impregnado de símbolos, representações e significados. Ou seja, é um **corpo socialmente classificado e hierarquizado** – fraco, branco, feio, negro, amarelo, feminino, gordo, heterossexual, forte, masculino, saudável, homossexual – de forma a determinar papéis sociais e estabelecer relações de poder.[59]

O pesquisador Góes menciona a importância da apresentação corporal como parte da **construção da identidade**. Hoje é cada vez mais frequente o reconhecimento do **corpo como forma de comunicação social**, ou seja, a aparência corporal comunica vários aspectos da identidade da pessoa.[60] Nesse sentido, outro conceito é o de linguagem corporal, que designa a comunicação não verbal, que abrange gestos, postura, expressões faciais e movimento dos olhos.

Quanto à **imagem corporal**, esta é a representação mental do próprio corpo, ou seja, a percepção que as pessoas têm de sua aparência física e aquilo que idealizam sobre seu corpo. Essa imagem é influenciada pelos padrões sociais e culturais, bem como pelas experiências individuais. Portanto, a família, os amigos e o contexto sociocultural influenciam a nossa imagem corporal.[61]

A satisfação de uma pessoa com a sua aparência física, ou com a imagem que tem de seu próprio corpo, é afetada pelo quanto essa imagem se aproxima ou se distancia do padrão de beleza valorizado pelos seus pares. Esse padrão é chamado de **ideal de beleza**, um modelo específico de aparência física valorizado pelos membros de uma cultura ou sociedade.

A relação do ser humano com o corpo é também marcada por um processo de alteração. Manipular, adornar, alterar, pintar e tatuar fazem parte dos diferentes **rituais de embelezamento**, autoproteção e distinção social de qualquer sociedade.

---

58 MAUSS, M. As técnicas corporais. In: MAUSS, Marcel. *Sociologia e antropologia*. São Paulo: Edusp, 1974. p. 209-233.
59 LE BRETON, D. *Adeus ao corpo*. São Paulo: Papirus, 2003. p. 44.
60 GOES, F. Do body building ao body modification: paraíso ou perdição. In: VILLAÇA, N.; GÓES, F.; KOSOVSKI, F. (Orgs.). *Que corpo é esse? Novas perspectivas*. Rio de Janeiro: Mauad, 1999.
61 SCHILDER, P. *A imagem do corpo*: as energias construtivas da psique. São Paulo: Martins Fontes, 1999.

A experiência corporal sempre segue padrões culturalmente estabelecidos, que são relacionados à busca de afirmação de uma **identidade grupal** específica. E o **cabelo** tem sido um dos principais símbolos utilizados nesse processo.[62]

Segundo a antropóloga Nilma Gomes, para além do **significado social** mais amplo do cabelo, existem variações de acordo com a cultura, classe, raça, idade, sexo e nacionalidade. Cortar o cabelo, alisá-lo, raspá-lo, mudá-lo pode significar não só uma mudança de estado da pessoa dentro de um grupo, mas também a maneira como as pessoas se veem e são vistas pelo outro. Desse modo, o cabelo não é somente a moldura do rosto, mas um dos primeiros sinais a serem observados no corpo humano.[63]

Caso para discussão 24

O Brasil é hoje o terceiro mercado global em beleza, atrás da China e dos Estados Unidos. O brasileiro destina 2% do seu orçamento à compra de produtos de higiene e beleza, que movimentaram US$ 43,5 bilhões em 2014, segundo a Abihpec.

Fonte: FRANCO, A. P. *Ano ruim desafia mercado de beleza em 2016*, 5 jan 2016. Disponível em: <http://www.gazetadopovo.com.br/economia/ano-ruim-desafia-mercado-de-beleza-em-2016-co75gmjqo3pm826927eho66za>. Acesso em: 4 jan. 2017.

Questão

1. Compare as comunicações e as propagandas das marcas Pantene e L'Oreal e analise como elas se comunicam com seus público-alvo e que benefícios funcionais e simbólicos oferecem.

| Facebook Pantene | Propaganda Pantene | Facebook L'Oreal | Propaganda L'Oreal |

O autor Taussig explica que a **estética** é considerada uma dimensão fundamental, um princípio organizador da experiência humana.[64]

---

62 GOMES, N. Trajetórias escolares, corpo negro e cabelo crespo: reprodução de estereótipos ou ressignificação cultural? *Revista Brasileira de Educação*, n. 21, set.-dez., 2002.
63 GOMES, 2002.
64 TAUSSIG, M. *Beauty and the beast*. Chicago and London: University of Chicago Press, 2012. p. 61.

Estudos realizados sobre as representações sociais do corpo, ou seja, as imagens que são socialmente associadas a ele, mostram que o corpo é associado ao **poder de sedução** e à **influência nas relações pessoais**. Embora a beleza seja considerada como uma qualidade de caráter subjetivo e de difícil definição, as pessoas associam a beleza às tecnologias para embelezamento do corpo, desde cosméticos tradicionais até técnicas invasivas.

Por outro lado, algumas pessoas, em geral os adultos, nem sempre se submetem às imagens de beleza veiculadas pela mídia, seja por uma atitude crítica às normas sociais ou porque é reduzida a importância atribuída ao corpo na mediação das relações sociais.[65]

Caso para discussão 25

Pesquisa mostra obsessão dos jovens com o corpo

Pesquisa feita por Carreira Filho indicou que 60% dos adolescentes entrevistados lançam mão de métodos para **modelar o corpo**, 11,1% tomam **remédio para emagrecer** e 2,3% consomem esteroides anabólicos para ganhar **massa muscular**. Uma das surpresas do estudo é que a mulher não é a única a se **preocupar com a aparência** para concorrer com outras mulheres. "O rapaz não modela seu corpo para as meninas, mas para ser maior que os outros rapazes", disse. Dos entrevistados, apenas 6,6% das meninas se declararam satisfeitas com seu corpo, e 10,7% dos rapazes.

Outro estudo realizado com adolescentes de 14 e 15 anos revelou que a maioria deles, de ambos os sexos, apresentaram **insatisfação corporal**, representada pelo desejo do adolescente de que seu corpo seja diferente da forma como o percebe, revelando uma avaliação negativa do próprio corpo. A **insatisfação corporal** foi mencionada por 51% dos meninos e 65,6% das meninas, sendo que em torno de 45% das meninas desejavam ter uma silhueta menor.

Fonte: CARREIRA FILHO, D. *Prevalência do uso de substâncias químicas com objetivo de modelagem corporal entre adolescentes de 14 a 18 anos de ambos os sexos*. 2003. Tese (Doutorado) – Unicamp, Campinas; DUMITH, S. et al. Insatisfação corporal em adolescentes: um estudo de base populacional. *Ciência & Saúde Coletiva* [on-line], v. 17, n. 9, 2012. p. 2499-2505.

Questões

1. Explique o comportamento dos jovens em relação a seu corpo, com base nos conceitos discutidos neste capítulo.

2. Faça pesquisa com alguns jovens e verifique quantos já fizeram cirurgias estéticas ou realizam atividades para modelagem do corpo. Verifique os motivos que os levaram a isso.

---

[65] JUSTO, A. M. et al. Os efeitos de contexto nas representações sociais sobre o corpo. *Psicologia:* Teoria e Pesquisa, v. 30, n. 3, jul.-set. 2014. p. 287-297.

Curiosidade

Propaganda da Abercrombie & Fitch dá destaque ao corpo

A marca norte-americana de moda jovem Abercrombie & Fitch é a preferida de muitos adolescentes no Brasil, principalmente dos brasileiros que viajam para os Estados Unidos. A maioria das propagandas em revistas, catálogos e internet procura associar a marca à imagem do corpo jovem masculino e musculoso, apresentado como padrão ideal de beleza e sensualidade.

As fotos dos produtos da marca podem ser vistas na página do facebook.

Facebook Abercrombie & Fitch

Curiosidade

Quem tem tatuagem?

Na década de 1970, nos Estados Unidos, jovens de diferentes grupos culturais – roqueiros, motoqueiros, hippies, punks e outros – adotaram a tatuagem como marca corporal por meio da qual ostentavam publicamente a vontade de romperem com as regras sociais e de se situarem à margem da sociedade. Atualmente, os jovens fazem tatuagens por motivos diversos: porque gostam do visual, porque querem se autoexpressar ou se diferenciar dos outros, e para se sentirem pertencentes a um grupo etc.

Fonte: LE BRETON, D. *A sociologia do corpo*. Petrópolis: Editora Vozes, 2006.

6.6 Cultura de consumo e culturas juvenis

A antropologia tradicionalmente estuda a diversidade cultural, a identidade e a alteridade (o outro e a diferença) e as relações entre os indivíduos e as culturas. A partir da década de 1980, foi constatada a centralidade do **consumo na vida contemporânea** e os antropólogos buscaram estudar como as pessoas se relacionam com as coisas materiais, o que as coisas materiais possibilitam entender sobre as pessoas e quais os significados culturais do consumo.

O conceito central é o de cultura, que inclui a cultura material – tudo o que é construído pelo ser humano –, e a imaterial – valores, crenças e significados atribuídos às coisas e aos eventos.

A **cultura** de uma sociedade se refere a tudo que é aprendido. Isso significa que a cultura é induzida nas pessoas por meio da experiência. Logo, para identificá-la, temos de ser capazes de entender essas experiências. Assim, a cultura é constantemente gerada e renovada pelas experiências por meio das quais se dá o aprendizado.[66]

Nesse contexto, foi desenvolvida a **teoria da cultura do consumo,** que analisa práticas sociais, valores culturais, ideias, aspirações e identidades que são definidos e orientados em relação ao consumo e não a outras dimensões sociais, como trabalho e cidadania, cosmologia religiosa ou superioridade militar.[67] Busca-se investigar como os consumidores ativamente transformam os significados codificados nas propagandas, nas marcas de produtos, nas lojas varejistas e nos diversos bens materiais, para expressar suas circunstâncias pessoais e sociais, suas identidades e estilos de vida.[68]

O método de pesquisa é a **etnografia,** ou observação-participante, em que o pesquisador passa a conviver com as pessoas um longo período, visando descrever o modo de vida das pessoas do grupo e como estas atribuem significados a suas ações e aos acontecimentos. O objetivo é olhar com o olho do outro, revelar como o outro interpreta seu mundo e a si mesmo.

Nessa perspectiva, o consumo moderno surgiu de um longo processo de **transformação nos valores** da cultura ocidental, na Inglaterra do século XVI, reinado de Elizabeth I (1533-1603). Nessa época, o estilo de vida na corte tinha caráter **ostentatório e conspícuo,** como forma de expressão para os significados do poder e da majestade, imprimindo forte **competição social** entre os nobres para se destacarem uns dos outros pelo consumo. Essa revolução cultural trouxe algumas consequências:

- o consumo tornou-se individual (antes era familiar) e baseado no direito de escolha;
- o consumo passou a preencher outras funções além da satisfação de necessidades;
- o valor dos bens passou a depender mais do seu valor cultural/simbólico do que do valor de uso (utilidade) ou valor de troca (preço/custo).[69]

Os **produtos de consumo** são elementos da cultura material que incorporam significados construídos pelos criadores das mensagens mercadológicas e reinterpretados pelos consumidores. A construção de significados é um processo sociocultural complexo e contínuo.

---

66 BARTH, F. (Org.). *Los grupos étnicos y sus fronteras.* México: Fondo de Cultura Económica, 1976. p. 9-49.
67 SLATER, D. *Cultura do consumo e modernidade.* São Paulo: Nobel, 2002. p. 32.
68 ROCHA, E.; BARROS, C. Dimensões culturais do marketing: teoria antropológica, estudos etnográficos e comportamento do consumidor. *Revista de Adm.de Empresas (RAE),* v. 46, n. 4, 2004.
69 ROCHA; BARROS, 2004.

O **consumo simbólico** significa o uso de produtos de consumo para expressar a autoidentidade da pessoa, buscando associar os significados culturais dos bens às características identitárias da pessoa.[70]

Para entender a forma de **transferência de significados** para os bens de consumo, e destes para os indivíduos, McCracken explica que os significados culturais se dividem em dois tipos: categorias culturais e princípios culturais.

As **categorias culturais** representam as distinções básicas usadas para dividir os fenômenos do mundo, como tempo, espaço, gênero, *status*, idade, ocupação, lazer, trabalho, sagrado, profano etc. E **os princípios culturais** são as ideias e os valores que determinam como os fenômenos serão organizados, avaliados e construídos.

Os **significados culturais**, inicialmente, movem-se do mundo cultural para os produtos de consumo e, depois, destes para os consumidores que os utilizam. Diversos instrumentos são responsáveis pela movimentação dos significados culturais, a saber: a propaganda, o sistema da moda e os rituais de consumo.

A **propaganda** engloba os anúncios publicitários, por meio dos quais os produtos de consumo são associados a certas categorias e princípios culturais. Os **sistemas de moda**, por sua vez, são os profissionais e organizações que atuam na área de jornalismo, cinema, televisão, moda, arquitetura, design industrial etc. Por meio de suas criações e produções, essas organizações associam categorias e princípios culturais aos produtos de consumo.

Finalmente, a incorporação dos significados do produto pelos consumidores ocorre por meio de diversos **rituais de consumo**, como: rituais de posse (comparação, avaliação e demonstração de bens pessoais); de **troca** (o ato de presentear em ocasiões como aniversários, cerimônias e festividades); de **preparação para o uso** (cuidados dedicados aos pertences pessoais e à própria pessoa usuária); e **descarte** (aquisição de produtos que eram de outra pessoa ou descarte de um produto de uso próprio).[71] Ver Figura 6.2 na página seguinte a esse respeito.

Como vimos, os jovens desenvolvem suas identidades a partir de **processos de interação e identificação** com os grupos de referência primários e secundários, com quem compartilham valores culturais, hábitos de consumo e comportamentos, como as formas de falar e de se vestir, as escolhas dos gêneros musicais, a prática de esportes e atividades de lazer, a escolha das marcas de produtos, tipos de vestuário e estilo de vida, entre outros.

Dessa forma, os grupos de jovens criam **as próprias culturas**, marcando suas diferenças em relação ao mundo adulto e libertando-se dos padrões estabelecidos.

---

70 ARNOULD, E.; THOMPSON, C. J. Consumer Culture Theory (CCT): Twenty Years of Research. *Journal of Consumer Research*, v. 31, mar. 2005.

71 McCRACKEN, G. Culture and consumption: a theoretical account of the structure and movement of the cultural meaning of consumer goods. *Journal of Cons. Research*, 13, jun. 1986. p. 71-84.

Figura 6.2 Transferência de significados dos bens para os indivíduos

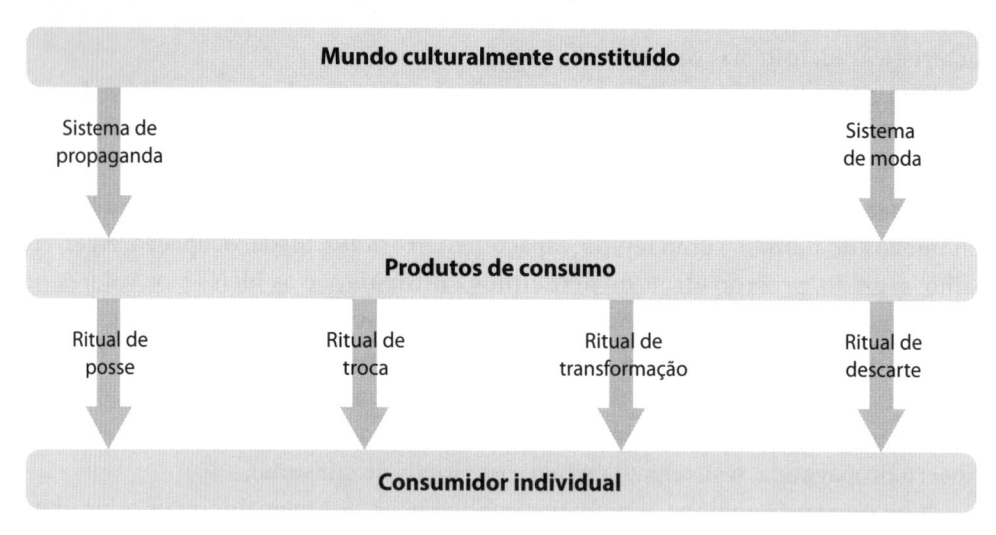

```
                    Mundo culturalmente constituído
Sistema de                                                      Sistema
propaganda                                                      de moda
        ↓                                                           ↓
                         Produtos de consumo
    ↓                 ↓                 ↓                 ↓
Ritual de         Ritual de         Ritual de         Ritual de
posse             troca             transformação     descarte
    ↓                 ↓                 ↓                 ↓
                      Consumidor individual
```

Fonte: McCRACKEN, 1986.

As culturas dos grupos jovens são designadas por **culturas juvenis**, um conjunto de estilos de vida e valores característicos de grupos de jovens, expressos por meio do consumo de produtos da cultura de massa, como roupas, música, adereços, marcas corporais, práticas de lazer etc.[72] São sistemas de valores e de comportamentos que permitem a cada grupo de jovens identificar-se e agir em um espaço social.[73]

A noção de **cultura juvenil** surgiu para designar a geração de jovens das **décadas de 1950 e 1960**, período que se seguiu ao pós-guerra. São muitas as culturas criadas pelos jovens para se autoexpressarem, a partir da identificação com ídolos populares, gêneros musicais, danças, filmes e esportes.

A **busca de diferenciação** fez, nos anos 1980 e 1990, ocorrer a formação de vários gêneros de música, estilos de vida e culturas juvenis: **new wave, yuppies, new hippie, rappers, darks, góticos, grungers, clubbers, ravers**, entre outros. Essas culturas juvenis, com diferenças marcadas nas roupas, no vocabulário, na música e no ambiente, formam identidades constantemente renovadas.

---

[72] FEIXA, C. *De jóvenes, bandas y tribus: antropología de la juventud*. Barcelona: Ariel, 2004. p. 31.
[73] CUCHE, D. *O conceito de cultura nas ciências sociais*. Tradução de Viviane Ribeiro. 2. ed. Bauru: Edusc, 2002. p. 175.

> **Curiosidade**
>
> **Skate, uma cultura juvenil**
>
> Na cidade de São Paulo, jovens skatistas ressaltaram, com orgulho, os valores sociais que o skate cultiva, em especial, a amizade desinteressada e o companheirismo, que transformam o grupo numa "irmandade", além de ser um estilo de vida. Os entrevistados mencionaram os aprendizados com a prática do skate, que não se limitam às técnicas das manobras, ao vocabulário ou vestimenta própria do grupo, mas incluem os valores por eles mencionados: respeito, amizade e superação.
>
>> Skate é liberdade. Depois de um tempo você aprende a cair e levantar na marra, e levantar a cabeça, cai de novo e vai lá e acerta a manobra. E depois que acerta a manobra acabou, é a pessoa mais feliz do mundo, não tem ninguém, mano! É assim, a superação, sacou? (Mulher, 18 anos)
>>
>> É o desafio que o skate te proporciona, isso aí te ajuda até dentro de casa, te ajuda no meio da sua rapaziada, te ajuda a respeitar uma mulher, sua namorada. (Homem, 19 anos)
>
> Fonte: CASSANI, A. C. et al. A cultura do skate e o consumo no lazer da juventude. *Anais XIX CONBRACE* – Congresso Brasileiro de Ciências do Esporte. Vitória, 8 dez. 2015.

Segundo Weller, cultura juvenil é o conceito mais indicado para estudar o universo jovem, porque amplia a possibilidade de compreensão das distintas **manifestações juvenis**, seus estilos estéticos, valores culturais, visões de mundo ou modos de vida, que vêm sendo criados e recriados em diferentes localidades e contextos sociais. Nesse sentido, os **estilos de comportamento juvenis** são interpretados como reação às mudanças que estão ocorrendo nas sociedades complexas, ou seja, como respostas ou soluções para os problemas enfrentados no cotidiano.[74]

A seguir são mencionadas algumas das culturas juvenis no mundo e no Brasil.

6.6.1 Rock

Em abril de 1954, a banda Bill Haley and His Comets gravou *Rock around the Clock* pela Decca Records, em Nova York. A gravação foi, até o final da década de 1990, reconhecida como o disco de vinil mais vendido do mundo, com um número não confirmado de 25 milhões de cópias comercializadas. No dia 5 de julho de 1954,

---

[74] WELLER, W. A presença feminina nas (sub)culturas juvenis: a arte de se tornar visível. *Estudos Feministas*, Florianópolis, 13(1), jan.-abr. 2005. p. 107-126.

o "marco zero" do rock, **Elvis Presley** ensaiava algumas canções, até que, de forma improvisada, começou a cantar o blues *That's All Right, Mama*, de Arthur Crudup, provocando um grande entusiasmo. Surgia então o **rockabilly**, uma das primeiras formas do **rock-and-roll**, que passou a ser a trilha sonora da juventude até os dias atuais. Nas décadas de 1950 e 1960, começaram a aparecer nas ruas de Londres os *teenage styles*, ou seja, os grupos de adolescentes e jovens com um estilo de vestuário e de comportamento padronizados pelo gosto musical. Surgiram grupos diversos, como os *mods, rockers* e *rockabillies*.[75]

No Brasil, o rock teve início no final da década de 1950, conquistando maior popularidade na década de 1980. Os primeiros ídolos do rock nacional foram os irmãos Tony e Celly Campelo que, em 1958, lançaram o compacto *Forgive Me/Handsome Boy*. No verão de 1975, foi organizado o pioneiro festival de rock no Brasil, o Hollywood Rock, no Rio de Janeiro. Na década de 1980, surgem diversos grupos de rock nacionais, como os Titãs e Os Paralamas do Sucesso.

6.6.2 Punk

Originalmente, o **punk** surgiu em 1975, na Inglaterra, como uma manifestação cultural juvenil, cujo interesse era a afirmação de uma personalidade ou estilo, não envolvendo intencionalmente questões éticas, políticas ou sociais. Como a maior parte dos movimentos populares, o movimento punk teve quase tantas nuances quanto o número de adeptos, mas em geral sustentando valores como antimachismo, anti-homofobia, amor livre, liberdade individual, iconoclastia e cosmopolismo.

Essa atitude contestadora é herdeira tanto dos movimentos sociais da década de 1960 quanto do significado do termo *punk*, que foi sendo alterado, a partir de sua origem ("vagabundo"), para uma atitude niilista e defensora da individualidade, expressa nos *slogans*: *Do it yourself* (Faça você mesmo) e *No future* (Não há futuro).[76]

O estilo punk de vestuário pode ser reconhecido pela combinação de alguns elementos considerados típicos, como: alfinetes, *patches*, lenços no pescoço ou à mostra no bolso traseiro da calça, calças jeans rasgadas, calças pretas justas, *bondage pants* (calças xadrez com vários zíperes nas pernas) e *bottons*.

Em São Paulo, o movimento punk surgiu na Zona Norte, com a turma roqueira da Vila Carolina, no início dos anos 70. A primeira banda de punk rock brasileira foi

---

[75] GUMES, N. *Música: marcas sonoras juvenis.* XXVII Congresso Brasileiro de Ciências da Comunicação. Porto Alegre: Intercom, 2004. Disponível em: <http://www.portcom.intercom.org.br/pdfs/1546953349442 1072861924257171627637590 5.pdf>, <http://reposcom.portcom.intercom.org>. Acesso em: 20 abr. 2016.

[76] AMARAL, A. da R. *Visões perigosas:* uma arquegenealogia do cyberpunk – do romantismo gótico às subculturas: comunicação e cibercultura. 2005. Tese (Doutorado) – Faculdade de Comunicação Social, PUCRS, Porto Alegre.

o Restos de Nada, formada em 1978 como uma maneira de protestar contra a repressão do governo militar e mostrar que diversos jovens lutavam por uma sociedade melhor.[77]

No Rio de Janeiro, pesquisa recente identificou uma mudança na identidade e no significado do que é ser punk. Se antes era sinônimo de vestir-se de preto, usar cabelos moicanos e acessórios prateados, hoje a expressão dessa identidade se alargou e se heterogeneizou e ser punk, para esses jovens, está em "ter atitude", ser "desvinculado dos padrões da sociedade", acreditar que "as coisas podem ser diferentes".[78]

6.6.3 Hip-hop

O **hip-hop** é entendido como um movimento cultural de origem afro-jamaicana, criado por jovens negros de segmentos sociais menos favorecidos, localizados nos bairros periféricos das grandes metrópoles. O hip-hop difundiu-se no final da década de 1960 nas comunidades afro-americanas e latinas dos subúrbios do Bronx, Queens e Brooklyn, na cidade de Nova York, espalhando-se pelo mundo a partir da década de 1980. Os jovens desses subúrbios, que enfrentavam problemas como pobreza, violência, racismo e tráfico de drogas, encontravam na rua, na música e na dança o único lazer. Como expressão artística, divide-se na linguagem musical **rap (ritmo e poesia), na linguagem visual (grafite)** e **na linguagem do corpo (dança break)**. Essas linguagens se referem aos quatro elementos que integram a cultura hip-hop, que são o MC (mestre de cerimônias), o DJ (*disc-jockey*), o grafite e a dança break.

No Brasil, o hip-hop começou a ganhar força a partir da década de 1980, sendo a região metropolitana de São Paulo o berço desse movimento, com o grupo paulistano Racionais MCs, que fez sua primeira gravação em 1988, na coletânea *Consciência Black*. O sucesso do grupo veio com o CD independente *Sobrevivendo no Inferno*, de 1998, que vendeu 500 mil cópias.[79]

6.6.4 Funk

É um estilo característico da música negra norte-americana, desenvolvido a partir dos anos 1960 por artistas como James Brown e por seus músicos, especialmente Maceo Parker e Melvin Parker, a partir de uma mistura de soul music, soul jazz e R&B.

---

[77] Movimento Punk. Disponível em: <http://www.punks.com.br/historia-do-movimento/>. Acesso em: 1 jun. 2016.
[78] PICCOLO, F. Ocupações punk no Rio de Janeiro: visões de mundo e constituição das identidades. *Teoria e Cultura*, v. 8, n. 1, jan.-jun., 2013. p. 59-70.
[79] SILVA, J. B. Hip-hop. *Revista Cultura Crítica*, São Paulo, n. 14, 2011. p. 3.

Em 1970, o funk norte-americano chegou ao Brasil e mesclou-se com outros elementos da black music, entre eles o rap. Durante a década de 1990, no Rio de Janeiro, DJs (disc jockey) e MCs (mestres de cerimônia), buscando uma identidade própria para o som que produziam, aderiram a subgêneros como miami bass e freestyle, para então chegar ao funk carioca. Com letras que expressam a realidade das comunidades e seus moradores, o estilo musical ganhou popularidade e significância cultural ao longo dos anos.[80]

Caso para discussão 26

Pesquisa realizada com jovens integrantes de um grupo de **emos (*emotional hardcore*)** buscou entender como se dá o relacionamento entre os membros do grupo. A conclusão é que os amigos são importantes para os "emos" não apenas pela dimensão afetiva, mas por simbolizar um refúgio, um processo de identificação e a busca de um ideal. O senso de pertencer ao grupo favorece a individualidade e a autoimagem dos mesmos, pois possuem valores, atitudes e comportamentos compartilhados, como explicitado abaixo por diferentes jovens.

> *Eu acho que os meus amigos têm um pouco de influência, ou dependendo do caso, muita influência no meu comportamento, e eu sou sim influenciada porque eu quero continuar fazendo parte do grupo e se eu não fizer como eles ou não seguir os mesmos conceitos eles vão me excluir.*
>
> *Em geral as minhas amigas não dizem Bianca compra isso ou compra aquilo, mas eu me baseio no gosto delas pra me vestir também. Não aceito opinião e muito menos sugestão de pessoas que não são emos, como meus irmãos, meus pais e outros amigos que eu tenho e que não são emos, não convivo muito com eles e com certeza eles não pensam igual a mim.*
>
> *Muita gente pensa que ser emo é só cortar a franjinha e usar outro estilo de roupa, mas poxa, não é bem assim, pra ser um emo também tem que sentir as coisas de um jeito diferente [...] é se emocionar com algumas coisas que as pessoas as vezes nem percebem e só quem é emo pode entender o que eu tô falando.*
>
> *Eu não ligo muito para marcas, mas como todos os meus amigos usam algumas marcas e eu acabo comprando também, mais para não ser excluído do meu grupo mesmo.*

Fonte: MEURER, A. et al. *Grupos de referência e tribos urbanas: um estudo junto a tribo "emo"*. IV Encontro de Marketing da ANPAD, 2010. p. 6.

---

80 Funk carioca, 19 set. 2014. Disponível em: <https://catracalivre.com.br/geral>. Acesso em: 24 mar. 2016.

Questões

(?) 1. Com base no texto citado anteriormente e nos conceitos apresentados neste capítulo, explique os motivos/significados de pertencer à cultura emo para os jovens.

2. Debata com seu colegas por que o profissional de marketing deve conhecer as culturas juvenis para elaborar estratégias de marketing voltadas para os jovens.

6.6.5 Surfe

Na década de 1950, surgiu nos Estados Unidos a cultura do surfe, reunindo jovens que buscavam um estilo de vida "autêntico", baseado na preocupação com questões ambientais e na valorização da natureza. O esporte popularizou-se na Califórnia, na costa oeste dos Estados Unidos, tornando-se uma moda entre os jovens.

No Brasil, na década de 1950, um grupo de cariocas começou a descer as ondas em Copacabana com pranchas de madeirite. O esporte começava a se popularizar, e as primeiras pranchas de fibra de vidro, importadas da Califórnia, chegaram ao país em 1964. Atualmente a prática do surfe é adotada por milhões de jovens em várias regiões do país, e aqueles que se destacam vão participar de campeonatos internacionais.

O surfe inspira algumas marcas de vestuário, como Billabong, Quicksilver, Hang Loose e Mormaii, que são as preferidas dos jovens que se identificam com essa cultura.

6.7 Jovens e gerações

As pessoas que nascem na mesma época formam uma **geração**. O espaço de tempo que vai de uma geração a outra é de aproximadamente 20 anos. O processo de vivenciar eventos marcantes e influências educativas, políticas ou culturais similares em uma mesma fase da vida faz que as pessos envolvidas nessa experiência desenvolvam um "senso de geração" ou "consciência de geração", com base em experiências comuns.

Na sociologia, surge o conceito de **coorte** para designar as pessoas de uma geração que vivenciaram os mesmos **eventos significativos** e experiências.[81] Esses eventos compartilhados ocorrem no final da adolescência e início da vida adulta, sendo denominados **momentos críticos**, e ajudam a formar valores, atitudes e preferências dos consumidores.[82]

---

[81] RYDER, N. B. The cohort as a concept in the study of social change. *American Sociological Review*, v. 30, dez. 1965. p. 843-861.
[82] GLENN, N. D. *Cohort analysis*. 2. ed. Thousand Oaks: Sage Publications, 2005.

Porém, os cientistas sociais que estudam a juventude fazem ressalvas ao uso do conceito de geração de modo generalizado, pois consideram que cada grupo juvenil será influenciado pela região e local (rural ou urbano) em que habita, pelo nível de instrução, curso de formação, vinculação a instituições etc. Ou seja, consideram que um único conceito não consegue congregar toda a **diversidade de vivências juvenis** que se constroem em cada período histórico.[83]

Na área de marketing, no entanto, dividir a população em gerações ou coortes pode ser um meio de segmentar o mercado, visando identificar grupos de consumidores com semelhanças de atitudes, valores e hábitos.

Strauss e Howe identificaram cinco gerações nos Estados Unidos e, entre elas, as seguintes são mais utilizadas em marketing e na segmentação de mercado.[84]

6.7.1 Baby boomers

Essa geração inclui os nascidos entre 1943 e 1960, após a Segunda Guerra Mundial, um período de otimismo e crescimento econômico em que houve muitos nascimentos em função da situação socioeconômica norte-americana. É uma geração caracterizada pela "busca pelo eu", que resultou em uma forte consciência individual em vez de preocupação com a comunidade, tendo demonstrado atitudes de autointeresse, perfeccionismo, alto grau de autoestima e um grande número de viciados pelo trabalho (*workaholics*). Trata-se de uma geração que considera, também, importante seu papel na família.[85]

6.7.2 Geração X

Essa geração nasceu entre 1961 e 1981 e vivenciou acontecimentos marcantes para a economia e a sociedade, tais como globalização; inovações tecnológicas; viagem do homem à Lua; lançamento da TV a cabo; uso de eletrodomésticos e automóveis; jornada de trabalho excessiva; e maior poder aquisitivo dos pais, que lhes permitiu um padrão de vida mais confortável com opções de entretenimento. Eles preferem trabalhar como autônomos ou como profissionais liberais, diferentemente dos pais, que tinham senso de lealdade às empresas. Buscam satisfação no trabalho e também ter tempo para a família e o lazer.

---

83 OLIVEIRA, S. et al. Juventudes, gerações e trabalho: é possível falar em Geração Y no Brasil? *Revista O&S Salvador*, v. 19, n. 62, jul.-set. 2012. p. 551-558.
84 HOWE, N. e STRAUSS, W. *Generations: the history of America's future, 1584 to 2069*. New York: William Morrow & Company, 1991.
85 WILLIAMS, K.; PAGE, R. Marketing to the generations. *Journal of Behavioral Studies in Business*, v. 3, abr. 2011. p. 1-17.

Presenciaram o divórcio dos pais e a pouca disponibilidade de tempo das mães, que trabalhavam fora de casa. Muitos puderam ter acesso a boas escolas e fizeram curso superior. O futuro incerto causou a vontade de viver o presente e aproveitar o momento. São descrentes em relação às instituições e à própria família, portanto, amigos e parceiros têm grande importância em sua vida. Em relação a seus filhos, a Geração X deseja oferecer a melhor educação possível. Eles se preocupam com a competência dos professores dos filhos e a eficiência dos métodos de ensino.[86]

6.7.3 Geração Y

Essa geração nasceu entre 1982 e 2000, sendo também chamada Geração Milênio. Suas principais características são as seguintes: o uso intensivo e o fascínio que cultivam em relação à tecnologia; têm autoconfiança e acreditam que serão mais bem-sucedidos que seus pais quando chegarem à mesma idade; e são orientados por comportamentos e atividades grupais bem como propensos a participar de atividades em grupo. É uma geração que tende a aceitar os valores transmitidos por seus pais e realizam muitas atividades simultaneamente, pois, além do trabalho e dos estudos, praticam esportes, reservam tempo para diversão, aulas de música, realizam atividades sociais voluntárias e ainda respondem a *e-mails* e mensagens instantâneas.[87]

São jovens focados, pois já nos tempos de escola essa geração pensa no futuro, em carreira e salário. É comum que esses jovens troquem de emprego com frequência em busca de oportunidades que ofereçam mais desafios e crescimento profissional, ou em função de dificuldades típicas de muitas carreiras.

Mensagens da mídia que reforcem os sentimentos ligados à família, à religião e aos laços das comunidades têm mais chances de engajá-los. A internet é, para eles, uma necessidade essencial, e, com base em seu acesso facilitado, desenvolveram a capacidade de estabelecer e manter relações pessoais próximas, ainda que à distância. A tecnologia e os dispositivos móveis (*tablets* e *smartphones*) em particular criaram condições para se ligarem e se comunicarem como nenhuma outra geração tinha feito anteriormente.[88]

No Brasil, em razão das desigualdades sociais, esse perfil da Geração Y não é a realidade dos jovens de baixa renda, que enfrentam dificuldades para encontrar um emprego formal, devido à baixa qualificação. Para esses jovens, a independência e a

---

[86] STRAUSS, W. Talking about their generations. *The School Administrator*, set. 2005. p. 10-14.
[87] STRAUSS, W.; HOWE, N. *Millennials go to college*. American Association of Collegiate Registrars and Admissions Offices (AACRAO), 2003.
[88] CLARO, J. A. et al. *Estilo de vida do jovem da "Geração Y" e suas perspectivas de carreira, renda e consumo*. 13° Seminários em Administração (Semead), São Paulo, set. 2010.

liberdade ganham outro sentido, pois, desde cedo, eles têm a necessidade de contribuir para o sustento e a sobrevivência da família, de custear os próprios estudos, e dividir o tempo entre trabalho e o cuidado dos filhos.[89]

6.7.4 Geração Z

A Geração Z engloba todos os que nasceram após 2000 e estão totalmente integrados com as tecnologias de informação e comunicação. Essa geração valoriza a comunicação virtual, e fazem parte dela pessoas que realizam várias atividades ao mesmo tempo, estando conectados com o mundo digital 24 horas por dia.

Outras características essenciais dessa geração são o conceito de mundo desapegado das fronteiras geográficas,[90] bem como a busca pela gratificação imediata em tudo o que faz, sendo que ser aceito por grupos de amigos e colegas é algo muito importante. Seu autoconceito é influenciado pelos amigos do grupo ao qual as pessoas dessa geração pertencem ou desejam pertencer.[91]

6.7.5 Coortes no Brasil

Os pesquisadores Motta, Rossi e Schewe propuseram a classificação de **coortes brasileiros**, com base em datas de nascimento e eventos ocorridos no país.[92]

A classificação da população brasileira em seis coortes fundamentou-se na abordagem dos principais eventos que marcaram a vida e a cultura. Esses eventos teriam influenciado as pessoas que entravam na fase adulta, moldando seus valores à época.

Por consequência, os valores internalizados passaram a exercer influência sobre atitudes e preferências dessas pessoas, de modo constante ao longo da vida delas.

Com base em relatos de membros das coortes, os pesquisadores selecionaram um conjunto de eventos e valores relevantes. Assim, a proposta de coortes para a sociedade brasileira e seus valores associados têm o intuito de traçar um panorama geral para estudos sobre atitudes e comportamentos dos consumidores brasileiros de acordo com a faixa etária.

O Quadro 6.4 apresenta as características de cada coorte.

---

[89] OLIVEIRA, 2012. p. 551-558.
[90] WILLIAMS; PAGE, 2011. p. 1-17.
[91] WILLIAMS; PAGE, 2011. p. 1-17.
[92] MOTTA, P. C.; ROSSI, M.; SCHEWE, Charles D. *Using brazilian cohort values to target TV shoppers*. Conference on Telecommunications and Information Markets, Providence, Rhode Island, set. 1999. p. 26-29.

Quadro 6.4 Características das coortes no Brasil

Coorte I
Pessoas nascidas entre 1913 e 1928, que se tornaram adultas entre 1930 e 1945 e tinham de 71 a 86 anos em 1999, totalizando 3,5% da população brasileira. Valorizam a tradição, deploram a utilização de aparelhos eróticos e apoiam o controle do que é veiculado em meios de comunicação. Valorizam o nacionalismo e entendem que o governo deve ter um papel ativo na garantia de emprego ao cidadão.

Coorte II
Pessoas nascidas entre 1929 e 1937, que se tornaram adultas entre 1946 e 1954 e tinham de 62 a 70 anos em 1999, totalizando 5% da população. Essa coorte também é ciosa da tradição e apoia o controle do que é veiculado na mídia. Valoriza a simplicidade, conferindo importância às marcas e sua variedade.

Coorte III
Pessoas nascidas entre 1938 e 1950, que se tornaram adultas entre 1955 e 1967 e tinham de 49 a 61 anos em 1999, totalizando 7,2% da população. Concordam em fazer sacrifícios no presente em favor de melhorias futuras. Valorizam a autossuficiência e a independência. Priorizam virtudes pessoais em detrimento do progresso material.

Coorte IV
Pessoas nascidas entre 1951 e 1962, que se tornaram adultas entre 1968 e 1979 e tinham de 37 a 48 anos em 1999, totalizando 18,2% da população. A modernidade e a inovação, em oposição à tradição, são conceitos que começam a ter a aprovação dessa coorte. Valorizam exemplos vindos do exterior e têm menos disposição a sacrifícios no presente por um futuro melhor.

Coorte V
Nascidos entre 1963 e 1974, tornaram-se adultos entre 1980 e 1991 e tinham de 25 a 36 anos em 1999, totalizando 15,5% da população. Também valorizam a modernidade e a inovação. São mais dispostos a lutar por seus sonhos. Estão fortemente inseridos no mercado de trabalho, em fase de grande produtividade e com disposição para buscarem o que querem.

Coorte VI
Nascidos entre 1975 e 1981, tornaram-se adultos entre 1992 e 1998, tendo de 18 a 24 anos em 1999. Não rejeitam apelos eróticos na comunicação. Veem o sucesso ligado à liberdade, a ser livre para se expressar, realizar escolhas, decidir entre marcas de produtos. São os que menos discordam de que riqueza material é símbolo de sucesso.

Fonte: MOTTA, P. C.; BENAZZI, J. R. *Estilo de vida do jovem da "Geração Y" e suas perspectivas de carreira, renda e consumo.* 13° Seminários em Administração, EnANPAD, São Paulo, 2002.

6.8 Comportamentos dos jovens brasileiros

Este tópico apresentará uma síntese de algumas das pesquisas sobre comportamento de consumo, valores, sonhos e atividades de lazer dos jovens brasileiros.

Uma importante pesquisa foi realizada pelo Fundo das Nações Unidas para a Infância (Unicef, na sigla em inglês) sobre Situação da Adolescência Brasileira – O Direito de Ser Adolescente, destacando as condições desiguais de vida entre os diferentes segmentos sociais e os direitos dos adolescentes. Alguns resultados desta pesquisa serão sumarizados na sequência.

6.8.1 Condições e modos de vida

Para compreender as condições e modos de vida dessa população, temos de considerar como premissa que adolescentes e jovens têm condições e modos de vida bastante diferentes de acordo com o local de moradia e o nível de renda e educação de sua família.[93]

O pesquisador Ozella explica essas diferenças:

> Jovens de classes de renda A e B reafirmam que o adolescente em geral é irresponsável. Mas, nas classes C, D e E, o adolescente é completamente diferente – preocupado com a família, com o trabalho. Ele tem uma visão de adolescente construída na própria vida, não a tradicional da literatura. Essa visão do adolescente "cuca-fresca" passa para os adolescentes de baixa renda um sofrimento – eles sofrem porque não são como os adolescentes mostrados na televisão. O jovem de baixa renda tem a carência de não ter vivido o que parece ser a adolescência. Eles dizem: "Eu não tive adolescência, não consegui ser assim, não tive essa liberdade que a gente vê". Na faixa de renda D, o adolescente tem que ser responsável, tem que começar a trabalhar, pensar na sua família. Ele já coloca na vida dele o trabalho como responsabilidade.[94]

Segundo a PNAD 2015, dos 68,2 milhões de domicílios que declararam possuir rendimentos, 30,5 milhões receberam menos de 1 salário mínimo de rendimento domiciliar *per capita*; 22,2 milhões (ou 32,5%) tinham rendimento domiciliar *per capita* de 1 a menos de 2 salários mínimos; e 13,6 milhões (ou 19,9%) tinham rendimento domiciliar *per capita* de 2 ou mais salários mínimos.

Em 2015, o rendimento médio mensal real das pessoas de 15 anos ou mais de idade com rendimento foi de R$ 1.746,00 ou seja, 5,4% a menos que em 2014, quando havia sido estimado em R$ 1.845,00.

As pessoas de 15 a 17 anos de idade e de 18 ou 19 anos de idade apresentaram os maiores percentuais de usuários de Internet no Brasil (82,0% e 82,9%, respectivamente).

---

[93] UNICEF. *O direito de ser adolescente:* Oportunidade para reduzir vulnerabilidades e superar desigualdades. Fundo das Nações Unidas para a Infância. – Brasília, DF: Unicef, 2011. p. 12.

[94] OZELLA, S. *Depoimento.* Relatório Unicef, 2011. p. 19.

No Brasil, mais de 80% da população jovem moram em áreas urbanas, e os problemas enfrentados são semelhantes. São quase 6 milhões de adolescentes brasileiros que vivem nas dez maiores regiões metropolitanas do país. Trata-se de garotos e garotas que moram nas capitais e no entorno dos estados da Bahia, do Ceará, de Minas Gerais, do Pará, Paraná, de Pernambuco, do Rio de Janeiro, Rio Grande do Sul e de São Paulo, e no Distrito Federal.

Curiosidade

Como é ser adolescente no Semiárido nordestino?

Quando falo no Semiárido nordestino tenho em mente a concepção de vitória, de coragem, de força de vontade, de perseverança. É claro que aqui os desafios podem ser encontrados diariamente, mas não concordo com as pessoas que veem os nordestinos como fracassados. Não é nada disso, não é isso o que acontece aqui. Sou uma adolescente e sei o que acontece na minha sociedade. Tenho consciência de que existem dificuldades aqui no meu município, por ser localizado no Semiárido. Mas eu tenho em mente que todas as oportunidades que aparecem a gente agarra com força, porque sabe que podem valer pelo resto de nossa vida.

Qual é o seu sonho?

Eu penso em um dia vivermos numa sociedade em que exista igualdade de direitos, na qual todos os moradores sejam qualificados para o mercado de trabalho e, principalmente, onde crianças e adolescentes tenham seus direitos assegurados e sejam conhecedores da sua importância para o Semiárido nordestino. Como no programa Selo Unicef no Semiárido, é no espaço onde vivem que os adolescentes melhor conhecem seus problemas, desafios e oportunidades e, portanto, podem exercer sua capacidade de transformação da realidade.

(Depoimento de Adla Priscila, 18 anos, estudante de Administração de Empresas, moradora na cidade de Granito, no Semiárido pernambucano).

Fonte: UNICEF, 2011. p. 126.

Enquanto nas grandes cidades alguns dos jovens vivem os benefícios do desenvolvimento e do aumento de renda de suas famílias, meninos e meninas que moram em comunidades populares dos centros urbanos enfrentam um cotidiano marcado por dificuldades: estão especialmente vulneráveis à violência e à entrada precoce no mundo do trabalho; a infraestrutura e o saneamento em suas comunidades são precários ou inexistentes; suas condições de moradia são muitas vezes insalubres e expostas a incêndios e deslizamentos. Entre esses adolescentes, quase um terço é pobre ou muito pobre: 29% fazem parte de famílias com renda *per capita* de até meio salário-mínimo. São mais de 1,6 milhão de garotos e garotas.

Nos últimos dez anos, foram implantadas políticas públicas dirigidas a melhorias nas condições de vida de crianças e jovens brasileiros, com apoio da Organização das Nações Unidas (ONU) e da Unicef, que já geraram avanços em diversos indicadores sociais e econômicos.

Curiosidade

A Amazônia contempla uma complexa sociobiodiversidade que se materializa em verdejantes matas, caudalosos rios, diversificadas fauna e flora. Essa natureza abriga uma **multiplicidade de populações, culturas e tradições**. Os povos ribeirinhos, extrativistas, seringueiros, indígenas, quilombolas, assentados da reforma agrária, pescadores, agricultores familiares etc. afirmam sua identidade reproduzindo seu modo de vida, de produzir e existir. Dados do IBGE indicam que 26,5% da população amazônica é jovem.[95]

O cotidiano dos jovens da Amazônia rural tem no trabalho, na família, na educação e no lazer suas principais manifestações. O trabalho nos sistemas de cultivo e de criação, no extrativismo, na pesca, é a base constitutiva da produção familiar.

O que é ser jovem ribeirinho(a)?

> Pra mim é morar aqui na ilha, bem próximo da margem do rio... é morar numa área de várzea, onde a água sobe em cima da superfície e sai... é um modo de vida próprio, é bem diferente de pessoas que vivem em Belém... o ribeirinho vive pra vida, tanto é que ele não se preocupa em ter coisas, ter bens, assim materiais, não se preocupa com isso; saúde e filho para o ribeirinho é tudo, ele não se preocupa com grandes coisas, então esse é o modo de vida para ele... (Homem jovem da Beira do Rio Guamá, ilha do Combu, Pará.)

> Na opinião de quem vive em Belém, ser ribeirinho é ser inferior. Tem gente que fala que a gente é caboclo, que a gente fala mal, se veste mal, mas é totalmente ao contrário, a gente se veste muito bem, fala bem, é educado... (Mulher jovem, Igarapé do Combu, Pará.)

Fonte: FREIRE, J. Ser jovem na Amazônia. *Teoria e Debate*, São Paulo, jun. 2009.
Fonte: UNICEF, 2011. p. 126.

6.8.2 Valores e sonhos

A família é a instituição mais importante para nada menos do que 95% dos adolescentes (12 a 17 anos), segundo pesquisa da Unicef.[96] Também está diretamente

---

[95] IBGE. Censo Demográfico. Rio de Janeiro, 2000.
[96] UNICEF. *Situação mundial da infância – vozes da juventude:* mudando o mundo com as crianças. Publicação Unicef, Brasília (DF), 2002. p. 41.

relacionada à sua felicidade, já que 61% declararam que brigar com pais e irmãos é o principal motivo para se sentirem infelizes.

A maioria (84%) considera justa a forma como os pais os corrigem e 90% se sentem respeitados pela família, embora protestem por serem tratados, às vezes, como crianças.

"Ninguém admite que estou crescendo e me tratam como se eu tivesse 8 anos. Também acham que eu não sei de nada, mas não me deixam aprender", diz uma estudante de 16 anos que vive com os pais. No entanto, ela acha que a família é fundamental para sua formação e odeia brigas, pelo "clima ruim" que deixam na casa.

Esses dados mostram, na opinião da psicóloga Ilana Pinsky, que os jovens "já têm opiniões próprias sobre questões como política, sexualidade ou drogas, por exemplo, mas ainda se sentem inseguros e precisam dos pais para impor limites, dizer até onde podem ir e, principalmente, dar suporte a seus planos, ideias, sonhos e expectativas", diz. "Quando levados a sério, os jovens são capazes de realizar coisas maravilhosas e realmente construir para si um futuro melhor."[97]

Aos 17 anos, o estudante Felipe acredita que seu futuro será melhor do que o dos pais porque "antigamente" havia mais conflitos. "Depois de tanto sofrimento, ditadura e guerra, acho que vai ter mais democracia e paz", aposta. O otimismo, no entanto, contrasta com sua sensação de piora da realidade brasileira. "O país está ficando mais pobre e, com maior desemprego, as pessoas começam a roubar e aumenta a violência."

Para os jovens, o que traz felicidade é a convivência com a família (70%), estar com os amigos (63%), tirar boas notas (44%), namorar (39%) e brincar (35%).

A pesquisa mostra que 59% dos adolescentes acham que terão uma **história melhor que a dos pais**, 15% acham que vai ser igual e apenas 4%, pior. Eles se dividem quanto ao futuro do país: para 28%, o Brasil também está se tornando um lugar melhor; para 27%, pior; e para 26%, igual.

"O interessante da pesquisa é que ela contesta vários estereótipos que os adolescentes carregam por causa da forma equivocada com que os adultos os veem", diz Mário Volpi, da Unicef. "Ao contrário do que se pensa, eles não estão alienados das questões do país e do mundo. Têm consciência das dificuldades, mas assumem o desafio de encará-las com determinação e esperança. Sonham com coisas bem reais e coerentes com seus objetivos, como serem bem-sucedidos na profissão. E têm ideia de como conseguir isso, tanto que depositam expectativas nos estudos."[98]

Segundo a pesquisa, mais de 80% dos adolescentes têm sonhos. Os mais frequentes: ter uma profissão (19% dos entrevistados), dinheiro e bens materiais (15%). Cerca de 28,8% não souberam responder o que falta para alcançar seus objetivos, mas 21% depositam nos estudos a esperança de realizar os sonhos.

---

[97] Para adolescentes, família é instituição mais importante. *O Estado de S. Paulo*, 30 jun. 2002. Disponível em: <http://politica.estadao.com.br/noticias/geral>. Acesso em: 24 mar. 2016.
[98] UNICEF, 2002. p. 45.

O estudante Felipe encaixa-se nos dois grupos: quer ter "muito dinheiro" para comprar uma "casa grande", poder viajar bastante e aproveitar a vida e ainda está decidindo se sua profissão será veterinário ou professor de educação física. "Meu sonho também é formar uma família e, se der, ser jogador de futebol. Treino três vezes por semana." Felipe ganhava cerca de 300 reais por mês vendendo consórcios, com carteira assinada, e à noite ia ao cursinho.

Embora 62% dos adolescentes economicamente ativos considerem que o trabalho não prejudica os estudos, 17% dos que têm emprego já abandonaram a escola pelo menos uma vez, contra um índice de 9% entre aqueles que só estudam.

A pesquisa também perguntou aos jovens o que acham de questões relevantes como eleições, pobreza e tráfico de drogas. A violência e o desemprego parecem estar fortemente presentes na realidade dos jovens e estão entre as questões que mais os preocupam – 86% acham o país violento.

Quase 40% dos jovens entre 16 e 17 anos, ou seja, em idade de voto facultativo, já têm título de eleitor, 20,1% participam efetivamente votando e 3,4%, além de votar, engajam-se em campanhas políticas. Os jovens opinaram até sobre fidelidade partidária – 45% acham que os partidos são importantes na hora da decisão.

Em uma pesquisa realizada pela Fundação Perseu Abramo,[99] com pessoas de 15 a 24 anos em nove regiões metropolitanas do país, mais de 80% responderam que são capazes de mudar muito ou um pouco o mundo e 22% declararam trabalhar ativamente para isso, como integrantes de grupos em suas comunidades. Sobre o comportamento desses jovens, o sociólogo Gustavo Venturi afirma:

> A pesquisa demonstra que os jovens não estão alienados. Quando perguntamos a eles o que fariam para mudar o mundo, tivemos como resposta um conjunto de ideais bastante ambiciosos. Essa pode não ser uma juventude organizada, mas você identifica nela antigos ideais de liberdade e igualdade renovados.[100]

Outra pesquisa, Mapa da Juventude,[101] feita com jovens paulistanos de 15 a 24 anos, demonstrou que há um **grande interesse deles por atividades sociais**. Muitos jovens participam de grupos com a finalidade de empreender ações sociais, como dar

---

99 ABRAMO, H.; BRANCO, P. P.(Org.). *Retratos da juventude brasileira*. São Paulo: Fundação Perseu Abramo, 2005.
100 VENTURI, G. Introdução Metodológica. In: ABRAMO, H.; BRANCO, P. P. (Org.). *Retratos da juventude brasileira*. São Paulo: Fundação Perseu Abramo, 2005. p.22.
101 Mapa da Juventude. *Relatório Final*. Secretaria Municipal de Direitos Humanos Cidadania, São Paulo, dezembro 2014. p.133

aula em comunidades, ou fazer melhorias urbanas em áreas pobres. Para o coordenador da Prefeitura, a juventude está longe de ser apática. "Há uma clara influência da situação social, das áreas em que vivem. Um exemplo é o movimento hip-hop na periferia: é a maneira como se expressam para mudar a sociedade desigual", disse ele.

6.8.3 Brasileiros são mais consumistas

Os jovens brasileiros estão muito mais bem informados e ligados em tudo o que surge de novidade no mundo. Consequentemente, estão mais consumistas e muito mais exigentes.

Em São Paulo, não é difícil ver turminhas sentadas à mesa de lugares tidos antigamente como "caretas" e caros. O estudante Carlos, de 16 anos, fez questão de comemorar um mês de namoro em um restaurante italiano requintado, à luz de velas, no Morumbi. Com jeito de adulto, vestiu a melhor roupa, foi buscar a garota em casa com o motorista, mas teve de pagar o jantar – cerca de 80 reais – em dinheiro, uma vez que ainda não tinha conta no banco. Nas férias em Campos do Jordão, saiu para dançar e jantar com a turma de amigos – em uma rodada de *fondue* em um bistrô com piano gastou 100 reais.

Carlos admite que a sua geração é mais consumista. "Antigamente, os mais velhos deixavam as roupas para os mais novos. Hoje, cada um tem seu guarda-roupa. A minha geração lê mais, vê coisas do mundo todo na internet, sai bastante e, portanto, precisa de roupas e se cuida melhor", diz o garoto, que adora tênis – acaba de adquirir um Nike, sem cadarço, para usar nas sofisticadas boates que frequenta, onde costuma pegar um camarote. A mesada de 120 reais dá só para o dia a dia. E diz: "todo mundo gosta de consumir".

A opinião de Carlos é compartilhada por quase metade dos jovens de nove regiões metropolitanas do Brasil entrevistados pelo Instituto Akatu sobre hábitos de consumo: 49% deles admitiram gastar muito.[102]

A juventude brasileira é a que mais gosta de fazer compras e assistir a programas de TV na comparação com jovens de outros países (França, Itália, Japão, Estados Unidos, Argentina, México, Austrália e Índia). Para 56% dos brasileiros entre 18 e 25 anos, comprar mais significa mais felicidade, pouco importando os problemas ambientais decorrentes do consumismo exagerado.[103]

---

[102] Instituto Akatu. *Hábitos de consumo*, São Paulo, 2003.
[103] Instituto Akatu. *Os jovens e o consumo sustentável*, 2002. Disponível em: <http://www.akatu.net>. Acesso em: 24 mar. 2016.

Com base no estudo *Is the future yours?*, da Organização das Nações Unidas para a Educação, a Ciência e a Cultura (Unesco), aplicado em 24 países, os jovens brasileiros são os mais consumistas, à frente até do Japão e dos Estados Unidos. Para 78% deles, a qualidade é o principal critério de compra, seguido por preço (74%). Cerca de 56% acreditam que seriam mais felizes se tivessem mais do que têm hoje. Para 27%, os amigos influenciam nas compras, mas 69% consideram fundamental ter um estilo próprio.[104]

"Eu decido o que quero e onde compro", diz Carlos, que usa cremes da marca Clinic para espantar uma velha conhecida dos adolescentes: as espinhas. "Não vejo mal algum em querer ficar bonito", diz. Como ele, os adolescentes são presença cada vez mais constante em centros de estética. Vaidosa, a estudante Natália tem sempre as unhas feitas, cabelos escovados, pele tratada e visual em dia com a moda. Aos 14 anos, gasta pelo menos 500 reais por mês entre compras no shopping e no Studio W, um salão de beleza que frequenta a cada dez dias.[105]

Potenciais consumidoras como Natália já representam 25% dos clientes da rede de cabeleireiros Jacques Janine, com 53 lojas no Brasil, que tem tratamentos para meninas da sua idade. "Com o aumento na demanda, criamos o projeto de um salão só para o público adolescente", diz Cláudia, gerente da rede. É claro que adolescentes como Carlos ou Natália fazem parte de uma elite diante do universo de jovens brasileiros de 12 a 18 anos.

"Os jovens estão comprando mais até nos supermercados. Com as mães no trabalho, eles têm participação ativa em casa, ganharam poder de compra e decisão", diz Renata, da Integration Consultoria.[106]

A estudante Carol, de 15 anos, passou as férias fazendo o que mais gosta: assistir a filmes no cinema, comprar e comer fora. Encontra tudo nos shoppings que frequenta. Com alimentação e lazer gasta cerca de 400 reais por mês, sem somar **gastos com roupas**, CDs e presentes. "Gosto de ir ao shopping porque encontro os amigos, almoço, tomo um sorvete, leio uma revista e depois vou ao cinema. Tudo no mesmo lugar", diz.[107]

Como Carol, 57% dos jovens entrevistados vão ao shopping todas as semanas – índice maior que entre adultos (55%). O dado que mais chama a atenção, no entanto, é o motivo de sua ida. Ao contrário do que se pensa, apenas 47% dos adolescentes vão ao

---

104 UNESCO. *Is the future yours?* Disponível em: <http://www.unesco.org/education/youth_consumption/pdf/future.pdf ahttp://www.unesco.org/education/youth_consumption>. Acesso em: 20 maio 2016.
105 CARRANCA, A. *Sofisticados e consumistas, antes dos 18*, 4 ago. 2002. Disponível em: <http://www.estado.com.br/editorias/2002/08/04/cid026.html>. Acesso em: 18 jun. 2016.
106 CARRANCA, 2002.
107 CARRANCA, 2002.

shopping para fazer compras. O tempo de permanência dos jovens chega a ser maior que o dos adultos e eles gastam mais, segundo pesquisa da Associação Brasileira dos Shopping Centers (Abrasce) para medir o potencial de consumo dos adolescentes.[108]

A pesquisa da Abrasce apontou que 48% dos entrevistados vão aos shoppings decididos sobre o que irão comprar, mas 52% só fazem a escolha depois de olhar muitas vitrines. É o caso da modelo piauiense Grazielle, de 14 anos, que vai ao Shopping Eldorado todos os dias. "Eu preciso estar bem informada. As meninas de São Paulo se vestem muito bem", diz.

Como, em geral, recebem mesada em dinheiro, os adolescentes também são bons pagadores: 73% deles pagam à vista, ao passo que o índice entre adultos é de 46%. Por enquanto, apenas 14% pagam com cartões de crédito, mas o quadro tende a mudar. Os cartões pré-pagos já conquistaram muitos clientes. Eles dão maior poder de compra aos adolescentes e tranquilidade aos pais, que definem uma cota mensal. O público-alvo são jovens de classe A e B.

6.8.4 Consumo consciente

Pesquisa do Instituto Akatu[109] entrevistou jovens entre 18 e 25 anos das principais capitais do país. O estudo mostrou que eles estão muito preocupados com a competitividade no mercado de trabalho, rejeitam discutir temas que não afetam suas vidas e vivem bem numa sociedade de consumo.

De cada 10 jovens brasileiros, 6 têm muito interesse em **educação e carreira**. É um índice parecido com o de australianos e argentinos, mas inferior ao de mexicanos e indianos. Nos países em desenvolvimento, investir em educação é um atalho para o mercado de trabalho. No outro extremo, os brasileiros destacam-se por sua aversão à política: só 10% demonstram interesse, ao contrário de japoneses, argentinos e norte-americanos.

Um dado chamou a atenção dos pesquisadores: 62% consideram que o consumo consciente faz parte de seus valores. "Até brincamos que se isso fosse verdade estaríamos numa sociedade mais avançada. Mas essa é só a imagem que o jovem faz de si próprio", analisou Paulo, do Indicator. "Percebemos que ele ainda não está preparado para a reflexão sobre o que é ser um consumidor consciente", disse o presidente da Akatu, Helio Mattar.

---

[108] ABRASCE. *Pesquisa sobre shopping centers*, 2002. Disponível em: <http://www.portaldoshopping.com.br>. Acesso em: 24 mar. 2016.
[109] INSTITUTO AKATU. *Os jovens e o consumo sustentável*, 2002. Disponível em: <http://www.akatu.org.br/Content/Akatu/Arquivos/file/Publicacoes/26-PesquisaJovemConsumoSustentavel.pdf>. Acesso em: 4 jan. 2017.

6.8.5 Lazer dos jovens

Como constatou a pesquisa da Unicef, para os adolescentes, as principais atividades de lazer são ir à casa de amigos ou assistir à televisão.[110]

O único item com maior homogeneidade é a televisão. O estudo mostrou que os adolescentes passam, em média, 3 horas e 55 minutos por dia na frente da TV. E 70% deles consideram a programação "boa" ou "muito boa". Mais da metade (52%) ainda cita a televisão como uma das principais atividades de lazer, só superada pela opção "ir à casa de amigos", com 53%.

Segundo a pesquisa Mapa da Juventude, feita pela Prefeitura de São Paulo, o jovem paulistano ouve mais samba que rock ou MPB, pratica mais esportes do que vai a festas e se relaciona mais com amigos do bairro que com os da escola ou do trabalho. Adora passear em *shoppings,* mas sente falta de clubes e praças.[111]

O referido estudo identificou 1.609 grupos formados por jovens na cidade de São Paulo, que contam com a participação de 310 mil crianças e adolescentes. A principal motivação dos jovens para formar grupos são as manifestações culturais – como formar uma banda ou um grupo de dança. A religião vem em seguida: entre os 1.609 grupos identificados, 232 se reúnem porque têm afinidades religiosas.

Há grupos semelhantes em todas as regiões, mas com comportamentos diferentes. Nos bairros mais privilegiados, os jovens ouvem mais rock. Nos bairros de menor renda, o samba é o preferido.

Pesquisa realizada por Carneiro Souza[112] com jovens na faixa entre 15 a 18 anos, residentes em São Paulo, em bairros de classe média e média alta, revelou que as principais preferências de lazer dos jovens foram: visita à casa de amigos (70,5%), shows (42,1%), e baladas (37,9%).[113]

Para o pesquisador, chamou atenção a importância obtida pelo item "visita à casa de amigos". Ele explicou: "para a generalidade dos jovens, os amigos de grupo constituem o espelho de sua própria identidade, um meio pelo qual fixam similitudes e diferenças em relação a outros".

Quando considerado o lazer separadamente para homens e mulheres, verificam-se algumas preferências para o sexo feminino e outras para o masculino. As opções como **shows, baladas e cinema** são mencionadas principalmente pelas mulheres, ao passo que espaços esportivos são mais citados pelos homens.

---

110 UNICEF. *A Voz dos Adolescentes*, Paris, 2002. Disponível em: <http://www.unicef.org/brazil/pt/vozdosadolescentes02.pdf>. Acesso em: 12 jun. 2015.
111 BARION, R. *Mais samba, menos rock*: estudo mostra perfil do jovem paulistano. Disponível em: <http://www.estadao.com.br/editorias/2003/09/05/cid019.html>. Acesso em: 4 jan. 2017.
112 SOUZA, L. C. Educação e publicidade. *São Paulo em Perspectiva*, São Paulo, v. 14, n. 2, abr.-jun. 2000. p. 23-31.
113 SOUZA, 2000. p. 23-31.

Entre os participantes da pesquisa, 61,1% afirmaram desenvolver alguma outra atividade nos finais de semana, destacando-se estudar e viajar (ambas com 16,1%), prática esportiva (14,3%) e namoro (12,5%).

Chamou a atenção, ainda, que apenas um dos pesquisados afirmou ter como opção de lazer a ida ao shopping. A pesquisa explica:

> Sabe-se que, atualmente, os shoppings transformaram-se em áreas de lazer para os adolescentes e uma das maneiras de eles se informarem a respeito dos produtos destinados à sua faixa etária. Esses centros comerciais, além de apresentarem uma série de jogos eletrônicos, ringues, boliche, produtos esportivos, lanchonetes etc., oferecem certa segurança.

Segundo pesquisa do Instituto Brasileiro de Opinião Pública e Estatística (Ibope), há diferenças de preferências de lazer entre os jovens da Geração Y e da Geração Z, como apresentado na Figura 6.3. A Geração Z prefere jogar *games*, praticar esporte e ouvir música, enquanto a Geração Y prefere ir a bares com os amigos, sair para jantar e dançar.[114]

Figura 6.3 Lazer dos jovens das Gerações Y e Z

GERAÇÃO Y

Diversão é...

Sair para beber/Ir a bares
O consumo de cerveja é maior, em 61%

Ir a restaurantes/sair para jantar
O maior consumo mensal de *fast-foods* acontece na geração Y

Sair para dançar
Maquiagens como pó e base facial, rímel, delineador têm maior penetração nessa geração

GERAÇÃO Z

Diversão é...

Jogar *games*
Mais da metade deles possui um videogame

Praticar algum esporte
Alta afinidade na compra de equipamentos e artigos esportivos

Ouvir música
Posse de MP3 fica em 38%, 10 pp a mais que total população

Fonte: adaptado de Ibope Mídia. *Gerações Y e Z*: juventude digital, jul. 2010. Disponível em: <http://www4.ibope.com.br/download/geracoes%20_y_e_z_divulgacao.pdf>. Acesso em: 4 maio 2016.

---

114 Ibope Mídia. *Gerações Y e Z*. Disponível em: <http://www4.ibope.com.br/download/geracoes%20_y_e_z_divulgacao.pdf>. Acesso em: 2 maio 2016.

Este capítulo apresentou conceitos, teorias e exemplos sobre: o que é a adolescência e a juventude; os grupos de referência e sua influência; o processo de construção da identidade dos jovens; as gerações e as culturas juvenis; e os comportamentos de consumo dos jovens.

Resumo

1. **Adolescência** significa o período da vida humana que sucede a infância e se caracteriza por uma série de mudanças corporais e psicológicas, estendendo-se aproximadamente dos 12 aos 20 anos.
2. A **puberdade** é entendida como o conjunto das transformações psicofisiológicas ligadas à maturação sexual que traduzem a passagem progressiva da infância à adolescência.
3. O **adulto** é o indivíduo que atingiu plena maturidade, expressa em termos de adequada integração social e controle das funções intelectuais e emocionais.
4. A juventude é uma **etapa do ciclo vital** caracterizada por intensas transformações físicas e emocionais. O adolescente, saindo da puberdade, depara-se com um novo corpo, com novas pulsões e exigências da realidade externa, o que o faz mergulhar em um processo de revisão de seu mundo interno.
5. A **crise da adolescência** é a expressão do crescimento, marcado por desorganizações físicas, hormonais, psíquicas, emocionais e por consequentes reorganizações.
6. A **sociedade** é uma trama complexa de relações entre indivíduos, que estão ligados uns aos outros pela influência mútua que exercem entre si, e pelo compartilhamento de uma cultura comum.
7. Um **grupo**, por sua vez, pode ser definido como um conjunto de pessoas que interagem umas com as outras, que aceitam direitos e obrigações como membros do grupo e compartilham uma identidade comum.
8. Os **grupos primários** são caracterizados por uma íntima associação e cooperação, e exercem influência na formação dos valores, hábitos e ideais do indivíduo.
9. Os **grupos secundários** possuem características opostas as do grupo primário. Geralmente são formais, impessoais e desprovidos de intimidade.
10. Os grupos formam **expectativas de comportamento** em relação a seus membros no que se refere às suas condutas em determinadas situações sociais.
11. Os grupos exercem três tipos de influência nas pessoas: a **normativa**, a **informativa** e a de **identificação**.
12. A **influência normativa** refere-se à conformidade, quando a pessoa segue as normas acordadas e se adapta às expectativas do grupo.

13. A **influência informativa** ocorre quando o grupo fornece informações e experiências para que a pessoa oriente seu comportamento.

14. A **influência de identificação** ou de expressão de valor ocorre quando o grupo é a referência da pessoa no processo de construção de sua identidade.

15. A noção de **dinâmica de grupo** refere-se às transferências psicoafetivas que ocorrem na relação entre integrantes de um grupo.

16. O **grupo de referência** são pessoas ou grupos que servem como ponto de referência ou comparação para o indivíduo no processo de construção da sua **identidade**, influenciando seus comportamentos, atitudes e aspirações. Os principais grupos de referência dos quais as pessoas fazem parte são a **família**, os **amigos** e **colegas** de escola ou trabalho.

17. Os grupos de referência podem ser de dois tipos: de **associação** ou de **aspiração**.

18. A **identidade** inclui o conjunto de características próprias e exclusivas de uma pessoa, pelas quais é conhecida e reconhecível, como nome, idade, profissão, sexo, tipo físico, impressões digitais, opiniões, gostos, preferências, estilo de vida etc.

19. A **interação social** é a comunicação face a face e a ação orientada para outra pessoa.

20. A expressão "**crise de identidade**" é usada para significar um estágio de vida em que ocorre uma confusão ou transição de identidade. Esse estágio é, em geral, associado à juventude.

21. A **personalidade** é definida como o conjunto de características psicológicas – cognitivas, afetivas e volitivas – que refletem e determinam como a pessoa responde ao seu ambiente, constituindo sua maneira habitual de ser.

22. O **autoconceito** ou a autoimagem é o conjunto de pensamentos e sentimentos que a pessoa desenvolve a respeito de si própria.

23. A **autoestima** é um autoconceito positivo, quando a pessoa reconhece suas qualidades e aspectos positivos, obtendo autossatisfação e bem-estar.

24. Na abordagem sociológica, há dois tipos de identidade: **a pessoal e a social**.

25. As pessoas que nascem na mesma época formam uma **geração**.

26. A **identidade pessoal** é o sentido único de si mesmo, ou como a pessoa se autodefine, sendo o resultado de um processo de autodesenvolvimento.

27. A **identidade social** refere-se ao conjunto de características (físicas e psicológicas, ou valores e comportamentos) atribuídas a um indivíduo pelos outros, as quais, ao mesmo tempo em que o distinguem, também o identificam com um grupo de pessoas com as mesmas características.

28. Segundo a teoria do **interacionismo simbólico**, as pessoas têm mais que uma identidade, a saber: o **eu real** (o que a pessoa acha que é e como vê a si mesma);

o **eu ideal** (como gostaria de ser e de se ver); o **eu social** (como acha que os outros a veem); e o **eu social ideal** (como gostaria que os outros a vissem).

29. O conceito de **eu estendido** refere-se ao conjunto de objetos, atividades, pessoas, lugares e ambientes que são utilizados pelas pessoas para se autodefinirem e expressarem sua identidade.

30. O **consumo simbólico** é o processo de construção e expressão da identidade por meio dos produtos de consumo.

31. As pessoas escolhem marcas e produtos com base na **congruência de autoimagem**, isto é, escolhem aqueles produtos cujos atributos combinam com sua autoimagem, com algum aspecto do autoconceito.

32. O **símbolo** é um objeto, forma ou fenômeno que representa algo distinto de si mesmo. Os objetos que consumimos se tornam **símbolos** quando possuem um **significado compartilhado** pelos outros.

33. **Coorte** designa as pessoas de uma geração que vivenciaram os mesmos eventos significativos e experiências.

34. Os **significados** dos produtos de consumo são produzidos na maneira como eles são consumidos e usados.

35. Os produtos com maior probabilidade de serem usados como símbolos têm três características principais: **visibilidade** durante o uso; **variabilidade**, ou são excludentes, isto é, nem todos podem ter aquele produto; a possibilidade de **personificação**, quando a pessoa modifica as características do produto segundo seu gosto e desejo pessoal.

36. A **imagem corporal** é definida como a visão do nosso corpo que produzimos em nossa mente, ou a representação mental do próprio corpo.

37. Uma **cultura juvenil** é criada pelos jovens para se autoexpressarem, a partir da identificação com ídolos populares, gêneros musicais, danças, filmes e esportes, predominantemente.

Exercícios

1. Se você fosse gerente de marketing de uma empresa de cosméticos, cite cinco perguntas que você faria em uma pesquisa com jovens para conhecer suas necessidades e desejos de novos produtos nessa categoria.

2. Faça uma pesquisa com seus colegas sobre as marcas ou produtos que eles passaram a usar depois que uma personagem de novela usou o produto ou falou sobre ele. Com base nos conceitos deste capítulo, explique o comportamento dos seus colegas.

3. Cite três propagandas de produtos de que você se lembra. Explique por que se lembra dessas propagandas e não de outras.

Capítulo 6   O jovem e o consumo   263

4. Você conhece jovens que fazem parte de uma cultura juvenil? Descreva as formas de pensar e agir desses jovens.
5. Descreva as características pessoais e o comportamento de consumo de dois amigos. Explique como você se identifica com eles.

Palavras cruzadas

1. .... é sinônimo de adolescência.
2. .... é entendida como o conjunto das transformações psicofisiológicas ligadas à maturação sexual que traduzem a passagem progressiva da infância à adolescência.

1 – Juventude   2 – Puberdade   3 – Símbolo   4 – Identidade   5 – Interação social   6 – Personalidade   7 – Autoconceito   8 – Autoestima   9 – Subjetividade   10 – Cultura juvenil

3. O .... é um objeto, forma ou fenômeno que representa algo distinto de si mesmo e possui um significado compartilhado pelos outros.

4. A .... refere-se ao conjunto de características próprias e exclusivas de uma pessoa, pelas quais é conhecida e reconhecível.

5. .... é o processo que ocorre entre dois ou mais indivíduos, em que a ação de um deles é resposta a outro indivíduo e, ao mesmo tempo, estímulo para as ações deste.

6. A .... é definida como o conjunto de características psicológicas que refletem e determinam como a pessoa responde ao seu ambiente, constituindo sua maneira habitual de ser.

7. O .... é o conjunto de pensamentos e sentimentos que a pessoa desenvolve a respeito de si própria.

8. A .... é um autoconceito positivo, quando a pessoa reconhece suas qualidades e obtém autossatisfação e bem-estar.

9. .... significa o nosso mundo interior, o mundo de ideias, significados e emoções, construído internamente pela pessoa, a partir de suas relações sociais, de sua vivência e de sua constituição biológica.

10. A .... é um conjunto de estilos de vida e valores característicos de grupos de jovens, expressos por meio do consumo de produtos da cultura de massa, como roupas, música, adereços, marcas corporais, práticas de lazer.

Leituras sugeridas

Entre os diversos livros sobre o comportamento dos jovens, sugerimos a leitura de dois:

CASTRO, L. R.; CORREA, J. *Juventude contemporânea – perspectivas nacionais e internacionais.* Rio de Janeiro: Nau, 2005.
As autoras discutem o papel dos jovens na construção da cultura e da sociedade contemporâneas, procurando examinar alternativas e encaminhar propostas para enfrentar as novas problemáticas que envolvem os jovens atualmente.

HALL, S. *Identidade cultural na pós-modernidade.* 10. ed. Rio de Janeiro: DP&A, 2005.
O autor analisa as sociedades, desde o Iluminismo até os dias atuais, ilustrando as três concepções de identidade que vigoraram até o presente momento – o sujeito do Iluminismo, o sociológico e o pós-moderno.

Para finalizar

Assista às propagandas a seguir, explique os objetivos das empresas anunciantes (qual mensagem a ser comunicada e quais reações esperadas do público--alvo) e opine se você acha, ou não, que a empresa vai atingi-los, utilizando os conceitos estudados nesse capítulo.

Adidas Creativity –
Flavia Saraiva

Passatempo –
Nova receita

Capítulo 7

A mulher e o consumo

Objetivos do aprendizado

Após estudar este capítulo, você será capaz de:

- conhecer os conceitos relacionados ao gênero feminino;
- discutir teorias sobre o comportamento da mulher em relação a vida afetiva, sexualidade, família, maternidade, beleza, corpo, moda e luxo;
- analisar o comportamento de consumo das mulheres;
- entender os critérios de segmentação socioeconômica da população;
- analisar o comportamento de consumo do segmento "nova classe média".

7.1 A mulher e o gênero feminino

Nas últimas décadas, as mulheres passaram por diversas **mudanças socioculturais** ligadas às maneiras de pensar e agir, à expressão da identidade, aos valores e estilos de vida. O modo como elas veem a si mesmas e seus sonhos mudaram, e continua mudando. Portanto, é necessário entender essas alterações, como se desenvolveram e de que maneira afetaram a relação das mulheres com as marcas e os produtos de consumo. Como disseram Russo e Troiano: "o que está em jogo hoje, no marketing de produtos dirigidos, direta ou indiretamente, às mulheres é ampliar a visão que temos da consumidora para continuar mantendo diálogo com ela".[1]

Para ampliar a compreensão sobre a mulher contemporânea, Russo e Troiano realizaram um estudo em que identificam três modelos tradicionais de **identidade feminina**, denominados "Carmen", "Jane Fonda" e "Cinderela". Eles correspondem a possibilidades para a construção da **identidade** da mulher, que é um processo ao mesmo tempo individual, pois depende de escolhas pessoais, e **relacional**, pois é influenciado pelos comportamentos dos grupos de referência e as mensagens da mídia.

No Quadro 7.1 há uma breve descrição dos três modelos de identidade, segundo os referidos pesquisadores.

Quadro 7.1   Os três modelos tradicionais de identidade feminina

> **"Cinderela"**
> A identidade social da mulher constitui-se em torno do casamento, da família e dos filhos. Esses elementos são a fonte do poder que ela exerce dentro de seu espaço social (marido, filhos, parentes, amigos, vizinhança). A sua casa é o espaço onde seu projeto de vida pode se concretizar na plenitude. O "sacrifício" de **dedicação à família** e administração do lar é muitas vezes

---

[1] TROIANO, J. *As marcas no divã*: uma análise de consumidores e criação de valor. São Paulo: Globo, 2009. p. 98.

aparente. Esse "sacrifício" está associado ao poder que é conferido à mulher sobre esse espaço familiar e doméstico. Nas palavras de uma consumidora: "Ah! O que seria desta casa se não fosse eu!".

"Carmen"
Essa identidade feminina se define a partir da conquista do homem e das relações de **sedução**. O nome "Carmen" é uma referência à ópera de G. Bizet, na qual a personagem principal é uma cigana que usa seus talentos de dança e canto para seduzir os homens. A sedução é o caminho escolhido para a conquista de posições na batalha "contra" outras mulheres. Ser percebida como bonita, atraente e desejada são metas importantes nesse modelo. Nas palavras de uma consumidora: "Mulher tem de ser bonita para ser admirada". A fonte de poder da "Carmen" emana de seu corpo e de sua capacidade de seduzir e manipular sentimentos afetivos e eróticos do sexo oposto.

"Jane Fonda"
Modelo de identidade baseado na atriz norte-americana de mesmo nome, que foi também escritora e ativista política. Trata-se de um modelo ligado a três aspectos: o envolvimento profissional, uma luta por posições sociais tradicionalmente masculinas e a expectativa de transformação do mundo. A busca de autodeterminação e **independência** é uma característica essencial desse modelo. Nas palavras de uma consumidora: "Eu me sustento desde que saí da casa de meus pais. Eu não consigo imaginar minha vida sem o meu trabalho". A busca de independência não deve ser entendida apenas no plano material, de se conquistar autonomia (não depender de um pai, ou de um marido). Não depender de outra pessoa significa **ser livre** em relação à sobrevivência material e ser dona de suas próprias ideias e do "seu próprio nariz".

Fonte: TROIANO, J. *As marcas no divã: uma análise de consumidores e criação de valor*. São Paulo: Globo, 2009. p. 98.

A cada um dos três modelos corresponde um **padrão aspiracional**. Assim, "Cinderela" corresponde ao "sonho da reprodução"; "Carmen", ao "sonho da sedução"; e "Jane Fonda", ao "sonho da produção".

Na contemporaneidade, a aspiração das mulheres não é seguir um desses três modelos, mas alcançar o **equilíbrio entre os papéis sociais** (mãe, esposa e profissional), o que reflete um processo de conquistas e expansão dos papéis das mulheres no mundo.

Sobre isso, os autores afirmam: "Talvez um dos maiores erros em muitas iniciativas de marketing e comunicação seja uma visão que simplifica a forma de ver as consumidoras e as reduz apenas a uma das três matrizes ou modelos. A propaganda brasileira, por exemplo, está repleta de casos com essa visão simplificadora, em que a mulher é tratada como se fosse dona de casa apenas, ou sedutora apenas ou somente executiva".

Caso para discussão 27

Propaganda é suspensa pelo Conar

Após várias reclamações de consumidores, o Conselho Nacional de Autorregulamentação Publicitária (Conar) decidiu suspender o anúncio da marca de cerveja Itaipava, com a ex-dançarina Aline Riscado, incluindo os cartazes e a propaganda na TV.

Aline Riscado interpreta "Verão", uma garçonete que deixa os frequentadores de um quiosque na praia "babando" por suas curvas. Enquanto a moça circula entre as mesas, os homens comentam: "Vai, Verão! Vem, Verão!".

Entre as críticas à propaganda, estão acusações de machismo e excesso de sensualidade. O Grupo Petrópolis, responsável pela marca, disse que "aceita e acata a decisão do Conar".

Fontes: adaptado de CONAR suspende propaganda com Aline Riscado por ser "sensual demais", 21 jun. 2015. Disponível em: <http://diariogaucho.clicrbs.com.br/rs/entretenimento>. Acesso em: 7 abr. 2016.

Questões

1. Faça um debate com seus colegas sobre esta propaganda e a decisão do Conar. Você está de acordo com o Conar? Justifique sua decisão.
2. Pesquise outras propagandas que registraram reclamação dos consumidores ao Conar.

Saiba +

Sua marca sabe dialogar com a mulher?

Alan Clark, presidente da SAB Miller, dona da marca Itaipava, disse, em entrevista ao *Wall Street Journal*, que as fábricas de cerveja ainda não aprenderam a respeitar as mulheres. "Precisamos reconhecer que as cervejarias, há anos, desconsideram ou insultam as mulheres." Para ele, as mulheres tomam pouca cerveja por culpa das peças publicitárias "insultantes" e "arrogantes". A declaração de culpa do executivo foi reforçada com dados divulgados pelo Think Eva, núcleo de inteligência do feminino.

Na pesquisa do Think Eva, foi perguntado para mil mulheres, descritas como "super conectadas e engajadas", o que elas acham da forma como são retratadas na publicidade. Foi constatado que o principal sentimento em relação à publicidade é a indiferença. Para 62,4% das entrevistadas, a publicidade desperta o sentimento de mesmice. Mesmo quando instigadas, 55,7% indicam não ter visto nenhuma propaganda que tenha chamado a atenção recentemente.

O desejo mais presente foi o de uma comunicação inclusiva, que contemple suas necessidades e anseios. A pesquisa mostra também que 73,2% das respondentes têm interesse em comunicação de tecnologia. Ao retratar mulheres, a inteligência é a principal característica que as respondentes gostariam de ver na publicidade (85,8%), seguida por independência (72,3%).

Fonte: adaptado de *Sua marca sabe dialogar com a mulher?*, 20 ago. 2015. Disponível em: <http://www.meioemensagem.com.br/>. Acesso em: 7 abr. 2016.

Para analisar a questão da identidade feminina, vamos inicialmente distinguir sexo de gênero. O conceito de **sexo** designa a característica biológica (órgão sexual), ou seja, a **diferença sexual** que distingue a mulher do homem e que lhe atribui um papel determinado na reprodução humana. O termo é também empregado como sinônimo de relação sexual.

O **gênero** refere-se aos significados e às posições sociais que a **diferença sexual** adquire em cada sociedade, ou seja, aos **papéis** e *status* atribuídos socialmente a cada sexo. Enquanto o termo **sexo** representa a anatomia e a fisiologia (natureza) do homem e da mulher, o **gênero** denota os fatores sociais, políticos e culturais que moldam os comportamentos e as imagens simbólicas sobre o feminino e o masculino. Desnaturalizar hierarquias de poder baseadas em **diferenças de sexo** tem sido um dos eixos dos estudos de gênero.[2]

O **conceito de gênero** desenvolveu-se a partir dos estudos sobre mulheres que surgem no período entre-guerras do século XX nos Estados Unidos, com os trabalhos das antropólogas Margareth Mead[3] e Ruth Benedict,[4] e, posteriormente, da socióloga Joan Scott.[5] Na França, em 1949, com a publicação do livro *O segundo sexo*, da filósofa francesa Simone de Beauvoir, o estudo sobre as mulheres passa a ter um caráter político de crítica à dominação masculina tanto no nível material quanto simbólico. Essa nova perspectiva passou a ser chamada de **feminismo** e se expandiu na Europa e na América Latina após os movimentos estudantis de 1968.[6]

Nesse contexto, surge o **conceito de gênero** com a premissa de que não existe uma determinação natural/biológica dos comportamentos de homens e de mulheres, apesar de as regras sociais serem baseadas numa suposta **determinação biológica**

---

2 CITELI, M. T. Fazendo diferenças: teorias sobre gênero, corpo e comportamento. *Revista Estudos Feministas*, Florianópolis, v. 9, n. 1, 2001. p. 131-145.
3 MEAD, Margaret. *Male and female*: a study of the sexes in a changing world. New York, Dell, 1949.
4 BENEDICT, Ruth. *Patterns of Culture*. New York: Houghton Mifflin, 1934.
5 SCOTT, Joan W. Gênero: uma categoria útil de análise histórica. *Educação & Realidade*. Porto Alegre, vol. 20, n.2, jul./dez, 1995. p.71-99.
6 GROSSI, M. A Revista Estudos Feministas faz 10 anos: uma breve história do feminismo no Brasil. *Revista Estudos Feministas*, v. 12, número especial, Florianópolis, set.-dez. 2004.

dos sexos, como "mulher não pode levantar peso" ou "homem não tem jeito para cuidar de criança".[7]

Portanto, **gênero** é um conceito que designa a construção sociocultural dos atributos de masculinidade e feminilidade, ou seja, de características e comportamentos culturalmente convencionados do que é "ser mulher" e "ser homem".

A **teoria de gênero** considera que as relações entre homens e mulheres ocorrem de modo distinto em cada sociedade, período histórico, grupo étnico e geração. A **identidade de gênero**, ou seja, o gênero com que a pessoa se identifica, é desenvolvida à medida que as concepções socioculturais de gênero são internalizadas por homens e mulheres.

Nesse sentido, podemos dizer que ninguém "nasce homem ou mulher", pois nos tornamos o que somos ao longo da vida, na constante interação com o meio sociocultural. Assim, há pessoas que nasceram com o sexo masculino e se identificam como femininas, e vice-versa. Portanto, o que se considera masculino ou feminino é resultado de **convenções sociais**, que podem mudar com o tempo.[8]

Como diz Amparo Caridade,[9] o **feminino** é um sistema de pensamento e uma forma de ser, não é um patrimônio da mulher.

Para Guacira Louro,[10] não são as características sexuais, mas é a forma como estas são representadas ou valorizadas, aquilo que se diz ou se pensa sobre elas, que vai constituir os **gêneros feminino** e **masculino** em uma sociedade em dado momento histórico.

De acordo com essa perspectiva, o sexo biológico não determina se uma pessoa exibirá **traços sexualmente tipificados**, isto é, características físicas, psicológicas ou comportamentais consideradas típicas de um homem ou uma mulher. Portanto, o processo de socialização é visto como um fator contribuinte para a manutenção ou superação das **diferenças e desigualdades de gênero**, que tradicionalmente são aceitas como "naturais" e "normais" pela sociedade.[11]

O conceito de **papéis de gênero**, ou seja, o papel a ser desempenhado pelo homem e pela mulher na sociedade, é o conjunto de expectativas sociais em relação aos

---

7 GROSSI, M. *Identidade de gênero e sexualidade*. Disponível em: <http://bibliobase.sermais.pt:8008/BiblioNET/upload/PDF3/01935_identidade_genero_revisado.pdf>. Acesso em: 8 abr. 2016.

8 Ministério da Saúde. *Diversidades sexuais: adolescentes e jovens para a educação entre pares*. Brasília, 2010. p. 15. Disponível em: <http://www.unfpa.org.br/Arquivos/guia_diversidades.pdf>. Acesso em: 8 abr. 2016.

9 CARIDADE, A. Psicossomática do prazer feminino. *Rev. Brasileira de Sexualidade Humana*, v. 10, n. 1, jan. 1999. p. 65.

10 LOURO, G. L. *Gênero, sexualidade e educação*: uma perspectiva pós-estruturalista. Petrópolis: Vozes, 1997.

11 SOLOMON, M. R. *O comportamento do consumidor*: comprando, possuindo e sendo. 5. ed. Porto Alegre: Bookman, 2002.

comportamentos adequados para homens e mulheres.[12] As concepções dos **papéis de gênero** têm sido transmitidas pelas famílias, escola, televisão, internet, literatura e cinema, ao longo do processo de socialização. Alguns desenhos animados, por exemplo, exibem meninas dóceis e submissas e meninos valentes e dominadores, que são **papéis femininos e masculinos estereotipados**, sem contemplar a atual diversidade de papéis desempenhados por homens e mulheres.

No entanto, homens e mulheres podem não aceitar nem internalizar as expectativas de sua cultura sobre os **papéis feminino e masculino** que aprendem a desempenhar ao longo o processo de socialização.

Curiosidade

Desenhos animados ensinam papéis sexuais estereotipados

Os desenhos da Disney, como A Pequena Sereia, A Bela e Fera e Mulan, apresentam às crianças quais comportamentos, atitudes e gestos são adequados a cada um dos gêneros. Nos desenhos, as personagens femininas devem ser "gentis, bondosas e amigas", reforçando um padrão comportamental de delicadeza.

Em A Pequena Sereia, Ariel assume a sua identidade ao ser apontada como "princesa" e "bela garotinha". Já em A Bela e a Fera a personagem principal assume a identidade de uma garota doce, que educa, ensina e cuida. E há ainda um personagem masculino que age como um salvador e é capaz de ajudar a fera a ser melhor. Em Mulan, a identidade da garota ideal é definida como aquela que cuida, cozinha, não precisa ser bela nem usar o cérebro.

Portanto, em todos os três desenhos analisados, as representações exemplificam padrões hegemônicos de masculinidade e de feminilidade.

Fonte: RAEL, C. Gênero e sexualidade nos desenhos da Disney. In: LOURO, G. et al. Gênero e sexualidade: um debate contemporâneo na educação. Petrópolis: Vozes, 2010. p. 160-171.

A perspectiva oposta à teoria de gênero é chamada **determinismo biológico**, ou essencialismo, teoria segundo a qual a posição ocupada por diferentes indivíduos, bem como as habilidades, capacidades, padrões cognitivos e sexualidade, derivam da constituição biológica (fisiologia masculina e feminina).[13] Essa perspectiva admite que as **diferenças biológicas** (sexuais) explicam as **diferenças de gênero** (comportamentos femininos e masculinos) e as **desigualdades de gênero** (o poder dos homens sobre as mulheres, por exemplo).

A noção de **gênero** surge a partir da década de 1950, com o a segunda onda do **feminismo**, um movimento intelectual, social e político que teve como objetivo a

---

12 CONNELL, R. W. Gender. Cambridge, UK: Polity Press, 2002.
13 CITELI, M. T. Fazendo diferenças: teorias sobre gênero, corpo e comportamento. Revista Estudos Feministas [on-line], v. 9, n. 1, 2001. p. 131-145.

transformação da situação da mulher na sociedade, de forma a superar as desigualdades nas relações com os homens.[14] Simone de Beauvoir, uma das mais importantes feministas, escreveu uma frase que sintetiza o pensamento feminista: "Não se nasce mulher, torna-se mulher". O início do **movimento feminista** ocorreu na segunda metade do século XIX, nos Estados Unidos, com as reivindicações em torno do sufrágio universal, com o direito ao voto, em busca de igualdade social e cidadania para as mulheres. Segundo Fraser[15], a demanda fundamental era de que as mulheres fossem tratadas da mesma maneira que os homens, visto serem tão capazes quanto eles e merecedoras do princípio de dignidade, que foi universalizado na era moderna.

Para a **teoria feminista**, a raiz da condição de desigualdade feminina está na existência do domínio patriarcal, em que o homem detém o poder sobre a mulher, os filhos, as propriedades materiais e o Estado, e a mulher restringe-se à condição de submissão e dominação. Portanto, o **patriarcado** refere-se ao sistema social no qual o pai, chefe da família, exerce sobre esta os direitos mais absolutos.[16]

O surgimento do **feminismo** e dos movimentos reivindicatórios de direitos sociais e políticos por parte das mulheres contribuíram para questionamentos sobre a **dicotomia masculino-feminino** e para debates em áreas como família, divisão doméstica do trabalho e cuidado com as crianças.[17]

No entanto, na sociedade brasileira, o processo de **socialização** das crianças ainda mantém, em muitas escolas e famílias, a educação baseada em **diferenças de gênero**.

Em pesquisa realizada em uma pré-escola municipal de educação infantil (Emei) na cidade de São Paulo, as pesquisadoras Claudia Vianna e Daniela Finco[18] relataram os depoimentos de professoras, que revelaram a persistência das diferenças de gênero no processo educativo:

> As meninas falam muito e os meninos são mais agitados assim com o corpo. As meninas, eu costumo chamá-las de princesas, então é uma relação mais meiga, mais doce mesmo. E os meninos são os meus rapazes, são mais ativos, gostam de correr, de pular, não param quietos no lugar. (Professora A)

---

14 FARAH, M. S. Gênero e políticas públicas. *Revista Estudos Feministas*, Florianópolis, v. 12, n. 1, jan.-abr. 2004. p. 47-71.
15 FRASER, N. Multiculturalism and gender equity: the U.S. "difference" debates revisited. Constellations, 3 (1), 1996. p. 61-72. Apud MENDONÇA, R.; OGANDO, A. Discursos sobre o feminino. Um mapeamento dos programas eleitorais de Dilma Rousseff. RBCS, v. 28, n. 83, out. 2013. p. 195-243.
16 BADINTER, E. Um é o outro: relações entre homens e mulheres. Rio de Janeiro: Nova Fronteira, 1986. Apud FAGUNDES, C. P. Identidade e relações de gênero. *Cadernos de Pesquisa do NUFIHE*. Programa de Pós-Graduação em Educação/UFBA, Salvador, v. 3, n. 1, jan.-dez. 1991. p. 169-186.
17 HALL, S. *A identidade cultural na pós-modernidade*. Rio de Janeiro: DP&A, 1998. p. 55.
18 VIANNA, C.; FINCO, D. Meninas e meninos na Educação Infantil: uma questão de gênero e poder. *Cadernos Pagu*, n. 33, 2009. p. 265-283.

Eu não tenho um aluno que tem o capricho de muitas meninas, a maioria dos meus meninos faz as coisas de qualquer jeito, não tem cuidado, não é caprichoso, deixa as coisas jogadas, não tenho menina que deixa o estojo jogado no chão. (Professora B)

Sobre a desigualdade salarial, a pesquisa PNAD 2015 revelou que o rendimento médio mensal dos homens de 15 anos ou mais de idade, com rendimento de trabalho, foi de R$ 2.058,00 e o das mulheres, R$ 1.567,00. Em termos proporcionais, as mulheres receberam, em média, 76,1% do rendimento de trabalho dos homens em 2015.[19]

Caso para discussão 28

Desigualdade salarial e ocupacional entre homens e mulheres

A socióloga Cecília Comegno,[20] ao analisar as **desigualdades de gênero**, faz o seguinte questionamento:

> No Brasil, como em vários países do mundo, menos ou mais desenvolvidos, as mulheres – desde a escola primária até a universidade – apresentam melhores resultados escolares que os homens. No entanto, o paradoxo permanece: se as mulheres apresentam melhor rendimento escolar, por que os homens, com o mesmo nível educacional que as mulheres, recebem melhor salário no mercado de trabalho?

Segundo a pesquisa PNAD, no Brasil as mulheres recebem em média menos que os homens em todas as formas de trabalho. A relação de desigualdade de rendimentos é maior nos trabalhos informais. Em 2013, o rendimento médio das mulheres em trabalhos informais era equivalente a 65% do rendimento dos homens nesses trabalhos. Nos trabalhos formais essa relação era de 75%.

No entanto, o avanço da escolaridade não tem sido suficiente para romper um quadro de desigualdade entre homens e mulheres no mercado de trabalho. À medida que avança a escolaridade, a desigualdade de rendimentos por sexo aumenta. Entre os menos escolarizados (com até 4 anos de estudo) o rendimento das mulheres era equivalente a 81% do rendimento dos homens com a mesma escolaridade. Com 12 anos ou mais de estudo essa relação era 66%.

O acesso de mulheres a cargos gerenciais e de direção é reduzido comparativamente aos homens. Em 2013, a proporção de mulheres de 25 anos ou mais de idade nestes cargos era 5,1%, enquanto entre os homens a proporção era 6,4%. ▶

---

[19] IBGE. PNAD, 2015.
[20] COMEGNO, M. C. SP Mulheres em dados. *São Paulo em Perspectiva*, São Paulo, v. 17, n. 3-4, 2003. p. 67-79.

Na análise da distribuição dos cargos de gerenciamento por setor de atividade e sexo, o número de mulheres superou o dos homens somente no setor de educação, saúde e serviços sociais (154 mil mulheres em contrapartida com 87 mil homens). No entanto, o rendimento médio das mulheres correspondia somente a 58% do rendimento médio dos homens nesses setores.

Fonte: IBGE. *Pesquisa PNAD 2013*. Disponível em: <http://biblioteca.ibge.gov.br/visualizacao/livros/liv94414.pdf>. Acesso em: 15 mar. 2016.

Questão

1. Com base nos conceitos apresentados e no seu ponto de vista, que fatores levam as mulheres, no Brasil, a terem salários menores que os dos homens; menor participação nos cargos de hierarquia das empresas; e mais oportunidades nos empregos tradicionalmente oferecido às mulheres (professora, enfermeira, secretária, faxineira, empregada, cozinheira etc.)?

A **mídia**, como agente formador de opinião, tem contribuído para a manutenção de **papéis de gênero estereotipados**. Segundo a pedagoga Cristina Fagundes, programas e seriados de TV, propagandas veiculadas por revistas, jornais, rádio e televisão, além de filmes,

> reafirmam a dicotomia dos papéis de gênero, reservando a homens e mulheres imagens tradicionalmente construídas. Por meio de generalizações, as mensagens da mídia foram estabelecendo diferenças entre homens e mulheres, tornando diferentes seres humanos essencialmente iguais.[21]

Os **estereótipos** são construções mentais, imagens e ideias, que estabelecem critérios socialmente falsificados, baseados em características não comprovadas e não demonstradas, atribuídas a pessoas, coisas e a situações sociais.[22]

Como podemos ver, a perspectiva determinista/naturalista está sendo questionada e discutida pelas ciências sociais, bem como pelos diversos movimentos em que as mulheres são protagonistas.

De acordo com o psicólogo Sérgio Silva, na sociedade brasileira contemporânea, a noção de hierarquia social e de gênero passa a ser questionada, dando lugar ao anseio de **igualdade e liberdade** como fundamento das relações sociais. Assim, é combatida a intolerância contra indivíduos considerados estranhos e diferentes porque não se adaptam às normas estabelecidas por uma pretensa maioria.[23]

---

21 FAGUNDES, T. C. P. (Org.). *Ensaios sobre identidade e gênero*. Salvador: Helvécia, 2003. p. 169-186.
22 LAKATOS, E. M. *Introdução à sociologia*. São Paulo: Atlas, 1997.
23 SILVA, S. G. O conflito identitário: sexo e gênero na constituição das identidades. *Revista Brasileira de Sexualidade Humana*, v. 10, n. 1, jan.-jun. 1999. p. 70-88.

Caso para discussão 29

A construção dos estereótipos

A pesquisadora Cristina Fagundes explica que, desde os primórdios de nossa cultura, a **menina** aprende, na família, que "ser mulher" é saber cuidar de crianças, cozinhar, lavar, passar, cuidar da casa e do marido; é adotar a postura do servir, do submeter-se, do obedecer ao pai, irmão, marido etc.; é ser dependente, passiva, dócil, carinhosa, gentil, paciente, emotiva; é ser aquela que sabe agradar, e mais uma série interminável de atributos considerados femininos. O menino, por sua vez, aprende que **"ser homem"** é ter sob seu comando as experiências dos outros, especialmente das mulheres; é poder tomar decisões por todo um grupamento social como a família; é ser ativo, viril, corajoso, intransigente etc.[24]

Fischer e Marques consideram que a educação, tanto a informal quanto a escolar, contribui para aprofundar as desigualdades entre homens e mulheres. E afirmam:[25]

> É a partir de detalhes sutis como os brinquedos infantis, a exemplo do carrinho, da arma e da boneca, que a criança é preparada para o espaço público, reservado ao masculino, e o privado, o da submissão, reservado ao feminino, o carro e o revólver, simbolizando o espaço público, representam a violência, a decisão, o domínio etc. A boneca está associada ao trabalho da casa, ao fogão e à maternidade. Dessa forma, vão sendo atribuídas personalidades para homens e mulheres, gerando a necessidade da existência de um ser frágil – sensível, dócil – para justificar o outro ser forte – provedor, agressivo, frio, intolerante –, reiterando a cultura patriarcal e a assimetria entre os gêneros.

Questões

1. Dê exemplos de situações, com base em sua experiência pessoal, onde as pessoas apresentaram uma opinião estereotipada em relação a mulheres, ou em filmes, cenas de telenovela etc.

2. Em sua opinião, como o questionamento da visão estereotipada sobre a mulher pode auxiliar o profissional de marketing a criar produtos e propagandas para as mulheres?

---

24 FAGUNDES, T. C. P. (Org.). *Ensaios sobre identidade e gênero*. Salvador: Helvécia, 2003. p. 169-186.
25 FISCHER, I. R.; MARQUES, F. *Gênero e exclusão social*. Fundação Joaquim Nabuco, Trabalho para discussão n. 113/2001, Recife, ago. 2001. p. 3.

Caso para discussão 30

A era da "mulherização"

Talvez você não saiba, consumidora, mas o estofamento do banco de seu carro foi cuidadosamente escolhido para não desfiar meias-calças. Se você observar, todos os veículos têm espelho no quebra-sol do motorista – para aquela retocada básica no batom, enquanto o sinal está fechado. E, se reparar ainda mais, verá que o vão entre a maçaneta e a porta do veículo está mais fundo e os botões do painel ficaram maiores. Tudo para que as mulheres não risquem nem quebrem as unhas. Há montadoras que entregaram o desenho do interior do veículo a estilistas de moda e convocaram modelos famosas para anunciar seus carros na TV – hoje, já não se fala tanto em potência ou aerodinâmica, mas sim em design, conforto, segurança e economia.

Parabéns, mulheres! Vocês acabam de fazer uma revolução na indústria. E não só na automobilística. As fabricantes de telefones celulares já inventaram aparelhos que exibem tabelas de calorias e cujo visor se transforma em espelhinho de maquiagem. "Estamos vivendo a era da 'mulherização' da economia. Além do grande poder de consumo, elas têm uma espetacular influência na decisão de compra de qualquer produto ou serviço", diz Romeo, diretor da construtora Tecnisa.

Segundo a empresa de pesquisa StrategyOne, as mulheres respondem pelo consumo de 94% do mobiliário doméstico e 65% dos alimentos. Dão a última palavra na aquisição de 42% dos carros novos. Compram 58% dos remédios, 75% dos produtos de limpeza, 88% dos artigos de luxo e 92% dos pacotes turísticos. Escolhem 88% dos planos de saúde. Essa força feminina, nas maiores economias do mundo, surgiu em decorrência da inserção da mulher no mercado de trabalho.

Diante dos fatos, a indústria começou a tratá-las como rainhas, oferecendo produtos de alta qualidade, com muita tecnologia e com um design que valoriza os anseios femininos.

Fonte: adaptado de OLIVEIRA, D.; PINCIGHER, E.; FERNANDES, D. A era da mulherização. *IstoÉ Dinheiro*, 28 jul. 2004. p. 32.

Questões

1. Selecione uma teoria da psicologia e uma da sociologia que possam ajudar a compreender por que as mulheres decidem a compra de certos produtos, como alimentos para seus filhos, planos de saúde e pacotes turísticos.

2. Discuta com seus colegas quais produtos usados em sua casa têm a decisão de compra feita por sua mãe e quais são decididos por seu pai.

Em síntese, as mudanças socioeconômicas e culturais, que se foram consolidando mundialmente desde a década de 1950, provocaram alterações na identidade e nos papéis sociais das mulheres e dos homens, desencadeando a necessidade de se buscar uma compreensão sobre a nova dinâmica das relações interpessoais, entre os gêneros e as gerações na sociedade brasileira, e a participação das mulheres nos movimentos sociopolíticos para a superação das desigualdades de gênero.

7.2 A mulher e a vida afetiva

Um objetivo significativo na vida é a **realização afetiva**. Assim, para estudar o comportamento das mulheres e suas relações com produtos e marcas, faz-se necessário entender conceitos e teorias sobre afetividade e sexualidade.

A **afetividade** é o conjunto de fenômenos psíquicos que se manifestam sob a forma de **afetos** (emoções, sentimentos e paixões), acompanhados da impressão de dor ou prazer, de satisfação ou insatisfação, de agrado ou desagrado, de alegria ou tristeza.[26]

De acordo com os psicólogos, a vida afetiva é parte integrante da nossa **subjetividade**, sendo que nossas reações e expressões não podem ser compreendidas se não considerarmos os afetos que as acompanham. São os afetos que dão colorido às nossas vidas. "Eles se expressam nos desejos, sonhos, fantasias, expectativas, palavras e gestos, em tudo que fazemos e pensamos. É o afeto que nos faz viver."[27]

O melhor exemplo para entender a **afetividade** é compará-la aos óculos por meio dos quais vemos o mundo. São esses hipotéticos óculos que nos fazem enxergar nossa realidade desse ou daquele jeito. Se esses óculos não forem adequados, podemos enxergar as coisas maiores ou menores do que são, mais coloridas ou mais cinzentas, mais distorcidas ou fora de foco.[28]

A psicologia, ao estudar a vida afetiva das pessoas, faz uma distinção entre a emoção e o sentimento. O **sentimento** é um estado afetivo mais atenuado e durável, como lealdade, amizade, ternura, admiração e gratidão. Dos fatos e acontecimentos que ocorrerem na nossa vida, teremos lembranças e sentimentos; portanto, lembraremos não apenas de nossas experiências, mas também se elas foram desagradáveis ou prazerosas.

Diferentemente do sentimento, a **emoção** é um estado afetivo momentâneo, que provoca reações intensas e breves no organismo, em resposta a certos acontecimentos internos ou externos ao indivíduo. Há diversos tipos de emoção: medo, raiva, alegria,

---

[26] *Dicionário eletrônico Aurélio Século XXI*. Versão 3.0. Rio de Janeiro: Nova Fronteira/Lexikon Informática. 1999.
[27] BOCK, A. M. B.; FURTADO, O.; TEIXEIRA, M. de L. T. *Psicologias*: uma introdução ao estudo de psicologia. São Paulo: Saraiva, 2002. p. 189.
[28] BALLONE, G. *Psicopatologia e Psiquiatria Básicas*. São Paulo: Vetor, 2003. p. 3.

tristeza, piedade, felicidade, remorso, paixão, ódio, culpa, vergonha etc. As emoções surgem como **experiência emocional** (o indivíduo sente a emoção) e **comportamento emocional** (o indivíduo é levado a fazer algo), quando se verificam alterações fisiológicas provocadas diretamente pela própria emoção: ficar "corado" de vergonha, ficar "branco" de susto, ter batidas do coração aceleradas por causa do medo etc.[29]

A **emoção** é um estado provocado por uma situação interna ou externa ao indivíduo. Um estado de medo, por exemplo, pode ser provocado por um automóvel vindo em nossa direção, e disso resulta uma ação imediata: fugir do perigo. Algumas **expressões emotivas** não são aprendidas, como sorrir, chorar, gritar etc. Outras são adquiridas por imitação, quando a vida em sociedade exige que o indivíduo use expressões de sociabilidade, como polidez ou sorriso cordial, quando na realidade ele gostaria de expressar desagrado, irritação ou desprazer. A isso se chama **controlar as emoções**, processo que se aprende desde criança.[30]

Para a antropologia, as emoções são socioculturais e as experiências emocionais são, simultaneamente, subjetivas e sociais. Assim, as **emoções são comportamentos aprendidos** no processo de socialização. Em cada cultura, há uma linguagem da emoção específica, que envolve o tipo de emoção que se manifesta em cada situação e a forma como é demonstrada e reconhecida por aqueles que nela estão inseridos.[31] Dessa forma, as ciências sociais têm contribuído para a **desnaturalização das emoções**, rejeitando o pressuposto de que são universais e naturais.

Assim, vimos que os **afetos** (emoções e sentimentos) constituem parte importante da vida psíquica e da sociabilidade e são necessários porque dão cor e sabor ao nosso cotidiano. Além disso, a vida afetiva está ligada à sexualidade, já que esta não é vivenciada sem a presença de sentimentos e emoções.

Entender os fatores que levam as mulheres a se emocionarem é um dos objetivos da pesquisa de marketing, porque uma das funções dos produtos de consumo é auxiliar as pessoas a **expressarem seus afetos**, como o jovem que presenteia sua namorada com flores para expressar seu amor. Teorias e conceitos da psicologia e das ciências sociais podem nos ajudar nessa tarefa de compreensão dos afetos.

Sobre a relação dos afetos com o comportamento de consumo, segundo Holbrook e Hirshman, as **respostas emocionais** não se restringem a gostar ou não gostar, mas incluem emoções como paixão, ódio, medo, raiva, alegria e tristeza.[32]

---

[29] BOCK, A. et al., 2001. p. 189.
[30] BOCK, A. et al., 2001. p. 193.
[31] AMARAL, V. L. *Psicologia da Educação*: a vida afetiva: emoções e sentimentos. Natal, RN: EDUFRN, 2007.
[32] HOLBROOK, M.; HIRSCHMAN, E. The Experiential Aspects of Consumption: Consumer Fantasies, Feelings and Fun. *Journal of Consumer Research*, v. 9, 1982. p. 132-140.

As respostas emocionais dos consumidores são o foco de estudos a respeito do impacto da propaganda, da formação de julgamentos de satisfação e dos processos de tomada de decisão.

Os pesquisadores Francine Espinoza e Walter Nique realizaram entrevistas com consumidoras e constataram que certas **experiências de consumo** são carregadas de emoções, especialmente quando o **desejo de consumo** é forte e a experiência confirmou a expectativa, como nos depoimentos a seguir:[33]

> Não imaginei que eu iria comprar, nem que sentiria emoções tão fortes. Achei que só ia olhar, mas na hora me deu uma euforia, uma emoção muito grande, e eu pensei: "eu quero isso, eu quero ter isso". Eu nem estava procurando nada e aquela jóia era exatamente o que eu queria. (mulher, 21 anos)

> O meu carro me deixa outra pessoa. Esses dias eu estava pensando porque eu gosto tanto do meu carro e descobri que é porque eu consigo auxiliar muita gente. Eu levo todo mundo da minha família em todos os lugares e eu adoro fazer isso. Às vezes eu olho as pessoas na parada de ônibus pra ver se não tem ninguém precisando de carona. (mulher, 63 anos)

Os pesquisadores concluíram que os consumidores podem sentir-se felizes quando compram o carro dos seus sonhos, arrependidos quando descobrem que o produto escolhido não atende suas necessidades, raivosos quando recebem um serviço de péssima qualidade em um restaurante ou satisfeitos quando o produto atende suas expectativas.

A **teoria cognitiva das emoções** é predominante nas pesquisas sobre as experiências e as reações emocionais dos consumidores. Desenvolvida na década de 1960,[34] essa teoria pressupõe que a razão e a emoção são inseparáveis e as emoções surgem no processo de avaliação e interpretação de um evento pelos consumidores, e não como consequência imediata da experiência do evento em si.

A **psicologia cognitiva** parte da noção de um fluxo causal que se inicia com o pensamento (cognição), seguido do **afeto** e, finalmente, do comportamento (compra e repetição da compra), conhecido como **teoria da hierarquia de efeitos**. As emoções são consideradas como uma etapa intermediária no processo de decisão do consumidor, sendo este predominantemente racional e individual.[35]

---

[33] ESPINOZA, F. L.; NIQUE, W. Experiências Emocionais em Situações de Consumo de Produtos: Evidências e Proposições de Pesquisa. *Anais do XXVII EnANPAD*, ANPAD, Atibaia, 2003.
[34] ARNOLD, M. (ed.) *Feelings and Emotions:* The Loyola Symposium. New York, Academic Press, 1970.
[35] ROSEMAN, I. J. Appraisal determinants of discrete emotions. *Cognition and Emotion*, 5. 1991. p. 161-200.

Holbrook e Hirschman criticaram esse modelo e elaboraram a **teoria experiencial do consumo**, partindo da noção de que a **experiência** do consumidor inclui não apenas suas crenças e opiniões sobre os atributos dos produtos (**objetividade e racionalidade**) como no modelo cognitivista, mas também uma variedade de sensações, percepções, fantasias, sonhos, criações imaginárias, processos mentais simbólicos, subconscientes e inconscientes, ou seja, a **subjetividade** do consumidor.[36]

Nesse sentido, a perspectiva construcionista da **sociologia das emoções** afirma que estas são construções sociais, pois adquirem formas e sentidos na interação social, de acordo com as situações vivenciadas e a influência das normas, códigos culturais e comportamentos aprendidos, que orientam os **vocabulários emocionais**, ou seja, as formas expressivas das emoções (riso, choro, ansiedade, agitação, calma, nervosismo, sensação de medo e angústia, etc.).[37]

Além de conceitos e teorias, é necessário conhecer metodologias de pesquisa sobre as emoções, como vimos no **Capítulo 2**, que poderão nos ajudar a coletar dados da realidade da mulher brasileira e analisá-los. O caso "Como decifrar os sentimentos ocultos dos consumidores" aborda um dos métodos de pesquisa.

Caso para discussão 31

Como decifrar os sentimentos ocultos dos consumidores

Impressionado com as estimativas de que 80% dos lançamentos de novos produtos fracassam, o professor Gerald Zaltman,[38] da Harvard Business School, pesquisa técnicas capazes de desvendar o fator que considera a chave da vantagem competitiva: entender como os consumidores pensam e decidem. "O mundo mudou, mas não nossos métodos para compreendê-lo", afirma ele.

Apesar do avanço da ciência do cérebro na década de 1990, a maioria das pesquisas de marketing ainda ignora ou não sabe lidar com o **poder das emoções** no processo de escolha dos consumidores. Um dos equívocos é acreditar que os consumidores são capazes de identificar as próprias emoções, pois muitas delas são inconscientes.

---

36 HOLBROOK, M; HIRSCHMAN, E. The Experiential Aspects of Consumption: Consumer Fantasies, Feelings, and Fun. *Journal of Consumer Research*, vol. 9, issue 2, 1982. p. 132-40.
37 SAUERBRONN, J. et al. Bases sociais das emoções do consumidor: uma abordagem complementar sobre emoções e consumo. *Cadernos EBAPE*, v. 7, n. 1, art. 11, Rio de Janeiro, mar. 2009.
38 ZALTMAN, G. Metaphorically speaking: new technique uses multidisciplinary ideas to improve qualitative research. *Marketing Research Forum* 8, verão 1996. p. 13-20.

Como o bêbado que busca um poste iluminado para procurar uma chave perdida em outro local, os profissionais de marketing acumulam informações inúteis, apenas por serem facilmente obtidas. Prova disso, segundo Zaltman, é que 90% das pesquisas de mercado se concentram nas características dos produtos, desprezando os aspectos emocionais. No caso do "Crunch", marca de chocolate, a propaganda explorava **aspectos sensoriais** – sabor, textura e som –, deixando de lado **benefícios emocionais** como as lembranças da infância. O *slogan* da propaganda era "Crunch, o chocolate do barulho". O resultado foi que o produto perdeu vendas para os concorrentes.

A contribuição de Zaltman foi a introdução de uma técnica (Zaltman Metaphor Elicitation Technique – ZMET) de uso de metáforas para revelar os sentimentos e percepções dos consumidores. As **metáforas** são a representação de um pensamento por meio de palavras com o significado de outras. Ou seja, a metáfora é o resultado da relação entre duas palavras de universos diferentes, sendo uma utilizada para dar valores e atributos de seu universo para a outra.

Durante um trabalho no Nepal, ele detectou uma maneira de abrir as portas das reais emoções do consumidor. Zaltman pediu a nepaleses, que jamais haviam visto uma máquina fotográfica, que registrassem imagens. Em seguida, convidou-os a discorrer sobre as fotos. Surgiram histórias ricas, repletas de memória coletiva, que eram associadas às imagens.

Como as metáforas estimulam a mente, ajudam a interpretar o mundo e facilitam novas conexões (estima-se que a cada minuto uma pessoa utilize, em média, seis metáforas), elas possibilitam fazer emergir pensamentos e sentimentos profundos.

Uma das empresas que se utilizam dessa técnica é a DuPont. Por meio dela, as campanhas de meias femininas passaram a ressaltar aspectos de sensualidade e sedução.

Em uma propaganda da General Motors, a caminhonete Chevy foi associada à qualidade de uma rocha, por sua capacidade de resistência.

As **metáforas** são usadas na linguagem cotidiana, como na frase: "o meu amigo é um touro, levou o móvel pesado sozinho".

As metáforas mais fortes são as representadas por arquétipos, que carregam símbolos primitivos, como a mandala, que representa a totalidade, e o fogo, que evoca a transformação.

Fonte: adaptado de BLECHER, N. Muito além de palavras. *Revista Exame*, n. 792, maio 2003. p. 33, 13.

Questões

1. Selecione uma teoria da psicologia e uma da sociologia que possam ajudar a compreender os motivos/significados que levam as mulheres a comprar roupas de moda para seus filhos e para seu uso pessoal.

2. Descreva e explique uma emoção que você se lembra de ter sentido ao ganhar de seu pai ou de sua mãe um presente muito desejado.

Curiosidade

Não é assim nenhuma Brastemp

Uma das campanhas de propaganda da marca de eletrodomésticos Brastemp comunicava um *slogan* com uma metáfora: "Não é assim uma Brastemp". Lançada em 1992, ficou 11 anos na TV e em outras mídias, mantendo-se na memória da população. O objetivo era criar **imagem de qualidade e inovação** para a marca.

A campanha fez uso do humor e baseou-se em depoimentos de pessoas comuns sentadas em um sofá e representadas por atores e comediantes brasileiros.

Em uma das propagandas, um homem diz: "Minha mulher pediu uma geladeira nova. Eu comprei essa aqui. Não é nenhuma Brastemp. Outro dia deu um problema. Chamei a assistência técnica. Não é assim uma Brastemp".

Fonte: A campanha que era "assim um Brastemp". Revista Exame, 29 ago. 2013. Disponível em: <http://exame.abril.com.br/marketing/noticias/a-campanha-que-era-assim-uma-brastemp>. Acesso em: 7 abr. 2016.

7.3 A mulher e a sexualidade

A sexualidade, de acordo com a sexologia, a ciência que estuda esse tema, é a capacidade humana de responder a estímulos eróticos e obter prazer. Envolve todas as zonas erógenas do corpo, bem como as emoções, visando ao prazer compartilhado.

A **teoria da sexualidade,** desenvolvida por Freud em seu livro *Três ensaios sobre a teoria da sexualidade,* de 1905, baseia-se no conceito de **libido**, que é a energia das pulsões sexuais, ou seja, a energia por meio da qual o **impulso sexual** se expressa. Essa energia psíquica empurra o organismo para descarregar a excitação provocada. Sendo a única força construtiva dos indivíduos, a **libido** abrange uma série de fenômenos relacionados com a obtenção do **prazer**. Ou seja, a busca do prazer se sobrepõe à reprodução, não havendo ligação estreita entre sexualidade e órgãos genitais, sendo esta considerada como uma função corpórea mais abrangente, tendo o prazer como a sua meta e só secundariamente irá servir às finalidades de reprodução.[39]

Por ser o "princípio do prazer", Freud denominou a libido de Eros, que, na tradição mitológica grega, é o deus do amor. O prazer pelo prazer é chamado por Freud de **erotismo**.

Outro conceito da psicanálise é a **sublimação**, que se refere ao mecanismo de defesa pelo qual a energia psíquica primitiva (libido) se transforma e se dirige a metas socialmente aceitáveis. A sublimação resulta da dessexualização das pulsões, pois a energia sexual é empregada para outros fins, distintos dos sexuais. O inconsciente desloca a energia de certas tendências condenáveis ou inaceitáveis para realizações consideradas "superiores". Como exemplo, um impulso libidinoso pode ser sublimado e dar ao indivíduo vontade e sentimento estético para se transformar em um grande músico, ou ser um esportista campeão. Por isso, a sublimação é considerada um importante mecanismo do inconsciente para a vida normal do indivíduo.[40]

Já o conceito de **narcisismo** se refere ao estado em que a libido é dirigida ao próprio ego, ou seja, o sentimento de amor é dirigido ao próprio indivíduo. É sinônimo de autoadmiração e autocontemplação. Sendo um sentimento até certo ponto natural, especialmente nas crianças, pode, no entanto, manifestar-se na idade adulta como um transtorno, às vezes provocado por conflitos, desajustes sexuais, decepções amorosas etc.[41]

Com base na **teoria psicanalítica**, a **sexualidade** tem sido pensada como central à existência humana, em razão de sua grande importância na vida psíquica, pois, independentemente da potencialidade reprodutora, relaciona-se com o **prazer**, necessidade essencial dos seres humanos.

Nas **ciências sociais**, há outras perspectivas sobre a sexualidade, enfatizando a influência de **fatores sociais e culturais**, que revelam a diversidade de aspectos e condições que modelam as identidades e práticas sexuais, além dos aspectos biológicos ou psicológicos. A **sexualidade** é definida como um fenômeno complexo, que inclui os seguintes processos: a identificação psicológica da pessoa com o sexo feminino ou masculino, independentemente de seu sexo biológico; a escolha do parceiro sexual e a prática utilizada para obter satisfação sexual.[42]

---

39 GUIMARÃES, V. A concepção freudiana da sexualidade infantil e as implicações da cultura e educação. *Revista Educativa*, Goiânia, v. 15, n. 1, p. 53-66, jan./jun. 2012.
40 NAKASU, M.V. Fronteiras da Sublimação: Notas sobre a Elaboração do Conceito. *Psicologia em pesquisa*. v. 6 n. 1, Juiz de Fora, julho, 2012.
41 ARAÚJO, M. G. Considerações sobre o narcisismo. *Estudos de Psicanálise*, Aracaju, n. 34, dezembro 2010. p. 79-82.
42 HEILBORN, M.L.; BRANDÃO, E. Introdução: Ciências Sociais e Sexualidade. In: HEILBORN, M.L. (org.). *Sexualidade*: o olhar das ciências sociais, IMS/UERJ. Rio de Janeiro: Editora Zahar, 1999. p. 7-17.

Nas perspectivas sociológica e antropológica, a **sexualidade** engloba um conjunto de crenças, comportamentos, relações e identidades socialmente construídos e historicamente modelados, relacionados à conduta sexual dos indivíduos. A sexualidade, embora tendo como suporte um corpo biológico, é vista como uma **construção social**, uma invenção histórica, pois o sentido e o valor que lhe são atribuídos são modelados em situações sociais concretas, segundo o sociólogo Jeffrey Weeks.[43]

Caso para discussão 32

Sexo na literatura juvenil

Existem dezenas de **romances para jovens** com um conteúdo sexual mais explícito. Em *Maldosas*, da editora Rocco, a autora escreveu: "As garotas ergueram devagar as bainhas de suas minissaias, mostrando as calcinhas. Os olhos de Humbert saltaram e ele derrubou sua taça de vinho *pinot noir* em sua calça cáqui, na altura da virilha".

Para Cammie McGovern, autora do romance *Amy & Matthew*, da editora Galera Record, "a sexualidade é um passo para os jovens amadurecerem. Fico feliz que a literatura juvenil tenha se libertado o suficiente para permitir que os autores reflitam a realidade da vida dos adolescentes".

Há dois anos, a Companhia das Letras recebeu um pedido de esclarecimentos do Ministério Público, motivado por uma carta de pais de um colégio que havia incluído em seu currículo o livro *Aparelho sexual e cia.*, um guia bem-humorado sobre sexo para pré-adolescentes.

"Com o tempo, os tabus vão caindo, mas ainda há algumas resistências. Os livros da *Garota <3 Garoto*, por exemplo, a gente achou melhor não trabalhar junto às escolas, disse a *publisher* da editora. "Na série *Crepúsculo*, não havia descrições, mas a questão sexual acompanhava a história. E o *Cinquenta tons de cinza* foi muito lido pelos adolescentes. São temas presentes, que derrubam barreiras. Mas temos cuidado em não lançar obras inapropriadas em nossos selos jovens.

Fonte: MIRANDA, A. *Presença forte de cenas de sexo gera polêmica na literatura jovem e divide autores e educadores*, 22 jun. 2015. Disponível em: <http://oglobo.globo.com/cultura>. Acesso em: 7 abr. 2016.

---

[43] WEEKS, J. O corpo e a sexualidade. Apud SOUZA, J. F. Gênero e sexualidade nas pedagogias culturais: implicações para a educação infantil. *Anais da 22ª Reunião Anual da ANPEd*, Caxambu (MG), 1999. p. 235.

> **Questões**
>
> **1.** Com base nos conceitos aprendidos até aqui, analise os fatores que motivam as adolescentes (13 a 17 anos) a comprar livros juvenis que abordem situações relacionadas à sexualidade.
>
> **2.** Você concorda com a opinião de que os adolescentes não devem ser expostos a esse tipo de conteúdo? Justifique sua opinião

O **desejo sexual** do adulto não se compara a simples pulsões fisiológicas, como é o caso da fome ou da sede. O desejo ou impulso sexual que se experimenta no corpo e que estimula a atividade sexual é entendido como um complexo vivencial formado por três componentes principais: a biologia, a psicologia e a socialização, os três interagindo continuamente uns com os outros. No aspecto predominantemente biológico, o desejo sexual é mais ou menos independente da estimulação externa, sendo o resultado da ativação das redes neurais do sistema nervoso central.[44]

O sociólogo Gagnon faz distinção entre comportamento sexual e conduta sexual. O **comportamento sexual** refere-se às práticas sexuais e a **conduta sexual**, por sua vez, aos **significados** atribuídos a essas práticas pelos indivíduos e culturas às quais eles pertencem e envolve uma avaliação dos comportamentos em situações sociais distintas.

Verifica-se, então, que a **prática e a conduta sexual** estão submetidas a uma série de normas, valores e regras sociais, em geral repressivas, elaboradas ao longo do processo histórico, ideológico, político e cultural de cada sociedade. O modo como as pessoas se relacionam com esses padrões, normas e valores poderá facilitar ou dificultar a prática da sexualidade.[45]

Analisando as condutas sexuais na contemporaneidade, diversos autores questionam se a expressão "revolução sexual" é adequada. Michel Bozon[46] indaga a ideia de que tenha havido, após a década de 1960, uma "liberação" das normas de conduta sexual. Contrário a essa ideia, o autor argumenta que os anos 1960 e 1970 não foram um momento de permissão de expressão de pulsões sexuais reprimidas, mas de "substituição de controles e disciplinas externos aos indivíduos, por meio de controles e disciplinas internos, que aprofundaram as exigências sociais".

---

44 BALLONE, G. Desejo Sexual. *Psiqweb*. Disponível em: <http://www.psiqweb.med.br/site/?area=NO/LerNoticia&idNoticia=2>. Acesso em: 12 abr. 2016.
45 GAGNON, J. H. *Uma interpretação do desejo:* ensaio sobre o estudo da sexualidade. Rio de Janeiro: Garamond, 2006.
46 BOZON, M. *Sociologia da sexualidade*. Rio de Janeiro: Fundação Getulio Vargas, 2004. p. 29.

Mais do que uma "revolução sexual", o que ocorreu foi um processo de **individualização** de comportamentos e de normas, concomitante às transformações da sociedade e à nova mentalidade que separa procriação e sexualidade. O controle externo

> foi substituído pelo controle interno das pessoas, e a moral e os bons costumes foram substituídos pela **decisão pessoal**. Além disso, as relações entre homens e mulheres permanecem distintas e hierarquizadas, ou seja, ainda persiste a ideia de que os homens podem ter determinados comportamentos e as mulheres não. As normas mudaram, mas não deixaram de existir. A **moral contemporânea** continua sendo uma moral repressora.[47]

Para o psiquiatra Ângelo Gaiarsa, a sociedade contemporânea está garantindo mais **liberdade de experiências**, pois há menos repressão familiar, menos repressão social, mais separações e divórcios. Está diminuindo o prazo esperado dos relacionamentos (monogamia vitalícia) e surgindo a possibilidade de estabelecer relacionamentos mais curtos, mais intensos, mais vivos e mais pessoais. Mesmo havendo mais encontros, as pessoas, porém, continuam fazendo o mesmo que seus pais faziam.[48]

O psiquiatra constata que atualmente não faltam relações sexuais, mas relações pessoais, sendo que o tocar foi substituído pelo olhar. "As pessoas gastam muito dinheiro hoje em dia para serem olhadas, mas não para serem tocadas. Basta ver o número de cirurgias plásticas realizadas, a quantidade de cosméticos vendidos e a proliferação de academias de ginástica", observa. "Ainda existe muita objeção contra o toque. A nossa educação consiste em engessar o corpo. Precisamos libertar-nos dos 'nãos' ouvidos na infância, mas para libertar-se é preciso ser um libertário", adverte.

A perspectiva sociológica é a de que a sexualidade é um importante componente do processo de **construção da identidade social**. A pesquisadora Maria Bruns considera que a sexualidade é parte integrante do *self*, ou seja:

> não é apenas expressão do corpo biológico, não é apenas resultado do funcionamento glandular; ela é a expressão do ser que deseja, que escolhe, que ama, que se comunica com o mundo e com o outro. Ela é uma 'linguagem', que será tanto mais humana quanto mais pessoal for.[49]

A Organização Mundial da Saúde (OMS) considera a sexualidade como um dos indicadores que medem o nível de **qualidade de vida**. Um documento da OMS, de

---

47 RINALDI, A. de A. Sociologia da sexualidade. *Resenha*, n. 23. Disponível em: <http://www.antropologia.com.br>. Acesso em: 8 abr. 2016.
48 Revolução sexual da boca pra fora. *Jornal Extra Classe*, n. 86, out. 2004. Comportamento – Sinpro/RS. Disponível em: <http://www.extraclasse.org.br/edicoes/2004/10/revoluçao-sexual-da-boca-pra-fora/>. Acesso em: 8 mar. 2016.
49 BRUNS, M. A. T. *Sexualidade de Cegos*. Coleção Sexualidade & Vida. Campinas: Editora Átomo, 2008. p. 6.

1997, sobre *Promoção da saúde sexual – recomendações para ação*, em colaboração com a Associação Mundial de Sexologia, constituiu-se como um avanço, pois reconheceu os **direitos sexuais** como direitos humanos. Esse documento definiu como **saúde sexual** a experiência do processo de obtenção de bem-estar físico, psicológico e sociocultural relacionado com a sexualidade. Afirmou ainda "que a saúde sexual acontece nas expressões livres e responsáveis das capacidades sexuais que observem um bem-estar harmonioso, pessoal e social".[50]

> ### Curiosidade
>
> **Parada do Orgulho LGBT**
>
> Há 46 anos, em junho de 1969, travestis, **drag queens**, gays e lésbicas presentes no bar Stonewall, em Nova Iorque, deram início aos protestos que marcaram a história do movimento LGBT. Vinte e oito anos depois, a cidade de São Paulo realizou a primeira Parada do Orgulho, que em 2016 completa 20 anos.
>
> A primeira **manifestação de rua** ocorrida em São Paulo, que reuniu gays, lésbicas e travestis, ocorreu em 13 de junho de 1980. Foi um protesto organizado contra as ações do delegado José Richetti, que durante o período da ditadura militar promoveu uma operação de "limpeza social" na capital paulista, de acordo com critérios arbitrários e de cunho homofóbicos e transfóbicos.
>
> Fonte: PARADASP. *História*, 11 set. 2015. Disponível em: <http://www.paradasp.org.br>. Acesso em: 7 abr. 2016.

Os **direitos sexuais** são os seguintes: liberdade, autonomia, integridade, privacidade, expressão, livre associação, educação e saúde sexual e escolha reprodutiva e responsável.

7.4 A maternidade e a família

Neste tópico, discutiremos o significado da maternidade e da família para as mulheres brasileiras.

Dados da Pesquisa Nacional por Amostra de Domicílio (PNAD) de 2015 revelaram que as mulheres representavam 51,5% (105,5 milhões), enquanto os homens, 48,5% da população (99,4 milhões).[51]

---

50 GUIMARÃES, E.; ALVES, M.; VIEIRA, M. Saúde sexual e reprodutiva dos adolescentes – um desafio para os profissionais de saúde no município de Goiânia-GO. *Revista da UFG*, v. 6, n. 1, jun. 2004.
51 Pesquisa Nacional por Amostra de Domicílios – 2015. Rio de Janeiro: IBGE, 2016.

A seguir é apresentada uma síntese dos principais dados sobre a mulher brasileira.

Saiba +

- Dos **68,2 milhões** de domicílios particulares em 2015, **37,3%** tinham a mulher como responsável pelo sustento da família.
- A taxa de analfabetismo para as mulheres é 7,7%.
- O número médio de anos de estudo das mulheres é 8,0 anos, enquanto entre os homens é 7,6 anos.
- Mais da metade (53,6%) da população desocupada são mulheres.
- 22,0% dos homens ocupados receberam até 1 salário mínimo, enquanto para as mulheres essa proporção foi de 30,4%.
- A **expectativa de vida** ao nascer para as mulheres é de 79,1 anos e para os homens de 71,9 anos.
- A média de filhos por mulher era 4 em 1980, e, em 2015, a média foi de 1,72 filho por mulher.
- As mulheres também estão esperando mais tempo antes de terem filhos. Em 2013, **38,4% das mulheres de 15 a 49 anos**, 40,4% das mulheres de 25 a 29 anos, 89,3% das jovens de 15 a 19 anos e 12,5% das mulheres com 45 a 49 anos **não tinham filhos**.
- As mulheres tinham uma jornada média em **afazeres domésticos** maior que o dobro da observada para os homens (20,6 horas/semana). Considerando a jornada no mercado de trabalho e a realização de afazeres domésticos, tem-se uma jornada feminina semanal de **56,4 horas**, superior em quase 5 horas à jornada masculina.

Fonte: IBGE. Pesquisa PNAD, 2016.

De acordo com a PNAD 2015, 14,6% do total de arranjos eram do tipo unipessoal (pessoas morando sozinhas) e 0,3% eram multipessoais sem parentesco.

Os arranjos com parentesco, chamados de famílias, foram categorizados pelo tipo de núcleo familiar: casal sem filho, casal com filhos, mulher sem cônjuge com filhos, e outros tipos. Em 2015, as famílias correspondiam a 85,1% do total de arranjos.

O tipo de núcleo familiar mais comum foi o de casal com filhos (42,3% do total), seguido por casal sem filho (20,0%) e por mulher sem cônjuge com filhos (16,3%).[52]

---

[52] IBGE, PNAD 2015.

Figura 7.1 Distribuição percentual dos arranjos familiares

	Brasil 2005	Brasil 2015	Norte	Nordeste	Sudeste	Sul	Centro-Oeste
Multipessoal sem parentesco	0,3	0,3	0,4	0,2	0,3	0,3	0,4
Outros tipos de arranjo com parentesco	5,9	6,5	7,2	7,1	6,6	5,4	5,9
Mulher sem cônjuge com filho(s)	18,2	16,3	16,6	18,4	16,4	12,8	15,3
Casal com filho(s)	50,1	42,3	46,3	42,8	41,5	42,0	41,7
Casal sem filho	15,2	20,0	18,1	18,4	19,7	23,8	20,8
Unipessoal	10,4	14,6	11,5	13,1	15,5	15,8	15,9

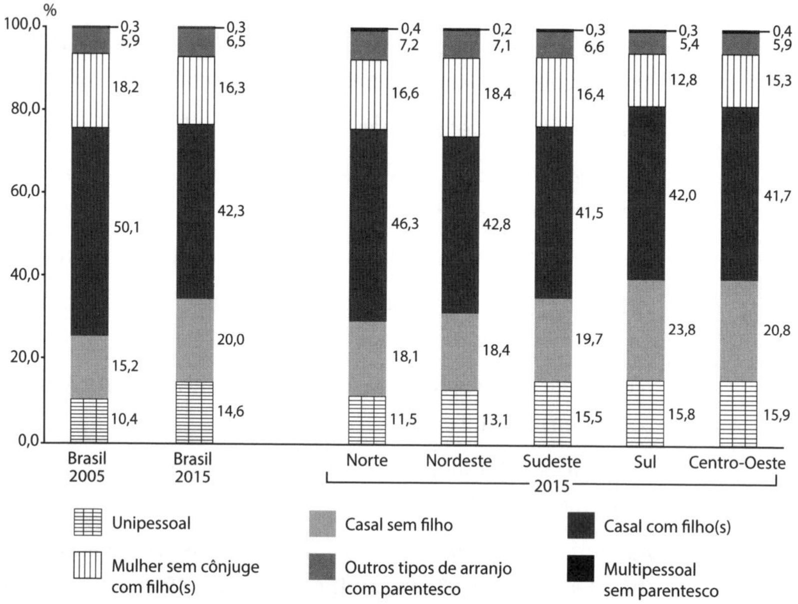

Fonte: IBGE, Pesquisa Nacional por Amostra de Domicílios, 2005/2015.

Na década entre 1990 e 2000, o número de famílias cresceu duas vezes mais que a população brasileira, o número de **divórcios** triplicou e o de casamentos registrados em cartório diminuiu 12%. As **uniões consensuais**, ou casamentos sem registro em cartório, aumentaram 90%. Essa aparente contradição sugere que há cada vez mais gente formando famílias a partir de novas bases. Especialistas no assunto explicam que a instituição familiar está se adaptando aos novos tempos, assumindo um perfil mais centrado na **qualidade das relações interpessoais** e no desejo de cada indivíduo.[53]

Surgem, então, os novos **arranjos ou configurações familiares**, definidos pela formação da família com laços consanguíneos ou não, convivendo sob o mesmo teto, de forma que o modelo de organização, a função dos papéis familiares e as relações de afeto determinam a configuração a qual está inserida, que podem ser famílias nucleares, extensas, **homoafetivas**, monoparentais, reconstituídas, dentre outras.[54]

---

[53] PEREIRA, P. A nova família. *Revista Época*, n. 29, 23 dez. 2003.
[54] SOUZA, A. et al. Novos arranjos familiares e os desafios ao direito de família. *PRACS: Revista Eletrônica de Humanidades do Curso de Ciências Sociais da Unifap*, Macapá, n. 5, dez. 2012. p. 105-119.

O surgimento de famílias de segundo e terceiro casamentos fez com que alguns casais desejassem **adotar crianças**. Como exemplo, na cidade do Rio de Janeiro, entre as crianças com mais de 4 anos, justamente as mais rejeitadas, a procura cresceu 10 vezes.[55]

Também pode ser notado um crescimento na proporção de **domicílios unipessoais**, que passaram de 10,0% em 2004 para 13,5% do total das famílias em 2013 e 14,6% em 2015. Cerca de 61,7% desses domicílios eram habitados por pessoas com 50 anos ou mais.[56]

Entre os **casais sem filhos**, surge um grupo denominado *double income and no children* (DINC) – casal sem filho com dupla renda –, quando os dois membros do casal trabalham. Em 2013, sua participação no total de casais sem filhos era de 19,9%.[57]

Outra mudança nos arranjos familiares foi o prolongamento da convivência entre pais e filhos, originando o termo "geração canguru", que compreende as pessoas de 25 a 34 anos de idade que ainda vivem na casa dos pais. Essa opção pode estar ligada ao prolongamento dos estudos e a questões financeiras, que podem manter os filhos dependentes dos pais por períodos mais longos.[58]

A tendência de **queda na taxa de natalidade** não é nova. O número de filhos por mulher vem se reduzindo desde a década de 1960, como ocorreu também em outros países. Se em 1970 as brasileiras tinham, em média, 5,8 filhos, hoje, esse número não chega a 2, taxa em que a população não se repõe. O número de nascimentos caiu 13,3% entre 2000 e 2012, quando a taxa de fecundidade foi de 1,77 filho por mulher. Em 2015 foi de 1,72. Os motivos para essa diminuição são vários: maior escolarização, aumento do número de mulheres no mercado de trabalho, uso maior de contraceptivo, entre outros.[59]

Em conjunto com as transformações econômicas e sociais, ocorreram mudanças nas **relações familiares**, havendo uma valorização progressiva da flexibilidade e permissividade nas regras cotidianas, além do incentivo à autonomia e às demonstrações de afeto.

---

[55] MENDONÇA, M.; FERNANDES, N. A grande família adotiva. *Revista Época*, n. 327, 23 ago. 2004. Disponível em: <http://revistaepoca.globo.com/Epoca/0,6993,EPT798440-1653,00.html>. Acesso em: 8 abr. 2016.

[56] IBGE, 2014. p. 69.

[57] ALVES, J. E. et al. A família DINC no Brasil: algumas características sociodemográficas. Rio de Janeiro: IBGE, 2010. 34 p. Textos para discussão. *Escola Nacional de Ciências Estatísticas*, n. 30. Disponível em: <http://biblioteca.ibge.gov.br>. Acesso em: 8 abr. 2016.

[58] IBGE, 2014. p. 112.

[59] MENDONÇA, H. *Queda de nascimentos no Brasil desafia o equilíbrio da economia*, 17 fev. 2015. Disponível em: <http://brasil.elpais.com/brasil/2015/02/17/politica/1424196059_041074>. Acesso em: 3 mar. 2016.

As famílias trocaram o modelo hierárquico, em que os **papéis familiares** eram rigidamente estabelecidos e o poder centralizado na figura do pai, por um **modelo igualitário**, em que se destacam os ideais de liberdade e respeito à **individualidade**. Nesse modelo, não é correto aos pais impor suas ideias aos filhos, ou proibi-los de fazer certas coisas. O desenvolvimento dos filhos passa a ser orientado pela **experimentação** e descoberta. O **diálogo**, e não a autoridade, impõe-se como valor fundamental na educação e nas relações familiares, segundo Dias et al.[60]

A hierarquia, a obediência e o formalismo que caracterizavam a família no passado deram lugar a uma relativa igualdade entre todos os integrantes. Mulher e filhos conquistaram espaço e direito à voz, que antes eram exclusivos dos homens. Estes, por sua vez, se sentem menos obrigados a exercer o pesado papel do provedor.

Se no **modelo nuclear de família** tradicional o pai é o único provedor, o que lhe assegura o lugar de "senhor da casa", agora a participação da mulher, e às vezes dos filhos, na manutenção da família altera concretamente as relações de hierarquia, de autoridade paterna e de divisão de atribuições no contexto familiar. Tal realidade faz que já não se tenha um modelo hegemônico claro, abrindo-se portas para a diversidade de arranjos familiares.[61]

Também ocorreram mudanças nas **práticas educativas** e nas **regras de socialização**. As antigas práticas impositivas, baseadas na separação de papéis hierárquicos dentro do sistema familiar, foram transformadas em práticas comunicativas mais igualitárias, apoiadas no afrouxamento das relações de poder estabelecidas, bem como nas concepções centradas nos valores individuais. Segundo Dias e Gomes:

> A obrigatoriedade do diálogo, juntamente com a negação do autoritarismo e a valorização da realização individual, faz com que os pais procurem **compartilhar as experiências** com os filhos, estabelecendo relação de proximidade e amizade. Em certa medida, os pais concebem uma relação de diálogo estabelecida entre "iguais". E procuram não realizar proibições diretas, confiando na capacidade dos jovens de antecipação das consequências dos seus atos.[62]

Lia Zannotta conclui que, mais do que laços de sangue ou obrigação, as uniões agora são definidas pelo **afeto**. Antes a família era indissolúvel. Hoje, se os sentimentos individuais não são satisfeitos, as pessoas rompem o estatuto da família e vão viver

---

[60] DIAS, A. C. G.; GOMES, W. B. Conversas sobre sexualidade em família e gravidez na adolescência: percepção dos pais. *Estudos de Psicologia*, UFRN, v. 4, n. 1, 1999. p. 79-106.
[61] FENELON, G. M. Autoridade e amor na comunicação intrafamiliar de adolescentes com dificuldades escolares. *Revista da UFG*, n. esp. Juventude, v. 6, n. 1, jun. 2004.
[62] DIAS; GOMES, 1999.

de outras maneiras. O valor da família não prevalece mais sobre o dos sentimentos individuais das pessoas.[63]

Mesmo as restrições à paternidade dos homossexuais começam a ser revistas. Eles estão trazendo mais um modelo de família, a **homoparental**, graças à adoção e à fertilização *in vitro*. Esta última também tem sido a opção de mulheres maduras que, não tendo encontrado um companheiro, decidem concretizar a maternidade numa clínica de reprodução.[64]

No Quadro 7.2, são apresentadas algumas leis que estabelecem os direitos e deveres da família, dos pais e dos filhos.

Como vimos, apesar das transformações recentes, a família continua tendo papel relevante na vida dos brasileiros, principalmente no desenvolvimento das crianças e jovens.

Quadro 7.2 Direito da família – legislação

1. No **Código Civil Brasileiro de 1916**, o modelo de **família patriarcal** ainda era predominante. Este modelo de família era constituído legalmente pelo casamento civil e o homem era considerado como chefe da sociedade conjugal e representante legal da família.

2. A **Lei n. 4.121, de 1962**, mais conhecida como **Estatuto da Mulher Casada**, foi responsável por promover a emancipação da mulher, que pôde tornar-se economicamente ativa sem necessitar da autorização do marido, passou a ter direito sobre os seus filhos e compartilhar do poder familiar, podendo pleitear a guarda em caso de separação.

3. A **Lei n. 6.515**, de 26 de dezembro de 1977 (**Lei do Divórcio**), permitiu o divórcio direto após cinco anos da separação de fato ou com três anos após conversão da separação judicial. E o casamento – antes considerado uma instituição indissolúvel – passa a ser juridicamente dissolúvel.

4. A **Constituição Federal de 1988** passou a reconhecer como entidade familiar aquelas formadas pelo casamento, pela união estável ou a composta por qualquer um dos pais e seus descendentes. E dispor da **igualdade de direitos e deveres do homem e da mulher** na sociedade conjugal e facilitar a dissolução do casamento pelo divórcio.

5. A **Lei 8.560/92** provê reconhecimento dos filhos havidos fora do casamento, por meio da ação de investigação de paternidade. A Lei 8.971/94, referente à **união estável**, instituiu o direito a alimentos e à sucessão dos companheiros que conviviam há mais de cinco anos, ou tivessem filhos.

Fonte: SOUZA, A. et al. Novos arranjos familiares e os desafios ao direito de família. PRACS: *Revista Eletrônica de Humanidades da Unifap*, Macapá, n. 5, 2012. p. 105-119.

---

[63] MACHADO, L. Z. Famílias e individualismo: tendências contemporâneas no Brasil. *Interface: Comunicação, Saúde, Educação*, v. 4, n. 8, 2001. p. 11-26.

[64] PEREIRA, P. A nova família. *Revista Época*, maio 2005. Disponível em: <http://revistaepoca.globo.com/Epoca/0,6993,EPT650852-1653,00.html>. Acesso em: 10 mar. 2016.

Caso para discussão 33

Brasileira é uma supermulher

Dias estafantes. Esse é o diagnóstico da rotina das mulheres que vivem nos centros urbanos, constatado pela pesquisadora Oriana White, que realizou a pesquisa "Mulheres do Brasil". "Em poucas horas, uma mulher acaba desenvolvendo mais de 50 ações. São atividades diversas realizadas durante o dia, à noite, nos finais de semana, a todo o momento", resume a pesquisadora.

Os finais de semana representam para as mulheres a oportunidade de realizar com mais calma as tarefas domésticas, não tão bem-feitas durante a semana, e também dar um pouco mais de atenção aos filhos.

A pesquisa constatou que preparar o almoço, colocar roupas na máquina de lavar ou fazer ginástica, por exemplo, são atividades que a mulher encaixa no horário entre 6 h e 8 h da manhã. Os serviços bancários são realizados na hora do almoço e as compras do supermercado são feitas na saída do trabalho. Chegando em casa, ela providencia o jantar, além de cuidar de atividades como passar roupas, fazer a limpeza da casa e dar atenção aos filhos, que passam o dia longe delas. O tempo livre vai diminuindo a cada dia.

A estafa ocasionada pelo excesso de atividades e a falta de tempo para compartilhar as alegrias, tristezas e conquistas do dia a dia promovem uma espécie de "deterioração" das relações com a família ou os amigos. Os **rituais familiares** vão perdendo significado. Os jantares e os almoços de domingo, por exemplo, dão espaço para a realização de tarefas.

A figura masculina não foi lembrada pelas mulheres quando o assunto eram as tarefas do cotidiano. "O homem geralmente não está inserido na execução de tarefas domésticas.", comenta Oriana.

Fonte: adaptado de RIGOTTI, G. *Brasileira é uma supermulher*. Disponível em: <http://www1.an.com.br/2002/mai/10/0cid.htm>. Acesso em: 6 mar. 2016.

Questões

1. Explique por que é necessário ao profissional de marketing entender o cotidiano das mulheres brasileiras, para desenvolver produtos e propagandas dirigidas a elas.

2. Com base nos conceitos apresentados, explique o comportamento das mulheres em relação ao acúmulo de atividades cotidianas.

> **Curiosidade**
>
> **Casamento contemporâneo: o difícil convívio da individualidade com a conjugalidade**
> Todo fascínio e toda dificuldade de ser casal reside no fato de o casal reunir, ao mesmo tempo, duas individualidades e uma conjugalidade, ou seja, de o casal conter dois sujeitos, dois desejos, duas inserções no mundo, duas percepções do mundo, duas histórias de vida, dois projetos de vida, duas identidades individuais que, na relação amorosa, convivem com uma conjugalidade, um desejo conjunto, uma história de vida conjugal, um projeto de vida de casal, uma identidade conjugal.
> Como ser dois sendo um? Como ser um sendo dois? Por meio da "identidade conjugal", também chamada de conjugalidade, o casal constrói em conjunto não somente a realidade presente, mas reconstrói a realidade passada, fabricando uma memória comum que integra os dois passados individuais.
>
> Fontes: adaptado de FÉRES-CARNEIRO, T. Casamento contemporâneo: o difícil convívio da individualidade com a conjugalidade. *Psicologia: Reflexão e Crítica*, Porto Alegre, v. 11, n. 2, 1998.

7.5 O significado da maternidade

Não só as relações familiares entre pais e filhos estão sofrendo transformações. A gravidez e a maternidade também adquirem novos sentidos e são vivenciadas de modo bem distinto em relação às experiências de nossas avós.

A **gravidez** é um processo especialmente envolvente para as mulheres, quando ocorrem transformações físicas e emocionais, e tudo muda – as formas do corpo, as sensações, as emoções, o humor e, muitas vezes, a maneira de ver o mundo.

As práticas e os costumes que envolvem a gravidez e a **maternidade** têm variado ao longo do tempo e nas diferentes culturas. Segundo a historiadora Maria Lúcia Mott,[65] a visão da gravidez como um evento cultural é recente. Com a crescente **medicalização** desde o final do século XIX, a gravidez e o nascimento interessaram basicamente aos médicos, que foram por muito tempo os seus principais porta-vozes. Nos últimos 40 anos, porém, profissionais de diferentes áreas trouxeram novas perspectivas. Atualmente, sabemos que as práticas da gravidez e do nascimento são cultural, histórica e geograficamente específicas.

Em uma perspectiva sociocultural, a **maternidade** é uma experiência inserida em uma rede de significações que lhe confere sentido. Ela representa, para muitas mulheres, a busca de um novo *status* social e uma alternativa de construção de um **projeto de vida** compatível com os valores, normas e expectativas vigentes em

---

[65] MOTT, M. L. Dossiê parto. *Revista Estudos Feministas*, Florianópolis, v. 10, n. 2, jul.-dez. 2002. p. 493-507.

determinada sociedade.[66] Assim, a gravidez e a maternidade não são apenas uma atividade biológica ou natural, mas são eventos culturais característicos de um grupo social.[67]

De acordo com a psicóloga Gisele Sarmento,[68] a maternidade traz **mudanças intensas na vida da mulher**, principalmente no que concerne à sua identidade, pois o nascimento de um filho implica o "nascimento" de uma mãe para esse filho. A experiência da maternidade implica adaptação de condutas, um processo que é lento e gradual, exigindo da mulher capacidade de dar sentido a essa vivência, além de autoconhecimento e crescimento pessoal. Assim, a forma de vivenciar a maternidade difere segundo a individualidade.

Analisando a evolução do **significado da maternidade** ao longo da história, a pesquisadora Lucila Scavone revela que, nas sociedades rurais, a maternidade sempre foi associada à fecundidade da terra. As crianças eram necessárias para o trabalho e representavam segurança para os pais na velhice e na doença.

Ao final do século XVIII, com o surgimento da ideia de **amor romântico**, a concepção de lar e a modificação das relações entre pais e filhos, houve a "**invenção da maternidade**", uma ideologia que passou a exaltar o papel natural da mulher como mãe, atribuindo-lhe todos os deveres e obrigações na criação dos filhos e limitando a função social feminina à realização da maternidade.[69]

Ao final do século XIX, com a mudança nos **estilos de vida** decorrentes da industrialização, urbanização e inserção da mulher no mercado de trabalho, a noção de maternidade como **vocação feminina** exclusiva entrou em contradição com a realidade concreta, sendo imensa a distância entre o ideal sonhado da **mãe educadora**, voltada em tempo integral a suas crianças, e a vida cotidiana das mulheres trabalhadoras.[70]

Ao longo do século XX, com mais acesso à educação e à formação profissional, as mulheres ocuparam gradativamente o espaço público, ao mesmo tempo em que mantiveram a responsabilidade na **criação dos filhos**. Nesse contexto, ser ou não ser mãe passou a ser uma decisão racional, influenciada por fatores relacionados às condições subjetivas, econômicas e sociais das mulheres e, também, do casal.

---

66 PINHEIRO, V. de S. Repensando a maternidade na adolescência. *Estudos de Psicologia*, Natal, v. 5, n. 1, jan.-jun. 2000. p. 243-251.
67 PAIM, H. H. S. Marcas no corpo: gravidez e maternidade em grupos populares. In: DUARTE, L. F. D. e LEAL, O. F. (Orgs.). *Doença, sofrimento, perturbação: perspectivas etnográficas*. Rio de Janeiro: Fiocruz, 1998. p. 31-47.
68 SARMENTO, G. *O papel da maternidade no processo de individuação feminino*. Disponível em: <http://www.symbolon.com.br/artigos/opapeldamater.htm>. Acesso em: 8 abr. 2016.
69 SCAVONE, L. Maternidade: transformações na família e nas relações de gênero. *Interface – Comunicação, Saúde, Educação*, v. 5, n. 8, 2001. p. 47-60.
70 SCAVONE, 2001. p. 47-60.

A transição de um **modelo tradicional** de maternidade (a mulher definida exclusivamente como mãe, com prole numerosa) para um **modelo moderno de maternidade** (a mulher definida também como mãe, entre outras possibilidades, e proles reduzidas e planejadas) deu-se com a consolidação da sociedade industrial.[71]

O advento da modernidade e de suas conquistas tecnológicas, sobretudo no campo da **contracepção** (pílulas anticoncepcionais e outros métodos contraceptivos), e, mais recentemente, da **concepção** (novas tecnologias reprodutivas), trouxe às mulheres maior possibilidade na **escolha da maternidade** e abriu espaço para a criação do dilema de ser ou não ser mãe, segundo a pesquisadora Lucila Scavone. E os motivos da **escolha da maternidade** podem estar ligados a inúmeros fatores. Portanto, as condições materiais de existência não determinam, via de regra, a escolha da maternidade, embora elas definam as características e as possibilidades dessa escolha.[72]

A pesquisadora conclui que a **maternidade** nos dias atuais está transformando-se, pois inclui uma variedade de tipos – mães donas de casa, mães chefes de família, mães "produção independente", casais do mesmo sexo – e diversas soluções para os cuidados das crianças – escolas em tempo integral, creches públicas, babás, vizinhas que dão uma olhadinha, crianças entregues a seus próprios cuidados e avós solícitos.

Caso para discussão 34

Avós curtem "maternidade" com os netos

Biscoitos cobertos com chocolate, pirulitos e pipoca de micro-ondas são itens proibidos no apartamento da designer Carla. Mas sua filha, Isabela, de 4 anos, encontra tudo isso no armário que a avó arrumou especialmente para a neta, próximo ao chão, para que ela consiga alcançar tudo o que quer. "Assim é mais prático. Aqui ela já tem roupas, brinquedos, livros. Falta trazer a cachorra, uma fox paulistinha miniatura", explica a avó.

Às sextas, a avó busca a única neta na escola e a leva ao McDonald's e ao supermercado. À noite, ela dorme na casa da avó, onde pode andar descalça, dormir quando quiser, onde quiser (geralmente na cama da avó) e, se faz xixi no pijama, não toma bronca.

Para Carla, a quebra de regras é típica das avós. "A minha deixava a chave do apartamento comigo quando era adolescente para eu dormir lá quando queria passar a noite fora. Minha mãe é uma avó terrível, nem discuto mais para

---

71 SCAVONE, 2002. p. 47-60.
72 SCAVONE, 2002. p. 47-60.

evitar atrito", resmunga. "Mas quando for minha vez de bancar a vovó, acho que vou ser igualzinha a ela."

Esse princípio de subversão se repete, com as devidas diferenças, a cada geração: toda mãe e todo pai sonham em exibir uma faceta mais relaxada. Mais elas do que eles, é bom que se diga: avô subversivo é figura bem menos comum.

Terapeutas não veem problema na "liberdade, ainda que tardia" da avó. "Ela tem papel essencial para a criança saber que tem história. Pode folgar, desde que alguém não folgue e faça o contraponto", diz Márcia Pedromônico, professora da Universidade Federal de São Paulo. Assim, sobra para as "coroas" o mimo; cobranças, broncas e proibições devem ficar com os pais.

A educadora Susan Bosak explica que os avós podem proporcionar um tipo único de amor incondicional: "Enquanto os pais têm a missão de educar e precisam se preocupar com o que os filhos serão no futuro, elas podem curtir as crianças pelo que elas são no momento". Ela explica: "As avós sentem uma 'alegria libertária'. E muitas encaram o papel como a segunda chance para corrigir erros e arrependimentos do passado".

Fontes: adaptado de YURI, D. Avós curtem "maternidade" com os netos. *Folha de S.Paulo*, 6 jul. 2003. p. 11; BOSAK, S. How to build the grandma connection. New York: Communication Project, 2000.

Questões

1. Explique o comportamento das avós com base nos conceitos discutidos.

2. Conte para seus colegas como foi o seu relacionamento com seus avós. Foi diferente do narrado neste texto?

Caso para discussão 35

Linha de produtos Johnson's Baby

Há muitos anos que a Johnson & Johnson contribui para o bem-estar mundial ao fabricar uma ampla gama de produtos de cuidados de saúde. Mais de 100 anos de trabalho com produtos de cuidados para bebê, tornaram a Johnson's baby um perito nos cuidados do bebê. Os experientes especialistas trabalham em colaboração com pediatras de renome mundial. Todos os produtos da Johnson's baby são submetidos a um rigoroso controle de qualidade começando na fase da seleção das matérias-primas, enquanto que o produto final é sempre testado clinicamente.

Fonte: Johnson & Johnson. Disponível em: <http://johnsonsbaby.pt/produtos-para-bebe>. Acesso em: 4 jan. 2017.

> **Questão ?**
>
> **1.** Verifique você mesmo qual o impacto das ações mercadológicas da Johnson & Johnson. Faça uma pesquisa com mães de bebês para conhecer suas atitudes sobre os produtos da marca Johnson's baby.

7.6 Mulheres e famílias brasileiras

Em razão da **diversidade sociocultural** e econômica da população brasileira, a análise dos consumidores deve ser segmentada para compreendermos os comportamentos dos diferentes segmentos de idade, renda, valores e estilos de vida.

As empresas de bens de consumo, especialmente aquelas com marcas líderes de mercado, estão desenvolvendo estratégias para aumentar as vendas de seus produtos aos consumidores da nova classe média. Uma das dificuldades enfrentadas é entender as **características demográficas**, os valores, hábitos e estilos de vida desse segmento da população.

O crescimento da economia, do emprego e do **salário mínimo** no período de 2002 a 2012, mesmo com oscilações, foi superior às duas décadas anteriores. Consequentemente, uma parcela significativa da população obteve **aumento de renda** e maior poder aquisitivo, ascendendo para o grupo socioeconômico chamado nova classe média.

A Associação Brasileira de Empresas de Pesquisa (Abep) elaborou o **Critério Brasil**,[73] um método de classificação econômica da população, baseado na posse de bens duráveis (TV, rádio, lava-roupa, secadora de roupa, geladeira, *freezer*, automóveis, computador, micro-ondas, DVD), banheiros, empregada doméstica e nível de instrução do chefe de família (ver Tabela 7.1).

O Critério Brasil identificou seis estratos econômicos na população brasileira: A, B1, B2, C1, C2, DE, em 2015.

Segundo esse critério, a proporção dos estratos econômicos dos domicílios brasileiros é apresentada na Tabela 7.2. A **"nova classe média"** é representada pelos estratos C1 e C2, totalizando 48% da população.

---

[73] Associação Brasileira de Empresas de Pesquisa (ABEP). *Critério de classificação econômica Brasil 2015*. Disponível em: <http://www.abep.org/criterio-brasil>. Acesso em: 8 abr. 2016.

Tabela 7.1 Critério Brasil. Classificação econômica dos domicílios, 2015

Variáveis	Quantidade				
	0	1	2	3	4 ou +
Banheiros	0	3	7	10	14
Empregados domésticos	0	3	7	10	13
Automóveis	0	3	5	8	11
Microcomputador	0	3	6	8	11
Lava-louça	0	3	6	6	6
Geladeira	0	2	3	5	5
Freezer	0	2	4	6	6
Lava-roupa	0	2	4	6	6
DVD	0	1	3	4	6
Micro-ondas	0	2	4	4	4
Motocicleta	0	1	3	3	3
Secadora de roupa	0	2	2	2	2

Escolaridade do chefe da família		Serviços públicos		
Analfabeto/Fundamental I incompleto	0		Não	Sim
Fundamental I completo/Fundamental II incompleto	1	Água encanada	0	4
Fundamental II completo/Médio incompleto	2	Rua pavimentada	0	2
Médio completo/Superior incompleto	4	Pontos de corte		
Superior completo	7	A	45-100	
		B1	38-44	
		B2	29-37	
		C1	23-28	
		C2	17-22	
		DE	0-16	

Fonte: ABEP, Critério Brasil 2015. Disponível em: <http://www.abep.org/criterio-brasil>. Acesso em: 10 mar. 2016.

Tabela 7.2 Proporção dos estratos econômicos nos domicílios brasileiros em 2015 segundo o Critério Brasil

A	3%
B1	5%
B2	18%
C1	23%
C2	25%
DE	27%

Fonte: ABEP, *Critério Brasil 2015*. Disponível em: <http://www.abep.org/criterio-brasil>. Acesso em: 10 mar. 2016.

O relatório da Secretaria de Assuntos Estratégicos (SAE) calculou **a renda domiciliar da classe econômica C**, que se situava entre 2.005 e 8.640 reais, com uma renda média de 4.912 reais em valores de janeiro de 2014, sendo que o salário-mínimo na época era de 724 reais[74]. Veja a Tabela 7.3.

Cerca de 94,9 milhões de brasileiros fazem parte da nova classe média, que passa a representar **50% da população**, detêm **46,2% do poder de compra** e superam as classes econômicas AB (44,1%), e também a DE (9,7%).[75]

Tabela 7.3 Renda domiciliar dos estratos econômicos em valores de janeiro de 2014

Classe econômica	Limite inferior	Limite Superior
Classe E	0	1.254
Classe D	1.255	2.004
Classe C	2.005	8.640
Classe B	8.641	11.261
Classe A	11.262	–

Fonte: Secretaria de Assuntos Estratégicos (SAE), nov. 2014.

A Figura 7.2 mostra o total da população em três estratos econômicos. Entre 2003 e 2013, cerca de 44,7 milhões de brasileiros se juntaram à classe C, e 12,5 milhões, às classes A e B.[76]

---

[74] Secretaria de Assuntos Estratégicos (SAE). *Assuntos estratégicos*, n. 1, nov. 2014a. p. 21. Disponível em: <http://www.sae.gov.br/wp-content/uploads/ebook_ClasseMedia1.pdf>. Acesso em: 8 abr. 2016.
[75] Secretaria de Assuntos Estratégicos (SAE). *Curiosidades da nova classe média*. Brasília, 2014b. Disponível em: <http://www.sae.gov.br/assuntos/legado/classe-media/as-45-curiosidades-da-classe-media/>. Acesso em: 9 mar. 2016.
[76] SAE, 2014a. p. 46.

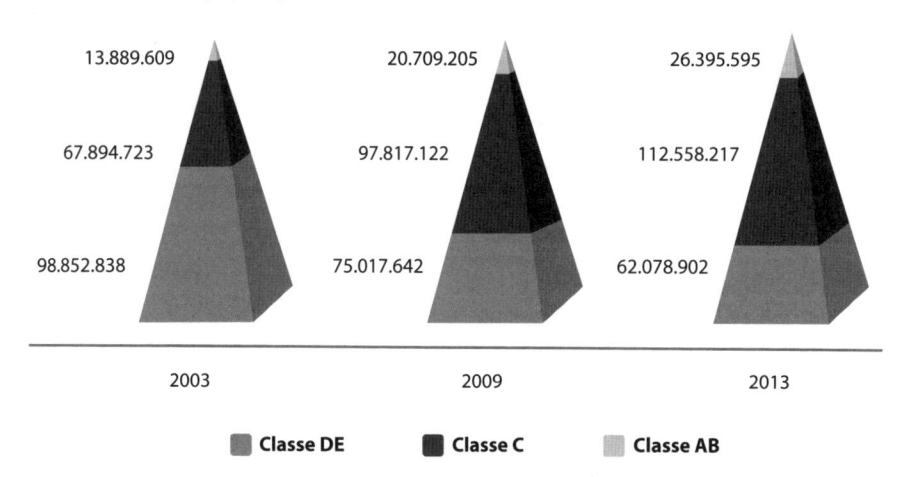

Figura 7.2 Total da população de três estratos econômicos

	2003	2009	2013
Classe AB	13.889.609	20.709.205	26.395.595
Classe C	67.894.723	97.817.122	112.558.217
Classe DE	98.852.838	75.017.642	62.078.902

Fonte: SECRETARIA de Assuntos Estratégicos. *A Classe Média Brasileira*, n. 1, nov. 2014. p. 24. Disponível em: <http://www.sae.gov.br/wp-content/uploads/ebook_ClasseMedia1.pdf>. Acesso em: 7 abr. 2016.

É necessário observar que o comportamento da consumidora da nova classe média não pode ser explicado apenas pelos fatores de renda, local de moradia ou ocupação profissional. A escolha do que consumir é influenciada por aspectos culturais e sociais, como hábitos, valores e estilos de vida.

Por outro lado, alguns dos motivos e significados do consumo podem ser os mesmos para diferentes grupos sociais. Em geral, as mulheres brasileiras trazem para si a função de proporcionar **conforto e sensação de bem-estar** para sua família. E **dar tudo para seus filhos** é considerado um dever. Portanto, a compra de bens para o consumo da família representa uma demonstração de amor para muitas mulheres brasileiras.[77] O depoimento da jovem mãe ilustra bem essa atitude:

> A gente primeiro supre as necessidades das crianças, depois, quando tem um tempinho, uma folguinha, a gente faz pra gente. Penso comprar uma sandália pra mim, mas aí o menino tá precisando de chinelo, tênis.[78]

7.6.1 Comportamentos e valores das famílias

Um estudo sobre a nova classe média revelou que a **renda** dessa população **não é tão estável** ao longo dos meses, pois tanto o valor quanto as fontes de renda tendem a mudar a cada mês.

---

[77] YACCOUB, H. A chamada "nova classe média": cultura material, inclusão e distinção social. *Horizonte Antropológico* [on-line], v. 17, n. 36, 2011. p. 197-231.

[78] LIMEIRA, T. M. V. *Comportamento de compra de jovens de baixa renda no varejo de vestuário*. São Paulo: FGV-EAESP, 2009. p. 101.

O orçamento de todas as famílias pesquisadas variou ao longo dos seis meses da pesquisa realizada pela Plano CDE, porque apenas uma parte da renda é certa, mas nem sempre por causa de um emprego com carteira assinada. Aposentadoria, pensão, Bolsa Família, Bolsa Carioca e outros benefícios sociais são, muitas vezes, a única **parcela fixa da renda**. O restante, que responde pela maior parcela, é coberto por bicos e atividades paralelas, como venda de cosméticos ou fazer salgados para fora[79] (ver box Curiosidade).

Segundo a pesquisa:

> Essa camada da população é mais vulnerável do que parece e precisa de apoio para se consolidar. Apenas a renda não é capaz de lhe garantir estabilidade. No longo prazo, a nova classe média precisa acumular ativos – educação, qualificação profissional, acesso ao sistema financeiro, um espaço para empreender, já que a maioria não tem trabalho formal. A questão que se coloca é como ajudá-la nessa transição.[80]

Curiosidade

A renda é variável

Cristiano, 36 anos, de Itaquera, na zona leste da capital paulista, é microempreendedor e ganha por mês, como ele mesmo diz, "algo entre nada e R$ 5 mil".

Para garantir a renda da família, aprendeu a fazer de tudo – serviços hidráulicos, elétricos, marcenaria, pintura. Sua mais recente atividade é ser chaveiro em domicílio. "Não dá para adivinhar quando e quanto vai entrar", diz. "Há um ano, ganhava bem sempre, mas, desde o fim do ano passado, os clientes ficaram mais inseguros e as coisas, imprevisíveis."

Em casa, quem tem renda certa é a esposa. São R$ 900 como auxiliar de serviços. É dela a conta bancária, que garantiu o empréstimo para os documentos da moto e os dois cartões de crédito, que ele utiliza como fonte de capital de giro.

Quando Cristiano tem um bom mês, a renda familiar passa de R$ 6 mil. Pelos padrões de ganho no país, a família, com uma filha, vai ao topo da pirâmide. Encosta na classe A, alta renda. Em um mês ruim, porém, os R$ 900 da esposa os colocam no piso da classe C. Por pouco não escorrega para a D. Como a renda muda, a família transita mês a mês entre as classes C, B e A.

Fonte: adaptado de SALOMÃO, A. Pesquisa mostra que a renda da nova classe média muda todos os meses. *O Estado de S. Paulo.* Disponível em: <http://economia.estadao.com.br/noticias/geral,pesquisa-mostra-que-a-renda-da-nova-classe-media-muda-todos-os-meses,185184e>. Acesso em: 8 fev. 2016.

Sobre o **local de moradia**, uma parcela habita as **comunidades** de baixa renda das grandes cidades ou os bairros **nos arredores** das grandes áreas urbanas.

---

[79] SALOMÃO, A. Pesquisa mostra que a renda da nova classe média muda todos os meses. *O Estado de S. Paulo.* Disponível em: <http://economia.estadao.com.br/noticias/geral,pesquisa-mostra-que-a-renda-da-nova-classe-media-muda-todos-os-meses,185184e>. Acesso em: 8 fev. 2016.
[80] SALOMÃO, A., 2014.

A população que mora nas comunidades sente a **discriminação social** no seu cotidiano. Como disse uma jovem que mora perto de Brasília:

> Se eu for procurar um emprego, e falar: "Sou de Santa Maria", vão dizer "Lá tem só maloqueiro, todo mundo deve ser maloqueiro". Se fosse procurar um emprego, acho que nem passaria na entrevista. O modo de falar, aprendi lá. O modo de andar, de vestir, também. Me sinto muito discriminada, pela cor e pelo cabelo.[81]

O mesmo **sentimento de exclusão** é revelado na fala da jovem sobre o vestibular:

> Fiquei sabendo que é muito difícil; agora, com as cotas, tá dando espaço para os negros e tirando as pessoas brancas. Somos irmãos perante Deus. Acho que o pessoal nem pensa muito. Estudaram a vida todinha em escola particular, dentro da faculdade, vai lá, faz tudo. Nós estamos estudando na escola pública, qual a nossa chance? Nenhuma.[82]

Para as jovens, a **entrada no mercado de trabalho** e os **estudos** são meios de ascensão social e de obter **autonomia** em relação ao marido e à família:

> Meu sonho é procurar um emprego para comprar uma casa para minha mãe. E de casar. Eu queria trabalhar fora, para ajudar minha mãe, para ter um dinheiro no banco, eu queria ser professora de Sociologia, mas é muito cara a faculdade".[83]

Ou então:

> Voltei a trabalhar depois que meu filho tinha 6 meses. Tenho vontade de fazer faculdade de serviço social. Quando meus filhos puderem ficar sozinhos em casa, aí eu faço.[84]

Outro estudo revela que 94% dos moradores das comunidades entrevistados declararam que se consideram felizes, 81% gostam de viver na comunidade, 62% sentem orgulho, 51% acham que a comunidade melhorou e 76% acreditam que ainda vai melhorar mais.[85]

---

81 SOUSA, A. C.; BRANDÃO, S. Como é ser adolescente do sexo feminino na periferia? *Psicologia Ciência e Profissão* [on-line], v. 28, n. 1, 2008. p. 82-97.
82 SOUSA; BRANDÃO, 2008. p. 82-97.
83 SOUSA; BRANDÃO, 2008. p. 82-97.
84 LIMEIRA, T. M. V. *Comportamento de compra de jovens de baixa renda no varejo de vestuário*. São Paulo: FGV-EAESP, 2009. p. 101.
85 Classe média na favela sobe de 33% para 65% em 10 anos, 26 nov. 2013. *Data Favela*. Disponível em: <http://datafavela.com.br/classe-media-na-favela-sobe-de-33-para-65-em-10-anos>. Acesso em: 8 abr. 2016.

Segundo a pesquisa, 40% dos domicílios em comunidades de baixa renda são chefiados por mulheres, e metade delas são mães solteiras. Cerca de 24% recebem o benefício do Bolsa Família.

Cerca de 30% dos moradores de comunidades já sofreram **preconceito** e 59% concordam que quem mora em comunidades da periferia **é discriminado**. Para 32% dos que se disseram vítimas de preconceito, a cor da pele foi a motivação, e, para 30%, morar em uma comunidade foi o motivo. Para 20%, o preconceito decorreu da falta de dinheiro e, para 8%, das roupas que vestiam.

Além disso, o **senso de convivência** e utilização do espaço é exercido de maneira mais intensa. "Todo lugar vira lugar, na ausência de espaços para diversão e cultura. As pessoas se reúnem nas lajes, nas praças, nas ruas", afirmou o pesquisador.

A **família** é vista como um porto seguro para essa população segundo a antropóloga Luciana Aguiar.[86] Além da existência de **famílias monoparentais** (o pai ou a mãe com filhos), a **família extensa**, composta por pais, filhos, avós, tios e primos, aparece com maior frequência.

Da mesma forma, **as relações de aliança** (cunhados, sogro ou sogra) **e de compadrio** (o padrinho do filho ou qualquer amigo da família) estão presentes no cotidiano, potencializando as ações e os projetos individuais ou coletivos. Assim, essa população utiliza um conjunto de relações já estruturadas na família para articular um sistema de **ajuda mútua**.[87]

A **reciprocidade** é o princípio estruturante da vida social, como pode ser visto nas palavras de duas jovens que vivem na região metropolitana de São Paulo:

> Comecei a ajudar minha mãe com nove anos de idade. Aprendi a cozinhar com minha mãe. Faço tudo dentro de casa, comida, tudo. Quando ela tava trabalhando, eu ajudava mais. Agora que ela não tá trabalhando, ela faz uma parte e eu faço outra. Se ela arruma a casa, eu faço comida. Se ela faz comida, eu arrumo a casa. Ela lava, eu passo, ou eu lavo, ela passa.[88]

> Faço as coisas de casa. Arrumo a casa da minha mãe, arrumo a minha. Gosto de cozinhar. Cozinho desde os 12 anos. Faço lasanha, nhoque, massas.[89]

Sobre as **relações de gênero**, Sousa e Brandão[90] realizaram pesquisa sobre as adolescentes que moram no entorno de Brasília, e verificaram as diferenças de gênero,

---

[86] AGUIAR, L. et al. O consumidor de baixa renda. In: PARENTE J. et al. (Org.). *Varejo para a baixa renda*. Porto Alegre: Bookman, 2008. p. 21.
[87] AGUIAR, L. et al. 2008. p. 22.
[88] LIMEIRA, 2009. p. 96.
[89] LIMEIRA, 2009. p. 7.
[90] SOUSA; BRANDÃO, 2008. p. 82-97.

quando as jovens relatam que são tratadas de modo diferente dos meninos e a elas são atribuídos papéis femininos tradicionais. Uma das jovens explicou:

> Em casa, almoço, arrumo a casa, termino de fazer as coisas e vou fazer o dever da escola. Fim de semana, vou pras festas, lavo roupa. É natural, normal, as meninas arrumar a casa. Os meninos não têm que fazer nada. Tem uma colega minha, fala assim: "Tô cansada, faço tudo dentro de casa, sou a única menina, e meus irmãos não fazem nada. Eu arrumo, eles vêm e bagunçam".

Outra jovem disse:

> Tenho um irmão. Aí minha mãe diz: "Vai lavar louça", e eu pergunto: "Por que ele não vai?" Minha mãe diz: "Ele não pode, ele é homem". Eu falei: "É homem, mas tem mão". A mesma coisa com meu pai: "Ele trabalhou o dia todo", e eu digo: "Eu estudei". Mulher tem que ficar no fogão e esfriar no tanque...

Sobre os projetos de vida das jovens, o **casamento** e a **maternidade** são o primeiro sonho. Porém, o modo e o momento de realizar esse sonho varia segundo os interesses, as experiências e as circunstâncias, como mostram as palavras a seguir, de três jovens residentes nos bairros ao redor da cidade de São Paulo:

> Ah, quero casar sim. Quero ter meu cantinho, quero ter meus filhos. É legal. Toda mulher tem que casar, ter filhos, sua família.

> Vou casar em dezembro. Não trabalho no momento, estou terminando o colegial. Quero fazer o curso técnico de enfermagem e trabalhar no hospital que o meu noivo trabalha.

> Vamos casar depois de ter o nenê. Não planejei ter o nenê. Agora, estamos fazendo a casa de 3 cômodos em cima da casa dos meus pais. Também vamos comprar os móveis.

Há também as jovens que são realistas, sabem que o casamento traz responsabilidades, sobrecarga de trabalho, limites à liberdade e à autonomia, bem como algumas decepções, como expresso no relato a seguir:

> Quero casar lá pelos 30 anos. Todo mundo que casa reclama. Tenho uma amiga que casou este mês e já está reclamando. Falou que não é a mesma coisa que namoro. Quando você casa, você está vendo a pessoa todo dia, em ambiente fechado, é complicado. Tenho amiga que tem filho e se separou, e fala que casamento não é muito bom não. Com filho acaba a liberdade. A vida já é difícil, ainda mais com filho pequeno.[91]

---

[91] LIMEIRA, 2009. p. 102.

Houve aumento do **consumo nas comunidades urbanas** de baixa renda, até 2014, em decorrência do aumento real do salário-mínimo e do emprego formal. Os **12,3 milhões de moradores das comunidades** urbanas movimentaram **68,6 bilhões** de reais em 2014, de acordo com pesquisa do Data Popular. Em março de 2015, como efeito da recessão econômica, essa população estava endividada, sendo que 35% das pessoas possuíam alguma dívida. O endividamento era mais alto entre as pessoas de 35 a 49 anos, com 45% de endividados. A inadimplência estava em 22% de contas atrasadas há mais de 30 dias.[92]

A pesquisa indicou que 67% dos domicílios eram equipados com TV de plasma, LED ou LCD, em 2015. Cerca de 75% das casas tinham máquinas de lavar. Com relação à **posse de veículos**, 24% dos moradores possuíam um automóvel e 14% moto.[93]

Além disso, as famílias ampliaram sua cesta de compras: pagam internet, TV por assinatura, plano de saúde, escola privada do filho, carro, moto, entre outros bens.

O crescimento da renda desse segmento populacional resultou no *boom* de **vendas de motos** no Nordeste do país, além do aumento no número de usuários de internet e de *smartphones*.

Por outro lado, mesmo com o maior poder aquisitivo, a população enfrenta frustrações com a **má qualidade dos serviços públicos** e a dificuldade de acesso a eles. A dona de casa de 46 anos, residente no bairro de Itaquera, São Paulo, reclamou: "A saúde pública é terrível, nunca temos atendimento rápido".[94]

Curiosidade

54% dos consumidores da classe econômica C são fiéis a marcas

Segundo pesquisa do Instituto Data Popular, 54% dos consumidores da classe C no Brasil são **fiéis a uma marca**. As **mulheres** são mais fiéis a Nestlé (6,3%), O Boticário (4,2%) e Hering (3,1%).

No setor de **alimentos**, a Nestlé lidera (32,3%); em **cosméticos**, a Natura (35,1%); e em **moda**, a C&A foi a preferida (15,4% das consumidoras).

Fonte: 54% dos consumidores da classe C são fiéis a marcas. *Diário do Nordeste*, 6 set. 2012. Disponível em: <http://diariodonordeste.verdesmares.com.br/cadernos/negocios>. Acesso em: 8 abr. 2016.

Em estudo realizado pela empresa Plano CDE, foram identificados **três perfis de consumidores** quanto à gestão do orçamento doméstico: o **organizado**, que faz a gestão de ganhos e gastos, se priva e, quando consegue, poupa; o **desorganizado**, que

---

[92] *Pesquisa: consumo nas favelas movimenta R$ 68 bilhões ao ano.* 2 mar. 2015. Disponível em: <http://economia.terra.com.br/pesquisa-consumo-nas-favelas-movimenta-r-68-bilhoes-ao-ano,4a0deaf2f3adb410VgnVCM10000098cceb0aRCRD.html>. Acesso em: 4 mar. 2016.

[93] Idem ibidem.

[94] Classes médias frustradas em uma América Latina com baixo crescimento. *Revista Exame*, 16 out. 2014. Disponível em: <http://exame.abril.com.br/economia>. Acesso em: 8 abr. 2016.

não sabe quanto ganha ou gasta e entra no vermelho regularmente; e o **orientado pela dívida**, que destina tudo o que ganha ao pagamento das contas e vive com a corda no pescoço. Na pesquisa, cerca de 22% das famílias de classe média se mostraram desorganizadas e 28% orientadas pelas dívidas (ver Figura 7.3).

Figura 7.3 Perfil dos consumidores endividados

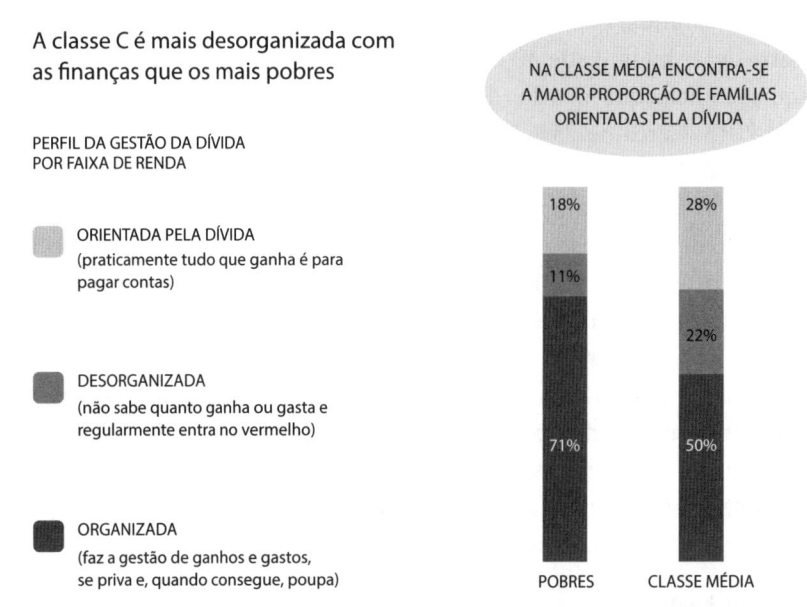

A classe C é mais desorganizada com as finanças que os mais pobres

PERFIL DA GESTÃO DA DÍVIDA
POR FAIXA DE RENDA

■ ORIENTADA PELA DÍVIDA
(praticamente tudo que ganha é para pagar contas)

■ DESORGANIZADA
(não sabe quanto ganha ou gasta e regularmente entra no vermelho)

■ ORGANIZADA
(faz a gestão de ganhos e gastos, se priva e, quando consegue, poupa)

NA CLASSE MÉDIA ENCONTRA-SE A MAIOR PROPORÇÃO DE FAMÍLIAS ORIENTADAS PELA DÍVIDA

POBRES: 18% / 11% / 71%
CLASSE MÉDIA: 28% / 22% / 50%

Fonte: SALOMÃO, A. Pesquisa mostra que a renda da nova classe média muda todos os meses. *Jornal O Estado de S. Paulo*. 18 maio 2014. Disponível em: <http://planocde.com.br/wp-content/uploads/2015/06/18.05.14-O-Estado-de-S-Pauloeditado.pdf>. Acesso em: 8 mar. 2016.

Segundo a pesquisa, vários fatores contribuem para colocar a nova classe média nessa situação, além da renda. A falta de instrumentos financeiros adequados é uma delas. As famílias recorrem muito ao **cartão de crédito**. Algumas tinham cinco ou até dez cartões, que funcionavam como cheque especial.

Há também questões comportamentais, de acordo com a diretora da pesquisa do Plano CDE:

> Definitivamente a noção de dívida entre os consumidores não é a mesma dos economistas. Para eles, dívida é o que não conseguiram pagar. Se renegociou ou parcelou um bem, não é dívida. O pagamento pode estar até atrasado, mas a pessoa só considera dívida quando decide que não vai pagar mesmo.[95]

---

[95] Renda da nova classe média muda todo mês, diz pesquisa. *Época*. 18 maio 2014. Disponível em: <http://epocanegocios.globo.com/Informacao/Resultados/noticia/2014/05/renda-da-nova-classe-media-muda-todo-mes-diz-pesquisa.html>. Acesso em: abr. 2016.

Curiosidade

Nailda, 49 anos, está com dificuldades. Ela tem carteira assinada e recebe por hora para cuidar da limpeza de um condomínio. Com os descontos, são pouco mais de R$ 500 por mês. Mas a sua principal fonte de renda é a pensão como viúva – R$ 1,6 mil. Com a renda de R$ 2,1 mil sustenta três filhas, em uma casa própria na região metropolitana de São Paulo.

Quando os gastos foram ficando maiores que os ganhos, começou a usar os **cinco cartões de crédito** que recebeu de lojas e bancos sem pedir, mas guardara para emergências.

A **dívida** nos cartões passa de R$ 6 mil – o triplo de sua renda. Primeiro usou para pagar prestações atrasadas da faculdade da filha, depois para despesas pessoais e, por fim, a reforma da casa, que teve a estrutura abalada por uma infiltração do imóvel vizinho.

Segundo ela:

"Nunca tive o nome sujo porque, quando vejo que não vou conseguir pagar, renegocio, mas desta vez eu acho que não vou conseguir. Estou vivendo dos cartões e não saio mais do vermelho."

Fonte: SALOMÃO, A. Metade das famílias de classe média vive "enforcada". *O Estado de S. Paulo*, 17 maio 2014. Disponível em: <http://planocde.com.br/wp-content/uploads/2015/06/18.05.14-O-Estado-de-S-Pauloeditado.pdf>. Acesso em: 8 mar. 2016.

Caso para discussão 36

A nova geladeira

Um estudo foi realizado pela pesquisadora Hilaine Yaccoub em uma comunidade na região metropolitana do Rio de Janeiro. Numa das visitas ao local, fez a descrição do comportamento e registrou a fala de uma moradora que havia acabado de **comprar uma nova geladeira**.

"Não repare na casa não, ela é velha, e a única coisa bonita é a minha nova geladeira branca na cozinha, é a única coisa que presta", desculpou-se a dona da casa.

Ela apontou a geladeira, enorme, de alta tecnologia, com luzes azuis piscando e um display digital na porta. Lamentou-se: "Agora, minha cozinha nem combina com a geladeira nova. Ela é tão linda e minha cozinha, um horror." Estava feliz porque a geladeira era *frost free*. Sem precisar descongelar para limpeza, lhe pouparia trabalho. Abriu cada gaveta, porta, apontou o termostato eletrônico, e se emocionou.

"Eu nunca imaginei que pudesse haver algo assim. Agora vou poder receber visitas e dar festas, pois as bebidas vão gelar. Vou poder fazer pavê, comprar sorvete, fazer gelo para o refrigerante. Agora, sim", comemorou.

O tamanho e a capacidade da nova geladeira eram significativos para a sociabilidade da dona da casa, a reciprocidade do servir e receber bem. A grande geladeira serviria sua família, composta por ela própria e dois filhos. Aquele novo eletrodoméstico seria um divisor de águas em seu cotidiano e em sua prática social. Traria conforto para a família, além do embelezamento e da modernização da casa.

Fonte: YACCOUB, H. A chamada "nova classe média": cultura material, inclusão e distinção social. *Horizonte Antropológico* [on-line], v. 17, n. 36, 2011. p. 197-231.

Questão

1. No seu entendimento, qual é a diferença entre o comportamento e os significados atribuídos da dona de casa da "nova classe média" e da dona de casa da classe de alta renda (Classe A) em relação à compra de uma nova geladeira?

7.7 A mulher e a beleza

Segundo os antropólogos Miriam Goldenberg e Marcelo Ramos,[96] o **culto à beleza**, juventude e "boa forma" física, o temor à velhice e o horror à gordura surgiram no início do século XX e foram reforçados pela proliferação de imagens de corpos de mulheres jovens e magras e homens musculosos e desnudos, que se intensificaram nas últimas décadas do século XX e entraram no século XXI como fenômenos que atingem um número sem precedentes de homens e mulheres permanentemente insatisfeitos com a própria aparência.

No início do século XX, nos Estados Unidos, em 1921, ocorreu o primeiro **concurso de beleza**, e as misses se tornaram exemplos de perfeição física, conquista social e econômica. A expansão do cinema norte-americano disseminou o **padrão ideal de beleza** por meio de **atrizes** que provocavam o desejo, nas demais mulheres, de conquistarem esse mesmo ideal.

Os anúncios de produtos e serviços destinados ao embelezamento, rejuvenescimento e **modelagem do corpo**, assim como reportagens sobre os mesmos temas, multiplicaram-se em revistas femininas e masculinas, e também em cadernos de comportamento dos principais jornais e revistas do país. E não podemos nos esquecer de homens e mulheres famosos que têm sua "boa forma" e "plena beleza" (quase sempre "retocadas") difundidas pela mídia como um ideal a ser perseguido.[97]

---

[96] GOLDENBERG, M.; RAMOS, M. S. A civilização das formas: o corpo como valor. In: GOLDENBERG, M. (Org.). *Nu e vestido*: dez antropólogos revelam a cultura do corpo carioca. Rio de Janeiro: Record, 2002. p. 1940.

[97] GOLDENBERG; RAMOS, 2002. p. 1940.

Sabe-se que a satisfação de uma pessoa com a sua aparência física, ou com a imagem que tem do próprio corpo (**imagem corporal**), é afetada pelo quanto essa imagem se aproxima do padrão valorizado por seu grupo de referência ou cultura. Esse padrão é chamado de **ideal de beleza**, um modelo específico de aparência, valorizado pelos membros de uma cultura ou sociedade.[98]

Curiosidade

Estudo realizado pela CVA Solutions em mais de 6 mil domicílios brasileiros mostra que em **roupas íntimas e meias**, as marcas DeMillus e TriFil lideram as vendas em todas as classes sociais. As marcas foram as mais compradas nos últimos 12 meses e também as que possuem maior força de marca (atração menos rejeição).

As **mulheres das classes econômicas C/D** compram roupa íntima cerca de quatro vezes por ano, mais do que as A/B, que compram de duas a três vezes ao ano, porém investindo em peças de maior qualidade. Em geral, compram mesmo quando não precisam, pois consideram que uma roupa íntima nova e bonita aumenta sua **autoestima**. E reservam as roupas íntimas mais novas ou especiais para diferentes ocasiões, principalmente para **encontros amorosos**.

Fonte: Classe C e D compra quatro vezes mais roupa íntima do que A e B. *Monitor Mercantil*, 4 abr. 2014. Disponível em: <http://www.monitormercantil.com.br/>. Acesso em: 8 abr. 2016.

Segundo Susan Bordo, a mulher constrói o seu corpo com base nos valores culturais e expectativas sociais, que definem o **corpo feminino** como instrumento de romantismo, sedução e prazer. A autora explica: "Por meio de disciplinas rigorosas e reguladoras de dieta, maquiagem, e vestuário – princípios organizadores centrais do tempo e do espaço nos dias de muitas mulheres – somos convertidas em pessoas centradas na **automodificação**".[99]

Ao analisar o conteúdo das revistas femininas sobre o corpo da mulher, a pesquisadora Swain[100] afirma:

> O corpo moderno da mulher é um **corpo tecnológico**. As tecnologias da feminilidade são utilizadas pelas mulheres diante da autopercepção de um corpo deficiente, o que explica práticas de **embelezamento** muitas vezes compulsivas e ritualísticas. Uma vez construído o corpo, é preciso vesti-lo e a indústria da moda, assim como a cosmetologia e os perfumes, são os pilares das revistas femininas.

---

[98] WOLF, N. *O mito da beleza*: como as imagens da beleza são usadas contra as mulheres. Rio de Janeiro: Rocco, 1991.

[99] BORDO, S. O. Corpo e a reprodução da feminidade: uma apropriação feminina de Foucault, 1997. Apud SWAIN, T. N. Feminismo e recortes do tempo presente: mulheres em revistas "femininas". *São Paulo em Perspectiva*, v. 15, n. 3, jul.-set. 2001. p. 67-81.

[100] SWAIN, 2001. p. 67-81.

O **culto à beleza** corporal, que ganha cada vez mais espaço em nosso cotidiano, foi assim comentado pelos psicólogos Rodrigo Sampaio e Ricardo Ferreira:

> A beleza corporal tem se tornado algo a ser conquistado pelos indivíduos, principalmente nos grandes centros urbanos. Hoje, as celebridades são valorizadas por serem consideradas belas, independentemente de terem outras competências. As academias de ginástica, os consultórios dos cirurgiões plásticos e os centros de tratamento estético fazem parte de um mercado em franca expansão, considerados fábricas produtoras de um corpo ideal. A explosão de produtos voltados para o emagrecimento ou aumento da massa muscular vem colocar em cheque nossa satisfação com nossos corpos, por meio de campanhas publicitárias ostensivas nos meios de comunicação.[101]

Analisando a história das transformações pelas quais passou o conceito de beleza feminina, construído e modificado pela sociedade ao longo das décadas, a psicóloga Ester Correia[102] revela que "a história do **embelezamento feminino** no Brasil transita entre o natural e o artificial". E observa:

> Desde a descoberta do Brasil, quando as índias eram mostradas pelos pintores do Brasil Colônia, até a imagem da mulher atual existiram diferentes conceitos e atitudes da sociedade no tocante à beleza. A **beleza**, concebida como dom natural e divino, a partir da década de 1950 passa a ser manipulada por sofisticadas técnicas, permitindo à mulher brasileira a possibilidade de transformar o próprio corpo. A beleza natural deixa de ser um dom para ser uma construção. A ordem é permanecer jovem.

No entanto, a referida autora questiona se a preocupação excessiva em corresponder aos padrões de beleza não aprisionou ainda mais a mulher às imposições criadas pela sociedade.

A análise da historiadora Denise Sant'Anna revela que o corpo feminino, até a década de 1950, no Brasil, não era considerado como sendo "algo da mulher" e com o qual ela poderia conviver livremente, escolhendo, segundo a sua própria vontade, os produtos e os métodos de embelezamento, higiene etc. Segundo a pesquisadora:

> A partir daquela década, os cuidados para tornar a imagem do corpo algo sempre passível de seduzir deixam de se limitar aos segredos de beleza transmitidos através das gerações e,

---

101 SAMPAIO, R. P.; FERREIRA, R. F. Beleza, identidade e mercado. *Psicologia em Revista*, Belo Horizonte, v. 15, n. 1, abr. 2009. p. 120-140. Disponível em: <http://periodicos.pucminas.br/index.php/psicologiaem revista/article/viewFile/P.1678-9563.2009v15n1p120/1023>. Acesso em: 4 jan. 2017.
102 CORREIA, E. O embelezamento feminino no Brasil. Florianópolis. *Anais do XI Encontro Nacional da ABRAPSO*, 2001.

também, ao uso de produtos como cremes, tinturas e pós. Eles integram uma megaindústria constituída pela tríade alimentação-saúde-beleza, capaz de promover rapidamente **o direito de se embelezar** em qualquer idade.[103]

Caso para discussão 37

Mulheres de 20 a 45 anos da cidade de Natal, Rio Grande do Norte, opinaram sobre como seria uma mulher com corpo bonito:

- Seria magra, alta, pernas torneadas, bumbum trabalhado, olhos grandes, cabelo liso, cintura fina. (Luísa, 25 anos)
- Magra e malhada. Ela tem coxa definida, barriga sarada, braços torneados e tem peito. (Jackeline, 30 anos)
- Não tem barriga, tem bunda durinha, é magra, tem pernas compridas e tem peito. (Isolda, 20 anos)

Sobre a imagem que fazem do próprio corpo, elas disseram:

- Os namorados sempre me elogiaram pela minha ótima forma, sem gorduras, unhas impecáveis, pele lisinha sem pelos. Qual o homem que não gosta de ter uma mulher assim, tão feminina? (Lívia, 39 anos)
- Agora estou satisfeita com meu corpo. Antes de fazer a plástica tinha dois pneuzinhos na cintura que não saiam de jeito nenhum. Hoje todo mundo me diz que estou muito mais bonita. (Lara, 23 anos)
- Gostaria de ter corpo de modelo. Tiraria essa barriguinha. Seria mais alta e mais magra e teria um cabelo comprido e bem liso. (Cristiane, 28 anos)
- Minha motivação para fazer a cirurgia foi querer ser paquerada na rua. Hoje só faltam cinco quilos para perder e minha autoestima está bem melhor. (Tereza, 38 anos)

Fonte: ALVES, G. *Corpo e Subjetividade*: a construção do feminino através das cirurgias plásticas. 26ª Reunião Brasileira de Antropologia, 4 jun 2008.

Questões

1. Com base nos conceitos discutidos, explique o comportamento das mulheres citadas em relação a seu corpo e a beleza feminina.
2. Faça as mesmas questões para 4 amigas e compare com as respostas dessa pesquisa.

---

103 SANT'ANNA, D. B. A insustentável visibilidade do corpo. *Estudos Feministas*, n. 4, ago.-dez. 2003. Disponível em: <http://www.labrys.net.br/labrys4/textos/denisept.htm>. Acesso em: 3 abr. 2016.

Saiba+ Liderança do Brasil em cirurgias plásticas

O Brasil é líder mundial em dez dos dezenove tipos de cirurgias, incluindo rinoplastia (77.224), rejuvenescimento vaginal (13.683), aumento dos glúteos (63.925) e transplante capilar (8.319).

O Brasil superou os Estados Unidos como o líder mundial em número de **cirurgias plásticas**, em 2013. Naquele ano, no país foram realizadas 1,49 milhão de operações, quase 13% do total mundial, e nos Estados Unidos foram 1,45 milhão, de acordo com a Sociedade Internacional de Cirurgia Plástica Estética.

As cirurgias plásticas mais comuns no Brasil foram a lipoaspiração (228.000 cirurgias), o implante de **silicone nas mamas** (226.000) e a operação para elevar os seios (140.000).

No mundo, as **cirurgias plásticas** mais comuns foram o aumento das mamas, a lipoaspiração e a operação para levantar as pálpebras. As mulheres corresponderam a 87,2% de todos os procedimentos estéticos, cirúrgicos e não cirúrgicos.

Os Estados Unidos ainda são líderes em relação aos procedimentos estéticos não cirúrgicos, como aplicação de botox. O país realizou 3,9 milhões de procedimentos do tipo em 2013, contra 2,1 milhões no Brasil.

Fonte: *Brasil lidera o ranking mundial de cirurgias plásticas*, 30 jul. 2014. Disponível em: <http://veja.abril.com.br/saude/brasil-lidera-o-ranking-mundial-de-cirurgias-plasticas/>. Acesso em: 9 abr.2016.

Saiba+ O mercado brasileiro de cosméticos

O setor de higiene pessoal, perfumaria e cosméticos (HPPC) teve faturamento de R$ 101,7 bilhões em 2014, revelou a Associação Brasileira de Higiene Pessoal, Perfumaria e Cosméticos (ABIHPEC). A indústria brasileira de cosméticos tem papel fundamental na economia brasileira e já representa mais de 1,8% do PIB nacional. O Brasil é o terceiro maior mercado consumidor de cosméticos e produtos ligados à beleza.

Nas categorias em que o Brasil figura como 2º maior consumidor mundial estão produtos masculinos, infantis e para cabelos. Nos últimos cinco anos, o segmento de **produtos para crianças** obteve um crescimento médio de 14%, com faturamento de R$ 4,5 bilhões em 2014. O Brasil é líder em consumo de produtos para cabelo infantil, representando 24% do consumo mundial.

A categoria de **produtos masculinos** representa quase 11% do consumo total de HPPC. As vendas dobraram de tamanho nos últimos cinco anos e registraram em 2014 um faturamento na ordem de R$ 11,1 bilhões.

No mercado de **cabelos** o desempenho não foi diferente. Impulsionado pelas categorias de **condicionadores, colorantes e xampu**, que juntos representam 90% do segmento de cabelos, o País registrou um faturamento de R$ 21,2 bilhões em 2014, um crescimento de 11% frente a 2013.

Fonte: *Mercado brasileiro de cosméticos cresceu de 11% em 2014*, 7 abr. 2015. Disponível em: <http://www.brazilbeautynews.com/mercado-brasileiro>. Acesso em: 8 abr. 2016.

O estudo da antropóloga Liliane Ribeiro indicou que existem valores que dão sentido à realização de **cirurgias estéticas**, tais como "sentir-se bem consigo mesma", "autoestima", "gostar de seu corpo" etc. Esses valores são verbalizados, em geral, pela frase "basta querer para ser feliz". Essa frase, ou outras similares ditas por médicos e pacientes, está representada em grande parte da publicidade sobre o tema. Em outras palavras, o que as pessoas desejam é expressar com o corpo o seu modo de viver, seus valores e anseios.

Outros fatos explicam o **significado das cirurgias** para as mulheres brasileiras. Entre eles, uma frase bastante ouvida de mulheres que fizeram cirurgias: "eu fiz por mim, não foi por ninguém". Uma pesquisa encomendada pela Avon, uma das maiores empresas de cosméticos, constatou que a maioria das mulheres disse que se embeleza para si própria, e apenas 19% disseram que se enfeitam para os outros, ou seja, o motivo é a **autoestima** e, por consequência, a **sedução**.[104]

Na entrevista publicada pela revista *Viva*,[105] a atriz Solange Couto explicou por que se submeteu à cirurgia estética: "se dá para ser bonita com a plástica, qual o motivo para não mudar?". Segundo a entrevistada, ela realizou um *lifting*, que retirou o excesso de pele do pescoço, colocou silicone nos seios, fez lipoaspiração nas gorduras que sobravam com o sutiã e realizou uma lipoescultura. Ela entrou quatro vezes em uma sala de cirurgia para esse tipo de procedimentos, sempre porque o espelho "dizia" que estava feia.

Os **cirurgiões plásticos** reforçam essa visão da autoestima como principal motivação. Segundo Ivo Pitanguy: "A estética reparadora pressupõe uma filosofia, a do bem-estar consigo mesmo. Nossos médicos compreendem bem esse princípio".[106]

A médica Ana Helena Patrus[107] expressou sua opinião: "a hora certa é quando o incômodo com o corpo for muito maior que o medo da cirurgia". Segundo a médica, uma paciente lhe dissera que a cirurgia estética havia feito o que dez anos de terapia não haviam conseguido. Essas declarações confirmam o que disse a atriz Solange Couto: "quem não se ama não é feliz no amor, no trabalho".

Outro depoimento revelou o valor da **estética corporal** em nossa sociedade, relacionado à **sensualidade** feminina. A "garota de Ipanema" Helô Pinheiro declarou em entrevista:

> Muitas vezes, fico de mal com o espelho. Meu semblante não é o mesmo, a pele perdeu seu frescor. Isso dá um pouco de angústia. Quando estou bem comigo mesma, me olho e gosto do que vejo. Porém, se o reflexo estiver embaçado, passarei isso para as pessoas. E não será nada bom! Hoje ser chamada de Garota de Ipanema continua sendo prazeroso, no entanto,

---

[104] RIBEIRO, L.B. *A anatomia do belo: cirurgia plástica estética e a construção da diferença*. XXVIII Encontro da ANPOCS. Florianópolis, agosto 2004.
[105] *Revista Viva*, n. 196, jul. 2003. p. 36, 27 jul. 2003, apud RIBEIRO, s/d.
[106] *Revista IstoÉ*, mar. 2003. p. 52, apud RIBEIRO, s/d.
[107] *Revista Viva*, n. 196, 27 jul. 2003, apud RIBEIRO, s/d.

tornou-se também um estigma. Os que curtiram essa época me cobram. Quem não me conhece estranha. Sou uma mulher vaidosa. Procuro cuidar bastante da saúde e da estética. Sou muito grata ao cirurgião plástico que deixou meus seios lindos e firmes.[108]

A pesquisadora concluiu que no **imaginário brasileiro** está a concepção de que "ser moderna" depende do cultivo de uma aparência bela e do bem-estar corporal. A falta de beleza é interpretada como causa de frustrações, baixa autoestima e um problema psíquico. Com as **tecnologias da indústria da beleza** e da medicina, o problema torna-se solucionável, exigindo trabalho intenso de cada mulher na prevenção da "feiura". Entre as formas de prevenção está a cirurgia estética.[109]

Concluindo, a beleza e a boa forma física nunca estiveram tão associadas à felicidade pessoal, à autoestima e ao sucesso profissional e afetivo, o que torna o **culto ao corpo** um hábito de homens e mulheres.[110]

Caso para discussão 38

Victoria's Secret celebra "corpo perfeito" e irrita mulheres

The Perfect "Body" ("O Corpo 'Perfeito'") é uma campanha para promover a nova linha de sutiãs de marca Victoria´s Secret, chamada "Body" ("Corpo").

O problema é que, para divulgar o produto, a Victoria's Secret resolveu usar várias de suas modelos, sugerindo que elas possuem o corpo perfeito. Só dá para entender que a marca se refere ao sutiã ao ler o texto que está embaixo do nome da campanha: "Caimento perfeito. Conforto perfeito. Maciez perfeita". E notando as aspas que estão apenas em "body" ("corpo").

O trocadilho da **Victoria's Secret** não agradou, indo na contramão de marcas e movimentos que promovem o fim do padrão de beleza.

Nas redes sociais, mulheres aderiram à *hashtag* #iamperfect ("eu sou perfeita") como forma de protesto, inclusive levando o movimento para as lojas da rede.

Mais de 16.000 pessoas assinaram uma petição do Reino Unido para que a marca peça desculpas por sua mensagem "doentia e danosa que a campanha The Perfect 'Body' passa sobre o corpo das mulheres e como elas devem ser julgadas".

Fonte: FONSECA, M. Victoria's Secret celebra "corpo perfeito" e irrita mulheres. *Revista Exame*, 27 out. 2014. Disponível em: <http://exame.abril.com.br/marketing/noticias/victoria-s-secret-celebra-corpo-perfeito-e-irrita-mulheres>. Acesso em: 7 abr. 2016.

---

[108] RIBEIRO, s/d.
[109] RIBEIRO, s/d.
[110] WOLF, 1991. p. 65.

Questões

1. Explique o perfil e os motivos do comportamento das mulheres contra a campanha da Victoria's Secret.
2. Você considera que a decisão de lançar esta campanha foi um erro? Justifique sua resposta.

Curiosidade

Campanhas questionam o padrão de beleza feminino

Apontada como vilã da autoestima feminina, a publicidade está, lentamente, mudando de postura em relação aos padrões de beleza.

Prova disso é a comentada campanha da marca de lingeries americana Aerie, que se tornou notícia mundial. Praticamente desconhecida fora dos Estados Unidos, a marca ganhou visibilidade global ao anunciar que iria banir o Photoshop e a presença de supermodelos em seus anúncios. No anúncio, a empresa justificou-se: "Achamos que é hora de ser real e pensar real. Queremos que todas as garotas se sintam bem sobre si mesmas e sua imagem, por dentro e por fora".

Outro exemplo é o bem-sucedido **posicionamento** da marca Dove, que há 10 anos lançava sua primeira campanha homenageando a "real beleza feminina".

Esta é uma tendência que busca a **autenticidade** como forma de diferenciação, e quer conquistar o público que não se identifica com as supermodelos que vemos nos anúncios.

Fonte: PORTUGAL, M. 10 campanhas que questionam o padrão de beleza feminina. *Revista Exame*, 27 jan. 2014. Disponível em: <http://exame.abril.com.br/marketing/10-campanhas-que-questionam-os-padroes-de-beleza-feminino>. Acesso em: 17 nov. 2016.

Caso para discussão 39

Gilberto Freyre foi um antropólogo brasileiro que se dedicou à interpretação do Brasil sob as perspectivas da sociologia, antropologia e história. Com sua visão crítica, apontava como **modelo de beleza da brasileira** a atriz Sônia Braga: baixa, pele morena, cabelos negros, longos e crespos, cintura fina, "ancas" grandes e peitos pequenos. Ele dizia que esse modelo de corpo e beleza brasileiros estava sofrendo um "impacto **norte-europeizante ou albinizante**", ou ainda "ianque", com o sucesso de belas mulheres como Vera Fischer: alta, alva, loira, cabelos lisos com um corpo menos arredondado.

Esse novo **padrão de corpo feminino**, imitação de modelos estrangeiros, passou a se impor como modelo de beleza brasileira. Além de Vera Fischer, Xuxa e Giselle Bündchen tornaram-se modelos a serem imitados.

Freyre enaltecia o corpo da mulher brasileira, "miscigenado", um "corpo equilibrado de contrastes" e propunha que a brasileira deveria seguir modas adaptadas ao clima tropical, em vez de seguir passivamente e, por vezes, grotescamente, modas europeias ou norte-americanas. O antropólogo mostrou, portanto, que essas modas surgem visando uma preocupação central da mulher brasileira: **permanecer jovens**.

Fonte: GOLDENBERG, M. O corpo como capital: para compreender a cultura brasileira. *Arquivos em Movimento*, Rio de Janeiro, v. 2, n. 2, jul.-dez. 2006.

Questão

1. Você concorda com o escritor? Apresente seu ponto de vista com base nos dados e conceitos debatidos neste capítulo.

7.8 A mulher e a moda

A moda representa para as mulheres um meio de **transformar seu corpo** e sua **aparência física**, bem como de **construir sua identidade**, a partir das múltiplas alternativas de vestuário, adereços e tratamentos estéticos oferecidos pela indústria de moda e beleza. Para entendermos o significado da moda para as mulheres, vamos conhecer alguns conceitos.

A noção de moda engloba duas dimensões distintas: a de processo e a de objeto. O **processo de moda** significa a difusão ou aceitação social de um novo estilo, que é adotado por certos grupos de consumidores em dado período. Por **estilo** entende-se uma característica ou conjunto de características específicas de um objeto ou uma pessoa que os distingue de outros. A moda é baseada, sempre, em um **estilo** específico.[111]

O **objeto de moda**, por sua vez, refere-se a um específico objeto ou comportamento – como uma peça de roupa, um estilo arquitetônico, um modo de pentear o cabelo ou de reagir diante dos acontecimentos – que é valorizado e adotado por certos grupos de consumidores em dado período. O objeto de moda tem um estilo, um conjunto de características, que o distingue dos outros.

A **tendência de moda** significa a direção das mudanças da moda muitas vezes renovando estilos que fizeram sucesso no passado e marcaram uma época, como a moda country com chapéus e botas de vaqueiro (*cowboy*, em inglês) da década de 1950 nos Estados Unidos e a minissaia da década de 1960 na Inglaterra.

A moda tende a evoluir em direção a um extremo, a partir do qual uma nova direção se desenvolve, e termina quando há excesso, ou seja, quando os consumidores perdem o interesse pelo objeto ou produto de moda porque este já perdeu o caráter de

---

111 SPROLES, G. B. Analyzing fashion life cycles – principles and perspectives. *Journal of Marketing*, v. 5, outono 1981. p. 32.

inovação e diferenciação, deixou de ser novidade e um meio de diferenciar as pessoas (as que têm e as que não têm aquele produto de moda).

A **difusão da moda**, ao longo do tempo, percorre quatro fases, a saber: a introdução de uma inovação ou objeto de moda, a sua adoção por líderes e formadores de opinião, a difusão do objeto de moda por meio de uma determinada rede sociocultural (meios de comunicação, redes virtuais, por exemplo) e a aceitação ou rejeição do objeto de moda por diversos grupos sociais.[112]

A difusão da moda ocorre em função de um **sistema de moda**, que vem a ser um conjunto amplo e difuso de agentes de transferência de significados culturais, incluindo os meios de comunicação de massa, a propaganda, os líderes de opinião, os artistas, personagens de filmes e novelas. O sistema de moda estimula a adoção temporária de um conjunto de comportamentos, que são considerados socialmente apropriados para a época, situação, papel ou grupo social. Como exemplo, temos as novelas da Rede Globo, que divulgam produtos usados pelos personagens e que são, assim, adotados pela população.[113]

A **propaganda** tem a função de associar um produto ou serviço a imagens que possuem significado cultural e social. Como exemplo, a associação entre o jogador de futebol Neymar (símbolo de sucesso) e o tênis da marca Nike. A propaganda está continuamente em busca de significados e estilos, visto que, na sociedade contemporânea, o consumidor está constantemente se reformulando e se reinventando de acordo com a última moda e os novos estilos de vida.

Assim, os **objetos de moda** (vestuário, perfumes, cortes de cabelo, tatuagens, restaurantes, locais de lazer etc.) podem ser considerados **símbolos culturais**, que cumprem as funções de comunicação (autoexpressão), **distinção social** ("sou diferente dos outros"), integração social e pertencimento a um grupo social ("sou igual a vocês"). Portanto, a moda engloba dois objetivos contraditórios: o de **imitação** (ser igual às pessoas do grupo de referência, visando reconhecimento e pertencimento) e o de **diferenciação** (ser diferente das pessoas dos grupos de oposição, ao qual não desejo pertencer).

A Figura 7.4 mostra o **sistema de moda**, isto é, o processo de transferência de significados culturais para os produtos de consumo e, em seguida, para o consumidor, ou seja, ao consumir os produtos, o consumidor pretende demonstrar para si mesmo e para os outros que possui as qualidades associadas aos produtos pela propaganda. Este modelo foi proposto pelo antropólogo Grant McCracken,[114] em 1986.

---

112 SPROLES, G. B. Fashion Theory: a Conceptual Framework. In: *Advances in Consumer Research*, v. 1, Ann Abor, MI: Association for Consumer Research, 1974. p. 463-472.
113 McCRACKEN, G. D. *Culture and consumption*: a theoretical account of the structure and movement of the cultural meaning of consumer goods. Journal of Consumer Research. v. 13. n. 1, june, 1986. p. 71-84.
114 McCRACKEN, 1986.

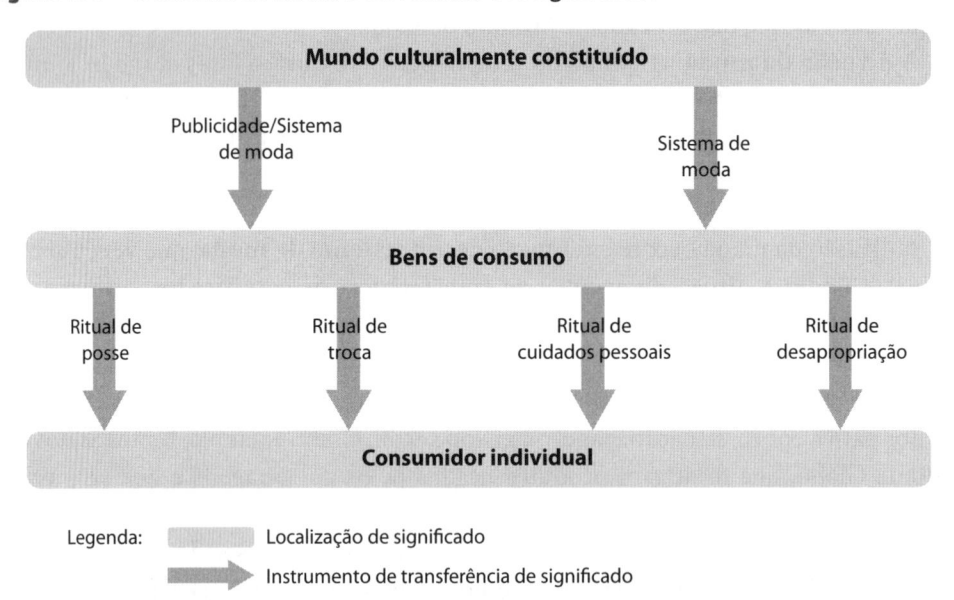

Figura 7.4 O sistema de moda: o movimento dos significados

```
                    Mundo culturalmente constituído
                    
        Publicidade/Sistema                    Sistema de
            de moda                              moda
                    ↓                              ↓
                         Bens de consumo
                         
    Ritual de        Ritual de        Ritual de         Ritual de
     posse            troca        cuidados pessoais  desapropriação
        ↓               ↓               ↓                 ↓
                      Consumidor individual

Legenda:  ▭  Localização de significado
          ▶  Instrumento de transferência de significado
```

Fonte: McCRACKEN, G. Cultura e Consumo: uma explicação teórica da estrutura e do movimento do significado cultural dos bens de consumo. *Rev. Adm. Empr. (RAE)*, v. 47 n. 1, São Paulo, jan./mar. 2007. p. 99-111.

Além da propaganda e da mídia, os **rituais** também fazem parte do processo de transferência de **significados culturais** para os produtos. Os rituais são sequências de ações socialmente padronizadas e periodicamente repetidas, que fornecem significado e envolvem o uso de símbolos culturais. Como exemplo, **o ritual de cuidados pessoais** com a pele envolve um conjunto de passos, como lavar o rosto, passar na pele a loção de limpeza, depois loção tonificante e, ainda, creme hidratante. Os rituais são difundidos pela mídia ou pelas relações no grupo social de referência. Outros exemplos de rituais são as **cerimônias de batismo**, formatura e casamento.

Para Jarnow e Dickerson,[115] a **moda** é uma linguagem que comunica a identidade da pessoa ou de um grupo social e que depende de contexto para ser decodificada. Refletindo o espírito de sua época, isto é, a maneira como as pessoas pensam e vivem em dado momento histórico, a moda é influenciada pelas mesmas forças que movem a sociedade.

A **moda** está diretamente associada ao vestuário. De acordo com Bergamo,[116] na perspectiva da Antropologia, o **campo da moda** é um conjunto de relações entre os grupos sociais, em que a roupa assume o papel da intermediação simbólica. A **roupa** expressa, reproduz e nutre uma série de relações existentes entre os diversos grupos

---

[115] JARNOW, J.; DICKERSON, K. G. *Inside the fashion business*. 6. ed. New York: Prentice Hall, 1996. p. 67.
[116] BERGAMO, A. O campo da moda. *Revista de Antropologia*, São Paulo, USP, v. 41, n. 2, 1998. p. 137-184.

sociais. Assim, ela é uma construção racionalizada, que permite comunicar a posição social e econômica do indivíduo.

As **marcas de moda** comercializam a imagem de um **estilo**, ou seja, de um conjunto de atribuições que associam uma imagem ao consumidor individual e ao mundo que o rodeia, e com a qual ele se identifica. Mais do que a roupa propriamente dita, o que se comercializa são imagens que indissociam esse consumidor de sua posição social, segundo Bergamo.[117]

Caso para discussão 40

Pode-se dizer da mulher que tende a ser, quanto a modas para seus vestidos, seus sapatos, seus penteados, um tanto maria vai com as outras. Portanto, a corresponder ao que a **moda** tem de **uniformizante.** Mas é da argúcia feminina a iniciativa de reagir contra essa uniformização absoluta, de acordo com características pessoais que não se ajustem a imposições de uma moda disto ou daquilo.

Neste particular, é preciso reconhecer-se, na brasileira morena, o direito de repudiar modas norte-europeias destinadas a mulheres louras e alvas.

Fonte: FREYRE, G. *Modos de homem, modas de mulher*. São Paulo: Global Editora, 2009.

Questão

1. Você concorda com o ponto de vista do sociólogo Gilberto Freyre? Justifique sua resposta.

Segundo Bergamo, há demandas diferentes envolvendo o uso de roupa da moda.

A **demanda de legitimação** é o desejo de dar credibilidade a um sucesso ou privilégio de caráter social. A finalidade é mostrar que há uma indissociação entre o indivíduo e uma posição social privilegiada. A demanda de legitimação procura resolver a seguinte questão: Como mostrar ao mundo que o sucesso e os privilégios são resultado de um talento pessoal inato, construído ou imaginário? A roupa e o discurso são estratégias de acentuação dos superlativos de uma posição social privilegiada.

Para os grupos menos favorecidos, abundam os indícios da exclusão ao seu redor. É contra tais indícios que está orientado seu interesse, que é chamado de **demanda de compensação**. Sua relação com a roupa está orientada no sentido de deslegitimar os indicadores de uma contingente posição social. A demanda de **compensação** vem a ser o desejo de enfatizar uma característica pessoal que destaque o indivíduo de seu

---

[117] BERGAMO, 1998. p. 137-184.

ambiente social. Em todos os casos, a tática de compensação é sempre a mesma: a roupa como meio de afirmar um determinado atributo físico e como "arma de sedução".[118]

Segundo a perspectiva sociológica, a moda provoca diversos **comportamentos coletivos**. Além da distinção social (marcar diferenças entre pessoas e grupos), o comportamento de **conformidade social** ocorre quando os indivíduos fazem mudanças nas suas crenças e ações diante da pressão real ou imaginária do grupo social ao qual pertence ou deseja pertencer. Portanto, as regras sociais e os padrões de conduta do grupo influenciam os modos e significados do uso de certas roupas e marcas de vestuário.[119]

Saiba+

Bolsas Louis Vuitton: um manual para você comprar a sua

Conheça os modelos mais populares e aprenda como identificar uma bolsa Louis Vuitton falsificada.

A marca Louis Vuitton é bastante conhecida e as bolsas da marca são um dos itens de moda mais desejados entre as mulheres do mundo todo. Muito de seus modelos se tornaram clássicos e fazem parte do guarda-roupa de muitas fashionistas e antenadas em moda.

O modelo Alma é perfeito para quem gosta de bolsas estilosas e estruturadas. A bolsa Alma é uma das preferidas entre as celebridades, sendo a queridinha da cantora Rihanna. Essa é uma das bolsas que mais oferecem variedade no material e na cor, podendo encontrar com o monograma, o damier, lisa e outras estampas que variam conforme a coleção. Para quem quiser comprar, há bolsas de R$ 3.700 a R$ 62.500.

Fonte: *Dicas de Mulher*. Disponível em: <http://www.dicasdemulher.com.br/bolsas-louis-vuitton>. Acesso em: 20 mar. 2016.

Como vimos, os produtos de consumo adquirem significados para o consumidor quando fazem parte de um **sistema de moda**, que é um conjunto de estilos ou símbolos, cujos significados são compartilhados e valorizados pelos grupos de referência dos consumidores e divulgados pelos meios de comunicação. A propaganda tem papel importante na inserção do produto ou marca no sistema de moda da época.

A **difusão da moda** ocorre não apenas pelas revistas e os programas de TV, mas pela internet, por meio dos *blogs* **de moda**, que oferecem conteúdos de forma gratuita e atualizada, como opiniões de especialistas, estilistas, editores de moda e costureiros famosos, e são uma maneira de as pessoas se familiarizarem com os estilos, produtos e marcas de moda, visto que há liberdade para assimilar novas tendências, elogiar ou criticar, e debater com as blogueiras.

---

[118] BERGAMO, 1998. p. 137-184.
[119] BLUMER, H. Fashion: from class differentiation to collective selection. *Sociological Quartely*, v. 10, verão 1969. p. 25-36.

Curiosidade

Blogs de moda

O blog **Garotas Estúpidas** está entre os *blogs* de moda mais populares do Brasil. O *blog* surgiu em 2006, criado pela recifense Camila Coutinho, a princípio como um lugar para dividir assuntos de moda e beleza com as amigas, mas se tornou o maior *blog* de moda do Brasil, com 100 mil acessos por dia.

O *blog* **Super Vaidosa** foi criado em 2011 pela mineira Camila Coelho, que mora em Boston, Estados Unidos. Seu sucesso foi graças ao bom desempenho nos 256 vídeos postados no YouTube com tutoriais de maquiagens. Hoje, ela possui mais de 1 milhão de inscritos em seu canal no YouTube. Seu Instagram está no top 10 dos mais seguidos do Brasil.

Fonte: TOP10MAIS. Disponível em: <http://top10mais.org/top-10-melhores-blogs-de-moda-do-brasil>. Acesso em: 8 abr. 2016.

Por outro lado, existe o comportamento oposto: **não querer pertencer a grupo nenhum**.[120] Para estas pessoas, o **estilo de vestir é uma assinatura**, um meio de ser diferente ou uma reação contra a sociedade, pois a individualidade é expressa pela forma como a pessoa se veste.[121]

Caso para discussão 41

Os significados simbólicos do vestuário de moda para as mulheres

Vestir uma roupa da moda é um comportamento associado à **transformação pessoal**, à mudança no **estado emocional** e ao *status* social das pessoas. Em pesquisa sobre moda realizada com mulheres de 20 a 55 anos dos estratos econômicos A e B, em Curitiba, os significados simbólicos do vestuário de moda mencionados pelas entrevistadas estão a seguir.

"Ter uma peça do Hard Rock Café. Durante um período as pessoas comparam mas não era pelo Hard Rock Café, era para dizer: Olha, eu viajo."

"O vestir é uma coisa que comunica muito, às vezes você não fala uma palavra, você entra em um lugar e a tua roupa está dizendo muita coisa."

"Moda tem essa função de aglomerar as pessoas pela forma de se vestir."

"Eu quero ser a primeira a usar e quando outra pessoa estiver usando eu já quero estar usando outra coisa diferente."

---

120 DICHTER, E. Why we dress the way we do. In: SOLOMON, M.R. (Ed.). *The psychology of fashion*. Lexington, MA: Lexington Books, 1985. p. 66.
121 DICHTER, 1985. p. 66.

"Hoje você pode usar tudo aquilo que você quiser, depende da tua individualidade, daquilo que você se entende como pessoa."

"Moda é sedução, e não é a sedução só para o outro, é a sedução de você com você."

"Existe uma preocupação na hora do trabalho de passar uma imagem de competência, de seriedade, de uma mulher mais velha. No momento que ela está se vestindo para uma festa a imagem que ela quer passar é outra, tem mais a ver com sensualidade, um toque eventualmente de extravagância ou de modernidade."

Fonte: MIRANDA, A. P. C. *Comportamento de consumo em vestuário de moda feminina*: análise exploratória. Dissertação – Universidade Federal do Paraná, Curitiba, 1998. p. 48-50.

Questões

1. Descreva quais são os vários significados simbólicos do vestuário de moda para estas mulheres. O que elas anseiam? O que leva estas mulheres a investirem tempo e dinheiro na compra de roupas e sapatos?

2. Que outros significados você acrescentaria, a partir da sua experiência pessoal?

Caso para discussão 42

Significados da moda para jovens da "nova classe média" em São Paulo

Registros das entrevistas com jovens de 18 a 24 anos da classe econômica C2, residentes em bairros da periferia da cidade de São Paulo.

1. Mulheres solteiras

"Não gosto de ficar me vestindo igual aos outros. Vou numa festa e tem uma menina vestindo a mesma blusinha. Acho sem graça isso, não gosto."

"Não gosto de sandália bege, porque meu pé já é branco. Quero sandália preta. Também sou apaixonada por rasteirinha, que deixa meu pé menor. Gosto de pé pequeno, acho bonito. Pé grande é de homem."

"Eu sou apaixonada por sandálias de salto e calças, essas coisas me fascinam. Sem isso, eu não me sinto uma mulher completa."

"Vou a balada. É funk, black, axé, calipso, forró. Gosto de ir de minissaia, shortinho, sandália plataforma. Os rapazes também gostam."

"Na paquera, se olha muito a roupa. Tanto as meninas quanto os meninos prestam atenção em marca. Blusa de decote e calça agarrada no corpo chamam a atenção."

2. Mulheres casadas

"Eu uso sainha curtinha. Meu marido reclama, mas eu falei pra ele que nada vai mudar no casamento. Ele me respeitando e eu respeitando ele tudo bem. O importante não é a roupa, é o respeito".

"Meu marido deixa eu usar qualquer roupa. Mas eu pergunto a opinião dele. Tenho vontade de agradar a ele. Ele acha mais legal roupa mais soltinha, não tão decotada."

Fonte: LIMEIRA, T. M. V. *Comportamento de compra de jovens de baixa renda no varejo de vestuário*. São Paulo: FGV-EAESP, 2009. p. 110-112.

Questão

1. Analise os benefícios funcionais e os significados simbólicos do vestuário para as jovens desse Caso e compare com o que dizem as mulheres das classes econômicas AB. Explique as diferenças e as semelhanças entre os comportamentos dos dois grupos.

7.9 A mulher e o consumo de luxo

Como podemos definir o é que um produto ou serviço de luxo?

No dicionário *Michaelis*,[122] a palavra **luxo** remete a qualquer coisa dispendiosa ou difícil de se obter, que agrade aos sentidos sem ser uma necessidade; o que é supérfluo; ostentação, suntuosidade, capricho, extravagância, fantasia.

Para compreender o **consumo de luxo**, a perspectiva antropológica parte da premissa de que precisamos contextualizar a análise para captar os significados dos produtos e serviços de luxo e o valor percebido das marcas em cada grupo social, como explicou William Corbo:[123]

> Uma BMW, ou outro carro de luxo, tem um determinado significado para os e homens que foram educados num determinado contexto e estiveram cercados por pessoas de um determinado poder econômico. Contudo, ao mesmo tempo, esse mesmo carro de luxo pode ter um significado completamente diferente para moradores dos bairros de classe média e populares que vivem num outro jogo social. Não é possível entender o que

---

[122] *Dicionário de Português Michaelis*. São Paulo: Ed. Melhoramentos, 2011.
[123] CORBO, W. *O luxo ao alcance*: um olhar antropológico sobre a comunicação do luxo. VIII POSCOM – Seminário dos Alunos de Pós-Graduação em Comunicação Social da PUC-Rio, 25 nov. 2011.

significa um fenômeno ou objeto de maneira direta e padronizada, as coisas se modificam, criam-se outros olhares, julgamentos e classificações. Com isso, passam a existir distintas interpretações e significados de acordo com o contexto.

O consumo de luxo é um exemplo de **consumo simbólico**, cujos significados variam segundo o perfil dos consumidores, principalmente em termos de idade, nível educacional, cultura, renda e personalidade. Mais do que pela função utilitária (aquilo que são), os produtos de luxo são valorizados e desejados pela dimensão **subjetiva e intangível**, baseada em valores individuais ou culturais (aquilo que representam).[124]

Na sociologia, a teorização sobre o consumo simbólico e os significados do consumo inicia-se com o trabalho pioneiro de Veblen, publicado em 1899. Esse autor introduziu o conceito de **consumo conspícuo**, baseado na emulação social, ou seja, o consumo ostensivo de **bens supérfluos** como evidência de *status* e poder pecuniário. O autor procurou mostrar de que maneira o consumo é socialmente construído analisando os modos de vida da "classe ociosa" – grupo social possuidor de riqueza material que não realizava trabalho produtivo rotineiro –, que surgiu quando a sociedade passou a fazer distinção entre funções "como façanhas e proezas (batalhas, caça de animais etc.) e funções relativas a atividades diárias e rotineiras, desempenhadas pelas mulheres ".[125]

Curiosidade

O luxo na monarquia inglesa

O vestido escolhido por Kate Middleton, Duquesa de Cambridge, para o batizado do filho, George Alexander Louis, é da **grife Alexander McQueen**, a mesma que ela optou para seu casamento com o príncipe William, em 29 de abril de 2011. O vestido, na cor creme, tinha mangas compridas e um detalhe com babados na frente. Como acessório, Kate usou um chapéu da marca Jane Taylor.

Já George vestia uma réplica de um vestido feito há 200 anos para batizados reais. O modelo, de seda e cetim, foi feito por uma costureira da rainha Elizabeth, e causou polêmica na web, com críticas negativas de internautas. A criadora é Janet Sutherland, filha de um mineiro escocês que ganhou o título de Bordadeira da Rainha em 1841.

Fonte: Saiba tudo sobre o look de Kate Middleton no batizado do filho, 23 out. 2013. Disponível em: <ego.globo.com/moda/noticia/2013/10/saiba-tudo-sobre-o-look-de-kate>. Acesso em: 16 nov. 2016.

---

[124] SCARABOTO, D. et al. Pequenos luxos, grandes prazeres: significados do consumo e valores dos consumidores de joalheria e vestuário de luxo. *Anais do II Encontro de Marketing da ANPAD*, 2006.
[125] VEBLEN, T. *The Theory of the Leisure Class:* An Economic Study of Institutions. New York: Macmillan, 1902.

Uma das funções dos produtos de luxo é a **distinção social**, diferenciando os indivíduos e os grupos com base em *status* **social**. O *status* de um grupo social está relacionado ao acesso a recompensas simbólicas, ou seja, diferenças de **prestígio social e estilos de vida**.[126] Segundo Weber, o **grupo de** *status* é um conjunto de pessoas que se reconhecem como tendo o mesmo valor social, que é diferenciado em relação a outros grupos. E envolve significados compartilhados, valorização mútua entre seus membros e reconhecimento de sua posição na hierarquia social.[127]

Os produtos de luxo também atendem à necessidade de **legitimação**, o desejo de dar credibilidade à posição social de uma pessoa bem-sucedida ou a um privilégio de caráter social e/ou econômico. No caso de uma roupa, esta deve associar o indivíduo a uma posição social privilegiada.[128]

O luxo, bem como a moda, visa não só à distinção social e à expressão do *status* social, mas também ao **prazer das sensações e emoções, ao inesperado e ao novo**, à valorização do tempo presente, ao abandono das tradições e à **estetização da vida** cotidiana por meio das experiências vividas a partir do consumo.[129]

Para Danielle Allérès,[130] o produto de luxo é toda criação fora do comum ou do trivial, que é sinônimo de beleza, refinamento, sedução, prestígio e promessa de felicidade. A autora define os produtos de luxo em três categorias – **inacessível ou tradicional, intermediário e acessível** –, de acordo com a quantidade e o tipo de elementos que entram na composição do produto ou serviço. Essas categorias compõem uma **hierarquia entre as marcas de luxo**, que indica o valor simbólico e econômico das marcas e o *status* social dos seus usuários, como mostra a Figura 7.5.

Os produtos de luxo tradicional e **inacessível** possuem um grau muito alto de perfeição, valor estético e sofisticação, sendo objetos únicos ou de acesso restrito a poucas pessoas. Nessa categoria estão as marcas de produtos e serviços dirigidos à elite econômica, política e artística global, pois oferecem **exclusividade** e sofisticação, como o vestuário da **alta moda**, feito sob encomenda por costureiros famosos internacionalmente. No campo da alta-costura, as **marcas globais** mais prestigiadas são: **Chanel**, Jean Paul Gaultier, Fendi, Karl Lagerfeld, **Dior**, Yves Saint Laurent e Valentino, entre outras. No setor de automóveis, as marcas **Rolls-Royce, BMW, Ferrari**, Jaguar e Porsche destacam-se.

---

126 SCALON, M. C. *Mapeando estratos: critérios para escolha de uma classificação.* Dados, Rio de Janeiro, v. 41, n. 2, 1998. p. 5.
127 WEBER, M. *Economia e sociedade.* v. 1. Brasília: Editora da UnB, 1991. p. 190.
128 BERGAMO, A. O campo da moda. Revista de Antropologia, São Paulo, USP, v. 41, n. 2, 1998. p. 137-184.
129 LIPOVETSKY, G. *O império do efêmero: a moda e seu destino nas sociedades modernas.* São Paulo: Companhia das Letras, 1989. p. 69.
130 ALLÉRÈS, D. *Luxo, estratégias/marketing.* Rio de Janeiro: Editora FGV, 2006. p. 179.

Figura 7.5 Hierarquia das marcas de luxo

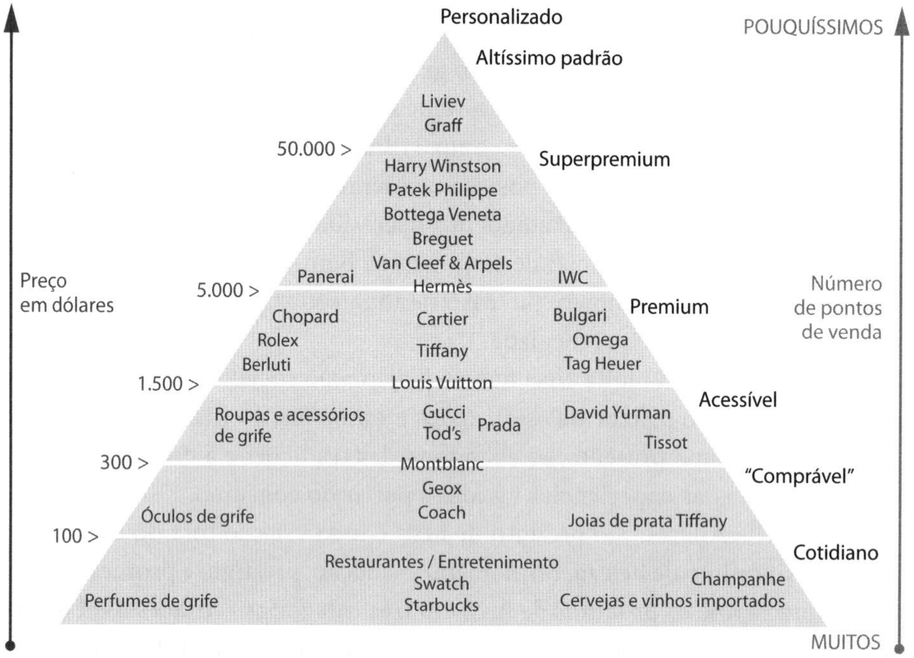

```
                           Personalizado                POUQUÍSSIMOS
                          Altíssimo padrão
                            Liviev
                            Graff
                 50.000 >
                          Harry Winstson      Superpremium
                          Patek Philippe
                          Bottega Veneta
                           Breguet
                         Van Cleef & Arpels
Preço                Panerai   Hermès    IWC                    Número
em dólares   5.000 >                            Premium         de pontos
                     Chopard   Cartier   Bulgari                de venda
                     Rolex              Omega
                     Berluti  Tiffany   Tag Heuer
             1.500 >          Louis Vuitton          Acessível
                 Roupas e acessórios  Gucci      David Yurman
                     de grife        Tod's Prada    Tissot
          300 >                    Montblanc                    "Comprável"
                                    Geox
                Óculos de grife     Coach
          100 >                                Joias de prata Tiffany
                                                                Cotidiano
                          Restaurantes / Entretenimento
                                    Swatch       Champanhe
                Perfumes de grife   Starbucks  Cervejas e vinhos importados
                                                                  MUITOS
```

Fonte: RAMBOURG, E. *The bling dinasty*. New York: Wiley, 2014. Disponível em: <http://erwanrambourg.com/>. Acesso em: 8 abr. 2016.

Os produtos de **luxo intermediário** possuem um grau menor de inovação e distinção, e um limitado número de componentes. Como exemplo, podem-se citar as marcas de relógio suíço Rolex, Cartier e Omega.

Os produtos de **luxo acessível** são aqueles produzidos industrialmente e voltados para o consumo das classes médias urbanas. Nessa categoria estão as marcas de moda Tommy Hilfiger, a caneta Montblanc e as bolsas Louis Vuitton.

Os produtos e serviços de luxo são dirigidos às **classes econômicas AB**, que representavam **13,1%** da população brasileira, tendo rendimento familiar mensal acima de **12 salários-mínimos**, em 2014. Os subsegmentos B2, B1, A2 e A1 representavam 4,67%, 4,31%, 2,84% e 1,28% da população, respectivamente.[131]

Entre os municípios brasileiros, aqueles que tinham maior proporção de população das "classes AB" em 2014 eram Niterói (42,90%), São Caetano do Sul (42,55%), Florianópolis (41,61%), Santos (39,25%) e Vitória (39,22%). Eles estão entre os seis municípios com maior cobertura de internet em domicílio, mais diplomas universitários,

---

[131] SAE, 2014a. p. 46.

maior renda média e estão entre os recordistas de Índice de Desenvolvimento Humano (IDH), indicando que as classes AB estão associadas à renda mais alta e também a melhores indicadores de educação e saúde.

Do segmento de "**classe A1**", que representa 1,28% da população brasileira, essas cidades têm a maior proporção. Niterói tem 17,1% de sua população nesse segmento. A cidade de São Paulo está em 17° lugar, mas possui bairros com maior proporção de indivíduos na "classe A", como o caso do bairro de Moema, com 61%.[132]

Segundo a Abep,[133] a população do segmento de classe A representava **3% dos domicílios brasileiros** em 2015. Esse segmento incluía as pessoas que tinham rendimento médio mensal **superior a 20 salários-mínimos**, representando apenas **0,7% da população economicamente ativa, em 2013**. Em valores do salário-mínimo de 2015 (R$ 788,00), tal rendimento representa mais de R$ 15.760,00 por mês, enquanto a maioria da população (81,8%) ganhava até 5 salários-mínimos (R$ 3.940,00, em valores de 2015), de acordo com a pesquisa PNAD.[134]

Curiosidade

Consumo de marcas de luxo falsificadas

Em um domingo, no Mercado das Mulheres em Hong Kong, um casal de brasileiros pechinchava preços mais baixos com os vendedores. "Quem não conhece, acha que essa carteira é uma cópia perfeita, mas, na verdade, esse fecho dourado vai perder a cor rapidamente. É preciso ter muito cuidado ao escolher um produto", explicou a brasileira.

"Quando você compra uma bolsa, tem que pedir para o vendedor mostrar o catálogo original para você comparar os detalhes. Muitas vezes, eles revestem a bolsa de couro por dentro, tingem as partes de metal, mas erram na largura ou na cor da alça, por exemplo", disse a brasileira.

A repórter perguntou se eles pretendiam revender no Brasil as bolsas da Louis Vuitton que compraram. Apesar de cada um estar carregando uma mala de rodinhas tamanho família e mais duas sacolas cheias de bolsas e carteiras, disseram que não e foram caminhando rapidamente. "Vou levar para minhas amigas. Não vou vender nada", disse a brasileira.

A esposa de um executivo brasileiro que vive em Hong Kong comentou: "Tenho duas amigas que vêm pelo menos duas vezes à China comprar bolsas para revender no Brasil. São socialites e revendem as bolsas em shoppings. Os donos das lojas sabem que são falsificadas, mas cobram um preço altíssimo pelas bolsas. As clientes sabem, mas fingem que não sabem. Mesmo o preço alto no Brasil não chega ao preço de uma bolsa verdadeira", contou.

Fonte: SALEK, S. Brasileiros deixam mercado de falsificados de mala cheia. *BBC Brasil*, 15 nov. 2002. Disponível em: <http://www.bbc.com/portuguese/noticias/2002>. Acesso em: 16 nov. 2016.

---

[132] SAE, 2014a. p. 21.
[133] ABEP, 2015.
[134] IBGE. Pesquisa Nacional por Amostra de Domicílios (PNAD), 2013.

> **Questão ?**
>
> **1.** Analise o perfil psicográfico e as motivações das consumidoras brasileiras que usam marcas de luxo falsificadas.

Neste capítulo, buscamos conhecer o conceito de gênero feminino; as teorias sobre o comportamento da mulher em relação a vida afetiva, sexualidade, família, maternidade, beleza, corpo, moda e luxo; entender os critérios de segmentação socioeconômica e analisar o comportamento do segmento "nova classe média".

Resumo

1. **Sexo** designa a característica biológica (órgão sexual), ou seja, a diferença sexual que distingue a mulher do homem e que lhe atribui um papel determinado na reprodução humana.

2. **Gênero** refere-se aos significados e às posições sociais que a diferença sexual adquire em cada sociedade, ou seja, aos papéis e *status* atribuídos socialmente a cada sexo.

3. **Identidade de gênero**, o "ser mulher" e o "ser homem", é o gênero com que a pessoa se identifica.

4. A **teoria de gênero** considera que as relações entre homens e mulheres ocorrem de modo distinto em cada sociedade, período histórico, grupo étnico, classe social e geração.

5. **Traços sexualmente tipificados** são características físicas, psicológicas ou comportamentais consideradas típicas de um homem ou de uma mulher.

6. **Feminismo** é um movimento intelectual e social que teve como objetivo a transformação da situação da mulher na sociedade, de forma a superar a desigualdade nas relações com os homens.

7. Os **estereótipos** são construções mentais, imagens e ideias, que estabelecem critérios socialmente falsificados, baseados em características não comprovadas e não demonstradas, atribuídas a pessoas, coisas e situações sociais.

8. A **afetividade** é o conjunto de fenômenos psíquicos que se manifestam sob a forma de **afetos** (emoções, sentimentos e paixões), acompanhados sempre da impressão de dor ou prazer, de satisfação ou insatisfação, de agrado ou desagrado, de alegria ou tristeza.

9. O **sentimento** é um estado afetivo mais atenuado e durável, como lealdade, amizade, ternura, admiração e gratidão.

10. A **emoção** é um estado afetivo momentâneo, que provoca reações intensas e breves no organismo, em resposta a certos acontecimentos internos ou externos ao indivíduo.

11. A **sexualidade** é a capacidade de responder a estímulos eróticos e obter prazer em atividades sexuais. Envolve não somente os órgãos genitais, mas todas as zonas erógenas do corpo, bem como as emoções, visando ao prazer compartilhado.

12. A **teoria da sexualidade** desenvolvida por Freud parte do conceito de **libido**, que é a energia sexual, ou seja, a energia por meio da qual o impulso sexual se expressa.

13. **Comportamento sexual** refere-se às práticas sexuais e **conduta sexual**, aos significados atribuídos a essas práticas pelos indivíduos e culturas às quais eles pertencem.

14. Na teoria psicanalítica, a **sexualidade** é o processo de organização do impulso da libido, quando investimos nossa energia sexual em objetos ou pessoas que nos dão prazer.

15. **Sublimação** refere-se ao mecanismo de defesa pelo qual a energia psíquica primitiva (libido) se transforma e se dirige a metas socialmente aceitáveis.

16. **Narcisismo** representa o estado em que a libido é dirigida ao próprio ego, ou seja, o sentimento de amor dirigido ao próprio indivíduo.

17. O **desejo sexual** do ser humano adulto não se compara a simples pulsões fisiológicas, como é o caso da fome ou da sede. É um complexo vivencial formado por três componentes principais: a biologia, a psicologia e a socialização, os três interagindo continuamente uns com os outros.

18. **Papel de gênero** designa o conjunto de condutas associadas à sexualidade e socialmente exigidas do indivíduo, de acordo com o seu gênero (masculino ou feminino).

19. A **gravidez** é um processo especialmente rico para as mulheres, quando ocorrem transformações físicas e emocionais, e tudo muda – as formas do corpo, as sensações, as emoções, o humor e, muitas vezes, a maneira de ver o mundo.

20. A **maternidade** é uma experiência inserida em uma rede de significações que lhe confere sentido. Representa a busca de um novo *status* social e uma alternativa de projeto de vida

21. As novas **tecnologias reprodutivas**, contraceptivas e conceptivas, oferecem às mulheres a possibilidade de escolher com maior segurança a realização da maternidade.

22. O **ideal de beleza** é um modelo específico de aparência, valorizado pelos membros de uma cultura ou sociedade.

23. O **corpo** funciona como uma metáfora da cultura, ou seja, a mulher constrói o seu corpo com base nos valores culturais e expectativas sociais, que definem o corpo feminino como instrumento de romantismo, sedução e prazer.

24. A **moda** representa para as mulheres um meio de transformar seu corpo e sua aparência física, bem como de construir sua identidade a partir das múltiplas alternativas de vestuário, adereços e tratamentos estéticos oferecidos pela indústria de moda e beleza.

25. O **processo de moda** significa a difusão ou aceitação social pela qual um novo estilo é adotado por certos grupos de consumidores em dado período.

26. Por **estilo** entende-se uma característica ou conjunto de características específicas de um objeto ou pessoa que o distingue de outros.

27. O **objeto de moda**, por sua vez, refere-se a um específico objeto ou comportamento – como uma peça de roupa, um estilo arquitetônico, um modo de pentear o cabelo ou de reagir diante dos acontecimentos.

28. A **tendência de moda** significa a direção para a qual a moda está indo, ou a direção das mudanças da moda, que são evolutivas e não revolucionárias, resultando de mudanças pequenas, graduais e contínuas.

29. O **sistema de moda** vem a ser um conjunto amplo e difuso de agentes de transferência de significados culturais, incluindo os meios de comunicação de massa, a propaganda, os líderes de opinião, os artistas, personagens de filmes e novelas.

30. Os **rituais** são sequências de ações socialmente padronizadas e periodicamente repetidas, que fornecem significado e envolvem o uso de símbolos culturais.

31. A **demanda de legitimação** por parte do consumidor, ao usar roupa de moda, é o desejo de enfatizar ou dar credibilidade a um sucesso ou privilégio de caráter social.

32. A **demanda de compensação** vem a ser o desejo de enfatizar um talento ou uma qualidade pessoal que destaque o indivíduo de seu ambiente social.

33. A "**nova classe média**" tem renda domiciliar que se situava entre 2.005 e 8.640 reais, e uma renda média de 4.912 reais, em valores de janeiro de 2014.

34. O comportamento do consumidor da "**nova classe média**" não pode ser explicado apenas pelos fatores de renda, local de moradia ou ocupação profissional. A escolha do que consumir é influenciada por uma diversidade de aspectos culturais e sociais, como hábitos, valores e estilos de vida.

35. Um dos benefícios dos **produtos de luxo** é a distinção social, diferenciando os indivíduos e os grupos com base em *status* social.

36. O *status* de um grupo social está relacionado ao acesso a recompensas simbólicas, ou seja, diferenças de prestígio social e estilos de vida.

37. A **hierarquia entre as marcas de luxo** indica o valor simbólico e econômico das marcas e o *status* social dos seus usuários.

38. Produto de luxo é toda criação fora do comum ou do trivial, que é sinônimo de beleza, refinamento, sedução, prestígio e promessa de felicidade.

39. No Brasil, os **produtos e serviços de luxo** são dirigidos para as "classes AB", que representavam 13,1% da população em 2014.

Exercícios

Leia o texto da propaganda do sabonete Lever a seguir e responda às perguntas.

As estrelas sabem por que usam Lever

"Dany Robin, atriz de cinema, sabe que a espuma cremosa de Lever representa um cuidado indispensável para a cútis. Ela sabe por que usa Lever.

E você?

Para você que é a estrela do seu mundo, esse cuidado é tão indispensável como para ela.

Adote hoje mesmo o puro e perfumadíssimo sabonete Lever, e veja como ele agora está mais durável. Mais consistente do que antes!

'**É impossível encontrar um sabonete melhor ou mais puro de que Lever!**
Dany Robin'
Preferido por 9 entre 10 estrelas do cinema."

Fonte: *Memória da Propaganda*. Disponível em: <http://www.memoriadapropaganda.org.br/noticias/20041129ox.html>. Acesso em: 4 jan. 2017.

1. A utilização de celebridades continua sendo um artifício para atrair a clientela feminina:
   a) Quais são os benefícios funcionais e simbólicos do produto comunicados pela propaganda?
   b) Que fragmento(s) do texto evidencia(m) a valorização ou desvalorização da mulher?
2. Elabore um questionário de perguntas abertas e fechadas para entrevistar mulheres com o objetivo de compreender como, quando e por que compram certas marcas de sabonetes.
3. Escolha uma propaganda recente dirigida para as mulheres e explique qual é, em sua opinião, a reação esperada pelo anunciante além da compra do produto.
4. Explique a relação entre sexualidade e compra de produtos de consumo.
5. Os rituais de embelezamento adotados pelas mulheres brasileiras são bastante similares pois são práticas culturais. Você concorda com esta frase? Justifique sua resposta.

Palavras cruzadas

1. .... refere-se aos papéis e status atribuídos culturalmente a cada sexo.
2. .... foi um movimento intelectual e social, que teve como objetivo central a transformação da situação da mulher na sociedade.
3. .... é a construção mental, de imagens e ideias, que estabelece critérios socialmente falsificados, baseados em características não comprovadas e não demonstradas, atribuídas a pessoas, coisas e situações sociais.

1 – Gênero 2 – Feminismo 3 – Estereótipo 4 – Afetividade 5 – Sublimação 6 – Narcisismo 7 – Estilo 8 – Rituais 9 – Produto de luxo 10 – A "nova classe média".

4. .... é o conjunto de fenômenos psíquicos que se manifestam sob a forma de afetos.

5. .... se refere ao mecanismo de defesa pelo qual a energia psíquica primitiva (libido) se transforma e se dirige a metas socialmente aceitáveis.

6. .... refere-se ao estado em que a libido é dirigida ao próprio ego.

7. .... é uma característica ou conjunto de características específicas de um objeto ou pessoa que o distingue de outros.

8. .... são sequências de ações socialmente padronizadas e periodicamente repetidas, que fornecem significado e envolvem o uso de símbolos culturais.

9. .... é toda criação fora do comum ou do trivial, que é sinônimo de beleza, refinamento, sedução, prestígio e promessa de felicidade.

10. .... tem renda domiciliar que se situava entre 2.005 e 8.640 reais, em valores de janeiro de 2014.

Leituras sugeridas

Para aprofundar o conhecimento sobre as principais questões discutidas neste capítulo, recomendamos:

GROSSI, P.; SCHWABE, E. (Orgs.). *Política e cotidiano*: estudos antropológicos sobre o gênero, família e sexualidade. Blumenau: Nova Letra, 2006.

Este livro traz textos de diversos pesquisadores e professores da área de antropologia, que refletem sobre temas variados envolvendo a mulher, como família, sexualidade, corpo, identidade e envelhecimento, entre outros.

SINGLY, F. de. *Sociologia da família contemporânea*. São Paulo: Saraiva, 2012.

Este livro é um texto clássico sobre o tema da família sob a perspectiva sociológica. O autor discorre sobre as transformações da família como instituição social, lidando com questões como a divisão do trabalho entre os gêneros, a instabilidade conjugal, o pluralismo das formas familiares, a ascensão das normas psicológicas e a força do processo de individualização.

Para finalizar

Veja e opine sobre a eficácia das propagandas de produtos de beleza para mulheres.

Campanha	Campanha	Propaganda
Dove – Real Beleza	Dove – Beleza Fora da Caixa	Pantene – Ampola 3 minutos milagrosos

Considerando o público-alvo de cada propaganda, no seu entendimento as mensagens são persuasivas e atingem o objetivo de criar imagem de marca diferenciada e valorizada pelas consumidoras?

Capítulo 8

O homem e o consumo

Objetivos do aprendizado

Após estudar este capítulo, você será capaz de:

- conhecer os conceitos relacionados ao gênero masculino;
- compreender o comportamento dos homens em relação a masculinidade, identidade masculina, paternalidade, corpo, moda e luxo;
- analisar o comportamento de consumo dos homens.

8.1 Masculinidade e identidade

Na área de marketing, o comportamento do homem consumidor é pouco analisado, pois os segmentos mais pesquisados são as mulheres e os jovens. As mulheres têm sido o foco de várias pesquisas e teorizações em razão da sua importância como influenciadora e decisora de grande parcela das despesas de **consumo da família**. E os jovens são consumidores em formação, ou seja, os hábitos e preferências de consumo adquiridos nesta etapa da vida tenderão a permanecer na fase adulta, o que representa um grande potencial de negócios para as empresas.

No campo teórico, a Antropologia é uma das disciplinas que tem desenvolvido estudos e teorias sobre os gêneros feminino e masculino, bem como o homoerotismo e a transexualidade.

A perspectiva antropológica considera que as identidades masculina e feminina se constituem culturalmente e as diferenças entre os sexos são construídas em relações e contextos sociais específicos. Assim, a definição cultural da **masculinidade** – o que é ser homem e o modo como os homens se veem a si mesmos – requer um processo de aprovação social.[1]

Nesse sentido, são estudadas as práticas coletivas e regulares às quais as mulheres e os homens se dedicam em determinados momentos, e que se tornam rituais obrigatórios de constituição e reafirmação de feminilidade e masculinidade. Como exemplo, no caso das mulheres, alguns lugares de **rituais de embelezamento** são o salão de beleza e a academia de ginástica. No caso dos homens, onde "**se aprende a masculinidade**" é nas práticas de esportes. Os bares também são vistos como lugares de sociabilidade masculina, pois é onde se consome álcool. E uma das práticas da masculinidade é a de aprender a beber, a suportar a bebida. Assim é constituído o **modelo**

---

[1] BENTO, B. *Homem não tece a dor:* queixas e perplexidades masculinas. Natal: EDUFRN, 2012.

ideal de masculinidade em nossa cultura, com base no **corpo**, que deve ser ativo para o sexo, o trabalho e a autodefesa.[2]

Atualmente, o termo é utilizado no plural – **masculinidades** – por se considerar que há diferentes e até contraditórias formas de ser homem. Há **múltiplas masculinidades**, as quais são construídas umas em relações às outras. Segundo a antropóloga Miriam Grossi,[3] uma das premissas da masculinidade na cultura ocidental é a de que o **masculino é ativo**, tanto no sentido de atividade sexual quanto de **agressividade**. Desde pequenos, os meninos são vistos como hiperativos. Os adultos acreditam que os homens nascem assim, que essa é uma característica natural (inata), e não um comportamento esperado e estimulado pela sociedade.

Nessa perspectiva, a existência de dois gêneros (masculino e feminino) não exclui a possibilidade de existirem **múltiplos gêneros**. Muitos estudos dão foco aos indivíduos que mudaram de sexo, os **transgêneros**, considerando que o sexo é uma questão de contingência, que pode ser mudada graças às novas **tecnologias médicas**. Operações de mudança de sexo permitem tirar ou pôr seios, construir uma vagina etc.[4]

A masculinidade tradicional é moldada pela **divisão de poderes sociais**, cabendo aos homens o poder sobre o âmbito público (na política, na economia e na ciência), e às mulheres o privado, nos assuntos domésticos e familiares. A isso corresponde uma **divisão de papéis sociais**, com o homem desempenhando o papel de **provedor** e a mulher o papel de **mãe** e **dona de casa**. Nesse modelo, mesmo quando a mulher tem um emprego remunerado, a gestão do mundo doméstico continua sob sua responsabilidade.[5]

Segundo o psicólogo social Sócrates Nolasco, essas características masculinas são exigências de segmentos sociais conservadores e também de mulheres, que reforçam o papel masculino tradicional, fazendo com que os aspectos de **virilidade** e **competitividade** sejam constantes nas preocupações dos homens. A **expectativa social** é assimilada pelos homens ao longo do processo da construção da sociabilidade. Assim, eles buscam ter sucesso, fama, poder e dinheiro para **conquistar o mundo**, sendo as mulheres parte dessas conquistas dos homens para si.[6]

Um comportamento tradicional é a resistência dos homens em se cuidar. O "ser homem" estaria relacionado à ideia de invulnerabilidade, força e virilidade e, portanto, **cuidar de si e dos outros** pode não ser visto como atribuições masculinas, estando associado ao feminino.[7]

---

2 GROSSI, M. Masculinidades: Uma revisão teórica. In: *Antropologia em primeira mão*. Programa de Pós-Graduação em Antropologia Social, Universidade Federal de Santa Catarina, Florianópolis, 2004. p. 10.
3 GROSSI, 2004. p. 10.
4 GROSSI, 2004. p. 14.
5 GROSSI, 2004. p. 16.
6 NOLASCO, S. (Org.). *A desconstrução do masculino*. Rio de Janeiro: Rocco, 1995. p. 15.
7 GOMES, R. *Sexualidade masculina, gênero e saúde*. Rio de Janeiro: Fiocruz, 2008.

Outro traço da masculinidade tradicional é a negação de qualquer **sensibilidade** por parte do homem. No entanto, a psicologia e a sociologia já demonstraram que os **sentimentos**, assim como todos os comportamentos humanos, não são naturais, eles são aprendidos no processo de **socialização**, que dura a vida toda. A frase "Homem não chora" foi imposta aos homens desde a sua infância, e representa um modelo de gênero que obrigou os homens a controlarem suas emoções.[8] O homem era educado a não expressar seus sentimentos e a não se comprometer com o amor romântico, como fazem as mulheres, pois não queria prometer fidelidade e desejava preservar sua liberdade.

Essa **concepção tradicional de masculinidade** tem sido desafiada desde o início do século XX, e mais intensamente a partir da década de 1960, com as transformações sociais decorrentes da **globalização econômica**, do desenvolvimento científico e tecnológico e dos movimentos das mulheres e de homossexuais, que questionam o modelo de **sociedade patriarcal**, a dominação masculina, a divisão de poderes e papéis sociais e as concepções de gênero tradicionais. Estes novos valores e comportamentos adotados na contemporaneidade são reflexos de mudanças com raízes históricas na Revolução Francesa (século XVIII) e na Revolução Industrial (século XIX).

Tais transformações tiveram um impacto nas **identidades masculinas e femininas**, provocando mudanças. Como disse a historiadora Mary Del Priore:[9]

> Antes, o homem era o **rei da casa**, o todo-poderoso e, hoje, está **fragilizado** diante de mudanças não só no campo do trabalho. O homem brasileiro também é largado e abandonado pela mulher, que solicita mais os **divórcios**. Antes, o pai dava as ordens e, hoje, as relações são horizontais.

Segundo a pesquisadora, as mudanças têm gerado comportamentos de **resistência**. Como exemplo, os homens que resistem a assumir a **divisão das tarefas domésticas** se sentem, de alguma forma, "feminilizados" e inferiorizados. Outro impacto é o **desemprego**. Em geral, os homens que planejam suas vidas – "eu vou me casar com uma mulher assim, vou ter filhos, ter uma casa, vou ter um emprego, vai estar tudo organizado" – e, de repente, tornam-se desempregados, ficam desorientados ao perder sua posição profissional e *status* social. Esse comportamento masculino revela a importância que o **trabalho** tem na constituição da identidade masculina.[10]

---

8 GOMES. 2008. p. 26.
9 LEDÓ, M. J. *Homem com h minúsculo*: historiadora expõe o declínio do macho contemporâneo, 11 dez. 2013. Disponível em: <http://www.uai.com.br/app/noticia/saude/2013/12/11/noticias-saude,193304/homem-com-h-minusculo>. Acesso em: 06 mar. 2016.
10 LEDÓ, M. J., 2013.

Sobre esse tema, Nolasco[11] afirma:

> Diferente dos atributos do herói grego e do cavaleiro medieval, o vigor, a força física e a lealdade deixam de ser para o herói moderno uma referência de identidade [...]. Nos anos 1990, saiu de cena o último herói masculino que poderia ser considerado um sobrevivente do sistema patriarcal – o Super-Homem. Criado em 1932, data próxima à da criação de Tarzan, ele não tem mais fôlego para se sustentar nos dias de hoje. Diante de tamanho avanço tecnológico, já pode ser dispensado.

No âmbito do trabalho, ao mesmo tempo em que as mulheres assumem **posições profissionais tradicionalmente masculinas** (pilota de avião, motorista de caminhão, engenheira etc.), outras profissões tradicionalmente femininas, como enfermagem e educação, passam a ser ocupadas por homens.

O pesquisador Alvaro Pereira[12] mostrou que os auxiliares de enfermagem carregam macas e ficam na parte da emergência do hospital onde se faz necessária a força física. Segundo ele, os enfermeiros com curso superior raramente exercem tarefas de cuidado, que caracterizam a profissão. "Pode ter mil enfermeiras num hospital, mas, se tem um enfermeiro, ele vai ter um lugar de coordenação ou chefia." Esse caso também evidencia que persistem as **diferenças sociais e simbólicas de gênero**, ao confirmar a dificuldade que as mulheres ainda enfrentam para ocupar cargos de maior autoridade e remuneração.

As mudanças socioculturais abriram espaço para a **expressão emocional masculina** pois é socialmente aceito que os homens chorem e expressem seus sentimentos. Também surge um novo modelo de **relação amorosa: o amor confluente**. No amor romântico, o casamento dura porque a mulher sustenta emocionalmente o casamento, enquanto, no amor confluente, que é igualitário, os dois têm que sustentar a relação. Para isso, é essencial haver troca emocional e sexual, ou seja, o modelo de **relacionamento moderno** tem que ser uma entrega igual dos dois parceiros, segundo a antropóloga Miriam Grossi.[13]

A antropóloga conclui refletindo sobre a concepção de **"crise masculina"**, que é debatida entre os pesquisadores. Segundo ela, esta crise é algo estrutural do indivíduo moderno. O feminismo trouxe uma crise na vida das mulheres e também na dos homens. Portanto, o momento pelo qual estão passando em suas relações e **processos identitários** deve ser pensado como um processo de mudança, e não como uma "crise".

---

[11] NOLASCO, S. *De Tarzan a Homer Simpson:* banalização e violência em sociedades contemporâneas ocidentais. Rio de Janeiro: Rocco, 2001. p. 292.

[12] PEREIRA, A. *O quotidiano profissional do enfermeiro:* das aparências às diferenças de gênero. 1999. Tese (Doutorado). Universidade Federal de Santa Catarina. Centro de Ciências da Saúde, Florianópolis. In: GROSSI, p. 20.

[13] GROSSI, 2004. p. 20.

Outro conceito relativo a gênero é a **androginia**, que significa a condição de mulher que tem características masculinas ou a condição de homem que tem características femininas. Segundo as psicólogas Alessandra Gromowski e Virgínia Milani, a androginia configura-se como uma proposta estética na contemporaneidade, utilizando-se de roupas, acessórios e outros signos que rompem com a divisão binária entre o masculino e o feminino, embaralhando seus símbolos e possibilitando estilos de vida alternativos.[14]

Nos veículos de comunicação de massa são divulgados corpos **andróginos**, como os dos personagens dos animês, desenhos animados japoneses que se popularizaram. Na animação *Seinto Seiya*, conhecida como *Cavaleiros do Zodíaco*, um dos personagens andróginos é o cavaleiro Afrodite.[15]

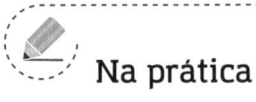

Na prática

Os fãs de animês, que se intitulam otakus e cosplayers, promovem fóruns na internet e encontros com milhares de pessoas, que se vestem como seus personagens favoritos. No Brasil, Speed Racer, Dragon Ball e Pokémon são animês de sucesso.

No Japão, homens e mulheres costumavam maquiar-se com *doran*, uma espécie de base branca, e *kuchibeni* (literalmente "vermelho para a boca") vestindo exuberantes quimonos e distinguindo-se tão somente pelo corte de cabelo. Na cultura japonesa, no entanto, o homem tem seu papel determinado, assim como a mulher, e ambos não podem transgredi-lo.

Na internet, um fórum público de discussões está disponível em: <http://z8.invisionfree.com/ssne/ar/t2548.htm>. Acesso em: 4 jan. 2017.

Fonte: SCHMALTZ NETO, G. O corpo andrógino na cultura pop japonesa: resistindo à resistência. *Verbum – Cadernos de Pós-Graduação*, n. 5, 2013. p. 27-38.

?
Questão

1. Pesquise com seus amigos quem é fã de animês, o que mais admiram nesses personagens e o que eles provocaram de mudanças em suas vidas.

---

14 GROMOWSKI, A.; MILANI, V. *A construção transitória entre o(s) masculino(s) e feminino(s) na androginia*. Seminário Internacional Fazendo Gênero 9, Universidade Federal de Santa Catarina, Florianópolis, ago. 2010.
15 SCHMALTZ NETO, G. O corpo andrógino na cultura pop japonesa: resistindo à resistência. *Verbum – Cadernos de Pós-Graduação*, n. 5, 2013. p. 27-38.

> **Curiosidade**
>
> Também na indústria da moda, os profissionais que atuam como modelos em desfiles e catálogos de vestuário têm aparência andrógina.

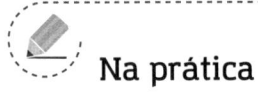

Na prática

Transformações nas relações de gênero

A historiadora Mary Del Priori relatou que tanto mulheres quanto homens estão em processo de mudança de valores e construção de novos papéis. Disse ela:

> Nos centros urbanos, já vemos uma maior consciência, uma parcela de homens pensando sobre esses novos papéis. Homens assumindo que são casados com outros homens e que têm filhos. Mas o impacto dessas transformações chega em velocidades diferentes. A mídia e a tecnologia se encarregam de disseminar esses novos papéis, mas como são apreendidos varia em cada lugar.
>
> Muitas mulheres reclamam que o homem não assume o papel do masculino. Seja como provedor, seja como amante. O que leva à perda da força do homem de compartilhar com a mulher a linha de frente das decisões da casa e do relacionamento? Há muitos jovens com dificuldade de ereção e o consumo de Viagra no Brasil é assustador. O que está por trás disso são as novas mulheres, muito fálicas, desnudas.
>
> Repensar as relações a partir desse novo homem vai ser uma coisa positiva para a geração Y e as próximas. O que vamos ver nessa geração Y é a possibilidade do fim dos gêneros. Um dia se vive como homem, noutro se vive como mulher. Com isso, a família muda, mas existirá sempre.

Fonte: *Homem com h minúsculo*: historiadora expõe o declínio do macho contemporâneo, 11 dez. 2013. Disponível em: <http://sites.correioweb.com.br/app/50,114/2013/12/11/noticia_saudeplena,146734/homem-com-h-minusculo-historiadora-poe-a-nu-o-declinio-do-macho-conte.shtml>. Acesso em: 8 mai. 2016.

Questão

1. Pesquise sobre os desafios para os homens da geração Y para desenvolverem relações afetivas e uma nova família. Quais são seus desejos e projetos de vida?

> **Curiosidade**
>
> **Hábito de leitura de jornais**
>
> O hábito de leitura de jornais é maior entre homens (27%) do que entre mulheres (22%). Quanto maior a renda, a escolaridade ou o porte do município, maior tende a ser a frequência do uso de jornal impresso como meio de informação.
>
> Quando se verificam os assuntos de interesse dentro dos jornais, as **notícias locais** são as mais lembradas (33%). O **esporte é o tema preferido** de 42% dos homens entrevistados, enquanto 36% das mulheres mostraram maior interesse por notícias locais, seguidas pelo caderno de celebridades, fofocas e novelas (27%).
>
> Fonte: *IBOPE*: maioria dos brasileiros não lê jornais, nem revistas, 7 mar. 2014. Disponível em: <http://economia.terra.com.br/ibope-maioria-dos-brasileiros-nao-le-jornais-nem-revistas,7b18566cfbc94410VgnVCM4000009bcceb0aRCRD.html>. Acesso em: 10 maio 2016.

8.2 Paternalidade e parentalidade

Da população brasileira, os homens representam 48,6%. Eles são maioria nos estados de Rondônia, Mato Grosso, Acre, Roraima, Amazonas e Pará. Da população economicamente ativa, os homens representam 57,3%. Cerca de 24,8% trabalhavam por conta própria, 43,1% eram empregados com carteira assinada, 16,5% não tinham carteira assinada, 5,5% eram militares ou funcionários públicos e 4,7% eram empregadores, segundo a pesquisa PNAD 2013.

As mudanças socioculturais afetaram a concepção de **paternalidade**, aspecto relevante para o sentimento de ser homem. Na contemporaneidade, existem masculinidades, paternalidades e identidades, não havendo um único padrão de comportamento a ser seguido, pois com a "fragmentação dos modelos", o homem "pode ser várias outras coisas ao mesmo tempo".[16]

A palavra **paternidade** significa a condição de ser pai. E **paternalidade** remete à qualidade de ser paternal, de quem dá proteção e carinho a seus filhos ou aos filhos de outros homens.

Como exemplo das **novas paternalidades**, um homem que se casa pela segunda vez vai criar filhos de outro homem e vai ter seus filhos criados por outro, o novo companheiro de sua ex-mulher.

O conceito de **parentalidade** é utilizado para designar os **novos modelos de parentesco**, decorrentes das mudanças ocorridas nas famílias contemporâneas. Assim, surgiram as **famílias reconstituídas**, com filhos de diferentes uniões dos pais, nas quais convivem vários tipos de irmãos: consanguíneos de pai e mãe, consanguíneos

---

[16] GROSSI, 2004. p. 21.

apenas por parte de um dos genitores e irmãos por aliança (aqueles que são filhos dos novos companheiros do pai e da mãe). O mesmo acontece com outras pessoas ligadas por parentesco, como os avós, tios, sobrinhos e primos, pois as crianças criadas nestas famílias reconstituídas convivem com um grupo maior de **parentes por aliança**, segundo a antropóloga Miriam Grossi.[17]

Curiosidade

Mark Zuckerberg tirará dois meses de licença-paternidade

O cofundador e executivo-chefe do **Facebook**, Mark Zuckerberg, decidiu tirar dois meses de licença-paternidade pelo nascimento de sua primeira filha.

"Esta é uma decisão muito pessoal e decidi tirar dois meses de **licença-paternidade** quando nossa filha chegar", disse o diretor.

O Facebook oferece a seus funcionários, tanto homens como mulheres, até quatro meses de licença quando têm filhos. As folgas podem ser tiradas imediatamente após o parto ou durante o primeiro ano de vida do bebê.

Esta política da empresa é considerada muito generosa para os padrões americanos, mas nem todos os empregados aproveitam por temerem que possa prejudicar suas expectativas profissionais.

No **Brasil**, a licença-paternidade de cinco dias foi concedida pela Constituição Federal/88 e incluída nos direitos trabalhistas, sendo uma licença remunerada, na qual o empregado poderá faltar ao trabalho sem nenhum prejuízo.

Fonte: Mark Zuckerberg tirará dois meses de licença-paternidade, 21 nov. 2015. *Globo*. Disponível em: <http://g1.globo.com/tecnologia/noticia/2015/11/mark-zuckerberg-tirara-dois-meses-de-licenca-paternidade.html>. Acesso em: 28 mar. 2016.

Um exemplo de novas parentalidades é a **homoparentalidade**, termo originalmente francês, criado pela Associação de Pais e Futuros Pais Gays e Lésbicas (APGL) em Paris, no ano de 1997, para denominar a situação em que um adulto se autodesigna homossexual e é pai ou mãe de uma criança.[18] Atualmente se considera que a heterossexualidade não é mais a única forma de se ter filho. **Casais homossexuais** podem fazer filhos em laboratórios, com a ajuda dos médicos, e constituir uma família.

Há muitas formas de um homem homossexual viver a **paternalidade**, de acordo com a literatura produzida na França e nos Estados Unidos. O primeiro tipo, mais comum, é o de pais **homossexuais que tiveram filhos em uma relação heterossexual**. O segundo tipo é **filiação por adoção**, o que é um processo complicado para homens sozinhos. Uma terceira forma, mais rara, é o uso do **ventre de aluguel**, quando um homem paga uma mulher para ter a criança para ele (ou para um casal de homossexuais).

---

17 GROSSI, 2004. p. 21.
18 ROUDINESCO, E. *A família em desordem*. Rio de Janeiro: Jorge Zahar, 2003.

> **Curiosidade**
>
> **Casais homoafetivos conseguem licença-maternidade na adoção**
>
> Há quatro meses, Fernando não dorme direito, mas nunca esteve tão feliz. Ele e seu companheiro adotaram um casal de irmãos de oito e nove anos de idade, e Fernando obteve licença-maternidade para adaptar as crianças à nova família no primeiro quadrimestre após a adoção. Fernando é um dos 35 homens brasileiros que conseguiu a **licença-maternidade** em 2015, destinada a homens que adotam – sejam casais homoafetivos ou homens solteiros – e a pais de crianças cuja mãe morreu durante o parto. De acordo com o Instituto Nacional do Seguro Social (INSS), que concede o benefício, atualmente apenas nove homens estão recebendo a licença-maternidade.
>
> Fonte: Casais homoafetivos conseguem licença-maternidade na adoção de crianças. *Conselho Nacional de Justiça*, 25 ago. 2015. Disponível em: <http://www.cnj.jus.br/noticias>. Acesso em: 28 mar. 2016.

Outra possibilidade é o caso de **parentalidade** envolvendo no mínimo três adultos. Em alguns casos, trata-se de **dois casais** (dois homens e duas mulheres) que resolvem ter filhos juntos, resultando em uma família que tem duas mães e dois pais. As crianças são criadas entre duas casas, sendo que em uma têm dois pais e, na outra, duas mães. Outro tipo de arranjo é **um casal**, e aí pode ser um casal de duas mulheres ou um casal de dois homens, com mais um indivíduo do outro sexo. O casal escolhe aquele que vai reproduzir com uma das mulheres, com quem terão o filho, e essa criança vai ter três adultos para criá-la.[19]

Em relação aos novos arranjos familiares, como as **famílias monoparental** e **homoparental**, o tema ainda é novo em termos de pesquisa na psicologia. Homens à frente da criação dos filhos é uma realidade muito recente, ao contrário das **famílias monoparentais,** centralizadas na figura da mulher, que é comum no Brasil.

A questão extrapola o gênero e se concentra nas funções e papéis desempenhados por pais e mães. Essas funções são essenciais na formação da personalidade e da estrutura psíquica da criança. As funções paternas e maternas são as principais, mas a função desempenhada pelos irmãos e pelos pares, que se colocam de maneira horizontal, também faz diferença...[20]

O processo de se tornar pai pode ser vivenciado tanto como um momento repleto de novos significados, transformações e responsabilidades quanto como um movimento de reavaliação dos valores, segundo Marília Gabriel e Ana Dias. As pesquisadoras explicam que ser pai é um papel que se encontra em **transformação**, e mais responsabilidades são exigidas do homem, não só pela etapa do ciclo vital na

---

[19] GROSSI, 2004. p. 23.
[20] COTTA, C. *Eles são superpais*, 21 abr. 2013. Estado de Minas. Disponível em: <http://sites.uai.com.br/app/noticia/saudeplena>. Acesso em: 20 maio 2016.

qual ele está ingressando ao se tornar pai, mas também pela sociedade, que cobra seu envolvimento com as questões da família. Não é mais aceito que um pai apenas pague as despesas do filho. Ele deve estar com a criança, atuar na sua educação e cuidados e **estar disponível** emocionalmente para ela.[21]

Curiosidade

Rio de Janeiro autoriza o casamento entre pessoas do mesmo sexo

O Rio de Janeiro tornou-se, em 9 de abril de 2013, o décimo primeiro estado brasileiro a autorizar o casamento civil entre pessoas do mesmo sexo. O provimento, assinado pelo corregedor-geral de Justiça do Rio, foi publicado no *Diário Oficial do Estado*.

Na prática, é legalmente permitido que todo casal homoafetivo possa solicitar junto ao cartório a habilitação direta para o casamento civil.

O Rio é o terceiro estado da região Sudeste a legalizar esse tipo de união; no Espírito Santo e em São Paulo ela também é permitida. O casamento entre pessoas do mesmo sexo também já foi autorizado no Paraná, na Bahia, em Alagoas, no Ceará, em Sergipe, no Piauí, Mato Grosso do Sul e Distrito Federal.

São diversos os comportamentos dos homens em relação à **paternalidade**. Alguns pais não conseguem imaginar-se desempenhando o papel paterno, outros apresentam expectativas definidas, planejando a educação e a interação com a criança. Muitos pais pensam em **ensinar o filho**, aconselhá-lo e orientá-lo, oferecendo a possibilidade de escolher diferentes experiências e produtos de consumo, muitos dos quais eles próprios não tiveram.

Em função das **expectativas socioculturais**, os pais experimentam um aumento de suas preocupações financeiras, que se refletem no medo de serem despedidos e não conseguirem sustentar a família. Em muitos casos, os homens tomam para si a responsabilidade de **sustentar a casa** e passam para a mãe o encargo das atividades cotidianas de cuidado que o filho exige, justificando que a mãe possui tarefas específicas com o bebê. Esse comportamento reflete o fato de que o cuidado dos filhos ainda é percebido socialmente como uma **habilidade natural feminina**.[22]

Nos casais mais jovens, quando a mulher se insere no mercado de trabalho, há homens que aceitam **dividir com a esposa** os trabalhos domésticos e a criação dos filhos. Dois depoimentos desses pais são apresentados a seguir:[23]

---

21 GABRIEL, M.; DIAS, A. C. Percepções sobre a paternidade: descrevendo a si mesmo e o próprio pai como pai. *Estudos de Psicologia*, 16(3), set.-dez. 2011. p. 253-261.
22 GABRIEL; DIAS, 2011. p. 253-261.
23 GABRIEL; DIAS, 2011. p. 253-261.

Eu acho que eu sou atento, participativo e, claro, que, às vezes, minha esposa quer dividir as coisas bem ao meio, mas o Diego mostrou isso pra nós e pra ela, principalmente, é que ele prefere a mãe, né. Tem toda aquela questão materna mais próxima, mas eu me considero presente, né, acompanhando, partilhando. Não é aquela coisa de "vai com a tua mãe" (risos). Eu troco fralda (risos), essas tarefas assim. (R., 41 anos)

Eu procuro ser amigo, procuro sempre fazer ele sorrir, que ele sempre perceba a minha presença, que ele me observe. Eu procuro ser bom o suficiente com ele. Na hora que eu acho que tem que ser mais firme assim com ele, eu vou ser né, e mostrar o porquê eu estou sendo assim com ele, né. (E., 34 anos)

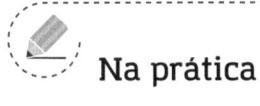

Na prática

Escola substitui Dia dos Pais por Dia da Família

O Instituto Dom Barreto resolveu inovar em 2015: ao invés de comemorar isoladamente o Dia das Mães e o Dia dos Pais, a diretoria decidiu celebrar o **Dia da Família**. A medida dividiu opiniões e virou tema de debate entre amigos em Teresina, onde a escola, famosa pela excelência no ensino, foi fundada há 70 anos.

Para "substituir" as datas tradicionais por uma homenagem mais abrangente, a direção do Dom Barreto invocou a ONU (Organização das Nações Unidas), que proclamou 15 de maio como o **Dia Internacional da Família** desde 1993, e o Papa Francisco, que defende sua valorização e a define como "lugar de afeto, ajuda e esperança".

"Isso partiu da ideia que a escola sempre teve de reunir pais, mães e filhos em uma única comemoração. É uma proposta do projeto pedagógico da escola. É uma ideia simples e bonita de poder acolher todo mundo em um mesmo lugar", explica a diretora Maria Stela.

A boa intenção de Maria Stela não teve a aprovação de todos os pais. Alguns deles se manifestaram contrários à mudança em diferentes redes sociais. Segundo os descontentes, a medida é uma ameaça à unidade da família. A diretora discorda. "Toda mudança causa certo estranhamento. Mas temos convicção que o evento está mais próximo da filosofia da escola", argumenta.

Fonte: Escola substitui Dia dos Pais por Dia da Família, 29 abr. 2015. Disponível em: <http://cidadeverde.com/noticias/191501/escola-substitui-dia>. Acesso em: 28 mar. 2016.

Questão

1. Quais são os motivos para a decisão da diretora da escola? Você concorda com essa decisão? Explique seu ponto de vista.

No âmbito das **famílias monoparentais**, em que os pais cuidam sozinhos dos filhos, os homens têm de enfrentar vários desafios. Segundo reportagem de Carolina Cotta,[24] nas famílias monoparentais, famílias homoafetivas e lares em que os homens assumem os cuidados com a criança, o pai à frente da educação ainda é minoria. Mas estão ficando mais comuns. Tal configuração com o homem à frente da casa e da educação da criança é ainda complexa, e seu reconhecimento como entidade familiar pela Constituição foi um grande passo. Segundo a repórter:

> Mesmo o exemplo desses superpais, que não só dão conta do recado como suavizam para os filhos as questões de gênero tão marcantes no passado, esbarra em preconceito. A estruturação destoante do ideal social de família – aquela formada por pai, mãe e prole; com casamento civil legalizado; pai provedor e mãe cuidando de tudo e todos – ainda atrai a atenção.[25]

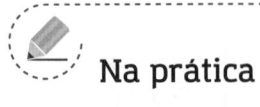

Na prática

Superpais

O fotógrafo Daniel, de 35 anos, vive a experiência de morar com a filha Helena, de 13. Além do amor, se impressiona com a cumplicidade que construiu com a adolescente. Os dois adoram assistir filmes e ouvir rock juntos. "No começo era um pai estranho, porque ela nunca tinha convivido tanto tempo comigo. Mas estamos construindo algo a cada dia, a cada passo. Estou educando, cuidando de um ser humano que amo. É muito gratificante."

Há dois anos, a vida de Daniel foi transformada com a chegada de Helena. Até então ele era um solteiro dono do próprio nariz. De repente, a filha, que vinha nos feriados e férias, depende dele para as questões mais cotidianas. Cama, comida, roupa lavada e dever de casa agora estão por sua conta.

No início foi um caos. "Nunca tinha tido essa experiência de acompanhar a rotina escolar, cuidar das questões de saúde. Imagine a convivência de uma pré-adolescente cheia de dúvidas com um pai amador. Foi difícil lidar com essa fase de hormônios e menstruação. Eu não sabia lidar com isso. Pedi muita ajuda à minha irmã. As conversas com a mãe dela foram essenciais", conta.

Fonte: COTTA, C. Eles são superpais. *Estado de Minas*, 21 abr. 2013. Disponível em: <http://sites.uai.com.br/app/noticia/saudeplena>. Acesso em: 06 mar. 2016.

---

[24] COTTA, 2013.
[25] COTTA, 2013.

> **?** **Questão**
>
> 1. Explique o comportamento desse pai com base nos conceitos vistos até aqui, comparando-o com os pais de gerações anteriores à década de 1970.

Saiba+ Lei 11.698/08 – Guarda compartilhada

Esta Lei alterou os artigos 1.583 e 1.584 do Código Civil de 2002 para instituir a guarda compartilhada. Nela é preservada a possibilidade de ambos os genitores participarem da vida de seu filho, o qual, em contrapartida, acaba tendo a possibilidade de ter uma convivência mais estreita com seus pais, garantindo assim, dentro do que é considerado o melhor para os interesses da criança e adolescente, tudo o que necessitam para uma formação saudável.

A Lei estabelece que ambos os genitores são igualmente responsáveis pelo sustento do filho menor.

Fonte: COTTA, C. Eles são superpais, 21 abr. 2013. Disponível em: <http://www.uai.com.br/app/noticia/saude/2013/04/21/noticias-saude,194692>. Acesso em: 16 nov. 2016.

8.3 O homem e o corpo

O **corpo** tem um papel central na constituição das identidades de gênero contemporâneas, e é o suporte no qual são produzidas as **diferenças simbólicas** entre homens e mulheres.[26]

Em pesquisa sobre os corpos masculinos mostrados nas diferentes **imagens da mídia**, o educador Celso Vitelli identificou alguns **estereótipos de identidade masculina**. Segundo ele, as mídias mostram novos modelos de masculinidade que surgem, renovando-se constantemente e parecendo anunciar diferentes formas de vivenciar a masculinidade de modo menos doloroso.[27] Em textos divulgados na internet, são mencionados dois outros modelos de aparência masculina: o **lumbersexual** e o **dândi moderno** (ver Quadros 8.1 e 8.2).

Dentro desse contexto, tanto os homens como as mulheres estão insatisfeitos com seus corpos, mas existem diferenças quanto às preocupações com o peso e as **formas corporais** nos dois gêneros. De maneira geral, as mulheres procuram atingir um **modelo de corpo magro**, adotando comportamentos dirigidos para o emagrecimento, enquanto os homens querem um corpo com **maior massa muscular**, dirigindo sua atenção para o ganho de musculatura, além de outras práticas de modificação

---

[26] GROSSI, 2004. p. 23.
[27] VITELLI, C. Corpos e "modelos" de masculinidades: o foco nas mídia. *Revista Famecos*, Porto Alegre, v. 19, n. 2, maio-ago. 2012. p. 355-372.

corporal.[28] Dados de pesquisa indicam que para diversos homens existe desconforto por não se enquadrarem nos ditos "**corpos perfeitos**", projetados pela mídia.

O uso de **produtos e serviços para cuidados com o corpo** visa aos benefícios funcionais (saúde e bem-estar), consumo hedônico (prazer) e expressão identitária (autoestima, sedução, *status* social). Esse tipo de consumo sustenta as indústrias farmacêutica, de cosméticos e produtos de higiene e beleza, além de uma variedade de serviços como cabeleireiros, barbeiros etc.

Quadro 8.1 Estereótipos de masculinidade na mídia

Metrossexual	Termo criado a partir de "metropolitano" e "heterossexual" pelo escritor inglês Mark Simpson para designar homens urbanos que têm acentuado senso estético e que gastam tempo e dinheiro com sua aparência e estilo de vida. Este estilo é exemplificado pelo jogador David Beckham e o ator Tom Cruise, que cuidam tanto dos cabelos e da pele quanto do preparo físico para a boa performance profissional.
Emoboy	Jovens que não acham que assumir seus sentimentos seja motivo para se considerarem "menos homens". Foi inspirado nas bandas de emocore, "*emotional hardcore*", gênero surgido no rock independente. Não é excessivamente vaidoso. Gosta de jeans (surrado, de preferência) e uma camiseta básica.
Ubersexual	Homens que não são tão vaidosos como os metrossexuais, mas se preocupam com a aparência. São definidos como másculos e confiantes. É um modelo de masculinidade viril e próximo do homem tradicional em versão mais contemporânea. Bono Vox, Brad Pitt e George Clooney são alguns exemplos.
Ladlut	Homem preocupado com a família, que participa na educação e na vida dos filhos e ainda é eficiente nas tarefas domésticas.
Neossexual	É um misto do ubersexual e sensibilidade, um homem viril e educado.
Tecnossexual	Homem com estilo urbano e aficionado pelo mundo tecnológico e que demonstra, simultaneamente, cuidados com a imagem pessoal, adotando um visual moderno, bem diferente dos *nerds*, termo em inglês para a pessoa com grau elevado de inteligência, que vive imersa no mundo da tecnologia.
Retrossexual	É visto como um retorno ao passado ao resgatar alguns valores masculinos tradicionais. Caracteriza um homem valente e viril, que mantém um estilo clássico e atitudes à moda antiga, mas rejeita comportamentos grosseiros e machistas.

Fonte: VITELLI, 2012. p. 359.

---

[28] CARVALHO, P. B.; FERREIRA, M. E. Imagem corporal em homens: instrumentos avaliativos. *Psicologia*: Teoria e Pesquisa, v. 30, n. 3, jul.-set. 2014. p. 277-285.

Quadro 8.2 Os estilos de moda masculina

Lumbersexual*	Termo de origem inglesa formado pela junção das palavras *lumberjack* ("lenhador", em português) e *sexual*, cujo significado se refere a um estilo masculino em que predominam a aparência e o comportamento rústico. Na tradução literal, lumbersexual significa "lenhador sexy". Este modismo é adotado por homens que se consideram rudes, preferindo um aspecto físico mais natural e desleixado, evitando o uso de cremes hidratantes, condicionadores etc.
Hipster**	O estilo hipster nasceu em 1990 no Brooklyn, bairro elegante de Nova York, e caracteriza-se pela busca incessante de originalidade e autenticidade. A estética predominante consiste em barba, jeans superjusto e rasgado, camisa xadrez e óculos grandes.
Dândi moderno***	No final do século XIX, em Londres, o dandismo tornou-se um estilo de vida para os homens, no qual a moda era elegante. O estilo é composto por peças como chapéus, *oxfords*, brogues, mocassins, *skinny* jeans, cardigãs, coletes, camisas, gravatas (borboleta e *skinny*), blazers, mantas e óculos de grau.

* Fonte: "Lumbersexual" é a nova tendência entre os homens. *Correio Braziliense*. Disponível em: <http://www.correiobraziliense.com.br/app/noticia/diversao-e-arte/2014/11/21/interna_diversao_arte,458646/com-estilo-selvagem-lumbersexual-e-a-nova-tendencia-entre-os-homens.shtml>. Acesso em: 12 jun. 2016.

** *Cultura hipster, de camisa xadrez e óculos retrô, entra em decadência*. Disponível em: <www1.folha.uol.com.br/.../1476819-cultura-hipster-de-camisa-xadrez-e-oculos-retro>. Acesso em: 12 jun. 2016.

*** *Moda além do óbvio*. Disponível em: <http://www.modamanifesto.com/index.php?local=detalhes_moda&id=835>. Acesso em: 12 jun. 2016.

Para a pesquisadora Mirian Goldenberg, na contemporaneidade, o corpo é entendido como um "**capital**", reunindo três conceitos: 1) o corpo como uma insígnia (ou emblema) do esforço de cada um para controlá-lo e domesticá-lo a fim de conseguir a "boa forma"; 2) o corpo como um **ícone da moda** (ou grife), que simboliza a superioridade daqueles que o possuem; e 3) o corpo como um **prêmio** (medalha), merecidamente conquistado por aqueles que foram capazes de alcançar uma forma física mais "civilizada", por meio de muito trabalho e sacrifício.[29]

A pesquisadora destaca o paradoxo que o **culto ao corpo** gera: quanto mais se anseia o ideal de autonomia individual, mais aumenta a conformidade aos modelos sociais do corpo. A obsessão com a **magreza**, a multiplicação das **academias de musculação**, o uso de anabolizantes são alguns exemplos de padronização dos modelos e de conformidade estética dos indivíduos, que se chocam com o ideal de singularidade.

O **culto ao corpo** é definido como um tipo de relação dos indivíduos com seus corpos que tem como preocupação básica o seu modelamento, a fim de aproximá-lo o máximo possível do **padrão de beleza** estabelecido. De modo geral, o culto ao corpo

---

29 GOLDENBERG, M. (Org.). *Nu e vestido*. Rio de Janeiro: Record, 2002. p. 34.

envolve não só a prática de atividade física, mas também as dietas, as cirurgias plásticas, o uso de produtos cosméticos, enfim, tudo o que responda à preocupação de se ter um corpo bonito e saudável.[30]

Atualmente, os homens investem em **cirurgias plásticas**. De acordo com o cirurgião Vitorio Maddarena, em São Paulo. o número de pacientes do sexo masculino aumentou 50% nos últimos três anos:

> Há grande influência da mídia com relação à aceitação da vaidade. Hoje, os ícones não partem apenas das revistas ou do cinema, mas estão nos campos de futebol e nas grandes empresas. Os homens estão movimentando a indústria cosmética como nunca e estão deixando o preconceito de lado na hora de se submeter a correções cirúrgicas. E muitos deles frequentam academias para melhorar a musculatura e o contorno corporal.[31]

Veja a seguir a lista dos seis procedimentos de cirurgia plástica mais procurados por homens no Brasil.

Curiosidade

Cirurgias plásticas mais procuradas por homens

1. **Ginecomastia**. Popularmente conhecida como redução de mamas, consiste na correção das mamas que sofreram crescimento anormal.
2. **Lipoaspiração**. A cirurgia tem como objetivo eliminar gordura localizada, que nos homens é mais recorrente na região do abdômen e cintura.
3. **Blefaroplastia**. É uma das cirurgias plásticas mais feitas em homens com mais de 35 anos. Consiste na retirada do excesso de pele e gordura das pálpebras caídas, suavizando olheiras e sinais de cansaço.
4. **Rinoplastia**. É a plástica no nariz. Ela pode diminuir, aumentar ou modificar o formato do nariz.
5. **Implante capilar**. É o procedimento cirúrgico que promete solucionar a queda de cabelo. Há inúmeras técnicas, como a "fio a fio" ou transplante.
6. **Facelift**. Ou *lifting* facial, tem como propósito atenuar sinais de envelhecimento do rosto e pescoço. Indicado para homens acima dos 45 anos.

Fonte: *Eles também se cuidam*. Disponível em: <http://www.revistaemdia.com.br/net/index.php/eles-tambem-se-cuidam/>. Acesso em: 12 jun. 2016.

---

[30] CASTRO, A. L. Culto ao corpo e sociedade. *Mídia, estilos de vida e cultura do consumo*. São Paulo: Annablume/Fapesp, 2003. p. 15.

[31] *Eles também se cuidam*. Disponível em: <http://www.revistaemdia.com.br/net/index.php/eles-tambem-se-cuidam>. Acesso em: 12 jun. 2016.

Entre 2009 e 2014, quadruplicou o número de homens que se submeteram a **cirurgias plásticas estéticas**, segundo levantamento da Sociedade Brasileira de Cirurgia Plástica (SBCP). A quantidade de procedimentos passou de 72 mil para 276 mil ao ano (31,5/hora, em média). Segundo o diretor da SBCP, nas cirurgias estéticas, a participação dos homens aumentou de 12% para 22,5%. O principal motivo é a mudança cultural, com a diminuição do preconceito.[32]

O diretor citou ainda outros fatores: a presença de homens mais velhos no mercado de trabalho, o aumento da expectativa de vida do brasileiro, a busca pela juventude e a influência de relacionamentos com mulheres mais novas. "Em relação ao envelhecimento facial, o olhar cansado é visto como algo ruim no mercado de trabalho. Há pacientes com 70 anos que fazem plástica porque têm vida social mais ativa ou para ficar com aparência mais compatível com a parceira", revela o diretor.

Aparência natural e segurança são dois aspectos buscados pelos homens, de acordo com o cirurgião plástico Marcelo Wulkan. "Eles preferem procedimentos pouco invasivos e querem fazer algo seguro e com resultado natural. Os homens percebem que as mulheres estão se mantendo mais bonitas de forma mais natural e buscam isso também", disse ele.[33]

Outro tipo de prática é a **modificação corporal,** que inclui uma longa lista de práticas corporais, entre elas o **piercing**, a **tatuagem**, o *branding*, o *cutting*, amarrações e inserções de **implantes** para alterar a aparência e a forma do corpo. A lista inclui ainda o a **modelagem corporal**, um conjunto de práticas como ginástica e musculação, nas quais a superfície corporal é transformada por meio de **exercícios e regimes alimentares**, que constituem processos mais lentos, tais como o ganho ou a perda de massa, gordura ou músculos, que só se tornam observáveis após certo período.[34]

Na contemporaneidade, é cada vez mais corriqueiro ver **corpos tatuados** em distintos segmentos sociais, sem restrições de gênero, idade ou estrato econômico. A **tatuagem** deixou de ser uma prática exclusiva da marginalidade e começou a se inserir em outros contextos sociais, adquirindo novos significados, segundo Perez.[35]

As tatuagens constituem-se como memórias e **mensagens**, destinadas a fixar valores de determinado tempo e lugar. Entre os japoneses e chineses, a figura do **dragão** tem o sentido de força e poder. Em outras sociedades ou grupos, os símbolos-referência são diversos, como os *pit bulls* dos **lutadores de jiu-jítsu**, que remetem à força e à disposição para a luta.[36]

---

32 *A cada dois minutos, um homem faz cirurgia plástica no Brasil*. Disponível em: <http://www2.cirurgiaplastica.org.br/blog/a-cada-dois-minutos-um-homem-faz-cirurgia-plastica-no-brasil/>. Acesso em: 13 jun. 2016.
33 A cada dois minutos..., 2015.
34 FEATHERSTONE, M. *Cultura de consumo e pós-modernismo*. São Paulo: Nobel, 1999. p. 5.
35 PEREZ, A. L. A identidade à flor da pele: etnografia da prática da tatuagem na contemporaneidade. *Mana*, v. 12, n. 1, p. 179-206. 2006.
36 BERGER, M. Tatuagem: a memória na pele. In: *SINAIS – Revista Eletrônica – Ciências Sociais*. Vitória: CCHN, UFES, Edição n. 05, v. 1, set. 2009.

Em relação à **prática de musculação** nas academias de ginástica, a pesquisa realizada por Iriart et al.[37] indica que a **preocupação com a estética** é a principal motivação. O modelo de corpo desejado se caracteriza pela musculatura saliente e definida e pela quase ausência de gordura, como se observa nos dois trechos a seguir:

> Você olha e não vê aquele peito gordo, você vê um peito definido. Um corpo desenhado, os músculos desenhados. (30 anos, sexo masculino)

> Eu espero modelar meu corpo, definir meu corpo. Eu ainda não cheguei onde eu quero. Eu quero chegar à perfeição. O corpo todo simétrico, todo na medida certa, com tudo correto. (32 anos, sexo masculino)[38]

Segundo os pesquisadores, o descompasso entre o "corpo real" e o padrão de **perfeição corporal** idealizado gera insatisfação com o próprio corpo. Além disso, o corpo musculoso adquire um valor moral por meio do qual as pessoas passam a ser classificadas e julgadas, como se vê por meio dos trechos a seguir:

> Hoje em dia se você não tiver um corpo malhado, se você está fora de forma, as pessoas não têm o mesmo respeito por você. (29 anos, sexo feminino)

> Eu era muito magro. As pessoas ficavam fazendo críticas. Diziam que eu era magro, que eu era seco, que eu era carcaça, que eu tinha que tomar "bomba" pra sair daquilo. Eu era muito cobrado. A sociedade impõe isto, esse padrão. (23 anos, sexo masculino)[39]

O **corpo musculoso** é um atributo da identidade masculina que entra em contradição com o avanço tecnológico. Segundo Le Breton, o desenvolvimento tecnológico nas sociedades ocidentais faz os homens utilizarem pouco o seu corpo, a sua mobilidade, a sua resistência. Na realidade, utilizamos cada vez menos os nossos recursos musculares, com o uso e abuso de "próteses técnicas" cada vez mais eficazes – o automóvel, as escadas mecânicas, as escadas rolantes etc. –, e a nossa existência está perdendo progressivamente a sua "ancoragem corporal".[40]

A boa aparência dos homens depende também dos cabelos. Os cortes de cabelo e **penteados dos jogadores de futebol** se tornam tendência de moda, inspirando milhares de fãs. Os adolescentes e jovens, principalmente, copiam esses **cortes de**

---

[37] IRIART, J. et al. Culto ao corpo e uso de anabolizantes entre praticantes de musculação. *Caderno de Saúde Pública*, v. 25, n. 4, 2009. p. 773-782.
[38] IRIART, 2009. p. 773-782.
[39] IRIART, 2009. p. 773-782.
[40] LE BRETON, D. L' adieu au corps. Paris: Métaillié, 1999. In: BARBOSA, M. et al. Um olhar sobre o corpo: o corpo ontem e hoje. *Psicologia & Sociedade*, 23(1), 2011. p. 24-34.

cabelo, que algumas vezes são estilosos e outras vezes são considerados extravagantes. Os cortes de cabelos são de vários tipos, como **moicano**, **_undercut_**, militar, além de outros com desenhos, riscas e/ou tintura. Aqui no Brasil, quem fez um corte "falso moicano", quase _undercut_ com tintura, foi o **Neymar**, sendo ele uma celebridade esportiva que serve de inspiração até mesmo para outros jogadores.[41]

Na cultura brasileira, o cabelo é visto com a **moldura do rosto** e um dos primeiros sinais a serem observados no corpo humano. Segundo a pesquisadora Nilma Gomes, além do significado cultural mais amplo, existem variações de cabelo de acordo com etnia, idade, sexo, grupo social e poição política. Cortar o cabelo, alisá-lo, raspá-lo, mudá-lo pode significar não só uma mudança de posição dentro de um grupo, mas também a maneira como as pessoas se veem e são vistas pelo outro. O cabelo compõe um estilo político, de moda e de vida, portanto é um veículo capaz de **transmitir mensagens** e possibilitar diferentes interpretações.[42]

Curiosidade

Brasileiros praticam mais musculação do que jogam futebol

Segundo pesquisa do Ministério da Saúde, no topo da preferência nacional está a caminhada. Mas o estudo mostra que o número de pessoas que praticam musculação foi o que mais cresceu, 50% entre 2006 e 2013. De cada dez adultos homens e mulheres, dois frequentam academias. A musculação se tornou a segunda atividade mais praticada no país. O futebol hoje é a terceira atividade física na preferência nacional. Perdeu espaço para a musculação, mesmo entre os homens. Em 2006, 35% dos homens jogavam bola regularmente. Em 2013, esse número caiu para 27%.

"A musculação é uma atividade prática, que não exige que você tenha um terreno para poder praticar. Você tem uma academia em qualquer pequeno bairro e lá você vai poder praticar esse esporte com certa tranquilidade. O futebol exige um time, um técnico e uma série de questões que nem sempre estão à disposição", explica o fisiologista Clayton Camargos.

Fonte: Brasileiros praticam mais musculação do que jogam futebol. *Globo*, 24 out. 2014. Disponível em: <http://g1.globo.com/jornal-nacional/noticia/2014/10/brasileiros-praticam-mais-musculacao-do-que-jogam-futebol-diz-pesquisa.html>. Acesso em: 15 maio 2016.

Sobre os **cosméticos** para homens, segundo dados da Associação Brasileira de Higiene Pessoal, Perfumaria e Cosméticos (Abihpec), o consumo de produtos de higiene, perfumaria e cosméticos destinado ao público masculino dobrou de tamanho

---

41 *Corte de cabelo dos jogadores da Copa 2014*. Disponível em: <http://www.portaltudoaqui.com.br/corte-de-cabelo-dos-jogadores-da-copa-2014>. Acesso em: 28 mar. 2016.

42 GOMES, N. *Corpo e cabelo como símbolos da identidade negra*. Disponível em: <http://www.acaoeducativa.org.br/fdh/wp-content/uploads/2012/10/Corpo-e-cabelo-como-s%C3%ADmbolos-da-identidade-negra.pdf>. Acesso em: 14 jun. 2016.

em cinco anos, de 2008 e 2013. Foi calculado que esse segmento chegou a representar um faturamento de 4,5 bilhões de dólares no Brasil em 2013, mais de duas vezes os 2,2 bilhões de dólares de 2008. Em 2014, os produtos masculinos representaram mais de 10% do consumo total do mercado de higiene, perfumaria e cosméticos no Brasil, que totalizou 43 bilhões de dólares em 2013. Os **produtos para barba** representavam 58% das vendas dos produtos masculinos, enquanto a categoria de cuidados pessoais (principalmente desodorantes) somou 42%. Considerando apenas a categoria de perfumaria, **os homens são responsáveis por 43,3% do consumo brasileiro**, tendo totalizado cerca de 3 bilhões de dólares em 2013, como mostra o Quadro 8.3.[43]

Quadro 8.3 Marcas preferidas de produtos de higiene e beleza

Os preferidos dos homens		Os preferidos das mulheres	
Categoria	Marcas preferidas	Categoria	Marcas preferidas
Protetor solar	Sundown Natura Nívea	Protetor solar	Avon Natura Sundown
Produtos para a barba	Gilette Bozzano Nívea	Maquiagem	Avon Natura O Boticário
Perfumes	O Boticário Importados Natura	Perfumes	O Boticário Importados Natura
Sabonetes	Protex Dove Natura	Produtos para o rosto	Avon Natura Mary Kay
Desodorantes	Rexona Masculino Dove Masculino Nívea Masculino	Cuidado com o corpo	Natura O Boticário Avon
Cuidado com os cabelos	Clear Seda Dove	Cuidado com os cabelos	Elseve Pantene Tresemmè
Cuidado com os dentes	Colgate Oral B Listerine	Cuidado com os dentes	Colgate Oral B Listerine

Fonte: As marcas de cosméticos preferidas pelos brasileiros *Época Negócios*, 30 dez. 2013. Disponível em: <http://epocanegocios.globo.com/Informacao/Resultados/noticia/2013/12/marcas-de-cosmeticos-preferidas-dos-brasileiros.html>. Acesso em: 28 mar. 2016.

---

[43] Consumo masculino de cosméticos dobra em 5 anos. *Revista Exame*, 8 ago. 2014. Disponível em: <http://exame.abril.com.br/economia/noticias/consumo-masculino-de-cosmeticos-dobra-em-5-anos>. Acesso em: 10 maio 2016.

Na prática

Seguindo a tendência midiática de divulgar um novo padrão de masculinidade, em maio de 2006 foi lançada no Brasil a revista *Men's Health*, que já circulava nos Estados Unidos desde 1987.

Essa publicação se distingue das demais revistas para o público masculino heterossexual por abordar temas até então reconhecidos como mais próprios às mulheres, como sexualidade, cuidados com a saúde e a estética, estilo, moda, comportamento social etc. Ela se dirige a homens heterossexuais, de classes média e alta urbanas, e com formação de nível superior – um público "qualificado, bem informado e de alto nível socioeconômico", como afirmou seu editor. Embora a alimentação, os esportes, os cuidados de saúde etc. sejam temas abordados na revista, os temas centrais são *fitness*, embelezamento e modelagem do corpo, como meio de obter ganhos profissionais, sociais e sexuais.

De acordo com as pesquisadoras Regina Ribeiro e Jane Russo, a revista apresenta um modelo de masculinidade que em alguns aspectos pode ser considerado como "novo", mas que ainda apresenta fortes características da masculinidade tradicional.[44]

Questões

1. Qual o seu entendimento sobre a "masculinidade tradicional" e a "nova masculinidade"?
2. Com base neste texto e nos conceitos deste capítulo, descreva as características e estilo de vida do público-alvo da revista *Men's Health* no Brasil.

Sobre o comportamento dos **jovens brasileiros** em relação ao **corpo**, a MTV[45] realizou pesquisa com homens de 15 a 30 anos nas cidades de São Paulo, Salvador, Brasília, Rio de Janeiro e Porto Alegre, tendo constatado que, para eles, a beleza não é questão de sorte; é questão de empenho e conquista. A maioria (80%) está **satisfeita com sua aparência** (53% totalmente e 27% em parte). Esse índice chega a 85% entre os homens do Rio de Janeiro. A vaidade para os jovens é algo importante a ser preservado e um indício de modernidade.

Entre os jovens entrevistados, 60% acreditam que pessoas mais bonitas têm mais oportunidades na vida. Cerca de 55% consideram aceitável que uma pessoa jovem faça **plástica ou lipoaspiração** para mudar alguma coisa de que não gosta em seu corpo. E 45% concordam – total ou parcialmente – que a lipoaspiração é um ótimo recurso

---

44 RIBEIRO, R.; RUSSO, J. Negociando com os leitores: o "novo" e o "antigo" homem nos editoriais da revista Men's Health. *Cad. Pagu* [on-line], n. 42, 2014. p. 477-511.

45 MTV. *Dossiê Universo Jovem 4*. São Paulo, 2008. Disponível em: <http://www.aartedamarca.com.br/pdf/Dossie4_Mtv.pdf>. Acesso em: 28 mar. 2016.

para eliminar gorduras localizadas, sendo considerada mais rápida e menos cansativa que exercícios físicos. Além disso, 8% declararam que estariam dispostos a ser 25% menos inteligentes se pudessem ser 25% mais bonitos, e outros 7% declaram que provavelmente abririam mão de 25% de sua inteligência em troca da mesma porcentagem em **beleza**.

Como expressou um jovem de 17 anos, do estrato econômico A, morador de Brasília:

> As mulheres estão usando mais silicone, botox. As mais jovens, se não têm, já pensam em usar. Elas falam que quando tiverem 18 anos vão colocar silicone, vão fazer lipo. Se a pessoa for se sentir bem, está certo, melhor do que ficar se achando feia, esquisita. E os meninos estão sim fazendo um monte de coisas, luzes no cabelo, usando brincos, acessórios tipo pulseiras, colar, anéis, e fica todo mundo mesmo muito mais tempo na frente do espelho.[46]

Segundo os pesquisadores, os valores dos jovens pesquisados refletem uma tendência maior ao consumismo, à socialização e ao **hedonismo**. Eles querem ter independência financeira, amigos, divertir-se e aproveitar a vida, poder consumir mais, ter mais liberdade e **beleza física**.

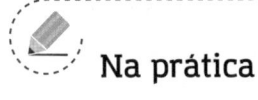

Na prática

Propagandas para homens

As propagandas de produtos e serviços para homens utilizam-se de símbolos e significados culturais para criar imagem para as marcas e identificação dos consumidores. Os símbolos mais frequentes são aqueles associados a sucesso, vitória, liderança, poder, coragem, velocidade, força e virilidade. Algumas celebridades simbólicas são os jogadores de futebol ou de outros esportes; artistas de música e de novelas; empresários famosos; ou modelos famosos etc.

Questão

1. Selecione 3 propagandas dirigidas aos homens e identifique os símbolos e os significados expressos que visam construir a imagem da marca e gerar identificação com o público-alvo.

---

[46] MTV. *Dossiê Universo Jovem 4*. São Paulo, 2008. Disponível em: <http://www.aartedamarca.com.br/pdf/Dossie4_Mtv.pdf>. Acesso em: 28 mar. 2016.

Caso para discussão 43

Propaganda do Viagra

Na década de 1980, a indústria farmacêutica focou seus investimentos em pesquisa sobre a sexualidade masculina, com uma perspectiva medicalizada para a resolução dos **problemas sexuais** masculinos.

No caso do Viagra, foi necessário transformar a **disfunção erétil** em um "problema" para, em seguida, alertar que ele pode atingir qualquer homem, em qualquer fase da vida. Assim, a noção de que a ereção, símbolo da virilidade e da identidade masculina, é efetivamente instável, sujeita a vários tipos de percalços, ganhou cada vez mais atenção. E foi justamente para combater essa imprevisibilidade do corpo masculino que o **Viagra** foi lançado no Brasil em junho de 1998, tornando-se um remédio destinado a melhorar a performance sexual.

Em 2007, uma ação judicial foi movida por um grupo de prevenção à Aids norte-americano, que acusou a publicidade do remédio de favorecer a propagação da doença. O objetivo da ação era forçar o fim da publicidade e obrigar a Pfizer a promover uma campanha de educação sobre o assunto.

Fonte: adaptado de FARO, L. et al. Homem com "H". Ideais de masculinidade (re)construídos no marketing farmacêutico. *Caderno Pagu*, Campinas, n. 40, jan.-jun. 2013.

Questão

1. Debata com seus colegas se o Viagra é muito utilizado por homens jovens, adultos e idosos, e se um dos motivos é a insegurança mencionada pela propaganda do produto. Justifique sua opinião, com base nos conceitos estudados.

8.4 Moda e luxo para os homens

Sobre **moda**, a antropóloga Diana Crane explica que o **vestuário** é uma das formas visíveis do consumo simbólico, desempenhando um importante papel na construção da identidade. É um dos símbolos de **prestígio social** e de **gênero**, tornando-se uma indicação de como as pessoas veem sua posição na sociedade e como constroem seu *status* social.[47]

A concepção de moda não é restrita ao vestuário, mas representa um estilo de design que pode ser utilizado na produção tanto de produtos de massa quanto de luxo.

---

47 CRANE, D. *A moda e seu papel social*. São Paulo: Senac, 2006. p. 21.

Para diversos teóricos, a moda é associada, simultaneamente, aos processos de **distinção social** e de integração ou **conformidade**. Partilham dessa ideia autores como Veblen, Simmel e Bourdieu, entre outros. Para o sociólogo Bourdieu, a moda, como processo sociocultural e sistema simbólico, estabelece a diferenciação de gostos, identidade social e capital cultural. Como tal, a moda tem poder normativo em estabelecer padrões e criar uniformidade.[48]

Segundo a concepção da **semiótica**, a moda é uma linguagem que comunica as nossas características pessoais, tornando-nos fisicamente atraentes e indicando a qual grupo pertencemos. Além disso, o sistema de significados que a moda propõe é um sistema instável e ambíguo, uma vez que a moda é mutável, eufórica e elusiva, segundo Baldini.[49]

Outros têm uma perspectiva distinta, ao considerarem que o avanço da tecnologia e o consumo de massa e de luxo permitem a **diversidade e a heterogeneidade** dos estilos de vida, e não a padronização nem a homogeneização. O pesquisador Collin Campbell constatou a tendência da chamada "**moda de rua**", um estilo de vestuário em que as pessoas assumem um grau de **controle** sobre o modelo das roupas que usam. Assim, as evidências sugerem que os consumidores querem **personalizar** suas próprias roupas como um meio de auto-expressão.[50]

Curiosidade

Jovens e donos do próprio negócio

Ainda no ensino médio, três amigos que não encontravam na moda brasileira um estilo descolado o suficiente para vestir resolveram apostar na confecção de suas próprias roupas. Foi assim que, Guilherme começou a desenhar estampas para camisetas que tiveram boa aceitação entre seus amigos. Empolgados com a possibilidade de montar uma marca de roupas diferente, Fábio e Rodrigo, ambos com 18 anos à época, uniram-se a Guilherme e criaram a empresa Soul em 2006, com roupas masculinas inspirada em temas como natureza, música e esportes.

Fonte: *Jovens e donos do próprio negócio*. Disponível em: <http://economia.ig.com.br/financas/seunegocio/jovens-e-donos-do-proprio-negocio/n1596950544191.html>. Acesso em: 13 jun 2016.

---

48 BOURDIEU, P. *A distinção: crítica social do julgamento*. São Paulo/Porto Alegre: Edusp/Zouk, 2007; BOURDIEU, P.; SIMMEL, G. *Filosofia da moda e outros escritos*. Lisboa: Texto & Grafia, Lisboa, 2008; VEBLEN, T. *A teoria da classe ociosa*: um estudo econômico das instituições. São Paulo: Abril Cultural, 1983.
49 BALDINI, M. *A invenção da moda*. Lisboa: Edições 70, 2005. p. 94.
50 CAMPBELL, C. O consumidor artesão: cultura, artesania e consumo em uma sociedade pós-moderna. *Antropolítica: Revista Contemporânea de Antropologia e Ciência Política*, Niterói, EDUFF, n. 17, 2004. p. 45-67.

Saiba +

Nova tribo "new lad" são homens que fazem a barba e amam os anos 90

Por um bom tempo a **moda "hipster"** dominou e só se ouvia falar nela. Mas segundo o jornal London Evening Standard, um novo estilo de tribo masculina está surgindo: o *"new lad"*. Este estilo representa os rapazes dos anos 1990, que bebem cerveja, raspam a barba pela praticidade e adoram usar camiseta de time com um tênis branco.

Os tênis são considerados mais confortáveis e a barba feita é mais fácil de manter. Também o novo estilo é uma desculpa para voltar a usar as velhas camisas de futebol. E faz uma comparação: Se o *"hipster"* era sobre bandas *indies* obscuras, cerveja artesanal, sapatos *oxford*, óleos para a barba e uma atitude ambivalente em relação ao consumismo, o **"new lad"** é sobre clubes de várzea, cerveja comercial, tênis Adidas novo em folha, barba feita e logotipos evidentes.

Fonte: GARBIN, M. *Adeus, hipsters!* Nova tribo "new lad" são homens que fazem a barba e amam os anos 90, 27 out. 2015. Disponível em: <http://virgula.uol.com.br/lifestyle/comportamento/adeus-hipsters>. Acesso em: 28 mar. 2016.

A respeito da história da **moda masculina**, Buso e Lopes informaram que o século XIX foi marcado pela diferenciação estrutural de trajes usados pelos homens, como a casaca e o colete, e entrou em cena o **paletó**. Dessa maneira, esse século terminou com uma silhueta masculina definida. A partir daí, a silhueta masculina tornou-se mais simples e uniforme. O homem aderiu às **calças de modelagem larga**, as *knickerboxer*, e seus **paletós** estão menos estruturados e bem clássicos.

Nos anos 1950, os homens foram à procura de **calças e blusões** de modelagens esportivas e dos **jeans**, enquanto os ternos passavam a ter modelagem mais ajustada. A partir dos anos 1980, a **modelagem corporal masculina** começou a ser modificada, pois os homens passaram a frequentar academias, e sua estrutura corporal, seu *shape*, se modificou. Esse *shape* estrutural diferenciado do homem contemporâneo é o que fez necessárias as alterações em modelagens de peças de roupas masculinas, como terno, camisa e blazers. E, além disso, o homem moderno procura **mais conforto** nas suas roupas do que o fazia antigamente.[51]

Mirian Goldenberg explica a **moda masculina contemporânea**: "os homens pararam de se esconder no efeito de camuflagem dos ternos superestruturados e dos sobretudos amplos. E passa a ter **sua beleza realçada** por cortes mais próximos

---

[51] BUSO, V.; LOPES, T. Modelagem para a construção da identidade masculina. 6. Colóquio de Moda, Anais. São Paulo, 2010. Disponível em: <http://www.coloquiomoda.com.br/anais/anais/6-Coloquio-de-Moda_2010/71908_A_modelagem_para_a_construcao_da_identidade_masculina.pdf>. Acesso em: 12 fev. 2015.

ao corpo, **calças ajustadas**, camisas que deixam à mostra o corpo que tanto se esforçam para ter".[52]

Assim como na moda feminina, a indústria da moda masculina oferece uma **diversidade de estilos de vestuário e modos de se vestir** ("looks"). Em um artigo na internet, uma blogueira explica o que é o look "descolado", "supercool" ou "superbásico".

> **Curiosidade**
>
> **A moda dos jogadores de futebol**
>
> Em pesquisas, o corte de cabelo do jogador inglês David Beckham foi eleito o mais copiado do Reino Unido. Ele também foi eleito, em primeiro lugar, como o homem de terno mais sexy do mundo.
>
> O jogador Cristiano Ronaldo, conhecido também como CR7, é um metrossexual assumido, que se preocupa e se dedica a ter sempre uma boa aparência, incluindo o modo com que se veste. Gosta de seguir tendências e o seu estilo casual inclui o uso de itens básicos como jeans, tênis e camisetas coloridas, mas também usa marcas de luxo.
>
> Fonte: *Corte de cabelo dos jogadores da Copa 2014*. Disponível em: <http://www.portaltudoaqui.com.br/corte-de-cabelo-dos-jogadores-da-copa-2014/>. Acesso em: 28 mar. 2016.

Quanto à roupa masculina para o trabalho, nas grandes empresas, em nível gerencial, predomina o uso do **terno e gravata**. Em ocupações administrativas em empresas ou no serviço público, os homens vestem **roupa esporte**. O uso de terno e gravata é o símbolo do poder corporativo, associado à hierarquia, diplomacia, civilidade e autocontrole. Porém, muitas empresas estão flexibilizando as regras do vestuário para seus profissionais de escritório. Em *start-ups* e empresas de tecnologia, as regras do vestuário (*dress code*, em inglês) costumam ser mais flexíveis. Como o terno já não é mais uma obrigação diária, os executivos passaram a investir em modelos mais sofisticados para ocasiões especiais. O estilista Ricardo Almeida viu sua produção aumentar 50% em 2014, quando abriu novas lojas em São Paulo. Os preços dos seus ternos passavam dos 5 mil reais. "Ninguém mais precisa usar: usa porque quer, porque dá credibilidade", diz o estilista.[53]

---

[52] GOLDENBERG, M. *Masculinidade em crise*: novos modelos de ser homem. Disponível em: <http://miriangoldenberg.com.br/images/stories/pdf/masculinidades.pdf>. Acesso em: 10 jun 2016.

[53] *21 novas regras da elegância corporativa*. Globo.com, 21 abr. 2015. Disponível em: <http://gq.globo.com/Estilo/Moda-masculina/noticia/2015/04/21-novas-regras-da-elegancia-corporativa.html>. Acesso em: 13 jun. 2016.

> **Curiosidade**
>
> **As regras da elegância corporativa**
>
> Aos 36 anos, A. é um advogado bem-sucedido, à frente de um escritório em um bairro elegante de São Paulo e, no dia a dia, prefere manter a formalidade. Mesmo que lá fora o termômetro esteja passando dos 37 °C. "Nunca tiro o paletó. Se você fizer isso, vai sentir ainda mais calor na hora de vesti-lo de novo", diz.
>
> Essa lição de estilo, ou de bem-estar, ele aprendeu no começo da carreira com seu chefe. "Acho que a advocacia é bastante formal, faz parte da profissão, e eu gosto de manter esse aspecto", afirma. Seu terno, bem ajustado ao corpo, é feito sob medida por um alfaiate de sucesso entre os elegantes paulistanos. "Com 1,90 metro de altura, fica difícil encontrar um terno pronto que me sirva", explica.
>
> Além de mais ajustados, os ternos de A. têm calças um pouco mais curtas, o que ressalta seus sapatos novos, um par de mocassins Prada. "Comprei três iguais por medo de não encontrá-los mais. É um sapato com sola de borracha, mas aparência de sola de couro. Conforto é importante. Não dá para ser elegante se você não está bem."
>
> Fonte: 21 novas regras da elegância corporativa. Globo.com, 21 abr. 2015. Disponível em: <http://gq.globo.com/Estilo/Moda-masculina/noticia/2015/04/21-novas-regras-da-elegancia-corporativa.html>. Acesso em: 13 jun. 2016.

Quanto aos produtos e serviços de luxo, Dubois et al. realizaram uma pesquisa e identificaram seis características percebidas pelos consumidores: produtos de excelente qualidade, escassos e exclusivos, com **valor estético**, tradição, história e preço elevado.[54]

A **qualidade percebida** decorre do tipo de componentes e da *expertise* empregados na fabricação, que indicam confiabilidade e durabilidade. Os consumidores acreditam que a característica de refinamento do produto é transferida para a pessoa que o usa, o que lhes proporciona distinção social e bem-estar.

A **raridade e a exclusividade** dos produtos de luxo significam que poucas pessoas podem ter acesso a eles, já que a venda é restrita e o preço é elevado. Somente pessoas privilegiadas e de excelência podem ter o prazer sensorial e sensual de usá-los. O uso de produtos de luxo fortalece seu **autoconceito**, fazendo-as se sentirem belas e poderosas. Além disso, os produtos de luxo têm uma longa história, e sua fabricação segue a tradição.

A pesquisadora Isabel Cypriano realizou um estudo para identificar as características dos homens consumidores das marcas de luxo de vestuário e acessórios. Algumas frases dos entrevistados denotam a busca pela **inclusão e distinção social** e o **poder** atribuído às pessoas que usam marcas de luxo. As marcas compradas por

---

54 DUBOIS, B. et al. *Consumer Rapport to Luxury*: Analyzing Complex and Ambivalent Attitudes. Consumer Research Working Article n° 736, HEC, Jouy-em-Josas, France, 2001.

esses consumidores foram Dolce & Gabbana, Gucci, Emporio Armani, Hugo Boss, e Dior, entre outras.[55]

> As pessoas em Brasília compram por *status* e por inclusão. As pessoas querem ter para se sentirem parte. É uma questão social. Onde trabalho e estudo é importante. As pessoas julgam as outras melhor. Você sente, se vai a algum lugar, as pessoas tendem a reconhecer. (Homen, 31 anos)

> Aqui as pessoas compram para demonstrar poder. Brasília é uma cidade onde isto é muito forte. Quando não tinha o shopping Iguatemi aqui, as pessoas davam um jeito de adquirir este tipo de produto. (Homem 45 anos)[56]

Um dos segmentos com representatividade de 25% na amostra de homens de 31 a 50 anos foi o **"materialista convicto"**, que acredita que uma das mais importantes conquistas na vida é adquirir bens materiais, sendo que a maior quantidade de produtos mostra o **sucesso** e quão bem as pessoas têm se saído na vida. Eles gostam de marcas de luxo, que traduzem qualidade, e sentem-se mais felizes se possuírem mais produtos. Outro segmento, com 21% dos respondentes, é composto principalmente por homens que dão valor ao **preço**. Quanto maior o preço do produto, maior o interesse desse consumidor em adquiri-lo. Entre dois produtos da mesma marca, esse consumidor optará pelo **mais caro**. O preço pode ser interpretado como um sinal de **prestígio** entre seus pares.[57]

Outra pesquisa revelou as **marcas de luxo preferidas** pelos homens brasileiros, sendo que as primeiras são os carros de luxo Ferrari, Porsche, BMW e Lamborghini.[58]

Neste capítulo objetivamos conhecer os conceitos relacionados ao gênero masculino; compreender o comportamento dos homens em relação a masculinidade, paternalidade, corpo, moda e luxo; e analisar o comportamento de consumo dos homens.

Resumo

1. **Masculinidade:** o que se convencionou chamar de masculinidade é um conceito definido culturalmente, e está preso a determinados contextos e convenções sociais.

---

[55] CYPRIANO, I. M. *O consumidor brasileiro de marcas de luxo:* uma descrição e segmentação psicográfica por valores. 2014. Dissertação (Mestrado) – FGV-EAESP, São Paulo.
[56] CYPRIANO, 2014.
[57] CYPRIANO, 2014.
[58] *As 10 marcas de luxo mais amadas pelos brasileiros.* Exame.com, 22 maio 2015. Disponível em: <http://exame.abril.com.br/marketing/album-de-fotos/as-10-marcas-de-luxo-mais-amadas>. Acesso em: 12 jun. 2016.

2. **Modelo tradicional de masculinidade** é baseado no corpo, que deve ser ativo para o sexo, o trabalho e a autodefesa.

3. Atributos da **masculinidade tradicional** incluem a divisão de poderes sociais, cabendo aos homens o poder sobre o âmbito público (na política, na economia e na ciência), e às mulheres os assuntos domésticos e familiares.

4. **Androginia** significa a condição de mulher que tem características masculinas ou a condição de homem que tem características femininas.

5. **Paternidade** significa a condição de ser pai.

6. **Paternalidade** remete à qualidade de ser paternal, de quem dá proteção e carinho a seus filhos ou aos filhos de outros homens.

7. **Parentalidade** designa os novos modelos de parentesco, decorrentes das mudanças ocorridas nas famílias contemporâneas.

8. **Família reconstituída** inclui filhos de diferentes uniões dos pais.

9. **Família monoparental** é aquela em que a mãe ou o pai cuidam sozinhos dos filhos.

10. **Culto ao corpo** é um tipo de relação dos indivíduos com seus corpos que tem como preocupação básica o seu modelamento, a fim de aproximá-lo do padrão de beleza estabelecido.

11. Musculação e ginástica fazem parte de um conjunto de práticas para a **modelagem do corpo**.

12. **Vestuário** é uma das formas visíveis do consumo simbólico e desempenha um importante papel na construção da identidade

13. **Moda de rua** é um estilo de vestuário em que as pessoas passam a assumir um grau de controle pessoal sobre o modelo das roupas que usam no dia a dia.

14. A **moda** é associada, simultaneamente, aos processos de distinção social e de integração ou conformidade

Exercícios

1. Faça uma síntese das diferenças de comportamentos e valores entre a identidade masculina tradicional (homens entre 40 e 50 anos) e a identidade masculina da Geração Y (20 a 30 anos).

2. Sobre a frase "Vestuário é uma das formas visíveis do consumo simbólico e desempenha um importante papel na construção da identidade", apresente os conceitos de consumo simbólico e identidade social e explique o comportamento de consumo de vestuário de moda pelos jovens utilizando esses conceitos.

3. Peça a um amigo que descreva como é constituída a família dele. E descreva a ele a sua família. Compare as duas famílias usando o conceito de parentalidade e tipos de família.

4. Converse com dois amigos e peça para descreverem o processo de compra de roupa para eles mesmos (em que loja compram, como escolhem as roupas, quais marcas preferem para roupas de trabalho, de lazer e de namorar, etc.). Relacione estes hábitos com os conceitos estudados.

5. Por meio de observação direta e/ou pesquisa de dados secundários, descreva as atividades de lazer preferidas pelos homens de 30 a 40 anos na sua cidade e que tipo de produtos ou serviços são consumidos/comprados para esse fim.

Palavras cruzadas

1. .... o que é ser homem e o modo como os homens se veem – é definida culturalmente e requer um processo de aprovação social.

2. .... é baseado no corpo, que deve ser ativo para o sexo, o trabalho e a autodefesa.

3. Atributos da .... incluem a divisão de poderes sociais, cabendo aos homens o poder sobre o âmbito público (na política, na economia e na ciência), e às mulheres os assuntos domésticos e familiares.

4. .... remete à qualidade de ser paternal, de quem dá proteção e carinho a seus filhos ou aos filhos de outros homens.

5. .... designa os novos modelos de parentesco, decorrentes das mudanças ocorridas nas famílias contemporâneas.

6. .... é aquela que a mãe ou o pai cuidam sozinhos dos filhos.

7. .... e ginástica fazem parte de um conjunto de práticas para a modelagem do corpo.

8. .... é um tipo de relação dos indivíduos com seus corpos que tem como preocupação básica o seu modelamento, a fim de aproximá-lo do padrão de beleza estabelecido.

9. .... significa a condição de mulher que tem características masculinas ou a condição de homem que tem características femininas.

10. .... é associada, simultaneamente, aos processos de distinção social e de integração ou conformidade.

Capítulo 8 O homem e o consumo

1 – Masculinidade 2 – Modelo tradicional de masculinidade 3 – Masculinidade tradicional 4 – Paternalidade 5 – Parentalidade 6 – Família monoparental 7 – Musculação 8 – Culto ao corpo 9 – Androginia 10 – Moda

Leituras sugeridas

Para aprofundar o conhecimento sobre as principais questões discutidas neste capítulo, recomendamos:

JESUS, J. G. *Orientações sobre identidade de gênero*: conceitos e termos. E-book, Universidade Federal de Goiás, Brasília, 2012.

A autora apresenta de modo claro e didático o conceito de gênero como decorrente de processos socioculturais e as transformações nas relações de gênero na contemporaneidade.

GOLDENBERG, M. (Org.). *Nu e vestido*. Rio de Janeiro: Record, 2002.

Os autores apresentam os conceitos sobre o corpo, na perspectiva antropológica, e analisam diversos comportamentos de homens e mulheres em relação ao corpo.

Para finalizar

Veja as duas propagandas e descreva as características do público masculino que irá se identificar com a proposta de valor de cada marca.

Propaganda Ford-EcoSport

Propaganda Volkswagem – Nova Saveiro Robust

Capítulo 9

Os idosos e o consumo

Objetivos do aprendizado

Após estudar este capítulo, você será capaz de:

- descrever as características demográficas dos idosos;
- compreender as condições de vida dos idosos;
- analisar o processo de envelhecimento e os cuidados com os idosos na perspectiva da gerontologia;
- entender o comportamento de consumo dos idosos;
- discutir o conceito de representação social e o idoso na mídia.

9.1 As características dos idosos brasileiros

Iniciaremos o estudo do comportamento de consumo dos idosos apresentando as **características demográficas** desse segmento da população, segundo os dados do Instituto Brasileiro de Geografia e Estatística (IBGE).

O crescimento da **população de idosos** é um fenômeno mundial e está ocorrendo em um nível sem precedentes. Segundo a Organização das Nações Unidas (ONU), em 1950, eram cerca de 204 milhões de idosos no mundo. Já em 1998, quase cinco décadas depois, esse contingente alcançava 579 milhões, um crescimento de quase 8 milhões de pessoas idosas por ano. Estima-se que a população de pessoas acima de 60 anos irá mais do que dobrar, ou seja, de 841 milhões em 2013, passará para 2 bilhões em 2050.[1]

A população idosa brasileira, também chamada **terceira idade**, é definida pelo **Estatuto do Idoso** como aquela que tem acima de 60 anos de idade. Segundo o IBGE, é o segmento populacional que mais aumentará na população brasileira, com taxas de crescimento de mais de 4% ao ano no período de 2012 a 2022.

Segundo dados da PNAD 2015, a população de 60 anos ou mais de idade, que, em 2004, era de 9,7%, hoje representa 14,3% do total, atingindo 29,2 milhões de idosos. As Regiões Sudeste e Sul registraram os maiores percentuais de idosos (15,7% e 16,0%, respectivamente), enquanto a Região Norte, o menor (10,1%).[2]

A situação de **envelhecimento populacional** é consequência da rápida e contínua queda da fecundidade no país, além de ser também influenciada pela queda da mortalidade em todas as idades.[3]

---

[1] World Population Ageing 2013. Department of Economic and Social Affairs, Population Division, United Nations, New York, 2013.
[2] Pesquisa Nacional por Amostra de Domicílios (PNAD), 2015. Rio de janeiro, IBGE, 2016.
[3] ERVATTI, L. et al. (Org.). *Mudança demográfica no Brasil no início do século XXI: subsídios para as projeções da população*. Rio de Janeiro: IBGE, 2015.

Segundo o IBGE, a **taxa de fecundidade** caiu pela metade em 20 anos, passando de 4,4 filhos por mulher, em 1980, para 2,3 filhos por mulher, em 2000. Há 60 anos, as brasileiras tinham em média 6,2 filhos, e a **esperança de vida** ao nascer era de apenas 40,7 anos. A grande mudança ocorreu na década de 1970, com a ampliação do uso da pílula anticoncepcional.

A **taxa de fecundidade** indica quantos filhos, em média, tem a mulher brasileira. No Brasil, segundo o Censo 2010, as mulheres têm, em média, **1,9 filho**. A educação é considerada um fator associado à queda da fecundidade, particularmente a **educação da mulher**. Em 2013, entre as mulheres de 15 a 49 anos de idade com maior escolaridade (8 anos ou mais de estudo), **44,2% não tinham filhos**, enquanto para aquelas com até 7 anos de estudo esta proporção foi de 21,6%.[4]

Curiosidade

O Estatuto do Idoso

A Lei n. 10.741, de 1º de outubro de 2003, que instituiu o **Estatuto do Idoso**, foi editada com o escopo de estabelecer os direitos fundamentais do idoso, bem como as **medidas de proteção** de tais direitos, a política de atendimento aos idosos e o acesso à justiça, criando tipos penais específicos para proteção de seus interesses.

O Estatuto do Idoso, em seu artigo 2º, enfatiza que os idosos gozam de todos os **direitos fundamentais**, garantindo oportunidades para preservação de sua saúde, aperfeiçoamento moral, intelectual, espiritual e social, em condições de **liberdade e dignidade**. Tais direitos, a despeito de já se encontrarem incluídos na Constituição Federal como direitos fundamentais de todos, foram repetidos exatamente para reforçar o significado especial para os idosos.

Fonte: ELIAS, G. *O Estatuto do Idoso e as relações de consumo*, 22 fev. 2010. Disponível em: <http://www.migalhas.com.br>. Acesso em: 2 abr. 2016.

A **expectativa média de vida** da população era de 75,5 anos em 2015. A expectativa média das mulheres era de 79,1 anos e a dos homens 71,9 anos.[5]

Na Pesquisa Nacional de Saúde de 2013, 6,8% das pessoas de 60 anos ou mais de idade tinham limitação funcional para realizar suas atividades de vida diária. Cerca de 78,8% recebiam cuidados de familiares; 17,8% recebiam cuidados remunerados; e 10,9% não recebiam ajuda para realizar as atividades da vida diária.[6]

Um fenômeno demográfico observado entre os idosos é a **concentração de mulheres**. A população idosa é predominantemente feminina, com 85 homens para cada 100 mulheres, sendo resultado dos diferenciais de **mortalidade entre os sexos**, cujas taxas para a população masculina são maiores do que as observadas entre as mulheres.

---

4 IBGE, 2013.
5 PNAD, 2015.
6 Pesquisa Nacional de Saúde 2013. Rio de Janeiro: IBGE, 2014.

Algumas das características dos idosos de 60 anos ou mais de idade estão resumidas na Figura 9.1 e no Quadro 9.1.

Figura 9.1 Percentual das pessoas de 60 anos ou mais, segundo idade, sexo, cor ou raça, situação do domicílio (Brasil, 2013)

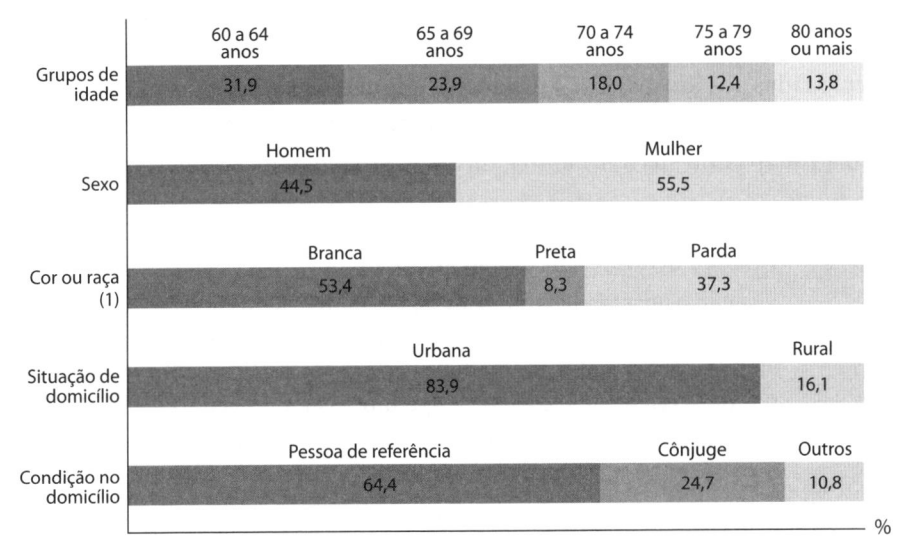

	60 a 64 anos	65 a 69 anos	70 a 74 anos	75 a 79 anos	80 anos ou mais
Grupos de idade	31,9	23,9	18,0	12,4	13,8

	Homem	Mulher
Sexo	44,5	55,5

	Branca	Preta	Parda
Cor ou raça (1)	53,4	8,3	37,3

	Urbana	Rural
Situação de domicílio	83,9	16,1

	Pessoa de referência	Cônjuge	Outros
Condição no domicílio	64,4	24,7	10,8

%

Fonte: *IBGE. Síntese de Indicadores Sociais – uma análise das condições de vida da população brasileira*. Rio de Janeiro, 2014. Disponível em: <http://biblioteca.ibge.gov.br/visualizacao/livros/liv91983.pdf>. Acesso em: 07 jun. 2016.

Quadro 9.1 Características demográficas dos idosos (IBGE, 2013)

1	A maioria é **mulher** (54,5%), sendo que na região Norte a proporção de mulheres idosas era menor (50,5%) e no Sudeste, maior (56,7%).
2	A maioria se declarou como **branca** (53,4%), sendo 79,5% dos idosos na região Sul e somente 24,4% na Norte.
3	84% dos idosos são **residentes em áreas urbanas**, com 92,6% na região Sudeste.
4	64,4% são a **pessoa de referência** no domicílio, principalmente no caso dos homens (80,3%).
5	Os idosos têm **4,7 anos de estudo**, em média, variando de 3,3 anos de estudo no Nordeste a 5,5 anos no Sudeste. Cerca de **24,4% são analfabetos**.
6	76,1% recebiam algum **benefício da previdência social**, sendo que 75,3% dos homens e 59,8% das mulheres eram **aposentados**.
7	48,4% tinham **rendimento** superior a um salário-mínimo, sendo 55,4% na região Sul.
8	41,6% residiam em domicílios com **rendimento mensal** *per capita* igual ou inferior a um salário-mínimo, sendo 61,2% no Nordeste.

Fonte: adaptado de IBGE. *Síntese de Indicadores Sociais – uma análise das condições de vida da população brasileira*. Rio de Janeiro, 2014. p. 60.

Em comparação com o total da população, os idosos estão em desvantagem no **nível educacional**. A proporção de brasileiros que não sabem ler nem escrever é de 8,5%, enquanto nos idosos a taxa de **analfabetos** é 24,4%.[7] Como a população idosa dificilmente é atingida pelas políticas de educação, fica comprometida a superação do analfabetismo.

O governo brasileiro considera o **envelhecimento populacional** como uma questão de interesse da sociedade e reconhece a necessidade de se considerarem as diferenças econômicas, sociais e regionais existentes no país na formulação de políticas direcionadas aos idosos. Em 4 de janeiro daquele ano, foi aprovada a Lei n. 8.842, que dispõe sobre a **política nacional para o idoso**, para assegurar os direitos sociais do idoso, promovendo sua autonomia, integração e participação efetiva na sociedade.

Saiba+ Política de atendimento ao idoso

Visando a um atendimento mais rápido para aquelas pessoas de maior idade, a Lei n. 10.048/2000 estabeleceu prioridade ao atendimento para aqueles com idade superior a 65 anos em todos os órgãos públicos, bancos e concessionárias de serviço público e, no campo processual, a Lei n. 10.173/2001 alterou o Código de Processo Civil Brasileiro estabelecendo prioridade de tramitação nos processos judiciais de idosos.

Fonte: Política de atendimento ao idoso. Direitocom. Disponível em: <http://www.direitocom.com/estatuto-do-idoso-comentado>. Acesso em: 2 abr. 2016.

Curiosidade

Os 60 são os novos 40

Conhecidos como *baby boomers* (nascidos entre 1945 e 1960), os sessentões de hoje estão longe da ideia de aposentados que encaram a fase como o fim das atividades úteis. Alguns se preparam para encerrar o ciclo do trabalho formal, mas descansar não é um plano viável: para eles, chegar aos 60 significa abandonar a idade cronológica e aproveitar o momento para realizar sonhos que tinham ficado para trás.

É chegada a hora de conquistar a vida que queriam ter. E o que define a vida dos sessentões são liberdade e autonomia: 65% das mulheres nessa faixa etária vivem sozinhas – eles são apenas 31% –, e 71% dos idosos brasileiros têm independência financeira, conforme explicou uma professora:

> Estou com 63 anos e me preparando para a aposentadoria. Não é o fim da vida útil, apenas quero ter mais tempo, depois de tantos anos de produção intensa, para aproveitar outras experiências. Antigamente, a idade tinha conotação de perda, de declínio. Hoje, são os ganhos que têm destaque na vida das pessoas mais velhas.

Fonte: adaptado de VARGAS, G. *Os 60 são os novos 40*. 28/2/2015. Disponível em: <http://zh.clicrbs.com.br/rs/vida-e-estilo/vida/melhor-idade/noticia/2015/02/os-60-sao-os-novos-40-4708754.html>. Acesso em: 10 abr. 2016.

---

7   IBGE. *Pesquisa Nacional por Amostras de Domicílios (PNAD)*. Rio de Janeiro, 2013.

Com o crescimento da população de idosos, as **empresas** buscam oportunidades de oferecer **produtos e serviços adequados** a essa faixa etária. Como exemplo, as farmacêuticas vêm lançando **vitaminas**, e empresas de **cosméticos** vendem cremes para rejuvenescimento ou antienvelhecimento.

9.2 A renda e a ocupação dos idosos

A **participação da terceira idade** na população economicamente ativa atingiu 8,2% em 2014, quando 900 mil idosos entraram no mercado de trabalho, segundo dados do IBGE, sendo que cerca de 69% deles estavam em **trabalhos informais**. Verifica-se que os idosos estão em outro estágio da vida laboral, seja encerrando um ciclo profissional ou retornando ao mercado de trabalho, já aposentados. Dessa maneira, a proteção social do trabalho formal pode não ser o principal atrativo para os idosos.[8]

Cerca de 59% dos idosos são **aposentados**, 15,6% são aposentados e trabalham, 9,3% são **pensionistas**, 7,8% acumulam aposentadoria e pensão, e 23,9% não recebem aposentadoria nem pensão, sendo que 45,1% destes últimos trabalham. No total dos idosos, a **taxa de ocupação** – pessoas de 60 anos ou mais que trabalham – é de 27,4%.[9]

Saiba + Valor baixo da aposentadoria faz o ato de parar de trabalhar uma opção para poucos idosos

Nanete completou 70 anos e recebe um salário mínimo por mês como aposentada. O valor não é suficiente para pagar as contas básicas – água, luz, telefone e supermercado – e ela precisa continuar trabalhando. Segundo Nanete:

> Nunca foi uma opção parar de trabalhar. Me separei há 30 anos e criei meus dois filhos. Mesmo agora que eles não moram mais comigo, não posso parar. Preciso ter qualidade de vida, preciso ter condições para pagar coisas que vão além das contas. Sem meu trabalho, eu teria uma vida muito ruim.

Fonte: VARGAS, G. Os 60 são os novos 40. 28/2/2015. Disponível em: <http://zh.clicrbs.com.br/rs/vida-e-estilo/vida/melhor-idade/noticia/2015/02/os-60-sao-os-novos-40-4708754.html>. Acesso em: 10 abr. 2016.

O **tempo médio semanal dedicado ao trabalho** pelos idosos foi de **34,7 horas**, valor abaixo do tempo médio da população total ocupada. A principal fonte de rendimento dos idosos é a aposentadoria, representando 67,6% do total, enquanto o **trabalho remunerado** contribui com 28,3% do rendimento.

---

8   IBGE, 2013.
9   Síntese de Indicadores Sociais 2014. Rio de Janeiro, IBGE, 2015.

Quanto ao **rendimento mensal domiciliar** *per capita*, 71,8% dos idosos ganhavam até dois salários-mínimos. Nos domicílios com idosos, o rendimento mensal familiar *per capita* médio foi 25% superior ao rendimento dos domicílios sem idosos e 16,6% superior ao rendimento do total de arranjos familiares.[10]

Caso para discussão 44

Jovens estão indo para as cidades e deixando o campo

Santa Catarina é um dos estados brasileiros onde a produção da pequena propriedade é bastante forte e passar as terras de pai para filho sempre foi algo muito presente entre as famílias. Só que isso, ao longo do tempo, vem sofrendo modificações. Muitos jovens começaram a dar importância para o estudo e se sentiram atraídos pela cidade. No oeste de Santa Catarina, 75 mil jovens rurais foram para a cidade nos últimos 25 anos e isso ameaça a continuidade de pelo menos 30 mil pequenas propriedades. A situação tem preocupado a FAO, organização da ONU para a agricultura e alimentação. "Sem esses agricultores familiares, dificilmente conseguiremos erradicar a fome", disse o representante da FAO.

Fonte: Preparar um herdeiro pode garantir o sucesso das propriedades. Globo.com. 13 set. 2015. Disponível em: <http://g1.globo.com/economia/agronegocios/noticia/2015/09/preparar-um-herdeiro-pode-garantir-o-sucesso-das-propriedades.html>. Acesso em: 20 abr. 2016.

Questão

1. Com base nos conceitos discutidos neste livro, compare o comportamento dos jovens e dos idosos, como identidade social, grupos de referência, traços geracionais, condições de vida, desejos e expectativas em relação ao futuro, bem como seus hábitos de consumo.

9.3 As condições de vida dos idosos

Envelhecer é uma experiência complexa, em que ocorrem **mudanças físicas e psicológicas**, como a redução gradativa do vigor, as doenças frequentes e as visíveis mudanças na aparência física. Porém, essa experiência pode ser vivida de forma mais difícil ou mais fácil, dependendo da realidade social em que se inserem os idosos, conforme demonstrou um estudo feito por pesquisadores da Faculdade de Saúde Pública da Universidade de São Paulo.[11]

---

10 Síntese de Indicadores Sociais 2014. Rio de Janeiro, IBGE, 2015.
11 PIVETTA, M. Retratos do entardecer. Pesquisa Fapesp. *Ciência e Tecnologia no Brasil*, v. 87, maio 2003. p. 32-39.

Essa fase da vida é tanto um fenômeno individual quanto sociocultural. As **desigualdades sociais** levam a diferenças no processo de envelhecer, pois quem trabalha por um período longo e em uma atividade desgastante fisicamente envelhecerá mais rápido, se comparado a um profissional que exerce sua atividade em meio período, por exemplo.[12] Portanto, as **condições socioculturais** têm forte impacto sobre a experiência individual do envelhecer.

Segundo a socióloga Alda Motta, não existe uma velhice, mas sim "**velhices**", em razão da pluralidade de interações sociais e **imagens socialmente construídas** sobre esta fase do ciclo da vida. As atitudes em relação à terceira idade são socialmente aprendidas ao longo da vida, por meio da convivência com os idosos e/ou com a própria situação de idoso. Além disso, podem-se aprender atitudes também por meio de observação e de experiências simbólicas, principalmente as oferecidas pelo cinema, pela televisão, pela religião, entre outras.[13]

Para a socióloga Guita Debert, a "terceira idade" é uma criação recente das sociedades ocidentais contemporâneas. Sua invenção, a partir da década de 1970, implica a criação de uma nova etapa na vida que é acompanhada de um conjunto de práticas, instituições e agentes especializados, encarregados de definir e atender as necessidades dessa população, que passaria a ser caracterizada como vítima da **marginalização** e da **solidão**.[14]

Curiosidade

Como é uma pessoa velha?

Uma pesquisa foi realizada com crianças de 5 a 10 anos, na cidade de Jarinu, São Paulo, sobre como elas percebem os idosos. As respostas estão abaixo.

Entrevistadora – O que ela tem que faz você falar que ela é velha?

– Ah, a aparência, né? O rosto é enrugado. (Menina, 10 anos)

– Elas têm cabelo branco, tem barba e sobrancelha branca. (Menina, 6 anos)

– Tinha uma mulher com cabelo preto andando com uma bengala. Acho que ela é velha. (Menina, 9 anos)

Entrevistadora – O que você acha que uma pessoa velha costuma fazer?

– Fica doente. (Menino, 6 anos)

– Assiste televisão fazendo tricô. (Menino, 9 anos)

Fonte: LOPES, E.; PARK, M. Representação social de crianças acerca do velho e do envelhecimento. *Estudos de Psicologia* 12(2), 2007. p. 141-148.

---

[12] ALMEIDA, F. *Idosos em instituições asilares e suas representações sobre família*. Dissertação (Mestrado) – Universidade Federal de Goiás, 2005. p. 29.
[13] MOTTA, A. B. Visão antropológica do envelhecimento. In: FREITAS, E. V. et al. *Tratado de geriatria e gerontologia*. 2. ed. Rio de Janeiro: Guanabara Koogan, 2006.
[14] DEBERT, G. G. O velho na propaganda. *Cadernos Pagu* (21), 2003. p. 133-155.

A velhice, mesmo quando não é associada à **pobreza ou à invalidez**, tende a ser vista como um período dramático por implicar a passagem de um mundo amplo e público para um **mundo restrito e privado**.[15] Além disso, em épocas anteriores, valorizavam-se as ideias e opiniões dos idosos, porém, na época atual, em que prevalece a informação imediata, a **sabedoria dos idosos** perde valor e vai sendo substituída pela opinião dos especialistas e jornalistas da mídia de massa.[16]

Em uma pesquisa sobre a terceira idade, foi constado que há um **comportamento diferente entre gêneros** quando se perde o companheiro. "A **viuvez** é uma experiência difícil para os idosos. A mulher quase sempre tem um círculo de relações maior durante a vida e, por isso, tem mais condições de buscar apoio fora de casa. Mas o homem não. Em geral, se casa novamente, ou morre em seguida", comentou a pesquisadora Andréa Gonçalves. "A mulher dificilmente volta a se casar. Boa parte teve seu casamento imposto pela família e muitas se sentem mais livres com a viuvez", explicou ela.[17]

A proporção de idosos que **vivem sozinhos**, sem filhos, cônjuge, outros parentes ou agregados, é de 15,1%, sendo que para as mulheres esse indicador é de 17,8%. Os domicílios que tinham ao menos uma pessoa de 60 anos ou mais de idade correspondiam a 29% do total.[18]

Caso para discussão 45

Se 71% dos brasileiros com mais de 60 anos têm independência financeira, aí está um grande potencial de consumo. Só em 2013, segundo a consultoria Escopo, especializada em estudos de geomarketing, os idosos gastaram em torno de R$ 1 trilhão, 34% do total gasto pela população brasileira. No entanto, 45% têm dificuldades para encontrar produtos adequados, segundo pesquisa realizada pelo Serviço de Proteção ao Crédito. O IBGE trata a população com mais de 60 anos como um grupo com alto poder de consumo. O Brasil ainda está engatinhando nessa área. Os baby boomers estão começando a se aposentar, então é preciso olhar para esse grupo com mais atenção. Eles precisam de produtos adequados e não de produtos para velhos – aponta o professor de comunicação Dado Schneider.

Fonte: VARGAS, G. Os 60 são os novos 40. 28/2/2015. Disponível em: <http://zh.clicrbs.com.br/rs/vida-e-estilo/vida/melhor-idade/noticia/2015/02/os-60-sao-os-novos-40-4708754.html>. Acesso em: 10 abr. 2016.

---

15 DEBERT, G. G. A reinvenção da velhice: socialização e processos de reprivatização do envelhecimento. São Paulo: Edusp, 1999. p. 25.
16 ALMEIDA, 2005. p. 30.
17 GONÇALVES, A. Novo ritmo na terceira idade. Pesquisa Fapesp. Ciência e Tecnologia no Brasil, v. 67, ago. 2001. p. 12-15.
18 Síntese de Indicadores Sociais 2014. Rio de Janeiro, IBGE, 2015.

> **? Questão**
>
> **1.** Por meio de conversas com idosos, identifique quais produtos e serviços de que os idosos necessitam não são encontrados à venda. Investigue também quais são as dificuldades enfrentadas em suas rotinas diárias.

Quanto ao processo de envelhecimento, os pesquisadores Leme e Silva afirmam que a **família** é a estrutura social do idoso. Assim, o estudo do relacionamento do idoso com a família é primordial para compreendermos as peculiaridades da vida e da saúde nesta fase da vida. Os idosos necessitam de **atenção e cuidados especiais**, pois, ao passar pelo processo de diminuição da capacidade adaptativa, vivenciam sua dependência familiar.[19]

Cerca de 84,9% dos idosos vivem em **arranjos familiares** em que há a presença de outra pessoa com quem mantêm uma relação familiar, seja cônjuge, filho, parente ou agregado. O arranjo familiar mais comum é composto por **idosos morando com filhos,** todos com 25 anos ou mais de idade, na presença ou não de outros parentes ou agregados (30,6% dos domicílios), sendo esse indicador mais elevado para as mulheres idosas (33,3%) que para os idosos (27,3%). Outro arranjo comum é o formado por **casais sem filhos** (26,5%).[20]

A família é vista como a mais direta **fonte de apoio informal** para a população idosa. Isso se tem verificado tanto pela corresidência como pela transferência de bens e recursos financeiros, além de **apoio emocional**, cuidados pessoais e outros recursos intangíveis. Os membros da família se ajudam na busca do **bem-estar coletivo,** constituindo um espaço de "conflito cooperativo" em que se cruzam as diferenças de gênero e intergeracionais.[21]

As famílias com idosos são de dois tipos: famílias onde o idoso é chefe ou cônjuge, e famílias com idosos que moram na condição de parentes. No primeiro tipo, residem **idosos com autonomia** e, na segunda, estão **os vulneráveis,** que demandam ajuda dos familiares. As demandas dos idosos por cuidados advêm, principalmente, daqueles que não têm renda ou perderam a sua autonomia pela incapacidade funcional.[22]

A **incapacidade funcional** é, portanto, a dificuldade ou dependência para realizar atividades típicas da vida cotidiana, como falar, andar, ler, escrever, ver, aprender, sentir, perceber etc.

---

[19] LEME, L.; SILVA, P. P. O idoso e a família. In: PAPALEO NETTO, M. *Gerontologia*. São Paulo: Atheneu, 2002.
[20] Síntese de Indicadores Sociais 2014. Rio de Janeiro, IBGE, 2015.
[21] CAMARANO, A. A. et al. Famílias: espaço de compartilhamento de recursos e vulnerabilidades. In: CAMARANO, A. A. (Org.). *Os novos idosos brasileiros: muito além dos 60?* Brasília: Instituto de Pesquisas Econômicas Aplicadas (Ipea), 2004. p. 161-162.
[22] CAMARANO, 2004. p. 161-162.

> ### Curiosidade
>
> **Aumento da longevidade faz crescer procura por cuidadores; grande parte das famílias não pode arcar com os custos e ainda são escassas as redes de proteção oferecidas pelo governo**
>
> O segredo de Wanda Aparecida, 45 anos, é fazer tudo como se fosse o último dia. Ela é cuidadora de idosos: nas tardes de segunda à sexta vai à casa de Nelson, de 65 anos, que tem Alzheimer avançado e sequelas de um AVC. Nas manhãs, ela se alterna na casa de outros dois idosos. Como se fosse a última vez, ela dá o almoço, o banho, faz a barba, põe música para eles escutarem e bota numa área externa para pegar sol.
>
> Wanda é, funcionária de uma ONG que cuida de idosos, um mercado em expansão. Segundo dados do Instituto de Pesquisas Econômicas Aplicadas (Ipea), de todos os brasileiros com 60 anos ou mais (cerca de 20 milhões de pessoas), aproximadamente 13% tem dificuldade em executar pelo menos uma atividade diária e precisam de cuidadores. Dentre os mais idosos, com 80 anos e mais, 40% caem a cada ano. Em 20 anos, com o aumento da população de idosos no país, a situação vai ficar ainda mais delicada.
>
> Fonte: ZIEGLER, M. F. *Profissão "cuidador de idoso": cresce demanda, mas faltam serviços públicos*. Disponível em: <http://saude.ig.com.br/minhasaude/2014-05-06/profissao-cuidador-de-idoso-cresce-demanda-mas-faltam-servicos-publicos.html>. Acesso em: 24 jun. 2016.

Outra alternativa diante da incapacidade de a família cuidar dos idosos são abrigos, albergues, asilos e **casas de repouso,** lugares onde se hospedam os idosos. Porém, nem sempre esta é a melhor opção. Segundo a pesquisadora Fabiana Almeida, em muitos asilos, os idosos passam os dias ociosos, privados de contato social com pessoas de outras faixas etárias, não podendo sair desacompanhados, não dispondo de quartos individuais e, dessa forma, perdendo sua individualidade.[23]

Por outro lado, a tendência contemporânea é rever os **estereótipos** associados ao envelhecimento. A ideia de um **processo de perdas** tem sido substituída pela consideração de que os estágios mais avançados da vida são momentos propícios para **novas conquistas**, guiadas pela busca do prazer e da satisfação. Porém, ainda existe a visão de que os idosos tem a função de **cuidar dos netos** para ajudar os filhos que trabalham.[24]

Segundo os sociólogos que analisam a condição de vida dos idosos, **viver só** pode representar uma forma inovadora e bem-sucedida de envelhecimento, em oposição à **imagem estereotipada** de abandono, descaso ou solidão. **Viver só** pode ser uma situação temporária do ciclo de vida, mas pode também refletir uma opção pessoal,

---

[23] ALMEIDA, 2005. p. 56.
[24] DEBERT, 1999. p. 27.

um exercício de vontade. Assim, o mais importante é garantir o **direito de escolha do idoso**. Ele pode ser motivado a decidir sobre sua vida, sua moradia, seus amigos e seus bens. À família cabe apenas o apoio, segundo Pérola Braga.[25]

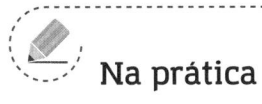

Na prática

Dia dos Namorados para os idosos

Um casal de aposentados casado há 70 anos comemora este Dia dos Namorados de maneira diferente: com um ensaio fotográfico feito pela própria neta. Mesmo juntos há tantas décadas, Justino, de 98 anos, diz que continua apaixonado pela esposa, Rosalina, de 88. "Continuo amando ela. Gostei dela desde quando ela era criança", disse.

A história de amor do casal começou ainda na Bahia, onde os dois nasceram. Segundo a filha dos idosos, a dona de casa Madalena, as famílias dos dois moravam próximas e eram amigas. "Meu pai conta que viu a minha mãe pela primeira vez quando ela tinha 8 anos e ele, 18. Naquele dia ele já achou ela uma menina muito bonita. Aí eles foram crescendo, continuaram sempre na mesma vizinhança até que minha mãe fez 18 anos. Meu pai era noivo de uma outra mulher, terminou com ela só para ficar com minha mãe", contou.

Depois de casados, os dois se mudaram para Niquelândia, no norte de Goiás. Na cidade, constituíram uma grande família, com oito filhos. Atualmente, eles têm 30 netos e 18 bisnetos. "É um amor muito bonito, para fazer inveja a qualquer um. É algo raro, que não acontece tão fácil hoje em dia", disse Madalena.

A ideia de fazer as fotos partiu da própria neta, a fotógrafa Rívia, de 30 anos. "Um dia eu estava na casa deles, coloquei uma roupa melhor neles e pedia fazerem uma pose ou brincar um com o outro e fui fazendo as fotos. Eles nem perceberam que estavam sendo fotografados", disse.

Fonte: *Casados há 70 anos, idosos fazem ensaio fotográfico para celebrar amor*, 12 jun. 2015. Conews. Disponível em: <http://www.conews.com.br/casados-ha-70-anos>. Acesso em: 2 abr. 2016.

Questão

1. Considerando a diversidade das condições de vida dos idosos, e utilizando-se dos conceitos deste capítulo, escreva a sua perspectiva sobre os fatores que são comuns e os que são diversos no modo de vida dos idosos brasileiros.

---

[25] BRAGA, P. M. V. *O idoso e o direito de morar sozinho*. Disponível em: <http://direitodoidoso.braslink.com/pdf/artigo_16_morarsozinho.pdf>. Acesso em: 9 jun. 2015.

9.4 Como cuidar dos idosos segundo a gerontologia

O estudo do comportamento do idoso pode basear-se em conceitos e teorias desenvolvidos pela **gerontologia**, palavra que deriva do grego *geron*, que significa "velho, velhice". Ela designa a ciência que estuda as pessoas idosas, sua situação social e o fenômeno do envelhecimento, sob seus múltiplos aspectos (físicos, psicológicos e sociais).

Os gerontólogos também estudam o comportamento da sociedade em relação às pessoas idosas e seus principais problemas de saúde. A **geriatria**, por sua vez, é a parte da gerontologia que se ocupa do diagnóstico e do tratamento das doenças de idosos.

Atualmente, a prioridade da gerontologia é a **velhice bem-sucedida**, conceito que designa uma condição individual e grupal de bem-estar físico e social, relacionada às condições e aos valores existentes no ambiente em que o indivíduo envelhece e às circunstâncias de sua história pessoal e de seu grupo etário. O pressuposto desse conceito é que a **idade cronológica**, sozinha, nada revela sobre a existência, a personalidade, a intelectualidade, a produtividade e a energia vital das pessoas, ou seja, "segundo a terapeuta Cláudia Zanini.[26]

Na cultura brasileira, as dificuldades de adaptação à rotina de aposentado afetam mais o homem do que a mulher (25% contra 21%) – 15% deles e 11% delas indicaram a falta de rotina ou da movimentação do dia-a-dia como as principais barreiras à adaptação.

Os especialistas no estudo do envelhecimento referem-se a três **grupos distintos**: os idosos jovens, os idosos velhos e os idosos mais velhos. O termo **idosos jovens** geralmente se refere a pessoas de 65 a 74 anos, que costumam estar ativas, cheias de vida e vigorosas. Os **idosos velhos**, de 75 a 84 anos, e os **idosos mais velhos**, de 85 anos ou mais, são aqueles que têm maior tendência para a fraqueza e para a enfermidade, e podem ter dificuldade para desempenhar algumas atividades da vida diária.[27]

Alguns idosos aposentados acham importante **exercer atividades**, como forma de adaptação mais fácil à nova rotina. Apontam várias alternativas para dar vazão a essa necessidade de continuação da atividade: 16% ressaltam o **trabalho como opção**, e não como obrigação; 13% desejam ter qualquer atividade para **ocupar o tempo** e a mente; e 10% afirmam que é importante ter um trabalho mais leve e adequado à idade[28] esse sentido, o **envelhecimento ativo** é uma recomendação da Organização das Nações Unidas (ONU) para as políticas públicas relacionadas ao enve-

---

[26] ZANINI, C. R. O. Envelhecimento saudável: o cantar e a gerontologia social. *Revista da UFG*, v. 5, n. 2, dez. 2003. p. 12.

[27] SCHNEIDER, R.; IRIGARAY, T. O envelhecimento na atualidade: aspectos cronológicos, biológicos, psicológicos e sociais. *Estudos de psicologia* (Campinas). v. 25, n. 4, out.-dez. 2008.

[28] NERI, M. C. Renda, consumo e aposentadoria: evidências, atitudes e percepções. *Ensaios Econômicos*. R. de Janeiro, FGV-IBRE, dez. 2007. p.7

lhecimento. O objetivo é aumentar a qualidade de vida na terceira idade. É o que afirma uma administradora hospitalar: "O idoso tem de ser visto como uma força ativa para a nação, pois ele tem conhecimento a ser transmitido para outras gerações".[29]

Para a **gerontologia**, a terceira idade é um período caracterizado por intensas mudanças físicas, emocionais e sociais, as quais, em geral, afetam diferentes setores da vida, podendo levar a insatisfações e dificuldades diversas. Essa ciência explica que todo **organismo multicelular**, como o humano, possui um tempo limitado de vida e sofre mudanças fisiológicas com o passar do tempo. A vida de um organismo multicelular costuma ser dividida em três fases: crescimento e desenvolvimento; reprodutiva; e senescência (envelhecimento), segundo a bioquímica Maria Hoffmann.[30]

Durante a primeira fase, ocorre o desenvolvimento e o crescimento dos órgãos especializados, ou seja, o organismo cresce e adquire habilidades funcionais que o tornam apto para a reprodução. A fase seguinte é caracterizada pela capacidade de reprodução do indivíduo, que garante a sobrevivência, a perpetuação e a evolução da própria espécie. A terceira fase, a **senescência (envelhecimento)**, é caracterizada pelo **declínio da capacidade funcional** do organismo.

De acordo com Maria Hoffmann,[31] o desenvolvimento, a reprodução e o envelhecimento são etapas naturais da vida, que ocorrem de forma sequencial e interdependente. No entanto, não há uma separação rígida entre as três fases. O crescimento pode continuar mesmo depois que a maturidade reprodutiva é atingida. Nas mulheres, o início da **senescência** é determinado pelo final da fase reprodutiva, marcado pela menopausa, por volta de 45 anos.

A tendência normal do organismo é a de manter a **estabilidade interna**, ajustando processos metabólicos e fisiológicos em resposta às agressões. Esse processo de ajuste é chamado de **homeostase**. Quando a homeostase é perdida, a adaptabilidade do indivíduo ao estresse decresce e a suscetibilidade às doenças aumenta.[32]

O envelhecimento é causado por alterações moleculares e celulares, que resultam em **perdas funcionais** progressivas do organismo como um todo. Esse declínio se torna perceptível ao final da fase reprodutiva, muito embora as perdas funcionais comecem a ocorrer bem antes. O sistema respiratório e o tecido muscular, por exemplo, começam a decair funcionalmente a partir dos trinta anos.

---

29 Idosos em ativa idade, jan. 2005. *Espaço Aberto*. Disponível em: <http://www.usp.br/espacoaberto/arquivo/2005/espaco51jan/0comportamento>. Acesso em: 2 abr. 2016.
30 HOFFMANN, M. E. *Bases biológicas do envelhecimento*, 10 set. 2002. Disponível em: <http://www.comciencia.br/reportagens/envelhecimento/texto/env10.htm>. Acesso em: 2 abr. 2016.
31 HOFFMANN, 2002.
32 HOFFMANN, 2002.

A perda de massa e força muscular são características do envelhecimento, que podem levar o indivíduo à **dependência funcional**. Portanto, quando há diminuição da força muscular, fica mais frequente as chances de perda de equilíbrio e quedas por parte dessa população.[33]

Caso para discussão 46

Cientista acredita que seres humanos poderão viver mais

Os primeiros seres humanos a passar dos 150 anos de idade já nasceram, segundo pesquisadores e futurólogos. Estão entre as crianças e os jovens de hoje. Agora, parece impossível, mas, quando eles se tornarem adultos, terão ao alcance fontes da juventude que, em breve, sairão dos laboratórios. O Japão, país com o maior número de centenários do planeta, quer prolongar ainda mais a vida e com saúde.

Para viver mais, teremos que descobrir as doenças antes mesmo de sentir o primeiro sintoma. Isso será possível em breve e não precisaremos nem ir ao médico. A nossa casa vai nos avisar se estivermos doentes.

A residência do futuro deverá ser parecida com um apartamento-modelo criado pela Universidade de Kanazawa. Dentro dele, a pessoa tem a saúde monitorada o tempo todo, enquanto dorme, na hora em que vai ao banheiro. Já é possível fazer 14 exames médicos na residência. Até na hora do banho, porque a banheira é um aparelho de eletrocardiograma. Basta colocar as duas mãos dentro da água para ter uma ideia de como está o coração. A banheira faz o exame, porque tem seis eletrodos e a água funciona como um gel usado pelo médico. O equipamento também é capaz de identificar se a pessoa está se afogando e dispara um alarme.

Na hora das necessidades, a privada faz seis exames. Ela mede, por exemplo, a pressão do jato da urina. Na experiência, eles usam água. No caso dos homens, explica o professor Kenichi Yamakoshi, uma variação na pressão pode indicar o início de um câncer de próstata.

Fonte: Cientista acredita que humanos poderão viver mais de mil anos. Globo.com. Disponível em: <http://g1.globo.com/fantastico/noticia/2013/01/cientista-acredita-que-seres-humanos-poderao-viver-mais-de-mil-anos.html>. Acesso em: 6 jan. 2013.

---

[33] PUERRO NETO, J. et al. Mobilidade funcional em função da força muscular em mulheres idosas fisicamente ativas. *Rev. Bras. Med. Esporte* [on-line], v. 21, n. 5, 2015. p. 369-371.

? Questão

1. Discuta com seus colegas os impactos do aumento da idade das pessoas (até 150 anos) nas condições de vida da população mundial, no meio ambiente e na capacidade de as empresas desenvolverem produtos para atender às demandas dessa população.

As **mudanças funcionais** que ocorrem com o avanço da idade são atribuídas a vários fatores, como os de ordem genética, os fatores agressivos ambientais, as doenças e os genes do envelhecimento, ou **gerontogenes**. Embora seja uma fase previsível da vida, o processo de envelhecimento não é geneticamente programado, como se acreditava antigamente, segundo Hoffman.

Várias teorias foram propostas para explicar o processo do envelhecimento. Atualmente, a mais aceita em termos científicos é a teoria do **envelhecimento pelos radicais livres**. Tal teoria foi proposta em 1954 pelo médico Denham Harman, mas só adquiriu aceitação na comunidade científica depois dos anos 1970, quando se descobriu a toxicidade do oxigênio. Segundo essa teoria, o envelhecimento e as doenças degenerativas a ele associadas resultam de alterações moleculares e lesões celulares desencadeadas por radicais livres.[34]

Uma parte do oxigênio que respiramos se transforma em **radicais livres**, que estão ligados a processos degenerativos. Os radicais livres também têm papel importante no combate a inflamações e no controle do tônus muscular.[35]

Os **antioxidantes** protegem o organismo da ação danosa dos radicais livres. Alguns antioxidantes são produzidos por nosso próprio corpo, e outros – como as vitaminas C, E e o betacaroteno – são ingeridos.

Para explicar a redução das **interações sociais na velhice**, existem três teorias, segundo a terapeuta Cláudia Zanini: a teoria do **afastamento**, a da **atividade** e a das **trocas sociais**. A teoria do afastamento sustenta que a redução do contato social representa um mecanismo adaptativo por meio do qual a pessoa se dissocia da sociedade e esta, da pessoa, ocorrendo o distanciamento emocional. A **teoria da atividade** contrasta com a primeira, pois presume que os idosos desejam manter contatos sociais, que são prejudicados pelas barreiras físicas e sociais impostas pela idade. A **teoria das trocas sociais** sustenta que os limitados recursos da velhice causam uma diminuição na amplitude das relações sociais.[36]

A crença na progressiva e generalizada incompetência, assim como na **impotência sexual** dos idosos, é parte intrínseca dos **estereótipos** em relação ao envelhecimento. Acuados entre as múltiplas exigências de adaptação às novas condições de vida, os idosos

---

[34] HOFFMANN, 2002.
[35] *Radicais Livres*. Disponível em: <http://www.copacabanarunners.net/antioxidantes.html>. Acesso em: 2 abr. 2016.
[36] ZANINI, C., 2003.

enfrentam dificuldades para preservar a identidade pessoal e a integridade de alguns papéis e funções, sobretudo aqueles relativos à sexualidade.[37]

A **sexualidade na velhice** é vista como tabu, pois a sociedade ainda concebe que apenas aos mais novos é dada a possibilidade de manifestar sua sexualidade. A visão comum é que até pode existir um desejo de ir ao encontro do outro por parte dos idosos, mas não há motivação suficiente, pois acreditam que, se o fizerem, serão estigmatizados como pervertidos a partir dos ditames que lhes são impostos, segundo Bastos.[38]

No entanto, a sexualidade está presente em todas as fases do desenvolvimento humano, desde o nascimento até a morte. A função sexual continua por toda a vida, mesmo no envelhecimento, embora a sexualidade e o envelhecimento sejam vistos socialmente como incompatíveis.[39]

Segundo a gerontologia, **cuidar do idoso** é diferente de tratar de uma criança ou um adulto, sendo necessários serviços diferenciados para essa faixa etária, como o **atendimento domiciliar** por cuidadoras profissionais, porque, estando em um ambiente conhecido, o idoso corre menos risco de infecção hospitalar. Além disso, chegar a um hospital pode ser uma tarefa impossível de ser cumprida por muitos idosos.[40]

Implantar um sistema de **atendimento domiciliar** exige uma logística complexa, capaz de gerenciar, de forma eficiente e racional, o deslocamento de equipes médicas. Mas, se bem administrado, esse serviço pode reduzir os custos do atendimento, na medida em que atua mais preventivamente e evita internações desnecessárias, segundo Renato Veras, diretor da Universidade Aberta à Terceira Idade.

> Saiba+ **A qualidade de vida dos idosos**
>
> Com o avanço tecnológico e as melhores condições de vida, os idosos têm procurado atividades que possam aumentar sua longevidade e qualidade de vida. Como exemplo, é comum hoje um idoso iniciar uma carreira musical aos 78 anos, encontrar um amor e casar-se depois dos 80 anos, voltar a estudar e matricular-se na Universidade da Terceira Idade, cultivar novos hobbies e despertar para novos projetos. Tais comportamentos são divulgados pela imprensa e confirmam os novos interesses e comportamentos dos idosos. Portanto, se o idoso estiver bem consigo mesmo, com a família e com os outros com quem ele convive, ele terá uma melhor qualidade de vida.
>
> Fonte: BUENO, M. Reflexões sobre a valorização do idoso. *Revista Travessias*, v.2 n. 1, Cascavel, Paraná, 2008. p. 1-10.

---

[37] BASTOS, C. C. et al. Importância atribuída ao sexo por idosos do município de Porto Alegre e associação com a autopercepção de saúde e o sentimento de felicidade. *Revista Brasileira de Geriatria e Gerontologia* [on-line], v. 15, n. 1, 2012. p. 87-95.

[38] BASTOS, 2012. p. 87-95.

[39] ALMEIDA, T.; LOURENÇO, M. L. Envelhecimento, amor e sexualidade: utopia ou realidade? *Revista Brasileira de Geriatria e Gerontologia*, v. 10, 2007. p. 101-113.

[40] PIVETTA, Marcos. Retratos do entardecer. Pesquisa Fapesp. *Ciência e Tecnologia no Brasil*, v. 87, maio 2003. p. 32-39.

Outra possibilidade de serviço para os idosos são os **centros de convivência**. Nesses locais, os idosos podem passar o dia desenvolvendo atividades físicas e intelectuais, sob supervisão profissional. À noite, o idoso, ao voltar para casa, não perde o vínculo familiar e se mantém ativo.[41]

Em síntese, a gerontologia busca a **melhoria da qualidade de vida** do idoso, em relação ao meio em que vive e aos desafios que encontra na sociedade brasileira. Suas teorias podem ajudar os profissionais de marketing a melhor compreender as necessidades da população idosa.

Curiosidade

Universidades da terceira idade

Algumas das chamadas universidades da terceira idade fazem, de certa forma, o papel de centro de convivência de idosos. O número de vagas oferecidas em seus cursos e atividades geralmente é pequeno diante da procura. Mas quem consegue um lugar fica satisfeito.

Esse é o caso da dona de casa Guiomar, 65 anos, que participa da Universidade Aberta à Terceira Idade. Guiomar assiste a palestras e faz aulas de teatro, dança de salão e *tai chi chuan*. Segundo ela: "na universidade, fico mais esclarecida e faço amizades".[42]

Caso para discussão 47

Mãos ocupadas, cabeça desanuviada

A dona de casa Maria Sylvia, de 86 anos, tem um lema: "Mãos ocupadas, cabeça desanuviada". É por isso que passa as tardes fazendo lindas peças de crochê, dribla as noites de insônia com jogos de paciência, reúne as amigas para partidas semanais de buraco e escreve. Sim, ela já escreveu dois livros – um de memórias e o romance *Anna D'África*, que sonha ver transformado em seriado da TV Globo.

Maria Sylvia vive em Copacabana, zona sul do Rio de Janeiro. O estado do Rio de Janeiro tem alguns dos melhores indicadores de renda e escolaridade de pessoas mais velhas.

Filha e neta de fazendeiros de Ponte Alta, em Minas Gerais, ela foi educada no Colégio Sion, na cidade serrana de Petrópolis, onde só se falava francês. ▶

---

[41] PIVETTA, 2003. p. 32-39.
[42] PIVETTA, 2003. p. 32-39.

Depois de formada, casou-se com um engenheiro do Banco do Brasil, de quem ficou viúva há 16 anos, depois de 50 de casamento. Desde então vive sozinha, por opção. Maria Sylvia tem duas filhas, cinco netos e cinco bisnetos. "Filho quando casa é como fruto que cai da árvore. Tem de seguir seu destino", diz.

A dona de casa não quer perder sua independência. Gosta dos seus objetos, da sua rotina e de manter o confortável apartamento à beira da praia do seu jeito. Acorda cedo (diz que quer aproveitar bastante os dias que ainda tem). Vai à igreja, onde encontra com as amigas (com algumas delas, convive há 60 anos). Caminha "pouco, mas o suficiente" no calçadão de Copacabana. "A doença do velho é a solidão. Tudo o que eu faço é para evitá-la", diz.

Maria Sylvia conta que vai pouco ao médico e ensina: "Velho tem de andar bem-vestido, bem penteado. E, para ser aturado, precisa ter seu dinheiro".

Fonte: adaptado de THOMÉ, C. Mãos ocupadas, cabeça desanuviada. *O Estado de S. Paulo*, 26 jul. 2002.

Questões

1. Explique o comportamento dos idosos em relação ao consumo (hábitos, estilos de vida, produtos mais consumidos).

2. Como gerente de marketing de uma empresa farmacêutica, como você poderia estimar o consumo de remédios por idosos a partir de 60 anos?

9.5 Os idosos e o consumo

Na ciência econômica, a teoria do ciclo de vida, de Modigliani, ao pressupor que a renda do trabalho cai nas idades mais avançadas, considera que o comportamento de poupar para a aposentadoria advém do desejo individual de manter um padrão estável de **consumo ao longo do ciclo da vida**. Em função disso, os indivíduos abrem mão de uma parcela do consumo durante a vida ativa para poderem estabilizar o padrão de consumo na velhice, quando em geral ocorre uma queda no rendimento do trabalho. Há, portanto, uma acumulação de ativos até a data da aposentadoria. A partir desse momento, este estoque começa a ser utilizado para complementar os recebimentos da aposentadoria.[43] Na contemporaneidade, os idosos têm acesso a uma renda maior em comparação às gerações anteriores. Com

---

[43] MODIGLIANI, F. Life cycle, individual thrift, and the wealth of nations. *The American Economic Review*, n. 76, 1986. Apud NERI, Marcelo C. Renda, consumo e aposentadoria: evidências, atitudes e percepções. *Ensaios Econômicos*. R. de Janeiro, FGV-IBRE, dez. 2007. p. 3.

maior poder de compra, os idosos se tornaram um grupo social de interesse para as empresas. No entanto, as empresas estão se preocupando pouco com esse público, não atentando para o fato de que este é um grupo que está em crescimento na população te em poder aquisitivo e disponibilidade de tempo.[44]

Esse segmento da população possui demandas próprias, pois grande parcela tem vida economicamente ativa e está preocupada em viver mais e melhor. Assim, todo bem ou serviço que possa contribuir para uma **melhor qualidade de vida** desse segmento tem um bom mercado potencial.

Nas pesquisas de comportamento de consumo dos idosos, uma vertente de investigação dá foco às mudanças ocorridas em **cognição, afeto e comportamento dos idosos**, que possam interferir em suas decisões de consumo. Esses estudos apontam, principalmente, para três **mudanças comportamentais** atreladas à idade: alterações **biológicas, psicológicas** e **sociais**.

Como exemplo de alterações psicológicas, pesquisas identificaram que os idosos têm dificuldade de memorizar as **marcas lançadas recentemente**, mas têm melhor memória em relação a marcas lançadas quando eles tinham idade inferior a 30 anos. Esse resultado confirma o fato de que os idosos têm fraca memória de curto prazo (dificuldade de lembrar acontecimentos recentes) e melhor **memória de longo prazo** (facilidade de lembrar fatos antigos). Pesquisas também indicaram que os idosos sentem maior **motivação** para realizar atividades sociais e **emocionalmente significativas** do que aquelas relacionadas a aquisição de conhecimento. Portanto, os idosos são mais facilmente persuadidos por **mensagens emocionais** do que por mensagens racionais.[45]

Para compreender o comportamento dos idosos, Smith e Moschis[46] propuseram a seguinte teoria: a **idade psicológica** (idade autopercebida) de uma pessoa tem maior probabilidade de prever o seu comportamento do que a **idade cronológica** (idade real da pessoa). Essa teoria afirma que, em geral, o idoso se sente **psicologicamente mais jovem** do que é cronologicamente. Consequentemente, a idade cronológica não é um indicador satisfatório para o envelhecimento, visto que as limitações da velhice variam de acordo com fatores fisiológicos, psicológicos e sociais.

---

44 MELO, N. et al. Consumo por idosos nos arranjos familiares "unipessoal" e "residindo com o cônjuge": uma análise por regiões do país. *Revista Brasileira de Geriatria e Gerontologia*, Rio de Janeiro, v. 17(4), 2014. p. 841-852.
45 COLE, C. et al. *Decision making and brand choice by older consumers*. Marketing Letters, n. 19, 2008. p. 355-365.
46 SMITH, R. B.; MOSCHIS, G. A Socialization Perspective on Selected Consumer Characteristics of the Elderly. *Journal of Consumer Affairs*, v. 19, summer 1985. p. 74-95.

Segundo Amaro e Meira, duas constatações deverão ser observadas pelas organizações que focalizam esse público:[47]

a) Quanto mais idosa a pessoa, maior a diferença entre a idade cronológica e a psicológica, chegando a 15 anos na faixa etária acima de 70 anos. Portanto, nenhuma ação mercadológica – seja na comunicação, seja na definição dos atributos dos produtos ou serviços – deverá lembrar às pessoas a idade têm.

b) Quando se fala para o consumidor idoso, está se falando para um **público feminino**, seja porque são em maior quantidade, seja porque têm um comportamento de consumo bastante racional: buscam preço, não têm receio de fazer perguntas aos vendedores e frequentam shopping centers e outros tipos de varejo.

Para estabelecer uma forma de **segmentação de mercado** na idade madura, George Moschis[48] desenvolveu a abordagem da **gerontografia** que procura conhecer as diferenças individuais no processo de envelhecimento. Para Moschis, a gerontografia é uma abordagem similar à psicografia, cujo foco é detalhar as necessidades, atitudes, estilos de vida e comportamento dos idosos.[49]

À medida que envelhecem, as preferências e necessidades desse público por produtos e serviços tendem a mudar. Nesse sentido, os pesquisadores na área da gerontologia alertam que o requisito essencial da **velhice bem-sucedida** não é a preservação de níveis de desempenho parecidos com os mais jovens, pois o fundamental para uma boa velhice é a preservação do **potencial para o desenvolvimento do indivíduo**. Isso deve ocorrer dentro dos limites individuais estabelecidos por condições de saúde, estilo de vida e educação.[50]

Quanto ao consumo dos idosos, uma pesquisa sobre os três itens em que os idosos mais gastam, a alimentação ficou em primeiro lugar, pois foi mencionada por 93% dos idosos. Contas (luz, água e telefone) ocupam o segundo lugar com 79% das respostas. Em terceiro lugar, os gastos com remédios (59%), sendo menores entre os homens (54%) que entre as mulheres 62%). Elas são as que mais gastam com carnês de lojas (9%, contra 6% entre os homens) e nos itens moradia (8% mulheres e

---

47 AMARO, L.; MEIRA, P. *O Comportamento do Consumidor Idoso em Centros Urbanos*: O Caso de Porto Alegre. 30. EnANPAD, Salvador, 23 set. 2006.
48 MOSCHIS, G. P. Gerontographics: a scientific approach to analysis and targeting the mature market. *The Journal of Services Marketing*, v. 6 n. 3, summer, 1992. p. 17-26.
49 TEIXEIRA, D. et al. *Estratégias de marketing de varejo voltadas para os consumidores idosos*. III Simpósio de Excelência em Gestão e Tecnologia (SEGeT), Resende, 2006.
50 NERI, A. L.; CACHIONI, M. Velhice bem-sucedida e educação. In: NERI, A. L.; DEBERT, G. G. (Orgs.). *Velhice e sociedade*. Campinas: Papirus, 1999. p. 45.

6% homens), lazer (4% mulheres e 3% homens) e auxílio doméstico (empregada, enfermeira, faxineira) (4% mulheres e 1% homens).[51]

Outra pesquisa revelou que os idosos geram gastos adicionais com **bens e serviços de saúde**. Em relação aos medicamentos, os domicílios que possuem dois adultos e um idoso gastam 19% a mais com medicamentos, em comparação aos domicílios com dois adultos. Com **plano de saúde**, o aumento dos gastos é de 6% e, para o **atendimento hospitalar**, de 12%. O idoso consome mais serviços de saúde, as internações hospitalares são mais frequentes e o tempo de ocupação do leito é maior quando comparado a outras faixas etárias.

Em geral, as **doenças dos idosos** são crônicas e múltiplas, perduram por vários anos e demandam acompanhamento constante, medicamentos, consultas médicas e internações hospitalares de. Além disso, o maior uso de **tecnologia no tratamento** de doenças implica maior custo. E, no Brasil, os idosos dependem, essencialmente, de serviços públicos, e a maior procura ocorre em unidades básicas de saúde e em locais com atendimento de urgência/emergência.[52]

Para a nutrição dos idosos, as empresas têm oferecido os **alimentos funcionais**, que desempenham algum tipo de efeito protetor no organismo, quando há a carência de vitaminas e minerais. Os alimentos funcionais apresentam componentes ativos capazes de prevenir ou reduzir o risco de algumas doenças. Como exemplo, a **aveia** ajuda a reduzir os níveis de colesterol, inclusive o LDL (mau colesterol). Outros alimentos funcionais são: amêndoas, avelãs, nozes, castanhas; azeite extravirgem; chá-verde; e produtos derivados de soja.[53]

Caso para discussão 48

De olho no público idoso, fabricante de brinquedos lança gato-robô

A empresa americana Hasbro, segunda maior fabricante de brinquedos no mundo, decidiu apostar em um público pouco comum para seus produtos: os idosos. A empresa lançou uma linha de "gatos-robôs" para fazer companhia e divertir os velhinhos.

Os robôs não apenas se parecem com gatos de verdade. Eles também interagem com o dono por meio de sons e movimentos semelhantes aos do animal. ▶

---

51 NERI, M. C. Renda, consumo e aposentadoria: evidências, atitudes e percepções. *Ensaios Econômicos*. R. de Janeiro, FGV-IBRE, dez. 2007. p. 7

52 SANTIAGO, F. et al. *Gastos domiciliares com bens e serviços de saúde*: a presença de idoso e criança no domicílio. XVIII Encontro Nacional de Estudos Populacionais, ABEP, realizado em Águas de Lindoia (SP), 19 a 23 nov. 2012.

53 FERREIRA, F. M. *Alimentos funcionais: uma alternativa para a terceira idade*. Congresso Internacional de Envelhecimento Humano. Campina Grande, Paraíba, jun. 2013.

Eles reagem e mexem a cabeça ao receber carinho, viram de barriga para cima para um cafuné, ronronam quando estão felizes, dormem e até roncam quando estão tranquilos. Isso é possível graças ao uso de sensores, aliados à tecnologia eletrônica e robótica. Tudo funciona com quatro pilhas. Além disso, os pelos têm a textura semelhante à de um gato real.

O gato-robô custa US$ 100 (cerca de R$ 375) e é vendido na loja virtual da empresa.

A fabricante diz que a ideia partiu de pesquisas com consumidores. "Ouvimos de idosos pelo país que companhia era importante para a felicidade deles. Muitos vivem sozinhos, sentem falta de ter um bicho de estimação, ou não têm mais condições de cuidar de um animal", disse o vice-presidente da empresa.

Fonte: De olho no público idoso, fabricante de brinquedos lança gato-robô, 26 nov. 2015. *UOL*. Disponível em: <http://petmoney.blogosfera.uol.com.br/2015/11/26/>. Acesso em: 2 abr. 2016.

Questões

1. Debata com seus colegas se este produto faria sucesso no Brasil.

2. Qual é o perfil demográfico e o estilo de vida do idoso que pode querer comprar este produto?

Uma pesquisa realizada pelo Serviço de Proteção ao Crédito (SPC Brasil) com pessoas acima de 60 anos, nas 27 capitais, revela que os consumidores brasileiros da terceira idade têm aumentado o seu **potencial de consumo** e a disposição para gastar. Eles representam 13% da população no Brasil e movimentam 402,3 bilhões de reais por ano.

De acordo com o levantamento, os idosos têm mudado suas prioridades de consumo com o passar do tempo, e hoje 41% deles afirmam **gastar mais com produtos** que desejam do que com itens relacionados às necessidades básicas da casa.

No entanto, as empresas parecem não estar plenamente preparadas para atender às demandas desses consumidores. Pelo menos 45% dos idosos entrevistados afirmaram enfrentar dificuldades para encontrar produtos destinados ao público de sua idade. Essa impressão é mais notada, especificamente, pelas mulheres (47%) e pelas pessoas entre 70 e 75 anos (51%).[54]

Entre os produtos que esses consumidores mais sentem falta estão roupas (20%), **celulares com letras e teclados maiores** (12%), locais que sejam frequentados por pessoas da mesma idade (9%), **turismo exclusivo** (7%) e **produtos de beleza** (3%).

---

54 Quatro em cada dez idosos passaram a gastar mais com produtos que gostam, 2 set. 2014. *SPC Brasil*. Disponível em: <http://www.cdlfs.com.br/index.php?option=com_content&view=category&id=2&Itemid=294>. Acesso em: 12 jun. 2016. <https://www.spcbrasil.org.br/imprensa/pesquisas>. Acesso em: 4 jan. 2017.

A pesquisa indica que há uma demanda significativa no **setor de moda e vestuário para a terceira idade**. Essa parcela da população sente falta de peças não estereotipadas e que não os façam se sentir inadequados para a idade que têm.

Sete em cada dez (74%) entrevistados conseguem **satisfazer suas necessidades** de consumo com os rendimentos que possuem (mesmo que para 37% o salário represente o valor exato para pagar as contas) e pelo menos 94% da população acima dos 60 anos **contribuem para o sustento da casa**, sendo que 54% desses idosos são os únicos responsáveis pelo pagamento das despesas. Muitos alegam gastar mais com outras pessoas do que consigo mesmos (46% entre as mulheres e 54% na classe A/B), e quatro em cada dez entrevistados (42%) também afirmam que boa parte de sua renda é destinada aos filhos e netos, entre outros (47% entre a classe AB).

Mais independentes e com a expectativa de vida melhor do que há algumas décadas, a maior parte dos brasileiros (64%) chega à terceira idade como o único responsável por suas **decisões de compras**. É uma parcela considerável, que aumenta para 68% entre as mulheres. Mas apenas 7% afirmam fazer **compras pela internet**. Já entre os entrevistados da classe A/B, o percentual aumenta para 17%, chegando a 26% entre aqueles com formação superior.[55]

Segundo a pesquisa, **aproveitar a vida** é considerado por 6 em cada 10 idosos entrevistados (66%) como a grande prioridade de suas vidas no atual momento. Para quase metade (49%) dos idosos, aproveitar os momentos consumindo é mais importante do que poupar. Um terço (33%) dos idosos disseram comprar **roupas** para ficarem bonitos e manterem uma boa aparência – principalmente os idosos da classe C (37%) –, e outros 26% afirmam gastar mais com **tratamentos estéticos** ou produtos de **beleza** para se sentirem mais jovens.

Quanto à ocupação do tempo livre, para 46% o **lazer** ficou mais frequente com a chegada da terceira idade, e 41% preferem sair a ficar na própria casa. Quase um quinto (18%) dos idosos afirmam gastar parte da renda com alguma **atividade física** e gastar mais dinheiro com **viagens** (20%). As ocasiões de **socialização** também aparecem em destaque, pois 1 em cada 4 pessoas afirma passar boa parte de seu tempo na **companhia de amigos** (31% entre os pertencentes à classe A/B).

De acordo com Marcela Kawauti,[56]

> Uma das principais conclusões da pesquisa é que os consumidores da terceira idade, mais ativos no mercado de trabalho e com melhor qualidade de vida, estão satisfeitos com sua **situação financeira**. Em sua maioria são **otimistas** e começam, inclusive, a demandar produtos específicos para a sua faixa etária.

---

55 Quatro em cada dez..., 2014.
56 Quatro em cada dez..., 2014.

Na prática

O potencial de consumo dos idosos

As noites da professora Viviane, de 62 anos, são reservadas para ler historinhas do tempo do Onça, como *João e o Pé de Feijão* e *Chapeuzinho Vermelho*, para seu neto Lucas, de 3 anos. "Cuido dele sempre que tenho um tempo livre, para ajudar a Cláudia, minha filha", diz ela. À tarde e à noite, Viviane dá aulas de literatura inglesa numa universidade.

Faz ginástica com um *personal trainer* pelo menos três vezes por semana. Aos sábados, costuma jantar com amigos – ela gosta de experimentar pratos com tempero apimentado, como os das culinárias tailandesa, indiana e mexicana. "Neste ano vou fazer um curso de fotografia", disse.

Cada vez mais pessoas como Viviane, com mais de 60 anos, continuam trabalhando e têm agenda cheia. O maior acesso a sistemas de saúde, planos médicos e tratamentos avançados aumentou a expectativa de vida dos brasileiros.

Estudos revelam que a adesão das pessoas da terceira idade a novas tecnologias tem sido rápida. Segundo o Ibope, em 2013 cerca de 3 milhões de brasileiros acima de 55 anos acessaram a internet para bater papo, ler notícias e comprar produtos. Em 2009, pouco mais de 1 milhão tinham esses hábitos.

Fonte: Como explorar o potencial de consumo dos idosos. *Revista Exame*, 16 jan. 2014. Disponível em: <http://exame.abril.com.br/revista-exame-pme/edicoes/69/noticias/mocada-bem-animada>. Acesso em: 5 abr. 2016.

Questões

1. Com base nesse texto, explique quais são as principais oportunidades para novos produtos e serviços para a terceira idade.
2. Explique também quais são os principais desafios para as empresas a fim de serem bem-sucedidas no segmento de mercado da terceira idade.

Outra pesquisa realizada pelo Instituto Ipsos revelou que a maioria dos idosos vai às **compras com frequência**, estimulada por uma privilegiada estabilidade financeira: 87% deles não precisam se preocupar com o aluguel, pois têm casa ou apartamento próprio, e 31% possuem **caderneta de poupança**. Os percentuais estão acima da média da população, de 79% e 28%, respectivamente. Porém, os idosos tendem a ter mais dívidas ou empréstimos financeiros: 8% dos idosos possuem dívidas, contra 6% do restante da população.[57]

---

[57] Instituto IPSOS. *Hábitos de consumo e comportamento da terceira idade*. São Paulo, 24 set. 2003. Disponível em: <http://www.ipsos.com.br>. Acesso em: 2 abr. 2016.

> **Curiosidade**
>
> **Como vive o idoso brasileiro?**
>
> Na cidade de Pereiras, a 160 quilômetros da cidade de São Paulo, José Elias, 69 anos, leva a vida de um aposentado típico. Depois de enfrentar a fila na agência da Nossa Caixa, faz sua ronda pelo comércio local – supermercado, padaria, açougue.
>
> José Elias aposentou-se aos 62 anos e não precisa de outro emprego para completar a renda porque sua mulher também recebe R$ 200 por mês na Nossa Caixa. Eles têm casa própria e só um dos dez filhos, o caçula, ainda mora com os pais. "O dinheiro do aposentado é seguro, todo mês vem", diz ele.
>
> O marido arca ainda com a conta da farmácia. Só compram os remédios que o posto de saúde não fornece. No centro de saúde da cidade, estão cadastradas 974 pessoas com mais de 60 anos. Destas, 770 são portadoras de diabetes e nem todas são aposentadas. A prefeitura dá assistência médica e fornece os medicamentos.
>
> Fonte: adaptado de LEAL, L. N.; TOMAZELA, J. M. 36% dos aposentados continuam trabalhando. *O Estado de S. Paulo*, 26 jul. 2002.

Os idosos mostram maior **preocupação com a saúde**: 43% possuem planos de assistência médica, enquanto, do restante da população, 33% possuem. Essa preocupação é comprovada quando indagados sobre se assuntos ligados à medicina e saúde lhes interessam: cerca de 62% dos idosos se interessam por medicina e saúde e 31% por medicina alternativa (ambos percentuais acima da média da população).

Entre os idosos, 55% fizeram **compras em farmácias** ou drogarias nos últimos 15 dias, enquanto no restante da população 52% fizeram. Em shopping centers ou lojas de departamento, 20% realizam compras e 22% costumam comer ou passear. O uso de serviço de lavanderia nos últimos 15 dias pelos idosos (2,4%) é maior que a taxa apresentada na população em geral.

As mulheres idosas costumam fazer **compras em lojas de departamento** (24%), comer ou passear em shopping (25%) e até jogar em bingos com mais frequência que os homens da mesma idade (entre elas, o percentual é de 4%; entre eles, 1%).

Com relação ao **cuidado com plantas**, 48% dos idosos se interessam, enquanto apenas 26% da população em geral se interessam. Cerca de 53% dos idosos costumam cozinhar, 40% costumam andar ou correr e 66% têm o costume de ouvir música.

Mais generosa que a média da população, a terceira idade colabora mais com **ações beneficentes** (30% diretamente e 19% por meio de programas de TV), e 10% dos idosos atuam como voluntários.

Cerca de 38% dos idosos **viajam** pelo Brasil, enquanto 46% da população como um todo o fazem.[58]

---

58 INSTITUTO IPSOS. *Hábitos de consumo e comportamento da terceira idade*. São Paulo, 24 set. 2003.

Cerca de 91% dos idosos acham que a **religião** tem um papel importante em sua vida, e 87% acham que o mundo piorou nos últimos 30 anos. Nas horas de folga, 85% gostam de ficar em casa, sendo que 90% não gostam de bagunça em casa e 69% acham que o casamento não está completo quando não se tem filhos.

Embora 21% tenham **microcomputador** no domicílio, somente 3% dos idosos haviam acessado a internet nos últimos 30 dias, o que indica que o uso seja feito pelo restante da família. Enquanto o índice de posse de telefones celulares na população é de 41%, entre os idosos o nível cai para 15%. Cerca de 18% têm TV por assinatura, um pouco mais que o restante da população (16%).[59]

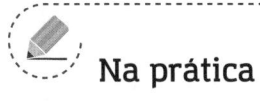

Na prática

Retratos do entardecer

Nascida há 87 anos em Pedreira, cidade do interior paulista, Matilde nunca foi à escola. Sua irmã mais velha morreu cedo, e ela, ainda menina, teve de ajudar a mãe a tomar conta de nove irmãos mais novos. Enquanto eles estudavam, tinha de cuidar da casa. Além de se ocupar dos afazeres domésticos, tocava o trabalho na roça. Em 1940, casou-se com Hugo, com quem viria a ter um casal de filhos. No dia seguinte ao matrimônio, o casal mudou-se para a cidade de São Paulo. Na capital, ambos trabalharam no setor têxtil. Ele como estampador. Ela como tecelã. Por volta dos 50 anos, Matilde, que aprendera a ler e escrever sozinha, apesar de não ter frequentado colégios, aposentou-se.

Para reforçar o caixa e se manter na ativa, a descendente de italianos passou a comercializar joias. Ela visitava os clientes em casa e vendia artigos em ouro e prata. A vida seguia seu curso natural, até que o marido de Matilde, aos 70 anos, morreu de infarto. Mesmo com a perda e recebendo apenas um salário-mínimo de pensão, a aposentada seguiu em frente. Em outubro de 1998, um aneurisma cerebral, seguido de derrame, quase a fez tombar. Apesar da idade avançada, hoje se recupera do baque em casa, com a ajuda da família e dos remédios.

A trajetória dessa ex-tecelã serve, em grande medida, como testemunho da história de vida de uma parte significativa dos idosos que moram na capital paulista. Por ser mulher, ter pouco estudo, vir do meio rural, ser aposentada, ganhar pouco, ter exercido uma profissão braçal, morar com a família e depender de medicamentos – enfim, por tudo isso –, dona Matilde reúne algumas das principais características do contingente de quase um milhão de idosos que moram na maior e mais próspera metrópole brasileira.

Fonte: PIVETTA, M. Retratos do entardecer. Pesquisa Fapesp. *Ciência e Tecnologia no Brasil*, v. 87, maio 2003. p. 32-39.

---

[59] INSTITUTO IPSOS. *Hábitos de consumo e comportamento da terceira idade*. São Paulo, 24 set. 2003.

Questões

1. Pense em pessoas idosas que você conhece e escreva como é a vida delas atualmente.

2. Faça uma lista com as principais necessidades das pessoas idosas e os tipos de produtos e serviços de que elas precisam para que essas necessidades sejam atendidas.

9.6 A imagem do idoso na sociedade e na mídia

O envelhecimento populacional constitui uma das maiores conquistas do século XX. Chegar a uma idade avançada já não é mais privilégio de poucas pessoas.

Porém, muitas sociedades não são coerentes com as **mudanças demográficas**, atribuindo para seus idosos os valores relacionados com competitividade, e capacidade para o trabalho e a autonomia funcional, segundo Maria Veloz et al. Muitas dessas **crenças e valores** nem sempre podem ser acompanhadas pelos idosos, se forem levadas em consideração algumas mudanças e perdas que frequentemente se associam à velhice. Parte dessas crenças é construída na forma de representações sociais, presentes nas conversações diárias dos diversos grupos sociais.[60]

A noção de **representação social** designa um conjunto de afirmações e explicações originadas nas comunicações interindividuais sobre acontecimentos, pessoas ou grupos. Neste caso, é a imagem que a sociedade tem de um grupo social, como o dos idosos.[61]

A **teoria das representações sociais**, introduzida na psicologia, em 1961, por Serge Moscovici, explica que as representações são produzidas pelas interações e comunicações no interior dos grupos sociais, refletindo a visão dos indivíduos em assuntos cotidianos. A função essencial da representação social é transformar aquilo que não é familiar em algo familiar, próximo e prático.[62]

No Brasil, como em outros países, têm-se realizado estudos sobre a **imagem dos idosos na mídia**. Em um estudo de 2002, Vasconcelos constatou que as propagandas utilizando idosos, ou a eles dirigidas, sempre foram em pequeno número em relação ao total, oscilando entre 0,24% e 4,83%, dependendo do período e do veículo analisado. Segundo o pesquisador: "o estudo da simbologia dos anúncios publicitários

---

[60] VELOZ, M. C. et al. Representações sociais do envelhecimento. *Psicologia: Reflexão e Crítica*, Porto Alegre, v. 12, n. 2, 1999. p. 479-501.

[61] VELOZ, 1999. p. 479-501.

[62] MOSCOVICI, S. The phenomenon of social representations. In: FARR, R.; MOSCOVICI, S. (Orgs.). *Social representations*. Cambridge: Cambridge University Press, 1984. p. 3-69, apud VELOZ, 1999.

confirmou a hipótese de que o Brasil tratava o idoso com **indiferença**. Somente após a descoberta de um mercado de consumo ligado a esse gênero, o idoso ganhou importância social".[63]

Curiosidade

Empresa cria sapatos com GPS para localizar idosos perdidos

Uma empresa japonesa criou sapatos com **GPS** especialmente planejados para ajudar a localizar **idosos** com demência, que são capazes de se perder e não conseguir voltar para suas residências.

Os sapatos chamados "GPS Dokodemo Shoes" possuem um localizador instalado no interior do pé esquerdo e permitem mostrar a posição do usuário em dispositivos como *smartphones* e computadores após inserir o número de identificação do terminal e uma senha.

Os sapatos custam 35 mil ienes (R$ 1 mil) e estão disponíveis apenas no Japão, país em que praticamente 25% da população supera os 65 anos.

Fonte: Empresa cria sapatos com GPS para localizar idosos perdidos. *Exame.com*, 20 nov. 2015. Disponível em: <http://exame.abril.com.br/tecnologia/noticias/empresa-cria-sapatos-com-gps-para-localizar-idosos-perdidos>. Acesso em: 5 maio 2016.

Um estudo revelou que, nas décadas de 1920 e 1930, os idosos, quando apareciam em anúncios, estavam sempre relacionados a produtos farmacêuticos, o que começou a mudar a partir das décadas de 1950 e 1960, principalmente em 1970. Nesses períodos, os idosos já eram mostrados entre seus familiares, em anúncios de higiene pessoal, cosméticos, roupas, alimentos e até mesmo de instituições financeiras, mas sempre como figurantes, não como personagens principais, ainda exercendo os papéis tradicionais de avós.[64]

Nas décadas de 1980 e 1990, já é perceptível uma mudança, pois os idosos começaram a ter seus direitos sociais reconhecidos, como participação social, segurança e autoestima, sendo incentivados a comprar os novos e revolucionários eletrodomésticos e eletroeletrônicos, assim como automóveis e serviços bancários. Essa tendência de ver os idosos como **consumidores potenciais** foi mantida na entrada do novo milênio.

---

[63] VASCONCELOS, S. M. O "velho" na publicidade brasileira. 2001. Dissertação (Mestrado) – Universidade Metodista de São Paulo (Umesp), São Bernardo do Campo. Apud LEITE, N. *Mídia expõe imagem negativa de idosos*, 10 set. 2002. Disponível em: <http://www.comciencia.br/reportagens/envelhecimento/texto/env09.htm>. Acesso em: 2 abr. 2016.

[64] VASCONCELOS, 2001, apud LEITE, 2002.

Sobre a **representação social do envelhecimento** na cultura brasileira, uma pesquisa revelou que são três tipos: a primeira é uma representação feminina e doméstica, em que a **solidão**, a perda dos laços familiares e as perdas físicas, especialmente da beleza, são as questões centrais; a segunda é tipicamente masculina, apoiando-se na noção de **inatividade** e caracterizando o envelhecimento como uma etapa da vida em que se perde a capacidade para trabalhar; a última, mais utilitarista, apresenta o envelhecimento como desgaste da máquina humana, considerando o corpo da pessoa idosa como uma **máquina velha** que incomoda os outros pelos efeitos da idade e das doenças.[65]

Verifica-se que houve mudanças na forma como as **propagandas** se referem ou se dirigem aos idosos, os quais não são mais caracterizados de maneira tão negativa como no passado. Mas os idosos ainda continuam a ser pouco representados nas propagandas.[66]

De acordo com Guita Debert, na mídia brasileira são mostradas **imagens antagônicas** de idosos, ou em situação de dependência e passividade ou, no outro extremo, na posição de poder. As propagandas tendem a estabelecer uma divisão entre idosos, ou seja, aqueles que rejeitam ativamente o envelhecimento e os que se deixam envelhecer. A velhice é representada como um problema de indivíduos descuidados, que não se envolvem em atividades de consumo.[67]

A autora chama esse processo de "reprivatização do envelhecimento", em que os indivíduos são convencidos a assumir a responsabilidade pela sua saúde, pela sua aparência e pelo seu isolamento. Segundo a autora:

> [...] se alguém não é ativo, não está envolvido em programas de rejuvenescimento, se vive a velhice no isolamento e na doença é porque não teve o comportamento adequado ao longo da vida, recusou a adoção de formas de consumo e estilos de vida adequados e, portanto, não merece nenhum tipo de solidariedade.[68]

Em síntese, os pesquisadores brasileiros concordam que os idosos no Brasil são ainda um **segmento ignorado** do ponto de vista da sociedade, do consumo e da mídia. "Quando o idoso for um fato econômico sério no Brasil, então a publicidade vai dar à terceira idade o valor que ela merece." Essa afirmação de uma representante de um dos conselhos estaduais de idosos demonstra a relação entre a capacidade de consumo de um segmento social e suas imagens na mídia.[69]

---

[65] VELOZ, 1999.
[66] LEITE, 2002.
[67] DEBERT, G. G. O idoso na mídia, 10 set. 2002. Disponível em: <http://www.comciencia.br/reportagens/envelhecimento/texto/env12.htm>. Acesso em: 2 abr. 2016.
[68] DEBERT, 1999, apud RODRIGUES, M. C. As novas imagens do idoso veiculadas pela mídia. *Revista da UFG*, v. 5, n. 2, dez. 2003.
[69] DEBERT, 2002.

Na prática

O idoso na mídia

Uma velha sentada numa cadeira de balanço, vestida com um xale e fazendo tricô, levanta-se ao toque da campainha e abre a porta da casa para o filho, trocando com ele um abraço ao som da locução que divulga a promoção de uma companhia aérea para o mês do Dia das Mães, dando um desconto de 50% nas passagens.

A promoção sobre um álbum da história do futebol mostra três idosos conversando. Um deles tenta lembrar o nome de um jogador que perdeu um pênalti, mas não consegue, tampouco lembra o time em que ele jogava. O locutor diz: "Colecione a memória do futebol".

A propaganda de um carro tem ao fundo imagens do veículo de diferentes cores e em primeiro plano um idoso dizendo de maneira arrogante: "Este carro é um exagero porque tem um número de cores exorbitante. Verde assim, verde assado, azul assim, azul assado. Isso confunde e serve para quê? Eu tenho dois ternos marrons há 20 anos. E está muito bom! Deviam fazer o carro com duas opções, branco ou preto. Para onde este mundo vai?". O locutor encerra o anúncio dizendo: "Trata-se de um carro fora de série".

Além desses exemplos da publicidade, são também frequentes as imagens que associam o idoso a modos inovadores de vida familiar, sexualidade e uso de novas tecnologias. Na propaganda de uma margarina, por exemplo, uma família procura a vovó que, ao ser encontrada na cama com um homem velho, diz para os filhos e netos que a observam espantados: "Calma, nós vamos nos casar".

Na propaganda de um forno de micro-ondas, uma senhora idosa afirma que o produto permite uma economia de tempo que ela utiliza para fazer coisas mais agradáveis, como enviar posts pelo celular.

Fonte: adaptado de DEBERT, G. G. *O idoso na mídia*. Disponível em: <http://www.comciencia.br/reportagens/envelhecimento/texto/env12.htm>. Acesso em: 2 abr. 2016.

Questões

1. Na sua opinião, qual é a reação dos idosos a esses tipos de propaganda (agrado ou desagrado; simpatia ou antipatia)?
2. Converse com três idosos e peça a eles opinião a respeito das propagandas que os retratam.

Resumo

1. A população idosa brasileira, também chamada **terceira idade**, é definida pelo **Estatuto do Idoso** como aquela que tem a partir de 60 anos de idade.

2. Segundo dados da PNAD 2015, a população de 60 anos ou mais de idade representa 14,3% do total, atingindo 29,2 milhões de idosos.

3. A **taxa de fecundidade** indica quantos filhos, em média, tem a mulher brasileira. No Brasil, segundo a pesquisa PNAD 2015, as mulheres têm, em média, **1,7 filho**.

4. Um fenômeno demográfico observado entre os idosos é a **concentração de mulheres**, visto que a população idosa é predominantemente feminina.

5. Envelhecer é uma experiência complexa, em que ocorrem **mudanças físicas e psicológicas**, como a redução gradativa do vigor, doenças frequentes e visíveis mudanças na aparência física.

6. As **condições socioculturais** têm forte impacto sobre a experiência individual do envelhecer.

7. A proporção de idosos que **vivem sozinhos**, sem filhos, cônjuge, outros parentes ou agregados é de 15,1%.

8. Os idosos necessitam de **atenção e cuidados especiais**, pois, ao passar pelo processo de diminuição da capacidade adaptativa, há um aumento de sua **dependência familiar**.

9. A família é vista como a mais direta **fonte de apoio informal** para a população idosa.

10. As famílias com idosos são de dois tipos: famílias em que o idoso é chefe ou cônjuge, e famílias com idosos que moram na condição de parentes.

11. A **incapacidade funcional** é a dificuldade ou dependência para realizar atividades típicas da vida cotidiana.

12. O **cuidado do idoso** é exercido por mulheres, principalmente esposas, filhas e netas do idoso.

13. É importante garantir o **direito de escolha do idoso**. Ele pode ser motivado a decidir sobre sua vida.

14. A palavra **gerontologia** designa a ciência que estuda as pessoas idosas, sua situação social e o fenômeno do envelhecimento, sob seus múltiplos aspectos.

15. A prioridade da gerontologia é a **velhice bem-sucedida**, conceito que designa uma condição de bem-estar físico e social, relacionada às condições do ambiente em que o indivíduo envelhece.

16. A **terceira idade** é um período caracterizado por intensas mudanças físicas, emocionais e sociais, as quais, em geral, afetam diferentes setores da vida, podendo levar a insatisfações e dificuldades diversas.

17. O **envelhecimento** é causado por alterações moleculares e celulares, que resultam em **perdas funcionais** progressivas dos órgãos e do organismo como um todo

18. A **teoria dos radicais livres** considera que o envelhecimento resulta de alterações moleculares e lesões celulares desencadeadas por radicais livres.

19. A **teoria das trocas sociais** sustenta que os limitados recursos da velhice causam uma diminuição na amplitude das relações sociais.

20. No Brasil, ocorre o problema da **má nutrição** dos idosos, especialmente daqueles que têm baixo poder aquisitivo.

21. A **solidão familiar e social** predispõe o idoso à falta de preocupação consigo, fazendo-o alimentar-se de forma inadequada.

22. As **doenças dos idosos** são crônicas e múltiplas, perduram por vários anos e demandam acompanhamento constante.

23. Os **alimentos funcionais** desempenham algum tipo de efeito protetor no organismo, quando há a carência de vitaminas e minerais.

24. Segundo pesquisa, **aproveitar a vida** é considerado por 6 em cada 10 idosos entrevistados como a grande prioridade de sua vida no atual momento.

25. A noção de **representação social** designa um conjunto de afirmações e explicações originadas nas comunicações interindividuais sobre acontecimentos, pessoas ou grupos.

26. Na mídia brasileira são mostradas **imagens antagônicas de idosos**, ou em situação de dependência e passividade ou, no outro extremo, na posição de poder.

Exercícios

1. Faça um texto demonstrando por que o segmento de idosos representa um potencial de mercado para fabricantes de remédios e empresas de turismo.

2. Elabore um questionário de pesquisa para avaliar a opinião e as reações emocionais dos idosos em relação a propagandas que os retratam.

3. Proponha um método para segmentar o mercado de idosos.

4. Comente quais são os principais fatores que explicam as diferenças de produtos e serviços comprados pelos idosos em relação àqueles comprados pelas crianças.

5. Selecione duas propagandas em que idosos estão representados e faça uma comparação entre elas, explicando as representações sociais dos idosos.

Caso para discussão 49

O idoso no século XXI – um forte mercado consumidor

O melhor motivo para comemorar o Dia Internacional do Idoso (1° de outubro) está no futuro. Dentro de uma década, pessoas com mais de 65 anos serão a grande força do mercado de consumo. Com maior longevidade, autonomia, qualidade de vida e independência econômica, eles vão reverter as regras atuais da sociedade.

Está marcado o fim da era em que velhice é sinônimo de doença, solidão e dependência. Será por volta de 2025, quando a expectativa de vida do ser humano chegará perto dos 100 anos. Com maior qualidade de vida e maior longevidade – conseguidas graças a avanços na medicina preventiva e curativa –, eles poderão levar uma vida autônoma, apesar da fragilidade física. Terão muito mais dinheiro – e disposição – para gastar, e vão se transformar na maior força econômica do mercado consumidor. Vão tomar o lugar dos jovens como centro das atenções nos campos político, social e econômico. Em lugar de "velhos e doentes", serão "clientes preferenciais", capazes de influenciar, com seus valores e comportamento, a vida de toda a sociedade. Em vez de idade da velhice, viverão a "idade do poder".

O cenário acima está baseado em uma pesquisa internacional realizada pelo Instituto Sodexho, empresa francesa do setor de alimentação e serviços.

De acordo com a pesquisa, houve uma grande melhoria na qualidade de vida dessa faixa etária nos últimos 30 anos. "Saímos do 'tempo dos velhos', em 1970, para o 'tempo da terceira idade', nos anos 1980, seguido do 'tempo dos seniores atuais'", explica a diretora da Sodexho. "Em 2025, alcançaremos a 'idade do poder', quando a vida profissional se encerrará apenas aos 80 anos e os idosos se tornarão o centro da organização da sociedade", completa.

Como será a vida do idoso em 2025

a) a expectativa de vida em 2025 vai superar os 92 anos, e o idoso se tornará um dos pivôs da organização das sociedades e dos mercados;

b) ele terá mais autonomia, sobretudo em relação aos filhos;

c) exigirá assistência especializada, mas não aceitará ser infantilizado ou humilhado;

d) a maioria dos idosos vai continuar vivendo em domicílio próprio. A porcentagem dos que continuarão morando com familiares cairá de 11% em 1999 para 6% em 2025. Eles optarão cada vez mais por *flats*, hotéis ou residências com serviços;

e) com grande potencial de consumo, o idoso exigirá ser tratado como cliente, e não como doente;

f) não aceitará viver no ostracismo ou ser objeto de rejeição ou desprezo. Fará questão do convívio com outras faixas etárias;

g) não abrirá mão do direito de se sentir atraente e sedutor;

h) terá a sua experiência cada vez mais valorizada e reconhecida.

Fonte: adaptado de *Nutrinews*. Disponível em: <http://abrigosaojose.blogspot.com.br/2009/08/o-idoso-no-seculo-xxi.html>. Acesso em: 8 maio 2016.

Questão 1. As previsões sobre os idosos da pesquisa do Instituto Sodexho parecem, de fato, aplicáveis à realidade brasileira? Argumente.

Palavras cruzadas

1. A população idosa é também chamada de ....

2. .... designa a ciência que estuda as pessoas idosas.

3. A .... considera que o envelhecimento resulta de alterações moleculares e lesões celulares desencadeadas por radicais livres.

4. A .... sustenta que os limitados recursos da velhice causam uma diminuição na amplitude das relações sociais.

5. No Brasil, ocorre o problema da .... dos idosos, especialmente daqueles que têm baixo poder aquisitivo.

6. A .... predispõe o idoso à falta de preocupação consigo, fazendo-o se alimentar de forma inadequada.

7. As .... são crônicas e múltiplas, perduram por vários anos e demandam acompanhamento constante.

8. Os .... desempenham algum tipo de efeito protetor no organismo, quando há a carência de vitaminas e minerais.

9. .... é como a sociedade percebe um acontecimento, uma pessoa ou um grupo social.

10. A .... é a dificuldade ou dependência para realizar atividades típicas da vida cotidiana.

Capítulo 9 Os idosos e o consumo 409

1 - Terceira idade 2 - Gerontologia 3 - Teoria dos radicais livres 4 - Teoria das trocas sociais 5 - Má nutrição 6 - Solidão 7 - Doenças dos idosos 8 - Alimentos funcionais 9 - Representação social 10 - Incapacidade funcional

Leituras sugeridas

Para um aprofundamento do estudo sobre a terceira idade, sugerimos os seguintes livros:

BARROS, M. L. *Velhice ou terceira idade? Estudos antropológicos sobre identidade, memória e política*. Rio de Janeiro: Fundação Getulio Vargas, 2007.
Este livro traz a perspectiva antropológica para o debate sobre a velhice. O objetivo básico dos diferentes trabalhos nele reunidos é compreender a construção social dos significados conferidos à velhice e ao processo de envelhecimento. Essa obra traz para a reflexão os fenômenos da velhice a partir de uma análise cultural.

ZIMERMAN, G. *Velhice*: aspectos biopsicossociais. Porto Alegre: Artes Médicas, 2011.
A autora analisa o fenômeno de envelhecimento do ponto de vista físico, psíquico e social. Dá orientações muito práticas, que vão desde a maneira de organizar a casa para um idoso até os cuidados de saúde e a forma de lidar com as enfermidades mais comuns nessa faixa etária. Discute também o papel do idoso na sociedade.

Para finalizar

Analise essas duas campanhas que apresentam comportamentos de idosos, identificando o objetivo das campanhas e, com base nos conceitos e teorias discutidos, argumente se as campanhas vão alcançar seus objetivos.

Propaganda Brastemp

Propaganda Itaú

Capítulo 10

Os consumidores LGBT

Objetivos do aprendizado

Após estudar este capítulo, você será capaz de:

- compreender os conceitos relacionados à diversidade de gênero;

- analisar o comportamento dos consumidores LGBT com base na teoria da cultura de consumo;

- conhecer as iniciativas mercadológicas das empresas para o segmento de consumidores LGBT.

10.1 A diversidade da população LGBT

A sigla **LGBT** inclui lésbicas, gays, bissexuais, travestis, transexuais e transgêneros. Nos últimos dez anos, a população LGBT obteve muitas conquistas em direitos civis, sociais e políticos, porém ainda sofre preconceitos e **discriminação social**. Entre as conquistas recentes está o reconhecimento do **casamento entre pessoas do mesmo sexo** como entidade familiar pelo Supremo Tribunal Federal (STF), ocorrido em 5 de maio de 2011.

Para compreensão clara da **diversidade de gênero**, vamos nos apoiar em algumas definições. O conceito de **diversidade sociocultural** consiste nas diferenças visíveis e invisíveis entre as pessoas, que incluem habilidades mentais e físicas, idade, sexo, etnia, identidade de gênero, religião, nível educacional, estado conjugal, condição econômica, crenças e valores culturais, entre outras. Para viver em sociedade e construir a cidadania, os indivíduos procuram reconhecer, aceitar e valorizar as diferenças individuais e culturais, que se manifestam nas interações sociais.

A noção de **diversidade de gênero** considera as diferenças nos processos de construção psicológica, social e cultural das características e comportamentos considerados femininos ou masculinos, que produzem as **múltiplas identidades de gênero** (homossexuais, bissexuais, transgêneros, transexuais, travestis etc.).[1]

As diversas identidades de gênero no Brasil são representadas politicamente pela ABGLT – Associação Brasileira de Gays, Lésbicas e Travestis, criada em 1995, com a missão de lutar pela promoção da livre orientação sexual, pela liberdade, justiça social, democracia, pluralidade e diversidade de gêneros.[2]

Em 1999, foi criada a Associação da Parada do Orgulho Gay, Lésbico, Bissexual e Transgêneros de São Paulo, com a finalidade de promover debates e políticas contra a

---

1 CRUZ, M.H. Refletindo sobre a diversidade de gênero no campo da Educação. *Saberes em Perspectiva*, Jequié, v. 2 n. 2, jan./abr. 2012, p. 13-31.
2 ABGLT. Disponível em: <http://www.abglt.org.br/port/index.php>. Acesso em: 3 jan. 2017.

homofobia. Esta associação surge dois anos após a primeira Parada do Orgulho LGBT realizada na cidade de São Paulo, na Avenida Paulista, antecedida de manifestação para celebrar o orgulho e protestar contra o preconceito.[3]

Os **Homossexuais** são definidos como pessoas que têm as orientações sexual e afetiva dirigidas a pessoas do mesmo sexo, e **bissexuais** têm orientações a pessoas de ambos os sexos. É comum os homossexuais masculinos serem chamados de **gays** e as femininas de **lésbicas**.[4]

O **transgênero** é um conceito abrangente que engloba grupos diversificados de pessoas que têm em comum a **não identificação** com os comportamentos e os papéis esperados do gênero determinado biologicamente. Esses grupos não são homogêneos pois a falta de identificação com o gênero de nascimento se dá em graus diferenciados. Algumas das pessoas transgênero são **transexuais**, que acreditam que nasceram com o corpo "errado" e se identificam com as pessoas do sexo oposto, desejando viver plenamente como elas.[5]

A **identidade de gênero** não deve ser confundida com a **orientação sexual**. A mulher e o homem transgêneros podem ter qualquer orientação sexual: homossexual, heterossexual ou bissexual. E a pessoa transgênero pode optar por diversas formas de **expressão da identidade de gênero**. Se pretender alterações anatômicas de carácter mais permanente, pode recorrer a intervenções cirúrgicas (cirurgia de redefinição de sexo) e a tratamentos hormonais. O processo pode durar vários anos e nem sempre implica uma redefinição integral de gênero (mudança de sexo), segundo a psicóloga Jaqueline Gomes.[6]

A **expressão de gênero** pode ser construída por meio do vestuário e da cosmética, como no travestismo. **Travestis e transexuais** são tratados como parte do grupo de transgênero, que vivenciam um gênero discordante de seu sexo e reivindicam serem reconhecidos de acordo com o gênero com o qual se identificam. O termo **transfobia** refere-se a preconceitos e discriminações sofridos pelas pessoas transgênero, de forma geral.[7]

Ao mesmo tempo, é importante ressaltar que um homem *crossdresser*, o qual sente prazer em usar roupas femininas, identifica-se como homem, e geralmente tem vivência heterossexual com uma parceira. E um **artista transformista** (*drag queen* ou *drag king*), mesmo se vestindo de forma caricata como alguém de gênero diferente do seu, não necessariamente se reconhece como alguém desse outro gênero, sendo que uma parte deles, ao contrário da crença social, não é homossexual.[8]

---

3 PARADASP. Disponível em: <http://paradasp.org.br/quem-somos>. Acesso em: 3 jan. 2017.
4 BRYM, R. et al. *Sociologia: sua bússola para um novo mundo*. São Paulo: Thomson Pioneira, 2006. p. 264.
5 BRYM et al, 2006
6 Os problemas das pessoas transgênero. *Agência dos Direitos Fundamentais da União Europeia*, 2009. Disponível em: <https://fra.europa.eu/sites/default/files/fra_uploads/1228-Factsheet-homophobia-transgender_PT.pdf>. Acesso em: 11 fev. 2016. <https://fra.europa.eu/sites>. Acesso em: 8 mar. 2016.
7 JESUS, J. G. *Orientações sobre identidade de gênero: conceitos e termos*. E-book, Universidade Federal de Goiás, Brasília, 2012. p. 6.
8 JESUS, 2012. p. 13.

Saiba +

Nova York reconhece 31 diferentes tipos de gêneros

Recentemente, a prefeitura de Nova York, em sua política antidiscriminação de gênero, passou a reconhecer 31 diferentes tipos de gêneros, como os denominados a seguir: homem, mulher, bigênero, crossdresser, drag-king, drag-queen, *femme-queen*, fêmea-para-macho, FTM, gênero fronteiriço, gênero *queer*, macho-para-fêmea, MTF, *non-op*, hijra, pangênero, transexual, pessoa trans, lésbica machona, espírito duplo, trans, sem gênero, terceiro sexo, gênero fluido, transgênero não binário, psicologicamente andrógeno, andrógeno na expressão, *gender-gifted*, *gender blender*, lésbica mulher, pessoa em experiência transgênera e andrógeno.

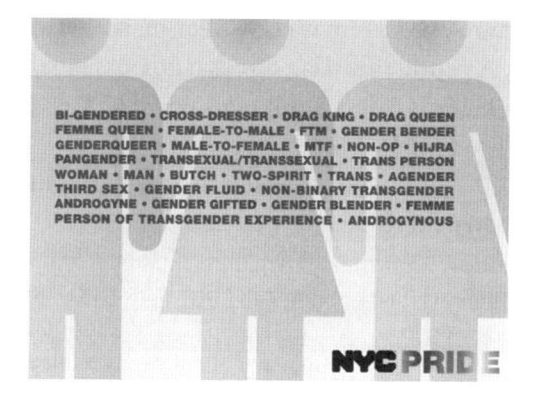

Fonte: NYC Commission on Human Rights. *Gender ID Card 2015*. Disponível em: <http://www.nyc.gov/html/cchr/downloads/pdf/publications/GenderID_Card2015.pdf>. Acesso em: 15 jun. 2016.

A escolha das **cores do arco-íris** para simbolizar o movimento LGBT mundialmente faz parte de uma estratégia de luta política que buscou retirar a homossexualidade do campo das patologias e das representações negativas. A bandeira com suas diferentes cores simboliza a diversidade na comunidade LGBT. Ela foi criada com essa intenção pelo artista Gilbert Baker, na cidade de São Francisco, Estados Unidos, em 1978, ano em que foi hasteada pela primeira vez no Festival do Orgulho Gay daquela cidade.[9]

Figura 10.1 Bandeira representativa da população LGBT

---

[9] FRANCH, M. *Juventudes coloridas*: sociabilidade, consumo e subjetividade entre jovens LGBT em João Pessoa. Latitude, v. 6, n. 1, 2012. p. 71-82.

No Brasil, o evento Parada do Orgulho LGBT tornou-se, especialmente no caso de São Paulo, um acontecimento bastante rentável para a economia da cidade. Segundo estudo do Observatório do Turismo, em 2010, quase meio milhão de turistas chegou à cidade somente para participar do evento. Configura-se, de forma geral, como uma passeata de caráter festivo, na qual trios elétricos executam músicas eletrônicas para os/as participantes, que seguem o trajeto dos carros dançando, cantando e bebendo, em uma atmosfera bastante similar à de uma festa de rua.[10]

O Instituto Brasileiro de Geografia e Estatística (IBGE) estima que a **população brasileira LGBT** é de 20 milhões de pessoas e há no país 67,4 mil casais formados por pessoas do mesmo sexo. Os dados do Censo de 2010 mostraram que aqueles que se declararam homossexuais têm nível escolar mais elevado e renda maior que os casais heterossexuais. A **renda familiar** do casal homossexual é, em média, de 5,2 mil reais, enquanto a dos héteros é de 2,8 mil reais por mês. Cerca de 47% da população LGBT está no estrato econômico AB.[11]

O Quadro 10.1 apresenta as características da população LGBT, segundo o Censo de 2010, realizado pelo IBGE.

Quadro 10.1 Demografia da população LGBT pelo Censo de 2010

1) **População**: 20 milhões de pessoas e 67,4 mil casais formados por pessoas do mesmo sexo, sendo 53,8% formados por **mulheres** e 46,2% por **homens**.
2) **Domicílios**: 58 mil domicílios, onde residem esses casais, o que representa aproximadamente 0,1% do total de unidades domésticas.
3) **Renda familiar mensal**: 5,2 mil reais, em média, e cerca de 47% da população LGBT está no estrato econômico AB.
4) **Religião**: 47,4% se autodeclaram católicos, 20,4% declararam não ter religião.
5) **Estado civil**: solteiros (82%) e casados (13%), com predominância da união consensual (99,6%).
6) **Nível educacional**: 25,8% declararam possuir superior completo.
7) **Locacalização**: 52,6% na região sudeste, 20,1% na região nordeste, 13% na região sul e 5,9% na região norte.

Fonte: IBGE. *Censo Demográfico 2010 – Características da População e dos Domicílios*. Rio de Janeiro, 2010. p.230-231. Disponível em: <http://biblioteca.ibge.gov.br/visualizacao/periodicos93/cd_2010_caracteristicas_populacao_domicilios.pdf>. Acesso em: 20 fev. 2016.

---

[10] BRAGA, A.; GUIMARÃES, J. *Minorias e discurso na esfera pública digital:* o caso da Parada Gay. São Paulo, PPGCOM – ESPM, ano 11, v. 11, n. 30, jan./abr. 2014. p. 57-81.

[11] IBGE. *Censo Demográfico 2010 – Características da População e dos Domicílios*. Rio de Janeiro, 2010. p. 230-231. Disponível em: <http://biblioteca.ibge.gov.br/visualizacao/periodicos/93/cd_2010_caracteristicas_ populacao_domicilios.pdf>. Acesso em: 20 fev. 2016.

> **Curiosidade**
>
> **Nós Outras: Relatos de alguém que nunca gostou do espelho**
>
> "Eu comecei a vestir roupas masculinas alguns anos atrás. Assim que comecei, percebi quase imediatamente que eu estava me sentindo muito mais confortável e confiante e que eu gostava da minha imagem no espelho pela primeira vez na vida. Outras pessoas que me conheciam disseram que eu parecia mais natural, que minha roupa estava combinando com a minha personalidade.
>
> (....) Eu ouço mulheres dizerem coisas como "nós mulheres sabemos o quão importante é nos sentirmos lindas", ou "nós mulheres somos naturalmente mais ternas e acolhedoras", afirmações que nunca parecem incluir mulheres como eu. Não somente eu não gosto de me sentir linda e prefira discutir do que acolher, eu não tenho nenhuma predileção por chocolates. A cultura popular, e as próprias mulheres, com frequência sugerem que eu não possuo as qualidades principais da mulheridade.
>
> Então no passado eu estive bastante tentada pela ideia de que talvez eu não fosse realmente uma mulher. Eu sou masculina de todas as formas – sou ambiciosa, lógica, agressiva, forte e altamente competitiva. E certamente não sou boba, frívola, delicada, frágil ou excessivamente emocional."
>
> Fonte: Nós Outras. Disponível em: <http://nosoutras.tumblr.com/post/125527087428>. Acesso em: 12 abr. 2016.

10.2 A cultura de consumo LGBT

Algumas análises sobre o consumo se utilizam da perspectiva teórica dos estudos culturais, ou **teoria da cultura do consumo**, uma área interdisciplinar de investigação que considera o ato de consumir não apenas restrito à compra, ao descarte e à fruição de um bem ou serviço, mas também relacionado ao significado de uma experiência e à identificação com determinado grupo, com o qual o consumidor compartilha valores, modos de vida e símbolos culturais. Essa perspectiva, portanto, busca revelar os aspectos culturais e simbólicos do consumo.[12] Os **significados simbólicos** dos bens não são intrínsecos aos mesmos, mas sim às qualidades e especificidades que lhes são atribuídas por determinado grupo social e que são, permanentemente, ressignificadas e renegociadas no fluxo da vida.[13]

Um dos significados do consumo para a população LGBT é a **construção do corpo** de acordo com um ideal de hipermasculinidade, visando a atingir "a boa forma" ou a forma requerida pelo grupo de que o indivíduo faz parte. Os significados

---

[12] ARNOULD, E. J.; THOMPSON, C. Consumer culture theory (CCT): twenty years of research. *Journal of Consumer Behavior*, v. 31, mar. 2005. p. 868-883.

[13] BARBOSA, L. O consumo nas ciências sociais. In: BARBOSA, L.; CAMPELL, C. *Cultura, consumo e identidade*. Rio de Janeiro: Editora FGV, 2006. p. 21-46.

associados ao corpo são usados como forma de demarcação da **cultura gay**, segundo os pesquisadores Eduardo Ayrosa e Severino Pereira.[14]

Os pesquisadores realizaram um estudo com gays na cidade do Rio de Janeiro, sobre os significados e as práticas de modelagem do corpo. No Quadro 10.2 são apresentados dois depoimentos de gays cariocas sobre o **corpo como meio de inclusão** na cultura gay do grupo do qual participam.

Quadro 10.2 Culto ao corpo: um dos valores da cultura gay carioca

Em uma cidade como o Rio de Janeiro, que é uma cidade onde o corpo tem uma alta valorização, até porque os encontros na maioria das vezes são feitos à beira-mar, então o tempo inteiro você está vendo, sendo visto, comparando, se comparando, e é natural que você acabe sofrendo, e você pensa: "vamos cuidar um pouco do corpo". Além disso, o gay tem um senso estético muito mais aguçado e existe aquele culto ao corpo aqui no Rio que é potencializado no mundo gay. (P., 35 anos)

Eu passei muito tempo para me assumir. Aí, decidi e comecei a frequentar o mundo gay. Logo, de cara, vi que tinha que malhar, né? Mas isso foi o melhor de tudo, pois eu era megagordinho, travado, tinha um corpo horrível! Eu via todo mundo bonito e pensei: "vou malhar também". Acho que isso é muito bom dos gays, pois eles se cuidam mais, são mais bonitos. Aí, eu entrei numa academia, comecei a fazer dieta com uma nutricionista, fiz uma lipoaspiração; até o cabelo eu mudei. Acho que essa mudança toda está ligada também a você se gostar mais, até mesmo a se conhecer e conhecer o seu corpo. (...) Gosto de seduzir, gosto de ver as pessoas me vendo, elogiando, e, na verdade, de me tornar uma cara interessante dentro do meu meio. (D., 25 anos)

Fonte: AYROSA, E.; PEREIRA, S. Corpos consumidos: cultura de consumo gay carioca. *Organizações & Sociedade*, Salvador, v. 19, n.6 1, abr./jun., 2012. p. 295-313.

Estudo realizado pelos pesquisadores Hamilton Carvalho-Silva e Flávia Schilling revelou que a condição de **afiliação ao grupo** de homossexuais que adotam padrões de vida sofisticados pressupõe regras de conduta caracterizadas por **modos de diversão** conectados com padrões globalizados de fruição do tempo livre e **modos de vestir** que refletem padrões e tendências da indústria de moda e estilos. Assim, as pessoas são identificadas e incluídas no grupo de referência pelas roupas que usam e pelos lugares que frequentam.[15] A ida a locais gays, como bares, é uma importante aspecto do **ritual de socialização** da cultura gay e construção da identidade homossexual.[16]

---

14 AYROSA, E.; PEREIRA, S. Corpos consumidos: cultura de consumo gay carioca. *Organizações & Sociedade*, Salvador, v. 19, n. 61, abr.-jun., 2012. p. 295-313.

15 CARVALHO-SILVA, H.; SCHILLING, F. Fronteiras da sexualidade, fronteiras do consumo: sobre os jovens homossexuais do subúrbio de São Paulo. *Fazendo Gênero 9*, 2010. Anais. Florianópolis: UFSC, 2010.

16 HASLOP, C., HILL, H., SCHIMIDT, R. A. The gay Lifestyle- Spaces for a Subculture of Consumption. *Marketing Intelligence & Planning*. v. 16, n. 5; 1998. p. 318-326.

Segundo os pesquisadores, a **capacidade de consumo** aparece como um critério importante na definição dos tipos de relações sociais estabelecidas entre homossexuais, relações de aproximação ou "evitação". No Quadro 10.3, um dos jovens entrevistados explicou como ocorre a discriminação de quem não segue a estética corporal do grupo.

Quadro 10.3 Discriminação de quem não segue a estética corporal do grupo

> "Não tem como se divertir sem grana, ainda mais no mundo gay onde o que vale é a grana e a roupa que você veste. Dependendo de quanto eu tenho, eu escolho a diversão. (...) O mundo gay tem uma relação estética muito forte. O cara pode estar ferrado, mas quer estar numa estética, cabelo cortadinho. Mas eu me vejo destoante. Não tenho grande vaidade. E daí você percebe que existe discriminação. O pessoal às vezes olha estranho. (...) Você não precisa ser rico e poderoso, importa o que você parece. Ninguém se importa em quantas vezes você pagou a calça da Diesel. Importa que você tem uma."

Fonte: CARVALHO-SILVA, H.; SCHILLING, F. Fronteiras da sexualidade, fronteiras do consumo: sobre os jovens homossexuais do subúrbio de São Paulo. *Fazendo Gênero 9*, Anais, Florianópolis: UFSC, agosto 2010.

Segundo estudo dos pesquisadores Pereira, Ayrosa e Ojima,[17] para a **construção da identidade** homossexual a presença de **marcas de consumo** é fundamental. As marcas fornecem o código necessário para a identificação dos integrantes do grupo e o sentimento de pertencimento ao grupo, como expresso no depoimento a seguir:

> Se você vive no mundo gay você acaba focando geralmente em marcas que as pessoas usam, então você acaba procurando marcas caras, e você acaba dando o seu jeito pra você meio se inserir no grupo, porque todas as pessoas procuram estar num parâmetro de consumo igual, ou frequenta o mesmo lugar. Se o lugar tal é melhor, é o mais badalado, eu vou dar um jeito de ir, ou a roupa tal é a que as pessoas estão usando, ou vou comprar.

O mesmo estudo revelou que há um fascínio pelas grifes, como Osklen, Triton, Forum, Diesel, Puma, Foche, ou Yes Brasil. Alguns entrevistados dizem comprar roupas para parecer gays. Mais frequente surge a menção à forma de vestir alinhada com o grupo gay, como no relato a seguir:

> Dificilmente você vai ver um gay de blusa para dentro, sapato combinando com o cinto entendeu, vai ver ele com tênis bem da moda, um tênis Nike, Puma, um tênis caro, as vezes não é nem muito pela beleza da peça, é pelo preço também. Um tênis que custa caro, aquilo já faz com que tenha prazer de usar, se você tiver um tênis de R$ 100,00 e um

---

[17] PEREIRA, B. N. P.; AYROSA, E. A. T.; OJIMA, S. Consumo entre gays: compreendendo a construção da identidade homossexual através do consumo. In: Encontro de Associação Nacional dos Programas de Pós-Graduação e Pesquisas em Administração, 29, 2005. Brasília. *Anais*. Brasília: ANPAD, 2005.

de R$ 500,00 é muito mais prazeroso usar o de quinhentos. Uma calça jeans, uma calça mais desbotada, uma calça com algum detalhe com bolsos grandes, fugindo do convencional e camiseta justa, camiseta de malha mais geralmente mais justa que modela o corpo, mais colorida, vermelha, amarela, azul claro.[18]

Sobre a **experiência de consumo** em hotéis, uma pesquisa realizada com homossexuais residentes na cidade do Recife sobre as respostas emocionais destes consumidores provocadas pelos estímulos do ambiente de serviços, os resultados indicaram que, dentre as respostas emocionais mais memoráveis, a sensação de liberdade, privacidade, tranquilidade e paz, conforto e relaxamento foram as que mais se destacaram. Desse modo, identificou-se que a experiência de consumo dos homossexuais, que buscam produtos e serviços personalizados, está intimamente relacionada com os **estímulos sensoriais** (visão, audição, olfato e tato) e com os **sentimentos** provocados pelo ambiente.[19] Alguns dos depoimentos estão a seguir.

> O café da manhã era nessa parte do hotel que era tipo um janelão de vidro como se fosse uma parede de frente pro mar, a água do mar batia e tinha umas pedras em baixo. A gente tomava o café nessa parte. Olhava a paisagem, dava aquela sensação de paz, parecia que estava na praia e isso dentro da cidade.

> O atendimento personalizado, a educação, a postura, a prontidão em atender, a questão da própria delicadeza com a situação, e a discrição para mim é fundamental. Então, o máximo de profissionalismo e o mínimo de intimidade porque eu acho que a relação é profissional a não ser que o próprio cliente permita intimidade e ainda assim acho que, como profissional, você tem que manter sua distância, porque é assim que tem que funcionar, não tem que misturar muito as área.

Em síntese, a cultura de consumo da população LGBT, como demonstrado nas pesquisas, é centrada na construção da identidade e da sociabilidade desta população, e, para isso, o consumo de marcas de prestígio para estética corporal, distinção e inclusão social é fundamental. As marcas fornecem o código necessário para a identificação da pessoa e seu pertencimento ao grupo no qual deseja ser aceita.

10.3 Os consumidores LGBT e as empresas

No Brasil, o potencial financeiro do segmento LGBT é estimado em 133 bilhões de dólares, o equivalente a 418,9 bilhões de reais, ou 10% do PIB nacional, em 2015, segundo a Out Leadership, associação internacional que desenvolve iniciativas para o

---

18 PEREIRA, B.; AYROSA, E.; OJIMA, S., 2005
19 LEITE, Y.; SIQUEIRA FILHO, V.; SILVA, J. Relações qualitativas de consumo: os serviços de hotelaria direcionados ao público homossexual. *Revista Signos do Consumo*, v. 2, n. 2, 2010. p. 252-274.

público gay. Os números são subestimados, já que nenhum país inclui em seu censo estatísticas sobre a população homossexual.[20]

Com o aumento da visibilidade social, essa população tem despertado o interesse de cada vez mais empresas, que vêm apresentando seus produtos nas chamadas **propagandas plurais**, que mostram casais formados por dois homens ou duas mulheres.

Dentre as empresas, as primeiras a anunciar para este público foram as fabricantes de bebidas, desde a década de 1980. A "vodca Absolut", por exemplo, anuncia desde 1979. As segundas foram as de remédios, principalmente na época de eclosão da Aids.

Existem, também, mais de 1000 *sites* direcionados ao público LGBT, sendo os principais o Mix Brasil, do Uol, e o GLS Planet, sediado pelo Terra.

Nos anos 70 o perfume Rastro e o creme de leite Nestlé veicularam propagandas, com o objetivo de atingir o público gay. Em 1994 a *Folha de S.Paulo*, na televisão, criou o anúncio "Namorados", dirigido ao público gay. A *Revista Folha* publica, semanalmente, duas páginas dirigidas a esse público. Em 1996, a empresa Duloren fez publicidade de seus produtos com a finalidade de atingir essa parcela da sociedade. Também naquele ano, a Johnson & Johnson publicou um anúncio das camisinhas Jontex com o tema "Pai & Filho", direcionado ao público homossexual.[21]

O canal MTV foi um dos primeiros a dedicar programas a esse público, em 2001 e 2002, com o programa "Fica Comigo", uma espécie de "Namoro na TV", que dedicou edições a participantes gays e lésbicas.

Em 2002, o Ministério da Saúde publicou o anúncio "Namorado", direcionado a esse público e combatendo a Aids. Outras empresas, como a Bombril, Brastemp, Fininvest e Rider, apresentaram seus anúncios com personagens gays com humor e ironia, mas essas propagandas foram criticadas pelos movimentos homossexuais. Temos, também, como exemplo o conhaque Dreher e o molho de tomate Salsaretti que fizeram propagandas para este público.[22]

Os bancos também foram um dos setores pioneiros a dialogar com esse público. Nos anos 2000, o Banco Real oferecia a possibilidade de que duas pessoas do mesmo sexo compusessem renda para ter acesso ao crédito imobiliário. O Santander, que comprou o Real, manteve a política de que casais gays somem a renda para a compra da casa própria. O banco Itaú permite o financiamento imobiliário com duas pessoas solteiras do mesmo sexo, mesmo que não haja parentesco ente si.[23]

---

[20] Potencial de compras LGBT é estimado em R$ 419 bilhões no Brasil. *O Globo*, 5 abr. 2015. Disponível em: <http://oglobo.globo.com/economia/potencial-de-compras-lgbt-estimado-em-419-bilhoes-no-brasil-15785227>. Acesso em: 3 mar. 2016.

[21] DIAS, D.; GONÇALVES, C. A inserção social dos homossexuais nos padrões de consumo como forma de diminuição da discriminação. *REIDESE*, Aracaju, Edição nº 02/2014, p. 1-16, Jun/2014.

[22] DANTAS, B. M. *O Masculino na Mídia*: repertórios sobre masculinidade na propaganda televisiva brasileira. Dissertação de Mestrado. PUC/SP, Departamento de Psicologia, São Paulo, 1997.

[23] COUTINHO, J. *Oito razões para valorizar o Mercado LGBT*, 7 nov. 2012. Disponível em: <http://www.ideiademarketing.com.br/2012/11/07/oito-razoes-para-valorizar-o-mercado-lgbt-lesbicas-gays-bissexuais-e-transgeneros/>. Acesso em: 20 jul, 2015.

No setor de lazer noturno, na cidade de São Paulo, a boate The Week é a mais conhecida no segmento LGBT. Na internet, a boate é considerada por muitos *sites* e *blogs* como a mais importante boate gay do país, além de ser a maior delas. Um dos frequentadores comentou:

> A The Week é uma referência. Existe um sentimento inconsciente de que existe um Olimpo, existem os melhores, o grupo das bonitas, ou das inteligentes ou do bom gosto, uma elite de sucesso. A referência, os formadores de opinião, o paradigma a ser seguido. A The Week é a boate dessas pessoas.[24]

Ainda na cidade de São Paulo, o shopping preferido do segmento LGBT é o shopping Frei Caneca, um centro de compras e espaço de sociabilidade muito frequentado por homossexuais e lésbicas.

Outro setor que está atento ao potencial de consumo dessa população é o turismo. Segundo a Associação Brasileira de Turismo (ABRAT), os turistas LGBT movimentam 150 bilhões de reais no Brasil, por ano. Na Be Happy Viagens, especializada em roteiros românticos e de lua de mel, o público LGBT já representa 5% dos clientes. Das 400 viagens vendidas em 2014, 20 foram compradas por casais gays. Em três anos, o crescimento foi de 50%, contabilizou a fundadora da agência, que atende um público disposto a gastar em média 35 mil reais por pacotes para destinos como Tailândia e Ilhas Maldivas. De acordo com a Organização Mundial do Turismo, o público LGBT representa 10% dos viajantes e movimenta 15% do faturamento do setor. Além disso, enquanto o mercado mundial de turismo cresce 3,8% ao ano, o segmento cresceu 10,3% em 2014.[25]

Em busca de promover o Brasil como destino LGBT, a Embratur tem desenvolvido internacionalmente uma estratégia baseada em dois eixos: participação em feiras e eventos internacionais, com destaque para a Conferência Anual da International Gay and Lesbian Tourism Association (IGLTA), e ainda no apoio à estruturação do setor que opera o receptivo no Brasil, em parceria com a ABRAT, associação que lidera o segmento no mercado turístico brasileiro.[26]

O Brasil é um dos países mais procurados na América do Sul pelos turistas LGBT, com a realização de mais de 180 Paradas LGBT por ano. Segundo a ABRAT, a cidade de São Paulo recebe um incremento de 360 milhões de reais a cada ano na economia

---

24 FRANÇA, I. Sexualidade e política: uma abordagem a partir do mercado e do consumo. *Revista Bagoas*, n. 7, 2012. p. 223-252.
25 Potencial de compras LGBT é estimado em R$ 419 bilhões no Brasil. *O Globo*. Disponível em: <http://oglobo.globo.com/economia/potencial-de-compras-lgbt-estimado-em-419-bilhoes-no-brasil-15785227>. Acesso em: 15 maio 2016.
26 Embratur divulga Brasil como destino turístico LGBT na Espanha, 29 dez. 2014. *Portal Brasil*. Disponível em: <http://www.brasil.gov.br/turismo/2014/12/embratur-divulga-brasil-como-destino-turistico-lgbt-na-espanha>. Acesso em: 30 jul. 2015.

durante a semana da Parada do Orgulho Gay. No carnaval do Rio de Janeiro, o movimento financeiro de turistas do público LGBT é de 400 milhões de reais/ano.[27]

Em São Paulo, a Parada LGBT de 2012 reuniu mais de 4 milhões de pessoas, dos quais cerca de 650 mil eram turistas — e 15 mil vieram de outros países, de acordo com a pesquisa do Observatório de Turismo de Eventos da SPTuris. Entre os estrangeiros, a maioria foi de peruanos, norte-americanos, holandeses e argentinos. Ainda de acordo com o levantamento, o gasto médio, em três dias, foi de 1.272 reais.[28]

Na propaganda, algumas empresas já exibem **anúncios com casais homossexuais**. No Dia dos Namorados, o Itaú publicou um desenho composto por um casal heterossexual, um casal de gays e um de lésbicas com a frase: "Feliz Dia dos Namorados do Seu Jeito".

No setor imobiliário, a Tecnisa promove, desde 2003, ações voltadas para o público LGBT, como a campanha "Mais cedo ou mais tarde, vocês vão morar juntos", onde o anúncio trazia um varal com duas cuecas penduradas. Em 2010, a construtora aferiu que o ticket médio investido em personalização do imóvel por homossexuais chegava a ser 40% maior do que por heterossexuais.

A fabricante de jeans **Levi's** declarou seu apoio às causas defendidas pela comunidade LGBT. Em 2014, a marca lançou a Pride Collection, uma coleção feita em homenagem à Parada do Orgulho Gay, que ocorre em diversas cidades do mundo. Os itens fizeram tanto sucesso entre os clientes, que a grife de jeans decidiu adicionar novos produtos à linha. Os novos produtos foram inspirados na **Rebelião de Stonewall**, uma série de conflitos violentos entre gays, lésbicas, bissexuais e transgêneros e a polícia de Nova York em 1969, que ficou marcado por ser a primeira vez em que um grupo de pessoas se rebelou contra os maus-tratos da autoridade contra a comunidade LGBT. As peças podem ser identificadas pelo bordado em arco-íris costurado na parte de trás de shorts, calças e jaquetas.[29]

Em vestuário, as **marcas preferidas** dos homossexuais em São Paulo são, do primeiro ao quinto lugar: Calvin Klein, M'Officer, Colcci, Prada e Diesel.[30] Em automóveis, as marcas preferidas são: Volkswagen Golf, Fiat 500, Kia Soul, Citroën C3, Picasso e Kia Picanto.[31]

---

[27] Porto Alegre quer se tornar destino gay friendly, 13 jul. 2015. *Jornal do Comércio*. Disponível em: <http://jcrs.uol.com.br/site/noticia.php?codn=202103>. Acesso em: 30 jul. 2015.

[28] *Parada LGBT gera movimento extra a hotéis e restaurantes de SP*, 5 jun. 2015. Disponível em: <http://www.turismo.gov.br/ultimas-noticias/5085-parada-lgbt-gera-movimento-extra-a-hoteis-e-restaurantes-de-sao-paulo.html>. Acesso em: 2 ago. 2015.

[29] *Levi's atualiza "linha de roupas gay" para reforçar seu apoio às causas LGBT*, 29 maio 2015. Disponível em: <http://acessolivredigital.blogspot.com.br/2016/04/marcas-lancam-acessorios-especificos.html> Acesso em: 10 maio 2016.

[30] *Infobranding*, 16 out. 2015. Disponível em: <http://www.infobranding.com.br/>. Acesso em: 28 mar. 2016.

[31] *Conheça os carros preferidos do público gay*, 23 set. 2014. Disponível em: <http://estadodeminas.vrum.com.br/app/noticia/noticias/2014/09/23/interna_noticias,49933/conheca-os-carros-preferidos-do-publico-gay.shtml>. Acesso em: 12 maio 2016.

Curiosidade

Joia para um casal LGBT

Este ano, pela primeira vez em 178 anos de existência, a **Tiffany** inseriu a imagem de **um casal de homens** numa de suas propagandas. Embora não façam pedido de casamento ou mostrem alianças, fica explícita a mensagem de que a joalheria americana se atualizou.

"O amor entre duas pessoas assume muitas formas. Já não há apenas um caminho tradicional para o casamento. Os casais retratados na campanha representam a diversidade de pessoas que visitam a Tiffany todos os dias para encontrar o anel perfeito, símbolo da união e a expressão máxima do amor", diz a diretora da marca no Brasil.

Segundo a diretora, a joalheria está expandindo suas coleções masculinas. Um anel Tiffany Setting custa a partir de R$ 8.490,00 com 0,16 quilates.

"Cada vez mais empresas estão apresentando seus produtos nas chamadas propagandas plurais, mostrando casais formados por dois homens ou duas mulheres, para falar aos novos arranjos familiares", observa Reinaldo, da Fundação Getulio Vargas.

Fonte: Potencial de compras LGBT é estimado em R$ 419 bilhões no Brasil. *Globo.com*, 6 abr. 2015. Disponível em: <http://oglobo.globo.com/economia/potencial-de-compras-lgbt-estimado-em-419-bilhoes-no-brasil-15785227>. Acesso em: 12 jan. 2016.

Caso para discussão 50

Um homem *crossdresser*

O cartunista Laerte descobriu o prazer de experimentar em si próprio a indumentária feminina. E gostou tanto que agora é praticamente impossível flagrá-lo com o visual despojado do tipo calça, camiseta e tênis, que, inclusive, vão rareando cada vez mais em seu armário. Ele tem apreciado cada vez mais vestidos estampados, com corte retrô, joias e lingerie delicadas. Mas também curte minissaias e camisetas com visual indiano, especialmente para ficar em casa, num look despojado. As unhas estão quase sempre pintadas de vermelho. Os lábios coloridos de batom. E o cabelo naturalmente liso, hoje bem cortado à Chanel, é escovado. "Tenho vontade de me travestir há bastante tempo, mas a clareza dessa vontade só apareceu com o contato com outras pessoas que também se travestem; *crossdressers* é o termo que se usa, além de travesti", revela Laerte, que namora uma mulher.

"Tenho usado acessórios, roupas e itens de forma livre, às vezes totalmente em modo mulher, às vezes de forma meio híbrida. Não assumi uma obrigação programática no meu modo de vestir", diz. Ele ressalta que se vestir com roupas femininas não implica se assumir homossexual. Há preconceito, claro,

"Os homossexuais também acham estranho que um travesti não seja necessariamente homossexual. O crossdressing é uma designação social, uma convenção de um preconceito", define Laerte, que participa do Brazilian Crossdressers Club. "Gostaria que o mundo feminino e o mundo masculino deixassem de ser mundos à parte e pudessem dar lugar a uma vida livre, desengaiolada dessas regras. Não estou interessado em virar mulher", completa.

Fonte: MIRANDA, D. Perfil: Laerte, um homem delicado, 4 nov. 2010. *Correio*. Disponível em: <http://www.correio 24horas.com.br/single-entretenimento/noticia/perfil-laerte-um-homem-delicado>. Acesso em: 28 mar. 2016.

Questão

1. Explique como se constituiu o processo de identificação de gênero do Laerte com base nos conceitos deste capítulo.

Este capítulo objetivou compreender os conceitos relacionados à diversidade de gênero; o comportamento dos consumidores LGBT com base na teoria da cultura de consumo; e as iniciativas mercadológicas das empresas para o segmento de consumidores LGBT.

Resumo

1. A **diversidade de gênero** considera as diferenças nos processos de construção psicológica, social e cultural das caracterérísticass e comportamentos considerados femininos ou masculinos, que produzem as múltiplas identidades de gênero (homossexuais, bissexuais, transgêneros, transexuais, travestis etc.)

2. **Homossexuais** são definidos como pessoas que têm as orientações sexual e afetiva dirigidas a pessoas do mesmo sexo, e **bissexuais**, a pessoas de ambos os sexos. É comum os homossexuais masculinos serem chamados de gays e as femininas, de lésbicas.

3. O **transgênero** é um conceito abrangente que engloba grupos diversificados de pessoas que têm em comum a não identificação com os comportamentos e os papéis esperados do gênero determinado biologicamente. Esses grupos não são homogêneos, pois a falta de identificação com o gênero de nascimento se dá em graus diferenciados.

4. Algumas das pessoas **transgênero** são **transexuais**, que acreditam que nasceram com o corpo "errado" e se identificam com as pessoas do sexo oposto, desejando viver plenamente como elas.

5. A **identidade de gênero** não deve ser confundida com a orientação sexual. A mulher e o homem transgêneros podem ter qualquer orientação sexual: homossexual, heterossexual ou bissexual.

6. A **expressão de gênero** pode ser construída por meio do vestuário e da cosmética, como no travestismo.

7. **Travestis** e **transexuais** são tratados como parte do grupo de **transgênero**, que vivenciam um gênero discordante de seu sexo e reivindicam serem reconhecidos de acordo com o gênero com o qual se identificam.

8. O termo **transfobia** refere-se a preconceitos e discriminações sofridos pelas pessoas transgênero, de forma geral.

9. A escolha das cores do arco-íris para simbolizar o movimento **LGBT** mundialmente faz parte de uma estratégia de luta política que buscou retirar a homossexualidade do campo das patologias.

10. A **teoria da cultura do consumo** é uma área interdisciplinar de investigação que considera o ato de consumir não apenas restrito à compra, ao descarte e à fruição de um bem ou serviço, mas também relacionado ao significado de uma experiência e à identificação com determinado grupo, com o qual o consumidor compartilha valores, modos de vida e símbolos culturais.

11. A **cultura de consumo da população LGBT** é centrada na construção da identidade e da sociabilidade desta população, e, para isso, o consumo de marcas de prestígio para estética corporal, distinção e inclusão social é fundamental.

Palavras cruzadas

1. A .... considera as diferenças nos processos de construção psicológica, social e cultural das caractererísticass e comportamentos considerados femininos ou masculino.

2. A .... , de acordo com um ideal de hipermasculinidade, visa atingir "a boa forma" ou a forma requerida pelo grupo de que o indivíduo faz parte.

3. As .... plurais mostram casais formados por dois homens ou duas mulheres.

4. O culto ao .... é um dos valores da cultura gay carioca.

5. O .... é uma forma de expressão da identidade de gênero

6. .... são definidos como pessoas que têm as orientações sexual e afetiva dirigidas a pessoas do mesmo sexo, e bissexuais têm orientações a pessoas de ambos os sexos. É comum os homossexuais masculinos serem chamados de gays e as femininas de lésbicas.

7. .... é um conceito abrangente que engloba grupos diversificados de pessoas que têm em comum a não identificação com os comportamentos e os papéis esperados do gênero determinado biologicamente.

8. .... são tratados como parte do grupo de transgênero, que vivenciam um gênero discordante de seu sexo e reivindicam serem reconhecidos de acordo com o gênero com o qual se identificam.

9. O termo .... refere-se a preconceitos e discriminações sofridos pelas pessoas transgênero, de forma geral.

10. A .... da população LGBT é centrada na construção da identidade e da sociabilidade desta população, e, para isso, o consumo de marcas de prestígio para estética corporal, distinção e inclusão social é fundamental.

1. Diversidade de gênero 2. Construção do corpo 3. Propagandas 4. Corpo 5. Vestuário 6. Homossexuais 7. Transgêneros 8. Transexuais 9. Transfobia 10. Cultura de consumo

Leituras sugeridas

BARBOSA, L.; CAMPELL, C. *Cultura, consumo e identidade*. Rio de Janeiro: Editora FGV, 2006.
As autoras apresentam o consumo como uma categoria central na definição da sociedade contemporânea com base na teoria da cultura do consumo, relacionando-o com o processo de construção das identidades socioculturais.

NUNAN, A. *Homossexualidade: do preconceito aos padrões de consumo*. Rio de Janeiro: Caravansarai, 2003.
De modo didático, a autora reflete sobre questões como identidade homossexual, o processo de assumir a homossexualidade, o preconceito contra homossexuais e o mercado de produtos de consumo para esta população.

Para finalizar

A marca de vestuário de moda Dolce Gabbana é uma das preferidas pelos consumidores LGBT. Com base nesses vídeos e outros dados, analise quais são os elementos simbólicos utilizados na comunicação e no vestuário da marca que provocam identificação do público-alvo.

Dolce Gabbana Moda

Dolce Gabbana Moda

Capítulo 11

O cliente organizacional

Objetivos do aprendizado

Após estudar este capítulo, você será capaz de:

→ compreender o processo de compra organizacional;

→ entender como aplicar o conceito de cadeia de valor;

→ discutir como segmentar o mercado organizacional.

11.1 O cliente organizacional e o processo de compra

Neste capítulo, abordaremos três aspectos do mercado organizacional ou empresarial (*B2B – business to business* em inglês): as características dos clientes organizacionais, o processo de compra e a segmentação do mercado organizacional.

Em muitos setores da economia, como o de tecnologia da informação e o de insumos agrícolas, uma grande parcela ou a totalidade de clientes são as **organizações**, em lugar de pessoas consumidoras. Torna-se necessário, portanto, conhecer o comportamento de compra dos clientes organizacionais.

O **cliente organizacional ou empresarial** é o conjunto de empresas comerciais e industriais, organizações governamentais ou não governamentais, com ou sem fins lucrativos, que demanda produtos e serviços para atender a necessidades operacionais e estratégicas.

Os fabricantes de produtos de consumo, por exemplo, são clientes organizacionais que compram insumos e matérias-primas. Os **órgãos de governo** compram serviços e materiais para manutenção de suas instalações e equipamentos. As organizações não governamentais (ONGs) compram serviços e produtos para poderem desempenhar suas atividades.

O **processo de compra dos clientes organizacionais** caracteriza-se pelos seguintes fatores:

- **maior número de pessoas** envolvidas na decisão, incluindo influenciadores, especificadores, decisores, compradores e usuários dos produtos ou serviços;
- **complexidade** do processo de decisão, por exigir, muitas vezes, análises detalhadas de viabilidade econômica e especificação dos atributos técnicos e funcionais dos produtos a serem comprados;
- **maior tempo** exigido para a decisão, por causa do maior número de pessoas envolvidas e da complexidade;

- **volume de recursos** financeiros significativos, como o valor investido na construção de uma fábrica;
- **risco**, porque, se o produto não funcionar adequadamente, será grande a perda de recursos investidos;
- **relacionamento** e interdependência entre o vendedor e o cliente, em função da complexidade dos produtos e dos riscos envolvidos;
- **customização dos produtos e serviços**, de acordo com as especificações definidas pelos clientes.
- As **necessidades organizacionais** estão relacionadas com o tipo de negócio e as metas da organização, sendo, em geral, as apresentadas no Quadro 11.1.

Quadro 11.1   Tipos de Necessidades Organizacionais

1) **Necessidade operacionais:**
reduzir custos, despesas, tempo total de operação e riscos; aumentar produtividade e eficiência, bem como capacidades e competências de suas equipes.

2) **Necessidades financeiras:**
aumentar receitas, rentabilidade, margem e volume de lucros; diminuir riscos financeiros; e remunerar acionistas e investidores.

3) **Necessidades mercadológicas:**
entrar em novos mercados e aumentar vendas e participação de mercado; desenvolver e lançar inovações (novas ideias, produtos e tecnologias); aumentar número de clientes; satisfazer seus clientes e *stakeholders* (os outros públicos interessados ou afetados pelas atividades da organização); neutralizar seus concorrentes; e preservar o meio ambiente.

4) **Necessidades de sustentabilidade:**
adquirir produtos e serviços sustentáveis; implementar a gestão de resíduos e a utilização de energia renovável; reduzir emissão de carbono e o consumo de combustíveis; avaliar e monitorar os aspectos socioambientais dos fornecedores.

Fonte: elaborado pela autora.

O atendimento das necessidades e a solução dos problemas organizacionais podem requerer a compra dos **tipos de produtos e serviços** apresentados no Quadro 11.2.

Quadro 11.2 Tipos de produtos e serviços demandados pelo cliente organizacional

Serviços	▶ serviços de apoio à decisão (assessoria, consultoria, pesquisa); ▶ serviços para execução de trabalhos específicos, como limpeza de instalações ou construção de uma fábrica; ▶ treinamento e contratação de funcionários; ▶ serviços financeiros.
Insumos	▶ matérias-primas como trigo, minério de ferro, soluções químicas, chapas de aço, água, fertilizantes de solo etc.
Produtos	▶ equipamentos e itens de capital (máquinas, ferramentas e instalações físicas, galpões ou terrenos); ▶ itens de consumo: papel, caneta, material de limpeza etc.
Tecnologias	▶ *softwares*, sistemas de computação e telecomunicações etc.

Fonte: elaborado pela autora.

Caso para discussão 51

Propaganda dirigida ao cliente organizacional/empresarial

No mesmo dia em que a Accenture se tornou o primeiro patrocinador a romper oficialmente o contrato com o golfista Tiger Woods, por causa do escândalo sexual que o envolveu, o número 1 do mundo recebeu um importante apoio. A Nike, que já manifestara seu apoio ao atleta, tornou a vir a público, por meio de seu vice-presidente, para reforçar a decisão.

Um dia antes da Accenture cancelar o contrato com Tiger, a Procter & Gamble, que é patrocinadora com a marca Gillette, disse que não iria mais usar a imagem de Tiger nas propagandas para respeitar a privacidade do atleta.

Fonte: *Nem tudo são más notícias para Tiger*, 15 dez. 2009. Disponível em: <http://www.golfe.esp.br/nem-tudo-sao-mas-noticias-para-tiger/>. Acesso em: 2 abr. 2016.

Questão

1. Explique os motivos da decisão das empresas em relação ao patrocínio do atleta de golfe Tiger Woods. Se você fosse o dirigente da Accenture, qual seria sua decisão? Justifique.

Em geral, a **compra** organizacional exige análise de dados técnicos, econômicos e financeiros, entre outros. Portanto, a empresa fornecedora realiza uma **venda consultiva**, um processo de venda em que o representante do fornecedor exerce diversas funções, a saber: apresentação do produto ou serviço; aconselhamento do cliente sobre as melhores alternativas; elaboração de propostas técnicas e econômicas; negociação; fechamento da venda e elaboração de contratos de fornecimento; suporte ao cliente após a venda etc.

No caso da **compra de serviços**, por serem bens intangíveis, os clientes têm maior dificuldade de analisar antecipadamente os benefícios, bem como, em alguns casos, avaliar os resultados alcançados. Assim, os fornecedores procuram **tangibilizar a oferta** com a entrega de manuais do produto ou serviço, a padronização dos uniformes de seus funcionários, a utilização de embalagens, a modernização e limpeza de suas instalações, o treinamento dos funcionários e as propagandas com personalidades famosas, entre outros.

Na prática

Friboi todo dia

A nova linha de produtos "**Friboi Todo Dia**" deve agradar diversos paladares. A marca, que pertence ao Grupo JBS, conta inicialmente com 14 opções de cortes de carne bovina nas categorias de resfriados e congelados.

Tanto o consumidor final quanto o setor de *foodservice* (restaurantes, bares, lanchonetes, padarias, cozinhas industriais) estão no foco da empresa. Os lançamentos chegam em embalagens diferenciadas para atender os dois públicos. O preparo é fácil: após abrir a embalagem, basta aquecer – em média por cinco minutos – no micro-ondas e a carne já está pronta. Pode ser utilizado também forno e fogão.

"Temos mais de 50 mil clientes de *foodservice*. Durante nossos encontros, eles solicitavam uma solução para tornar a vida na cozinha industrial mais ágil. Aí está, a linha Friboi Todo Dia não é inovadora, é ousada", afirma Maria Eugênia, gerente de marketing da JBS.

Fonte: MARTINS, A. *Friboi lança linha para foodservice*, 14 jan. 2015. Disponível em: <http://newtrade.com.br/exclusivo-friboi-lanca-linha-para-foodservice>. Acesso em: 3 abr. 2016.

Questão

1. Se você fosse o gerente de compras de uma rede de restaurantes *fast food*, quais os critérios que você utilizaria para selecionar a empresa fornecedora de carnes para hambúrguer?

11.2 A cadeia de valor

O conceito de cadeia de valor pode ser útil para compreender como as organizações estabelecem relacionamentos com seus fornecedores. A **cadeia de valor**, conceito desenvolvido por Michael Porter,[1] é o fluxo de processos, atividades, informações, transações e valores monetários, que são realizados e trocados por um conjunto de organizações, visando agregar valor para o cliente/consumidor final, que está no fim da cadeia de valor e que, em última instância, é quem paga pelos produtos e serviços.

Para o cliente/consumidor final, o **valor percebido** com a aquisição de um produto ou serviço é o conjunto de **benefícios** tangíveis (solução de problemas) e intangíveis (imagem da organização e das pessoas envolvidas, por exemplo) que ele considera ter alcançado com a aquisição e o uso do produto/serviço. O valor é percebido pelo cliente/consumidor em resultado da comparação entre **benefícios e custos** (pagamento, esforço, tempo gasto) incorridos na aquisição. Quanto maior o benefício em relação ao custo, maior será o valor percebido.

Na Figura 11.1, verifica-se o conjunto de atividades que integram uma cadeia de valor. As **atividades primárias** são aquelas envolvidas na criação e produção dos produtos e serviços, nos programas de marketing e logística e nos serviços de

Figura 11.1   A cadeia de valor

Atividades de apoio:
- Infraestrutura da empresa
- Gestão de recursos humanos
- Desenvolvimento de tecnologia
- Compras

Atividades primárias:
- Logística interna
- Operações
- Logística externa
- Marketing e vendas
- Operações

MARGEM

Fonte: PORTER, 2012.

---

[1] PORTER, M. *Vantagem competitiva*: criando e sustentando um desempenho superior. São Paulo: Campus, 2012.

pós-venda. As **atividades de apoio** fornecem a infraestrutura e os produtos ou serviços que permitem que as atividades primárias sejam desempenhadas. Como exemplo de atividades de apoio, temos as funções de compras e de gestão de recursos humanos.[2]

O **valor agregado** de cada atividade é calculado com base na sua contribuição para o conjunto da cadeia, como o aumento de **vantagem competitiva**, a redução de **custos** e a elevação da margem e do volume de **lucros** para todas as organizações integrantes da cadeia produtiva.

Com base nesse conceito, as necessidades dos clientes organizacionais e dos consumidores finais influenciam os processos ao longo da cadeia, bem como a função desempenhada pelas organizações integrantes. Cada participante da cadeia deve **agregar valor** (informações, conhecimento, tecnologia, serviços etc.), sob pena de ser excluído do processo (ver Figura 11.2). Além disso, necessidades e objetivos das organizações estão relacionados ao seu papel na cadeia de valor.

Figura 11.2   Os participantes da cadeia de valor

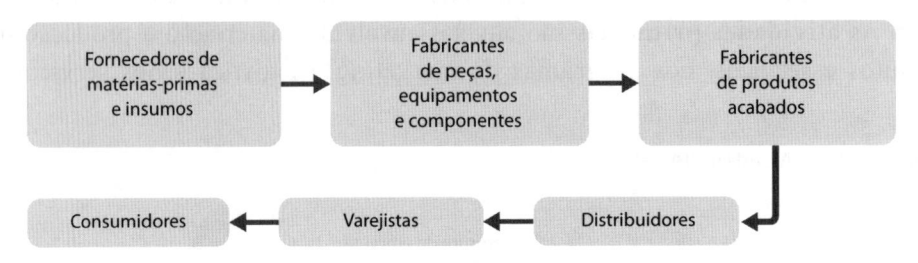

Fornecedores de matérias-primas e insumos → Fabricantes de peças, equipamentos e componentes → Fabricantes de produtos acabados

Consumidores ← Varejistas ← Distribuidores

Fonte: elaborada pela autora.

As organizações, como integrantes de uma cadeia de valor, estabelecem **alianças e parcerias estratégicas**, ou seja, vínculos formais e de médio e longo prazos, baseados em objetivos comuns, investimentos mútuos e trocas de capacidades, habilidades e recursos, visando otimizar os resultados das organizações envolvidas e agregar valor para os clientes e consumidores finais.

Portanto, para entender o comportamento dos clientes organizacionais, torna-se necessário conhecer as **estratégias de parcerias** entre as organizações e o papel de cada uma na cadeia de valor.[3]

---

[2] PORTER, 2012. p. 11-15.
[3] HUTT, M. D.; SPEH, T. W. *B2B*: gestão de marketing em mercados industriais e organizacionais. 7. ed. Porto Alegre: Bookman, 2002. p. 55.

Caso para discussão 52

Vale adia discussões sobre reajuste do minério

O presidente da Vale deixou claro que mudou de estratégia em relação às negociações de preço para o minério de ferro. O executivo admitiu que a empresa está disposta a aceitar que o grupo siderúrgico ArcelorMittal, seu principal cliente, não cumpra todos os contratos de compra de minério.

"Ninguém tem condições hoje de negociar nada. No mundo inteiro, a pressão é grande, disse o executivo, ao lembrar que ainda é cedo para avaliar o impacto exato da crise sobre as economias mundiais.

A nova estratégia da Vale veio à tona poucos dias depois de a empresa anunciar a desistência de impor reajuste adicional de 12% às siderúrgicas. Com um discurso mais adequado ao cenário atual de recessão, o executivo lembrou que a crise obrigou a ArcelorMittal a reduzir sua produção em um ritmo "fortíssimo".

"Como eu vou querer que ela honre contratos agora? Onde ela vai pôr o minério? A gente tem de entender que existe um problema do lado de lá", afirmou o executivo. Sua intenção é conversar com o presidente do grupo siderúrgico para avaliar como a mineradora brasileira pode ajudar nesse período de maior retração nos negócios. "Se eu puder, vou ajudar."

O executivo já trabalha com números mais fracos para o último trimestre do ano por conta da desaceleração da economia mundial. Segundo ele, com a queda nas vendas, a empresa vem aproveitando para recompor estoques estratégicos.

Fonte: adaptado de CIARELLI, M. Vale adia discussões sobre reajuste do minério. *O Estado de S. Paulo*. 7 nov. 2008. Disponível em: <http://notes.abcp.org.br:8080/producao/clipp/clipp.nsf/59dac160bc7df2ba03256aef00407549/ 2a9c9c958a4792a1032574fa004b0113?OpenDocument>. Acesso em: 12 jun 2016.

Questões

1. Explique o comportamento do fornecedor e do cliente, nesse caso, utilizando o conceito de cadeia de valor.

2. Avalie se o relacionamento entre o fornecedor e o cliente pode ser considerado uma parceria estratégica de médio e longo prazos.

11.3 O processo de compra organizacional

O **processo de compra organizacional** é dividido nas etapas que podem ser observadas na Figura 11.3.

Figura 11.3 Etapas do processo de compra organizacional

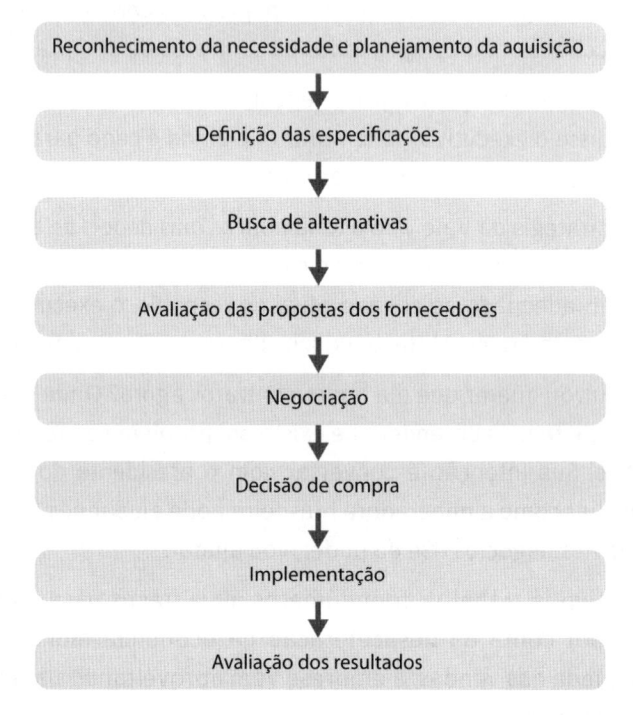

```
Reconhecimento da necessidade e planejamento da aquisição
                        ↓
              Definição das especificações
                        ↓
                 Busca de alternativas
                        ↓
         Avaliação das propostas dos fornecedores
                        ↓
                     Negociação
                        ↓
                  Decisão de compra
                        ↓
                    Implementação
                        ↓
               Avaliação dos resultados
```

Fonte: HUTT, M.; SPEH, T., 2002.

A primeira etapa envolve o **reconhecimento da necessidade** de contratar um fornecedor de produtos ou serviços para atender a determinada demanda organizacional. Ao reconhecer a necessidade, a organização inicia o **planejamento da aquisição**, que inclui a definição das pessoas e dos recursos a serem envolvidos, bem como o cronograma das atividades.

A segunda etapa é a **definição das especificações** dos produtos e serviços a serem comprados. Em muitos casos, como eles devem atender às necessidades específicas da organização, é o cliente organizacional que define as características dos produtos, e não os fornecedores. Uma matéria-prima, como uma peça de motor, ou ainda uma chapa de aço, tem suas características definidas pelas fábricas de automóveis.

A terceira etapa é a **busca de alternativas** de fornecimento, em que o cliente vai buscar informações sobre fornecedores e produtos, bem como elaborar uma lista daqueles que julga serem alternativas. Essa fase pode ser mais demorada se o comprador é inexperiente ou desconhece quais são os fornecedores. À medida que a compra se torna repetitiva, e a organização decide manter um grupo definido de fornecedores, essa etapa pode ser suprimida.

Elaborada a lista de fornecedores selecionados, a quarta etapa envolve a **solicitação** (*RFP – request for proposal*, em inglês) e a **avaliação das propostas dos fornecedores**, segundo os requisitos e as especificações previamente definidos pelo cliente. Os fornecedores são solicitados a enviarem propostas técnicas e comerciais, que serão avaliadas. As melhores propostas, que atendem aos requisitos, são, então, selecionadas.

A quinta etapa é a da **negociação**. Os compradores procuram obter dos fornecedores os melhores preços, condições de pagamento e prazos de entrega, visando fechar o pedido com aquele que oferecer a melhor proposta.

A sexta etapa é a **decisão de compra**, quando o comprador escolhe o fornecedor que tem a proposta mais adequada.

A sétima etapa refere-se à **implementação da compra**, quando são realizadas as tarefas operacionais para a elaboração do pedido de compra, o recebimento de produtos e serviços comprados e o acompanhamento de sua aplicação e uso.

As compras por parte dos clientes podem ser **esporádicas**, com decisão baseada nas propostas dos fornecedores, caso a caso, bem como por meio de **contratos de fornecimento** assinados entre o fornecedor e o cliente, onde as condições técnicas e comerciais são estabelecidas. No primeiro caso, o relacionamento com o fornecedor é **transacional**, especialmente na compra de produtos e serviços padronizados, enquanto, no segundo caso, se constitui como uma **parceria estratégica**, voltada para a manutenção do relacionamento no curto e médio prazos com benefício mútuo.

Após a implementação da compra, segue-se a oitava e última etapa, a **avaliação dos resultados** alcançados com os produtos e serviços comprados. Os fornecedores são avaliados com base nos requisitos do cliente, que analisa se os produtos e serviços apresentaram o desempenho esperado. Se a avaliação for positiva e o cliente ficar satisfeito, ele poderá **repetir a compra** e se tornar fiel ao fornecedor.

As decisões organizacionais são influenciadas por fatores individuais, situacionais, organizacionais e ambientais. Os **fatores individuais** referem-se às características, interesses e motivações das pessoas envolvidas na compra. Como exemplo, podem ser citadas as recompensas monetárias (descontos ou comissões) ou os ganhos simbólicos, como reconhecimento, valorização pessoal, *status*, prestígio, entre outros.

Os **fatores situacionais** referem-se aos aspectos que ocorrem num dado momento, influenciando a aquisição. A urgência da decisão, a situação financeira da empresa no período, a existência de um problema grave que precisa ser resolvido são alguns exemplos desses fatores.

Os **fatores organizacionais** referem-se a aspectos como processo produtivo, tamanho da empresa, tecnologia utilizada, cultura organizacional, número de pessoas envolvidas, recursos financeiros disponíveis, estrutura hierárquica, métodos de decisão, objetivos organizacionais, entre outros.

Os **fatores ambientais** englobam os **aspectos externos** à empresa, como as taxas de juros e inflação, o crescimento econômico, o grau de concorrência no setor, a disponibilidade de crédito, o desenvolvimento tecnológico, o **impacto no meio ambiente** etc.

Os fornecedores precisam conhecer os principais fatores que influenciam as decisões organizacionais, de modo a elaborar sua **estratégia comercial** e suas táticas de vendas e negociação para conquistar novos clientes e manter os atuais satisfeitos.

Quando as decisões de compra organizacionais são complexas, envolvendo grandes volumes de recursos financeiros e maior risco, elas são **colegiadas**, ou seja, são tomadas por um grupo de pessoas, que representam diferentes papéis na decisão. Esse grupo de pessoas é denominado **centro de compras** (ver Figura 11.4), o qual precisam ser, de alguma maneira, satisfeitos, ou ter seus interesses, ou parte deles, atendidos.

Figura 11.4 A influência dos participantes do centro de compras

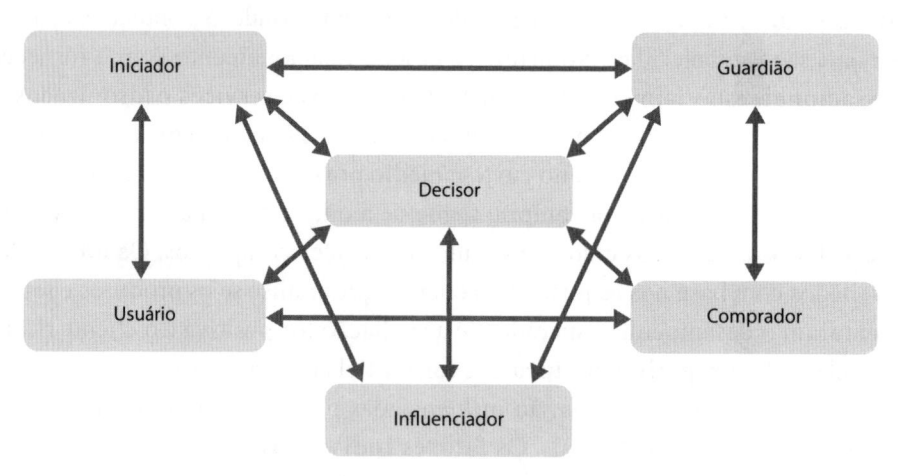

Fonte: HUTT, M.; SPEH, T., 2002.

Os **papéis desempenhados** pelos participantes do centro de compras são os apresentados no Quadro 11.3.

Quadro 11.3 Participantes do centro de compras

- **Iniciador:** quem tem a necessidade ou propõe a ideia.
- **Influenciador:** quem pode ou tenta influir no resultado da decisão.
- **Usuário:** aquele que vai usufruir os benefícios do produto ou serviço a ser adquirido.
- **Guardião:** aquele que possibilita ou dificulta o contato com os participantes do centro de compras (uma secretária ou um consultor, por exemplo); também pode controlar o fluxo das informações; em inglês, é chamado de *gatekeeper*.
- **Decisor:** quem realmente toma a decisão de compra, podendo decidir o investimento a ser feito e os fornecedores que serão contratados.
- **Comprador:** quem efetua a compra, realizando as tarefas operacionais para execução do pedido de compra.

Para obter maior **poder de barganha** em relação aos fornecedores, especialmente se estes são grandes organizações globais, muitas empresas adotam **estratégias colaborativas**, realizando atividades de negócios em **parceria** com outras empresas do mesmo ramo de negócios ou negócios complementares. A **colaboração entre as empresas** tem-se destacado como um meio capaz de torná-las mais competitivas, visando **reduzir custos e preços**, bem como compartilhar recursos e riscos e oferecer **produtos com qualidade superior**. Diversificadas são as estratégias cooperativas que têm sido utilizadas.

Uma **Central de Negócios** tem personalidade jurídica própria. O modelo mais adotado no país é primeiramente a criação de uma Associação formada por todos os futuros associados (pessoas jurídicas) da Central de Negócios. Essa **Associação** será membro da Central e, juntamente a uma pessoa física (provavelmente um membro do próprio grupo), criará a Central de Negócios. Essa **triangulação** é necessária pelo caráter econômico da Central. Ela poderá vender e comprar mercadorias, fato que a associação não poderá fazer. Para efeito da composição das cotas da Central, a associação possuirá 99 cotas e a pessoa física, uma cota. A gestão da Central é feita por representantes da Associação, e a pessoa física só poderá pertencer à Central enquanto for associada.[4]

Esquematicamente podemos representar os participantes da Central de Negócios como na Figura 11.5.

---

[4] Serviço Brasileiro de Apoio às Micro e Pequenas Empresas (Sebrae). *Central de Negócios*. Brasília, 2009. p. 8.

Figura 11.5   Constituição da Central de Negócios

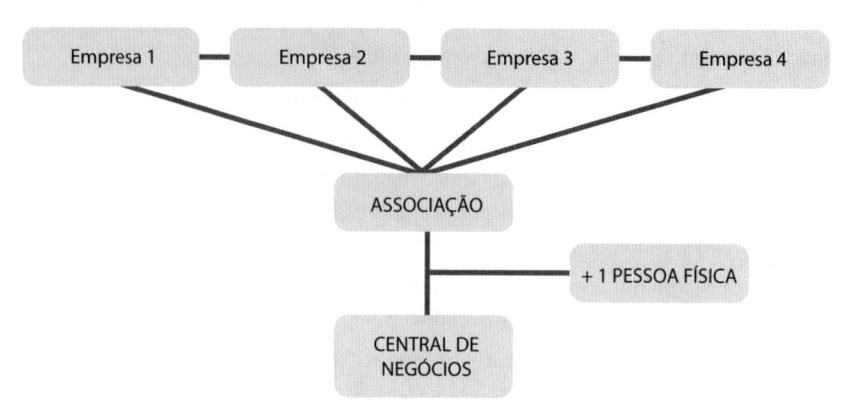

```
Empresa 1 — Empresa 2 — Empresa 3 — Empresa 4
              |
          ASSOCIAÇÃO
              |——————— + 1 PESSOA FÍSICA
         CENTRAL DE
          NEGÓCIOS
```

Fonte: Serviço Brasileiro de Apoio às Micro e Pequenas Empresas (Sebrae). *Central de Negócios*, Brasília, 2009. p. 24.

Caso para discussão 53

O avanço das centrais de negócios

Para as empresas, os desafios são muito grandes e as oportunidades também. É cada vez mais evidente que as empresas que se mantiverem isoladas, agindo sozinhas, terão maiores dificuldades em enfrentá-los e se manterem competitivas. Isso é particularmente verdade para as médias e pequenas empresas (MPEs), que acessam com mais barreiras as linhas de crédito e apresentam carências em gestão e tecnologia. Aprender a trabalhar em conjunto, mantendo relações de parceria, passa a ser uma nova estratégia para ampliar a competitividade das MPEs.

As estratégias colaborativas caracterizam-se como "empreendimentos coletivos". A legislação brasileira possibilita várias modalidades de formalização desses empreendimentos. Destacam-se as associações, as cooperativas, as centrais de negócios, os consórcios de empresas, as empresas de participação comunitária, as sociedades de propósito específico, a sociedade garantidora de crédito, entre outras.

As centrais de negócios ganharam importância no ano de 2000, a partir de iniciativas de pequenos comerciantes que enxergavam na união de forças a saída para fazer frente aos grandes concorrentes. Hoje são encontradas, com mais frequência, entre pequenos supermercados, redes de farmácias e varejistas de materiais de construção.

A Redemac, do Rio Grande do Sul, é um exemplo de rede que concentra as compras de 530 linhas de produtos, fornecidas por 61 fabricantes. Todos os 70 varejistas de materiais de construção integrados à rede, presentes em 43 municípios, vendem o mesmo tipo de produto para os consumidores das classes C e D. Eles são obrigados a manter os funcionários uniformizados e adotam um *layout* padronizado pela rede. A marca do grupo Redemac aparece com o nome das lojas associadas, como a Redemac Macofer, localizada na cidade de Taquara.

Fonte: adaptado de EVANGELINELLIS, R. Avanço das centrais de negócios. *Revista Distribuição*. São Paulo, mar. 2004.

Questões

1. Explique o que são centrais de negócios e por que elas surgiram.
2. Quais são as vantagens desse sistema para os fornecedores e os clientes?

Curiosidade

Rede de Cooperação

A ideia central do programa Redes de Cooperação é reunir empresas com interesses comuns. A formação da rede permite a realização de ações conjuntas, facilitando a solução de problemas comuns e viabilizando novas oportunidades que isoladamente não seriam possíveis.

A marca Redemac proporcionou aos seus associados a ampliação de suas lojas, diversificação do mix de produtos e exposição no mercado por meio da mídia. O consumidor ganhou em melhoria no atendimento, financiamento com juros reduzidos, diversidade de produtos, promoções frequentes e menores preços em função do poder de negociação, que a rede conquistou.

Fonte: Redemac – Redes de cooperação. Disponível em: <http://www.redemac.com.br/a-redemac/redes-de-cooperacao>. Acesso em: 14 jun 2016.

11.4 A segmentação do mercado organizacional

Como no mercado consumidor, as empresas precisam segmentar o mercado organizacional para identificar e selecionar seus clientes-alvo. Os **critérios de segmentação** mais comuns do mercado organizacional são as características demográficas, a localização geográfica, as características operacionais e o comportamento de compra.

Entre as **características demográficas**, referentes ao perfil da empresa, temos: tipo de atividade (industrial, comercial, serviços, governo, terceiro setor); tamanho da empresa (volume de receitas e lucros); número de funcionários; cultura organizacional (voltada a lucro ou custos, busca de reconhecimento etc.).

Quanto à **localização geográfica**, o mercado pode ser segmentado por áreas de um mesmo país (Norte, Sul, Nordeste, por exemplo) ou de fora dele (mercado internacional, mercado árabe, europeu, inglês, norte-americano etc).

As **características operacionais** referem-se aos aspectos da operação da empresa, como tipo de tecnologia, aplicação do produto, processo produtivo, matérias-primas, tipos de equipamentos etc.

O **comportamento de compra** refere-se às características do processo de compra, como frequência de compra, volumes comprados, tipo de processo de decisão, atitude diante do risco etc.

A **escolha do critério de segmentação** é feita com base na importância de cada fator como influenciador da decisão do cliente organizacional. Cabe aos fornecedores conhecerem quais são os fatores que mais influenciam o comportamento de seus clientes e definirem um fator-chave para segmentação.

Por exemplo, podem-se segmentar os clientes organizacionais pelo **volume das compras**, como, por exemplo, clientes que compram volume até 10 mil peças/mês, clientes que compram entre 10 mil e 50 mil peças/mês e clientes que compram entre 50 mil e 100 mil peças/mês.

A utilização desse critério é baseada nas **diferenças de comportamento de compra** dos clientes em decorrência do volume comprado. Nesse caso, os clientes que compram maior volume poderão exigir descontos no preço e rapidez na entrega, enquanto os clientes que compram volumes intermediários aceitam o preço um pouco maior e desejam assistência técnica. Já os clientes de menor volume pagam preços mais altos e não exigem serviços.

Com base na segmentação dos clientes, a empresa fornecedora desenvolverá sua estratégia de marketing para cada segmento-alvo, adequando sua oferta às necessidades específicas de cada segmento.

No **mercado de pneus industriais**, por exemplo, os fabricantes procuram desenvolver produtos que atendam plenamente às **exigências operacionais** cada vez maiores, como ciclos de trabalho, distâncias percorridas e manobras, que acabam exigindo mais trabalho dos pneus em alta temperatura. A **segmentação** do mercado é feita **por tipo de uso**: pneus agrícolas (tratores); industriais (empilhadeiras, carregadeiras, carretas e trailers); comerciais (caminhões e ônibus); portuários (empilhadeiras, rebocadores, guindastes) e automotivos (carros e motos). Também são segmentados por **local de uso**: urbano; rodoviário; fora de estrada e misto.

Segundo a assistente da Trelleborg Wheel Systems:

> A grande tendência no mercado de **pneu industrial** é a crescente demanda por pneus superelásticos, pois a sua manutenção é mínima e não há parada de máquina por motivo

de furo ou para manter a pressão adequada do pneu. O pneu superelástico é feito todo de borracha e outras matérias-primas, não precisa ser inflado. Ele pode ser construído com três ou duas camadas de borracha, depende de cada linha de produto e fabricante.[5]

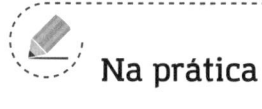

Na prática

Embraer vai explorar segmento de defesa com o ERJ 145

A Embraer, fabricante brasileira de aviões, entregou ontem o 900º jato da família ERJ 145 para a companhia Luxair, de Luxemburgo. Para vender para a Luxair, a empresa precisou fazer inúmeros ensaios no aeroporto de Luxemburgo, um dos mais exigentes do mundo, e adaptar-se às restrições e exigências impostas.

A Luxair opera com dez jatos brasileiros. "Cerca de 40% de todos os passageiros da Luxair voam com os modelos da família 145", afirmou o vice-presidente da empresa. Ele também elogiou a tecnologia brasileira. "A aeronave tem um sistema de cortina que nos possibilita voar até com má visibilidade", disse.

A família ERJ 145 tem 901 encomendas firmes e 336 opções de compra. Atualmente voa para 30 clientes em 20 países. Depois de ser comprado pelo governo de países como Brasil, México, Grécia e Estados Unidos, o 145 entrou para um seleto mercado e começou a ser visto com bons olhos por outros países. Nas versões "patrulhamento terrestre", "marítimo e aéreo" e "multi-inteligência", o modelo alcançou um volume de contratos de cerca de US$ 2,5 bilhões.

A Embraer não arrisca informar se dobrará as vendas do 145 na área de Defesa, mas sabe que esse modelo pode ser responsável por novos e bons negócios. O fato de a plataforma ter sido escolhida pela Força Aérea dos Estados Unidos conta muito. A empresa venceu a licitação para fornecer, em parceria com a *Lockheed Martin*, os sistemas de inteligência de nova geração, chamados *Aerial Common Sensor* (ACS).

O contrato para desenvolvimento e demonstração dos sistemas de inteligência está avaliado em US$ 879 milhões. E pode chegar a US$ 7 bilhões, em 20 anos, com a produção de 57 aeronaves, 38, para o Exército e 19, para a Marinha dos Estados Unidos. Foi com essa vitória que a Embraer entrou para o fechado e exigente mercado de defesa americano, que gasta US$ 400 bilhões por ano.

Fonte: adaptado de MENOCCHI, S. Embraer vai explorar área de defesa com o ERJ 145. *O Estado de S. Paulo*, 1º mar. 2005. Disponível em: <http://txt.estado.com.br/editorias/2005/03/01/eco030.html>. Acesso em: 10 mar. 2005.

---

[5] *Segmentação para cada tipo de uso e redução de custo são tendências no mercado de pneus*, 9 abr. 2012. Disponível em: <http://www.logweb.com.br/segmentacao-para-cada-tipo-de-uso>. Acesso em: 3 abr. 2016.

Questões

1. Explique quem são os clientes da Embraer e que tipo de relacionamento a Embraer tem com esses clientes.

2. Discuta com seus colegas como o mercado de aviões pode ser segmentado e explique as necessidades dos clientes de cada segmento.

Neste capítulo, o objetivo foi compreender o processo de compra organizacional; como aplicar o conceito de cadeia de valor; e como segmentar o mercado organizacional.

Resumo

1. O **cliente organizacional ou empresarial** é o conjunto de empresas comerciais e industriais, organizações governamentais ou não governamentais, que demanda produtos e serviços para atender a necessidades operacionais e estratégicas.

2. O **processo de compra dos clientes organizacionais** caracteriza-se pelos seguintes fatores: grande número de pessoas envolvidas; complexidade do processo de decisão; maior tempo envolvido na decisão; volume de recursos financeiros significativo; risco do cliente; relacionamento e interdependência entre o vendedor e o cliente; customização dos produtos e serviços.

3. As **necessidades organizacionais** estão relacionadas com o tipo de negócio e atividade da organização, sendo, em geral, destinadas a reduzir custos e despesas, aumentar receitas, lucros e participação de mercado, diminuir riscos, reduzir tempo total de operação, acessar novos mercados, entre outras.

4. Em geral, a **compra** organizacional é de natureza **técnica**, o que exige análise de dados técnicos, econômicos e financeiros, entre outros. Portanto, a empresa fornecedora realiza uma **venda consultiva**, um processo de venda em que o representante da empresa fornecedora exerce diversas funções.

5. Os **critérios de segmentação** do mercado organizacional são as características demográficas, a localização geográfica, as características operacionais e o comportamento de compra do cliente.

6. As **características operacionais** referem-se aos aspectos da operação do cliente, como tipo de tecnologia, aplicação do produto, processo produtivo, matérias-primas, tipos de equipamentos etc.

7. A **cadeia de valor** é o fluxo de processos, atividades, informações, transações e valores monetários, que são realizados e trocados por um conjunto de organizações, visando agregar valor para o cliente/consumidor final, que está no fim da cadeia e que, em última instância, é quem paga pelos produtos e serviços criados ao longo da cadeia.

8. Para o cliente/consumidor final, o **valor percebido** com a aquisição de um produto ou serviço é o conjunto de benefícios tangíveis (solução de problemas) e intangíveis (imagem da organização e das pessoas envolvidas, por exemplo) que ele considera ter alcançado com a aquisição e o uso do produto/serviço.

9. O valor é percebido pelo cliente/consumidor como resultado da comparação entre **benefícios e custos** (pagamento, esforço, tempo gasto) incorridos na aquisição.

10. As **necessidades** e os objetivos das organizações estão relacionados ao papel desempenhado por elas na cadeia de valor.

11. **Alianças e parcerias estratégicas** são vínculos formais e de longo prazo, baseados em objetivos comuns, investimentos mútuos e trocas de capacidades, habilidades e recursos, visando otimizar os resultados das organizações envolvidas e agregar valor para os clientes/consumidores finais.

12. Para obter maior **poder de barganha** em relação aos fornecedores, especialmente se estes são grandes organizações globais, muitas empresas adotam **estratégias colaborativas.**

13. O **processo de compra organizacional** é dividido nas seguintes etapas: reconhecimento da necessidade e planejamento da aquisição; definição das especificações; busca de alternativas; avaliação das propostas dos fornecedores; negociação; decisão de compra; implementação e avaliação dos resultados.

14. As **decisões organizacionais** são influenciadas por fatores individuais, situacionais, organizacionais e ambientais.

15. Quando as **decisões de compra organizacionais** são complexas, envolvendo grandes volumes de recursos financeiros e maior risco, elas são **colegiadas**, ou seja, são tomadas por um grupo de pessoas, que representam diferentes papéis na decisão. Esse grupo de pessoas é denominado **centro de compras**.

16. Os critérios mais comuns de **segmentação do mercado organizacional** são: características demográficas; localização geográfica; características operacionais e comportamento de compra.

17. Tanto os clientes organizacionais quanto os consumidores sofrem influência de **fatores situacionais**, ou seja, o conjunto de fatos que ocorrem no momento da compra e que interferem na decisão do cliente.

18. A **Central de Negócios** tem personalidade jurídica própria. O modelo mais adotado no país é primeiramente a criação de uma associação formada por todos os futuros associados.

19. Na **negociação**, os compradores procuram obter dos fornecedores os melhores preços, condições de pagamento e prazos de entrega, visando fechar o pedido com aquele que oferecer a melhor proposta.

Exercícios

1. Dê dois exemplos de empresas e tipos de produtos e serviços adquiridos por elas.
2. Faça uma lista das necessidades de um fabricante de automóveis.
3. Como uma empresa fornecedora de embalagem de papelão poderia segmentar o mercado organizacional em grupos distintos de clientes potenciais? Cite uma necessidade de cada segmento.
4. Dê dois exemplos de estratégias de parceria entre empresas e explique os benefícios esperados pelas empresas.
5. Entre no site da Rede Inova Drogarias. Pesquise e explique como funciona essa central de negócios. (Disponível em: <http://www.redeinovadrogarias.com.br/>. Acesso em: 3 abr. 2016.).

Palavras cruzadas

1. O cliente .... é o conjunto de empresas comerciais e industriais, organizações governamentais ou não governamentais, com ou sem fins lucrativos, que demanda produtos e serviços para atender a necessidades operacionais e estratégicas.
2. As .... e os objetivos das organizações estão relacionados ao papel desempenhado por elas na cadeia de valor.
3. Na ...., os compradores procuram obter dos fornecedores os melhores preços, condições de pagamento e prazos de entrega, visando fechar o pedido com aquele que oferecer a melhor proposta.
4. A .... é o fluxo de processos, atividades, informações, transações e valores monetários, que são realizados e trocados por um conjunto de organizações, visando agregar valor para o cliente/consumidor final.
5. .... é um vínculo formal e de longo prazo, baseado em objetivos comuns, investimentos mútuos e trocas de capacidades, habilidades e recursos, visando otimizar os resultados das organizações envolvidas e agregar valor para os clientes/consumidores finais.
6. O .... da atividade é calculado com base na sua contribuição para o conjunto da cadeia, como o aumento de vantagem competitiva, a redução de custos e o aumento de lucros.
7. A .... tem personalidade jurídica própria. O modelo mais comumente adotado no país é primeiramente a criação de uma associação formada por todos os futuros associados.
8. Os .... mais comuns do mercado organizacional são as características demográficas, a localização geográfica, as características operacionais e o comportamento de compra.

9. As .... referem-se aos aspectos da operação da empresa, como tipo de tecnologia, aplicação do produto, processo produtivo, matérias-primas, tipos de equipamentos etc.

10. Para obter maior poder de barganha em relação aos fornecedores, especialmente se estes são grandes organizações globais, muitas empresas adotam ....

1 – Organizacional 2 – Necessidades 3 – Negociação 4 – Cadeia de valor 5 – Aliança ou parceria 6 – Valor agregado 7 – Central de negócios 8 – Critérios de segmentação 9 – Características operacionais 10 – Estratégias colaborativas.

Leituras sugeridas

Para aprofundar o conhecimento sobre o cliente organizacional, são sugeridos dois livros:

PORTER, M. *Estratégia competitiva*. 2. ed. São Paulo: Campus, 2005.

O autor detalha os conceitos de vantagem competitiva e de cadeia de valor, bem como discute as estratégias adotadas pelas empresas para construírem vantagem competitiva e agregarem valor para seus clientes e *stakeholders*.

HUTT, M. D.; SPEH, T W. *B2B*: gestão de marketing em mercados industriais e organizacionais. 7. ed. Porto Alegre: Bookman, 2002.

Este livro explica, de maneira clara e organizada, os conceitos relacionados ao comportamento dos clientes organizacionais, bem como as estratégias de marketing para conquistar fidelidade dos clientes.

Para finalizar

Com base nos conceitos discutidos no capítulo e nas informações sobre o novo jato E2 da Embraer, explique a estratégia competitiva da Embraer descrevendo o público-alvo (características e necessidades), a estratégia de produto (benefícios tangíveis e intangíveis) e de comunicação de marketing (mensagem e significados simbólicos) implementadas pela empresa.

E2 da Embraer

Novo avião comercial da Embraer